医药卫生法学

主 编 罗 刚 石俊华

浙江工商大学出版社
ZHEJIANG GONGSHANG UNIVERSITY PRESS

图书在版编目(CIP)数据

医药卫生法学 / 罗刚主编. —杭州：浙江工商大学出版社，2016.12

(卫生法学系列丛书)

ISBN 978-7-5178-1811-3

Ⅰ. ①医… Ⅱ. ①罗… Ⅲ. ①卫生法—研究—中国 Ⅳ. ①D922.164

中国版本图书馆 CIP 数据核字(2016)第 191802 号

医药卫生法学

罗　刚　石俊华　主编

策划编辑　钟仲南　王艳艳　郑　建

责任编辑　庞铁博　郑　建

封面设计　林朦朦

责任印制　包建辉

出版发行　浙江工商大学出版社

(杭州市教工路 198 号　邮政编码 310012)

(E-mail:zjgsupress@163.com)

(网址:http://www.zjgsupress.com)

电话:0571－88904980,88831806(传真)

排　　版　杭州朝曦图文设计有限公司

印　　刷　浙江云广印业股份有限公司

开　　本　710mm×1000mm　1/16

印　　张　29.25

字　　数　541 千

版 印 次　2016 年 12 月第 1 版　2016 年 12 月第 1 次印刷

书　　号　ISBN 978-7-5178-1811-3

定　　价　69.00 元

“卫生法学系列丛书”总主编

“卫生法学系列丛书”副总主编

“卫生法学系列丛书”工作指导委员会

"卫生法学系列丛书"编纂委员会

本书作者

主　　编　罗　刚　石俊华

副 主 编　张新华　赵敏　刘世彧

编　　委　（以姓氏笔画为序）

丁唯一（西南医科大学）　于慧玲（山东中医药大学）
王海容（西南医科大学）　王　萍（哈尔滨医科大学）
邓盛木（西南医科大学）　石俊华（西南医科大学）
石　悦（大连医科大学）　刘世彧（西南医科大学）
刘　霞（西南医科大学）　宋民宪（四川大学）
陈绍辉（江西师范大学）　辛佳锶（山东滨州医学院）
李　玮（山东中医药大学）　李晓堰（昆明医科大学）
杨　男（四川大学）　杨淑娟（吉林大学）
张新华（山东滨州医学院）　张　静（上海中医药大学）
罗　刚（西南医科大学）　赵　敏（湖北中医药大学）
陶　然（大连医科大学）　梅达成（西南医科大学）
翟方明（广州医科大学）

前　　言

《医药卫生法学》一书，是中国卫生法学会组织编写的。编写出版本书旨在系统总结我国医药卫生法学研究的成果，及时反映国家法治建设与医药卫生体制改革背景下医药卫生法学的理论与实践发展动态，梳理中国医药卫生法学理论体系、医药卫生法治运行体系，以及医药卫生法治实践发展中的重要问题，推进中国医药卫生法学学科建设，为医药卫生法学教育教学和人才培养提供学理支撑。

本书贯穿积极探索的精神，坚持继承与发展相结合、原创与梳理相结合、理论与实践相结合的编写原则。既展现学科体系结构的相对完整性，又着力于法律制度、法律规范的实施运行；既强化概念、规则的学理阐释，又注重法治实践、典型案例的评析实证；既重视梳理总结，又力求跟随理论前沿。

在这里需要特别敬告广大读者的是，启动本书编写恰逢中国共产党第十八届四中全会胜利召开，《中共中央关于全面推进依法治国若干重大问题的决定》明确提出要“围绕社会主义法治建设重大理论和实践问题，推进法治理论创新”，“加强法学基础理论研究，形成完善的中国特色社会主义法学理论体系、学科体系、课程体系”。为贯彻落实十八届四中全会精神，本书明确把“创新完善中国特色社会主义医药卫生法学理论体系、学科体系、课程体系，支撑创新性医药卫生法学教育和人才培养”确定为编著的目标指向和贯穿始终的根本要求。从全书体系的宏观架构，到章节主题的凝练，乃至理论观点的阐释，都力求贯彻体现这一根本指导思想，由此引导形成本书创新性的鲜明特点。其突出体现在：

一是弘扬宪法精神，坚守以民为本。四中全会决定提出，完善以宪法为核心的中国特色社会主义法律体系，弘扬宪法精神，加强宪法实施，必须以宪法为根本的活动准则。为贯彻体现宪法精神，本书在总论开篇即明确提出，彰显宪法精神，坚守以民为本，是医药卫生法治最重要的法理基础，是医药卫生法学必须明晰确立并始终坚持的根本价值取向，是必须遵循的基本原则。对此，本书设立专章（第二章医药卫生法的宪法基础）进行了系统阐述。这是本书的鲜明特色和一大创新亮点，这在已经面世的医事法学、卫生法学和医药卫生法学著作中是少见的。

二是加强基础理论，强化法理分析。本书概括反映了国内对医药卫生法学基础理论研究比较薄弱的现状，在总论中以宪法法理为支撑，强化了医药卫生法学根基性问题的研究阐释，明确解读和系统阐述了医药卫生法学的基本概念、研究对象、学科性质和学科定位，探索提出医药卫生法学理论体系框架及主要内容，对医药卫生法学建设发展应当遵循的原则及研究方法提出了拓展性的、富有新意的观点和主张。

三是关注发展前沿，反映最新动态。本书对近年来国际国内，从医药卫生活动、医药卫生改革到医药卫生法治实践中，日益备受关注的社会热点、争论焦点、研究重点问题，诸如医疗风险防范问题、医疗服务体系和医疗保障制度改革问题、现代科学技术与生命伦理和法律问题、药品知识产权保护问题、健康促进问题等，均列专章予以阐述。这既紧贴社会实际，又紧跟学术前沿；既反映了医药卫生法学的时代性，又体现了本书的先进理念。

四是开扩学科视野，拓展治理创新。多年来，医药卫生争议，特别是医患纠纷的频繁发生及其防范和处理难题，成为社会各界长期广泛关注的热点，也是困扰政府和医患双方的难点。长期以来，在医药卫生法学论著和教科书中，对医药卫生纠纷防范和处理的思考及对策，其视野和思路大多局限于医药卫生及相关涉医领域，在实践中虽有积极效用，但总难实现长效性的根本治理。近年来，学界和实务界逐渐开阔视野，以更广阔的社会背景为视角，从创新化解社会纠纷治理机制建设、创新社会建设管理层面，探索对医患纠纷进行综合治理。四中全会决定肯定了这种创新性的社会治理新理念、新思路。本书在医药卫生治理分论部分，列专章——医药卫生依法治理机制创新建设——反映和阐述这一前沿动态和最新成果。这在现有的教材著作中也是屈指可数的。

本书以总论和分论布局，共分五编二十六章。总论统领全书，以弘扬宪法精神、维护和保障人的生命健康权益为核心，以医药卫生法律关系和医药卫生法治运行的主要环节为逻辑线索和切入点，着重阐释了医药卫生法学的基本理论以及医药卫生法的基本法理。进而，遵循保护人体生命健康活动的实践过程和医药卫生法律规范调整的内容，按照医事法律制度、药事法律制度、公共卫生法律制度、医药卫生治理等类别，系统解读阐述了主要的医药卫生法律制度、法律规定及其实施应用。本书涵盖了最新的法律内容，反映了医药卫生法治建设和学术研究的最新进展；立足现实、扎根学理、关注前沿、前瞻发展趋势，系统分析阐释了现代医药卫生发展中的若干法律问题，探索提出了顺应发展趋势、加强与完善医药卫生法治建设及学科建设的思考与建议。

本书作为医药卫生法学的一本基础性著作，面向广泛的读者群体，既适合各级各类医药院校学生，特别是研究生、本科生的医药卫生法学课程教学使用；又适合各类医药卫生行政管理人员、医药卫生行政执法监督人员，以及各级各类医药卫生机构、医药卫生技术人员的岗位培训与继续教育使用；还可作为司法人员与律师等法律实务工作者的参考书，对于广大民众以及医药卫生法学爱好者也是一本可取的自学读本。

《医药卫生法学》一书，根据编写组确定的基本原则和基本要求，由罗刚、石俊华提出全书编写大纲，在征求并综合参编作者意见的基础上修改审定后执行，由23位从事医药卫生法学教学、研究的教授、副教授、讲师及法律实务工作者分工撰写，全书由刘世彧初步统稿，经赵敏、张新华审改，最后由罗刚、石俊华系统修改定稿。

《医药卫生法学》一书编著出版得到了中国卫生法学会的关心、指导和帮助，吴崇其副会长系统审读了书稿，提出了重要修改意见。本书还得到了四川医科大学法学院、《医学与法学》编辑部、四川医事卫生法治研究中心。特别是四川医科大学及其科技处等单位和部门的热情指导与大力支持。依靠各位参编作者的辛勤创作，本书得以编著出版。本书编著过程中还参考和引用了医药卫生法学有关论著的一些最新研究成果。在此，谨向以上各单位、相关专家及著作者表示衷心感谢。

医药卫生法学是一门尚不完全成熟的新兴学科，许多问题还需要深入研究。限于编著水平及占有资料的局限，本书不足、不当之处难免，敬请读者、专家、同仁批评指正。

编　者

2015年12月26日

目　录

第一编　总论

第三编 药事法律制度

第四编　公共卫生法律制度

第五编　医药卫生治理

第一编

总　论

第一章　医药卫生法学概述

本章要点：本章通过对国内外医药卫生法治领域历史和现实情况的广泛考察，提出了"医药卫生法学"这一学科称谓，并对该学科的学科性质，研究对象和主要特征，基本原则与主要任务，理论体系和主要内容，研究方法，以及与相关学科的关系等进行了分析和阐述。

第一节　医药卫生法学产生的背景和学科定位

一、医药卫生法学产生的背景

医药卫生法学是人类在改造客观世界的过程中逐步产生和发展的。20世纪以来，尤其是60年代后期，自然科学与社会科学逐渐从分化走向综合，出现两大学科领域汇流、不断融合渗透的历史趋势。当代医学科学正在更深层次揭示疾病机理，更广范围探索生命规律，传统的生物医学模式日渐被蓬勃兴起的生物—心理—社会医学模式所取代。这个医学模式转化过程，在一定意义上也就是医药卫生科学与社会科学、人文科学相互渗透、交叉融合发展的过程。随着社会的发展和人们生命健康权益理念的扩展、提升，人们越来越认识到医学与社会科学的历史性结合的意义，从医学的人文社会属性方面人们已清楚地看到，必须积极运用伦理、法律等手段对各种医药卫生活动进行调整和规范。在这一过程中，人与自然、人与社会和人与人之间有关生命健康的关系都不同程度、不同层面地需要运用法律进行规范、调整，由此逐渐产生了大量规范医药卫生活动与医事行为、药事行为、卫生行为、调整社会医药卫生关系的法律规范，即医药卫生法律规范。

在此基础上，作为法学对生命科学及医学社会问题的回应，以医药卫生法律规范为主要研究对象的医药卫生法学由此应运而生。作为一门新兴学科，它是在不同学科，特别是医学与法学渗透、融合这一深刻的社会历史背景下孕育和形成的。塔玛拉·赫维(Tamara Hervey)、琼·麦克黑尔(Jean McHale)曾指出，医疗过失诉讼激增与医学技术激发的伦理困境乃是医学卫生法学学科诞生的两大动因。在我国，医学科学技术的迅速发展，以及医药卫生纠纷的法律诉求的不断增长，正是促成医药卫生法学诞生与发展的直接动因。

二、医药卫生法学的学科定位

（一）学科称谓

关于研究医、药、卫生法治领域相关问题的学科名称，目前提出了“卫生法学”“医事法学”“医疗法学”“医学法学”“医药卫生法学”“生命法学”“生命伦理法学”“生命科技法学”“生物技术法学”等多种提法。这在一定程度上反映了国内对医药卫生法学相关理论的研究尚欠成熟。

从实际情况来看，在我国对这门学科一开始即采用“卫生法学”的名称，至今主张并实际采用“卫生法学”的名称的仍然较多，这种提法显然受行政政策及行政部门设置影响。20 世纪 90 年代以来，随着对这门学科研究的深入和扩展，以及国际学术交流的增多，主张并实际采用“医学法学”的名称日渐增多。“医事法学”在学科专业建设角度较多地被采用，在司法实践中对医疗纠纷亦有采用“医事纠纷”的提法，因此司法实务界也倾向于使用“医事法学”的概念。以上海生命法学研究中心和生命法学研究会为代表的学界，则主张采用“生命法学”的名称。在境外，特别是美国、日本和欧洲学者以及我国香港、澳门和台湾学界，则多采用“医学法学”或“医事法学”“医疗法学”的概念。

从 20 世纪 80 年代初开始，关于医药卫生的法学在我国一出现，医学界和法学界就曾对其称谓问题有过讨论，时至今日，尚无统一认识。有学者认为，如果从当代“大医学”的观念来理解，“医学”连“生态环境”“卫生经济”等都包容在内，因此无论在内涵或外延方面，似比“卫生”显得更为丰富和广泛，宜用“医学法学”。有的学者还指出，“医事”即医药卫生之事务，本身是一个复合性词组，含义明确、宽泛，也更能反映出医药卫生法学这一学科的深刻学术特征。换言之，医事法学包括卫生法学或医学法学或生命法学等，使用“医事法学”之称比卫生法学、医学法学、生命法学等更为恰当。主张“卫生法学”的学者则认为，卫生法学的内涵或外延较之于医事法学更为广泛。因为卫生的含义在我国已发展为：为增进人体健康，预防疾病，改善和创造合乎生理要求的生产环节、生活条件所采取的一切个人和社会措施。卫生已是一项重要的社会事业，凡是与人的生命健康权益相关的重大社会关系，都应纳入卫生法律的调整范畴，而与人的生命健康权益相关的社会关系可谓错综复杂，卫生法学不仅包括对医事法学的研究内容，还包括对食品、环境、饮用水等公共卫生领域法律问题，以及其他一切与人体健康有关的法律问题的研究，医事法学仅是卫生法学的一个重要组成部分，卫生法学是涵括了医事法学的更大的范畴。相应的卫生法（Health law）应定位为所有调整保障健康权益得以实现的各种社会关系的法律规范的总称。主张“生命法学”的学者认为，生命法学应当是一个以传统医疗卫生法为底座，以现代生命科技法为前沿，其触角广泛伸向民法、刑法、行政法、环境保护法、知识产权法乃至国际法等众多部门法的综合性法律体系。

在我国，上述各种提法的学者，均认为所主张的称谓是最为科学、最具包容性的命名，其称谓的研究范围均涵盖医疗、卫生、药事、健康、生命科学各领域的全部法律问题。对于这门学科称谓分歧和争论的实质性意义，学界也存在不同认识。有的学者认为，学科怎么命名固然重要，但是更重要的还是我们研究了些什么，在某种学科名称之下，我们究竟对哪些社会现象进行研究，探讨哪些问题，这才是最根本的。有的学者认为，几种提法名称虽然不同，我们也可以找出它们之间的差异，但其所主张的内容并无本质上的重大区别，只是从不同视角、不同层面、不同需要出发，注重和强调的重点方面不同而选取了不同的名称而已。“卫生法学”强调的是卫生法律条文的科学，偏于应用；“医事法学”意为对医学中的法律原理研究的学科，带有经典主义和文化精神，更重视实证性；生命法学则侧重于医药卫生活动，特别是医药卫生技术对于生命的伦理意义及其法律审视。但有的学者认为，从这门新兴学科的实际争论情况看，“卫生法学”“医事法学”和“生命法学”何者为佳，已远非单纯的名称问题，对由此而引申的研究对象和研究方向以及理论体系的形成均有重大影响，殊有认真讨论之必要。

本书采用“医药卫生法学”称谓。1989 年邓公平主编的《医药卫生法学》率先提出“医药卫生法学”概念，但这一提法很少被采用。近年来，部分学者在经过深入研究比较后，极力主张采用“医药卫生法学”的称谓。与此同时，在国家有关文件和国家领导人的讲话中，“医药卫生”的提法也日渐多起来。我们认为，有关医药卫生的法学无论采取何种称谓，有一个基本点是共同的，即其理论核心都建立在人的生命健康权这个根基上，这是根本的共同点。采用“卫生法学”“医事法学”或“生命法学”称谓都有其合理性。其视角、关注重点、逻辑起点、思维取向有所不同，他们在各自侧重的范围内所进行的探讨尽管还未能形成完整体系，研究仍有待深入，但其应当予以肯定的是，均做出了开创性的、基础性的工作。只是这些称谓，就其实质内涵意义上都似有不足。卫生法学与医事法学几乎没有显示出区别，且与生命法学也未进行学理上的区分，生命法学同样将卫生行政、医患关系等所谓“传统生命关系”网罗在内。三种称谓下的“法学”所声称的几无不同，从目前的实际研究成果上看，三种“法学”事实上是各有侧重的：卫生法学侧重的是卫生行政，医事法学侧重的是医疗行为与医患关系，生命法学侧重的是生命科技手段在应用于医学所引申的法律和伦理问题。就其基本概念——卫生、医事、生命——的实质内涵和基本指向而言，都不能合理涵盖并明白无误地表达医事、药事和卫生活动与医事、药事和卫生事业，以及医事、药事和卫生法治的全部,其内涵界定和基本指向往往都要做解读性的扩展和延伸,才能自圆其说。而医药卫生法学则合理涵盖并明白无误地表达了医事、药事和卫生活动与医事、药事和卫生事业,以及医事、药事和卫生法治的全部。

(二)学科性质

从当前医药卫生法学理论与实践的发展及各院校的招生情况来看,医药卫生法学在我国已经发展成一门独立的学科,但是关于医药卫生法学的学科属性、学科级别尚未形成一致的认识,我国对于医药卫生法的学科定位模糊,进而导致其专业设置和学位授予的随意甚至混乱。有鉴于此,我国的医药卫生法学要想在学科建设方面获得良性发展,就必须首先对学科定位这一根基性问题给予研究和解答,这是我们理解和研究医药卫生法学其他问题的基础。

1. 医药卫生法学是一门独立的法学学科。法学是以法律现象为研究对象,医药卫生法学以医药卫生法律规范为研究对象,而医药卫生法直接关系到人体生命健康权益保障的方方面面,具有明显的复杂性和特殊性,既不是民事法律关系可以全部调整的法律范畴,也不是依靠行政命令就能解决的行政主体之间的法律关系。简单地把医药卫生法归类为民法领域或行政法领域,难以应对现实中的复杂问题。我们应该正视医药卫生法学的独立存在,使其从大民法的框架下独立出来,成为一个独立的法律学科,指导和支持医药卫生法形成独立的规范体系,才能适应社会发展的需求,才能有效地保障人的生命和健康。

2. 医药卫生法学是一门交叉融合的边缘学科,其主干是法学。医药卫生法学在本质上是医学与法学两大学科交叉融合而产生的新兴学科。医学与法学交叉有其共同的基础——源于两者在实践中对人的生命健康与尊严的共同维护。综观人类社会的发展不难得出这样的结论:旨在防治疾病,维护人的生命健康的医学与维护人的尊严、社会正义、公平、秩序的法律,构成了人类社会延续和发展的两大基石,而古希腊格言“最美是公正,最好是健康”则表达了人类将两者结合的美好愿望。由于医学研究对象及其发挥作用的特殊性,这门科学与其他科学尤其是法学联系得格外紧密。医学与法学交叉源于科学实践,这在当代表现得尤为明显。随着现代医学科学技术的迅猛发展,以及在医疗实践中的广泛应用,在推动医学自身进步、提高人类生命健康质量的同时,又不可避免地引发了社会伦理、道德、法律等诸多问题。这些问题都说明,医学科学在探索保护人类生命健康的过程中,充满着难以预料的风险,需要法律为医学的发展创造良好的法治环境,于是相应的医药卫生法律法规应运而生。

医药卫生法是法律与基础医学、临床医学、公共卫生与预防医学、药学,甚至生物学等众多自然科学相结合的产物,因此,医学学科门类下的任何一个学科都不能完全包容医药卫生法学。同时,医药卫生法学并不研究具体的医学技术,无论是卫生法学、医事法学还是生命法学，均未将专业的医学技术和生命科学技术列为自己的研究范围，它们所研究的，只不过是医学发展中所产生的法律控制和规范问题，本质上属法学范畴。因此，医药卫生法学的主干是法学而不是医学，它是法学的一个分支，无论以何命名，在学科设置上，均应将医药卫生法学置于法学学科门类而非医学学科门类之下，这样更有利于建立独立的医药卫生法学学科体系。

3. 医药卫生法学是一门综合性的法律学科。建立综合性医药卫生法学是对传统法学学科划分和分工的突破和超越，是综合解决医药卫生领域法律问题的必然要求。随着现代社会关系日益复杂化，一个医药卫生法律问题的缘起往往不再仅仅局限于一个法律部门，而是跨越两个乃至两个以上法律部门。随着现代医学技术的发展，现代医学引发的社会问题涉及法律、道德、伦理、经济、政治等领域，即使是从法律视角面对错综复杂的医药卫生法律问题，显然已不是通过单独研究某一法律部门就可以解决的，而是需要对涉及各个法律部门的多种相关的法律问题进行综合研究才能应对，由此而形成的医药卫生法学学科的研究范围必然是综合性的。

医药卫生法学研究对象的综合性、研究视角的多维性、研究方法的多样性、研究队伍的多元性决定其并不完全隶属于某一学科，而属于相对独立的综合性法学学科。其跨越法学、医学、伦理学、社会学等学科的复杂状况，势必决定其应整合各学科的资源，对医药卫生领域内的法律问题进行综合研究，并建立相应的综合性学科体系。因此，医药卫生法学不仅要有其自身特点的法学基础理论，而且还与行政法学、民法学、刑法学等都密切相关，即具有众多学科相互通融的综合性。如果仍沿用传统的做法，一味简单地通过研究某一种法律规范，无论是医患关系法还是卫生行政法，都无法彻底解决医药卫生活动中的法律问题，也不利于医药卫生法理论研究的综合平衡发展。

综上所述，从大医学角度看，医药卫生法学属于理论医学的范畴；从法学角度看，医药卫生法学属于有关医药卫生问题的应用法学范畴；从学科结构来看，医药卫生法学具有交叉性，是自然科学与社会科学相互渗透交融的结果，是法学和医学交叉复合的边缘学科；从研究对象与具体内容来看，医药卫生泆学是具有综合性、独立性的法学学科。

第二节　医药卫生法学的研究对象和主要特征

一、医药卫生法学的研究对象

医药卫生法学的研究对象是什么，是与其学科定位和性质直接相关的一个基础性问题。确定医药卫生法学的研究对象，需要把握其方法论的重要原则。有学者认为，作为一门系统的科学，法学必须对其研究对象进行全方位的研究，即既要对法进行历时性研究——考察研究法的产生、发展及其规律，又要对法进行共时性研究——比较研究各种不同的法律制度的性质、特点及其相互关系等；既要研究法的内在方面，即法的内部联系和调整机制等，又要研究法的外部方面，即法与其他社会现象的联系、区别及其相互作用；既要研究法律规范、法律体系的内容和结构以及法律关系、法律责任的要素，又要研究法的实际效力、效果、作用和价值。总之，凡属与法有关的问题和现象都在法学研究的范围之内。对医药卫生法学的研究也应遵循这一观点，科学确定其研究对象。

医药卫生法学的研究对象，应以保护人的生命健康为指引，重点研究医药卫生法所确定的、存在于现实社会中的各种医药卫生活动、各种社会关系及其发展规律等。具体研究对象包括：(1)医药卫生法的产生及其变化、发展规律；(2)医药卫生法的性质与任务、渊源与效力、历史发展、研究方法等；(3)医药卫生法律原则、法律关系、法律责任；(4)医药卫生法律体系；(5)医药卫生主要法律制度的实施和医药卫生法治建设主要环节的运行；(6)医药卫生法在国家法律体系中的地位、作用，以及与其他部门法的相互关系；(7)国际医药卫生法律关系与国际医药卫生法；(8)医药卫生改革和医学发展中新出现的法律问题；(9)医药卫生法学的学科地位和发展前景；(10)医药卫生法学理论的创新发展等。

二、医药卫生法学的主要特征

(一)医药卫生法学的时代性

医药卫生法学的产生和发展具有明显的时代特征。任何法律都具有稳定和保守的特性，但都需要、亦必然要求其与时俱进。随着时代的变化发展，医药卫生法学的研究方向、研究内容、功能任务将不断深化、扩展、提升。我国现阶段的社会经济和科学技术的发展对医药卫生法学产生了重要影响。医药卫生事业应当怎样适应市场经济，如何建立市场经济条件下的医疗、预防、保健体系，如何公平分配医药卫生人力、医药卫生经费、医药卫生设施等资源，如何创造一个有利于人类健康的公共生存环境等重大课题，都是医药卫生事业改革和发展面临的法律挑战。现代医学技术的发展、高新医疗仪器设备的应用、远程医疗，以及对传染病的预防和突发公共卫生事件的应急处理等，都会产生许多新的法律问题，这些问题的提出和解决都体现了医药卫生法学的时代性特征。

(二)医药卫生法学的社会性

健康是自然人的基本权利。通过大力发展医药卫生事业，使公民获得可能的最高水平的健康，以保障社会经济的持续发展，促进社会的进步，是人类社会的共同需求，也是全社会的共同任务，这已成为国际社会的共识。医药卫生法学的历史使命就是要向社会宣传医药卫生法律知识，增强全体公民的医药卫生法治观念，推动医药卫生事业全面走上法治轨道，以提高国民的健康素质，促进社会经济的发展。

（三）医药卫生法学的技术性

医药卫生法律规范中有相当部分内容是医药卫生技术规范和医药卫生标准，这些规范和标准是医药卫生实际工作中应当遵循的技术要求，来源于医药卫生实践，也指导和规范着医药卫生实践，这是医药卫生法区别于其他法律规范的一个显著特点。重视并遵从医药卫生科学技术的规律和特点，是医药卫生法治的内在要求，也是医药卫生法学的重要特征。

（四）医药卫生法学的交叉性

医药卫生法学是生物学、医学、卫生学、药物学等诸多自然科学和法学相互交叉复合的产物。因此，医药卫生法学具有自然科学与人文社会科学相互依存、交叉、渗透的特征。

（五）医药卫生法学的综合性

综合性是医药卫生法学的重要特征。如前所述，医药卫生法学是一门综合性的法律学科，在研究范围、研究对象、研究视角、研究方法等方面均具有综合性特征，实践中也需要对医药卫生领域内的法律问题进行综合研究，并建立相应的综合性学科体系。

（六）医药卫生法学的实践性

医药卫生法学是一门实践性很强的应用学科。只有将医药卫生法学同我国医药卫生事业的改革与发展紧密结合，同维护公民生命健康权益的医药卫生法治实践紧密结合，在借鉴国外有益经验的基础上不断总结完善，才能使医药卫生法学在实践中不断创新发展，才能发挥医药卫生法学理论对医药卫生法治实践的引领和支撑作用。

第三节　医药卫生法学的基本原则和主要任务

一、医药卫生法学的基本原则

（一）彰显宪法精神，维护公民生命健康权利

我国医药卫生立法的首要价值取向，应该是维护和保障人的生命健康权益，而我国宪法明确规定了“尊重和保障人权”，故彰显宪法精神，始终坚持以人为本，维护和保障广大民众的生命健康权益，是医药卫生法治最重要的法理基础，

也是医药卫生法学必须明晰并牢固确立的基本价值取向和必须遵循的基本原则。无论是医药卫生权利、义务、法律行为、法律关系、法律责任等医药卫生法的基本概念和基本范畴，还是医药卫生法的分类、渊源、效力、法律体系等内容的确立，都须体现宪法确立的公民生命健康权利至上理念。由此建立起来的医药卫生法本体理论，才既符合法理学所确立的法学本体理论的基本要求，又具有医药卫生法本体理论的鲜明特色，同时这也是医药卫生法学之所以能成为独立法学分支的原因。

(二)坚持法理与人文精神相统一

坚持法理与人文精神相统一的原则，是彰显宪法精神、坚守以人为本原则的延伸和深化。法将人的权利保护作为自己的出发点和立足点，也是终极目标，医药卫生法学关注人的生存与发展、健康与尊严，注重人文精神的弘扬。在实践中，医药卫生领域的人文关怀具体表现为个体关怀、族群关怀和人类关怀三个层面，分别对应着正当生命法益的三个层面，即个体生命权、族群发展权和人类安全权的法益原则，充分体现了法理与人文精神的和谐统一。

(三)坚持自然科技性与社会伦理性并重

当前，医药卫生的发展和医疗实践带来的大量问题，已经突破了医疗领域乃至自然科学领域，扩展到了对医药卫生政策、社会保障、生命技术、生态、人性与死亡道德等问题的研究和争论，这就要求不仅需要从自然科学技术学科的层面，而且需要从社会学的视角加以审视。医药卫生科学技术的发展本身并不是目的，其目的是维护人类生命与健康，需要人本思想、人道主义等社会伦理的引领，才能完成“现代医学”的完整建构，生物—心理—社会医学模式的现代医学理念，鲜明地体现了自然科技性与社会伦理性之间内在的紧密结合。由此，医学科学理论和规则与特定的社会伦理观念和伦理规则，都应成为我国医药卫生法律制度赖以建立的基础，也应当成为评价医药卫生法制度优劣的重要标准，坚持自然科技性与社会伦理性并重，应是医药卫生法学必须恪守的又一重要原则。

(四)坚持从中国国情出发，立足本土化

我国的医药卫生法治建设需要不断加强国际和区域之间的合作交流，认真学习借鉴国际社会，以及我国香港、澳门和台湾地区的有益经验。但是，各个国家和地区的政治制度、经济发展水平、历史文化传统不尽相同，须结合我国国情，特别是医药卫生法治领域存在的各种问题，如医药卫生事业发展迅速，却旱涝不均；虽有章可循，却“依法打架”，未形成良法体系；虽文件众多，却没有灵魂和骨骼系统；虽矛盾重重，但已引起党和国家、专业人士和普通大众的越来越高度的重视等实际。在学习借鉴先进医药卫生法律制度的同时，我们更要传承中国传统医药文化，加强对中医药、民族医药的立法保护等。在建设过程中兼顾先进性与民族性，注重扬弃与继承相结合，立足我国国情，实现本土化，才能创建具有中国特色社会主义的医药卫生法学。

（五）坚持综合性、开放性和包容性

医药卫生法学是一门具有跨学科性质的综合性法学学科，保持研究对象与内容的开放性是建立综合性医药卫生法学的关键。综合性医药卫生法学首先要求自身的研究对象和内容是综合的、开放的，而非自我封闭的，须秉持学科开放性、包容性，充分吸收与整合多学科的理论和方法，在多学科对话中实现学科之间的融合，其理论才能不断深化。因此，医药卫生法学要适应学科之间相互渗透、交叉的必然趋势，不断吸取法哲学、法社会学、民法学、行政法学、经济法学、伦理学、医学等学科的营养，逐步拓展研究的深度与广度，保持研究对象与内容的包容性与开放性，以最终形成自身的理论学科体系。

二、医药卫生法学的主要任务

医药卫生法学的主要任务是：一方面，将医学、药物学、卫生学、生物学等基本理论和法学基本理论结合起来，以医药卫生事业实践为基础和依托，研究医药卫生活动、医药卫生科学技术发展中所产生和提出的法律问题，引领和指导医药卫生法治建设；另一方面，根据现代社会发展需要，培养兼通医学和法学基本知识并能够熟练运用法律知识和法学理论、解决医药卫生法律纠纷的应用复合型法律人才，引导实现用法律手段促进医药卫生事业可持续地健康发展，保护公民的生命健康权益。

第四节　医药卫生法学的理论体系和主要内容

一、建立医药卫生法学理论体系的重要性

我国医药卫生法学从初创至今不过短短的 20 多年，医药卫生法学的研究主要还停留在法律、法规的解释和评价上，对医药卫生法基础理论和现实领域的重大问题研究还十分薄弱。理论界和实务界对医药卫生法的调整对象、地位、原则、体系结构等基本问题还未达成共识，理论体系的不完善是制约医药卫生法学发展的重要因素。随着研究的深入，解决医药卫生法学的重大基础理论问题已显得日益紧迫，其中的核心问题就包括学科理论体系的构建问题。因为，形成自成一体的理论体系是建立综合性医药卫生法学的基石，是一门学科成熟与否的重要标志，也是判断一个学科是否具有独立性的重要标准，能为本学科的理论研究提供共识和框架，从而明确学科研究的内容、方向和重点。因此，构建自身理

论体系仍是医药卫生法学研究的难题之一，但同时也是建立综合性医药卫生法学学科必须解决的基础性问题之一。

二、医药卫生法学理论体系关注的主要问题

近年来，学者们日益关注医药卫生法学基础理论的研究，并取得了一些颇有见地的成果。由邓公平主编、上海科学技术出版社1989年出版的《医药卫生法学》将全书分为五编，内容包括总论、卫生法、医疗法、药物法和科教计财法，基本上涵盖了“医疗、卫生”方面的全部内容，奠定了体系结构基础，此后的教材除增加了生命科技医学应用的内容外，基本未超出这本《医药卫生法学》的体系范围。有学者提出，作为社会科学范畴的医药卫生法学，它的理论体系至少应回答以下几个方面的问题：其一，医药卫生法是什么，即医药卫生法的本体论问题；其二，医药卫生法应当是什么，即医药卫生法的价值论问题；其三，医药卫生法产生、发展及其规律，其四，医药卫生法在现实生活中是如何运行的，即医药卫生法治的运行系统；其五，医药卫生法与其他社会现象是如何相互作用的，即医药卫生法与其他社会现象的关系；其六，医药卫生法的研究方法。简言之，医药卫生法学的基本理论主要包括医药卫生法的调整对象、地位、功能、体系、基本原则、研究方法等。

三、医药卫生法学理论体系的架构

医药卫生法学是一门实践性很强的理论性学科，其构成可分为两大部分：一是理论构成，即综合运用生命科学等自然科学知识和法学、伦理学等社会科学知识，阐述医药卫生法学的基本理论，为医药卫生法治建设提供理论支撑；二是实践构成，研究阐述医药卫生法治的主要环节及其实施运行，即医药卫生法律规范的制定及其实施，有效发挥其保护民众生命健康的作用。其理论体系和主要内容如下：

（一）总论——医药卫生法学基础理论

1. 医药卫生法学的基本要素

主要包含医药卫生法学的学科性质、研究对象、主要特征、基本原则、理论体系、研究方法等。

2. 医药卫生法的基本法理

主要包含医药卫生法的宪法基础、调整对象、渊源、历史发展、法律原则、法律关系、法律责任、法治体系等。

（二）分论——医药卫生主要法律制度

1. 分论1——医事法律制度

主要包含医疗机构管理法律制度、医药卫生技术人员管理法律制度、医疗相

关产品管理法律制度、医疗保障法律制度、医疗风险防范法律制度、传统医学法律制度、现代医学发展中的伦理和法律问题等。

2. 分论 2——药事法律制度

主要包含药品管理法律制度、药学技术人员管理法律制度、民族医药管理法律制度、药品知识产权保护法律制度等。

3. 分论 3——公共卫生法律制度

主要包含公共卫生监督法律制度、食品安全保障法律制度、疾病预防与控制法律制度、精神卫生法律制度、红十字会与国际卫生公约、卫生资源管理法律制度、特殊人群生命健康权益保护法律制度等。

4. 分论 4——医药卫生治理

主要包含医药卫生争议处理法律制度、医药卫生依法治理体制机制创新建设、医药卫生教育与健康促进等。

第五节　医药卫生法学与相关学科

医药卫生法学是一个开放的学科体系，其研究对象和研究内容十分广泛，与相关的学科概念和实践范畴关系极为密切，与法学等其他相关学科交叉研究甚多。从其与其他相关学科关系的分析比较中，可以更加凸显医药卫生法学的性质及其重要性。

一、医药卫生法学与法学

（一）医药卫生法学与宪法学

医药卫生法学与宪法学的关系在医药卫生法学的基本原则中已进行专门论述，需要补充的是，一般认为我国宪法只有两款条文与医药卫生法直接相关，可视为医药卫生法的渊源。但从法学研究的角度出发，医疗领域与宪法相关的课题却远不止健康权问题，其他的还有公民的医疗保障权、医疗公平权和安乐死、临终关怀等所涉及的生命自决权、生命尊严，以及疾病、基因歧视引发的宪法问题等。这些问题的研究既可以拓宽宪法学的研究视野，也可以增加医药卫生法学研究的深度和广度，是医药卫生法学不可忽视的研究内容。

（二）医药卫生法学与行政法学

一般来说，我国医药卫生法主要表现为行政法律法规，甚至有人干脆将医药卫生法纳入行政法的范畴。从现行立法看，将多数医药卫生法律法规纳入行政法的范畴并非没有道理，但将医药卫生法视为行政法的子部门则忽视了医药卫生法学的相对独立性。应该说，医药卫生法学与行政法学在研究对象和研究内容方面存在众多的重合，但医药卫生法学研究的重点应是医法结合的法律问题，而非纯粹的行政法律问题。

（三）医药卫生法学与刑法学

对于医药卫生领域的犯罪行为，有必要从刑法角度进行系统规制。我国刑法有多个条款分别规定了数个与医疗卫生直接相关的罪名，其中医疗事故罪、非法行医罪、破坏节育手术罪等罪名值得进一步深入研究。同时，生物医学技术的发展也带来一些新的刑事法律问题，如安乐死、胎儿性别鉴定、选择性堕胎等。

（四）医药卫生法学与民法学

从民法角度对医药卫生法律问题进行研究是国外研究的突出特点。运用民法研究方法，解决现代医学发展引发的诸多民事法律问题是医药卫生法学的重要使命，诸如医疗合同问题研究，医疗侵权责任的研究，医疗纠纷的预防与处理研究，高新医疗技术发展所带来的民法问题研究等。

（五）医药卫生法学与经济法学

如果将医疗视为市场，为保障公众健康和市场秩序，国家对医疗市场的干预与调控也就成为必然。在经济法的研究视野下，医药卫生法学所研究的问题包括医疗从业人员的准入制度，医疗机构的设置、审批，健康相关产品生产经营者的市场准入，医药卫生资源的配置，医疗竞争的法律规制，医疗市场的宏观调控等。

（六）医药卫生法学与知识产权法学

医药卫生领域与知识产权法相关的问题主要包括：传统医药的知识产权保护，药品的专利保护，治疗方法、处方的专利保护，病历的著作权保护等，这些与知识产权法相交叉的问题理应成为医药卫生法学的研究内容。

二、医药卫生法学与医学伦理学

医药卫生法律规范和医学伦理道德规范都是调整人们行为的准则，它们的共同使命都是调整人际关系，维护社会秩序和民众利益。它们既有区别，又有联系。两者的联系表现在：医药卫生法学体现了医学伦理的要求，是培养、传播和实现医德的有力武器；医学伦理也体现了医药卫生法学的要求，是维护、加强和实施医药卫生法的重要精神力量。所以，医药卫生法学和医学伦理学是相互渗透、互为补充、相辅相成的。高尚的医学伦理，使医生与病人处于融洽协作的关系中，为诊治疾病、恢复健康创造良好的条件；而科学的医药卫生立法，则可以促进医药卫生道德水平的提高，对侵犯病人与医生正当权益的行为给以惩处，保障医生与病人的合法权益。医药卫生立法体现医学伦理，医学伦理问题可以转化为医药卫生法律问题。然而，医药卫生法学与医学伦理学又是有区别的，其区别主要在于：

第一，研究范围不同。医药卫生法学是一门法律科学，主要研究的是具有强制性的法律条文，医学伦理学所研究的范围比医药卫生法学更为广泛，其主要研究医学领域中人与人、人与社会、人与自然关系的道德问题。

第二，研究对象产生的条件不同。医药卫生法是阶级社会所特有的社会现象，是一定历史阶段的产物，由国家机关制定或认可，一般有各种正式的文字记载。而医学伦理学中的医德规范是在一定社会发展的基础上，在人们的意识中自然形成的，存在于人们的社会意识和信念之中。

第三，研究对象实施的手段不同。医药卫生法的实施以国家强制力为后盾，通过追究法律责任来制止一切损害人体健康的行为，维持医药卫生活动的正常秩序；医学伦理主要依靠社会舆论、人们的内心信念和传统习俗来维持医药卫生活动的正常秩序和保障人体健康。

三、医药卫生法学与医药卫生相关学科

（一）医药卫生法学与卫生政策学

医药卫生政策学是以医药卫生政策的制定和贯彻落实为研究对象的一门学科。医药卫生政策是指党和国家在一定历史时期内，为实现一定医药卫生目标和任务而制定的行为准则。作为医药卫生法学研究对象的医药卫生法和医药卫生政策都是建立在社会主义经济基础之上的上层建筑，在本质上是一致的，体现了广大人民群众的意志和利益，都具有规范性，是调整社会关系的行为准则。两者的联系主要表现在：党的医药卫生政策是医药卫生法的灵魂和依据，医药卫生法的制定要体现党的政策的精神和内容；医药卫生法是实现党的医药卫生政策的工具，是医药卫生政策的具体化、条文化、规范化和法律化。医药卫生法和医药卫生政策的区别表现在：医药卫生法具有普遍约束力，医药卫生政策的贯彻靠宣传教育，靠深入细致的思想工作；医药卫生法通过法律条文等规范性的文件形式表现出来，明确规定人们的权利和义务，医药卫生政策则通过决议、决定、纲要等形式表现出来，其内容具有原则性和概括性；医药卫生法调整的范围比较具体，医药卫生政策调整的社会关系更广泛、更全面；医药卫生法比医药卫生政策有更大的稳定性，医药卫生政策则有较强的时间性，随着形势的发展而变化。

（二）医药卫生法学与医药卫生管理学

医药卫生管理学是研究医药卫生管理工作中普遍应用的基本管理理论、知识和方法的一门学科。医药卫生管理的方法有多种，法律方法仅是其中的一种。所谓医药卫生管理中的法律方法，是指运用医药卫生立法、执法、司法和遵纪守法教育等手段，规范和监督医药卫生组织及其成员的行为，以使医药卫生管理目

标得以顺利实现,即通常说的医药卫生法治管理。所以,医药卫生法律规范是医药卫生管理工作的活动准则和依据。医药卫生管理工作中的法律方法和其他方法的不同点在于它具有强制性,一方面表现为对违反医药卫生法律规范的人给予制裁,另一方面表现为对人们行为的约束。

(三)医药卫生法学与医药卫生经济学

医药卫生经济学是研究医药卫生事业、民众健康和经济发展之间关系的一门学科。医药卫生法学和医药卫生经济学的共同目的在于,合理配置医药卫生资源,提高公民的健康水平,促进社会生产力和经济的发展。医药卫生法学与医药卫生经济学的区别在于,医药卫生经济学是通过对医药卫生事业进行经济分析,运用经济手段进行医药卫生事业管理。其主要研究医药卫生事业在国民经济发展中的地位和作用,社会经济发展与医药卫生事业发展的关系,医药卫生事业的经济性质,医疗卫生技术的经济合理性,医药卫生费用的理论,医疗保健制度的经济合理性等。医药卫生法学则将医药卫生事业在国民经济发展中的地位、性质、医药卫生需要和需求,以及医药卫生经济管理中行之有效的方法、手段、制度,通过医药卫生立法予以确认和干预,并使之成为社会全体成员共同遵守的行为规范,以维持国家医药卫生管理秩序,保证和促进医药卫生事业的发展。

第六节　医药卫生法学的研究方法

一、理论联系实际的方法

理论与实践相结合是马克思主义理论研究的出发点和归宿。医药卫生法学是一门应用性理论学科,既有深刻的学科理论性,又有很强的实践性。实事求是,从实际出发,坚持理论与实践相结合,是医药卫生法学本质的内在要求,是研究医药卫生法学的基本方法。运用理论联系实际的方法应注意以下要点:一是对医药卫生法学和医药卫生法治的研究解读,必须了解和理解其产生及发展的时代背景和实践基础,放在与其相适应的时代背景和社会实践中去考察、解读和把握。二是“实际”是一个含义广泛的概念,如果不能正确理解和把握,就可能走向“泛实际”的误区。对实际的理解是多方面、多层次、多视角、多维度的,实际有全面的实际与部分的实际、全局的实际与局部的实际、本质的实际与非本质的实际、真实的实际与虚假的实际、历史的实际与现实的实际、外国的实际与中国的实际等之分,我们在联系实际、研究医药卫生法和医药卫生法学的过程中,必须站在科学的立场上,从适当的层面,以正确的视角,准确把握和联系真实的、反映事物本质的、关系全局变化发展根本的实际。三是在医药卫生法学多种研究方法的运用中，要特别强调实证方法的运用。

二、历史考察法

马克思主义法学理论认为，法是人类社会发展到一定历史阶段的产物，属于历史范畴。在不同的社会历史发展阶段，法体现了不同时期生产力与生产关系的协调。所以，学习医药卫生法学，应以马克思主义的辩证唯物主义、历史唯物主义世界观和方法论为指导，运用唯物辩证法，正确认识医药卫生法作为社会上层建筑的重要组成部分之一，是由其赖以生存的经济基础决定的，并反作用于经济基础。医药卫生法的发展变化，归根结底是经济基础发展变化结果的反映。同时，还必须运用全面的、历史的、发展的观点，把医药卫生法这一社会现象放在一定的历史条件下，研究它产生的经济基础，研究社会政治、经济、文化以及生态环境发展等因素对它的影响。只有这样，才能对医药卫生法的历史、现状及其发展趋势，以及医药卫生法的本质和作用做出全面、正确的认识和理解，从而在科学发展观的统领下，创建具有中国特色的医药卫生法和医药卫生法学，促进和保障社会主义医药卫生事业的不断发展。

三、比较分析法

比较分析法是法学研究的一个重要方法，在现代法学研究中得到广泛而有效的运用。各国人民在基本公共卫生和生命健康权益保障方面，有着共同的利益和需求，各国的医药卫生法治建设和医药卫生法学，都有或多或少可供相互学习借鉴的有益经验，这些经验只有通过比较分析才能获得。运用比较的方法研究医药卫生法学，应把握以下要点：一是要了解和准确理解世界各国的医药卫生法律制度与国际医药卫生立法的情况，既要吸收各国医药卫生法律制度中的科学性内容，又要去其不合理成分；既不要盲目照抄照搬，又要克服全盘否定。要从我国的国情出发加以取舍和改造，有分析、有选择地学习和吸收。二是在研究外国的医药卫生法律制度时，至少要考虑到四个不同，即社会制度的不同，生产力发展水平的不同，自然条件的不同，民族文化和传统习惯的不同。通过比较，从我国实际出发吸收外国的科学成果和有益经验，并且在不断总结我国医药卫生法治实践经验的基础上，形成和发展具有中国特色的社会主义医药卫生法学。

四、法律思维方法

思维方法具有普遍适用性，法律思维方法则是法学研究所独有的，学习法律的一个重要目标就是培养法律思维。法律思维是一种职业思维——法律人的思维。关于法律思维，思想家们赋予其多种含义，但从法治的要求来看，法律思维的核心要义在于它是“根据法律的思维”。根据法律进行思维是法律思维的最根本属性，它意味着只要是被称为“法律思维”的思维方式，其思考问题的出发点和得出的结论都是有法律根据的。法律思维属于法眼看世界，赋予世界法律色彩或意义，就是运用法律去观察、分析、描述、评价以及解决问题等。法律思维是法律活动的核心层次，一切法律思维活动，既要符合人类思维的一般规律，例如符合推理的一般规律，又要符合法律规则、法律原则和法律的基本精神。根据法律的思考，主要强调了法律思维过程中的逻辑要素，即把演绎推理、类比推理的方法运用到思维过程中去。法律思维方式的类型是多种多样的，鉴于中国的法治处于初步建设阶段，首要的任务是树立法律的权威，需要在法律思维中强化以形式逻辑为基本方法的思维方式。

五、研究方法的融合运用

医药卫生法学的综合性决定了其研究方法的包容性和开放性。对医药卫生法学的研究既要遵循法学研究的基本方法——阶级分析方法、价值分析方法和实证研究方法等，同时又要结合医药卫生法学与卫生学、医学、药学、管理学、伦理学等学科密切相关的特点，大胆探索交叉应用这些学科的研究方法。这些年在这方面有了可喜的进展，比如我国台湾学者林诚二著有《人体试验与双效理论之探讨》，应用“双效理论”研究“人体试验”的法律规制等。只有采取多学科研究方法，实现学科之间的大融合，才能科学认识医药卫生法的本质，推动医药卫生法学的完善和发展。

总之，研究医药卫生法学，要以马克思主义的唯物辩证法和中国特色社会主义理论为指导，充分运用科学发展观，吸收和采用多种学科的知识与方法，充分进行历史考察和比较分析，特别注重理论联系实际，才能真正掌握和发展医药卫生法学。

思考题

1. 什么是医药卫生法学？如何理解其学科定位？
2. 医药卫生法学有哪些主要特征？
3. 医药卫生法学坚持的基本原则是什么？
4. 医药卫生法学的理论体系和主要内容有哪些？
5. 医药卫生法学的主要研究方法有哪些？

第二章　医药卫生法的《宪法》基础

本章要点：《宪法》是国家的根本大法，是治国安邦的总章程。在医药卫生法治领域，宪法理论是重要的法理基础，《宪法》不仅是医药卫生立法的依据，更是医药卫生法治运行的根本指导和保障。尤其是生命健康权作为公民最基本、最重要的权利，应当被明确写入《宪法》，本章就相关问题进行了分析和介绍。

第一节　宪法理论是医药卫生法学的重要法理基础

一、《宪法》是公民医药卫生权利的保障书

众所周知，《宪法》是我国的母法。《宪法》是规定国家最根本、最重要的问题、具有最高法律效力、修改程序最为严格的国家根本大法。从本质上讲，《宪法》的根本法地位，来源于宪法所调整社会关系的根本性。《宪法》主要调整人民与政府之间的关系，实质上是人民授予政府权力的社会契约。《宪法》作为国家的根本大法，是全国各族人民，一切国家机关和武装力量，各政党和各社会团体，各企业事业组织的根本活动准则。

《宪法》最主要、最核心的价值在于它是公民权利的保障书。1789 年的法国《人权宣言》就明确宣布，凡权利无保障和分权未确立的社会就没有宪法。列宁也曾指出“宪法就是一张写着人民权利的纸”。尽管作为国家根本法的《宪法》涉及国家生活的各个方面，但其基本内容仍然可以分为两大块，即国家权力的正确行使和公民权利的有效保障。然而，这两大块并非地位平等的两部分，就它们的相互关系而言，公民权利的有效保障居于支配地位。因此，在国家法律体系中，宪法不仅是系统全面规定公民的基本权利的法律，而且其基本出发点就在于保障公民的权利和自由。约束政府权力，保护个人权利，乃是《宪法》的核心问题。这两个方面，犹如车之两轮，鸟之两翼，相互配合而不可偏废。

医药卫生法学的研究首先是在《宪法》理论的指引下进行的，医药卫生立法必须依据有最高法律效力的《宪法》制定，不得违背《宪法》的基本精神。医药卫生立法的内容也主要围绕对国家权力的限制和公民基本权利的保障来进行，通过规范医药卫生行政机关的职权范围和运作程序来制约和防止医药卫生权力的

滥用，通过对医药卫生权利的直接赋予来扩大公民医药卫生权利和保障公民医药卫生权利的实现。

二、《宪法》基本原则是医药卫生法学基本理论的指导思想

《宪法》基本原则是指人们在制定和实施宪法过程中必然遵循的最基本的准则，是贯穿立宪和行宪的基本精神。它贯穿于《宪法》的全部内容之中，体现着《宪法》的基本精神，突出反映《宪法》的本质属性。

《宪法》的基本原则主要包括：第一，人民主权原则。我国现行《宪法》第二条规定："中华人民共和国的一切权力属于人民。人民行使国家权力的机关是全国人民代表大会和地方各级人民代表大会。人民依照法律规定，通过各种途径和形式，管理国家事务，管理经济和文化事业，管理社会事务。"这一规定充分表明，我国现行《宪法》不仅确认了人民主权原则，同时也规定了实现人民主权原则的方式，即人民代表大会制度。第二，人权原则。我国《宪法》第二章具体规定了公民的各项基本权利，不仅包括政治权利、宗教信仰自由、人身自由、人格尊严不受侵犯、住宅不受侵犯、通信自由和通信秘密等，而且还规定了公民的劳动权、休息权和从国家及社会获得物质帮助权等社会经济权利。这正是人权原则的直接体现。第三，法治原则。法律面前人人平等，任何国家机关、政党、团体和公民包括国家领导人都必须遵守法律，在法律的范围内活动，是法治原则的核心要义。第四，权力制约原则。权力制约原则是指国家权力的各部分之间相互监督、彼此牵制，以保障公民权利的原则。它既包括公民权利对国家权力的制约，又包括国家权力对国家权力的制约。

《宪法》的上述基本原则也是医药卫生法学基本理论的根本指导思想，在《宪法》基本原则的指导下，医药卫生法根据自身调整社会关系的特点和医药卫生法精神实质，形成了能体现其特点基本原则体系。

三、《宪法》关于公民权利的规定是医药卫生法学权利理论的基础

我国《宪法》以专章对公民的基本权利进行了具体而明确的规定，我国公民的基本权利体系主要包括平等权，选举权和被选举权，言论、出版、集会、结社、游行、示威等政治自由，批评、建议、申诉、控告、检举和取得赔偿的权利以及劳动权、休息权、退休权、退休人员的生活保障权和获得物质保障权，受教育权和进行科研、文艺创作及其他文化活动自由等，另外，妇女，老人、儿童等特殊人群还受国家的特别保护。其中，《宪法》第四十五条规定的"中华人民共和国公民在年老、疾病或者丧失劳动能力的情况下，有从国家和社会获得物质帮助的权利"，以及"国家发展为公民享受这些权利所需要的社会保险、社会救济和医疗卫生事

业”的规定则成为医药卫生法的直接宪法依据。

第二节　《宪法》是医药卫生法的立法依据

一、《宪法》中关于医药卫生法的立法内容

医药卫生立法须在《宪法》的指引下进行，《宪法》作为我国的根本大法，不仅规定了我国最根本、最重要的问题，具有最高的法律效力，也是国家立法活动的基础，是制定各种法律法规等规范性文件的依据。我国《宪法》中有关保护公民生命健康的医药卫生方面的条款，就是我国医药卫生法的立法依据。

（一）《宪法》中关于医药卫生事业发展的总体规定

我国《宪法》首先在第二十一条第一款规定：“国家发展医疗卫生事业，发展现代医药和我国传统医药，鼓励和支持农村集体经济组织、国家企业事业组织和街道组织举办各种医疗卫生设施，开展群众性的卫生活动，保护人民健康。”这是对医疗卫生事业的基本政策，保护人民健康是医药卫生事业发展的根本目的。《宪法》为医疗卫生事业发展指引了方向，在这样的方针指引之下，我国医药卫生事业才能有法可依，有章可循。

（二）《宪法》中关于公民基本医药卫生权利的具体规定

1. 人权条款。《宪法》第三十三条第三款规定：“国家尊重和保障人权。”这是2004年《宪法》修正案的重要内容，将“国家尊重和保障人权”写入宪法，对我国的医药卫生立法与司法具有重要的指导作用。人权是在具体的法律中体现出来的。尊重和保障人权，意味着社会关系的调整要更加注重权力和权利的平衡，权力和责任的平衡、权利和义务的平衡。通过立法，合理配置个人与社会、个人与个人的权利义务关系，实现社会的和谐有序发展。具体到我国的立法实践，就是要坚持以人为本、立法为民，忠实于人民的利益，对人民负责。在程序上，就是要广泛听取人民群众的意见和建议，广集民意、博纳民智，做到立法决策的民主化、科学化。

2. 物质帮助权条款。《宪法》第四十五条规定：“中华人民共和国公民在年老、疾病或者丧失劳动能力的情况下，有从国家和社会获得物质帮助的权利。国家发展为公民享受这些权利所需要的社会保险、社会救济和医疗卫生事业。国家和社会保障残废军人的生活，抚恤烈士家属，优待军人家属。国家和社会帮助安排盲、聋、哑和其他有残疾的公民的劳动、生活和教育。”物质帮助权是指公民享有的获得国家经济保障的权利，当公民因年老、丧失劳动能力而无法获得所必需的生活物质，或因疾病而面临生存危机时，可以向国家寻求物质帮助，国家不

得拒绝。对于社会的多数成员来说，生存权的实现是通过“劳动—财产—维持生存”的定式得到实现的，而对于具有生存障碍的社会弱者，生存权的实现则是通过另一种定式“物质请求—国家帮助—维持生存”得到保障。物质帮助权在现代社会具有重要的意义，即使有生存能力的劳动者也避免不了随时都可能发生的意外灾难。而对于老、弱、病、妇、幼等社会弱者来说，物质帮助权是他们可依赖的保障，可以消除他们的生存障碍。从这种社会保障与弱者生存的关系观察，我们甚至可以这样认为，物质帮助权就是社会弱者的生存权。这种形式的生存权对于社会强者而言是在他是强者时才不需要，一旦他沦为弱者，物质帮助权就是他原来生存权的自然延伸。

3.社会保障条款。《宪法》第四十四条规定：“国家依照法律规定实行企业事业组织的职工和国家机关工作人员的退休制度。退休人员的生活受到国家和社会的保障。”

4.特殊人群保护条款。《宪法》第四十九条规定：“婚姻、家庭、母亲和儿童受国家的保护。夫妻双方有实行计划生育的义务。父母有抚养教育未成年子女的义务，成年子女有赡养扶助父母的义务。禁止破坏婚姻自由，禁止虐待老人、妇女和儿童。”

5.计划生育政策条款。《宪法》第二十五条规定：“国家推行计划生育，使人口的增长同经济和社会发展计划相适应。”

二、医药卫生法以《宪法》为立法依据的具体表现

我国《宪法》中有关国家发展医药卫生事业，保护人民健康的规定，为新时期医药卫生立法指明了方向，提供了依据。1985年，卫生部组建了医疗立法调研起草小组，制定了医疗卫生行政立法规则。1988年，卫生部成立了政策法规司，使医药卫生法制建设有了组织保证，随后又组建了卫生监督司，以强化全国卫生监督的调控、管理和指导。党的十五大确立了依法治国的基本治国方略，为医药卫生立法工作创造了良好的社会大环境。

之后，我国立法者为了保障公民的医药卫生基本权利的实现，保障医药卫生事业的健康发展，在医药卫生领域陆续组织进行了多项立法，最终形成了完善的医药卫生法律体系。例如，为了规范社会保险关系，维护公民参加社会保险和享受社会保险待遇的合法权益，使公民共享发展成果，促进社会和谐稳定，根据《宪法》，制定了《社会保险法》，国家建立基本养老保险、基本医疗保险、工伤保险、失业保险、生育保险等社会保险制度，保障公民在年老、疾病、工伤、失业、生育等情况下依法从国家和社会获得物质帮助的权利；为了实现人口与经济、社会、资源、环境的协调发展，推行计划生育，维护公民的合法权益，促进家庭幸福、民族繁荣与社会进步，根据《宪法》，制定了《人口与计划生育法》；为了保护未成年人的身

心健康，保障未成年人的合法权益，促进未成年人在品德、智力、体质等方面全面发展，培养有理想、有道德、有文化、有纪律的社会主义建设者和接班人，根据《宪法》，制定了《未成年人保护法》；为了维护残疾人的合法权益，发展残疾人事业，保障残疾人平等地充分参与社会生活，共享社会物质文化成果，根据《宪法》，制定了《残疾人保障法》；为保障老年人合法权益，发展老年事业，弘扬中华民族敬老、养老的美德，根据《宪法》，制定了《老年人权益保障法》；为了预防、控制和消除职业病危害，防治职业病，保护劳动者健康及其相关权益，促进经济社会发展，根据《宪法》，制定了《职业病防治法》；此外，还根据《宪法》，制定了《执业医师法》《药品管理法》《传染病防治法》《精神卫生法》等一系列医药卫生法。显然，上述法律的制定都是以《宪法》为依据的，所以《宪法》是医药卫生法的立法依据。

第三节　《宪法》是医药卫生法治运行的根本指导和保障

一、《宪法》为医药卫生法治运行指引方向

医药卫生法治是一个开放又全面的系统工程，是一个包括医药卫生立法、医药卫生执法、医药卫生司法、医药卫生守法、医药卫生法律监督、医药卫生法律服务和医药卫生法治人才培养等在内的庞大体系。医药卫生法治的良好运行关系医药卫生事业的发展，关系医药卫生体制改革的顺利进行。如何保证立法的科学、执法的严明、司法的公正、守法的自觉、法律监督的及时、法律服务的实效等法治基本状态的实现，只能依靠《宪法》指引方向和保驾护航，医药卫生法治的实现离不开《宪法》的指导。

《宪法》对医药卫生法治的指导主要体现在立法上。《立法法》规定："立法应当遵循宪法的基本原则，以经济建设为中心，坚持社会主义道路、坚持人民民主专政、坚持中国共产党的领导、坚持马克思列宁主义毛泽东思想邓小平理论，坚持改革开放。立法应当依照法定的权限和程序，从国家整体利益出发，维护社会主义法制的统一和尊严。立法应当体现人民的意志，发扬社会主义民主，坚持立法公开，保障人民通过多种途径参与立法活动。立法应当从实际出发，适应经济社会发展和全面深化改革的要求，科学合理地规定公民、法人和其他组织的权利与义务、国家机关的权力与责任。法律规范应当明确、具体，具有针对性和可执行性。"这落实到医药卫生立法中，就要求各级国家机关对医疗体制改革的法律制定工作要依据《宪法》，按照法治原则、人民主权原则、基本人权原则，依照法律程序，进行医药卫生法律法规的制定，深入群众，深入实际，认真调查研究，积极主动地、广泛地听取人民群众的意见，通过各种途径吸收人民群众和法律专家参

与立法过程，协调他们的不同利益。

二、《宪法》为医药卫生法治运行保驾护航

作为我国的根本大法、治国安邦的总章程，现行《宪法》从诞生之日起，就以其最大的权威性和最高的法律效力，成为维护国家统一、民族团结、经济发展、社会进步和长治久安的法律基础，成为中国共产党执政兴国、团结带领全国各族人民建设中国特色社会主义的法制保障。历经多次修改的《宪法》，在中国特色社会主义经济建设、政治建设、文化建设、社会建设、生态文明建设中发挥了极其重要的作用。

《宪法》也一直为我国医药卫生法治运行保驾护航，主要体现在执法、司法、守法和法律监督等环节。依法治国是我国的基本治国方略，其基本要求是：有法可依、有法必依、执法必严、违法必究。其中，有法可依是依法治国的前提，有法必依是依法治国的中心环节，执法必严是依法治国的关键，违法必究是依法治国的必要保障。医药卫生法治同样提出了上述要求，首先要有健全的法律制度，其次要构建医药卫生争议解决的多元体系，另外，更需要刚柔并济的人性化监管与执法队伍，《宪法》作为根本大法对于其中的关键问题进行了明确。例如，《宪法》第四十一条规定："中华人民共和国公民对于任何国家机关和国家工作人员，有提出批评和建议的权利；对于任何国家机关和国家工作人员的违法失职行为，有向有关国家机关提出申诉、控告或者检举的权利，但是不得捏造或者歪曲事实进行诬告陷害。对于公民的申诉、控告或者检举，有关国家机关必须查清事实，负责处理。任何人不得压制和打击报复。由于国家机关和国家工作人员侵犯公民权利而受到损失的人，有依照法律规定取得赔偿的权利。"

三、《宪法》保障医药卫生法治运行的实现

医药卫生法治运行的《宪法》保障不是简单地在宪法中规定生命健康权或相关权利就可以了，它包含着现代宪政的基本理念——权利本位和责任政府，它是以宪法为统领，以其他部门法为主力的保障体系，它是一个不断进步的过程。《宪法》为医药卫生法治运行提供根本指导与保障，《宪法》保障医药卫生法治是国家更好履行职责的需要，是健全基本权利体系的需要，是保证人民健康事业发展的需要。为了真正实现《宪法》对医药卫生法治的保障，要求我们树立正确的《宪法》保障理念，将《宪法》规范层面与《宪法》实施相统一，切实履行国家的《宪法》义务。

第四节　《宪法》中的生命健康权

一、生命健康权概述

（一）生命健康权的内涵

生命、健康和身体是每个公民最高的人格利益，生命健康权是公民最基本、最重要的权利，是公民享受其他权利的基础，在公民的各项人格权中处于首要地位。我国《民法通则》第九十八条规定："公民享有生命健康权。"据此，许多人将生命健康权当作一项权利，然而生命健康权实为生命权、健康权和身体权的统称，在民法理论中，一般将生命权、健康权、身体权合称为生命健康权。

1. 生命权。生命权是一项独立的人格权，自然人的生命非经司法程序，任何人不得随意剥夺。对生命权的理解，学界有不同的观点：第一种观点认为"生命权者，不受他人之妨害，而对于生命之安全享受利益之权利也"，第二种观点认为"生命权，为享受生命安全之人格的利益之权利"，第三种观点认为"生命权指公民在社会上生存的权利"，第四种观点认为"生命权是自然人以其性命维持和安全利益为内容的人格权"，第五种观点认为"生命权是以公民的生命安全的利益为内容的权利"。上述对生命权的界定中都包含了"生命安全利益"，这也是生命权的本质内容。

2. 健康权。健康是任何有生命物质维持其生命存在的重要生理指标，1948年世界卫生组织在其宪章中对健康所下的定义是："健康不仅是免于疾病和衰弱，而且是保持体格方面、精神方面和社会方面的完美状态。"1978 年 9 月，国际初级卫生保健大会发表的《阿拉木图宣言》中，重申对健康内涵的描述："健康不仅是疾病和体弱的匿迹，而且是身心健康、社会幸福的完美状态。"并且提出："健康是基本人权，达到尽可能的健康水平，是世界范围内的一项最重要的社会性目标。"健康权是自然人享有的以其身体的生理机能的完整性和保持持续、稳定良好的心理状态为内容的权利。健康权的客体是人体器官及各系统乃至身心整体的安全运行，以及功能的正常发挥，其内容主要包括健康保持权和特定情形下的健康利益支配权。健康权是公民享有的一项最基本人权，是公民享有一切权利的基础。

3. 身体权。我国《民法通则》关于人身权的规定中并没有涉及身体权，但是近年来更多的人认为，身体权是自然人的一项独立人格权。学界通说认为，身体权是自然人依法维护其身体的完整性并支配其肢体、器官和其他组织的人格权。身体是身体权的客体，它是指自然人的生理组织的整体，包括四肢、器官、毛发等。另外,不可以自由装卸的假肢、假牙、心脏起搏器等已构成肢体不可分离的一部分,也属于身体。身体权的首要内容是公民有权维护和保持自己身体整体的完全性和完整性。在许多情况下,加害人的行为虽没有破坏受害人的健康,但却破坏了受害人的身体完整,虽没有侵犯受害人的健康权,但已经侵害了他人的身体权。身体权的另一项重要内容是权利主体对自己身体组成部分的肢体、器官和其他组织的支配权。公民自愿决定死后将遗体捐赠也是身体支配权的表现之一。但是,身体支配权的行使应以不损害自身的身体健康为限,否则为法律所不允许。

(二)生命权、健康权、身体权的关系

生命权与身体权相互联系、相互依赖。无身体,生命则无所依托;无生命,身体的存在则没有任何实际意义。但是,生命权、身体权也相互区别:身体权维护的是人体整体构造的完整性,而生命权维护的是自然人生命的持续活动,"身体权因创伤而受侵害,生命权则非有死亡发生,不能认为受侵害"。

生命权与健康权有着密切的关系,相辅相成。生命权是健康权的基础,没有生命权,就没有健康权的存在,健康状况以生命的存在为基础;同时,生命的延续也依赖于健康状况和健康权的存在。健康权所体现的根本利益,在于维护人体的完善性,进而维持人体的正常生命活动。尽管生命和健康紧密相连,但它们却不是一个概念。生命和健康虽然同样存在于身体这一物质形态之中,相伴相存,但健康权维护的是自然人生理机能的正常运作和功能的完善发挥,生命权维护的是自然人的生命安全。另外,健康是维持人体正常生命活动的基础,当健康受到侵害时,无论是发生器质性的改变,还是功能性的改变,都可以经过医治而使其康复或好转,保持人体的生命能力。当生命权受到侵害的结果必然是生命的丧失,生命的丧失却具有不可逆转性。"健康损害的可康复性和生命损害的不可逆转性,是健康权和生命权的一个重要区别。此外,健康权以维持人体的正常生命活动为根本利益,但它不是以生命为客体,不是保护生命安全、生命价值的利益。这是健康权与生命权的另一重要区别。"并且,二者的人权属性不同,生命权属于自由权的范畴,由《公民权利和政治权利国际公约》规定,而健康权属于社会权的范畴,由《经济、社会及文化权利国际公约》规定。相应地,作为宪法上的基本权利,它们的性质不同,生命权主要是一种消极权利,侧重要求国家不得侵害,而健康权主要是一种积极权利,强调国家积极保护。

二、生命健康权在我国基本法律中的体现

生命健康权作为公民的一项基本权利,在我国的多部法律中均有体现,例如《民法通则》《刑法》《未成年人保护法》《药品管理法》《食品卫生法》《传染病防治

法》《执业医师法》等法律中均有关于对生命健康权保护的内容。例如,《刑法》第二百三十二条规定:“故意杀人的,处死刑、无期徒刑或者十年以上有期徒刑;情节较轻的,处三年以上十年以下有期徒刑。”第二百三十三条规定:“过失致人死亡的,处三年以上七年以下有期徒刑;情节较轻的,处三年以下有期徒刑。本法另有规定的,依照规定。”第二百三十四条规定:“故意伤害他人身体的,处三年以下有期徒刑、拘役或者管制。犯前款罪,致人重伤的,处三年以上十年以下有期徒刑;致人死亡或者以特别残忍手段致人重伤造成严重残疾的,处十年以上有期徒刑、无期徒刑或者死刑。本法另有规定的,依照规定。”第二百三十五条规定:“过失伤害他人致人重伤的,处三年以下有期徒刑或者拘役。本法另有规定的,依照规定。”

上述《刑法》法条分别是对故意杀人、过失杀人、故意伤害和过失伤害等犯罪行为定罪量刑的规定,上述罪名正是直接体现了对生命健康权的刑法保护。另外,《未成年人保护法》中也多处体现了对生命健康权的保护,例如该法第十条规定:“父母或者其他监护人应当依法履行对未成年人的监护和抚养义务,不得虐待、遗弃未成年人;不得歧视女性未成年人或者有残疾的未成年人;禁止溺婴、弃婴。”第二十二条规定:“学校、幼儿园、托儿所应当建立安全制度,加强对未成年人的安全教育,采取措施保障未成年人的人身安全。学校、幼儿园、托儿所不得在危及未成年人人身安全、健康的校舍和其他设施、场所中进行教育教学活动。学校、幼儿园安排未成年人参加集会、文化娱乐、社会实践等集体活动,应当有利于未成年人的健康成长,防止发生人身安全事故。”

但是“生命健康权”作为一个法律名词在我国法律中使用得并不多,在1986年4月12日第六届全国人民代表大会第四次会议通过并于1987年1月1日起施行的《民法通则》第九十八条中规定:“公民享有生命健康权。”这是生命健康权这一概念在我国基本法律中的首次使用。《民法通则》第一百一十九条又对侵犯生命健康权的责任承担方式进行了具体规定:“侵害公民身体造成伤害的,应当赔偿医疗费、因误工减少的收入、残废者生活补助费等费用;造成死亡的,并应当支付丧葬费、死者生前抚养的人必要的生活费等费用。”此外,在1992年4月3日第七届全国人民代表大会第五次会议通过的《中华人民共和国妇女权益保障法》的第三十八条中也出现了“生命健康权”的表述,该条规定:“妇女的生命健康权不受侵犯。禁止溺、弃、残害女婴;禁止歧视、虐待生育女婴的妇女和不育的妇女;禁止用迷信、暴力手段残害妇女;禁止虐待、遗弃病、残妇女和老年妇女。”

三、生命健康权在《宪法》中的体现

我国《宪法》并没有直接规定“生命健康权”这一基本权利,但并不是说我国

《宪法》没有对生命健康权进行保障,《宪法》对生命健康权的规定主要体现在下述法条中:

《宪法》第三十三条规定:“凡具有中华人民共和国国籍的人都是中华人民共和国公民。中华人民共和国公民在法律面前一律平等。国家尊重和保障人权。任何公民享有宪法和法律规定的权利,同时必须履行宪法和法律规定的义务。”

《宪法》第三十七条规定:“中华人民共和国公民的人身自由不受侵犯。任何公民,非经人民检察院批准或者决定或者人民法院决定,并由公安机关执行,不受逮捕。禁止非法拘禁和以其他方法非法剥夺或者限制公民的人身自由,禁止非法搜查公民的身体。”

《宪法》第三十八条规定:“中华人民共和国公民的人格尊严不受侵犯。禁止用任何方法对公民进行侮辱、诽谤和诬告陷害。”

《宪法》第四十五条规定:“中华人民共和国公民在年老、疾病或者丧失劳动能力的情况下,有从国家和社会获得物质帮助的权利。国家发展为公民享受这些权利所需要的社会保险、社会救济和医疗卫生事业。国家和社会保障残废军人的生活,抚恤烈士家属,优待军人家属。国家和社会帮助安排盲、聋、哑和其他有残疾的公民的劳动、生活和教育。”

《宪法》第四十九条规定:“婚姻、家庭、母亲和儿童受国家的保护。夫妻双方有实行计划生育的义务。父母有抚养教育未成年子女的义务,成年子女有赡养扶助父母的义务。禁止破坏婚姻自由,禁止虐待老人、妇女和儿童。”

四、生命健康权应当被明确写入《宪法》

(一)生命健康权入宪符合世界宪政实践趋势

生命健康权入宪是世界上多数国家的做法。据有关资料显示,截至 2010 年 4 月底,在联合国 192 个会员国中,共有 161 个国家的《宪法》以各种方式规定了生命权,占 84%。另据 Eleanor D. Kinney 和 Brain Alexander Clark 教授 2004 年对“二战”后世界各国《宪法》的统计分析,目前世界上有超过 2/3 的国家《宪法》规定了健康权条款。世界上最早规定健康权的《宪法》是 1925 年智利《宪法》。“二战”以后,健康权进入国际人权法领域,并逐渐得到更多国家《宪法》的保障。意大利《宪法》第三十二条包括两个方面的内容:一是公民获得健康服务的权利,包括贫穷者(尤其是工人)获得免费健康服务的权利;二是防止侵害的权利,包括公民保持身体和心理的完整权和身份认同权,例如性别认同权等。保加利亚《宪法》第五十二条第一款规定:公民有健康保险权,保证他们能够获得医疗救护,并在符合法律规定的条件下、依法律程序获得免费的医疗救护。第三款规定:国家保护公民健康并鼓励发展体育和旅游事业。第四款规定:除非法律另行规定，任何人不被强迫接受医疗和卫生措施。俄罗斯《宪法》第二章“人和公民的权利和自由”第四十一条规定“人人享有健康保护权和医疗帮助权”。

（二）生命健康权入宪是保障公民基本权利的现实需要

生命是神圣的，健康是宝贵的，生命健康权是自然人的首要基本权利，宪法作为公民基本权利的保障书，应当将这一基本权利明确纳入《宪法》关于公民基本权利的保障体系，只有这样，才能使生命健康权得到全面的重视与落实。否则，忽视和侵犯生命健康权的事件就难以控制。我国目前实践中频繁发生的包括煤矿事故和交通事故在内的各种死亡事故，与人们包括受害人缺乏生命安全意识相关，与有关部门和有关人员特别是领导干部不重视生命健康权相关，与国家在生命安全方面的立法不严、执法不力相关，与生命健康权在《宪法》中的缺位相关。关于生命健康权的立法、执法缺乏《宪法》的监督，就会导致公民的生命健康权屡受侵犯又无力救济。

（三）生命健康权入宪是完善现行《宪法》的必然要求

生命健康权入宪不仅是世界宪政实践的潮流，是保障公民基本权利的需要，在很大程度上，生命健康权是否入宪也已经成为各国《宪法》基本权利体系是否健全的一个标志，生命健康权有关《宪法》保障已经成为各国人权保障程度的一个衡量尺度。我国现行《宪法》中公民的基本权利体系中有包括平等权、政治自由、人格尊严、财产权益、社会经济权利等在内的一系列权利，但是缺乏对公民基本生命权和健康权的规定，为完善我国现行《宪法》公民的基本权利体系，我们应当将生命健康权入宪。

思考题

1.《宪法》在医药卫生法治领域的地位和作用是什么？

2. 生命健康权在相关法律中是如何体现的？

3. 生命健康权是否有必要写入《宪法》？

第三章　医药卫生法概述

本章要点:医药卫生法是指由国家制定或认可,并由国家强制力保证实施的,旨在调整和保护公民生命健康活动中形成的各种社会关系的法律规范的总和。通过本章的学习,需要理解医药卫生法的概念和特征、调整对象及基本原则,熟悉医药卫生法的渊源,了解医药卫生法的发展历史。

第一节　医药卫生法的概念和特征

一、医药卫生法的概念

医药卫生法是指由国家制定或认可,并由国家强制力保证实施的,旨在调整和保护公民生命健康活动中形成的各种社会关系的法律规范的总和。

此定义主要包含以下几层含义:(1)医药卫生法是国家法律体系的重要组成部分,是依法治国中不可缺少的一环,它具有法律的一般属性,具有普遍约束力和国家强制性。(2)医药卫生法有特定的调整对象,旨在调整和保护人体生命健康,以及在相关活动中形成的各种社会关系,从而区别于其他法律规范。(3)医药卫生法律规范既可以是单独制定的法律、行政法规、地方性规章等法律文件,又可以是其他法律规范中有关医药卫生的条款。

医药卫生法有广义和狭义之分。广义的医药卫生法,是指由国家有权立法的机关制定、认可、解释、修改和废止的与公民生命健康相关的法律规范的总和。具体而言,根据我国《立法法》的规定,它主要是指全国人民代表大会及其常务委员会制定的医药卫生法律、国务院制定的医药卫生行政法规、地方(含省、自治区、直辖市,省、自治区的人民政府所在地的市,经济特区所在地的市和经国务院批准的较大的市)人民代表大会及其常务委员会制定的地方性医药卫生法规、民族自治地方(含自治区、自治州、自治县)人民代表大会制定的民族自治条例和医药卫生单行条例、国务院各部门(含各部、委员会、中国人民银行、审计署和具有行政管理职能的直属机构)制定的含有医药卫生内容的部门规章、地方(含省、自治区、直辖市,省、自治区的人民政府所在地的市,经济特区所在地的市和经国务院批准的较大的市)人民政府制定的地方政府医药卫生规章等。此外,特别行政区根据全国人民代表大会授权并依照特别行政区基本法的规定制定的医药卫生法律规范，也应纳入广义的医药卫生法范畴。

狭义的医药卫生法，是指拥有国家立法权的机关制定、认可、解释、修改和废止的医药卫生法律规范的总和。根据我国《立法法》的规定，拥有国家立法权的机关是全国人民代表大会及其常务委员会，其中由全国人民代表大会制定的医药卫生法律称为医药卫生基本法，由全国人民代表大会常务委员会制定的医药卫生法律称为医药卫生基本法以外的医药卫生法。

二、医药卫生法的特征

医药卫生法作为我国法律体系的重要组成部分，不仅具有法律的一般特征，还因其独特的调整对象而具有鲜明的特征。

（一）医药卫生法规定的内容具有广泛性

医药卫生法以保护公民的生命健康权益为立法宗旨，而公民的生命健康权是公民人身权中最基本、最重要的一项权利，涉及的内容相当广泛。医药卫生法在医疗机构管理、医药卫生技术人员管理、医疗相关产品管理、药品管理、民族医药管理、药品知识产权保护、公共卫生监督、精神卫生、疾病预防与控制、卫生资源管理等方面都有相关规定，涉及医、药、卫生等多个领域。

（二）医药卫生法与自然科学密切相关，具有较强的技术性

医药卫生法是法律与医学、药学等自然科学交叉结合的产物。医学、药学等自然科学的发展不仅为保护人类的生命健康提供新技术，也带来许多法律问题，如脑死亡、器官移植、安乐死、代孕技术等问题的出现，可能会引起一些犯罪行为的发生，需通过医药卫生法针对这些新兴医学科学技术进行必要的规制，以实现对人体生命健康权益的保护。医药卫生法与医学等自然科学紧密联系，相互促进，互为依存，是其他众多法律所难以比拟的。同时，我们也可以看到，人们在预防疾病、诊断治疗、康复保健等过程中，逐渐总结出一套防病治病的办法和操作规程，而国家通过一定程序将这些技术规范加以法律化，构成了医药卫生法的重要内容。因此，医药卫生法具有技术性强的特点，与其他法律规范有显著区别。

（三）医药卫生法调整社会关系的手段具有多样性

医药卫生法以医药卫生社会关系为主要的调整对象，医药卫生社会关系既存在于医药卫生行政部门及其工作人员之间，也存在于医药卫生行政部门、工作人员与患者之间。其调整社会关系的复杂性，决定了医药卫生法调整社会关系手段的多样性。在医药卫生法律关系中，既可以通过行政法律法规进行调整，又可以通过民事法律法规及刑事法律法规进行调整。就医药卫生行政执法主体而言，它不仅需要用层级监督手段来处理内部上下级关系，而且需要用行政手段来

管理辖区内的各种公共卫生行为和医疗保健活动。就医药卫生行政内容而言，不仅需要用行政许可、行政处罚、行政强制措施等多种手段来确保公民健康权，而且需要用行政复议、行政诉讼、行政赔偿等手段来处理行政争议，以及因违法的行政行径、司法途径处理的医患关系，而且需要借助行政手段和经济手段来处理内部关系。在实践中，当患者的健康权受到医务人员的不法侵害时，既可以追究医疗机构及其医务人员的行政责任，又可以追究其相应的民事赔偿责任及刑事责任。

（四）医药卫生法具有一定的社会共同性

医药卫生法的根本任务是预防和消灭疾病，保护人体生命健康。疾病的发生和流行没有国界、地域和人种的限制，也不会因为国家制度的不同而使疾病的预防与治疗有所不同，只不过可能在措施、方法方面存在差异。随着社会的发展和进步，人类的生命健康受到全球范围内的关注，各国的医药卫生法在因地制宜地保留其自身特色以外，都比较注意加强相互之间的学习和借鉴，把其中反映健康领域内具有社会共同性的问题和要求，纳入各国的医药卫生立法之中。此外，虽然医药卫生法同其他法律一样具有鲜明的阶级性，它的制定必须体现执政阶级的共同利益和意志，然而就它规范的具体内容讲，也体现出其他阶级、阶层和各界人士的利益和愿望。因此，医药卫生法与其他的法律规范相比，表现出了一定的社会共同性，反映了全社会的共同需要。

第二节 医药卫生法的调整对象及基本原则

一、医药卫生法的调整对象

医药卫生法的调整对象，主要指保护人体生命健康权益并规范与人体生命健康相关活动和行为中形成的各种社会关系。医药卫生法的调整对象，具有内容复杂性、范围广泛性和层次多级性等特点，这也是医药卫生法能成为新的独立法律部门的主要原因。根据不同划分标准，医药卫生法的调整对象为：

（一）根据调整社会关系的性质

1.民事法律关系。在医药卫生活动中，其中很大一部分是医药卫生机构与公民或者法人之间形成的医疗保健服务关系，这种社会关系从性质上属平等民事主体之间的关系，即民事法律关系。

2.行政法律关系。主要指在医药卫生行政管理机关依法履行对医药卫生事务的监督管理职能过程中，与行政管理的相对人之间形成的社会关系。如医药卫生行政部门对医药卫生机构的设置、医药卫生人员执业资格的审批和对于人体生命健康密切相关产品的市场监管等。

3.刑事法律关系。医药卫生法的根本目的在于保护人体生命健康，对于那些生产不合格药品、器械、食品等严重损害人体生命健康的行为，除规定承担民事损害赔偿责任外，还须承担相应的刑事责任。如我国《刑法》中设有专章表述"危害公共卫生罪"，《食品安全法》《执业医师法》《药品管理法》等医药卫生相关法律也对刑事犯罪相关问题做了相应规定。

（二）根据调整社会关系的主要内容

1.调整生命健康权益保护关系。生命健康权是我国《宪法》赋予公民并给予保障的基本人权，医药卫生法的根本目的就在于保护人体生命健康。因此，在人体生命健康相关的各种活动中形成的社会关系，都是医药卫生法的调整对象，包括公民的生育权、隐私权、身体权等的保护，医护人员生命健康权益的保护，患者等特殊人群生命健康权益的保护等。

2.调整医药卫生资源配置关系。医药卫生法需针对国家各地区经济发展状况和人口分布情况，合理配置医药卫生资源，从而使每个人都能够平等地享受基本的医药卫生服务。主要包括对各种医药卫生机构的设置与管理、医药卫生人力资源的配置与管理、对各种医药市场的合理布局与设置、对突发公共卫生事件应急管理中所需的医药卫生人力、物力、财力等资源的合理配置与储备等。

3.调整生命科学技术应用中形成的新型特殊社会关系。现代社会经济、文化和医学科学技术的高度发展，使得人们能够不断寻求高质量的生活，越来越关注健康与长寿问题。因此，为了促进人们享受高质量的生活，各种新的生命科学技术被不断研发和应用，比如基因工程技术、器官移植技术、人工辅助生殖技术等，伴随这些医药科技活动的开展，不断出现许多新型社会关系，而这些社会关系具有其他法律所无法调整的各种特殊性，需由医药卫生法来调整。

4.调整国际医药卫生关系。国际医药卫生关系是医药卫生法调整的重要对象，主要是指各级医药卫生行政机关、医疗保健服务机构及其他医药卫生有关企事业单位、社会团体和个人，在共同遵守我国缔结和加入的有关医药卫生方面的国际条约和国际公约时，与其他国际医药卫生组织和个人之间所产生的权利义务关系。

事实上，医药卫生法的制定、修改、完善的过程，也是医药卫生法调整对象不断变更、完善的过程。随着人类社会的不断发展进步，已有的某些医药卫生法调整的对象会逐步退出其调整的范围，而许多新兴的医药卫生关系会因社会发展需要而纳入医药卫生法进行调整，这是医药卫生法治发展的必然趋势。

二、医药卫生法的基本原则

医药卫生法的基本原则，是指贯穿于整个医药卫生法律规范中，对调整医药卫生法律关系具有普遍指导意义的准则。由于我国医药卫生法没有统一的法典,对医药卫生法的基本原则没有明确统一的规定,只能通过对散见的众多医药卫生法律规范内容进行理论上的抽象、概括和总结。这些准则是我国宪法有关原则在医药卫生法中的具体体现,也是国家医药卫生工作的根本方针和政策在医药卫生法中的具体体现。

(一)保护公民生命健康权益原则

保护公民的生命健康权益,是我国医药卫生法的根本目的和首要宗旨,一切与公民生命健康相关的活动都应遵循这一基本原则。这一原则的基本要求是,在医药卫生法的制定和实施过程中,无论是立法者、行政管理和执法者,还是医药卫生机构等企业、事业单位,以及社会团体和自然人,都必须时刻将保护公民的生命健康权益放在首位,一切与生命健康相关的医药卫生活动和行为都应围绕这一原则进行,任何侵犯生命健康权益并造成其损害的行为都应依法承担相应的法律责任。

(二)保障国家医药卫生事业公益性原则

将保障国家医药卫生事业公益性原则作为医药卫生法的基本原则之一,是国家将医药卫生发展改革成果惠及全体社会成员的突出体现,是实现宪法所赋予的公民基本生命健康权利和维护社会公平正义的重要内容。这一原则的基本要求是,国家医药卫生事业特别是公共医疗卫生服务活动的各个方面,都应切实体现和落实公益性原则,增强政府的投入和监管责任,鼓励社会各界积极支持和参与医药卫生事业,保障所有公民都能平等地享有基本的医药卫生服务。

(三)政府监督与全民参与相结合原则

由于医药卫生法与公民的生命健康息息相关,因此全社会都应广泛参与,积极行动起来,在政府的主导下形成合力。一方面,政府卫生行政部门和法律授权承担公共卫生事务管理的组织要积极履行职责,对管辖范围内的社会组织和个人严格开展医药卫生监督,包括医政监督、药政监督、防疫监督和其他有关卫生监督,加大对违法行为的处罚力度;另一方面,由于医药卫生法的实施,有赖于每个公民的自觉参与、遵守和监督,因此,鼓励全体公民自觉广泛参与,将民众监督与政府监督有机结合,从而有效防止生命健康权益受到侵犯。

第三节　医药卫生法的渊源

一、医药卫生法渊源的概念

医药卫生法的渊源,也称医药卫生法的法源,是指医药卫生法的各种外在表现形式。我国医药卫生法的渊源主要表现为各种制定法，而判例、法理、习惯等不是我国医药卫生法的渊源。

二、医药卫生法渊源的具体形式

（一）《宪法》

《宪法》是我国的根本大法，规定了公民的基本权利义务等国家和社会生活中最根本、最重要的问题，其中也包括了发展医药卫生事业等基本制度，是我国医药卫生法重要的法律渊源。比如《宪法》第二十一条明确规定："国家发展医疗卫生事业，发展现代医药和我国传统医药，鼓励和支持农村集体经济组织、国家企事业组织和街道组织举办各种医疗卫生设施，开展群众性的卫生活动，保护人民健康。"

（二）医药卫生法律

医药卫生法律是指由全国人民代表大会及其常务委员会制定的关于医药卫生方面的法律，它是效力仅次于《宪法》的主要渊源。医药卫生法律可分为医药卫生基本法律和医药卫生基本法律之外的医药卫生法律。前者是指由全国人民代表大会制定和修改的医药卫生基本法，其应当规定我国医药卫生事业发展中的最基本问题，如国家对医药卫生事业相关领域实行的基本制度，国家医药卫生工作的基本政策、方针和原则，国家医药卫生资源及人才资源的合理配置等。目前我国尚未制定统一的医药卫生基本法，而医药卫生基本法律之外的医药卫生法律主要有《执业医师法》《献血法》《药品管理法》《人口与计划生育法》《传染病防治法》《职业病防治法》《食品安全法》《红十字会法》《母婴保健法》《国境卫生检疫法》等。此外，在这一层级的医药卫生法律渊源中，还应包括如《民法》《合同法》《婚姻法》《侵权责任法》《刑法》《环境保护法》《劳动法》《诉讼法》等其他法律部门中有关医药卫生方面的法律规定。

（三）医药卫生行政法规

医药卫生行政法规，是指由国务院根据《宪法》、法律和全国人民代表大会及其常务委员会授权所制定的医药卫生规范性法律文件。我国已经颁布的医药卫生行政法规涉及的内容非常广泛，有的是由国务院直接颁布的，有的是经国务院授权批准，以国家医药卫生行政部门名义颁布的。包括《医疗事故处理条例》《医疗机构管理条例》《公共场所卫生管理条例》《精神药品管理办法》《血液制品管理条例》等等。

（四）医药卫生部门规章

医药卫生部门规章，是指由国务院各部委根据《宪法》、法律和国务院的行政法规、决定、命令，在本部门的权限范围内，制定的与人体生命健康相关的医药卫生规范性法律文件，如《护士管理办法》《保健食品管理办法》等。国务院相关部委主要包括国家卫生和计划生育委员会、国家环境保护部、国家食品药品监督管理局、国家进出口商品检验检疫局等。

(五)地方性医药卫生法规

地方性医药卫生法规，是指由省、自治区、直辖市、省会政府所在地的市和经国务院批准的较大的市的人民代表大会及其常务委员会依法制定和批准的有关医药卫生方面的规范性法律文件，如《江苏省职业病防治条例》等。

(六)医药卫生民族自治条例和单行条例

医药卫生民族自治条例和单行条例，是指由民族自治地方的人民代表大会依法在其职权范围内依照当地的政治、经济、文化的特点，制定的有关本地区医药卫生方面的规范性法律文件。

(七)医药卫生地方政府规章

地方政府医药卫生规章，是指由省、自治区、直辖市及省会所在地的市和经国务院批准的较大的市的人民政府，根据医药卫生法律、医药卫生行政法规和地方性医药卫生法规的规定，依法在其职权范围内制定和发布的有关本地区医药卫生方面的法律文件。

(八) 医药卫生标准

医药卫生标准，是指为实施国家医药卫生法律法规，保护人体生命健康，针对医药卫生领域中有关事项制定的各类技术规范。医药卫生法具有技术控制和法律控制的双重性质，因此，医药卫生标准就成为医药卫生法律体系中重要的组成部分。医药卫生标准按照适用范围可分为国家标准、地方标准和行业标准，按照性质可分为强制性标准和推荐性标准。医药卫生标准的法律效力虽然不如法律、法规、规章，但是由于医药卫生法律法规只对医药卫生管理中的相关问题做了原则性规定，而医药卫生各种行为都需要严格依照相关的标准进行操作，所以在医药卫生领域里，医药卫生标准处于相当重要的地位。

(九)医药卫生国际条约

医药卫生国际条约，是指我国与外国缔结的或者我国加入并生效的有关医药卫生方面的国际法规范性文件。只要是我国已经加入或者签署的医药卫生国际条约，除我国声明保留的条款以外，对我国国家机关和公民都有相应的约束力。所以，医药卫生国际条约也是我国医药卫生法的渊源之一。

这些组成医药卫生法渊源的制定法，有着各自不同的效力等级和适用范围。根据法的效力等级原则，医药卫生法特别法的效力优于医药卫生一般法，医药卫生领域的新法优于旧法，法律文本的效力优于法律解释。而医药卫生法的适用范围，有的在全国范围内普遍有效，有的仅在特定地区和领域内有效。

第四节　医药卫生法的发展历史

一、国外医药卫生法的发展历史

早在公元前3000年左右，古埃及就颁布了公共卫生法律；公元前2000年，古印度制定了《摩奴法典》；公元前18世纪，古巴比伦王国第六代国王汉谟拉比颁布了《汉谟拉比法典》，医药卫生方面的条文就有40余款；公元前450年左右，古罗马奴隶制社会先后颁布的《十二铜表法》《阿基拉法》《科尼利阿法》等，都有比较完备的法律体系和完善的医药卫生法律规范，为世界医药卫生立法奠定了良好的发展基础。

公元5世纪到15世纪，欧洲封建国家先后兴起，由于商品生产和流通的快速发展，加之连年战乱，鼠疫、天花、霍乱等传染病大肆流行，促使人类在与疾病抗争的过程中不断积累经验，用隔离、焚烧污染物、管制交通等强制性的措施防病治病。这个时期，不少国家也都加强了医药卫生立法，调整的范围逐渐扩大，内容涉及公共卫生、医事制度、食品和药品管理、学校卫生管理、卫生检疫等方面。到了中世纪中后期，法国、英国等国家制定了医药卫生成文法，如《医师开业法》《纽伦堡药典》等，形成了近代医药卫生法律的雏形。

近现代以来，随着工业革命的发展和生产技术的进步，医药卫生立法受到各国普遍重视，一些新兴资本主义国家都制定了与人体生命健康密切相关的医药卫生法律规范。如1802年英国颁布了《学徒健康与道德法》，1833年制定了《清除污染物与预防疾病法》和《澡堂与洗衣房法》，1848年颁布了《卫生法》，1859年颁布了《药品食品法》，1878年，英国颁布了《全国检疫法》，以后又逐步制定了《助产士法》《妇幼保健法》《精神缺陷法》《国家公共卫生服务法》《卫生和安全法》等；日本从1874年开始建立医事制度，制定了《医务工作条例》，1925年颁布了《药剂师法》，1933年颁布了《医师法》《诊所管理规则》，1942年制定了《国民医疗法》，1948年制定了《药事法》《医疗法》；美国1866年通过了《都市保健法案》，1906年颁布了《纯净食品与药品法》，1914年制定了《联邦麻醉剂法令》，1938年制定了《联邦食品药品和化妆品法案(FDCA)》等。

第二次世界大战后，尤其是1948年WHO成立以来，为实现其组织宗旨“使全世界人民获得可能的最高水平的健康”，把提出国际卫生公约、规则和制定食品卫生、药品、生物制品的国际标准、诊断诊治的国际规范和标准等，作为自己的重要任务。并以此为指导，与联合国等其他组织共同努力，制定了一系列国际社会共同遵守的医药卫生法规和相关合作规定，包括1961年的《麻醉药品单一公约》、1971 年的《精神药物公约》、1974 年的《职业性肿瘤公约》、1975 年的《残疾者权利宣言》、1988 年的《联合国禁止非法贩运麻醉药品和精神药物公约》、1998 年的《21 世纪人人享有卫生保健》、2005 年新的《国际卫生条例》等。

综观各国医药卫生立法，涉及社会生活的各个方面，主要有社会公共卫生立法、医院管理和卫生技术人员管理立法、药品管理立法、保障公民健康权益立法以及科技发展立法等。特别是 20 世纪 60 年代以来，世界医学法学协会、国际医师和护士组织等相继开展了多项活动，召开多种会议，发表相关宣言，为各国的医药卫生立法与实践提供了重要参考。

二、我国医药卫生法的发展历史

（一）古代社会的医药卫生法

我国医药卫生法有文字记载最早可追溯到殷商时期，战国时期《韩非子·内储说》上有“弃灰于道者断其手”的记载；周代建立了我国最早的专门医事管理制度，包括司理医药的机构、病历书写和医生考核制度等；从秦代起，我国封建社会有了比较系统的法典，比如《秦律》《汉律》，其中也规定了医药卫生方面的有关内容；随着社会经济和医药卫生事业的不断发展，唐宋时期医药卫生立法已经有了比较详细的记载，医药卫生活动有了系统的法律规定，《唐律》是世界上封建社会中最系统、最严密的法典之一，其中许多条文涉及医药卫生；宋朝开设了国家药局，制定了生产药品的法定标准《太平惠民和剂局方》，这是我国也是世界上最早的药品标准，而《安济法》规定了医务人员人数及升降标准，是我国最早的医院管理规章；元朝的《元典章》是研究元代政治、经济、法律、风俗的重要资料，其中有关医生、医疗机构、药品管理、法医勘验、禁治庸医等方面都做了法律规定；明朝《大明会典》不仅对医生的录用及从医做了严格规定和限制，还对使用毒药杀人、庸医杀人的处罚以及医疗事故与责任等都做了明确规定；清朝则基本上沿袭了明朝的医药卫生法律制度。

（二）近代社会的医药卫生法

1840 年以后，中国沦为了半殖民地半封建社会，太平天国的《太平条规》《刑律诸条禁》对医院制度、医疗公费、公共卫生的法制建设做了一次特殊的尝试。

民国时期的医药卫生法是我国医药卫生法的专门化、具体化时期，在国民中央政府设有中央卫生署即卫生部，负责全国医药卫生工作，国家颁布了《传染病预防条例》《医师暂行条例》《助产士条例》《公立医院设置条例》等医药卫生法律规范，医药卫生管理制度日趋完备。但由于政治腐败、经济衰落，医药卫生法律规定只能被束之高阁。

新民主主义革命时期，中华苏维埃政府于 1931 年颁布了《劳动法》，规定政府实行医疗卫生制度，凡因病、因工作致病或受伤、患职业病时，免费医疗。1933年又先后颁布了《卫生运动纲要》《卫生防疫条例》《暂行传染病预防条例》等，体现了政府保障军民健康，依靠群众广泛开展防病治病的思路。抗日战争到新中国成立时期，从陕甘宁边区政府开始，通过了《陕甘宁防疫委员会组织条例》《陕甘宁边区医师管理条例》，晋察冀边区政府制定了《护士工作条例》，山东军区颁布了《伤病员住院规则》。解放战争时期，解放军总后勤部卫生部制定了《工作计划大纲》《连队卫生工作条例》《战时卫生勤务条例》，解放区的各级人民政府也制定了一些卫生法规，对于依靠发动群众改善卫生条件，保障军民健康，支持革命战争，发挥了积极作用，也为新中国的医药卫生立法奠定了基础。

（三）中华人民共和国成立后的医药卫生法

中华人民共和国成立后，国家制定了大量医药卫生法律法规来促进医药卫生事业的发展和保障公民的身体健康，先后颁布了《中央人民政府卫生组织条例》《管理麻醉药品暂行条例》《种痘暂行办法》《交通检疫暂行办法》《医院诊所管理暂行条例》等医药卫生法律文件。

20世纪50年代后期，在《宪法》的指导下，国家先后颁布了大量的医药卫生法律文件，如《卫生防疫暂行办法》《传染病管理办法》《工厂安全卫生规程》《食品卫生管理试行条例》《饮用水质标准》等一系列条例和标准。1957年，第一届全国人民代表大会常务委员会通过的《中华人民共和国国境卫生检疫条例》，是新中国历史上第一部真正意义上的医药卫生法律。从1954年至1966年，国务院和卫生部制定发布了上百个医药卫生法律文件，使我国医药卫生事业逐步从技术管理、行政管理向法制管理发展。

20世纪80年代开始，我国医药卫生立法也进入了迅速发展的新时期。1982年《宪法》对发展国家医药卫生事业、保护人民健康做了明文规定，为新时期的医药卫生立法提供了立法依据。1985年卫生部成立了医药卫生立法调研起草小组，拟订医药卫生立法规划；1988年卫生部组建政策法规司，负责医药卫生立法计划的编撰、医药卫生法律法规的调研、协助各司局的法规起草等工作；1989年卫生部组建卫生监督司，加强全国医药卫生监督工作的宏观调控和综合管理，该司经调整成立了卫生法制与监督司。

到目前为止，我国医药卫生领域内由全国人大常委会通过的法律共有《执业医师法》《献血法》《药品管理法》《人口与计划生育法》《传染病防治法》《职业病防治法》《食品安全法》《红十字会法》《母婴保健法》《国境卫生检疫法》等10部法律；国务院颁布实施了《医疗机构管理条例》《突发公共卫生事件应急条例》等37部行政法规；卫生部制定印发了《处方管理办法》等400余部部门规章；现行有效医药卫生标准1500多项。各省、自治区、直辖市人大和政府也制定发布了大量的地方性医药卫生法规或规章。

从医药卫生立法的进程来看，医药卫生法成为一个独立的法律部门已经得到立法、执法部门和法学研究者的广泛认同。面对新的形势，健全我国医药卫生法治体系，尽快制定一部涵盖医药卫生各领域的医药卫生基本法，统筹和规范医药卫生事业的发展迫在眉睫。当然，医药卫生基本法的制定应该结合我国医药卫生的现状，结合中国国情，围绕建设中国特色的社会主义医药卫生事业这一核心，突出重点，统筹兼顾，整体推进。

总之，医药卫生法的兴起和发展，带有历史的必然性，具有鲜明的时代特征。随着人类社会的不断进步，物质文明和精神文明程度的提高，医药卫生和生命健康权益保障问题将会越来越突出，医药卫生法将受到越来越多的关注，起到越来越重要的作用。

典型案例评析

［案情］

1990年，26岁的美国妇女特丽·夏沃因体内钾元素失衡而成了植物人，医生将她确诊为"永久性植物人"，并认定无任何康复可能。从那时起，夏沃只能依靠人工进食管维持生命。1998年，夏沃的丈夫迈克尔向佛罗里达州法院提出申请，要求拔去夏沃身上的进食管，对其实行安乐死。他说，夏沃在出事前曾表示，如果成为植物人就愿意安乐死。一旦被拔去进食管，夏沃将在两周之内因饥饿和脱水而死亡。而夏沃的父母鲍勃·申德勒和玛丽·申德勒强烈反对迈克尔的做法。他们认为女儿并非植物人，她仍然活着，并曾朝他们微笑，还流过泪，做出其他反应。他们指出，迈克尔此举是为了得到100万美元的医疗事故赔偿金。此外，迈克尔已与另一女子同居多年，并育有两子。从此，夏沃的丈夫和父母就为她的生死抉择展开了长达7年的法庭抗争。

2001年，佛罗里达州一家法院批准了迈克尔让夏沃安乐死的申请，夏沃身上的进食管首次被拔除。但两天后，另一家法院做出相反判决，夏沃的进食管又被重新插上。2003年，经法院裁决，夏沃的进食管再次被拔掉。她的父母随即向佛罗里达州州长、布什总统的弟弟杰布·布什求援。6天后，佛罗里达州通过了一项"夏沃法案"，准许佛罗里达州州长在特定情况下干预法院的判决。杰布·布什立即签署了恢复夏沃进食的命令。迈克尔不服，继续上诉至佛罗里达州最高法院。2005年2月25日，佛罗里达州最高法院做出判决，同意于3月18日拔去维持夏沃生命的进食管，让她安乐死。2005年3月31日，拔掉进食管13天后，美国女植物人特丽·夏沃去世，终年41岁。

［争议焦点］

特丽·夏沃案在美国引起了广泛关注，上至总统、国会，下至普通百姓。关于本案争议的焦点问题，主要集中在法院做出的拔去夏沃进食管的判决是否合理。对此问题，美国公众存在两种截然不同的观点。夏沃的丈夫认为，夏沃在健康的时候曾说她不愿意以人工方式维持生命，因此，他请求法院判决拔去夏沃进食管的行为是尊重夏沃的个人意愿。而且，法院指定的医生也确定夏沃已处于“永久性植物人”状态，无法恢复健康。民意调查也显示，多数美国人支持法院的判决。但是，也有部分美国人认为，夏沃有生命权，有继续生活下去的权利，佛罗里达州州法院的判决是不合理的，甚至有人认为拔去夏沃进食管的行为是谋杀。

［案例评析］

《南方都市报》针对特丽·夏沃案进行报道并评论称“美国女植物人该有死亡的尊严”。美国葛底斯堡学院助理教授沈睿在该评论中阐述了其对“死亡是否应该有尊严”的观点，他认为，一个人可以在现代医疗已不具备能力去恢复生命的情况下，决定或帮助自己的亲人做出结束生命的决定。人类的理性在权衡所有的利弊之后，有能力给死亡以尊严，这同时就是给生命以尊严。人，因其理性而懂得，生命的死亡是不可避免的。在彻底没有拯救的希望之后，选择死，并不是最坏的选择。应该说，美国的夏沃案与通常讨论的安乐死问题是有一定区别的，因为拔去夏沃进食管的决定是法院依法做出的。因此，迈克尔对夏沃实施“安乐死”的行为是执行法院判决的合法行为，但夏沃案还是足以促使我们再度理性深思有关安乐死的一系列问题。

安乐死因为涉及伦理、道德、法律、医学、社会等诸多领域，自其产生以来，就是一个争论不休的问题。在我国，安乐死已不是一个陌生的词汇，相反，人们还相当热衷于对安乐死的争论。我国关于安乐死的讨论源于20世纪80年代，在1986年，陕西省就发生过一起安乐死事件，一个名叫王明成的男子为身患绝症的母亲实施了安乐死。安乐死一词源于希腊文，寓意为幸福的死亡。在我国对安乐死的定义为：患不治之症的病人在垂危状态下，由于精神和躯体的极端痛苦，在病人和其亲人的要求下，经医生认可，用人道方法使病人在无痛苦状态下结束生命的过程。

安乐死是否应该被合法化？安乐死是保护生命权，还是破坏生命权？现在学术界尚无定论。很多人认为，生命权是自然人的基本权利，因此，安乐死是对个人权利的尊重，安乐死是对生命权的保护。然而，也有很多人认为，生命权不仅仅归属于自然人个人，安乐死不仅是个人的绝对权利，它须经过其利害关系人的同意，也包括国家和组织的同意。无论在国际上还是在我国国内，对安乐死合法化的呼吁与日俱增。然而，安乐死毕竟是一个极其复杂的问题，其本身还存在很多问题需要解决。

思考题

1. 什么是医药卫生法？它的特征有哪些？
2. 医药卫生法的基本原则有哪些？
3. 医药卫生法的渊源有哪些？

第四章　医药卫生法律关系

本章要点：法律关系是法学理论中最基本的概念之一，它是一种根据法律规范产生的，以主体之间的权利与义务关系形式表现出来的特殊社会关系。同所有的社会关系一样，在医药卫生领域，医药卫生主体之间在从事相关法律行为时，也会形成以其权利义务为内容的医药卫生法律关系，它是基于保障和维护人体健康而形成的，由医药卫生法调整和确认的法律关系。根据调整对象的不同可以分为医药卫生民事法律关系、医药卫生刑事法律关系、医药卫生行政法律关系。本章将对上述法律关系的基本概念、特征与构成要素进行介绍。

第一节　医药卫生民事法律关系

一、医药卫生民事法律关系的概念和特征

（一）医药卫生民事法律关系的概念

医药卫生民事法律关系是指根据医药卫生民事法律规范确立的医药卫生民事主体之间，在医药卫生预防保健服务过程中，以民事权利义务为内容的社会关系。例如，医疗机构购买医疗器械时就会与医疗器械销售商之间形成买卖合同关系，病人去医院看病时医疗机构与患者之间就会形成医疗服务法律关系，这些都是典型的医药卫生民事法律关系。

（二）医药卫生民事法律关系的特征

1. 医药卫生民事法律关系是平等主体之间的关系

由于民法调整的社会关系是平等主体之间的财产关系和人身关系，因此医药卫生民事法律关系是平等主体之间的关系，也就是说，其间不存在管理与被管理的关系。医疗机构与患者之间形成的医疗服务民事法律关系中，医疗机构与患者之间的地位是平等的，如果存在一方管理一方的情况，则是另一种行政性的医药卫生法律关系。也有学者将这种平等主体之间的法律关系称为横向的医药卫生法律关系。

2. 医药卫生民事法律关系是以医药卫生民事权利和义务为内容的社会关系

医药卫生民事法律关系产生以后，医药卫生民事法律规范便落实为约束当

事人行为的具体的权利和义务。医疗机构与患者之间形成的医疗服务民事法律关系中，两大医药卫生民事主体即各自享有各自的权利和义务，如医疗机构有收取医疗费用的权利，患者拥有隐私权、知情同意权、自主医疗决定权等。另外，平等主体之间享有的民事权利和义务应该是对等的。

3. 医药卫生民事法律关系必须要体现当事人的意志

医药卫生民事法律关系的产生、变更和消灭，特别是医药卫生民事法律关系的内容，主要取决于当事人的意志，意思自治是民事法律的一项重要原则，在医药卫生民事法律关系中也始终被贯彻与奉行。

4. 医药卫生民事法律关系具有等价有偿的特点

《民法通则》第四条规定："民事活动应当遵循自愿、公平、等价有偿、诚实信用的原则。"等价有偿是公平原则在有偿交易活动中的表现和要求，等价意味着经济利益的均衡。医药卫生民事法律关系作为民事法律关系的一种，民事法律关系的最基本特征在其中也必然体现。

当然，医药卫生民事法律关系不能完全等同于一般民事法律关系，应属于特殊的民事法律关系，其特殊性就在于其法律关系的成立并不完全受当事人的意思自治，如医疗机构一般不能拒绝接诊病人，还有法律规定了医疗机构的强制治疗义务等，这些内容都使得医药卫生民事法律关系具有其他民事关系所没有的特殊性。

二、医药卫生民事法律关系的主体

（一）医药卫生民事法律关系主体的概念

医药卫生民事法律关系的主体，是指参加医药卫生民事法律关系享受权利或承担义务的人，即医药卫生民事法律关系的当事人。根据我国《民法通则》规定，可以作为民事法律关系主体的，有自然人、法人和其他组织等。

医药卫生民事法律关系的主体同样包括上述主体，具体来说，包括：自然人（公民）、法人（包括企业法人和事业单位、社会团体法人、外国企业或组织）、非法人组织、外国人和无国籍人。但是医药卫生民事法律关系的主体具有不同于普通民事法律关系的主体的特殊性，必定有一方当事人是医药卫生机关组织或医药卫生社会团体（例如中国红十字会）或医药卫生企事业单位（例如医疗机构、药品生产企业、医药院校），当然也包括上述组织中的自然人。

（二）民事法律关系主体构成的资格

1. 民事权利能力。民事权利能力，是指能够参与一定的民事法律关系，依法享有一定权利和承担一定义务的法律资格。它是民事法律关系主体实际取得权利、承担义务的前提条件。在这里，值得一提的是，民事权利能力有公民的民事权利能力和法人的民事权利能力之分，二者有很大区别。首先，公民的民事权利能力始于出生，终于死亡，而法人的民事权利能力始于依法成立，终止于法人消灭。其次，公民的民事权利能力具有平等性，而法人的民事权利能力因其成立的宗旨和业务范围的不同而各有所别。再次，公民的民事权利能力和行为能力具有不一致性，而法人的民事权利能力和行为能力则具有一致性。

2. 民事行为能力。民事行为能力是指民事法律关系主体能够通过自己的行为实际取得权利和履行义务的能力。公民的民事行为能力问题，是由法律予以规定的。一般而言，公民的民事行为能力划分为三类：(1)完全行为能力人。这是指达到一定法定年龄、智力健全、能够对自己的行为负完全责任的自然人。(2)限制行为能力人。这是指行为能力受到一定限制，只有部分行为能力的公民。(3)无行为能力人。这是指完全不能以自己的行为行使权利、履行义务的公民。根据《民法通则》的规定，十八周岁以上的公民是成年人，是完全民事行为能力人。十六周岁(含十六周岁)以上不满十八周岁的公民，以自己的劳动收入为主要生活来源的，视为完全民事行为能力人。十周岁(含十周岁)以上不满十六周岁的未成年人和不能完全辨认自己行为的精神病人是限制民事行为能力人，可以进行与他的智力状况和精神健康状况相适应的民事活动。不满十周岁的未成年人和不能辨认自己行为的精神病人是无民事行为能力人。

三、医药卫生民事法律关系的客体

(一)医药卫生民事法律关系客体的概念

医药卫生民事法律关系的客体就是医药卫生民事法律关系主体的权利义务所指向的对象。医药卫生民事法律关系的客体应具有有益性、客观性、法定性等特征。

(二)医药卫生民事法律关系客体的种类

1. 物。作为民事法律关系客体的物，是指现实存在的，具有一定形体、占据一定空间，能够为人掌握、利用，具有一定价值和使用价值的物质财富，包括天然存在的和人工制造出来的物质财富和劳动创造的各种具体的物。物是民事法律关系的最为普遍的客体。

作为医药卫生民事法律关系客体的物，主要包括药品、保健品、化妆品、医疗器械、生物制品、医疗废物等。

2. 行为。作为民事法律关系客体的行为，是指能满足权利主体某种利益的行为。可以作为民事法律关系客体的主要有三类行为：给付财产的行为、完成一定工作并交付工作成果的行为、提供劳务或服务的行为。

作为医药卫生民事法律关系客体的行为，主要包括医疗行为、医疗器械买卖行为、出售药品的行为等。

3.智力成果。智力成果也是民事法律关系的重要客体。智力成果属于一种非物质的财富,无一定的形体,但能够为他人所感知,可以满足生产和生活的一定需求,具有价值和使用价值。如著作权、发明权的客体就是作者的著作或发明人的发明。作者对自己的作品享有著作权和发明人依法对自己的发明享有发明权或专利权,或者将自己的著作权、专利权转让或允许他人使用等。

作为医药卫生民事法律关系客体的智力成果,主要包括医学著作或论文、医疗仪器的发明、新药的发明、药品专利等。

4.人身利益。人身利益指民事主体依法享有的,与其自身利益不可分离也不可转让的没有直接财产内容的利益。人身利益包括人格利益和身份利益。

作为医药卫生民事法律关系客体的人身利益,主要包括生命健康权、姓名权、肖像权、名誉权、隐私权等。

人身利益虽然与主体人身不能分离,但并非主体本身,它是人身权关系的客体。人身是由各个生理器官组成的生理整体(有机体)。随着现代科技和医学科学的不断发展,器官移植、输血、人工生殖、植皮等医学技术和成果在临床中大量应用,角膜、血液、骨髓、脏器等人体器官成为可供捐献、交易的对象,由此产生了一系列法律问题,人身不再只是传统意义上的法律关系主体,而且在一定范围内、一定条件下成为法律关系的客体。但是,活人的(整个)身体,不得视为法律上之“物”,不能作为物权、债权和继承权的客体。权利人对自己的人身不得进行违法或有伤风化的活动,不得滥用人身。对人身行使权利时必须依法进行,不得超出法律授权的界限,严禁对他人人身非法强行行使权利。

四、医药卫生民事法律关系的内容

医药卫生民事法律关系的内容,主要包括医药卫生民事主体所享有的权利、可以行使的权力、负担的义务,以及受到的其他法律拘束等。其中医药卫生民事权利和医药卫生民事义务是医药卫生民事法律关系的核心要素。

(一)医药卫生民事权利

民事权利是民事主体依法享有并受法律保护的利益范围或者实施某一行为(作为或不作为)以实现某种利益的可能性。简单地说,就是权利主体对实施还是不实施一定行为的选择权,是经由民法规范确认的自由,基于这种自由,民事主体或者可以保障自己的利益,或者可以获得法律上的利益。

医药卫生民事权利,则是医药卫生法规定的、医药卫生民事法律关系主体根据自己的意愿实现某种利益的可能性。它具体包括:(1)医药卫生民事主体免受他人侵扰的自由;(2)医药卫生民事主体有权在医药卫生法律法规规定的范围内，根据自己意愿做出自主决定的或向他人提出积极主张的自由；(3)一旦医药卫生民事主体的自由受到侵犯，医药卫生民事主体有权请求国家动用公共权力予以保护。

（二）医药卫生民事义务

民事义务是民事义务主体为满足权利人的利益需要，在权利限定的范围内必须采取一定行为或不采取一定行为的约束。义务的根本特征在于其约束性，即义务人必须采取一定行为或不采取一定行为，否则，义务人就会承担相应的民事责任，其目的是保证权利的实现。在法律关系中，民事义务通常表现为不采取一定行为，以免侵扰相对人的自由。

医药卫生民事义务，是医药卫生民事法律关系中的义务主体根据医药卫生法律法规的规定，为了保证医药卫生民事主体权利的实现采取一定行为或不采取一定行为的必要性。

医药卫生民事权利和医药卫生民事义务具有一致性，没有无权利的义务，也没有无义务的权利，二者相互依存、不可分割。

五、医药卫生民事法律关系的变动

医药卫生民事法律关系的变动，指医药卫生民事法律关系的发生、变更与消灭。医药卫生民事法律关系的发生，是指因一定的医药卫生民事法律事实出现，医药卫生民事主体之间形成新的医药卫生民事权利义务关系。医药卫生民事法律关系的变更，是指因一定的医药卫生民事法律事实出现，医药卫生民事权利义务关系的变化。其可以是主体的变化、客体的变化引起的，也可以是内容的变化引起的。医药卫生民事法律关系的消灭，是指因一定的医药卫生民事法律事实出现，医药卫生民事权利义务关系终结。

医药卫生民事法律关系的发生、变更和消灭，是由医药卫生法律事实引起的。医药卫生法律事实包括医药卫生法律事件和医药卫生法律行为。医药卫生法律事件，是指不以人的意志为转移，能够造成一定法律后果的客观情况，它是引起医药卫生民事法律关系发生、变更和消灭的重要原因。一种是自然事件，例如地震、台风等自然灾害；一种是社会事件，例如非典疫情。医药卫生法律行为，是指医药卫生民事法律关系主体所实施的，能够造成一定法律后果的各种活动，它是引起医药卫生民事法律关系发生、变更和消灭的主要原因，包括合法行为和违法行为。

第二节 医药卫生行政法律关系

一、医药卫生行政法律关系的概念

医药卫生行政法律关系，是指由我国医药卫生法所规定或调整的，在医药卫生行政机关和相对人之间所形成的以权利（权力）、义务为内容的社会关系。这种社会关系不同于医药卫生民事法律关系，它发生在具有管理与被管理关系的主体之间，具有不平等的特点。医药卫生行政法律关系是一种纵向的医药卫生法律关系。

医药卫生行政法律关系同样具有三要素，即医药卫生行政法律关系的主体、医药卫生行政法律关系的客体、医药卫生行政法律关系的内容。

二、医药卫生行政法律关系的主体

医药卫生行政法律关系的主体包括医药卫生行政主体和医药卫生行政相对方。

（一）医药卫生行政主体

医药卫生行政主体，是指享有国家医药卫生行政权，能以自己的名义行使医药卫生行政职权，并能独立地承担因此产生的相应法律责任的组织。在我国，医药卫生行政主体包括最高国家医药卫生行政机关即国家卫生和计划生育委员会、国务院药品监督管理部门、地方各级人民政府医药卫生行政机关、药品监督管理机关、计划生育行政部门等。

（二）医药卫生行政相对方

医药卫生行政相对方，是医药卫生行政法律关系的参与者，是指在卫生法律关系中接受医药卫生行政主体的管理并依法享有权利、负有义务的相对于医药卫生行政主体一方的当事人。其在医药卫生行政法律关系中特别是在医药卫生行政诉讼法律关系中，居于非常重要的法律地位。医药卫生行政相对方包括自然人（公民）、法人（包括企业法人和事业单位、社会团体法人、外国企业或组织），非法人组织、外国人和无国籍人。各种公立及私立医疗机构接受卫生管理部门的监督与管理，此时医疗机构就是医药卫生行政相对方。个体行医的公民同样要接受医药卫生行政机关或其他主管机关的管理和监督，此时该公民也是医药卫生行政相对方。居住在我国的外国人和无国籍人入境时接受我国国境卫生检疫机关检疫查验，在国境卫生检疫法律关系中外国人和无国籍人就是医药卫生行政相对方。

三、医药卫生行政法律关系的内容

医药卫生行政法律关系的内容，是指医药卫生行政法律关系主体所享有的我国卫生法律法规所规定的法律权利（权力）和法律义务。

（一）医药卫生行政主体的权力

卫生法律关系中，医药卫生行政主体独有一些带有强制性的力量，即医药卫生行政职权。医药卫生行政职权是国家行政权的一部分，大致有以下内容：

1. 医药卫生行政立法权。根据我国的《国务院组织法》第三条和《地方各级人民代表大会和地方各级人民政府组织法》第五十一条的规定，国务院及其各部委、省、自治区、直辖市以及省、自治区、直辖市人民政府所在地的市和经国务院批准的较大的市的人民政府拥有行政立法权。

2. 医药卫生行政决策权。如医疗机构的设置。

3. 医药卫生行政决定权、命令权与执行权。医药卫生行政决定权包括为医药卫生行政许可、医药卫生行政确认、医药卫生行政奖励等。行政决定相对方必须服从并执行。

4. 医药卫生行政许可权。如药品、医疗器械生产、经营许可，生产消毒剂、消毒器械卫生许可，供水单位卫生许可。

5. 医药卫生行政强制执行权。根据卫生法所赋予医药卫生行政主体的医药卫生行政强制执行权，医药卫生行政主体将对逾期不履行义务的医药卫生行政相对方采取一定的强制措施。这些强制措施包括：强制检查、强制隔离、强制控制、控制或者扑杀染疫动物和家禽等。

6. 医药卫生行政处罚权。县级以上医药卫生行政机关对违法行为可以进行警告、罚款、没收违法所得、责令停产停业、吊销许可证，以及法律、行政法规规定的其他行政处罚。

（二）医药卫生行政相对方的权利

医药卫生行政法律关系的主体具有自己这样行为或不这样行为，或要求他人这样行为或不这样行为的能力或资格。例如，公民有决定自己是否参加医师资格考试的权利，如果医药卫生行政部门不接受自己的报考，有提出复议申请、提起行政诉讼的权利。医药卫生行政相对方的权利，主要表现在其实体法上的地位和程序上的权利。

1. 医药卫生行政相对方在实体法上的地位和权利。公民的财产权和人身自由权受法律保护，不受非法侵害，公民享有受医药卫生行政机关保护的权利。在违法或者不当地行使医药卫生行政行为而给公民带来侵害时，公民有权请求排除卫生权的违法和不当侵害，有权请求医药卫生行政主体依法履行职责。

2.医药卫生行政相对方在程序上的权利。行使行政职权，必须符合公正程序。医药卫生行政机关在履行义务或职责、行使职权时，一定要坚持程序和实体并重原则。在我国，医药卫生行政相对方在程序上的权利主要有：参与制定医药卫生行政法规或计划的权利、获得告知和听证的权利等。程序上的行政救济则主要包括提出复议申请、提起行政诉讼的权利等。

（三）医药卫生行政主体的行政职责

作为医药卫生行政职权的享有者的医药卫生行政主体，必须按照法律规定在行使医药卫生行政职权的过程中承担一定的义务，也就是医药卫生行政职责。医药卫生行政主体在行使国家赋予的医药卫生行政职权，开展国家医药卫生行政管理活动的过程中，必须承担、必须履行的义务，不能放弃和违反，否则将会对其进行法律责任的追究。

医药卫生行政职责的核心是“依法行政”，其主要内容是依法履行职务、遵守权限规定、符合法定目的、遵守法定程序等。

四、医药卫生行政法律关系的客体

医药卫生行政法律关系的客体，是指医药卫生行政法律关系主体的权利（权力）、义务所指向的对象。一般来讲，法律关系的客体一般包括物，指能为人们所控制、有经济价值的有形物；行为，是指要求医药卫生行政法律关系的主体采取一定行为或不采取一定行为，包括作为（积极行为）和不作为（消极行为）；精神财富，是指人们从事智力活动所获得的成果，如专利权等。在我国医药卫生行政法律关系中，能作为医药卫生行政法律关系客体的同样包括物、行为、人身利益和智力成果。

第三节　医药卫生刑事法律关系

一、医药卫生刑事法律关系的概念

刑事法律关系，又称“刑法关系”，是国家与犯罪人之间因犯罪行为而产生的、受刑法规范调整的权利和义务关系，它是法律关系的一种。刑事法律关系的内涵是犯罪人有义务向国家交代自己的罪行，国家司法机关有权对其依法进行侦查、起诉、审判和制裁，而犯罪人有权利要求司法机关依法量刑，保证不被“法外用刑”。

刑事法律关系是根据刑法规范产生的社会关系。没有刑法的规定，便没有刑事法律关系上的权利和义务，司法便不可以予以调整。另外，刑事法律关系的客体，也必须由法律加以规定，当事人之间不能自行约定。刑事法律关系是通过调整当事人行为实现的社会关系，其重点或者说落脚点是调整当事人的行为。

落实到医药卫生刑事领域，医药卫生刑事法律关系主要是涉及医药卫生刑事犯罪活动中的法律关系问题。因此，我们理解的医药卫生刑事法律关系，就是国家与犯罪人之间因医药卫生犯罪行为而产生的、受刑法规范调整的权利和义务关系。在现行《刑法》中，涉及医药卫生刑事犯罪的罪名非常多，既包括与医药卫生紧密相关的医疗事故罪(《刑法》第三百三十五条)、非法行医罪(《刑法》第三百三十六条第一款)和非法进行节育手术罪(《刑法》第三百三十六条第二款)等医事犯罪，也包括医药卫生领域的贪污贿赂罪、渎职罪、危害公共安全犯罪等普通犯罪类型。而判断某一类犯罪是否属于医药卫生刑事犯罪，主要是看医药卫生刑事法律关系的构成要素，即医药卫生刑事法律关系的主体、医药卫生刑事法律关系的客体和医药卫生刑事法律关系的内容，只要其构成要素与医药卫生相关，即构成医药卫生刑事犯罪，也就形成了医药卫生刑事法律关系。

二、医药卫生刑事法律关系的主体

医药卫生刑事法律关系的一方当事人是国家，而另一方当事人是医药卫生刑事犯罪人。根据我国《刑法》规定，刑事法律关系的犯罪人主体包括自然人和单位两个方面。自然人作为刑事法律关系主体必须达到刑事责任年龄并具备刑事责任能力，某些犯罪除了要求行为人具有这两个条件外，还要求其必须具有特殊身份。单位主体则是指实施危害社会行为并依法应负刑事责任的企事业单位、机关、社会团体等。

(一)自然人犯罪主体

1.刑事责任年龄。刑事责任年龄就是行为人应对自己的犯罪行为负刑事责任的年龄。法律根据青少年身心发展状况、文化教育发展水平、智力发展程度将刑事责任年龄划分为三个阶段：

(1)已满16周岁的人犯罪，应负刑事责任，为完全负刑事责任年龄。

(2)已满14周岁，不满16周岁的人犯故意杀人、故意伤害致人重伤或者死亡、强奸、抢劫、贩卖毒品、放火、爆炸、投放危险物质的，应当负刑事责任。这是相对负刑事责任年龄阶段，即处于这一年龄段的人只对部分严重犯罪负刑事责任。

(3)不满14周岁，无论实施何种危害社会的行为，都不负刑事责任，为完全不负刑事责任年龄。

2. 刑事责任能力。刑事责任能力，是指行为人对自己行为的辨认能力与控制能力。辨认能力，是指行为人认识自己特定行为的性质、结果与意义的能力；

控制能力，是指行为人支配自己实施或者不实施特定行为的能力。所谓具有刑事责任能力，是指同时具有辨认能力与控制能力，如果缺少其中一种能力，则属于没有刑事责任能力。

间歇性精神病人在精神正常的时候犯罪，应当负刑事责任。尚未完全丧失辨认或者控制自己行为能力的精神病人犯罪，应当负刑事责任，但是可以从轻或者减轻处罚。醉酒的人犯罪应当负刑事责任。又聋又哑的人或者盲人犯罪，可以从轻、减轻或者免除处罚。

3.特殊身份。所谓特殊身份，是指刑法规定的影响行为人刑事责任的行为人人身方面特定的资格、地位或状态。如国家卫生行政机关工作人员、司法工作人员等。这些特殊身份不是自然人犯罪主体的一般要件，而是某些犯罪的自然人主体所必须具备的条件。例如，渎职类犯罪中的传染病防治失职罪（《刑法》第四百零九条）中主体必须是从事传染病防治的政府卫生行政部门的工作人员，动植物检疫失职罪（《刑法》第四百一十三条第二款）的主体必须是从事动植物检疫机关的检疫人员，传染病菌种、毒种扩散罪（《刑法》第三百三十一条）的主体必须是从事实验、保藏、携带、运输传染病菌种、毒种的人员。当然，特殊身份在医药卫生刑事犯罪中并不是普遍要求，也有很多的医药卫生刑事法律关系的主体是一般主体，例如非法制作、供应血液制品罪（《刑法》第三百三十四条第一款），非法行医罪（《刑法》第三百三十六条第一款），只要是年满十六周岁及具有刑事责任能力的自然人都可以成为此类犯罪的医药卫生刑事法律关系主体。

（二）单位犯罪主体

我国《刑法》第三十条规定：公司、企业、事业单位、机关、团体实施的危害社会的行为，法律规定为单位犯罪的，应当负刑事责任。在医药卫生刑事法律关系中，单位也可以成为特定犯罪的主体，例如，单位行贿受贿罪中的医药卫生行业的企事业单位。但是，并不是所有的犯罪单位都可以成为主体，单位犯罪必须依据《刑法》明文规定，例如，《刑法》第三百三十六条规定的非法行医罪中，并没有规定单位，因此在现行《刑法》的框架下，单位是不可能构成非法行医罪的。

需要说明的是，医药卫生刑事法律关系的主体虽然可以是自然人，也可以是单位，但是很多医药卫生刑事犯罪往往要求自然人或单位具有医药卫生行业的特殊身份，包括执业医师、护士、药师和其他相关人员，而且在一些具体的与医疗执业行为直接相关的犯罪中，犯罪的主体只能是医务人员，甚至只能是执业医师。也正是因为这样的特殊性，才使该类犯罪成为医药卫生犯罪，形成医药卫生刑事法律关系。

三、医药卫生刑事法律关系的客体

客体是指主体双方权利义务指向的对象。刑事法律关系的客体与民事、行政法律关系的客体不同，其不应是具体的物、智力成果、行为，而是受刑法所保护的、被犯罪行为所破坏的社会关系。我国刑法所保护的社会关系包括国家主权、领土完整和安全，人民民主专政的政权，社会主义制度，社会秩序和经济秩序，国有财产或者劳动群众集体所有的财产权，公民私人的财产所有权，公民的人身权利、民主权利和其他权利，等等。医药卫生刑事法律关系的客体主要是医药卫生刑事犯罪行为和其破坏掉的社会关系和社会秩序的安全与稳定。

关于刑事法律关系的客体有着不同的讨论，有人认为，刑事法律关系的客体是刑罚；有人认为，刑事法律关系的客体是犯罪人之利益载体；也有人认为，刑事法律关系的客体就是刑事责任。他们认为，刑事法律关系往往以民事法律关系为基础，但它不同于民事法律关系，后者是平等主体之间的关系，而刑事法律关系已上升为国家与犯罪人之间的关系，这时的权利义务可以明确为是国家的权利和犯罪人的义务。国家也有义务，犯罪人也有权利，国家有保障犯罪人各种诉讼上的权利的义务，同样，犯罪人有受到公正审判的权利等。其实，这种观点无疑是混淆了刑事法律关系与刑事诉讼法律关系的概念。这两者的概念我们需要反复提醒自己加以区分。其实，这时国家的“权利”由于其单向性所以实际上更应该称为“权力”，同样，犯罪人的“义务”实际上更应称为“责任”。要想弄清楚刑事法律关系的客体是什么，关键是要弄清国家的权力是什么，犯罪人的责任是什么。很显然，国家的权力就是运用刑罚权追究犯罪人的刑事责任，而犯罪人的责任就是接受国家刑罚权的处罚。国家的权力和犯罪人的责任所指向的对象就是刑事责任。

四、医药卫生刑事法律关系的内容

法律关系的内容很显然就是权利义务。但由于国家及犯罪人权利义务的特殊性，在这里更应该称为权力与责任。所以，刑事法律关系的内容就是权力和责任。长期以来，在刑法理论和司法实践中，存在两个极端：一是只强调司法机关的刑事权力，轻视犯罪人的权利；二是只强调犯罪人的刑事责任，忽视司法机关的刑事义务，使得刑事法律关系变成了一种单向的命令和服从的关系，这种单向的关系必然会造成国家司法权的滥用和犯罪人人权保障的相对缺位，这是不符合刑事法治发展趋势的。事实上，我们既要明确司法机关的权利和义务，又要具体化犯罪人的权利与义务。

（一）司法机关的刑罚权和刑事义务

司法机关的刑罚权主要包括：求刑权、量刑权和行刑权。即请求对犯罪人予以刑罚处罚的权力、对已被确定有罪的犯罪人是否科处刑罚及科处何种刑罚的权力和司法机关将判决所确定的对犯罪人的刑罚付诸实现的权力。

司法机关在行使刑罚权的同时也要履行与其职权相对应的职责，即刑事义务。具体包括：对犯罪人进行刑事处置的义务和依法行使刑事处置权的义务。司法机关在行使刑事处置权时，必须履行以事实为依据，以法律为准绳的义务。

（二）犯罪人的权利和义务

犯罪人虽然实施了严重危害社会的行为，应当受到来自于社会的谴责和非难。但他作为社会的一个成员，仍享有基本的人权，同时作为普通公民，仍享有宪法和法律所规定的公民权。犯罪人所享有的权利包括：要求对其行为严格依法定罪的权利，要求对其量刑必须均衡的权利，要求在行刑时享有人道主义待遇的权利。

犯罪人由于实施了犯罪行为，应承担三种责任：道义责任、社会责任和刑事责任。由于犯罪行为违反和侵害了社会善良伦理风俗，因而行为人就应承担道义责任。犯罪行为侵害了社会秩序，造成了严重的社会危害性，犯罪人便要承担社会责任。刑事责任是刑事法律规定的，因实施犯罪行为而产生的，由司法机关强制犯罪人所承受的刑事惩罚或单纯性法律评价的负担。这三种责任的承担最终突出表现在刑事责任上，这就要求行为人在刑事法律关系中要承担依法认罪，依法服刑的责任，同时，还要相应地赔偿因犯罪行为对被害人及其家属所造成的经济损失。

典型案例评析

［案情］

行政复议申请人王某，男，40 岁，系 A 省 A 市 A 区居民，被申请人 A 市卫生局。申请人王某于 2003 年 4 月 30 日在 A 市市立医院做骨外科手术失败，实施手术者为张某。张某，2001 年大学毕业后到 A 市市立医院骨外科工作，2002 年 9 月参加了全国医师资格考试，成绩合格，2002 年 12 月 1 日获得执业医师资格，2003 年年底领到执业医师资格证书，但未进行医师注册。王某多次要求 A 市市立医院及张某进行人身损害赔偿未果，2004 年 6 月 7 日王某向被申请人 A 市卫生局请求认定张某诊疗行为为非法行医。A 市卫生局于 2004 年 7 月 15 日给予书面答复，认为张某直到 2003 年年底才拿到执业医师资格证书是因为证件制作、上报验印有个过程，因此不能认定张某诊疗行为为非法行医。王某不服，于 2004 年 7 月 20 日向 A 省卫生厅提出行政复议申请，以张某没有医师执业证书，不能单独实施医疗手术为由，请求撤销 A 市卫生局做出的不能认定张某诊疗行为为非法行医的答复。

A 省卫生厅接到申请人王某的行政复议申请以后，经过审查，于 2004 年 7 月 23 日受理了此案，向王某寄发了受理通知书，同时向 A 市卫生局寄发了提出答复通知书，要求A市卫生局在接到通知书之日起10日内提交书面答辩，并提交当初做出具体行政行为的证据、依据。A市卫生局于2004年8月5日向A省卫生厅提交了书面答复意见及相关证据材料，认为张某未能向卫生行政部门申请执业注册是因为当时正处于“非典”的特殊时期，属于不可抗力，A市卫生局对此没有解释权。张某实施手术有上级医师台下指导，不属于单独执业。A省卫生厅经过书面审理，于2004年9月22日做出行政复议决定，决定撤销A市卫生局做出的不能认定张某诊疗行为为非法行医的答复。

［争议焦点］

1.此案是否属于行政复议范围？有办案人员提出，王某与A市市立医院及张某发生的医患纠纷属于民事纠纷，王某应该向法院提起诉讼而不应该请求卫生行政机关认定张某属于非法行医，因此对于王某提出的行政复议申请应当不予受理。

2.“非典”是否构成不可抗力？A市卫生局在书面答复意见中认为张某未能向卫生行政部门申请执业注册是因为当时正处于“非典”的特殊时期，属于不可抗力。

［案例评析］

本案存在多个医药卫生法律关系，首先是两个医药卫生行政法律关系，第一个医药卫生行政法律关系是因为医药卫生行政相对人申请行政确认而产生的，第二个医药卫生行政法律关系是因为医药卫生行政相对人申请行政复议而产生的。同时，还可能存在医药卫生刑事法律关系，其是因为张某的医药卫生刑事犯罪行为而产生。首先，本案的申请人王某向被申请人A市卫生局请求认定张某诊疗行为为非法行医，即在王某与卫生局之间产生了医药卫生行政法律关系，该法律关系的主体是医药卫生行政机关A市卫生局和医药卫生行政相对人王某。其次，因为A市卫生局在2004年7月15日对王某的书面答复中确认，“张某直到2003年年底才拿到执业医师资格证书是因为证件制作、上报验印有个过程，因此不能认定张某诊疗行为为非法行医”。王某不服，于2004年7月20日向A省卫生厅提出行政复议申请，以张某没有医师执业证书，不能单独实施医疗手术为由，请求撤销A市卫生局做出的不能认定张某诊疗行为为非法行医的答复。在王某与卫生厅之间产生了第二个医药卫生行政法律关系，该法律关系的主体是医药卫生行政机关A省卫生厅和医药卫生行政相对人王某。另外，张某在无医师执业证书的情况下为王某施行了医疗手术，手术失败，张某的医疗行为应被认定为非法行医。根据《刑法》第三百三十六条第一款关于非法行医罪的规定，未取得医生执业资格的人非法行医，情节严重的，处三年以下有期徒刑、拘役或者管制，并处或者单处罚金；严重损害就诊人身体健康的，处三年以上十年以下有期徒刑，并处罚金；造成就诊人死亡的，处十年以上有期徒刑，并处罚金。张某的医疗行为已经构成非法行医罪的犯罪构成要件，也即在张某与国家之间产生了医药卫生刑事法律关系。

根据我国《行政复议法》第二条和第九条的规定，只要公民、法人或者其他组织认为具体行政行为侵犯其合法权益的，就可以提出行政复议申请。《行政复议法》第六条以列举的方式明确了行政复议范围。从中可以看出，行政复议是针对具体行政行为而言的。本案是否属于行政复议范围，关键看A市卫生局的答复是否属于具体行政行为。具体行政行为，是相对于抽象行政行为而言的，是国家行政机关依法就特定事项对特定的公民、法人和其他组织权利义务做出的单方行政职权行为。从类型上讲，行政机关依法裁决公民、法人或者其他组织之间权益争议的活动称为行政裁决，行政裁决是具体行政行为的一种。A市卫生局对王某和A市市立医院的医患纠纷做出认定答复是行政裁决，也就是一种具体行政行为，这种行为属于行政复议范围，应予受理。

所谓不可抗力，是指不能预见、不能避免并不能克服的客观情况。本案中，"非典"的发生人们不能预见、不能避免，属于不可抗力，人们正常的行为也因为政府采取的控制、防治"非典"措施受到了限制。但是"非典"的发生与张某没有申请医师执业注册的行为之间是否有必然因果关系呢？答案是否定的。因为张某可以通过信函、电传等形式与当地卫生行政部门联系申请医师注册。

思考题

1. 医药卫生民事法律关系的概念与特征是什么？
2. 医药卫生行政法律关系的构成要素有哪些？
3. 医药卫生民事法律关系的变动原因是什么？
4. 医药卫生刑事法律关系的主体、客体和内容是什么？

第五章　医药卫生法治的基本内容

本章要点：医药卫生法治是依法治国在医药卫生领域的具体体现，医药卫生法治的基本内容包括医药卫生立法、执法、司法、法律监督、法律服务和法治人才培养等环节。我国的医药卫生立法在立法原则、立法体制、立法程序和立法技术上都有自己的特点，执法要符合合法、合理和效率等执法原则，司法要特别注意司法原则在医药卫生中的恰当运用，法律监督可分为国家法律监督和社会法律监督。在现阶段，要通过一系列手段促进我国的医药卫生守法和法律服务，同时创新医药卫生法治人才培养方式。

法治，是与人治相对的治国理念，即依照法律来治理国家，它强调法律在实现社会治理和国家管理中的权威性。法治是人类文明的重要成果，是迄今为止人类驯服政治国家权力的最有力工具。中国共产党的十八届四中全会强调全面推进依法治国，建设中国特色社会主义法治体系。社会主义法治体系具体包括：完备的法律规范体系、高效的法治实施体系、严密的法治监督体系、有力的法治保障体系和完善的党内法规体系。

医药卫生法治是依法治国在医药卫生领域的具体体现，即通过制定科学完善的医药卫生法律并严格实施，调整医药卫生中的各种关系，平衡医药卫生领域中的各种利益，整合医药卫生资源，维护医药卫生秩序，从而达到保障公民生命健康、促进医药卫生事业发展和构建和谐社会的目的。医药卫生法治的基本内容包括医药卫生立法、执法、司法、法律监督、法律服务和法治人才培养等环节。

第一节　医药卫生立法

一、医药卫生立法的概念

“法律”本身可以做狭义和广义的不同理解：前者特指全国人大及其常委会经过特定的立法程序制定的规范性法律文件；后者除了狭义的法律外，还包括国务院制定的行政法规，国务院各部门制定的部门规章，省级人民代表大会及其常务委员会和设区的市的人民代表大会及其常务委员会制定的地方性法规，省、自治区、直辖市和设区的市、自治州的人民政府制定的地方政府规章，以及我国政府与外国政府或国际组织缔结的国际法规范性文件。据此，立法也可以分为狭义的立法和广义的立法：前者是制定狭义的法律的专门性活动，后者是制定广义的法律的专门性活动。

我们从广义的立法的角度界定“医药卫生立法”，即“医药卫生立法”是指制定涉及医药卫生事项的法律，具体是指特定的国家机关，依照法定职权和程序，制定、修改或废止涉及医药卫生事项的规范性法律文件的专门性活动。这一概念与前述我国医药卫生的现状是一致的。

二、医药卫生立法基本要求

医药卫生立法要满足立法的基本要求，但也要体现医药卫生自身的特点。

（一）立法原则

我国的立法原则可以归纳为法治原则、民主原则和科学原则。这些原则同样贯穿在我国医药卫生立法的法律内容、立法体制、立法程序和立法技术中。

同时，医药卫生立法也要符合医药卫生自身特点的立法原则。目前，我国理论界对于医药卫生立法应该具有哪些特有的立法原则还存在争议，医药卫生立法还缺乏明晰的立法原则，在我国立法主体多层级的情况下，这非常不利于整个医药卫生法律体系的有机统一。我们认为，在确定医药卫生特有的立法原则时，应考虑这样一些关系：(1)立法需求与立法的具体条件。这主要考虑的是医药卫生立法后，该法律是否具备具体实施的配套条件。(2)法律的阶段性和法律的发展。这主要考虑的是医药卫生立法既要符合当前时代的需求，又要具有前瞻性。(3)整体与部分。这主要是指医药卫生立法要平衡各类不同的利益。(4)专家意见与社会意识。这主要是指医药卫生立法要反映和考虑精英阶层和社会普通民众的不同意识。(5)本国国情与人类发展的趋势。这主要考虑的是医药卫生的全球化趋势对我国医药卫生立法的影响。

（二）立法体制

立法体制包括立法权限的划分、立法机关的设置和立法权的行使等各方面的制度。我国《立法法》规定：(1)全国人大及其常委会行使国家立法权。(2)国务院即中央人民政府根据宪法和法律，制定行政法规。(3)省、自治区、直辖市的人大及其常委会根据本行政区域的具体情况和实际需要，在不同宪法、法律、行政法规相抵触的前提下，可以制定地方性法规。(4)设区的市的人民代表大会及其常务委员会根据本市的具体情况和实际需要，在不同宪法、法律、行政法规和本省、自治区的地方性法规相抵触的前提下，可以对城乡建设与管理、环境保护、历史文化保护等方面的事项制定地方性法规。(5)民族自治地方的人民代表大会有权依照当地民族的政治、经济和文化的特点，制定自治条例和单行条例。(6)国务院各部、各委员会、中国人民银行、审计署和具有行政管理职能的直属机构，可以根据法律和国务院的行政法规、决定、命令，在本部门的权限范围内，制定规章。(7)省、自治区、直辖市和设区的市、自治州的人民政府，可以根据法律、行政法规和本省、自治区、直辖市的地方性法规，制定规章。

我国的医药卫生立法体制已经建立，但存在一些亟待改进的地方：(1)医药卫生立法滞后，法律的废、改、立工作严重不足。比如，在国家层面没有《卫生法》作为医药卫生领域的基本法，相关部门、各地方有关医药卫生的立法又存在内容相互矛盾或严重滞后的情况。这种基本法缺失，各层级立法部门各行其是的立法现状，导致法律不仅不能对社会的需求做出回应、不能促进社会经济发展，而且还导致了法律的碎片化、矛盾化，更是直接影响了法律的权威性和法治的实施。(2)立法部门化问题普遍，立法的中立性无法得到有效保障。实践中，医药卫生法律、行政法规草案多由医药卫生行政机构制定，医药卫生地方性法律、法规和规章的草案制定主体多为地方医药卫生行政机构或卫生计生执法总队事业单位，草案制定后再通过法定程序成为最终的法律。虽然部门立法可能会更便利于执法、更能解决执法中的实际问题，但部门立法很难不考虑部门自身的利益，由此就可能会出现部门利用立法的权力实现利益之争、权力之争和推卸责任。(3)规范性文件普遍使用，影响了法治效力。实践中，医药卫生相关机构普遍通过制发规范性文件对法律“打补丁”，以此来实施行政管理。这明显突破了《立法法》的规定，实际上变成了由没有立法权的机构进行“立法”，或者有立法权的机构超出立法权限进行立法，这种超越现有立法体制的做法是对法治的破坏。同时，本该由法律规制的事项却由规范性文件进行规范，法律约束力不够，行政管理效果也欠佳。

(三)立法程序

根据《立法法》的规定，我国全国人大及其常务委员会的立法程序包括：法律议案的提出、审议、表决和公布。根据《行政法规制定程序条例》的规定，我国行政法规的立法程序包括：行政法规的立项、起草、审查、决定和公布。而地方性法规和地方政府规章，则由各省人民代表大会自行制定相应的程序，一般包括：地方性法规议案的提出、审议、表决和公布。根据《规章制定程序条例》的规定，规章的制定程序包括：规章的立项、起草、审查、决定和公布。

医药卫生的立法程序一定要特别注意立法的民主性。医药卫生事关全体公民的生命健康，必须要有公众和一线医药卫生从业人员的参与，才有可能发现和解决实际中最影响公民生命健康的问题。而要做到这一点，首先，必须要实现立法的公开性，要让所有有关医药卫生立法的立法活动都让公众知晓，特别是要通过新闻媒体广泛传播立法信息;其次,设立立法公众参与制度,让公众能参与到立法的过程中来,其具体的方式包括:立法调研和座谈、立法听证、专家咨询和网络征求意见等。

(四)立法技术

立法技术是指立法活动中所运用的有关法律的制定、修改和废止的各种方法和技巧的总称。立法技术是人类长期立法实践中的智慧结晶,它使法律的表达形式与立法者想要表达的内容相符,最终便于法律的知晓、遵守和适用。立法技术能反映一国法制的完备程度和法律文化的高度。

目前,我国的医药卫生立法技术并不高,这突出表现为医药卫生法律的条款显得比较粗放,很原则化,非规则化,执行性、可操作性都比较差。特别是地方立法,会出现"小法抄大法"的情况,丧失了下位法结合区域实际对上位法的实施进行延伸、具体和细化的功能。甚至有些地方性法律的表述缺少精准的法言法语,含糊其义,难以准确实施。另外,对立法项目的事前和事后的评价机制几乎也未建立,这会影响到立法的科学性。

第二节　医药卫生执法

一、医药卫生执法的概念

医药卫生执法,即医药卫生法律的执行,是指国家行政机关按照法定的权限和法定程序,在医药卫生领域内行使管理职能、履行法定职责的活动。

医药卫生执法是医药卫生法律实施的重要方面,其具体形式包括行政许可(比如授予执业医师资格)、行政征收(比如社会抚养费的征收)、行政给付(比如居民医疗保险的报销)、行政监督检查(比如学校生活饮用水卫生的检查)、行政确认或裁决(比如确定是否构成医疗事故)、行政强制(比如对特殊传染病患者的强制医疗)和行政处罚(比如责令卫生不达标的餐饮企业停业整顿)。

二、医药卫生执法的原则

(一)合法性原则

医药卫生执法活动必须以法律为依据,必须符合法律的规定,这是依法行政的最基本要求。合法性原则既要求医药卫生执法活动必须要有法定授权才可以进行,又要求医药卫生执法活动必须按照法定的程序进行,要符合正当程序原则。

医药卫生事业涉及面相当广泛,一直以来涉及行政执法的事项非常多。但根据职权法定、转变政府职能和简政放权的要求，不是所有社会事务都应由卫生行政执法的形式来进行处理。因此，医药卫生执法必须建立权力清单制度，即列出医药卫生执法的主体、范围等清单，明确权力行使的边界，超过边界执法即为违法。建立权力清单制度要做好以下工作：(1)认真核实每项医药卫生执法措施的内容是否有法律依据，是否符合改革精神和法治精神，是否有存在的必要性，是否调整为社会组织管理更有效。(2)建立权力清单动态调整长效机制，根据实际情况不断调整执法权限。(3)将动态调整情况适时公开，接受社会监督。

设定执法程序能有效地规范权力的运行，有利于对违法行为进行打击。比如，非法行医被卫生行政部门行政处罚两次以后，再次非法行医的，卫生计生执法机构应该转交给公安机关追究非法行医罪。在建立了“行政执法与刑事司法对接”程序后，执法机构和司法机构的权力运行将更加有效，违法行为也将受到应有的惩罚。而正当程序原则能够保护行政相对人的知情权，并能寻求救济的机会。比如，对卫生质量不符合国家卫生标准和要求而继续营业的游泳馆处以吊销“卫生许可证”的处罚时，卫生执法机构应告知行政相对人进行处罚的事实依据和法律依据，以及可以申请听证的权利，而行政相对人可视具体情况做出自己的维权选择。

(二)合理性原则

医药卫生执法主体在行使自由裁量权进行执法活动时，应当符合法治的精神和目的，在依法执法的前提下，要权衡多方面的利益因素和案件的具体情况，要做到适当、合理和公正，避免造成执法不公等情况。

在医药卫生执法中合理运用行政裁量权，能有效解决很多矛盾。比如，在社会抚养费的征收中，有些地方的费率过高，造成社会抚养费数额巨大、征收困难。对此，有些征收部门就采取了分期付款的形式，要求行政相对人先支付一定比例的社会抚养费，剩余的再逐步支付。这样征收部门既履行了征收社会抚养费的法定职责，又避免了强制征收社会抚养费给行政相对人带来的经济困难和由此引发的对立情绪。

(三)效率原则

在依法执法的前提下，医药卫生执法活动要充分考虑执法的成本和效益，要用尽可能低的执法成本获得尽可能大的效益。效率原则要求：执法机构应该精减人员，做到每个工作人员都能各司其职；执法行为应该及时快捷，不能无谓耗费执法机构的办案时间和行政相对人的时间；执法主体要合理使用办公经费，珍惜纳税人的钱。

在简政放权的背景下，医药卫生执法贯彻效率原则要注意两个问题：其一，效益不是仅指执法行为给执法机构带来的收益，而是指执法行为给国家、社会和公民带来的益处。不能以怠于履行执法职能来"节约成本"。比如,有些卫生计生行政审批事项下放后,基层并没有相关的人、财、物的配备,这使得行政审批无法真正实现。这种行政审批"一放了之"的行为,对下放审批权的机关来说是没有成本的,但实际上造成了相应行政审批权力的无法运行,带来的是相应领域的无序,根本没有效益可言。其二,要积极改变执法的方式。比如在准生证的办理时,可以将现在要求公民必须到现场办理的方式改为网上审批、现场确认,省去公民反复到现场的麻烦。

第三节　医药卫生司法

一、医药卫生司法的概念

医药卫生司法,指国家司法机关按照法定程序,具体运用法律处理医药卫生纠纷的专门活动。在我国,人民法院和人民检察院都是司法机关,医药卫生司法主要表现为人民法院行使审判权对医药卫生纠纷做出调解、判决和裁定等处理,人民检察院行使检察权对涉及医药卫生的犯罪进行立案侦查、侦查监督、审查起诉和提起公诉等活动。

二、医药卫生司法的原则

"司法原则"是司法机关在适用法律的过程中应遵循的基本规则和基本精神。其一般包括:(1)司法公正。公正是司法的生命,司法公正是"法平如水"这一法的精神的内在要求和重要体现,是社会正义的重要组成部分和维护方法,是司法机关作为纠纷解决平台存在的社会基础。(2)公民在法律面前一律平等。这既是我国司法的基本原则,又是我国公民的一项基本权利。其基本含义是,在法律面前,没有任何人有特权,也没有任何人被歧视。(3)以事实为依据,以法律为准绳。该原则的基本含义是:司法机关审理任何案件,都只能以与案件有关的事实作为裁判的依据,都只能在严格执行程序法的基础上,严格按照实体法对案件进行判决。(4)司法机关独立行使职权。该原则的基本含义是:司法权只能由司法机关行使,其他任何机关、团体和个人都无权行使;司法机关在行使司法权时,不受其他任何机关、团体和个人的干涉。

医药卫生司法是司法机关在医药卫生领域中适用法律,其当然要符合司法的一般原则。同时,这些原则在医药卫生领域内也有其特殊的表现和要求。

目前,我国医药卫生立法的滞后性比较明显,因此在社会和医学科学技术迅猛发展而法律又没能及时对此做出规范的情况下,调整医药卫生领域内的利益冲突就要靠医药卫生司法来进行，此时司法原则就显得非常重要。

比如，如何在既保护医学科学技术的更新发展又能兼顾传统的伦理道德中实现公正，具体例子如冷冻胚胎的技术运用与由此产生的利益分配。如何在依据现有法律保护医方利益的同时又照顾患方利益，具体例子如“无过错输血”下如何保护患者的利益。

又如，在我国的医药卫生司法实践中，医疗纠纷诉讼很多时候都会涉及调解。调解尽管涉及当事人双方对自己实体权利的处置，但调解也必须遵守“事实清楚，是非分明”的原则，不能够一味“和稀泥”。特别是相较于医方，患方一般都被认为是弱势群体，而“弱势群体”的称谓使患方天然就获得了道德同情。这就使得有些法院在调解医疗纠纷案件时，会偏向于“实质”上的弱者，不管医院有没有过错、要不要承担赔偿责任，都让医院“出钱了事”，这其实违背了“法律面前人人平等”的原则。

再如，在我国的医药卫生司法实践中，医患尖锐冲突的个别案例总会引起舆论的广泛关注。这使得法院在审理医疗纠纷的案件时，不得不去关注舆论的影响。比如在一些恶性伤医案件发生后，受害人所在医院的工作人员以罢工、拉横幅等方式要求严惩凶手，这也吸引了舆论的关注。但被告人最后是否应被“严惩”依据于其罪行的严重程度，上述做法只能被视作为情绪释放的一种方式，它绝对不能够成为影响人民法院独立判案的因素。

诸如此类的问题，其解决既要靠法官的智慧，更要靠法官从司法原则的角度对各种利益的调节做宏观的把握。

第四节　医药卫生守法

一、医药卫生守法的概念

医药卫生守法，指一切国家机关、政党、社会团体、企事业单位、其他社会组织和全体公民服从医药卫生法律，依照医药卫生法律办事。医药卫生守法是医药卫生法治的必然要求，是医药卫生的立法目的得以实现的最基本途径，是良好的医药卫生执法和医药卫生司法的客观基础。

在我国医药卫生事业逐步发展的过程中强调医药卫生守法，具有非常重要的现实意义。首先，医药卫生守法是医患双方维护自身根本利益的必然要求。目前，我国医患矛盾日益尖锐，从法律的角度看，医患双方不守法是其最根本的原因：有些医院及其工作人员不遵守法律规定、不遵循医疗规范而实施医疗行为，给患者带来了不应有的损害；有些患者及其家属不尊重法律，无理取闹，寻求不法利益或法外利益；有些患者及其家属在患者受到损害后，在纠纷解决过程中，有理取闹，不采用法律规定的合法维权途径，反而诉诸非法途径甚至犯罪方法来解决纠纷，这不但没能解决纠纷还对社会利益造成了更大的损害。如果医患双方都能守法，就能最大限度地降低医疗纠纷的发生，减轻医患矛盾对社会所带来的不利影响。其次，医药卫生守法是医药卫生事业发展的必要条件。医药卫生事业是重大的民生问题，涉及全体公民最基本的生命健康权利的实现。医药卫生法律正是为了保护和促进医药卫生事业而制定的：它保护了公民的生命健康权，调整了医药卫生活动主体之间的关系，建立了医药卫生活动的正常秩序，规制了国家在医药卫生领域中的职权，保障了医学向健康方向发展。因此，当所有的医药卫生法律都能够得到遵守时，医药卫生事业当然也就会由此得到不断的发展。

二、实现医药卫生守法的措施

根据守法所依据的不同的法律意识，可以将守法分为消极地守法和积极地守法。前者是指基于害怕受到惩罚而被动地在日常社会生活中不违反法律，不做法律禁止的事情或去做法律要求做的事情；后者是指基于信仰和尊重法律的法律意识，在实际行动中主动维护法律权威、积极行使法定权利。人有“趋利避害”的本能，基于此产生的消极地守法情况在现实中更为普遍。而积极地守法基于更高级的法律意识，依赖于个人对法律的态度、法律知识和法治思维的全面提升，相对于消极地守法，其总是属于少数。而要真正实现医药卫生守法，不仅需要从长远的角度出发，提高全民的整体法治素质，让更多的人能积极地遵守医药卫生法律在内的所有法律，而且还特别需要在较短的时间内，有针对性地解决目前医药卫生领域内种种不守法的乱象。

（一）通过教育提高全民的法治素质

法治是一种治理国家的方式，也是一种思维方式和生活方式。当法治成为一种思维方式和生活方式时，其表现就是积极地守法。当民众中积极守法的人占大多数时，包括医药卫生领域在内的整个社会就必然会显现和谐的局面。但全民法治素质的提高，是一个涉及面相当广泛的系统工程，也必然要经过一个长期的过程。就教育而言，最基本的做法是将基础法律知识和尊重法律、遵守规矩等法治理念纳入公民基础教育课程的内容中，并在义务教育阶段就展开。现阶段，加强普法工作，采取形式多样、效果明显的法治宣传教育，是促进守法的重要措施。

（二）政府应带头做到医药卫生守法

政府也是守法的主体，即政府既要充分、有效地行使法律赋予的职权，为民众谋福利，又必须在法律授权的范围内运行权力，不得因滥用权力而损害民众利益。在法治国家，政府守法是政府公信力的最基本来源。但目前，在医药卫生领域，还存在政府不守法的诸多情况。比如，通过“闹大”来实现诉求已成为现实中患方处理医疗纠纷的一种“理想”方式。造成此种情况的其中一个重要的原因就是，在患方“闹大”以后，某些地方政府以“维稳”为出发点，不管医方有无责任，都给医方施压，以“花钱买平安”的方法“息事宁人”。结果造成了“小闹少得、大闹多得、不闹不得”的局面，变相刺激了“医闹”的蔓延。鉴于此，政府必须带头遵守医药卫生法律，才能真正实现医药卫生领域的和谐，才有可能促进民众守法。

（三）严格追究医药卫生违法行为的法律责任

违法是与守法相反的行为，即不遵守现行法律的行为。违法必须承担法律责任，即必须承担法律上的不利后果，这是实现法律目的、维护法律权威的必然要求。但目前，我国有些医药卫生违法行为却并未受到应有的处理。比如，医生因过错造成医疗损害后，通过“私了”的方式与患方达成了协议：医生给予患方经济补偿，患方不再追究医生的其他责任。在很多情况下，医院也知晓此事，但以保护医生为由而默许了此种行为。这其实就是以民事责任替代行政责任甚至是刑事责任，其结果就是让已不能胜任医生职业的庸医继续危害更多的患者。再比如，扰乱医疗秩序的“医闹”行为，非但不受惩罚反而由此得利。鉴于此，必须严格追究医药卫生违法行为的法律责任。否则，那些未受到法律追究的医药卫生违法行为，最终将瓦解医患之间的相互信任，消耗医药卫生法治的权威。

第五节 医药卫生法律监督

一、医药卫生法律监督的概念

“医药卫生法律监督”是指由所有国家机关、社会组织和公民，对各种医药卫生法律活动的合法性进行监视、查看、约束、制约、控制、检查和督促。

医药卫生法律监督是医药卫生法治体系的重要组成部分，是促进公民的生命健康权利得以实现的重要手段，具有重大的意义。首先，包括医药卫生法律监督在内的所有法律监督，是我国民众行使监督权的方式之一，是社会主义民主政治和人民当家作主的体现。其次，在我国医药卫生法律涉及面宽泛、内容庞杂和法律位阶多的情况下，通过医药卫生法律监督，可以发现医药卫生法律存在的种种缺失、错误和不一致，并在此基础上通过法律的立、改、废，实现我国医药卫生法制的完善。最后，医药卫生法律监督可以督促医药卫生法律的实施，从而有利于实现公民的生命健康权。而且，通过医药卫生法律监督的过程，全社会的法治意识也都会得到提高，这也有利于医药卫生法治的实现。

二、医药卫生法律监督的方式

根据监督主体的不同，可以将法律监督分为国家法律监督和社会法律监督两大类。医药卫生法律监督也可以据此分为两大类：国家医药卫生法律监督和社会医药卫生法律监督。当然，医药卫生法律监督有其自身的特点。

（一）国家医药卫生法律监督

国家医药卫生法律监督的主体包括国家权力机关、行政机关和司法机关。国家权力机关的医药卫生法律监督，是指各级人民代表大会及其常务委员会对其产生的国家机关是否有效实施或正确适用医药卫生法律进行监督。其具体方式包括：听取和审议本级政府关于医药卫生方面的工作报告并做出相应决议；审查本级政府依法呈送的医药卫生规范性法律文件和非规范性法律文件并做出相应决议；就医药卫生工作进行质询；组织医药卫生问题的调查委员会；开展医药卫生执法检查；对医药卫生法律、有关医药卫生的决议和决定的贯彻执行情况，以及人民群众反映强烈或普遍关心的医药卫生问题进行视察；督促办理人民代表和委员提出的有关医药卫生的建议、批评和意见；就医药卫生进行专题监督；对司法机关是否正确适用法律、是否公正解决医药卫生纠纷进行监督等。

行政机关的医药卫生法律监督，是指本级政府对其所属的医药卫生行政机关，医药卫生行政系统内部上级机关对下级机关，各级医药卫生行政机关内设的专门监督机构对本机关的其他机构，所进行的是否有效实施医药卫生法律的监督，以及医药卫生行政机关对行政相对人是否遵守医药卫生法律的监督。我们认为，医药卫生行政机关对行政相对人是否遵守医药卫生法律的监督属于广义上的监督，在严格意义上，其应属于医药卫生执法的一种方式，通过该方式发现的医药卫生违法行为，医药卫生行政机关可依职权对其进行行政处罚，而其他的行政机关的监督方式则不具备惩罚权。

司法机关的医药卫生法律监督，是指人民检察院和人民法院通过民事诉讼、刑事诉讼和行政诉讼对医药卫生活动所进行的监督。其主要监督方式是针对诉讼中发现的医药卫生违法行为和医药卫生行政机关、医药卫生服务机构在管理制度中的缺陷，通过向有关单位递交检察建议书或司法建议书，实现追究医药卫生违法行为人责任，改进医药卫生行政机关、医药卫生服务机构管理体制的目的。需要注意的是，司法机关行使医药卫生司法权和司法机关进行医药卫生法律监督是有区别的，前者是司法机关在自己的权限范围内解决医药卫生纠纷，后者是司法机关对自己权限范围外的医药卫生违法行为和医药卫生管理制度的缺陷建议相关行政机关、医药卫生机构进行处理。

（二）社会医药卫生法律监督

社会医药卫生法律监督，是指社会组织、公民和新闻媒体依照《宪法》和有关法律，对各种医药卫生法律活动的合法性和对司法机关适用法律解决医药卫生纠纷的合法性和公正性进行监督。包括工会、红十字会、消费者权益保护协会、医学会、医院协会和医师协会在内的社会组织，公民个人和新闻媒体在内的社会医药卫生法律监督，是最广泛的监督。它或者可以直接或通过启动诉讼程序，促使被监督的医药卫生行政机关纠正错误、改进工作，或者可以引发国家医药卫生法律监督，在实践中一直发挥着积极有效的监督作用。

需要指出的是，社会医药卫生法律监督尽管具有人民性的特点，但也不能超越法律的界限，特别是不能以“民意”为由，干扰执法、司法。比如实践中，某些新闻媒体对医疗纠纷带有倾向性的报道，就极易给社会民众造成误导，由此形成的舆论压力进而会影响到法院的公正判案，严重阻碍医药卫生法治的实现。

第六节　医药卫生法律服务

一、医药卫生法律服务的概念

医药卫生法律服务，是法律服务在医药卫生领域中的具体体现，即提供法律服务的机构或人员，以其法律知识和法律技能，为医药卫生活动的参与者、医药卫生纠纷的当事人所提供的一系列专业法律服务的总称。对此概念，应从以下角度进行把握：

首先，提供医药卫生法律服务的主体，包括医药生产、经营、服务等单位内设的法律部门，医药卫生行政管理部门内部的法制机构，专门提供社会法律服务的律师事务所，高校、科研所等教育研究机构及其研究、教学人员，人民调解委员会以及其他提供医药卫生法律服务的机构或人员。成为提供医药卫生法律服务主体的关键因素是具备“法律知识和法律技能”，因此，实践中旨在调和医患纠纷的第三方，即使其具备解决医疗纠纷的功能，但若其解决问题并不依靠法律知识和法律技能，其也不能被称为“医药卫生法律服务主体”。

其次，接受医药卫生法律服务的主体，包括医药卫生活动的参与者、医药卫生纠纷的当事人，即从事医药产品生产、经营和服务活动的医药卫生机构，购买医药产品、医药卫生服务的消费者，接受公共卫生服务的公民，从事医药卫生管理、服务的政府部门，以及与他人发生医药卫生纠纷的当事人等。这里强调“接受服务的主体”而不是“服务的对象”，是为了突出“需求（市场）为导向”，即“接受服务的主体”的特定需求，决定了服务的具体内容和质量要求，这进一步决定了医药卫生法律服务者应具备达到何种程度的哪些方面的知识和技能，才能更好地提供医药卫生法律服务。

再次，医药卫生法律服务的内容，涵盖范围非常广泛，既包括医药卫生立法、政策制定的调研、咨询等宏观层面的内容，又包括医药卫生领域内各类纠纷的解决、医药机构（特别是公立医疗机构作为独立法人）的发展、医药知识产权申请和法律保护等微观层面的内容。

最后，医药卫生法律服务的具体方式，既具有法律的专业性又具有医药卫生的特殊性。除了一般的法律咨询、事实调查、法律文书制作、纠纷处理和诉讼代理外，随着医药卫生事业的不断发展，医药卫生法律服务的内容将不断扩大，政府法律顾问、医疗机构法人治理的法律建议和内部管理、医药企业的法务、卫生立法和政策调研、医疗纠纷调解、医药卫生法治宣传、医药卫生从业人员法律培训、医药专利申请代理等法律服务的方式将会变得越来越普遍。

二、医药卫生法律服务的意义和要求

我国正处于社会转型期，诸多体制弊端集中出现，诸多矛盾集中爆发，医药卫生行业概莫能外：医疗资源供需不平衡突出，医疗服务能力偏低与人民群众日益增长的健康需求之间存在矛盾；公立医院的公益性弱化，公立医院医务人员追求自身价值与医疗服务价格补偿机制不合理之间存在矛盾；医疗费用高昂，医疗保障制度不健全与医疗成本增加之间存在矛盾；政府对“恶性事件”处置不力，严格执法与片面的“和谐观”之间存在矛盾；医患双方对医疗风险的分担比例不公平，医疗行业的高风险性与缺乏有效的医疗风险分担机制之间存在矛盾；医患纠纷处理困难，医患纠纷处理机制不健全与医患纠纷解决诉求之间存在矛盾；患者对诊疗结果的期望值过高，医疗技术发展的局限性和患者期望值无限性之间存在矛盾；医方人文、伦理和法律素质欠缺，传统医学教育模式与医疗模式转变之间存在矛盾；医患之间信任度低，医患信息不对称和社会诚信缺失之间存在矛盾；媒体报道不实，医疗纠纷的复杂性和媒体认识的片面性之间存在矛盾；相关法律法规不完善，法律的滞后性与社会发展之间存在矛盾。而此时大力发展医药卫生法律服务以解决这些问题可谓正当其时：医药卫生法律服务能为医药卫生事业的发展提供咨询以保障相关决策的正确性、合法性，能为医药卫生单位提供制度改革创新的意见以促进发展、减少纠纷，能为当事人提供解决纠纷的帮助以弱化矛盾、保障社会和谐。因此，医药卫生法律服务意义重大。

医药卫生法律服务的总要求是：忠于事实、忠于法律、恪尽职守和维护正义。“忠于事实”，就是以事实为依据，保持独立、客观的立场，不受其他非客观因素的影响，更不能为了完成委托事项而伪造“事实”。“忠于法律”，就是以法律为准

绳，按照法律规定的内容和法定程序提供医药卫生法律服务，并在此过程中忠实地维护法律的尊严，不得为实现目的而采取非法手段。“恪尽职守”，是指接受当事人委托后，应以高质量、高效率的服务，最大限度地维护委托人的权益，并为当事人保守秘密。“维护正义”，是指应坚持公正的立场和弘扬正义的良知，切实维护合法权利的实现，并积极纠正、制止违法、违规和违反社会公德的行为，不能为了达到目的而寻求或鼓励他人采取影响社会秩序、社会公正的方式。

第七节　医药卫生法治人才培养

一、医药卫生法治人才培养的概念

“医药卫生法治人才”是指具有职业道德水准和业务工作能力，能从事医药卫生立法、执法、司法和法律服务等领域的工作的专业人才，是“法律共同体”的重要组成部分。

“医药卫生法治人才培养”是指通过以学位教育为主体、其他教育为补充，学历教育和在职培训进修相互衔接的教育培养体系，为医药卫生法治领域输送专业人才。

二、医药卫生法治人才培养的方式

目前，我国的法学教育既有以法学理论传授为主的法学学术教育，又有具备行业特点的法学专业学位教育，还有贯穿于法律职业生涯的继续教育。而医药卫生事业的不断发展，对医药卫生法治人才的培养提出了更高的要求：其一，医药卫生事业需要医学与法学相结合的复合型人才，如何实现医学与法学的有效结合是一个难题；其二，医药卫生法学是一门新兴学科，在学科发展过程中如何培养有扎实的理论基本功的人才是一个难题；其三，医学和法学都是实践性很强的学科，特别是医疗纠纷的处理需要充足的经验，如何在重视理论教学的学位教育阶段培养实践应用能力，是一个难题；其四，对于只具备医学或法学单学科知识背景的在职人员而言，如何让其在有限的时间内具备更多的双学科专业知识是一个难题。

为满足社会对医药卫生法治人才培养所提出的更高要求，医药卫生法治人才培养的方式应该有更大的创新：(1)更新人才培养理念。即树立以学生为主体的教育理念，创新人才培养模式，运用有效的方式、方法、手段进行有针对性的个性化培养，以学生自主策划、设计和组织教学活动为主线，以不同角色体验为路径，以教师指导和制度化为保障，以多元化的教学科研平台为依托，在丰富和发展传统法学教育理论的前提下，有效组织各种教学要素和资源，将第一课堂与第二课堂的功能完整、有效地结合在一起。(2)重视职业伦理道德教育。通过设置职业伦理学课程、导师的道德引领等，加强学生职业伦理道德教育，将学生道德、人格、信念及综合素质的培养纳入教育改革整体框架之中，从人才培养模式、课程设置、教学要求、教学活动、教学条件等各方面强化落实素质教育，培养学生的人文精神、人权意识和法治信仰等。(3)强化专业思维的训练。结合医药卫生法学专业的特点，制订学生“系统性思维”培养计划，并将其有效运用到教育培养的各个环节之中。尤其是可以通过案例教学、辩论教学、模拟教学，以及组织学生参加实际医患纠纷的处理等方式，让学生全面了解案情，认识和把握纠纷处理涉及的方方面面，再通过有针对性的分析和训练，逐步提升学生的系统性思维能力，并以此为基础，逐步提高各项专业思维能力。(4)推进教学内容、方法和评价方式的改革。建立科学合理的医药卫生法学专业课程体系，组织编撰符合医药卫生法学学科要求和人才培养特色的教材，实现教学的专业性和针对性；组织开展 PBL 教学、案例教学、模拟教学、研究式教学、辩论式教学、诊所式教学等课堂教学形式改革，并鼓励学生参加庭审观摩、社会调查、法制宣传、法律援助等多种形式的第二课堂活动；进一步改革学生的考核评价方式，推行形成性考核，逐步实现考教分离，重点制订实践教学的考核方案，建立学校、实践基地和用人单位共同参与的学生考核评价机制。(5)加强科学研究和学术交流。充分利用国内国际教育资源，提高教育交流合作水平，逐步加强学生的国际视野的拓展、科研能力的培养，逐步提高其感知现象、提出问题、检索文献、调查研究、数据处理、逻辑分析、开拓创新等能力。(6)切实提高职业技能和岗位胜任力。积极推进学校与地方实务部门、社会机构的密切联系与合作，共同培养具有较强医事法律实务技能的专业人才。积极探索学校与地方实务部门联合培养的各种形式，包括针对在校生和在职人员，共同制订人才培养方案，共同协商专业课程设置，共同编写专业教材，促进学生的职业技能和岗位胜任力的全面锻炼和提升。

典型案例评析

[案情]

2013 年 6 月 28 日，市民吴某因身体不适，到甲医院就诊，被医生诊断为非淋菌性尿道炎。此后，吴某在该医院接受治疗一个多月。治疗期间，医院多次应用了氟康唑和胸腺肽两种药物，药价共计 2061.60 元。同年 8 月，吴某被该院诊断为前列腺炎。得知这个消息，吴某感到很诧异。8 月 13 日，吴某到南京市某大医院就诊，被确诊患有前列腺炎。吴某认为，甲医院存在误诊，耽误了自己的治疗，并让自己多支付了医药费用，应当赔偿经济损失和精神抚慰金，于是将该医院告上法庭。

［争议焦点］

1. 甲医院是否存在误诊的行为？

2. 甲医院是否应该对吴某承担相应的损害赔偿？

［案例评析］

本案中，吴某到甲医院挂号就诊，医患双方之间就依法形成了医药卫生法律关系，吴某和甲医院都是医药卫生法律关系的主体。吴某有权得到及时、正确的医疗服务，同时，他必须给付必要的医疗费用；甲医院应当为患者提供及时、正确的医疗服务，同时，也有权收取必要的医疗费用，这就是医药卫生法律关系当事人各自应当享有和必须履行的权利和义务，也就是医药卫生法律关系的内容。医药卫生法律关系的客体就是当事人双方权利和义务共同指向的对象，即吴某的生命健康权利、甲医院的诊疗行为和必要的医疗费。

医药卫生法律事实是引起医药卫生法律关系产生、变更和消灭的关键因素。根据医药卫生法律事实是否与当事人的意志有关，医药卫生法律事实可以分为：医药卫生法律事件和医药卫生法律行为。其中，医药卫生法律行为是指与人的意志有关，由当事人的作为或不作为引起的，能够引起医药卫生法律关系产生、变更、消灭的客观事实。本案中，吴某的挂号行为产生了吴某与甲医院的医药卫生法律关系，这种医药卫生法律关系就是医疗服务合同。如果吴某在接受治疗后痊愈，医疗任务完成，医药卫生法律关系自行消灭。但本案中，甲医院没有及时做出正确诊断，延误了患者的治疗时间，给吴某造成了痛苦，导致形成了医疗纠纷法律关系。如果经协调医疗纠纷得以妥善解决，该医药卫生法律关系也就此消灭。如果协商不成，吴某将该医院告上法庭，就产生了医药卫生民事诉讼。本案经过法院审理，认定甲医院的医疗活动存在过错，甲医院使用的氟康唑和胸腺肽两种药物，缺少用药依据，并且费用较高，因此也加重了吴某的医药费负担，故判决甲医院返还吴某多付的医药费 2061.60 元，并赔偿精神抚慰金 5000 元。如果甲医院在宣判后依法履行了赔偿义务，该医药卫生法律关系就此消灭。

吴某和甲医院之间的法律关系是由医疗服务合同联系起来的，有关患者和医院的权利和义务的规定主要体现在医药卫生法律法规和医疗服务合同中。本案中，甲医院在并未对患者确诊疾病的情况下开出 2000 多元“大药方”，致患者经济上蒙受了损失，同时，也给患者身体上、精神上造成一定的伤害。因此，甲医院应该为此“大药方”买单，并承担相应的赔偿责任。

思考题

1.“保护人的生命健康权益”是否可以作为我国医药卫生立法的原则，为什么?

2. 在我国的计生执法中存在这样一种情况:由于有钱人能够支付高额的社会抚养费,所以他们可以违法生育;而没钱的人无法支付高额的社会抚养费,所以他们不可以违法生育。这似乎存在法律上的不平等:有钱就可以不守法,没钱就只能守法。请你从执法和守法的角度谈谈对这个问题的看法。

3. 医药卫生法律服务的要求是什么?

第六章　境外医药卫生法律制度

本章要点：本章概括介绍了我国港澳台地区医药卫生法律制度，并对美国、英国等一些英美法系国家和法国、德国、日本等一些大陆法系国家的医药卫生法律制度进行了介绍和分析，对其中独具特色的规定进行了阐述。

第一节　我国港澳台地区医药卫生法律制度

一、香港地区主要医药卫生法律制度

香港地区主要医药卫生法律、法规包括：《医院管理局条例》《危险药物条例》《药典条例》《精神健康条例》《抗生素条例》《药剂业及毒药条例》《医生注册条例》《助产士注册条例》《护士注册条例》《医院、护养院及留产院注册条例》《不良广告(医药)条例》《诊疗所条例》《香港医学专科学院条例》《医疗辅助队条例》。

香港地区的《抗生素条例》虽立法较早但具有现实意义，其主要是为了管制某些抗生素的销售与供应。其适用的物质，包括青霉素及卫生署署长根据第十二条订立的规例所订明的由活有机体生产的其他抗微生物的有机物质，而凡该等规例订明某种由活有机体生产的物质中，可包括化学性质与该等如此订明的物质相同或相似但并非由活有机体生产的任何物质。2007 年，香港《立法会决议》修正的《中医药条例》，对中成药做出界定：中成药是任何符合下述说明的专买产品：(1)纯粹由下述项目作为有效成分组成：任何中药材或惯常华人使用的任何源于植物、动物或矿物的物料或前述的任何药材及物料；(2)配制成剂型形式；(3)已知或声称用于诊断、治疗、预防或舒缓人的疾病或症状，或用于调节人体机能状态。

香港地区关于食品的监督管理的部门是香港卫生署，其职责是促进健康、预防疾病、提供医疗护理和康复服务，以及加强社区协作和国际合作，保障香港市民的健康。其下属涵盖了长者健康服务、医护机构注册、社会卫生服务、药物办公室等 20 余个职能部门。

二、澳门地区主要医药卫生法律制度

澳门地区主要医药卫生法律制度包括：《卫生法》《精神卫生法》《传染病防治

法》《预防及控制吸烟制度》《疾病护理规章》《护士职称制度》《药剂师及高级卫生技术职称制度》《诊疗技术员职称制度》《卫生督察职称制度》《卫生助理员职称制度》《医生职称制度》《医务行政人员职称制度》等。

2013年,澳门特别行政区立法会根据《澳门特别行政区基本法》第七十一条第(一)项的规定,制定了《处理医疗事故的法律制度》,该条例共七章四十条,主要是规定了医疗事故的处理程序和依据。在其中界定了医疗事故的概念:医疗事故是指医疗服务提供者在公共或私人医疗领域,为着预防、诊断、治疗及康复的目的,因过错违反医疗卫生方面的法规、指引、职业道德原则、专业技术知识及常规做出的行为而对就诊者的健康造成损害的事实。就诊者:就诊者是指接受医疗服务的自然人。当就诊者死亡或无法处理事故时,其配偶、与其有事实婚姻关系的人、直系血卑亲亲属、直系血尊亲亲属或兄弟姐妹有权按本法律的规定获得资讯及申请鉴定。

澳门地区的药品监督管理的机构主要是卫生局及其所属的药物事务厅。药物事务厅负责执行药事法规,依法监督管理所有以西药、中药及传统药物有关的活动,确保市民获得安全、有效以及具有质量保证的药物。其具体职责包括:药物上市前评估其质量、安全性和疗效,并对符合标准的药物进行登记;监测市场上药物的不良反应及药源性疾病,并对伪劣药品调查追踪;监察药物的生产、进口、分销、供应及使用,并对违规行为依法做出惩处;审查申请及依法发给药物商号准照、药剂师和药房技术助理的执照等。

三、我国台湾地区医药卫生法律制度

我国台湾地区主要的医药卫生法律制度包括:《民法》《医疗法》《医师法》《护理人员法》《人体生物资料管理条例》《医师法施行细则》《心理师法施行细则》《呼吸治疗师法施行细则》《食品卫生管理法》《全民健康保险法》《农民健康保险法》《全民健康保险法施行细则》等相关法律、法规。

我国台湾《民法》第184条规定:因故意或过失,不法侵害他人之权利者,负损害赔偿责任。故意以背于善良风俗之方法,加损害于他人者亦同。违反保护他人之法律,致生损害于他人者,负赔偿责任。但能证明其行为无过失者,不在此限。此为医疗损害民事侵权责任的主要法律依据。第224条规定:因可归责于债务人之事由,致给付不能者,债权人得请求损害赔偿。前项情形,给付一部分不能者,若其他部分之履行,于债权人无利益时,债权人得拒绝该部之给付,请求全部不履行之损害赔偿。此为医疗损害违约责任的主要法律依据。

台湾地区的《医疗法》是关于医药卫生的一部主要的法律规定,从公布以来历经8次修改,主要涉及与医疗有关的事项的规定,包含的范围较广。其立法目

的是促进医疗事业之健全发展，合理分配医疗资源，提高医疗品质，保障病人权益，增进国民健康。其涵盖了总则、医疗机构、医疗法人、医疗业务、医疗广告、医事人力及设施分布、教学医院、医事审议委员会、罚则、附则等十章内容。

《药事法》历经16次的修改。主要的内容包括：第一章总则部分规定了立法的目的、卫生主管机关、药品的范围，第二章药商之管理，第三章药局之管理及药品之调剂，第四章药物之查验登记，第五章药物之贩卖及制造，第六章管制药品及剧毒药品之管理，第七章药物广告之管理，第八章稽查及取缔，第九章罚则，第十章附则。其主要监管部门为"卫生福利部食品药物管理署"，根据其最新修改的法律，该管理署的主要职责包括：食品、药物、化妆品管理政策的规划；食品、药物、化妆品的查验、登记、审核、发证、药物人体试验的审查及监督；食品、药物、化妆品生产流程的管理；食品、药物、化妆品的检验、研究、实验室认证、风险评估和风险管理，以及中药、植物性药材的检验。食品、药物、化妆品的安全监视、危害事件调查及处理、管制药品的稽核、通报、预警、教育，食品、药物、化妆品消费者保护措施的推动等。

第二节　英美法系主要国家医药卫生法律制度

一、美国主要医药卫生法律制度

美国作为一个联邦制国家，在其《宪法》中就明确了美国的立法权限范围，如果在《宪法》中没有明确列明的，其立法的权力归属于各州。有关医药卫生法制度的相关立法，美国法典中第四十二编就是关于公众健康与福利的立法。如公共卫生服务、药品管理、生物制品等涉及公共健康与福利的内容都是国家立法。其中，美国的食品药品监督管理局在美国的公共健康领域中起着十分重要的作用。美国食品药品监督管理局属于美国健康及人类服务部，它通过执行公共健康法案，包括《联邦食品、药品和化妆品法》《公众健康服务法》等与公众健康和福利相关的立法对药品、疫苗、生物制药、血液制品、医疗器械、放射性设备等进行监督和管理。

在美国的法律体系中，关于医疗纠纷和医疗损害的相关内容，如果是侵权损害的相关内容主要是由侵权法规定的，在美国的侵权法中将医疗损害责任放入了专家责任的范畴。如果是医疗服务的相关内容，则依据合同法的规定进行解决。同时，由于医疗损害责任的立法权限属于州的立法管辖范围，所以美国50个州都有关于医疗纠纷的相关立法。McCullough，Campbell&Lane最初在1991年出版了《美国各州医疗事故法律总结》，从中我们除了可以看出各个州的医疗事故立法存在不同之外，也存在相同之处，每一个州和哥伦比亚特区，关于医疗损害立法的相关规定都可以包括以下综述：(1)诉讼时效；(2)原告或相对过失的法律；(3)侵权人的责任是连带还是分担；(4)分担的法律；(5)用以判断雇用医师行为的医院代理责任；(6)专家证词的标准；(7)赔偿金的限制；(8)代理人费用的限制；(9)法院是否迫使索赔人接受分期付款；(10)补偿规则是否有效；(11)判决前利益是否得以补偿；(12)州是否有可以生效的病人补偿基金或医师保险议案；(13)州和当地政府医疗保健机构的经营者是否享有豁免权；(14)医疗事故的索赔人是否要申请仲裁。如《新墨西哥州法典》第 41 节第 5 条第 1 至 29 款就是医疗事故法。其第 2 款规定的是立法的目的："本法案的目的是通过利用新墨西哥州提供给本州卫生服务提供者的专业责任保险以提升人们的健康和福利。"《佐治亚州法典》第 51 标题卷第 13 章就是关于医疗事故损害救济的法案。其中第 13 章第 1 条第 b 款规定：在任何关于医疗损害的判决或裁定中，包括不当致死，原告遭受一个或者多个损害的案件中，其赔偿的数额均不能超过 35 万美元，无论被告的人数是否为多数或者原告基于几个诉讼理由提起诉讼。

二、英国主要医药卫生法律制度

英国主要的医药卫生法律制度包括 2005 年的《药品法》，主要是关于受控药品的相关规定，其主要包括五个部分：第一部分是关于受控药品的提供，第二部分是关于警察对于药品的权力，第三部分是关于滥用药品的评估，第四部分是关于其他的一些有关药品的事务的规定，第五部分是关于修正案。同时，由于英国实行医药分离制，英国的药品监督管理部分的分工也十分详细。其药品监督管理机构包括：英国药品监督管理局、英国皇家药师管理委员会、独立国非处方药品管理委员会、英国制药工业协会等。这些机构监管的范围主要包括：药品上市前的许可制度；药品上市后监督并追踪关注其安全性；检验药品生产和批发销售的标准；强制要求；监督有关诊断和治疗的相关法律、法规的实施；公布通过英国药典的药物质量标准；监督临床的实验和治疗；许可药品的生产和销售；运行质量控制体系，包括通过抽样检测和处理药品缺陷以确保药品和医疗器械的安全。英国 2006 年的《卫生法》主要是包括公共健康的一些规定，其包括 7 个部分：(1)关于吸烟的规定；(2)关于传染病的预防和控制的规定；(3)关于受控制的药品和药店的规定；(4)关于国民医疗服务的规定；(5)关于任命委员会的规定；(6)其他的规定；(7)最终条款。此后，英国还于 2014 年修正了《护理法》。

作为传统上英美法系的国家英国，实际上一直是判例法的传统国家，所以英国实际上没有专门针对医疗损害制定专门的法律、法规来进行规定。在医疗损害的案件中，医生的身份是一种专业人员，在诉讼中按照专家责任的相关规定来判定医疗损害赔偿的相关责任。在实践当中，如果患者要求医务人员及其医疗机构承担医疗损害责任，患者应当证明医务人员没有尽到注意义务。而判断医务人员注意义务的标准是“合理医生”的标准，“合理医生”的标准最终是由“Bolam Test”确定的，后来经过了一系列的发展，目前展现出一些新特色，主要是将医生注意义务的标准由医生进行判断转而由法官根据事实进行认定。

三、英美法系中其他国家的医药卫生法律制度

澳大利亚的主要药品管理法律、法规包括：《治疗用品法》《治疗用品条例》等。澳大利亚的药品管理部门主要是治疗产品管理局（TGA），治疗产品管理局的目标也是在于保障公众的健康。其职责主要是监督治疗产品的供给、出口、制造以及广告。其监管的方式主要是：治疗产品上市前的评估、治疗产品上市后的监管、治疗产品标准的实施、治疗产品生产的许可，以及检验海外治疗产品的标准是否达到澳大利亚的标准。

澳大利亚的法院设立了由律师担任的医疗顾问，他们负责为法官和双方当事人解答专业问题，他们还下设几名助手，专门协助法官进行医疗损害性质的认定与赔偿结果的处理。其中，澳大利亚 2002 年《医疗损害赔偿条例》对医疗损害的赔偿内容进行了相关的规定。同时，2003 年又出台了第 208 号医疗损害赔偿的解决规则。

随着社会的发展，英美法系国家的卫生法律制度也发生了一些新的变化。如自 1970 年以来，新西兰、瑞士、美国、澳大利亚和英国等相继出台了一系列侵权法改革方案，其中，无过错医疗责任或无过错责任改革因其更为系统和彻底，而颇为引人关注。具体说来，作为一项替代性的赔偿模式，医疗责任的认定不再要求患者证明过失，而只需要证明遭受医疗伤害之事实、伤害达到法定程度、医疗行为与伤害结果之间存在因果关系，即可获得赔偿。

第三节　大陆法系主要国家医药卫生法律制度

一、法国主要医药卫生法律制度

按照法国医师执业制度，法国的医师分为两类，一类是自由执业医师，他们在私立医院或个人诊所从事医疗活动，患者在私立医院往往被称作客户，医师与患者之间是民法上的契约关系；另一类是非自由执业医师，他们在公立医院从事医疗活动。公立医院是法国政府建立的公共医疗体系的重要组成部分，它们涵盖了法国各个大区的公共医疗中心和公立医院，为社会大众提供预防、诊断、治

疗等公共服务。法国最高法院1936年通过一个法令,确定了医生和患者之间存在合同关系,有过错的民事责任就建立在医生不能履行合同约定的治疗义务的基础上。所以在实践中,一旦发生医疗损害,根据患者所接受的医疗服务的主体的不同,采用不同的方式来解决医疗纠纷。如果是私立医院或个人诊所所从事的医疗活动造成患者损害的,患者可根据契约关系,采用《法国民法典》中的合同或者侵权责任的规定来解决医疗损害,如《法国民法典》第1382条对侵权行为的构成的规定:“如果给患者造成损害的主体来自于公立医院,则是一套特殊的规则,即行政责任规划。”这意味着,因在公立医院实施的医疗行为或治疗遭受伤害的受害者必须将行政机关诉至行政法院,该案件将依照最高行政法院建立的责任原则进行判决。作为一项基本原则,公立医院仅对过错承担责任。为了保障对于严重医疗事故的赔偿,法国于2002年3月4日通过了“关于患者权利和卫生体系质量的法律”,引入了无过错责任,并创设了全国互助赔偿机制,对严重的医疗事故进行赔偿。根据“关于患者权利和卫生体系质量的法律”,在大多数情况下,法国的医疗侵权以过错责任为原则,但在病人出现院内感染及卫生制品缺陷的情况下,相关机构承担无过错责任。

在药品、医疗器械等监管方面,法国主要是通过法国健康产品安全局(AFSSAPS)来进行监管的,法国健康产品安全局管理的健康产品主要包括药品及原材料、医疗器械、血液制品、人和动物源性产品、各种治疗产品、杀虫剂、营养食品和化妆品等。其主要职责包括:对上市前药品和生物制品、医疗器械进行风险和效益评价,对实验室控制,对生产场地和试验场地控制,和医疗专业人员及普通民众进行信息交流以使公众能合理地使用医药产品。

二、德国主要医药卫生法律制度

在德国,医疗损害的责任主要是基于违反合同和侵权而产生的。当医疗损害发生时,患者可以选择基于合同或基于侵权提起诉讼,当然,实践中大部分的情形是基于侵权提起诉讼请求。如果是基于合同违约提起诉讼,可以依据《德国民法典》第611条。如果是基于侵权提起诉讼,可以依据《德国民法典》第31条、第89条和第823条,也可以根据《德国民法典》的第31条、第89条、第831条和第847条。其最主要的内容在于第823条关于损害赔偿义务的规定:(1)因故意或者过失不法侵害他人生命、健康、自由、所有权或者其他权利者,对他人因此而产生的损害承担赔偿义务;(2)违反以保护他人为目的法律者,承担相同的义务,如果根据法律的内容并无过失也可能违反此种法律的,仅在有过失的情况下,承担赔偿义务。根据这条规定,德国法律中,医疗损害侵权适用的归责原则为过错责任原则。即由患者承担举证责任,即患者必须举证证明医疗机构的医务人员存在违法加害行为，医务人员主观上存在过错，患者受到损害并且医务人员的违法行为同患者的损害之间存在因果关系。只有当医疗机构的医务人员存在重大过错的情况下，则由医务人员承担没有过错和因果关系的举证责任。依德国法实务见解，在医疗损害诉讼中转换举证责任需要满足以下条件：第一，必须存在重大过失。依据德国判例的观点，重大医疗过失必须根据实施医疗行为当时的医疗水平，医疗行为明显地违反医学界所公认的规范，属于“严重的技术过失”。对于是否存在此种重大医疗过失，原告负担举证责任。第二，医疗过失具有造成患者伤害的可能。同时，《德国民法典》第831条规定：雇用他人执行事务的人，对受雇用人在执行事务时违法施加于第三人的损害，承担赔偿义务。雇主在任命受雇用人时，并在其应提供设备和工具器械或者应当监督事务的执行时，对装备和监督已尽必要注意，或者即使已尽必要注意仍难免发生损害的，不发生赔偿义务。这可以作为医疗机构承担替代责任的依据。

在药品法律、法规方面，主要依据包括《欧盟药品管理条例》和《德国药品法》，其《药品法》在关于药品缺陷的认定方面规定十分严格，其主张即使当时的科技条件不能发现药品存在缺陷，但是一旦出现药品损害事件，药品生产商不能因为其主张药品曾获得政府批准上市而免责。关于药品等相关医疗产品的监管方面，德国主要是通过德国联邦药品和医疗器械机构和联邦疫苗及血清研究所(PEI)来进行的。联邦疫苗及血清研究所主管血清、疫苗、血液制剂、骨髓制剂、组织制剂、基因工程方法制造的血液成分等药品。德国联邦药品和医疗器械机构其目的是保护公共健康。其主要职责是：对医药产品进行注册审批及发证，对医药产品进行风险控制，对特殊药品进行管制(根据《麻醉药品法》)、医疗器械进行管理。

三、日本主要医药卫生法律制度

作为传统的大陆法系国家，日本也是将解决医疗损害的问题主要纳入《民法典》的范畴，通过侵权责任构成或者合同责任构成来解决。从历史上看，日本法多习惯采用侵权责任构成。具体法律依据主要体现在《日本民法典》第709条：“因故意或过失侵害他人权利时，负因此而产生损害的赔偿责任。”由此条可以看出，在日本的医疗损害责任构成中，一般的归责原则是过错责任的原则，即原告患者必须就加害行为与遭受的损害之间存在因果关系负担举证责任，然而，由于医学信息的不对称，患者方一般不具备医学知识，所以患者方负担举证通常十分困难。按照《日本民法典》第415条的规定：“债务人不按债权人本意履行时，债权人可以请求损害赔偿，因应归责于债务人的事由致履行不能时，亦同。”所以如果是基于契约责任，在医疗事故损害赔偿诉讼中，原告在契约责任构成中必须证明被告医疗方有债务不完全履行之事实与原告在侵权责任构成。由于医疗纠纷案件数量的众多，目前，日本主要通过协商即非诉讼的方式来解决医疗纠纷。

20世纪70年代，在日本出现了影响深远的“斯蒙”药害事件，日本自此十分重视药品的监督管理。日本关于药品的管理法律、法规包括：《药事法》《药剂师法》《麻醉药品控制法》《大麻控制法》《兴奋剂控制法》《失血和献血控制法》《药物不良反应救济、研究开发推广及产品评审机构法》。在日本，由厚生劳动省（MHLW）负责改善和促进社会福利、社会安全与公共健康。隶属于厚生劳动省的药品与食品安全局（PFSB）负责日常的药政管理事务，药品与医疗器械代理处（PMDA）负责药物不良反应的救济工作，国立健康科学研究所负责药品与医疗器械的再审查和再评价。

四、大陆法系其他国家主要医药卫生法律制度

荷兰于1995年4月1日颁布了《荷兰医疗服务法》（WGBO），新《荷兰医疗服务法》已经并入《民法典》。大陆法系国家由于其成文法的传统，所以大陆法系大多数国家，如奥地利、瑞士、瑞典、葡萄牙等国家都是基于合同或者侵权的事由来处理医疗损害，并且基本上的法律依据均来自于各个所属国家的《民法典》中关于侵权和合同的相关规定。

典型案例评析

［案情］

原告博格斯的妻子进入被告艾森·塞拉诺所执业的医疗机构待产，经过检查，被告塞拉诺为原告实施剖腹产的手术，在实施手术的过程中，被告发现原告患有隐性的脐带脱垂。孩子出生后是一个健康的婴儿，然而，此后，原告夫妇坚持宣称他们的女儿斯蒂芬妮存在一系列身体和神经上的缺陷，包括身体全面发育延迟、低肌肉张力。原告将其女儿出现的这些疾病归结为在生产过程中的持续受伤，特别是在分娩过程中由于隐性脐带脱垂导致的继发性缺氧，以及医生没有为其及时开展剖腹产手术。原告夫妇因此认为被告塞拉诺医生及其所在医疗机构没有尽到医生的注意义务和其女儿所遭受损害之间具有因果关系，所以要求被告塞拉诺医生及其所在医疗机构承担损害赔偿责任。在诉讼过程中，原告夫妇并没有证据证明在生产过程中，被告知道或者应当知道其女儿出现心动过缓或者隐性脐带脱垂的症状。同时，医生在没有实际实施剖腹产手术前也没有发生其存在隐性的脐带脱垂的情形。当地法院判决原告败诉，原告上诉至美国联邦第一巡回上诉法院，美国联邦第一巡回上诉法院支持一审的判决，原告败诉。

［争议焦点］

1. 本案被告是否尽到注意义务？

2. 原告女儿的损害和被告的行为之间是否存在因果关系？

［案例评析］

本案是一例医疗纠纷损害赔偿纠纷，原告妻子进入被告及其所在医院分娩，在医生为其实施剖腹产手术后，发现其存在隐性的脐带脱垂的情形。斯蒂芬妮出生后，其哭声和吮吸情况明显正常。经过超声检查、神经学会诊及肺部评估都没有发现问题。斯蒂芬妮于2003年6月11日出院，2006年10月26日，斯蒂芬妮父母诉讼至法院，认为斯蒂芬妮出生后具有严重的身体和神经发育上的缺陷，表现为全面发育延缓和低肌肉张力。在未来，她必须经历持续的、职业的身体和语言障碍矫正。斯蒂芬妮出现这样情形主要是由生产过程中受到的持续伤害造成的，这种损害是由医生在其生产过程中没有尽到注意义务造成的。

在实践中，关于医疗损害责任的承担，主要是医务人员主观上是否存在过错，而判断医务人员主观上是否存在过错的依据是医务人员在诊疗过程中是否尽到自己的注意义务。如果医务人员在诊疗过程中尽到了注意义务，其主观上没有存在过错，医疗人员就不需要承担医疗损害赔偿责任。本案中，原告主张其女儿所受到的损害是由被告医务人员及其医疗机构未尽到诊疗注意义务而导致的。根据美国诉讼法的规定，原告必须就损害和加害行为之间存在因果关系提出证据予以证明，但原告并无任何证据证明损害和医生的行为之间存在因果关系。同时，也无证据证明医务人员在诊疗过程中没有尽到自己的注意义务。所以，法院判决原告败诉。

思考题

1. 香港地区主要的医药卫生法律、法规包括哪些内容？

2. 澳门地区主要的医药卫生法律、法规包括哪些内容？

3. 台湾地区主要的医药卫生法律、法规包括哪些内容？

4. 英美法系主要国家和大陆法系主要国家的医药卫生法律制度有哪些不同？

第二编

医事法律制度

第七章　医疗机构管理法律制度

本章要点：医疗机构是依法设立的以救死扶伤、防病治病为宗旨，从事疾病诊断、治疗活动的卫生服务机构。医疗机构的设置应当符合医疗机构设置规划和医疗机构基本标准。医疗机构执业必须进行登记，领取《医疗机构执业许可证》。医疗机构的执业活动应当遵守《医疗机构管理条例》的有关规定。我国实行医院分级管理制度，并已建立了覆盖全国的急救医疗网络。社区医疗机构是我国大力发展的方向，中外合资合作医疗机构的设立有特殊的审批要求。

第一节　医疗机构管理法律制度概述

一、医疗机构的概念及类型

（一）医疗机构的概念及特征

医疗机构是指依法设立的以救死扶伤、防病治病为宗旨从事疾病诊断、治疗活动的卫生服务机构。其具有如下特征：(1)医疗机构必须依法成立；(2)医疗机构是从事疾病诊断和治疗活动的卫生服务机构。

（二）医疗机构的分类

可以根据不同的标准对医疗机构进行不同的分类。

1. 根据医疗机构的功能、任务、规模进行分类。根据2006年11月1日原卫生部《关于修订〈医疗机构管理条例施行细则〉第三条有关内容的通知》的规定，医疗机构可以分为：(1)综合医院、中医医院、中西医结合医院、民族医院、专科医院、康复医院；(2)妇幼保健院；(3)社区卫生服务中心、社区卫生服务站；(4)中心卫生院、乡(镇)卫生院、街道卫生院；(5)疗养院；(6)综合门诊部、专科门诊部、中医门诊部、中西医结合门诊部、民族医门诊部；(7)诊所、中医诊所、民族医诊所、卫生所、医务室、卫生保健所、卫生站；(8)村卫生室(所)；(9)急救中心、急救站；(10)临床检验中心；(11)专科疾病防治院、专科疾病防治所、专科疾病防治站；(12)护理院、护理站；(13)其他诊疗机构。

2. 根据医疗机构的性质、社会功能及其承担的任务进行分类。2000年发布的《国务院办公厅转发国务院体改办等部门关于城镇医药卫生体制改革指导意见的通知》(国办发〔2000〕16号)中明确指出:"建立新的医疗机构分类管理制度,将医疗机构分为非营利性和营利性两类进行管理。国家根据医疗机构的性质、社会功能及其承担任务,制定并施行不同的财税、价格政策。"非营利性医疗机构在医疗服务体系中占主导地位,享受相应的税收优惠政策。政府举办的非营利性医疗机构由同级财政给予合理补助,并按扣除财政补助和药品差价收入后的成本制定医疗服务价格;其他非营利性医疗机构不享受政府补助,医疗服务价格执行政府指导价。卫生、财政等部门要加强对非营利性医疗机构的财务监督管理。营利性医疗机构医疗服务价格放开,依法自主经营,照章纳税。

(三)医疗机构的管理立法

1951年1月政务院批准颁布的《医院诊所管理暂行条例》是新中国第一部医疗机构管理方面的法律制度。之后,国务院及卫生部陆续制定了一些有关医疗机构管理方面的行政法规和部门规章,如《医院、诊所组织编制原则(草案)》《县卫生院暂行组织通则》等,但由于各种原因,这些行政法规没有得到很好的贯彻。

20世纪80年代以来,原卫生部陆续颁布一些部门规章,如《全国医院工作条例》(1982年1月12日颁布并施行)、《医院工作制度》(1982年4月7日颁布)。特别是1994年2月26日,国务院发布了《医疗机构管理条例》(同年9月1日起施行),对医疗机构的规划布局、设置审批、登记执业、监督管理、法律责任等方面做了明确规定,标志着我国医疗机构管理立法进入了新阶段。

近些年来,卫生部单独或与有关部门联合制定了一些新的法律法规,如关于规范医疗服务主体的法规,《关于医疗机构冠名红十字(会)的规定》(2007年1月4日颁布并施行)、《医疗美容服务管理办法》(2002年1月22日颁布,同年5月1日起施行);关于规范医疗机构医疗行为的法规,《处方管理办法》(2007年2月14日颁布,同年5月1日起施行)、《医疗机构临床用血管理办法》(2012年6月7日颁布,同年8月1日起施行)、《医疗技术临床应用管理办法》(2009年3月2日颁布并施行);关于监督管理医疗机构方面的法规,《医疗机构病历管理规定》(2002年8月2日颁布,同年9月1日起施行)、《大型医用设备配置与使用管理办法》(2004年12月31日颁布,2005年3月1日起施行)、《医学教育临床实践管理暂行规定》(2008年8月18日颁布,同年9月1日起施行)、《医疗广告管理办法》(2006年11月10日颁布,2007年1月1日起施行);等等,这些法规以《医疗机构管理条例》为核心,逐渐覆盖医疗机构执业所涉及的各个环节,也日渐形成比较全面的医疗机构管理法律体系。

二、医疗机构的设置与审批

（一）医疗机构的设置规划

医疗机构设置是区域卫生规划的重要组成部分，是卫生行政部门审批医疗机构设置的依据。县级以上地方人民政府卫生行政部门应当根据本行政区域内的人口、医疗资源、医疗需求和现有医疗机构的分布状况，制定本行政区域的医疗机构设置规划。医疗机构设置规划分为省、区和县三级，每 5 年修订一次。

医疗机构设置应当遵循以下原则：公平性原则、整体效益原则、可及性原则、分级医疗原则、公有制主导原则及中西医并重原则。

（二）医疗机构的设置申请

医疗机构不分类别、所有制形式、隶属关系、服务对象，其设置必须符合当地《医疗机构设置规划》和《医疗机构基本标准（试行）》的规定。任何单位和个人申请设置医疗机构，必须经县级以上地方人民政府卫生行政部门审查批准，并取得设置医疗机构批准书，方可向有关部门办理其他手续。

申请设置医疗机构的单位或个人，应向当地卫生行政部门提出设置申请，并按要求提交申请材料，包括：设置申请书、设置可行性研究报告、选址报告和建筑设计平面图。

1. 申请设置医疗机构的条件。在城市设置诊所的个人，必须同时具备下列条件：(1)经医师执业技术考核合格，取得《医师执业证书》；(2)取得《医师执业证书》或者医师职称后，从事 5 年以上同一专业的临床工作；(3)省级卫生行政部门规定的其他条件。

中外合资、合作医疗机构的设置应当符合下列条件：(1)必须是独立法人；(2)投资总额不得低于 2000 万元人民币；(3)中方股权或权益不得低于 30%；(4)合资、合作期限不超过 20 年；(5)省级以上卫生行政部门规定的其他条件。

2. 不得申请设置医疗机构的情形。有下列情形之一的，不得申请设置医疗机构：(1)不能独立承担民事责任的单位；(2)正在服刑或者不具有完全民事行为能力的个人；(3)医疗机构在职、因病退职或者停薪留职的医务人员；(4)发生二级以上医疗事故未满五年的医务人员；(5)因违反有关法律、法规和规章，已被吊销执业证书的医务人员；(6)被吊销《医疗机构执业许可证》的医疗机构法定代表人或者主要负责人；(7)省、自治区、直辖市卫生行政部门规定的其他情形。有前款第(2)、(3)、(4)、(5)、(6)项所列情形之一者，不得充任医疗机构的法定代表人或者主要负责人。

（三）医疗机构的设置审批

1. 医疗机构的设置审批权限。设置不设床位或者床位不满 100 张的医疗机构，向所在地的县级人民政府卫生行政部门申请；设置床位在100张以上的医疗机构和专科医院，按照省级人民政府卫生行政部门规定的设置审批权限，向相应卫生行政部门提出申请。

机关、企业和事业单位按照国家医疗机构基本标准设置为内部职工服务的门诊部、诊所、卫生所（室），报所在地的县级人民政府卫生行政部门备案。

国家统一规划的医疗机构的设置，由国务院卫生行政部门决定。

设置中外合资、合作医疗机构，经医疗机构所在地设区的市级卫生行政部门初审后，报省级卫生行政部门审批，并应当按照有关法律、法规向相应的商务主管部门提出申请。

卫生行政部门应当自受理设置申请之日起30日内，依据当地《医疗机构设置规划》及《医疗机构管理条例实施细则》的规定，对于符合医疗机构设置规划和医疗机构基本标准的，发给《设置医疗机构批准书》；对不予批准的要以书面形式告知理由。设置中外合资、合作医疗机构的，其申请获卫生部批准后，还须按照规定向商务部提出申请，取得《外商投资企业批准证书》。

2. 医疗机构的设置审批条件。申请设置医疗机构有下列情形之一的，不予批准：(1)不符合当地《医疗机构设置规划》；(2)设置人不符合规定；(3)不能提供满足投资总额的资信证明；(4)投资总额不能满足各项预算开支；(5)医疗机构选址不合理；(6)污水、污物、粪便处理方案不合理；(7)省、自治区、直辖市卫生行政部门规定的其他情形。

三、医疗机构的执业登记与校验

（一）医疗机构的执业登记

医疗机构执业，必须进行登记，领取《医疗机构执业许可证》。医疗机构的执业登记，由批准其设置的人民政府卫生行政部门办理。

1. 申请登记。申请医疗机构执业登记，应当具备下列条件：(1)有设置医疗机构批准书；(2)符合医疗机构的基本标准；(3)有适合的名称、组织机构和场所；(4)有与其开展的业务相适应的经费、设施、设备和专业卫生技术人员；(5)有相应的规章制度；(6)能够独立承担民事责任。

申请医疗机构执业登记必须填写《医疗机构申请执业登记注册书》，并向登记机关提交下列材料：(1)《设置医疗机构批准书》或者《设置医疗机构备案回执》；(2)医疗机构用房产权证明或者使用证明；(3)医疗机构建筑设计平面图；(4)验资证明、资产评估报告；(5)医疗机构规章制度；(6)医疗机构法定代表人或者主要负责人以及各科室负责人名录和有关资格证书、执业证书复印件；(7)省、自治区、直辖市卫生行政部门规定提交的其他材料。

申请门诊部、诊所、卫生所、医务室、卫生保健所和卫生站登记的，还应当提交附设药房(柜)的药品种类清单、卫生技术人员名录及其有关资格证书、执业证书复印件以及省、自治区、直辖市卫生行政部门规定提交的其他材料。

2.审核批准。县级以上地方人民政府卫生行政部门自受理执业登记申请之日起45日内，根据《医疗机构管理条例》和《医疗机构基本标准》进行审查和实地考察、核实，并对有关执业人员进行消毒、隔离和无菌操作等基本知识和技能的现场抽查考核。经审核合格的，发给《医疗机构执业许可证》；审核不合格的，将审核结果和不予批准的理由以书面形式通知申请人。《医疗机构执业许可证》及其副本由卫生部统一印制。

3.登记事项。医疗机构执业登记的事项：类别、名称、地址、法定代表人或者主要负责人；所有制形式；注册资金(资本)；服务方式；诊疗科目(含特殊医疗技术项目等)；房屋建筑面积、床位(牙椅)；服务对象；职工人数；执业许可证登记号(医疗机构代码)；省级卫生行政部门规定的其他登记事项。

4.不予登记。申请医疗机构执业登记有下列情形之一的，不予登记：(1)不符合《设置医疗机构批准书》核准的事项；(2)不符合《医疗机构基本标准》；(3)投资不到位；(4)医疗机构用房不能满足诊疗服务功能；(5)通信、供电、上下水道等公共设施不能满足医疗机构正常运转；(6)医疗机构规章制度不符合要求；(7)消毒、隔离和无菌操作等基本知识和技能的现场抽查考核不合格；(8)省、自治区、直辖市卫生行政部门规定的其他情形。

5.登记的变更与注销。医疗机构改变名称、场所、主要负责人、诊疗科目、床位，必须向原登记机关办理变更登记；因分立或者合并而保留的医疗机构应当申请变更登记；因分立或者合并而新设置的医疗机构应当申请设置许可和执业登记。机关、企业和事业单位设置的为内部职工服务的医疗机构向社会开放，必须办理变更登记。

医疗机构在原登记机关管辖权限范围内变更登记事项的，由原登记机关办理变更登记；因变更登记超出原登记机关管辖权限的，由有管辖权的卫生行政部门办理变更登记。

医疗机构在原登记机关管辖区域内迁移，由原登记机关办理变更登记；向原登记机关管辖区域外迁移的，应当在取得迁移目的地的卫生行政部门发给的《设置医疗机构批准书》，并经原登记机关核准办理注销登记后，再向迁移目的地的卫生行政部门申请办理执业登记。

申请办理变更登记的，应提交下列材料：医疗机构法定代表人或者主要负责人签署的《医疗机构申请变更登记注册书》；申请变更登记的原因和理由；登记机关规定提交的其他材料。

医疗机构停业，必须经设置审批机关的批准。医疗机构非因改建、扩建、迁建原因停业超过一年的，视为歇业。医疗机构歇业，必须向原登记机关办理注销登记，经登记机关核准后，收缴《医疗机构执业许可证》。此外，因合并而终止的医疗机构也应当申请注销登记。

（二）医疗机构的校验

床位在100张以上的医疗机构，其《医疗机构执业许可证》的校验期为三年；床位不满100张的医疗机构的校验期为一年。

校验由原登记机关办理。医疗机构应当于校验期届满三个月前向登记机关申请办理校验手续，并提交医疗机构校验申请书、医疗机构执业许可证副本等。

（三）医疗机构的名称管理

1.医疗机构名称的组成。医疗机构的名称依次由识别名称和通用名称组成。医疗机构的通用名称为：医院、中心卫生院、卫生院、疗养院、妇幼保健院、门诊部、诊所、卫生所、卫生站、卫生室、医务室、卫生保健所、急救中心、急救站、临床检验中心、防治院、防治所、防治站、护理院、护理站、中心以及卫生部规定或者认可的其他名称。

医疗机构的识别名称可以是：地名、单位名称、个人姓名、医学学科名称、医学专业和专科名称、诊疗科目名称和核准机关批准使用的名称。

2.医疗机构名称的命名原则。医疗机构只准使用一个名称，确有需要，经核准机关核准可以使用两个或者两个以上名称，但必须确定一个第一名称。

医疗机构的命名必须符合以下原则：(1)医疗机构的通用名称以《医疗机构管理条例实施细则》第四十条第二款所列的名称为限；(2)《医疗机构管理条例实施细则》第四十条第三款所列的医疗机构的识别名称可以合并使用；(3)名称必须名副其实；(4)名称必须与医疗机构类别或者诊疗科目相适应；(5)各级地方人民政府设置的医疗机构的识别名称中应当含有省、市、县、区、街道、乡、镇、村等行政区划名称，其他医疗机构的识别名称中不得含有行政区划名称；(6)国家机关、企业和事业单位、社会团体或者个人设置的医疗机构的名称中应当含有设置单位名称或者个人的姓名。

医疗机构不得使用下列名称：(1)有损于国家、社会或者公共利益的名称；(2)侵犯他人利益的名称；(3)以外文字母、汉语拼音组成的名称；(4)以医疗仪器、药品、医用产品命名的名称；(5)含有“疑难病”“专治”“专家”“名医”或者同类含义文字的名称以及其他宣传或者暗示诊疗效果的名称；(6)超出登记的诊疗科目范围的名称；(7)省级以上卫生行政部门规定不得使用的名称。

3.医疗机构名称的核准。以下医疗机构名称由卫生部核准：(1)含有外国国家(地区)名称及其简称、国际组织名称的；(2)含有“中国”“全国”“中华”“国家”

等字样以及跨省地域名称的;(3)各级地方人民政府设置的医疗机构的识别名称中未含有行政区划名称的。

属于中医、中西医结合和民族医医疗机构的,由国家中医药管理局核准。

以“中心”作为医疗机构通用名称的医疗机构名称,由省级以上卫生行政部门核准。在识别名称中含有“中心”字样的医疗机构名称的核准,由省、自治区、直辖市卫生行政部门规定。含有“中心”字样的医疗机构名称必须同时含有行政区划名称或者地名。

除专科疾病防治机构以外,医疗机构不得以具体疾病名称作为识别名称,确有需要的由省、自治区、直辖市卫生行政部门核准。

医疗机构名称经核准登记,于领取《医疗机构执业许可证》后方可使用,在核准机关管辖范围内享有专用权,不得买卖、出借。未经核准机关许可,医疗机构名称不得转让。

四、医疗机构的执业管理

(一)医疗机构的执业条件

医疗机构开展执业活动,必须遵守有关法律、法规和医疗技术规范,具备以下执业条件:

1.取得《医疗机构执业许可证》。任何单位和个人没有取得《医疗机构执业许可证》,不得开展诊疗活动。为内部职工服务的医疗机构未经许可和变更登记不得向社会开放。医疗机构被吊销或者注销执业许可证后,不得继续开展诊疗活动。

2.按照核准登记的诊疗科目开展诊疗活动。未经允许不得擅自扩大业务范围。需要改变诊疗科目的的,应当按照规定程序和要求,办理变更登记手续。

3.按规定收费。应当按照政府物价等有关部门核准的收费标准收取医疗费用,详列细项,并出具收据,并将《医疗机构执业许可证》、诊疗科目、诊疗时间和收费标准悬挂于明显位置。

4.不得任用非卫生技术人员从事医疗卫生技术工作。医疗机构工作人员上岗工作,必须佩戴载有本人姓名、职务或者职称的标牌。

5.正确使用医疗机构标识。医疗机构的印章、银行账户、牌匾以及医疗文件中使用的名称应当与核准登记的医疗机构名称相同。使用两个以上的名称的,应当与第一名称相同。标有医疗机构标识的票据和病历本册以及处方笺、各种检查的申请单、报告单、证明文书单、药品分装袋、制剂标签等不得买卖、出借和转让。不得冒用标有其他医疗机构标识的票据和病历本册以及处方笺、各种检查的申请单、报告单、证明文书单、药品分装袋、制剂标签等。

6. 遵守病历管理的有关规定。医疗机构的门诊病历的保存期不得少于 15 年;住院病历的保存期不得少于 30 年。

(二)医疗机构的执业规则

为了更好地管理医疗机构的职业活动,《医疗机构管理条例》还强调医疗机构开展诊疗活动时必须遵守以下执业规则:

1. 医疗机构对危重病人应当立即抢救,对限于设备或者技术条件不能诊治的病人,应当及时转诊。

2. 未经医师(士)亲自诊查病人,医疗机构不得出具疾病诊断书、健康证明书或者死亡证明书等证明文件;未经医师(士)、助产人员亲自接产,医疗机构不得出具出生证明书或者死产报告书。

3. 医疗机构施行手术、特殊检查或者特殊治疗时,必须征得患者同意,并应当取得其家属或者关系人同意并签字;无法取得患者意见时,应当取得家属或者关系人同意并签字;无法取得患者意见又无家属或者关系人在场,或者遇到其他特殊情况时,经治医师应当提出医疗处置方案,在取得医疗机构负责人或者被授权负责人员的批准后实施。

4. 医疗机构发生医疗事故,按照国家有关规定处理。

5. 医疗机构对传染病、精神病、职业病等患者的特殊诊治和处理,应当按照国家有关法律、法规的规定办理。

6. 医疗机构必须按照有关药品管理的法律、法规,加强药品管理。医疗机构不得使用假劣、过期和失效药品以及违禁药品。

7. 医疗机构必须承担相应的预防保健工作,承担县级以上人民政府卫生行政部门委托的支援农村、指导基层医疗卫生工作等任务。

8. 发生重大灾害、事故、疾病流行或者其他意外情况时,医疗机构及其卫生技术人员必须服从县级以上人民政府卫生行政部门的调遣。

五、医疗机构的广告管理

为了加强医疗广告管理,保障人民身体健康,2006 年 11 月 10 日,国家工商总局和卫生部联合颁布了《医疗广告管理办法》,并于 2007 年 1 月 1 日起开始实施。2015 年 7 月 9 日,国家工商总局官网上发布与新《广告法》相配套的《医疗广告管理办法》修订版,向社会征求意见。

医疗广告(Medical Advertising),是指利用各种媒介或者形式直接或间接介绍医疗机构或医疗服务的广告。

医疗机构发布医疗广告,应当在发布前申请医疗广告审查,由省级卫生行政部门对广告内容进行成品审查,取得《医疗广告审查证明》;未取得证明,不得发布医疗广告。非医疗机构不得发布医疗广告。

1.医疗广告的内容。医疗广告内容仅限于以下8个项目:(1)医疗机构第一名称;(2)医疗机构地址;(3)所有制形式;(4)医疗机构类别;(5)诊疗科目;(6)床位数;(7)接诊时间;(8)联系电话。(1)至(6)项发布的内容必须与卫生行政部门、中医药管理部门核发的《医疗机构执业许可证》或其副本载明的内容一致。

2.医疗广告不得含有的情形。医疗广告不得出现以下8项情形:(1)涉及医疗技术、诊疗方法、疾病名称、药物的;(2)保证治愈或者隐含保证治愈的;(3)宣传治愈率、有效率等诊疗效果的;(4)淫秽、迷信、荒诞的;(5)贬低他人的;(6)利用患者、卫生技术人员、医学教育科研机构及人员以及其他社会团体、组织的名义、形象做证明的;(7)使用解放军和武警部队名义的;(8)法律、行政法规规定禁止的其他情形。

《医疗广告管理办法》修订版(征求意见稿)还规定医疗广告不得含有利用广告代言人做推荐、证明的内容。

禁止利用新闻形式、医疗资讯服务类专题(栏)节目发布或变相发布医疗广告。有关医疗机构的人物专访、专题报道等宣传内容,可以出现医疗机构名称,但不得出现有关医疗机构的地址、联系方式等医疗广告内容,不得在同一媒介的同一时间段或者版面发布该医疗机构的广告。

六、医疗机构的监督管理

各级卫生行政部门负责所辖区域内医疗机构的监督管理工作。

县级以上人民政府卫生行政部门行使下列监督管理职权:(1)负责医疗机构的设置审批、执业登记和校验;(2)对医疗机构的执业活动进行检查指导;(3)负责组织对医疗机构的评审工作;(4)对违反本条例的行为给予处罚。

各级卫生行政部门对医疗机构的执业活动检查、指导主要包括:(1)执行国家有关法律、法规、规章和标准情况;(2)执行医疗机构内部各项规章制度和各级各类人员岗位责任制情况;(3)医德医风情况;(4)服务质量和服务水平情况;(5)执行医疗收费标准情况;(6)组织管理情况;(7)人员任用情况;(8)省、自治区、直辖市卫生行政部门规定的其他检查、指导项目。

国家实行医疗机构评审制度,由专家组成的评审委员会按照医疗机构评审办法和评审标准,对医疗机构的基本标准、服务质量、技术水平、管理水平等进行综合评价。

县级以上地方人民政府卫生行政部门负责组织本行政区域医疗机构评审委员会,并根据评审委员会的评审意见,对达到评审标准的医疗机构,发给评审合格证书;对未达到评审标准的医疗机构,提出处理意见。

七、法律责任

(一)违反医疗机构管理规定的法律责任

医疗机构违反《医疗机构管理条例》及其实施细则,应受处罚的情形主要有以下几项:

1. 未取得《医疗机构执业许可证》擅自执业的情形。由县级以上人民政府卫生行政部门责令其停止执业活动,没收非法所得和药品、器械,并处以3000元以下的罚款。有下列情形之一的,责令其停止执业活动,没收非法所得和药品、器械,处以3000元以上1万元以下的罚款:(1)因擅自执业曾受过卫生行政部门处罚;(2)擅自执业的人员为非卫生技术专业人员;(3)擅自执业时间在三个月以上;(4)给患者造成伤害;(5)使用假药、劣药蒙骗患者;(6)以行医为名骗取患者钱物;(7)省、自治区、直辖市卫生行政部门规定的其他情形。

2. 逾期不校验《医疗机构执业许可证》仍从事诊疗活动的情形。医疗机构逾期不校验《医疗机构执业许可证》仍从事诊疗活动的,由县级以上人民政府卫生行政部门责令其限期补办校验手续;在限期内仍不办理校验的,吊销其《医疗机构执业许可证》。

3. 出卖、转让、出借《医疗机构执业许可证》的情形。医疗机构转让、出借《医疗机构执业许可证》的,没收其非法所得,并处以3000元以下的罚款。有下列情形之一的,没收其非法所得,处以3000元以上5000元以下的罚款,并吊销《医疗机构执业许可证》:(1)出卖《医疗机构执业许可证》;(2)转让或者出借《医疗机构执业许可证》是以营利为目的;(3)受让方或者承借方给患者造成伤害;(4)转让、出借《医疗机构执业许可证》给非卫生技术专业人员;(5)省、自治区、直辖市卫生行政部门规定的其他情形。

4. 诊疗活动超出登记范围的情形。除急诊和急救外,医疗机构诊疗活动超出登记的诊疗科目范围,情节轻微的,处以警告惩罚。有下列情形之一的,责令其限期改正,并可处以3000元以下的罚款:(1)超出登记的诊疗科目范围的诊疗活动累计收入在3000元以下;(2)给患者造成伤害。有下列情形之一的,处以3000元罚款,并吊销《医疗机构执业许可证》:①超出登记的诊疗科目范围的诊疗活动累计收入在3000元以上;②给患者造成伤害;③省、自治区、直辖市卫生行政部门规定的其他情形。

5. 使用非卫生技术人员从事医疗卫生技术工作的情形。医疗机构任用非卫生技术人员从事医疗卫生技术工作的,责令其立即改正,并可处以3000元以下的罚款。有下列情形之一的,处以3000元以上5000元以下的罚款,并可以吊销其《医疗机构执业许可证》:(1)任用两名以上非卫生技术人员从事诊疗活动;(2)

任用的非卫生技术人员给患者造成伤害。医疗机构使用卫生技术人员从事本专业以外的诊疗活动的，按任用非卫生技术人员处理。

6.出具虚假证明文件的情形。出具虚假证明文件，情节轻微的，给予警告，并可处以500元以下的罚款。有下列情形之一的，处以500元以上1000元以下的罚款：(1)出具虚假证明文件造成延误诊治的；(2)出具虚假证明文件给患者精神造成伤害的；(3)造成其他危害后果的。直接责任人员由所在单位或者上级机关给予行政处分。

(二)违反医疗广告管理规定的法律责任

1.违规发布医疗广告的情形。医疗机构违反本办法规定发布医疗广告，县级以上地方卫生行政部门、中医药管理部门应责令其限期改正，给予警告；情节严重的，核发《医疗机构执业许可证》的卫生行政部门、中医药管理部门可以责令其停业整顿，并吊销有关诊疗科目，直至吊销《医疗机构执业许可证》。

未取得《医疗机构执业许可证》发布医疗广告的，按非法行医处罚。

工商行政管理机关对违规的广告主、广告经营者、广告发布者依据《广告法》《反不正当竞争法》予以处罚，对情节严重，造成严重后果的，可以并处1至6个月暂停发布医疗广告，直至取消广告经营者、广告发布者的医疗广告经营和发布资格的处罚。法律法规没有规定的，工商行政管理机关应当对负有责任的广告主、广告经营者、广告发布者给予警告或者处以1万元以上3万元以下的罚款。医疗广告内容涉嫌虚假的，工商行政管理机关可根据需要会同卫生行政部门、中医药管理部门做出认定。

2.篡改《医疗广告审查证明》内容发布医疗广告的情形。医疗机构篡改《医疗广告审查证明》内容发布医疗广告的，省级卫生行政部门、中医药管理部门应当撤销《医疗广告审查证明》，并在一年内不受理该医疗机构的广告审查申请。

省级卫生行政部门、中医药管理部门撤销《医疗广告审查证明》后，应当自做出行政处理决定之日起5个工作日内通知同级工商行政管理机关，工商行政管理机关应当依法予以查处。

第二节　医院管理法律制度

一、医院的概念

医院是以实施诊疗活动为主要目的，拥有一定数量的病床设施，具备相应的医务人员和医疗设施，通过医务人员的集体协作，达到防病治病、促进人体健康的医疗机构。

二、医院的分类

按照不同的标准，可以把医院划分为不同类型。

根据医院规模、医疗技术水平和服务范围，可划分为一级医院、二级医院、三级医院。

根据医院诊治疾病的范围，可划分为综合医院和专科医院。综合医院是指设有一定数量的病床，具有划分齐全的业务科室，配备有药剂、检验、放射等医技部门和相应人员、设备的医疗机构。专科医院是指为医治某些特种疾病而设立的单科医疗机构，如儿童医院、传染病医院、精神病医院等。

按照所有制不同，可以分为全民所有制医院、集体所有制医院、个体所有制医院。

根据医院的归属关系，可分为企业医院、军队医院、医学院附属医院等。

三、医院管理制度

（一）医院的组织机构

医院实行党委领导下的院长负责制。医院根据减少层次的原则实行院和科室两级领导制。院一级设置精干有力的办事机构，医院按照规模、任务、特长和技术发展情况，设立业务科室。

科室实行科主任负责制，科室党支部保证监督各项任务的完成。行政科室和业务科室的设置或撤销，须经主管卫生行政部门核准。

（二）综合医院的组织编制

我国综合医院设置院和科室两级机构，一般由诊疗部门、辅助诊疗部门、护理部门和行政、后勤部门构成。

综合医院工作人员编制以病床为基数核定，根据各医院的规模和担负的任务，分为三类：300 床位以下的按 1：1.30～1.40 计算；300～500 床位的按 1：1.40～1.50 计算；500 床位以上的按 1：1.60～1.70 计算。病床与门诊量之比应按 1：3 计算，不符合该比例时，可按每增减 100 门诊人次增减 5 至 7 人。对于医药科研和教学所需人员，可在总编制内增加 5%至 15%。

医院各类人员的比例：卫生技术人员占总编制的 70%～72%，在卫生技术人员中，医师、中医师占 25%，护理人员占 50%，药剂人员占 8%，检验人员占 4.6%，放射人员占 4.4%，其他卫技人员占 8%；行政管理和工勤人员占总编制的 28%～30%，其中行政管理人员占总编制的 8%～10%；

（三）医院分级管理制度

医院分级制度是根据医院的功能和规模、技术、管理及服务质量等综合水准，将其划分为一定级别和等次的标准化管理形式。我国现行的医院分级标准管理主要包括：

1. 医院基本标准。医院基本标准是各级医院必须达到的基本条件，也是医院开业资格的认定标准。包括：医院规模、医院功能和任务、医院管理、质量管理、思想政治工作和医德医风建设、医院安全及医院环境。

2. 医院分级分等。《综合医院分级管理标准（试行草案）》根据医院的功能和任务，将医院划分为一级、二级和三级医院。还根据各级医院的技术水平、质量水平和管理水平的高低，并按照必要的设施条件，分别划分为甲、乙、丙等，三级医院增设特等。

（四）医院评审制度

国家实行医疗机构评审制度，对医疗机构的基本标准、服务质量、技术水平、管理水平等进行综合评价。医院评审工作由县级以上卫生行政部门组织管理，各级医疗机构评审委员会负责医疗机构评审的具体实施，按照《综合医院分级管理标准（试行草案）》等规章，经过评审，将医院确定为相应等级，这是具有中国特色的医院宏观管理制度。医疗机构评审包括周期性评审、不定期重点检查。

（五）医院工作制度

为加强医院管理，提高医疗质量，卫生部先后制定了《全国医院工作条例》《医院工作制度》《医院工作人员职责》《医院工作条例与人员岗位职责》。

《全国医院工作条例》共七章三十条，明确提出医院实行党委领导下的院长负责制，并从医疗预防、教学科研、技术管理、经济管理、总务工作、思想政治工作等方面对医院工作做出了详细规定。

《医院工作制度》包含了医院工作的具体制度，共 64 项。涉及医院会议、值班、岗位管理、病案管理、门诊工作、挂号等内容，对工作细节、操作方式、注意事项等内容都进行了规范。

《医院工作人员职责》则对医院各岗位工作人员的职责范围和要求做出了明确规定。

第三节　急救医疗机构管理法律制度

一、急救医疗机构的概念

急救医疗机构是为应对各类紧急医疗事件的发生，在各级卫生行政部门的领导下实施紧急医疗救助的医疗组织。

目前，我国的急救医疗机构主要是由各级急救中心（站）和医院的急诊科共同组成。急救中心(站)主要负责院前医疗急救工作的指挥和调度,按照院前医疗急救需求配备通信系统、救护车和医务人员,开展现场抢救和转院途中救治、监护。医院急诊科室主要承担病人的医疗救治、现场急救和转运工作。

为加强医疗急救管理,规范医疗急救行为,提高医疗急救服务水平,促进医疗急救事业发展,卫生部于1980年发布了《关于加强城市医疗急救工作的意见》;1983年颁布了《城市医院急救科(室)建设方案》;1986年发布了《关于进一步加强急诊抢救工作的补充规定》。1995年,卫生部发布了《灾害事故医疗救援工作管理办法》,在全国范围内三级医疗机构普遍建立了急诊科室,使我国的急救医疗逐渐步上法制轨道。2013年11月,卫生和计划生育委员会公布《院前医疗急救管理办法》,自2014年2月1日起施行。

二、急救医疗机构的任务

独立急救中心(站)的主要任务为:(1)中心急救站在市卫生行政部门直接领导下,统一指挥全市日常急救工作,分站在中心急救站的领导下,担负一定范围的抢救任务;(2)以急救医疗为中心,负责各种危重患者和意外灾害事故现场和护送途中的抢救治疗;(3)在基层卫生组织和群众中宣传普及急救知识,有条件的急救站可承担一定的科研教学任务;(4)接收上级指定的临时救护任务。

城市急诊科(室)的任务为:(1)迅速准确地诊断和治疗从基层医院、急救站转来的急诊病人;(2)根据城市急救中心的指挥,派出医务人员及车辆到现场抢救伤病员。

三、急救医疗机构的设置与管理

目前,我国的急救医疗系统正处于发展建设阶段,基本的运行方式为:120受理电话→出动救护车→现场急救→途中监护下合理转送分流。其主要由院前急救和医疗机构急救两部分组成。

各急救站、医院急诊室、街道卫生院、群众性基层卫生组织相结合,形成医疗急救网络。

(一)院前急救机构的机构设置和执业管理

院前医疗急救,是指由急救中心(站)和承担院前医疗急救任务的网络医院(以下简称急救网络医院)按照统一指挥调度,在患者送达医疗机构救治前,在医疗机构外面开展的以现场抢救、转运途中紧急救治以及监护为主的医疗活动。

1. 院前急救机构的机构设置。国家卫生计生委负责规划和指导全国院前医疗急救体系建设,监督管理全国院前医疗急救工作。县级以上地方卫生计生行政部门负责规划和实施本辖区院前医疗急救体系建设,监督管理本辖区院前医疗急救工作。

院前医疗急救以急救中心(站)为主体,与医院组成院前医疗急救网络共同实施。急救中心(站)应当符合《医疗机构设置标准》。

急救中心(站)负责院前医疗急救工作的指挥和调度,按照院前医疗急救需求配备通信系统、救护车和医务人员,开展现场抢救和转运途中救治、监护。急救网络医院按照急救中心(站)指挥和调度开展院前医疗急救工作。

原则上,一个设区的市只能设立一个急救中心(站)。院前医疗急救工作由卫生行政部门按照"统筹规划、整合资源、合理配置、提高效能"的原则,统一组织实施。

县级以上地方卫生计生行政部门根据区域服务人口、服务半径、地理环境、交通状况等因素,合理配置救护车。急救中心(站)、急救网络医院救护车以及院前医疗急救人员的着装应当统一标识,统一标注急救中心(站)名称和院前医疗急救呼叫号码。全国院前医疗急救呼叫号码为"120"。

2.院前急救机构的执业管理。急救中心(站)和急救网络医院开展院前医疗急救工作应当遵守医疗卫生管理法律、法规、规章和技术操作规范、诊疗指南。从事院前医疗急救的专业人员包括医师、护士和医疗救护员。医师和护士应当按照有关法律法规规定取得相应执业资格证书。医疗救护员应当按照国家有关规定经培训考试合格取得国家职业资格证书。上岗前,应当经设区的市级急救中心培训考核合格。

医疗救护员可以从事的相关辅助医疗救护工作包括:(1)对常见急症进行现场初步处理;(2)对患者进行通气、止血、包扎、骨折固定等初步救治;(3)搬运、护送患者;(4)现场心肺复苏;(5)在现场指导群众自救、互救。

急救中心(站)应当配备专人每天 24 小时受理"120"院前医疗急救呼叫。"120"院前医疗急救呼叫受理人员应当经设区的市级急救中心培训合格。

急救中心(站)应当在接到"120"院前医疗急救呼叫后,根据院前医疗急救需要迅速派出或者从急救网络医院派出救护车和院前医疗急救专业人员,不得因指挥调度原因拒绝、推诿或者延误院前医疗急救服务。急救中心(站)和急救网络医院应当按照就近、就急、满足专业需要、兼顾患者意愿的原则,将患者转运至医疗机构救治。

急救中心(站)和急救网络医院应做好以下工作:(1)做好"120"院前医疗急救呼叫受理、指挥调度等记录及保管工作,并按照医疗机构病历管理相关规定,做好现场抢救、监护运送、途中救治和医院接收等记录及保管工作。(2)按照国家有关规定收取院前医疗急救服务费用,不得因费用问题拒绝或者延误院前医疗急救服务。(3)应当按照有关规定做好突发事件紧急医疗救援的现场救援和信息报告工作。(4)不得将救护车用于非院前医疗急救服务。(5)应当按照相关规定做好应急储备物资管理等相关工作。(6)并应当向公众提供急救知识和技能的科普宣传和培训,提高公众急救意识和能力。

(二)急救医疗机构的组织管理

为了充分发挥急救医疗网的作用,做好急救医疗机构的组织管理,应该做好以下几项工作:(1)急救中心(站、分站)与医院急诊科分工负责全市的急救工作,建立适合本地情况的、能够有效协调急诊抢救的组织指挥系统和充分发挥各级医疗单位作用的急救网。(2)遇有重大灾难、意外事故时,各级急救组织应迅速报告卫生局,并立即组织现场抢救和护送伤病员。(3)充实急救站、急诊科(室)各类人员的骨干力量,配备固定的人员编制,提高抢救人员的应急能力,尤其要选择年富力强、有一定临床经验的医务人员到急救站、急诊室(科)工作。(4)急救站应有比较现代化的交通、通信设备和车辆维修场地,急诊室(科)的装备与布局要逐步走向自成系统化,同时要不断采用现代化诊断和治疗的新设备、新技术,提高抢救成功率。(5)加强救护车辆管理,使分散在各单位的救护车统一管理、调动,提高救护车的急救使用率,切实发挥其在救护工作中的作用。做好车辆的维修保养工作。严禁救护车用于非救护病人之用。(6)各级急救组织必须建立健全以岗位责任制为中心的规章制度,切实提高科学管理水平和急救质量,改善服务质量。(7)实行经济管理,组织合理收入,节约开支,逐步改善急救工作条件和职工生活条件。充分调动职工的积极性,为急救医疗事业做出贡献。

第四节　其他医疗机构管理法律制度

一、社区卫生服务机构管理法律制度

(一)社区卫生服务机构的概念

社区卫生服务机构是以社区、家庭和居民为服务对象,以妇女、儿童、老年人、慢性病人、残疾人、贫困居民等为服务重点,开展健康教育、预防、保健、康复、计划生育技术服务和一般常见病、多发病的诊疗服务,具有社会公益性质的非营利性医疗机构。

社区卫生服务机构服务对象为辖区内的常住居民、暂住居民及其他有关人员,主要提供的公共卫生服务包括:卫生信息管理;健康教育;传染病、地方病和寄生虫病的预防控制;慢性病预防控制;精神卫生服务;妇女保健;儿童保健;老年保健;残疾康复指导和康复训练;计划生育技术咨询指导。

社区卫生服务机构提供的基本医疗服务包括:(1)一般常见病、多发病诊疗、

护理和诊断明确的慢性病治疗;(2)社区现场应急救护;(3)家庭出诊、家庭护理、家庭病床等家庭医疗服务;(4)转诊服务;(5)康复医疗服务等。

(二)社区卫生服务机构的设置规划

社区卫生服务机构由社区卫生服务中心和社区卫生服务站组成,具备条件的地区可实行一体化管理。

社区卫生服务中心以政府举办为主,原则上按照街道办事处范围或3万~10万居民数进行规划设置,并可设置若干社区卫生服务站。在人口较多、服务半径较大、社区卫生服务中心难以覆盖的社区,可适当设置社区卫生服务站或增设社区卫生服务中心。

设区的市级卫生行政部门负责制订本区域社区卫生服务机构设置规划,并纳入当地区域卫生规划、医疗机构设置规划,经同级政府批准,报当地省级政府卫生行政部门备案。

政府举办的一级医院和街道卫生院应转型为社区卫生服务机构,政府举办的部分二级医院和有条件的国有企事业单位所属基层医疗机构,通过结构和功能改造,可转型为社区卫生服务机构。

(三)社区卫生服务机构的执业登记与执业名称

社区卫生服务机构的设置,须按照社区卫生服务机构设置规划,由政府卫生行政部门根据《医疗机构管理条例》《医疗机构管理条例实施细则》《社区卫生服务中心基本标准》《社区卫生服务站基本标准》进行设置审批和执业登记,同时报上一级政府卫生行政部门备案。

社区卫生服务中心登记的诊疗科目为预防保健科、全科医疗科、中医科(含民族医学)、康复医学科、医学检验科、医学影像科,有条件的可登记口腔医学科、临终关怀科,原则上不登记其他诊疗科目,确需登记的,须经区(市、县)级政府卫生行政部门审核批准,同时报上一级政府卫生行政部门备案,原则上不设住院病床。社区卫生服务站登记的诊疗科目应为预防保健科、全科医疗科,有条件的可登记中医科(含民族医学),不登记其他诊疗科目。

社区卫生服务中心、社区卫生服务站是专有名称,命名原则是:所在区名(可选)+所在街道办事处名+识别名(可选)+社区卫生服务中心;社区卫生服务站的命名原则是:所在街道办事处名(可选)+所在社区名+社区卫生服务站。

(四)社区卫生服务机构的执业管理

各级政府卫生行政部门负责对社区卫生服务机构实施日常监督与管理,建立健全监督考核制度,实行信息公示和奖惩制度。

疾病预防控制中心、妇幼保健院(所、站)、专科防治院(所)等预防保健机构在职能范围内,对社区卫生服务机构所承担的公共卫生服务工作进行业务评价与指导。

1.人员配备。社区卫生服务机构应根据服务功能、服务人口、居民的服务需要，按照精干、效能的原则设置卫生专业技术岗位，配备适宜学历与职称层次的从事全科医学、公共卫生、中医（含中西医结合、民族医）等专业的执业医师和护士，药剂、检验等其他有关卫生技术人员根据需要合理配置。

临床类别、中医类别执业医师在社区卫生服务机构从事全科医学工作，申请注册全科医学专业为执业范围，须符合以下条件之一：(1)取得相应类别的全科医学专业中、高级技术职务任职资格。(2)经省级卫生、中医药行政部门认可的相应类别全科医师岗位培训并考核合格。(3)参加省级卫生、中医药行政部门认可的相应类别全科医师规范化培训。

2.执业规则。(1)社区卫生服务机构执业，须严格遵守国家有关法律、法规、规章和技术规范，加强对医务人员的教育，实施全面质量管理，预防服务差错和事故，确保服务安全。(2)社区卫生服务机构须建立健全各项规章制度，依据政府卫生行政部门规定，履行提供社区公共卫生服务和基本医疗服务的职能。(3)社区卫生服务机构应妥善保管居民健康档案，保护居民个人隐私。(4)社区卫生服务机构应严格掌握家庭诊疗、护理和家庭病床服务的适应证，切实规范家庭医疗服务行为。(5)卫生行政部门要建立信息平台，为社区卫生服务机构提供本地有关大中型医疗机构专科设置、联系方式等转诊信息，支持社区卫生服务机构与大中型医疗机构建立转诊协作关系。(6)社区卫生服务机构应配备与其服务功能和执业范围相适应的基本药品。

二、中外合资、合作医疗机构管理法律制度

（一）中外合资、合作医疗机构的概念

中外合资、合作医疗机构是指外国医疗机构、公司、企业和其他经济组织（以下称合资、合作外方），按照平等互利的原则，经中国政府主管部门批准，在中国境内（香港、澳门及台湾地区除外，下同）与中国的医疗机构、公司、企业和其他经济组织（以下称合资、合作中方）以合资或者合作形式设立的医疗机构。

原卫生部和原对外贸易经济合作部于2000年5月发布了《中外合资、合作医疗机构管理暂行办法》，原卫生部和商务部于2007年12月和2008年12月又发布了《〈中外合资、合作医疗机构管理暂行办法〉的补充规定》及其补充规定二，对香港和澳门服务提供者在内地设立合资、合作医疗机构做出了补充规定。

（二）中外合资、合作医疗机构的设置审批与登记

1.申请设置的基本要求。(1)中外合资、合作医疗机构的设置与发展必须符合当地区域卫生规划和医疗机构设置规划，并执行卫生部制定的《医疗机构基本

标准》。(2)合资、合作的中外双方应是能够独立承担民事责任的法人，具有直接或间接从事医疗卫生投资与管理的经验，并符合以下条件之一：①能够提供国际先进的医疗机构管理经验、管理模式和服务模式；②能够提供具有国际领先水平的医学技术和设备；③可以补充或改善当地在医疗服务能力、医疗技术、资金和医疗设施方面的不足。(3)设立的中外合资、合作医疗机构应当符合以下条件：①必须是独立的法人；②投资总额不得低于2000万元人民币；③合资、合作中中方在中外合资、合作医疗机构中所占的股权比例或权益不得低于30%；④合资、合作期限不超过20年；⑤省级以上卫生行政部门规定的其他条件。(4)香港、澳门服务提供者在内地设立的合资、合作医疗机构，其投资总额不得低于1000万元人民币。香港、澳门服务提供者在广东省可以独资形式设立门诊部，门诊部投资总额不做限制。在广东省与内地合资、合作设立的门诊部投资总额不做限制，双方投资比例不做限制。

2.设置审批与注册登记。(1)设置审批。设置中外合资、合作医疗机构，应向所在地设区的市级卫生行政部门提出申请，并按照规定提交材料。设区的市级卫生行政部门对申请人提交的材料进行初审，并根据区域卫生规划和医疗机构设置规划提出初审意见，并与申请材料、当地区域卫生规划和医疗机构设置规划一起报所在地省级卫生行政部门审核。省级卫生行政部门对市级卫生行政部门初审意见进行审核后，报国家卫生行政部门审批。国家卫生行政部门应当自受理之日起45个工作日内，做出批准或者不批准的书面决定。申请人在获得国家卫生行政部门的设置许可后，按照有关法律、法规向商务部提出申请，并提交材料。商务部应当自受理申请之日起45个工作日内，做出批准或者不批准的书面决定，予以批准的，发给《外商投资企业批准证书》。香港、澳门医疗服务提供者申请在广东省以独资或合资、合作形式设立门诊部的，由广东省卫生行政部门负责设置审批和执业登记。(2)登记。获得批准设立的中外合资、合作医疗机构，应自收到《外商投资企业批准证书》之日起1个月内，凭此证书到国家工商行政管理部门办理注册登记手续。同时，按照《医疗机构管理条例》和《医疗机构管理条例实施细则》规定，向所在地省级卫生行政部门规定的卫生行政部门申请执业登记，领取《医疗机构执业许可证》。中外合资、合作医疗机构不得设置分支机构，其名称依次由所在地地名、识别名和通用名组成。

(三)中外合资、合作医疗机构的执业

中外合资、合作医疗机构作为独立法人实体，自负盈亏，独立核算，独立承担民事责任。医疗收费价格和税收政策按照国家有关规定执行。

中外合资、合作医疗机构应当执行《医疗机构管理条例》和《医疗机构管理条例实施细则》关于医疗机构执业的规定；执行医疗技术准入规范和临床诊疗技术规范,遵守新技术、新设备及大型医用设备临床应用的有关规定;发生医疗事故时,要依照国家有关法律、法规处理;聘请外籍医师、护士,按照《执业医师法》和《护士条例》等有关规定办理;在发生重大灾害、事故、疾病流行或者其他意外情况时,中外合资、合作医疗机构及其卫生技术人员要服从卫生行政部门的调遣。

中外合资、合作医疗机构发布本机构医疗广告,应当按照《广告法》《医疗广告管理办法》办理。

(四)监督管理

卫计委和商务部在各自的职责范围内负责全国中外合资、合作医疗机构管理工作。

县级以上地方人民政府卫生行政部门(含中医药主管部门)和商务部在各自职责范围内负责本行政区域内中外合资、合作医疗机构的日常监督管理工作。

中外合资、合作医疗机构的《医疗机构执业许可证》每年校验一次,其《医疗机构执业许可证》的校验由医疗机构执业登记机关办理。

中外合资、合作医疗机构应当按照国家对外商投资企业的有关规定,接受国家有关部门的监督。违反国家有关法律、法规和规章的,由有关主管部门依法查处。

地方卫生行政部门和地方商务行政部门违反规定,擅自批准中外合资、合作医疗机构的设置和变更的,依法追究有关负责人的责任。

中外各方未经卫计委和商务部批准,成立中外合资、合作医疗机构并开展医疗活动或以合同方式经营诊疗项目的,视同非法行医,按《医疗机构管理条例》和《医疗机构管理条例实施细则》及有关规定进行处罚。

典型案例评析

[案情]

2007 年 11 月 21 日,15 点 40 分,李某因感冒症状,在自称其丈夫的肖某陪同下到首都医科大学附属北京朝阳医院就诊。呼吸科医生初步诊断其为"重症肺炎、孕 36 周"并将其转入妇产科住院治疗。院方认为李某病情危重,随时危及母胎生命,应马上实施剖腹产手术。但肖某坚决不同意实施剖腹产手术,并在手术通知单上写下"坚持用药治疗,坚持不做剖腹手术,后果自负"。僵持中李某的病情迅速恶化,其间医院向卫生行政部门请示,卫生行政部门答复应按医疗机构管理条例规定,手术必须经家属同意。当天 18 点 30 分,胎儿死亡,19 点 30 分,李某死亡。

2008 年 1 月 23 日,李某的父母以人身损害为由,向法院起诉北京朝阳医院和肖某。同年 2 月 29 日,撤销对肖某的起诉。2009 年 7 月 17 日,北京市朝阳区人民法院公开审理李某的父母起诉首都医科大学附属北京朝阳医院案。

2009 年 12 月 18 日，北京市朝阳区人民法院做出一审判决，法院认定首都医科大学附属北京朝阳医院的医疗行为与患者死亡的后果没有因果关系，因此不构成侵权，驳回孕妇家属要求医院赔偿 121 万余元人民币等诉讼请求；但考虑到本案实际情况，由北京朝阳医院向原告支付 10 万元的经济补偿。2010 年 4 月 28 日北京市二中院驳回李某父母上诉，维持一审判决。

［争议焦点］

1. 如何看待手术签字制度及其背后的知情同意权问题。

2. 当患者决定权与医疗紧急救治权冲突时的法律选择。

［案例评析］

本案中，医院认为患者情况紧急需要手术，而李某的丈夫不同意手术并不签署手术同意书，所以医院依据《医疗机构管理条例》第三十三条的规定，没有采取手术而进行保守治疗。这其中的手术签字制度是患者知情同意权利在临床实践中的重要体现，也是患者权利的重要内容。

首先，本案体现了对患者知情同意权利的重视。随着患者权利运动的发展，特别是 20 世纪中叶以来，患者知情同意权的兴起与确立，强调患者享有对医疗行为的知悉、同意与决定权利，医生应该告知患者正确履行知情同意权的相关医疗信息，特别是当医疗行为给患者带来创伤和伴有较大风险时，应获得患者的同意，也就是说，只有患者本人才能决定是否接受这样的治疗。当患者本人无法决定时，受患者委托的家属可以代为决定。本案中的医院正是基于这样的判断，在患者家属不同意手术的情况下，采取了保守治疗手段。法院的判决也支持了这种选择。

其次，虽然从理论上讲，强调患者的知情同意权，有助于限制医生权利的滥用，保障患者的生命健康利益。但实践中，由于医疗行为的专业性、高风险性、紧急性的特点，在患者生命垂危需要抢救时是否一味强调患者的知情同意权却是个非常复杂的问题，以及如何处理患者的决定权与医生干涉权的冲突也是件非常难的事情，本案件就是真实的写照。虽然从遵循法条的角度看，医院不存在问题。但如果从医学的使命及法律的价值角度去做判断，这种做法是值得商榷的。

常态情况下，医师有充分的时间告知说明，患者有时间充分考虑，患者决定权得到尊重。在患者病情紧急危及生命时，是否如常态时一概尊重患者决定权，只要患者签署知情同意书，医生就不能行使特殊干涉权，这值得探讨。在目前临床实践和司法审判中，对于患者决定权的尊重多流于形式化审查，是否签订知情同意书成为其一个主要的衡量标准，而对于隐藏在知情同意书背后患者真实意思的探查明显不足，常常酿成一些医疗与伦理悲剧，为了避免此种失误，必须注意以下几点：

第一，应该从立法及司法角度做出法律的选择，指引医疗行为。应当明确患者知情同意权属于人格权范畴，但自我决定权不应该是一种绝对权利，在特定的情况下，它应该受到限制。审慎对待关系患者生命的医疗行为的患者决定权，考察患者真实的意思表示，防止出现形式上的患者决定权。

第二，区别患者自我选择权与家属知情同意权。家属的知情同意权是源自于患者的知情同意权的，患者才是权利主体，其自主性及利益应得到考量。特别是家属决定明显违背患者重大生命利益时，应以患者最佳利益为出发点。

第三，明确医疗紧急事态管理的特殊干涉权。《侵权责任法》第五十六条规定，因抢救生命垂危的患者等紧急情况，不能取得患者或者其近亲属意见的，经医疗机构负责人或者授权的负责人批准，可以立即实施相应的医疗措施。《医疗机构管理条例》第三十三条规定，医疗机构施行手术、特殊检查或者特殊治疗时，必须征得患者同意，并应当取得其家属或者关系人同意并签字；无法取得患者意见时，应当取得家属或者关系人同意并签字；无法取得患者意见又无家属或者关系人在场，或者遇到其他特殊情况时，主治医师应当提出医疗处置方案，在取得医疗机构负责人或者被授权负责人员的批准后实施。上述法条规定了一些特殊情况下的医疗特殊干涉权，但很显然，从法条的字面意思去理解，应该是不包括患者拒绝医方治疗这种情况的，在一般病情时，患方拒绝不存在任何问题，但在患者病情危急、时间紧急、不能充分考虑医疗行为做出明智决定时，应给予医疗紧急事态管理的例外，即医师可以进行特殊干涉。患者决定权与医疗干涉权犹如一个天平的两端，一端是患者自治精神对特殊医疗行为滥用的限制，一端是医方的执业裁量权，是基于医学专业知识做出的医学判断，是对患者决定权行使的排除。二者看似矛盾，实则统一，其支点是患者利益，患者决定权重在患者决定或处分自己的利益，医疗干涉权重在医方根据普遍性价值观，为了患者利益而替患者行使决定。

思考题

1. 医疗机构的概念及特点是什么？
2. 医疗机构设置应遵循哪些原则？
3. 我国医疗机构的执业规则是什么？
4. 医疗机构命名应遵循哪些原则？
5. 我国医疗广告发布的禁止性内容有哪些？
6. 我国急救医疗机构有什么特征？
7. 我国社区卫生医疗机构有哪些特别的执业要求？

第八章 医药卫生技术人员管理法律制度

本章要点：我国实行执业医师、护士资格考试和执业注册的准入制度，实行乡村医生执业注册制度。这些医药卫生技术人员在执业过程中享有执业权利，也必须履行执业义务、遵守执业规则和接受考核培训。医药卫生技术人员违反相应管理法律制度的，将承担相应的民事、行政和刑事责任。

第一节 执业医师法律制度

一、执业医师法律制度概述

（一）《执业医师法》概述

医师从事的是治病救人的职业，其执业行为直接关系患者的生命健康。1998 年 6 月 26 日，九届全国人大常委会第三次会议审议通过了《执业医师法》，此法于 1999 年 5 月 1 日起正式施行。这是我国第一部规范医师执业活动的法律，对于加强医师队伍的建设，提高医师的职业道德和业务素质，保障医师的合法权益，正确地履行医师的职责，保护人民健康，促进和保障我国医疗卫生事业的健康发展具有重要的意义。

《执业医师法》第二条规定："依法取得执业医师资格或者执业助理医师资格，经注册在医疗、预防、保健机构中执业的专业医务人员，适用本法。"该条文明确了《执业医师法》的适用范围、执业医师的概念及其必备的条件。

1.《执业医师法》的适用范围。这是《执业医师法》的调整对象，即《执业医师法》规范医师的执业行为。医师包括执业医师和执业助理医师。前者是指依法取得执业医师资格并经注册，在医疗、预防、保健机构中，按照其注册的执业类别和范围，独立从事相应的医疗工作的人员；后者是指依法取得执业医师资格并经注册，在医疗、预防、保健机构中执业医师的指导下，按照其注册的执业类别和范围执业的人员。

2. 执业医师的概念。《执业医师法》中的"执业医师"(Practicing Physician)是指取得执业医师资格或者执业助理医师资格，经注册在医疗、预防或者保健机构(包括计划生育技术服务机构)中执业的专业医务人员。

3. 执业医师的必备条件。(1)必须“依法取得执业医师资格或者执业助理医师资格”。即通过参加执业医师资格或者执业助理医师资格考试,成绩合格的,才可取得执业医师资格或者执业助理医师资格。(2)必须“经注册”。即依法取得执业医师资格或者执业助理医师资格后,还必须经过注册,取得执业证书,才能执业。(3)必须是“在医疗、预防、保健机构中执业的专业医务人员”。这意味着,那些取得医师资格并注册但实际从事管理工作的医师也不能被称为“执业医师”。

(二)国内外医师管理法律制度简介

1. 国外执业医师管理制度。为加强对医师的管理,一些国家制定了专门的医师法,也有一些国家在医疗法以及其他一些相关法律中对医师的管理问题进行了规定。

目前,欧美国家的专科、全科医师培养、准入及管理制度已比较完善,形成了包括学校基本教育、毕业后医学教育和继续医学教育在内的医学教育体系。在该医学教育体系内,医学生从医学院校毕业后,还必须在某一医学专业领域接受以提高临床能力为主要目标的系统化、规范化综合训练,从而达到从事某一临床专科实践所需要的基本要求,最终才能独立从事某一专科临床医疗工作。专科、全科医师制度对保证专科医师的专业水准、提供高质量的医疗服务具有重要和不可替代的作用。美国、英国、加拿大、澳大利亚、法国、德国、新加坡 7 国的管理机构分别是各国的医学专科委员会、医学总理事会、皇家医学会、医学委员会、教育部和卫生部、医学会、医学委员会。

2. 我国执业医师管理制度的历史。据《周礼》记载,西周时要对医师进行年终业务考核以定其报酬;以后各代的法典如《唐律》《元典章·礼部》《元典章·刑部》《大明会典》等都有对医师行为进行规范的法律条文。到 20 世纪 20 年代,出现了对医师用单行法进行管理的法律文件,如民国时期于 1929 年颁布的《医师暂行条例》,1931 年颁布的《高等考试西医师考试条例》和 1943 年颁布的《医师法》等。

新中国成立后,政府颁布了一系列有关执业医师的法规和规范性文件,如 1951 年颁布了《医师暂行条例》和《中医师暂行条例》,1982 年颁布了《医院工作人员职责》,1988 年颁布了《医师、中医师个体开业暂行管理办法》等。这些法规和规范性文件涉及医师的学历要求、执业医师资格考试、禁止行医的情形和医师的法律责任等内容。1999 年 5 月 1 日《执业医师法》颁行后,为贯彻实施该法,1999 年卫生部成立了国家医师资格考试委员会,发布了《医师资格考试暂行办法》《医师执业注册暂行办法》等规章。《执业医师法》及其配套制度,以及其他有关执业医师的法律法规共同构成了我国的执业医师法律制度。

二、医师资格考试和执业注册

推行专业技术人员执业资格制度是我国社会主义市场经济体制改革的一项重要内容，是组建高素质的专业技术队伍的一项重要措施，是国家对重要岗位专业技术人员执业的准入控制。医师实行执业资格制度，有利于提高医师队伍的素质，加强医师岗位的管理，规范医师的执业活动，促进医疗活动遵循国际惯例。医师资格考试是世界各国普遍采用的行业准入形式，也是《执业医师法》和医师管理制度的核心内容。

（一）医师资格考试

1. 实行医师资格考试制度的意义。《执业医师法》规定，国家实行医师资格考试制度。这最大限度地保证了医师队伍的质量，把住了医师队伍的入口关。也实现了用相对科学、公平的方法来检验国家医学教育的水平，有利于医学院校不断改进教学，提高办学质量，培养出能够热心为群众服务、具有现代医学科学技术水平的医学人才。

2. 医师资格考试类别。医师资格考试分为两级四类：执业医师和执业助理医师两级；每级分为临床、中医、口腔和公共卫生四类。中医类包括中医、民族医和中西医结合。到目前为止，我国医师资格考试共有 24 种类别。考试方式分为实践技能考试和医学综合笔试。医师资格考试实行国家统一考试，每年举行一次。考试时间由卫生计生委医师资格考试委员会确定，提前 3 个月向社会公告。

3. 申请执业医师资格考试的条件。《执业医师法》明确规定了执业医师资格、执业助理医师资格的考试条件。

（1）执业医师资格考试条件。①具有高等学校医学专业类本科以上学历，在执业医师指导下，在医疗、预防或者保健机构中试用期满 1 年的；②具有高等学校医学专科学历，取得助理医师执业证书后，在医疗、预防或者保健机构中工作满 2 年的；③具有中等专业学校医学专业学历，在医疗、预防或者保健机构中工作满 5 年的，可以申请参加执业医师资格考试。

（2）执业助理医师资格考试条件。具有高等学校医学专科学历或者中等专业学校医学专业学历，在执业医师指导下，在医疗、预防或者保健机构中试用期满 1 年的，可以申请参加执业助理医师资格考试。

（3）师承方式医师、助理医师资格考试条件。以师承方式学习传统医学满三年或者经多年实践医术确有专长的，经县级以上地方人民政府卫生行政部门确定的医学专业组织或医疗、预防、保健机构考核合格并推荐，可以申请参加执业医师资格或者执业助理医师资格考试。

《国家卫生计生委教育部国家中医药管理局关于印发〈医师资格考试报名资

格规定(2014版)〉的通知》,对试用期考核证明,报名有效身份证件,学历审核,台湾、香港、澳门永久性居民以及外籍人员报考条件,盲人医疗按摩人员考试等情形做了特殊的规定。

(二)医师执业注册

《执业医师法》规定,国家实行医师执业注册制度。取得医师资格的,可以向所在地县级以上人民政府卫生行政部门申请注册。医师经注册后,可以在医疗、预防、保健机构中按照注册的执业地点、执业类别、执业范围执业,从事相应的医疗、预防、保健业务。未经医师注册取得执业证书,不得从事医师执业活动。需要注意的是,2014年起,国家卫计委已全面放开医师多点执业,这必将涉及医师多点执业后的注册问题。但在相关法律制度确定之前,仍应按照《执业医师法》的规定进行注册执业。

1.不予注册的规定。有下列情形之一的,不予注册:(1)不具有完全民事行为能力的;(2)因受刑事处罚,自刑罚执行完毕之日起至申请注册之日止不满2年的;(3)在执业活动中,受吊销医师执业证书的行政处罚,自行政处罚决定之日起至申请注册之日止不满2年的;(4)有国务院卫生行政部门规定不宜从事医疗、预防、保健业务的其他情形的。

2.注销注册的规定。医师注册后有下列情形之一的,卫生行政部门应当注销注册,收回医师执业证书:(1)死亡或者被宣告失踪的;(2)受刑事处罚的;(3)受吊销医师执业证书行政处罚的;(4)因参加医师考核不合格暂停执业活动期满,再次考核仍不合格的;(5)中止医师执业活动满2年的;(6)有国务院卫生行政部门规定不宜从事医疗、预防、保健业务的其他情形的。

3.变更注册的规定。医师变更执业地点、执业类别、执业范围等注册事项的,应到准予注册的卫生行政部门办理变更注册手续。

(三)个体行医

《执业医师法》规定,申请个体行医的执业医师,须经注册后在医疗、预防、保健机构中执业满5年,并按照国家有关部门规定办理审批手续;未经批准,不得行医。

三、医师权利、义务和执业规则

医师是社会中的一项特殊职业,他们履行防病治病、救死扶伤和保护人民健康的神圣职责。《执业医师法》对医师执业中的权利和义务均有明确规定。

(一)医师的权利

《执业医师法》规定,医师在执业活动中享有下列权利:(1)在注册的执业范围内,进行医学诊查、疾病调查、医学处置、出具相应的医学证明文件,选择合理的医疗、预防、保健方案;(2)按照国务院卫生行政部门规定的标准,获得与本人执业活动相当的医疗设备基本条件;(3)从事医学研究,参加学术交流,参加专业学术团体;(4)参加专业培训,接受继续医学教育;(5)在执业活动中,人格尊严、人身安全不受侵犯;(6)获取工资报酬和津贴,享受国家规定的福利待遇;(7)对所在机构的医疗、预防、保健工作和卫生行政部门的工作提出意见和建议,依法参与所在机构的民主管理。

（二）医师的义务

《执业医师法》规定,医师在执业活动中应当履行下列义务:(1)遵守法律、法规,遵守技术操作规范;(2)树立敬业精神,遵守职业道德,履行医师职责,尽职尽责为患者服务;(3)关心、爱护、尊重患者,保护患者的隐私;(4)努力钻研业务,更新知识,提高专业技术水平;(5)宣传卫生保健知识,对患者进行健康教育。

（三）医师的执业规则

《执业医师法》对医师的执业规则做了明确规定,主要是:(1)医师实施医疗、预防、保健措施,签署有关医学证明文件,必须亲自诊查、调查,并按照规定及时填写医学文书,不得隐匿、伪造或者销毁医学文书及有关资料。医师不得出具与自己执业范围无关或者与执业类别不相符的医学证明文件。(2)对急危患者,医师应当采取紧急措施进行诊治,不得拒绝急救处置。(3)医师应当使用经国家有关部门批准使用的药品、消毒药剂和医疗器械。除正当诊断治疗外,不得使用麻醉药品、医疗用毒性药品、精神药品和放射性药品。(4)医师应当如实向患者或者其家属介绍病情,但应注意避免对患者产生不利后果。医师进行实验性临床医疗,应当经医院批准并征得患者本人或者其家属同意。(5)医师不得利用职务之便,索取、非法收受患者财物或者牟取其他不正当利益。(6)遇有自然灾害、传染病流行、突发重大伤亡事故及其他严重威胁人民生命健康的紧急情况时,医师应当服从县级以上人民政府卫生行政部门的调遣。(7)医师发生医疗事故或者发现传染病疫情时,应当按照有关规定及时向所在机构或者卫生行政部门报告。发现患者涉及伤害事件或者非正常死亡时,应当按照有关规定向有关部门报告。(8)执业助理医师应当在执业医师的指导下,在医疗、预防、保健机构中按照其执业类别执业。在乡和民族乡、镇的医疗、预防、保健机构中工作的执业助理医师,可以根据医疗诊治的情况和需要,独立从事一般的执业活动。

（四）医师执业规则中需要特别注意的问题

1.医疗文书的正确书写。医疗文书意义重大,是医疗过程的全面记录,是医生对病人的诊断依据,是临床教学、科研、总结经验及医院信息管理的重要资料,能体现出医院的医疗质量、管理水平,反映出医务人员的业务水平。特别是在出现医疗纠纷时,医疗文书会成为重要的证据。因此,医师在执业活动中,必须亲自诊查、调查，方可签署有关医学证明文件，并按照规定及时填写医学文书，不得隐匿、伪造或者销毁医学文书和有关资料。医学文书的书写要规范，字体要清晰。医师不得出具与自己执业范围无关或者与执业类别不相符的医学证明文件。

2.药品等的合理使用。医师应当依据《药品管理法》《抗菌药物临床应用指导原则》《处方管理办法》等法律法规规定合理用药。医师应当在临床诊疗过程中按照药品说明书所列的适应证、药理作用、用法、用量、禁忌、不良反应和注意事项等制订合理用药方案；不得随意扩大药品说明书规定的适应证；使用经国家有关部门批准使用的药品、消毒药剂和医疗器械；除正当诊断治疗外，不得使用麻醉药品、医疗用毒性药品、精神药品和放射药品；杜绝使用未经批准的药品、器械，特别是假药、劣药。

3.医师的紧急医疗行为。紧急治疗是医疗机构及其医务人员履行职责所必须承担的法定义务。这种义务自医方接到患者伤病紧急求救或对患者实施治疗过程中发生紧急情况时产生，如果医方怠于履行紧急治疗义务，则构成医疗过错且应当承担赔偿责任。(1)对急危病人的救治。对急危患者，医师应当采取紧急措施进行诊治，不得拒绝急救处置。在任何情况下，医师都应当履行救治患者的义务，抢救急危患者更应全力以赴。(2)紧急情况时医师的作为义务。遇有自然灾害、传染病流行、突发重大伤亡事故及其他严重威胁人民生命健康的紧急情况时，医师应当服从县以上人民政府卫生行政部门的调遣，随时准备赶赴防病救灾第一线，为保护人民生命安全和健康做贡献。

4.尊重患者或者其家属的知情同意权。在医疗活动中，医师对患者的健康状况掌握着主动权，应当为解除患者病痛做出最佳选择，但患者并不因此而丧失其独立自主的地位。医师应在不影响治疗的前提下，如实向患者或者其家属介绍病情，但应该注意避免对患者产生不利的后果。在医学上，任何新事物的尝试都具有一定的危险，所以医师进行实验性临床医疗时，应当经医院批准并征得患者本人或者其家属同意。

5.恪守职业道德，培养良好的医德、医风。医师职业是特殊行业，其承担着防病治病、救死扶伤、保护人民生命安全和健康的神圣职责。在医疗活动中，医师对患者的健康状况掌握着主动权，通常处于主动地位，而患者则往往处于被动接受地位。这要求医师在医疗服务中必须具备良好的职业道德，全心全意为患者提供服务，而不应乘人之危、借机牟取私利。

6.严格执行报告制度。医师发生医疗事故或者发现传染病疫情时，应当按照《医疗事故处理条例》和《传染病防治法》的有关规定，及时向所在机构或者卫生行政部门报告；医师发现患者涉嫌伤害事件或者非正常死亡时，应当按照《刑事诉讼法》和《医院工作制度》的有关规定，及时向公安机关或人民法院或其他有关部门报告。

四、医师的考核和培训

（一）医师的考核

1.考核的主体。对医师进行考核的主体，是县级以上人民政府卫生行政部门委托的医疗、预防、保健机构，或者是医疗机构评审委员会、医师协会以及其他医学专业组织等，后者主要对个体行医的执业医师进行考核。

2.考核的标准。考核的标准就是医师的执业标准，包括医师的业务水平、工作成绩和执业道德状况等。

3.考核的形式。考核形式是定期考核，但平时考核是定期考核的基础和前提。因此，医疗、预防、保健机构应注重对其所属医师的平时考核，为定期考核积累材料，提供依据。

4.考核的内容。考核的内容包括：业务水平、工作成绩、职业道德。

5.考核的结果。考核的结果是对医师考核的总体评价，是对医师的业务水平、工作成绩和职业道德的综合反映。对于考核不合格的医师，可责令其暂停执业活动，并接受培训和继续医学教育。期满后再次进行考核，合格的，允其继续执业，否则注销注册，收回医师执业证书。

（二）医师的培训

1.培训的内容。培训的内容具体包括岗位培训、全科医师培训、进修教育、毕业后医学教育和继续医学教育。

2.培训的形式。培训的形式包括学术会议、学术讲座、专题讨论会、专题学习班、专题调研和考察、案例分析讨论会、临床病理讨论会、技术操作示教、短期或长期培训等。

3.卫生行政部门在医师培训工作中的职责。卫生行政部门在医师培训工作中承担的职责包括：制订培训计划、提供相应条件、培训农村和少数民族地区的医务人员等。

4.医疗卫生机构在医师培训工作中的职责。医疗卫生机构在医师培训工作中的职责主要指：(1)医疗、预防、保健机构应保证本机构医师培训和继续医学教育的实施。(2)承担医师考核任务的医疗卫生机构应为医师的培训和继续医学教育提供条件。

（三）医师的表彰或奖励

《执业医师法》对表彰和奖励的条件做了具体规定：(1)在执业活动中，医德高尚，事迹突出的；(2)医学专业技术有重大突破，做出显著贡献的；(3)遇有自然灾害、传染病流行、突发重大伤亡事故及其他严重威胁人民生命健康的紧急情况时，救死扶伤、抢救诊疗表现突出的；(4)长期在边远、贫困、少数民族地区等条件艰苦的基层单位努力工作的；(5)国务院卫生行政部门规定应当予以表彰或者奖励的其他情形的。奖励的形式、种类和程序等可参照国务院、卫生部的有关规定执行。

五、违反《执业医师法》的法律责任

(一)行政责任

1. 以不正当手段取得医师执业证书的，由发给该证书的卫生行政部门予以吊销，并对负有直接责任的主管人员和其他直接责任人员，依法给予行政处分。

2. 医师在执业活动中，有下列行为之一的，由县级以上地方人民政府卫生行政部门给予警告或者责令暂停6个月以上1年以下执业活动，情节严重的，吊销执业证书：(1)违反卫生行政规章制度或者技术操作规范，造成严重后果的；(2)由于不负责任延误急危患者的抢救和诊治，造成严重后果的；(3)造成医疗责任事故的；(4)未经亲自诊查、调查，签署诊断、治疗、流行病学等证明文件或者有关出生、死亡等证明文件的；(5)隐匿、伪造或者擅自销毁医学文书及有关资料的；(6)使用未经批准使用的药品、消毒药剂和医疗器械的；(7)不按照规定使用麻醉药品、医疗用毒性药品、精神药品和放射性药品的；(8)未经患者或者其家属同意，对患者进行实验性临床医疗的；(9)泄露患者隐私，造成严重后果的；(10)利用职务之便，索取、非法收受患者财物或者牟取其他不正当利益的；(11)发生自然灾害、传染病流行、突发重大伤亡事故以及其他严重威胁人民生命健康的紧急情况时，不服从卫生行政部门调遣的；(12)发生医疗事故或者发现传染病疫情，患者涉嫌伤害事件或者非正常死亡，不按照规定报告的。

3. 未经批准擅自开办医疗机构行医或者非医师行医的，由县级以上地方人民政府卫生部门予以取缔，没收其违法所得及其药品、器械，并处10万元以下的罚款，对医师吊销其执业证书。

4. 阻碍医师依法执业，侮辱、诽谤、威胁、殴打医师或者侵犯医师人身自由，干扰医师正常工作、生活的，依照治安管理处罚条例的规定处罚。

5. 医疗、预防、保健机构未依照《执业医师法》的有关规定履行报告职责，导致严重后果的，由县级以上人民政府卫生行政部门给予警告，并对该机构的行政负责人依法给予行政处分。

6. 卫生行政部门工作人员或者医疗、预防、保健机构工作人员违反《执业医师法》有关规定，弄虚作假、玩忽职守、滥用职权、徇私舞弊，尚不构成犯罪的，由所在机构或者卫生行政部门依法给予行政处分。

（二）民事责任

医师在医疗、预防、保健工作中造成事故的，依照法律或者国家有关规定处理。未经批准擅自开办医疗机构行医或者非医师行医，给患者造成损害的，依法承担赔偿责任。

（三）刑事责任

1.医疗事故罪。《刑法》第三百三十五条规定，医务人员由于严重不负责任，造成就诊人死亡或者严重损害就诊人身体健康的，处3年以下有期徒刑或者拘役。

2.非法行医罪。《刑法》第三百三十六条第一款规定，未取得医生执业资格的人非法行医，情节严重的，处3年以下有期徒刑、拘役或者管制，并处或者单处罚金；严重损害就诊人身体健康的，处3年以上10年以下有期徒刑，并处罚金；造成就诊人死亡的，处10年以上有期徒刑，并处罚金。

3.非法进行节育手术罪。《刑法》第三百三十六条第二款规定，未取得医生执业资格的人擅自为他人进行节育复通手术、假节育手术、终止妊娠手术或者摘取宫内节育器，情节严重的，处3年以下有期徒刑、拘役或者管制，并处或者单处罚金；严重损害就诊人身体健康的，处3年以上10年以下有期徒刑，并处罚金；造成就诊人死亡的，处10年以上有期徒刑，并处罚金。

第二节　护士管理法律制度

一、护士管理基本概况

（一）护士的概念

我国的《护士条例》第二条对“护士”进行了界定：本条例所称护士，是指经执业注册取得护士执业证书，依照本条例规定从事护理活动，履行保护生命、减轻痛苦、增进健康职责的卫生技术人员。因此，这里的“护士”不同于护理职称序列中的“护士”，而是作为一门职业的从业人员的统称。

护士作为一个职业的从业人员，在医疗、预防、保健和康复工作中有着重要作用，护理工作是医疗卫生工作的重要组成部分。

（二）护士管理立法沿革

为了促进护理事业的发展，提高护理质量，世界各国和有关护士的国际组织十分重视护士的道德规范建设和护士管理方法，其以法律的形式对护理人员的资格、职责、范围、教育培训、实践服务等问题予以规定。

护理立法源于20世纪初。1903年美国北卡罗来纳、新泽西等州首先颁布了《护士执业法》作为护士执业的法律规范。1919 年英国颁布了《护理法》,荷兰于 1921 年颁布了《护理法》,随后,芬兰、意大利、波兰等许多国家也相继颁布了有关护理的法律、法规。在有关国际组织的推动下,护理工作得到了很快的发展。1917 年国际护士委员会发表了一系列有关护理立法的专著。1953 年世界卫生组织发表了第一份有关护理立法的研究报告。1968 年国际护士委员会特别成立了一个专家委员会,制定了《系统制定护理法规的参考指导大纲》,为各国护理法必须涉及的内容提供了权威性的指导。1953 年国际护士协会制定了《护士伦理学国际法》,并分别于 1965 年和 1973 年再修订。该规范把护士的基本职责概括为"促进健康、预防疾病、恢复健康和减轻痛苦"四个方面。

民国时期的卫生署曾公布过《护士暂行规则》。新中国成立后,政府和有关部门十分重视护理队伍的稳定、护理人才的培养和护理质量的提高,先后发布了有关护士管理方面的法规、规章。1982 年卫生部发布了《医院工作制度》和《医院工作人员职责》,其中规定了护理工作制度和各级各类护士的职责。1988 年卫生部制定了包括护士在内的《医务人员医德规范及其实施办法》。为了加强护士管理,提高护理质量,保障医疗和护理安全,保护护士的合法权益,1993 年 3 月 26 日,原卫生部颁布了《护士管理办法》。此外,我国香港特区制定了《香港护士注册条例》;我国台湾在 1991 年 5 月之前,护士执业的法律依据是《护理人员管理规则》,1991 年 5 月台湾颁布了《护理人员法》,1992 年 4 月公布了《护理人员法实施细则》;2008 年 1 月 23 日,国务院第 206 次常务会议通过了《护士条例》。

二、护士执业考试和注册

(一)护士执业考试

1. 护士执业考试的条件。为了保证护理行业执业人员的业务水准,正确评价申请护士执业者是否具备护士执业所必需的专业知识和技能,加强护士行业的执业准入控制,从源头上保证护士队伍整体素质,我国实行护士执业考试制度。凡申请护士执业者必须通过卫计委统一执业考试,取得《中华人民共和国护士执业证书》。

申请参加护士执业考试必须具备两个基本条件:一是专业要求,必须接受过护理专业教育;二是学历要求。《护士执业资格考试办法》(自 2010 年 7 月 1 日起施行)规定:在中等职业学校、高等学校完成国务院教育主管部门和国务院卫生主管部门规定的普通全日制 3 年以上的护理、助产专业课程学习,包括在教学、综合医院完成 8 个月以上护理临床实习,并取得相应学历证书的,可以申请参加护士执业资格考试。

2.护士执业考试的内容。国家护士执业资格考试是评价申请护士执业资格者是否具备执业所必需的护理专业知识与工作能力的考试。护士执业资格考试每年举行一次,实行国家统一考试制度,统一考试大纲,统一命题,统一合格标准。考试采用标准化考试模式,分中、西医两个专业。护士执业资格考试办法由国务院卫生主管部门会同国务院人事部门制定。护士执业资格考试合格是作为单位聘任相应技术职务的必要依据。

(二)护士执业注册

1.护士执业证书的取得。实行护士资格考试制度和护士执业许可制度是世界各国护士管理的成功经验。在我国,凡符合护士管理办法规定的免考条件者以及参加执业考试成绩合格者,由省、自治区、直辖市卫生行政部门发给《中华人民共和国护士执业证书》,该证书在全国范围内有效。取得护士执业证书,即获得了在中国境内从事护士执业活动的基本资格。

2.护士执业注册。(1)注册原则。我国实行护士执业许可制度。注册原则是:①只有经过依法注册者方可从事护理业务,未经护士执业注册者不得从事护士工作;②护理专业在校生或毕业生进行专业实习,以及连续5年以上未经注册者在注册前进行临床实践的,必须按卫生部的有关规定,在护士的指导下进行;③境外人员申请在中华人民共和国境内从事护士工作的,必须依《护士管理办法》的规定,通过执业考试,取得《中华人民共和国护士执业证书》并办理注册。

(2)注册条件。《护士条例》第七条规定:申请护士执业注册,应当具备下列条件:①具有完全民事行为能力;②在中等职业学校、高等学校完成国务院教育主管部门和国务院卫生主管部门规定的普通全日制3年以上的护理、助产专业课程学习,包括在教学、综合医院完成8个月以上护理临床实习,并取得相应学历证书;③通过国务院卫生主管部门组织的护士执业资格考试;④符合国务院卫生主管部门规定的健康标准。护士执业注册申请,应当自通过护士执业资格考试之日起3年内提出;逾期提出申请的,除应当具备前款第①项、第②项和第④项规定条件外,还应当在符合国务院卫生主管部门规定条件的医疗卫生机构接受3个月临床护理培训并考核合格。

(3)首次注册。获得《中华人民共和国护士执业证书》者,方可申请护士执业注册。即取得了护士执业证书,仍不是法律意义上的护士,还必须向卫生行政部门申请执业注册,经审核合格,成为执业护士,才能开展执业活动。《护士条例》规定,护士执业注册申请,应当自通过护士执业资格考试之日起3年内提出;逾期提出申请的,除应当具备第七条第①项、第②项和第④项规定条件外,还应当在符合国务院卫生主管部门规定条件的医疗卫生机构接受3个月临床护理培训并考核合格。申请护士执业注册的,应当向拟执业地省、自治区、直辖市人民政府卫生主管部门提出申请。收到申请的卫生主管部门应当自收到申请之日起20个工作日内做出决定，对具备本条例规定条件的，准予注册，并发给护士执业证书；对不具备本条例规定条件的，不予注册，并以书面说明理由。

(4)变更注册。护士在其执业注册有效期内变更执业地点的，应当向拟执业地省、自治区、直辖市人民政府卫生主管部门报告。收到报告的卫生主管部门应当自收到报告之日起7个工作日内为其办理变更手续。护士跨省、自治区、直辖市变更执业地点的，收到报告的卫生主管部门还应当向其原执业地省、自治区、直辖市人民政府卫生主管部门通报。

(5)再次注册。护士执业注册有效期为5年。《护士条例》规定，护士执业注册有效期届满需要继续执业的，应当在护士执业注册有效期届满前30日向执业地省、自治区、直辖市人民政府卫生主管部门申请延续注册。收到申请的卫生主管部门对具备本条例规定条件的，准予延续，延续执业注册有效期为5年；对不具备本条例规定条件的，不予延续，并以书面说明理由。

护士有《行政许可法》规定的应当予以注销执业注册情形的，原注册部门应当依照《行政许可法》的规定注销其执业注册。

三、护士权利义务与职责

(一)护士权利义务

《护士条例》规定，护士在执业过程中有以下权利和义务：

1.护士执业权利。主要有以下几种：

(1)有按照国家有关规定获取工资报酬、享受福利待遇、参加社会保险的权利。任何单位或者个人不得克扣护士工资，降低或者取消护士福利等待遇。

(2)有获得与其所从事的护理工作相适应的卫生防护、医疗保健服务的权利。从事直接接触有毒有害物质、有感染传染病危险工作的护士，有依照有关法律、行政法规的规定接受职业健康监护的权利；患职业病的，有依照有关法律、行政法规的规定获得赔偿的权利。

(3)有按照国家有关规定获得与本人业务能力和学术水平相适应的专业技术职务、职称的权利；有参加专业培训、从事学术研究和交流、参加行业协会和专业学术团体的权利。

(4)有获得疾病诊疗、护理相关信息的权利和其他与履行护理职责相关的权利，有对医疗卫生机构和卫生主管部门的工作提出意见和建议的权利。

2.护士执业义务。主要有以下几种：

(1)应当遵守法律、法规、规章和诊疗技术规范的规定。

(2)在执业活动中，发现患者病情危急，应当立即通知医师；在紧急情况下为抢救垂危患者生命，应当先行实施必要的紧急救护；护士发现医嘱违反法律、法规、规章或者诊疗技术规范规定的，应当及时向开具医嘱的医师提出；必要时，应当向该医师所在科室的负责人或者医疗卫生机构负责医疗服务管理的人员报告。

(3)应当尊重、关心、爱护患者，保护患者的隐私。

(4)有义务参与公共卫生和疾病预防控制工作，发生自然灾害、公共卫生事件等严重威胁公众生命健康的突发事件时，护士应当服从县级以上人民政府卫生主管部门或者所在医疗卫生机构的安排，参加医疗救护。

(二)护士职责

原卫生部颁布的《医院工作人员职责》对护理人员的职责做了详细的规定，这里仅就门诊部、急诊室、病房、手术室和供应室的护士职责做一介绍。

1.门诊部护士职责。主要有以下几种：

(1)在门诊部护士长领导下进行工作；

(2)负责器械的消毒和开诊前的准备工作；

(3)协助医师进行检诊，按医嘱给病员进行处置；

(4)经常观察候诊病员的病情变化，对较重的病员应提前诊治或送急诊室处理；

(5)负责诊疗室的整洁、安静，维持就诊秩序，做好卫生防病、计划生育宣传工作；

(6)做好隔离消毒工作，防止交叉感染；

(7)认真执行各项规章制度和技术操作常规，严格执行查对制度，做好交接班，严防差错事故；

(8)按照分工，负责领取、保管药品器材和其他物品。

2.急诊室护士职责。该职责包括：

(1)在急诊室护士长领导下进行工作；

(2)做好急诊病员的检诊工作，按病情决定优先就诊，有困难时请求医师决定；

(3)急症病员来诊，应立即通知值班医师，在医师未到之前，遇特殊危急病员，可行必要的急救处置，随即向医师报告；

(4)准备各项急救所需用品、器材、敷料，在急救过程中，应迅速而准确地协助医师进行抢救工作；

(5)经常巡视观察室病员，了解病员病情、思想和饮食情况，及时完成治疗及护理工作，严密观察与记录留观病员的情况变化，发现异常及时报告；

(6)认真执行各项规章制度和技术操作常规，做好查对和交接班工作，努力学习业务技术。不断提高分诊业务能力和抢救工作质量，严防差错事故；

(7)护送危重病员及手术病员到病房或手术室。

3.病房护士职责。该职责包括：

(1)在护士长领导和护师指导下进行工作；

(2)认真执行各项护理制度和技术操作规程，正确执行医嘱，准确及时地完成各项护理工作，严格执行查对及交接班制度，防止差错事故的发生；

(3)做好基础护理和精神护理工作，经常巡视病房，密切观察病员病情变化，发现异常及时报告；

(4)认真做好危重病人的抢救工作；

(5)协助医师进行各种诊疗工作，负责采集各种检验标本；

(6)参加护理教学和科研，指导护生和护理员、卫生员的工作；

(7)定期组织病人学习，宣传卫生知识和住院规则，经常征求病人意见，改进护理工作，在病人出院前做好卫生保健宣传工作；

(8)办理入院、出院、转科、转院手续及有关登记工作；

(9)在护士长领导下，做好病房管理、消毒隔离、物资药品材料申领、保管等工作。

4.手术室护士职责。该职责包括：

(1)在护士长领导下负责器械或巡回护士等工作，并负责手术前的准备和手术后的整理工作；

(2)认真执行各项规章制度和技术操作规程，督促检查参加手术人员的无菌操作，注意病人安全，严防差错事故；

(3)搞好卫生清洁，保持手术室整洁、肃静，调节空气和保持室内适宜的温度；

(4)负责手术后病员的包扎、保暖、护送和手术标本的保管和送检；

(5)按分工做好器械、敷料的打包消毒和药品的保管工作，做好登记统计工作；

(6)指导进修、实习护士和卫生员的工作。

5.供应室护士职责。该职责包括：

(1)在护士长领导下进行工作，负责医疗器械、敷料的清洗、包装、消毒、保管、登记和分发、回收工作，实行下收下送制度；

(2)经常检查医疗器械质量，如有损坏及时修补、登记，并向护士长报告；

(3)协助护士长请领各种医疗器械、敷料和药品，经常与临床科室联系，征求意见，改进工作；

(4)认真执行各项规章制度和技术操作规程，积极开展技术革新，不断提高消毒供应工作质量，严防差错事故。

四、护士执业的法律责任

（一）护士执业法律责任

护士在执业程中违反《护士条例》的法律规定的行为，应当按照行为的性质依法承担的法律后果。

（二）护士执业法律责任内容

护士在执业活动中有下列情形之一的，由县级以上地方人民政府卫生主管部门依据职责分工责令改正，给予警告；情节严重的，暂停其6个月以上1年以下执业活动，直至由原发证部门吊销其护士执业证书：(1)发现患者病情危急未立即通知医师的；(2)发现医嘱违反法律、法规、规章或者诊疗技术规范的规定，未依照本条例第十七条的规定提出或者报告的；(3)泄露患者隐私的；(4)发生自然灾害、公共卫生事件等严重威胁公众生命健康的突发事件时，不服从安排参加医疗救护的。

护士在执业活动中造成医疗事故的，依照医疗事故处理的有关规定承担法律责任。

护士被吊销执业证书的，自执业证书被吊销之日起2年内不得申请执业注册。

第三节　乡村医生管理法律制度

一、乡村医生的概念

“乡村医生”是指尚未取得执业医师资格或者执业助理医师资格，经注册在村医疗卫生机构从事预防、保健和一般医疗服务的医生。

为了加强乡村医生的从业管理，保护乡村医生的合法权益，提高乡村医生的职业道德和业务素质，保障村民真正获得初级卫生保健服务，2003年8月5日，国务院根据《执业医师法》制定并公布了《乡村医生从业管理条例》，对乡村医生的执业注册、执业规则、考核和培训做了规定。村医疗卫生机构中的执业医师或者执业助理医师，依照《执业医师法》的规定管理，不适用于《乡村医生从业管理条例》。

二、乡村医生执业注册制度

（一）《乡村医生从业管理条例》公布前的乡村医生申请条件

取得县级以上卫生行政主管部门颁发的乡村医生证书，并符合下列条件之一的，方可申请执业注册：(1)已经取得中等以上医学专业学历的；(2)在村医疗卫生机构连续工作20年以上的；(3)按照省、自治区、直辖市人民政府卫生行政主管部门制订的培训规划，接受培训取得合格证书的。

(二)《乡村医生从业管理条例》公布后的乡村医生申请条件

条例公布之日起进入村医疗卫生机构从事预防、保健和医疗服务的人员，一般应具备执业医师资格或者执业助理医师资格。尚不具备条件的地区，根据实际需要，可以允许中等医学专业水平的人员申请执业注册。

国家鼓励乡村医生通过医学教育取得医学专业学历，鼓励符合条件的乡村医生申请参加国家医师资格考试。

乡村医生须向所在地县级卫生行政部门申请执业注册，经批准取得执业证书后，方可在聘用其执业的村医疗卫生机构从事预防、保健和一般医疗服务。未经注册取得乡村医生执业证书的，不得执业。

(三)乡村医生的注册

符合本条例规定申请在村医疗卫生机构执业的人员，应当持村医疗卫生机构出具的拟聘用证明和相关学历证明、证书，向村医疗卫生机构所在地的县级人民政府卫生行政主管部门申请执业注册。

县级人民政府卫生行政主管部门应当自受理申请之日起15日内完成审核工作，对符合本条例规定条件的，准予执业注册，发给乡村医生执业证书；对不符合本条例规定条件的，不予注册，并书面说明理由。

乡村医生执业证书有效期为5年。乡村医生执业证书有效期满需要继续执业的，应当在有效期满前3个月申请再注册。

乡村医生应当在聘用其执业的村医疗卫生机构执业。变更执业的村医疗卫生机构的，应当依照本条例第十三条规定的程序办理变更注册手续。

乡村医生有下列情形之一的，不予注册：(1)不具有完全民事行为能力的；(2)受刑事处罚，自刑罚执行完毕之日起至申请执业注册之日止不满2年的；(3)受吊销乡村医生执业证书行政处罚，自处罚决定之日起至申请执业注册之日止不满2年的。

乡村医生有下列情形之一的，由原注册的卫生行政主管部门注销执业注册，收回乡村医生执业证书：(1)死亡或者被宣告失踪的；(2)受刑事处罚的；(3)中止执业活动满2年的；(4)考核不合格，逾期未提出再次考核申请或者经再次考核仍不合格的。

(四)乡村医生执业规则

1. 乡村医生在执业活动中享有的权利。该权利包括：

(1)进行一般医学处置，出具相应的医学证明；

(2)参与医学经验交流,参加专业学术团体;

(3)参加业务培训和教育;

(4)在执业活动中,人格尊严、人身安全不受侵犯;

(5)获取报酬;

(6)对当地的预防、保健、医疗工作和卫生行政主管部门的工作提出意见和建议。

2.乡村医生在执业活动中须履行的义务。该义务包括:

(1)遵守法律、法规、规章和诊疗护理技术规范、常规;

(2)树立敬业精神,遵守职业道德,履行乡村医生职责,为村民健康服务;

(3)关心、爱护、尊重患者,保护患者的隐私;

(4)努力钻研业务,更新知识,提高专业技术水平;

(5)向村民宣传卫生保健知识,对患者进行健康教育。

除此之外,乡村医生还应当协助有关部门做好初级卫生保健服务工作;按照规定及时报告传染病疫情和中毒事件;如实填写并上报有关卫生统计报表等。

3.乡村医生执业规则。该规则包括:

(1)乡村医生应当协助有关部门做好初级卫生保健服务工作;按照规定及时报告传染病疫情和中毒事件;如实填写并上报有关卫生统计报表,妥善保管有关资料。

(2)乡村医生在执业活动中,不得重复使用一次性医疗器械和卫生材料。对使用过的一次性医疗器械和卫生材料,应当按照规定处置。

(3)乡村医生应当如实向病人或者其家属介绍病情,对超出一般医疗服务范围或者限于医疗条件和技术水平不能诊治的病人,应当及时转诊;情况紧急不能转诊的,应当先行抢救并向医疗卫生机构求助。出具与执业范围无关或者与执业范围不相符的医学证明,不得进行实验性临床医疗活动。

(五)培训与考核

省、自治区、直辖市人民政府组织制定乡村医生培训规划,保证乡村医生至少每两年接受一次培训。县级人民政府根据培训规划制定本地区乡村医生培训计划。

县级人民政府卫生行政主管部门负责组织本地区乡村医生的考核工作,对乡村医生的考核,每两年组织一次。考核应当客观、公正,充分听取乡村医生执业的村医疗卫生机构、乡村医生本人、所在村村民委员会和村民的意见。乡村医生经考核合格的,可以继续执业;经考核不合格的,在6个月之内可以申请进行再次考核。逾期未提出再次考核申请或者经再次考核仍不合格的乡村医生,原注册部门应当注销其执业注册,并收回乡村医生执业证书。

典型案例评析

[案情]

某市卫生局卫生监督员2012年6月6日对某医院进行日常监督检查时发现该医院药房现场提供的《某医院执业医师签名表》上未见医师曹某的处方签名留样。经进一步调查,该医院工作人员曹某在该院住院部外科为患者覃某开具了处方笺一份。同时,该医院提供的曹某《医师执业证书》上显示的执业地点为某县中心卫生院,其执业地点尚未变更至该医院。由此可见,该院任用未取得处方权的人员曹某擅自独立在住院部外科从事了诊疗活动。

经查实,某医院任用一名未取得处方权的人员(曹某)擅自独立开具处方的行为违反了《处方管理办法》第八条第一款的规定,依据《处方管理办法》第五十四条第一项的规定,该行为应按照《医疗机构管理条例》第四十八条的规定实施行政处罚,给予罚款人民币2000元,同时责令其限期改正违法行为。刘某经营的某医院医师曹某未取得处方权擅自独立开具处方的行为违反了《处方管理办法》第八条第一款的规定,依据《处方管理办法》第五十七条第一项的规定,曹某的违法行为应按照《执业医师法》第三十七条的规定给予警告的行政处罚。当事人对处罚无异议并完全履行。

[争议焦点]

1. 本案中对擅自任用未取得处方权的医师执业的某医院的处罚是否有法可依?

2. 本案中对擅自任用未取得处方权的医师执业的某医院的处罚是否裁量适度?

[案例评析]

《处方管理办法》出台之前,医师异地执业一直是卫生执法监管的难点,此现象在民营医疗机构中尤为突出。由于当时法律法规对该行为没有对应的处罚条款,从而导致医师异地执业现象屡禁不止。《处方管理办法》出台之后,将医师在执业地点方能获得处方权做了明确的规定,对医师走穴行为有了明确的约束,也为执法人员提供了法律依据。

根据《处方管理办法》的规定,医师要开具处方,其前提是必须在注册登记的执业地点才能取得相应的处方权,否则,违法就会受到相应的处罚。同时,医疗机构如果任用这类没有开具处方资格的医师开具处方也要承担相应的法律责任。根据《处方管理办法》《医疗机构管理条例》的相关规定,任用未取得处方权的人员开具处方的行为,可以责令医疗机构限期改正,并可处以罚款;根据《执业医师法》的规定,医师未取得处方权开具药品处方的,可以给予警告的行政处罚。

本案中，医疗机构以及医师曹某的违法行为尚未造成危害后果，事后立即停止违法行为，及时进行纠正、整改，案发后能够积极配合调查处理。因此，本案的处罚裁量适度。

思考题

1. 执业医师的执业规则有哪些？

2. 执业医师的权利与义务有哪些？

3. 护士执业的主要义务是什么？

第九章　医药卫生资源管理法律制度

本章要点：“医药卫生资源规划”是指根据自然生态环境、社会经济发展、人群健康问题和卫生保健服务需求等因素，确定医药卫生资源的发展目标、规模和速度，统筹规划、合理配置医药卫生资源，改善和提高区域内卫生服务的质量和数量，提高医药卫生资源使用效益和效率的科学计划方法。医药卫生资源配置包括：医药卫生资源的增量配置和医药卫生资源的存量再分配。我国人口多、地域广，医药卫生资源的规划非常重要，特别是要加强医药卫生资源开发保护的相关立法。

第一节　医药卫生资源规划管理法律制度

一、医药卫生资源规划的概念

“医药卫生资源”是指医事活动过程中人、财、物及科技、信息等资源的全部要素，包括医药卫生人力、医药自然资源、医药卫生经费、医药卫生设施、医药卫生装备与药品、医药卫生信息，也包括医药卫生科学技术、医药卫生服务能力、医药卫生管理等。我国常用的医学资源指标有：每万人口医生(师)数、每万人口护士数、每万人口药剂师数、每万人口病床数及医药卫生经费占国民生产总值的比例(%)。上述指标是医药卫生事业管理的常用指标，若针对医政、卫生防疫与疾病控制或妇幼保健的具体管理，还应分别有更多、更细致的指标体系。

医药卫生资源规划是指根据自然生态环境、社会经济发展、人群健康问题和卫生保健服务需求等因素，确定医药卫生资源的发展目标、规模和速度，统筹规划、合理配置医药卫生资源，改善和提高区域内卫生服务的质量和数量，提高医药卫生资源使用效益和效率的科学计划方法。

区域卫生规划是世界卫生组织20世纪中期，借鉴西方国家的卫生管理模式，向发展中国家提出的卫生发展和改革建议。我国于20世纪80年代中期对区域卫生规划概念开展了理论探讨，并利用世界银行资金实施了综合性区域卫生发展项目。1997年，中央卫生改革与发展文件中正式提出实施区域卫生规划的要求。此后，在国家发展和改革委员会及原卫生部的联合推动下，区域卫生规划在我国普遍实施。

二、区域卫生规划管理法律制度

(一)区域卫生规划管理的法律规定概述

区域卫生规划管理，是指在一定区域范围内，根据自然环境、社会经济、人口状况和人群健康状况、主要卫生问题以及医药卫生需求等因素，确定服务区域内医药卫生发展目标、模式、规模和速度，统筹安排和合理配置医药卫生资源，改善和提高区域内医药卫生服务能力，向全体公民提供公平、经济、方便、有效的医药卫生服务，保护和促进公民健康的医药卫生管理模式。

发达国家和地区的医药卫生管理，近些年来出现了医药卫生费用以超过经济增长的速度迅速攀升，医疗保健费用成为财政的沉重负担，造成医学资源的分配和利用不合理，医药卫生事业发展处于无序状态等情况。面对全球医药卫生发展的这类新问题，世界卫生组织（WHO）在组织世界各地专家，研究各国经验与教训的基础上，提出了医药卫生规划的概念和计划，向各国倡导推行区域卫生规划，受到了各国政府的重视和推广。

我国的医药卫生服务体系是在计划经济体制下形成的。由于条块分割，造成了有限医学资源的不合理分布，原来以行政为主的管理模式不再适应社会经济发展和人民健康需求变化的需要。因此，国家制定了相关法律，依法对医疗医药卫生资源进行宏观调控。1994 年 2 月 26 日，国务院发布了《医疗机构管理条例》，规定了全国实行医疗机构规划管理制度；1994 年 9 月 5 日，原卫生部发布了《医疗机构规划设置指导原则》，作为医疗机构规划管理制度的配套法规；1999 年 3 月 15 日，国家计委、原卫生部、财政部联合发布了《关于开展区域卫生规划工作的指导意见》，以保障和完善区域卫生规划管理这一制度。

(二)区域卫生规划管理的内容、原则、步骤

1. 区域卫生规划管理的内容。区域卫生规划管理，以满足区域内的全体居民基本医药卫生服务需求，保持与增进健康为目的，对医药卫生机构、床位、人员、设备、用药、经费等医学资源进行统筹规划、合理配置。构建与国民经济和社会发展相适应，科学、有效、经济、公平的医药卫生服务体系和管理体制，改善和提高医药卫生综合服务能力和医学资源利用效率，以利于政府实施宏观调控和社区的综合管理。区域卫生规划管理包括：医学资源的合理配置与有效利用；合理的医药卫生机构、人员、设备数量、规模。为此应做到：(1)规划卫生区域；(2)对区域内的各部门、各行业包括军队开放的医疗医药卫生资源等纳入规划范围；(3)对已有各种所有制形式的医疗机构进行宏观调控，加强行业管理，完善医疗医药卫生资源的配置；(4)在规划的总体要求下，根据实际情况分类指导，在 5 年

内，建立符合社会需求，又能充分发挥功能的卫生区域。

2.区域卫生规划的原则。该原则包括：

(1)要从国情与区域实际出发，与区域内国民经济与社会发展水平相适应，与人民群众的实际健康要求相协调。(2)要优先发展和保证基本医药卫生服务，大力推进社区医药卫生服务。重点加强农村医药卫生和预防保健，重视和发挥传统医药在医药卫生服务中的作用。(3)要符合成本效益，提倡资源共享，提高服务质量和效率。通过改革，认真解决医学资源浪费与不足并存的矛盾。(4)要加快医药卫生管理体制和运行机制改革，对区域内所有医学资源实行全行业管理，打破条块界限，统一规划医学资源，避免重复配置和资源的浪费。(5)要解放思想，实事求是，因地制宜，敢于冲破现有条条框框的束缚，边规划，边调整，保证区域内全体居民公平享有基本医药卫生服务。

3.区域卫生规划的步骤。该步骤如下：

(1)分析现状。通过对区域内社会、经济环境、人口增长、居民健康水平与疾病状况等医药卫生服务需求的科学分析，对医学资源配置和利用效率等因素的综合分析和基本预测，客观公正地做出形势或现状的判断。找出涉及居民健康的环境问题、主要疾病谱、医药卫生需要，调查医学资源的拥有量及利用供需的平衡状态，医药卫生费用增长趋势及财政与社会承受能力，影响医药卫生事业发展的主要障碍因素，区域经济、人口、疾病发展趋势的预测等，为制定规划目标、政策措施和经费预算提供科学依据。

(2)确立区域卫生规划的目标和指标。区域卫生计划一般周期为5年，在规划中要规定未来的目标和各项指标，确定目标和指标时，既要依据现实情况，又要着眼于未来发展。

(3)制定策略和政策措施。围绕规划目标和指标，选择有针对性的医药卫生发展策略，制定出实现目标的政策和措施。

(4)编制规划预算。编制详尽可靠的规划预算和筹划资金来源。在编制预算时要实事求是，留有余地。

(5)规划的评价与运行。规划编制完成后，进行可行性、科学性论证，根据论证结果做出进一步的修改。

(6)上报审批。上报该区域政府或人大常委会审核，经批准后纳入区域社会经济发展计划，统一组织管理。

三、医药卫生资源与医疗机构规划的法律规定

医疗机构是占有和使用主要医学资源的医药卫生单位，其设置是以区域内居民实际医疗需要为依据，以合理配置、利用医学资源及公平地向公民提供高质

量的基本医疗服务为目的，以各级各类、不同隶属关系、不同所有制形式的医疗机构统一设置规划和布局为医疗基本制度。医疗机构设置以千人口床位数、千人口医师数等为主要指标，进行宏观调控。在医疗机构设置规划的制订中，以市（地）卫生行政部门所制订的规划为基础，按照各自的权限，制订省、市（地）、县医疗机构设置规划，并报同级政府批准实施。医疗机构设置规划在实施中可随着经济和社会发展不断加以调整和完善。每5年修订一次，保持规划的连续性，并纳入当地的社会经济发展规划之中。

第二节　医药卫生资源配置管理法律制度

一、医药卫生资源配置

2000年全国卫生厅局长会议《关于城镇医药卫生体制改革的指导意见》（以下简称《意见》）中指出，要加强医药卫生资源配置的宏观管理。医药卫生资源配置包括：

1. 医药卫生资源的增量配置，或称初配置。这主要是指当年计划投入的卫生经费，计划购置的设备及新建医药卫生业务用房，计划引进的技术人才等。做好医药卫生资源增量配置的规划管理，是医学资源规划管理的首要环节。

2. 医药卫生资源的存量再分配或转移，也称再配置。其目的是改变不合理的医学资源配置现状，以达到优化配置的状态。《意见》指出，对医药卫生资源供大于求的地区，不再新建或扩建医疗机构；减少过多的床位；调整卫生技术人员结构，引导剩余人员向基层、社区、卫生监督执法机构、医疗服务薄弱的地区流动；开展业务培训，提高人员素质；严格审批大型医疗设备；对长期效益、效率不好的医疗机构实行关、停、并、转。

二、医药卫生资源配置的原则

（一）坚持健康需求导向

以健康需求和解决人民群众主要健康问题为导向，以调整布局结构、提升能级为主线，适度有序发展，强化薄弱环节，科学合理确定各级各类医药卫生机构的数量、规模及布局。

（二）坚持公平与效率统一

优先保障基本医药卫生服务的可及性，促进公平公正。同时，注重医疗医药卫生资源配置与使用的科学性与协调性，提高效率，降低成本，实现公平与效率的统一。

（三）坚持政府主导与市场机制相结合

切实落实政府在制度、规划、筹资、服务、监管等方面的责任，维护公共医药卫生的公益性。大力发挥市场机制在配置资源方面的作用，充分调动社会力量的积极性和创造性，满足人民群众多层次、多元化医药卫生服务需求。

（四）坚持系统整合

加强全行业监管与属地化管理，统筹城乡、区域资源配置，统筹当前与长远，统筹预防、医疗和康复，中西医并重，注重发挥医药卫生服务体系的整体功能，促进均衡发展。

（五）坚持分级分类管理

充分考虑经济社会发展水平和医疗医药卫生资源现状，统筹不同区域、类型、层级的医疗医药卫生资源的数量和布局，分类制定配置标准。促进基层医药卫生机构发展，着力提升服务能力和质量。合理控制公立医院资源规模，推动发展方式转变。提高专业公共卫生机构的服务能力和水平。

三、医药卫生资源配置的要求

医药卫生资源配置主要解决三个问题，即应该生产什么类别和组合的卫生服务产品；在生产卫生服务产品时，需要哪些类别的医药卫生资源；谁该得到这些卫生服务产品。

医药卫生资源配置主要有两个环节：(1)医药卫生资源的增量配置，或称初配置，是指当年计划投入的卫生经费，计划购置的设备及新建医药卫生业务用房，计划引进的技术人才等。(2)医药卫生资源的存量再分配或转移，也称再配置，其目的是改变不合理的医药卫生资源配置现状，以达到优化配置的状态。

2009年中共中央、国务院《关于深化医药卫生体制改革的意见》(以下简称《意见》)指出，目前我国医药卫生资源配置的现状是“城乡和区域医药卫生事业发展不平衡，资源配置不合理，公共卫生和农村、社区医药卫生工作比较薄弱”。因此，《意见》提出未来解决医药卫生资源配置问题的思路是：“强化区域卫生规划。省级人民政府制定医药卫生资源配置标准，组织编制区域卫生规划和医疗机构设置规划，明确医疗机构的数量、规模、布局和功能。科学制定乡镇卫生院(村卫生室)、社区卫生服务中心(站)等基层医药卫生机构和各级医院建设与设备配置标准。充分利用和优化配置现有医疗资源，对不符合规划要求的医疗机构要逐步进行整合，严格控制大型医疗设备配置，鼓励共建共享，提高医疗医药卫生资源利用效率。新增医药卫生资源必须符合区域卫生规划，重点投向农村和社区卫生等薄弱环节。加强区域卫生规划与城乡规划、土地利用总体规划等的衔接。建立区域卫生规划和资源配置监督评价机制。”

四、大型医用设备配置管理法律制度

（一）大型医用设备配置立法

大型医用设备是指列入国务院卫生行政部门管理品目的医用设备，以及尚未列入管理品目、省级区域内首次配置的整套单价在500万元人民币以上的医用设备。大型医用设备管理品目分为甲、乙两类。甲类设备的配置经省级卫生部门审核后，报经国家卫生行政部门审批；乙类设备的配置逐级上报至省级卫生部门审批。大型医用设备是医药卫生资源的重要组成部分，大型医用设备配置是区域卫生规划的重要内容。

为合理配置和有效使用大型医用设备，控制卫生费用过快增长，维护患者权益，促进卫生事业的健康发展，2004年原卫生部、国家发改委、财政部共同制定了《大型医用设备配置与使用管理办法》，该《办法》于2005年3月1日起施行。

（二）大型医用设备配置的法律规定

1. 大型医用设备的管理实行配置规划和配置许可证制度。甲类大型医用设备的配置许可证由国务院卫生行政部门颁发；乙类大型医用设备的配置许可证由省级卫生行政部门颁发。

国务院卫生行政部门会同国家发展和改革委员会，依据我国国民经济的发展、医学科学技术的进步，以及社会多层次医疗服务需求，编制甲类大型医用设备的配置规划和提出乙类大型医用设备配置规划指导意见。省级卫生行政部门会同省级有关部门根据国务院卫生行政部门下发的乙类大型医用设备配置规划指导意见，结合本地区医药卫生资源配置标准制订乙类大型医用设备配置规划，报国务院卫生行政部门核准后实施。

2. 配置大型医用设备的程序。(1)甲类大型医用设备的配置，由医疗机构按属地化原则向所在地卫生行政部门提出申请，逐级上报，经省级卫生行政部门审核后报国务院卫生行政部门审批；(2)乙类大型医用设备的配置，由医疗机构按属地化原则向所在地卫生行政部门提出申请，逐级上报至省级卫生行政部门审批；(3)医疗机构获得《大型医用设备配置许可证》后，方可购置大型医用设备。

卫生行政部门按管理权限，从大型医用设备配置申请受理之日起60个工作日内，做出是否同意的批复。

3. 使用管理。大型医用设备上岗人员（包括医生、操作人员、工程技术人员等）要接受岗位培训，取得相应的上岗资质。严禁医疗机构购置进口二手大型医用设备。购置其他医疗机构更新替换下来的大型医用设备，必须按规定的程序办理配置审批。严禁使用国家已公布的淘汰机型。

甲、乙类大型医用设备检查治疗收费项目，由国务院价格主管部门会同卫生行政部门制定，并列入《全国医疗服务价格项目规范》。国务院价格主管部门会同国务院卫生行政部门制定大型医用设备检查治疗收费的作价办法，指导地方的作价行为。具体定价办法由国务院价格主管部门会同国务院卫生行政部门另行制定。营利性医疗机构的收费实行市场调节制度。

（三）法律责任

该职责包括：1. 对违反规定，超规划、越权审批大型医用设备配置的卫生行政部门，国务院卫生行政部门应对其主要负责人、经办人通报批评，并有权撤销其批准决定。

2. 对违反规定，擅自购置大型医用设备的医疗机构，卫生行政部门要责令其停止使用、封存设备。处理情况应通过媒体公布。所在地价格主管部门有权没收其所获取的相应检查治疗收入，并处以相应收入5倍以下的罚款。

3. 对违反规定，使用淘汰机型和不合格的大型医用设备的医疗机构，卫生行政部门要及时封存该设备，吊销其《大型医用设备配置许可证》。情节严重，造成恶劣影响的，可以责令其停业整顿。所在地价格主管部门有权没收其获取的相应检查治疗收入，并处以5倍以下的罚款。

4. 对违反规定，聘用不具备资质人员操作、使用大型医用设备的医疗机构，卫生行政部门应及时封存其大型医用设备，并吊销其《大型医用设备配置许可证》。

五、医药卫生信息化管理法律制度

（一）医药卫生信息化管理的概念及其立法

医药卫生信息化管理，是指用计算机及其网络系统接收、登记、存储、传递、处理和使用各种信息资料，包括医学资源管理，药品和健康相关产品生产、经营、使用管理，临床数据管理，医疗器械管理，医药卫生事务管理等诸多方面。

我国医药卫生信息化管理立法和政策性文件主要有：1992年，原卫生部制定的《卫生系统计算机应用发展规划纲要（1991～2000）》；1995年，原卫生部提出的《关于建设“金卫”工程的几点意见》；1996年，原卫生部制定的《卫生系统计算机软件评审办法》；1997年，原卫生部制定的《医院信息系统评审管理办法（试行）》；2002年，原卫生部制定的《全国卫生信息化发展规划纲要（2003～2010）》；同年，原卫生部与总后勤部卫生部、中医药管理局信息主管部门共同组成卫生信息标准化委员会，制定的《卫生信息标准化体系表》和卫生信息化标准的编制原则和方法，出台的《互联网医药卫生信息服务管理办法》《医院信息系统功能规范》和《医院信息系统评审管理办法》等标准和规范。

2009年，中共中央、国务院《关于深化医药卫生体制改革的意见》提出：“建立实用共享的医药卫生信息系统。大力推进医药卫生信息化建设。以推进公共卫生、医疗、医保、药品、财务监管信息化建设为着力点，整合资源，加强信息标准化和公共服务信息平台建设，逐步实现统一高效、互联互通。加快医药卫生信息系统建设。完善以疾病控制网络为主体的公共卫生信息系统，提高预测预警和分析报告能力；以建立居民健康档案为重点，构建乡村和社区卫生信息网络平台；以医院管理和电子病历为重点，推进医院信息化建设；利用网络信息技术，促进城市医院与社区卫生服务机构的合作。积极发展面向农村及边远地区的远程医疗。建立和完善医疗保障信息系统。加快基金管理、费用结算与控制、医疗行为管理与监督、参保单位和个人管理服务等具有复合功能的医疗保障信息系统建设。加强城镇职工基本医疗保险、城镇居民基本医疗保险、新型农村合作医疗和医疗救助信息系统建设，实现与医疗机构信息系统的对接，积极推广'一卡通'等办法，方便参保(合)人员就医，增加医疗服务的透明度。建立和完善国家、省、市三级药品监管、药品检验检测、药品不良反应监测信息网络。建立基本药物供求信息系统。”

(二)医药卫生信息化建设的措施

1.国家“金卫”工程建设。1995年开始的国家“金卫”工程建设是医药卫生系统的重要基础建设，也是国家信息化建设的重要组成部分。其主要内容是，建立医药卫生信息网络(MIN)；实现医疗结构间计算机网络化；建立医院内部信息管理系统(HIS)；统一发行中华人民共和国“金卫”卡(GHC)。

通过“金卫”工程可以达到：(1)建立医药卫生电话专网，从而大幅度降低医院的通信费用；(2)实现医学影像资料的信息化传输；(3)实现远程医疗专家会诊，造福病人；(4)为运用“金卫”卡打下基础；(5)促进国际间的医学交流；(6)加强医院内部的信息管理；(7)促进医学广告、医学教育培训、电视会议、医疗保险、健康咨询等。

2.中国医院信息网和中国医学信息网的建立。“中国医院信息网”(CHIN)是中国医院信息收集、存储、分析、交换的综合信息计算机管理系统，是“金卫”工程的组成部分，其前身是1994年元月正式投入运转的“中国500家大型医院信息库”。该网可以及时发布全球医药卫生领域最新新闻；提供医疗机构设置、特色门诊、医师情况、仪器设备、药品消耗等方面的信息查询；就医药卫生及相关领域新技术、新产品、管理方法等开展讨论；进行文献检索等多项管理事务。

“中国医学信息网”以中国医学科学院信息研究所为中心，以原卫生部下属11所高等医学院校为二级网站，内接各高等医学院校图书馆及医学信息部门，外连因特网和CERNET，是我国生物医学文献信息资源体系建设的技术基础，也是“金卫”工程的组成部分。

3.建设“医药卫生科学数据管理和共享服务系统”项目

该项目于2004年启动，其总体目标是建立物理上分布、逻辑上统一的国家级医药卫生科学数据管理与共享服务系统，将通过建设数据资源、科学数据中心和科学数据网，整合现有医学科学数据资源，建立若干个主体数据库、疾病数据库和创建医学网络协同研究环境，提供方便、丰富的科学数据共享服务，开放于全社会，提高疾病预防、诊断、治疗的整体水平，为政府决策提供依据，提高国家应对公共卫生突发事件能力，促进国民经济和医药卫生事业的发展。

六、全国医药卫生服务体系规划纲要

经过长期发展，我国已经建立了由医院、基层医药卫生机构、专业公共卫生机构等组成的覆盖城乡的医药卫生服务体系。但是，医疗医药卫生资源总量不足、质量不高、结构与布局不合理、服务体系碎片化、部分公立医院单体规模不合理扩张等问题依然突出。党的十八大提出了2020年全面建成小康社会的宏伟目标，医药卫生服务体系的发展面临新的历史任务，要在“病有所医”上持续取得新进展，实现人人享有基本医药卫生服务。为贯彻落实《中共中央关于全面深化改革若干重大问题的决定》《中共中央国务院关于深化医药卫生体制改革的意见》《国务院关于促进健康服务业发展的若干意见》(国发〔2013〕40号)精神，促进我国医疗医药卫生资源进一步优化配置，提高服务可及性、能力和资源利用效率，指导各地科学、合理地制订实施区域卫生规划和医疗机构设置规划，2015年国务院发布了《全国医药卫生服务体系规划纲要(2015～2020年)》(以下简称《规划纲要》)，在深化医改特别是公立医院改革的推进过程中，对医疗医药卫生资源的布局和调整提出了新的要求。

(一)医药卫生服务体系的组成部分

《规划纲要》提出，医药卫生服务体系主要包括医院、基层医药卫生机构和专业公共卫生机构等。公立医院分为政府办医院(根据功能定位主要划分为县办医院、地市办医院、省办医院、部门办医院)和其他公立医院(主要包括军队医院、国有和集体企事业单位等举办的医院)。县级以下为基层医药卫生机构，分为公立和社会办两类。根据属地层级的不同，专业公共卫生机构划分为县办(包括市辖区、县级市，下同)、地市办、省办及部门办。

(二)不同类型的医药卫生服务机构的设置原则

《规划纲要》提出了公立医院、基层医药卫生机构、专业公共卫生机构的设置原则。

在县级区域依据常住人口数原则上设置1个县办综合医院和1个县办中医类医院(含中医医院、中西医结合医院、民族医医院等)，中医资源缺乏难以设置中医类医院的县可在县办综合医院设置中医科。50 万人以上的县可适当增加公立医院数量。

在地市级区域依据常住人口数，每 100 万～200 万人设置 1～2 个地市办综合性医院(含中医类医院，下同)，服务半径一般为 50 公里左右。地广人稀的地区人口规模可以适当放宽。在地市级区域应根据需要规划设置儿童、精神、妇产、肿瘤、传染病等地市办专科医院(含中医类专科医院)。

在省级区域划分片区，按需求每 1000 万人规划设置 1～2 个省办综合性医院，同时，可以根据需要选择规划设置儿童、妇产、肿瘤、精神、传染病、职业病以及口腔、康复等省办专科医院(含中医类专科医院)。在省级区域内形成功能比较齐全的医疗服务体系。

按照统筹规划、提升能级、辐射带动的原则，在全国规划布局设置若干部门办医院。

在基层医药卫生机构方面，实现政府在每个乡镇办好 1 所标准化建设的乡镇卫生院，在每个街道办事处范围或 3 万～10 万居民规划设置 1 所社区卫生服务中心。在专业公共卫生机构方面，加强区域公共卫生服务资源整合，专业公共卫生机构实行按照行政区划，分级设置。

(三)医药卫生服务体系的床位和人员的发展目标

《规划纲要》提出，2020 年千人口床位数为 6.00 张(为指导性指标)。根据 1980～2012 年全国医药卫生机构床位数的变化趋势，结合病床使用率、住院率和平均住院日数据，并考虑老龄化、城镇化等因素，对 2020 年卫生服务需求进行了预测，同时参照国际标准，建议 2020 年千人口床位数为 6.00 张。我们认为，以千人口 6 张床作为医疗医药卫生资源发展的上限，既是适度发展医药卫生服务体系，基本满足人民群众“病有所医”，全面建成小康社会的要求，也是人才与床位等资源要素的协调发展、费用增长的可承受能力以及信息化带来的医药卫生服务模式转变等方面综合考虑的结果，是一个相对适宜的规模。

另外，根据《医药卫生人才中长期发展规划》，结合近年来卫生人力发展趋势，提出到 2020 年，每千常住人口执业(助理)医师数达到 2.5 人，注册护士数达到 3.14 人，医护比达到 1∶1.25，每千常住人口公共卫生人员数达到 0.83 人。为了保障医疗服务安全与质量，实现床位与人力资源的协调发展，提出地市办及以上医院床护比不低于 1∶0.6。

(四)公立医院的单体规模要求

根据医疗机构设置标准，各级公立医院应开设的设床临床科室数以及每个科室的适宜床位数，结合目前的平均规模，提出县办综合性医院(单个执业点，下同)床位数一般以 500 张左右为宜，50 万人口以上的县可适当增加，100 万人口以上的县原则上不超过1000张;地市办综合性医院床位数一般以800张左右为宜,500万人口以上的地市可适当增加,原则上不超过1200张;省办及以上综合性医院床位数一般以1000张左右为宜,原则上不超过1500张。专科医院的床位规模要根据实际需要从严控制。

(五)《规划纲要》重点平衡的关系

1.政府与市场的关系。公立医疗服务体系是我国医疗服务体系的主体,应当坚持维护公益性和社会效益原则,充分发挥其在基本医疗服务提供、急危重症和疑难病症诊疗等方面的骨干作用。《规划纲要》从现状和到2020年实现的可能出发,按照公立医疗服务体系承担70%服务量来确定公立医疗服务体系与非公立医院之间的资源比例关系,将公立医院床位标准确定为每千人口3.3张,并作为约束性指标进行管理。同时,政府要切实履行《规划纲要》明确的上述机构的保障职责。

非公立医院是医药卫生服务体系不可或缺的重要组成部分,是满足人民群众多层次、多元化医疗服务需求的有效途径。到2020年,按照每千常住人口不低于1.5张床位为社会办医院预留规划空间,同步预留诊疗科目设置和大型医用设备配置空间。《规划纲要》还提出,优先支持社会力量举办非营利性医疗机构,鼓励公立医院与社会力量以合资合作的方式共同举办新的非营利性医疗机构,个体诊所的设置不受规划布局限制等。

2.中央与地方的关系。《规划纲要》在全国范围内以千人口6张床为基础进行宏观调控。各省份在现有基础上,按照鼓励发展、平稳发展、控制发展等策略区别做出规划。要合理控制资源总量标准及公立医院单体规模,可以在强基层的基础上,根据实际需要对不同级别、类型机构床位的比例关系进行适当调整。

3.各级各类医药卫生机构之间的关系。针对目前各级各类医药卫生机构之间缺乏有效的分工协作机制等突出问题,对区域内卫生服务体系不同类型的机构之间的功能整合与分工协作分别提出了要求,一是建立专业公共卫生机构与公立医院、基层医药卫生机构和非公立医疗机构之间的信息共享与互联互通机制,实现防治结合;二是建立并完善分级诊疗模式,建立不同级别医院之间、医院与基层医药卫生机构、接续性医疗机构之间的分工协作机制,健全网络化城乡基层医药卫生服务运行机制,逐步实现基层首诊、双向转诊、上下联动、急慢分治;三是坚持中西医并重方针,以积极、科学、合理、高效为原则,做好中医医疗服务资源配置;四是加强社会办医疗机构与公立医药卫生机构的分工协作,推动多元发展;五是加强医药卫生服务对养老服务的支撑,推动医养结合。

第三节　医药卫生资源开发保护法律制度

一、医药卫生资源开发保护的立法

随着社会经济的发展，一切资源都是有限的，包括社会资源，尤其是自然资源。自然资源一旦枯竭或消失，就不可再生，尤其是野生珍稀药用植物和动物等。为此，1987 年国务院发布了《野生药材资源保护管理条例》，1988 年又公布了《国家重点保护野生动物名录》，这些规定为有效地保护野生药用资源提供了重要法律依据。

医学科学技术是无形资源，与自然资源不同，该类资源可以无限再生。为此，原卫生部自 1979 年以来陆续公布了一系列医学科研机构、科研计划、科研成果、科技开发、科研档案、科研基金及医学科学技术体制改革的意见等有关规定，为我国医学科学研究走向法制管理轨道奠定了基础。

二、医学科学研究管理法律制度

医学科学研究管理是对医学科学技术创新活动系统进行的现代科学化管理，主要包括科研计划、科研经费、科研机构、科研成果、科技开发与科技市场、科技合作与交流、科技情报、科技档案以及科技统计的管理。

1979 年以来，国家陆续颁布了《医学科学研究计划管理试行办法》《医学科学研究机构管理试行办法》《附属性医学科学研究机构管理暂行办法》《医学科学基金制试行条例》《医学科学研究招标指南》《卫生系统保护涉外知识产权暂行规定试行》《中国与世界卫生组织合作中心管理办法》《卫生部所属国家重点实验室管理细则》《关于医学科学技术体制改革的意见》等规章和规范性文件，使我国医学科学研究管理走上了法治化轨道。

（一）医学科研成果管理的法律规定

1.医学科研成果的分类。医学科研成果主要分为：(1)医学基础理论研究成果。以认识生命现象和探索疾病的发生和发展规律为主要目的的新发现、新发展、新认识等。(2)应用研究成果。以解决当前医学提出的实际问题为目的的新方法、新技术、新药械等。(3)技术研究成果。以提高预防、诊断、医疗效果和科学研究水平为目的的新产品、新工艺、新材料等。(4)重大科学技术研究的阶段性成果。探索性的理论课题和重大的应用课题，在研究工作尚未全部结束前取得的经过鉴定具有一定学术意义或可以独立应用的结果。

2.医学科研成果鉴定的规定。(1)医学科研成果鉴定的概念。医学科研成果鉴定是指有关医学科研行政管理机关组织同行专家，按照规定的形式和程序对在医学实验或理论上有创造性的具有一定科学水平和实用价值的新技术、新方法、新器材、新药物、新发现、新认识等进行审查和评价，并得出相应的结论。医学科研成果的表现形式主要有研究报告、学术论文及专著、样品及其制备生产方法、样机及其生产制造方法、医用计算机软件等。(2)医学科研成果鉴定级别，分为国家鉴定、部级鉴定、地方鉴定和基层审查或鉴定四级。(3)医学科研成果鉴定的程序与形式。医学科研成果鉴定一般须经过申请鉴定、受理鉴定申请、组织鉴定等法定程序。鉴定形式主要有会议鉴定、检测鉴定、函审鉴定等。会议鉴定简捷高效，是比较普遍采用的形式。(4)医学科研成果鉴定的要求。其鉴定的内容要求主要是:研究实验设计、技术方法的合理性;测试数据处理、结论推断的严密性;科学技术资料的完整性;对实际应用价值和科学水平的评价;存在问题和改进的建议;对成果的处理意见。(5)医学科研成果鉴定的特别规定。就医学科研成果来说，属于纯基础理论研究成果，不组织鉴定，但可以通过学术刊物或会议公开发表获得认可;医学应用性理论研究成果可以申请鉴定;医学软科学研究成果，也不组织鉴定，但可以采取会议或信函方式进行评审或以合同约定的验收方式进行验收;由于专利本身就是一种审查制度，因此，已申请专利的医学应用性技术成果可以根据合约，由受让方验收并做出评价，一般也不再组织鉴定。为确保药品医疗器械科研成果的科学性和可靠性，国家科委于 1990 年 1 月 9 日特别发布了对药品、医疗器械等科研成果鉴定的补充规定。其规定是，凡药品(中药、西药、生物制品、放射性药品)科研成果，还必须符合《药品管理法》的有关规定，并取得卫生行政管理部门药政管理机构的批准文件(以中医临床研究为主而最终不形成新药的项目除外);医疗器械科研成果，必须符合国家医药管理部门的有关医疗器械管理的规定。(6)不予鉴定的规定。凡违反国家法律、法规规定，对社会公共利益或环境资源造成危害的项目，其鉴定申请将不被受理;正在进行鉴定的，应停止鉴定;已经通过鉴定的应予撤销。完成科研成果的单位必须及时按级别逐级上报。各省、自治区、直辖市卫生行政部门和部直属单位应指定专门机构负责管理科研成果。

(二)医学科研奖励制度

对具有较高水平、在学术上有重要意义或在防病治病以及在科学研究上有明显贡献的科研成果，符合国家奖励条例的，按条例要求上报及奖励。原卫生部、国家医药管理局、国家中医药管理局等部门还设立了部、局级医药卫生科学研究成果奖。各省、自治区、直辖市也设立了相应的奖项。

目前，国家级科研成果奖主要有国家自然科学奖、国家技术发明奖和国家科技进步奖三大奖项。国家自然科学奖主要奖励在基础研究和应用基础研究中阐明自然现象规律、特征和有重大科学发现的科研成果；国家技术发明奖主要奖励重大的科学技术新成果；国家科技进步奖的范围包括：应用于社会主义现代化建设的新的科技成果，推广、采用已有的先进科技成果，科技管理以及标准、计量、科技情报工作等。该奖项分为国家级和省部级两种。

（三）医学科研成果的知识产权保护

医学科研成果的知识产权，是指权利人对其在医学科研领域创造的智力劳动成果，依法享有的专有权利。结合我国知识产权法律规定，医学科研成果的知识产权保护内容主要有：(1)医学科研论文、著作的知识产权保护；(2)诊断治疗和预防等新技术、新方法的知识产权保护；(3)新药品、生物制品、医疗器械产品的知识产权保护；(4)医用计算机软件的知识产权保护。

典型案例评析

［案情］

处罚决定书

序　号	179
行政权力编码	008380431－B－181000
行政权力名称	医疗机构使用淘汰机型和不合格的大型医用设备的处罚
实施主体	某市卫计委(法定)价格主管部门
行政权力依据	1.部门规章《大型医用设备配置与使用管理办法》第三十三条：对违反本办法规定，使用淘汰机型和不合格的大型医用设备的医疗机构，卫生行政部门要及时封存该设备，吊销其《大型医用设备配置许可证》。情节严重，造成恶劣影响的，可以责令其停业整顿；所在地价格主管部门有权没收其获取的相应检查治疗收入，并处以5倍以下的罚款。
处罚种类	1.罚款；2.吊销证照。
自由裁量标准	吊销其《大型医用设备配置许可证》；情节严重，造成恶劣影响的，可以责令其停业整顿。
相对人维权渠道	对实施主体做出的该行为不服： 1.在60日内依法向某市人民政府或某省卫计委提出行政复议申请，(向某市人民政府提出行政复议申请的，在复议委员会受案窗口提交材料。地址：某市长江东路101号市政务服务中心一楼大厅：电话：2533355、2305511)或者在3个月内依法向某市旌阳区人民法院提起行政诉讼。 2.按照信访条例，依法信访。 3.依据《某省行政执法监督条例》向市卫计委政策法规科、某市人民政府法制办公室或某省卫计委投诉。 4.某市卫生执法监督支队举报电话2500500。

[争议焦点]

医疗机构使用淘汰机型和不合格的大型医用设备是否应受处罚?

[案例评析]

本案是针对医疗机构使用淘汰机型和不合格的大型医用设备而进行的行政处罚。《大型医用设备配置与使用管理办法》第二十二条规定:"大型医用设备必须达到计(剂)量准确、安全防护、性能指标合格后方可使用。"第二十五条规定:"严禁使用国家已公布的淘汰机型。"第三十三条规定:"对违反本办法规定,使用淘汰机型和不合格的大型医用设备的医疗机构,卫生行政部门要及时封存该设备,吊销其《大型医用设备配置许可证》。情节严重,造成恶劣影响的,可以责令其停业整顿;所在地价格主管部门有权没收其获取的相应检查治疗收入,并处以5倍以下的罚款。"本案的整个处罚过程,权力行使主体适格,适用法律正确,处罚恰当公正,程序公开合法。

思考题:

1. 医药卫生资源配置可采用哪些原则?
2. 医学研究与人体实验的关系是什么?
3. 涉及人的生物医学研究伦理审查原则有哪些?

第十章　医疗相关产品管理法律制度

本章要点：医疗相关产品主要包括血液与血液制品、医疗器械、药品以及医疗保健品等，鉴于本书将在“第三编 药事法律制度”中对药品管理法律制度进行专章论述，故本章重点对血液与血液制品、医疗器械进行介绍。本章主要结合我国公民献血、血站管理、临床用血和医疗器械注册与备案、监督检查等问题介绍相关法律制度，以及违反这些法律制度需要承担的民事、行政和刑事责任。

第一节　血液与血液制品管理法律制度

一、血液与血液制品管理法律概述

血液与血液制品管理是指国家对献血、采血、临床用血以及血液制品等方面进行监督管理，它与人民群众的身体健康和生命安全息息相关，是我国医药卫生法律体系的重要组成部分。

我国血液管理方面立法较晚，1964 年原卫生部颁布了《关于加强输血管理的通知》，1979 年 12 月原卫生部发布了《全国血站工作条例》。1997 年 12 月 29 日，第八届全国人民代表大会常务委员会第二十九次会议通过了《献血法》，并于 1998 年 10 月 1 日起施行。1996 年 12 月 30 日，国务院为了加强血液制品管理，颁布了《血液制品管理条例》。随后，原卫生部颁布了《血站管理办法》《单采血浆站管理办法》《医疗机构临床用血管理办法》（自 2012 年 8 月 1 日起施行）和《全国无偿献血表彰奖励办法（2014 年修订）》等血液管理相关法律法规。

二、献血管理法律制度

（一）无偿献血制度

《献血法》第二条明确规定：“国家实行无偿献血制度。”多年来，我国存在着三种献血形式：个体供血、义务献血、无偿献血。个体供血是指公民向采供血机构提供自身血液而获取一定报酬的行为。义务献血是通过政府献血领导小组或者献血委员会向机关、企事业单位分配献血指标，下达献血任务，献血后给予献血者一定营养补助费的献血制度。无偿献血是指公民向血站自愿、无报酬地提供自身血液的行为。无偿献血是国际红十字会和世界卫生组织从20世纪30年代建议和提倡的。经过几十年的不懈努力，世界上很多国家都从过去的有偿献血，逐步向无偿献血过渡，如德国、日本、瑞士、美国、加拿大、澳大利亚等国家都先后全部或基本上实现了公民无偿献血。

1. 无偿献血的主体。关于无偿献血的主体，世界各国规定不一致。我国《献血法》规定："国家提倡18周岁至55周岁的健康公民自愿献血。"这是根据我国公民的身体素质和满足用血的需要等因素来确立的。18周岁是我国法定的完全民事行为能力人的年龄界限，无偿献血是公民自愿的行为，需要具备完全行为能力的人来决定，《献血法》规定18周岁为无偿献血的最低年龄与我国其他法律规定一致。根据原卫生部、国家标准化管理委员会发布的《献血者健康检查要求》(GB18467－2011)规定，既往无献血反应、符合健康检查要求的多次献血者主动要求再次献血的，年龄可延长至60周岁。

2. 无偿献血采血量、间隔时间。关于无偿献血采血量和间隔时间，世界各国规定略有差异，大多数国家规定采血量为400ml～450ml，间隔时间一般为3～4个月。如：加拿大规定不超过530ml的全血献血者两次间隔为8周，英国间隔时间通常为16周，最少为12周，正常情况下，12个月内献血不超过3次。我国《献血法》第九条规定："血站对献血者每次采集血液量一般为200ml，最多不得超过400ml，两次采集间隔期不少于6个月。"2012年国务院已将修改《献血法》列入立法计划，将对献血年龄、献血间隔时间、补贴、收费和处罚等条款进行修改完善，其中包括将献血年龄延长至60周岁、每次采血量提高到400ml、两次采血间隔缩短至4个月等。

(二)献血管理机构及职责

世界各国关于献血工作的管理体制有所不同，有的国家由红十字会进行管理，有的国家通过立法等方式确认政府的责任，如希腊法律规定由卫生福利社会安全部门全权负责组织献血活动，加拿大成立血液署、法国卫生部中设血液局对血液工作进行指导和监督。地方各级人民政府领导本行政区域内的献血工作，统一规划并负责组织、协调有关部门共同做好献血工作。

我国《献血法》第三至七条规定："县级以上各级人民政府卫生行政部门监督管理献血工作，各级红十字会依法参与、推动献血工作。各级人民政府采取措施广泛宣传献血的意义，普及献血的科学知识，开展预防和控制经血液途径传播的疾病的教育，新闻媒介应当开展献血的社会公益性宣传。国家机关、军队、社会团体、企业事业组织、居民委员会、村民委员会，应当动员和组织本单位或者本居住区的适龄公民参加献血。现役军人献血的动员和组织办法，由中国人民解放军卫生主管部门制定。对献血者，发给国务院卫生行政部门制作的无偿献血证书，有关单位可以给予适当补贴。国家鼓励国家工作人员、现役军人和高等学校在校学生率先献血，为树立社会新风尚做表率。”

三、血站管理法律制度

（一）血站的概念

血站是指不以营利为目的，采集、提供临床用血的公益性卫生机构。根据2006年3月1日起施行的《血站管理办法》规定，血站分为一般血站和特殊血站。一般血站包括血液中心、中心血站和中心血库。特殊血站包括脐带血造血干细胞库和卫生部根据医学发展需要批准、设置的其他类型血库。血液中心是所在省、自治区、直辖市采供血工作的业务、教学和科研中心，负责直辖市、省会所在市和自治区首府所在地的采供血工作，一般设在省会城市。中心血站是设区的市的血站，负责所在市及所辖县（市）的采供血工作。中心血库是县或县级市的血站，负责所在县、市的采供血工作。

（二）血站的设置与执业登记

1.血站的设置。根据《血站管理办法》规定，血液中心、中心血站和中心血库由地方人民政府设立，血站的建设和发展纳入当地国民经济和社会发展计划。卫生部根据全国医疗资源配置、临床用血需求，制定全国采供血机构设置规划指导原则，并负责全国血站建设规划的指导。省、自治区、直辖市人民政府卫生行政部门结合本行政区域人口、医疗资源、临床用血需求等实际情况和当地区域卫生发展规划，制订本行政区域血站设置规划，报同级人民政府批准，并报卫生部备案。省、自治区、直辖市人民政府卫生行政部门依据采供血机构设置规划批准设置一般血站，并报卫生部备案。同一行政区域内不得重复设置血液中心、中心血站，血站与单采血浆站不得在同一县级行政区域内设置。设立血站一般应具备下列条件：(1)应满足建筑功能和卫生学的要求；(2)应配备与其功能相适应的人员、技术力量；(3)应有健全的管理体系和相应的组织机构、人员、制度、信息、财物、安全措施及考核办法；(4)必须依照《采供血机构执业许可证》中规定的许可项目开展采供血业务；(5)必须具备一整套质量管理体系；(6)所采集、供应的血液必须满足一定的质量指标；等等。

2.血站的执业登记。对于一般血站，血站申请办理执业登记必须填写《血站执业登记申请书》。省级人民政府卫生行政部门在受理血站执业登记申请后，应当组织有关专家或者委托技术部门，根据《血站质量管理规范》和《血站实验室质量管理规范》，对申请单位进行技术审查，并提交技术审查报告。省级人民政府卫生行政部门应当在接到专家或技术部门的技术审查报告后二十日内对申请事项进行审核，审核合格的，予以执业登记，发给卫生部统一样式的《血站执业许可证》及其副本。

《血站执业许可证》有效期满前三个月，血站应当办理执业登记，并提交《血站再次执业登记申请书》及《血站执业许可证》。省级人民政府卫生部门应当根据血站业务开展和监督检查情况进行审核，审核合格的，予以继续执业。未通过审核的，责令其限期整改；经整改仍审核不合格的，注销其《血站执业许可证》。未办理再次执业登记手续或者被注销《血站执业许可证》的血站，不得继续执业。

对于特殊血站，《血站管理办法》规定："脐带血造血干细胞库等特殊血站执业，应当向所在地省级人民政府卫生行政部门申请办理执业登记。省级卫生行政部门应当组织有关专家和技术部门，按照本办法和卫生部制定的脐带血造血干细胞库等特殊血站的基本标准、技术规范，对申请单位进行技术审查及执业验收。审查合格的，发给《血站执业许可证》，并注明开展的业务。《血站执业许可证》有效期为三年。未取得《血站执业许可证》的，不得开展采供脐带血造血干细胞等业务。脐带血造血干细胞库等特殊血站在《血站执业许可证》有效期满后继续执业的，应当在《血站执业许可证》有效期满前三个月向原执业登记的省级人民政府卫生行政部门申请办理再次执业登记手续。"

（三）血站的采供血管理

1. 一般规定。血站执业，应当遵守有关法律、行政法规、规章和技术规范。血站开展采血供血业务应当实行全面质量管理，严格遵守《中国输血技术操作规程》《血站质量管理规范》等技术规范和标准。血站应当根据医疗机构临床用血需求，制订血液采集、制备、供应计划，保障临床用血安全、及时、有效。血站开展献血者招募，应当为献血者提供安全、卫生、便利的条件和良好的服务。血站技术人员必须经输血业务知识技术考试，取得考试合格证后方可上岗。

2. 采血管理。根据《献血法》规定，血站采血前，必须按《献血者健康检查标准》对献血者进行免费健康检查，身体不符合条件的，血站应向其说明情况，不得采集其血液。血站采集血液必须严格遵守有关操作规程和制度，采血必须由具有采血资格的医务人员进行。一次性采血器材用后必须销毁，确保献血者的身体健康。严格禁止血站违反规定超量、频繁采集血液。为了保护献血者的健康安全，保证我国献血事业的蓬勃发展，对违反上述规定的行为，《献血法》规定了相应的法律责任。

3. 供血管理。根据《献血法》规定：血站应当根据国务院卫生行政部门规定的标准，保证血液质量；血站对采集的血液必须进行检测，未经检测或检测不合格的血液，不得向医疗机构提供；无偿献血的血液必须用于临床，不得买卖，血站、医疗机构不得将无偿献血者的血液出售给单采血浆站或者血液制品生产单位；临床用血的包装、储存、运输，必须符合国家规定的卫生标准和要求。

根据《血站管理办法》规定：血液的包装、储存、运输应当符合《血站质量管理规范》的要求。血液包装袋上必须标明：(1)血站的名称及其许可证号；(2)献血条形码；(3)血型；(4)血液品种；(5)采血日期及时间或者制备日期及时间；(6)有效期及时间；(7)储存条件。

血站及执行职务的人员发现法定传染病情时，应当按照《传染病防治法》和卫生部的规定向有关部门报告。血站应当制订紧急灾害应急预案，并从血源、管理制度、技术能力和设备条件等方面保证预案的实施。在紧急灾害发生时服从县级以上人民政府卫生行政部门的调遣。

(四)血站的监督管理与法律责任

1.监督管理。根据《血站管理办法》规定，县级以上政府卫生行政部门负责辖区内血站的监督管理工作。省级人民政府卫生行政部门应当对本辖区内的血站执行有关规定情况和无偿献血比例、采供血服务质量、业务指导、人员培训、综合质量评价技术能力等情况进行评价及监督检查，按照卫生部的有关规定将结果上报，同时向社会公布。卫生部定期对血液中心执行有关规定情况和无偿献血比例、采供血服务质量、业务指导、人员培训、综合质量评价技术能力等情况以及脐带血造血干细胞库等特殊血站的质量管理状况进行评价及监督检查，并将结果向社会公布。

卫生行政部门在进行监督检查时，有权索取有关资料，血站不得隐瞒、阻碍或者拒绝。卫生行政部门对血站提供的资料负有保密的义务，法律、行政法规或者部门规章另有规定的除外。

2.法律责任。根据《献血法》规定，血站违反有关操作规程和制度采集血液，由县级以上地方人民政府卫生行政部门责令改正；给献血者健康造成损害的，应当依法赔偿，对直接负责的主管人员和其他直接责任人员，依法给予行政处分；构成犯罪的，依法追究刑事责任。血站违反法律规定，向医疗机构提供不符合国家规定标准的血液的，由县级以上人民政府卫生行政部门责令改正；情节严重，造成经血液途径传播的疾病传播或者有传播严重危险的，限期整顿，对直接负责的主管人员和其他直接责任人员，依法给予行政处分；构成犯罪的，依法追究刑事责任。

根据《传染病防治法》规定，采供血机构未按照规定报告传染病疫情，或者隐瞒、谎报、缓报传染病疫情，或者未执行国家有关规定，导致因输入血液引起经血液传播疾病发生的，由县级以上人民政府卫生行政部门责令改正，通报批评，给予警告；造成传染病传播、流行或者其他严重后果的，对负有责任的主管人员和其他直接责任人员，依法给予降级、撤职、开除的处分，并可以依法吊销采供血机构的执业许可证；构成犯罪的，依法追究刑事责任。

根据《血站管理办法》规定，血站非法采集血液的或者出售无偿献血血液的，由县级以上地方人民政府卫生行政部门予以取缔，没收违法所得，可以并处 10 万元以下的罚款；构成犯罪的，依法追究刑事责任。血站有违反《血站管理办法》第六十一条行为之一的，由县级以上地方人民政府卫生行政部门予以警告、责令改正；逾期不改正，或者造成经血液传播疾病发生，或者其他严重后果的，对负有责任的主管人员和其他直接负责人员，依法给予行政处分；构成犯罪的，依法追究刑事责任。

四、临床用血管理法律制度

（一）临床用血的概念

临床用血是指医疗机构将血站依法采集的供血者的血液或者血液成分输注给患者进行抢救、治疗的医疗行为的总称。临床用血包括使用全血和成分血。医疗机构不得使用原料血浆，除批准的科研项目外，不得直接使用脐带血。

（二）临床用血的法律规定

为了加强临床用血管理，在《献血法》制定实施后，原卫生部根据《献血法》的有关规定，制定了《临床输血技术规范》（2000 年 6 月 1 日）和《医疗机构临床用血管理办法》（以下简称《管理办法》）（2012 年 8 月 1 日）。

1.临床用血供给的规定。根据《献血法》规定：为保障公民临床急救用血的需要，国家提倡并指导择期手术的患者自身储血，动员家庭、亲友、所在单位以及社会互助献血。医疗机构临床用血，由县级以上人民政府卫生行政部门指定的血站供给。根据《医疗机构临床用血管理办法》的规定，为保证应急用血，医疗机构可以临时采集血液，但必须同时符合以下条件：(1)危及患者生命，急需输血；(2)所在地血站无法及时提供血液，且无法及时从其他医疗机构调剂血液，而其他医疗措施不能替代输血治疗；(3)具备开展交叉配血及乙型肝炎病毒表面抗原、丙型肝炎病毒抗体、艾滋病病毒抗体和梅毒螺旋体抗体的检测能力；(4)遵守采供血相关操作规程和技术标准。医疗机构应当在临时采集血液后 10 日内将情况报告给县级以上人民政府卫生行政部门。

2.临床输血的规定。根据《医疗机构临床用血管理办法》的规定，医疗机构接收血站发送的血液后，应当对血袋标签进行核对。符合国家有关标准和要求的血液入库，做好登记，并按不同品种、血型和采血日期（或有效期），分别有序存放于专用储藏设施内。血袋标签核对的主要内容是：(1)血站的名称；(2)献血编号或者条形码、血型；(3)血液品种；(4)采血日期及时间或者制备日期及时间；(5)有效期及时间；(6)储存条件。禁止将血袋标签不合格的血液入库。医疗机构应当在血液发放和输血时进行核对，并指定医务人员负责血液的收领、发放工作。

在输血治疗前，医师应当向患者或者其近亲属说明输血目的、方式和风险，并签署临床输血治疗知情同意书。因抢救生命垂危的患者需要紧急输血，且不能取得患者或者其近亲属意见的，经医疗机构负责人或者授权的负责人批准后，可以立即实施输血治疗。医疗机构应当根据国家有关法律法规和规范建立临床用血不良事件监测报告制度。临床发现输血不良反应后，应当积极救治患者，及时向有关部门报告，并做好观察和记录。

五、血液制品管理法律制度

（一）血液制品概念

血液制品是指各种人血浆蛋白制品。它直接用于人体，所以对其质量的要求与血液一样严格。为了加强血液制品管理，预防和控制经血液途径传播的疾病，保证血液制品的质量，1996 年 12 月 30 日国务院发布了《血液制品管理条例》。该《条例》规定，国务院卫生行政部门对全国的原料血浆的采集、供应和血液制品生产、经营活动实施监督管理（国家食品药品监督管理局成立后，血液制品生产、经营活动的监督管理改由其负责，下同）。县级以上地方人民政府卫生行政部门，对本行政区域内的原料血浆的采集、供应和血液制品的生产、经营活动实施监督管理。

（二）原料血浆的管理

1.原料血浆采集机构的设置与审批。原料血浆是指由单采血浆站采集的专用于血液制品的生产原料的血浆，其采集供应机构为单采血浆站。

国家实行单采血浆站统一规划、设置的制度。国务院卫生行政部门根据核准的全国生产用原料血浆的需求，对单采血浆站的布局、数量和规模制订总体规划。省、自治区、直辖市人民政府卫生行政部门根据总体规划制订本行政区域内单采血浆设置规划和采集血浆的区域规划，并报国务院卫生行政部门备案。单采血浆站由血液制品生产单位设置或者由县级人民政府卫生行政部门设置，专门从事单采血浆活动，具有独立法人资格。其他任何单位和个人不得从事单采血浆活动。

设置单采血浆站，必须具备下列条件：(1)符合单采血浆站布局、数量、规模的规划；(2)具有与所采集原料血浆相适应的卫生专业技术人员；(3)有与所采集原料血浆相适应的场所及卫生环境；(4)有识别供血浆者的身份识别系统；(5)具有与所采集原料血浆相适应的单采血浆机械及其他设施；(6)具有对所采集原料血浆进行质量检验的技术人员以及必要的仪器设备。

申请设置单采血浆站的，由县级人民政府卫生行政部门初审，经设区的市、自治州人民政府卫生行政部门或者省、自治区、自辖市人民政府设立的派出机关的卫生行政机构审查同意，报省、自治区、直辖市人民政府卫生行政部门审批。经审查符合条件的，由省、自治区、直辖市人民政府卫生行政部门核发《单采血浆许可证》，并报国务院卫生行政部门备案。单采血浆站只能对省、自治区、直辖市人民政府卫生行政部门划定区域内的供血浆者进行筛查和采集血浆。在一个采血浆区域内，只能设置一个单采血浆站。严禁单采血浆站采集非划定区域内的供血浆者和其他人员的血浆。

2.原料血浆采集的管理。单采血浆站在采集血浆前，必须对供血浆者进行身份识别并核实其《供血浆证》确认无误，方可按照规定程序进行健康检查和血液化验。对检查、化验合格的，按照有关技术操作标准及程序采集血浆，并建立供血浆者健康检查及供血浆记录档案；对检查、化验不合格的，由单采血浆站收缴《供血浆证》，并由所在地县级人民政府卫生行政部门监督销毁。严禁采集无《供血浆证》者的血浆。

为确保原料血浆的质量，《血液制品管理条例》规定，单采血浆站必须使用单采血浆机械化采集血浆，严禁手工操作采集血浆。采集的血浆必须按单人份冰冻保存，不得混浆。严禁单采血浆站采集血液或者将所采集的原料血浆用于临床。

单采血浆站只能向与其签订质量责任书的血液制品生产单位供应原料血浆，严禁向其他任何单位供应原料血浆。必须依照《传染病防治法》及其实施办法等有关规定，严格执行消毒管理及疫情上报制度。

（三）血液制品生产经营的管理

血液制品生产单位必须达到《药品生产质量管理规范》规定的标准，经国家食品药品监督管理局审查合格，并依法向工商行政管理部门申请营业执照后，方可从事血液制品的生产活动。血液制品生产单位生产国内已经生产的品种时，必须依法向国家食品药品监督管理局申请产品批准文号；生产国内尚未生产的品种时，必须按照国家有关新药审批的程序和要求申报。严禁血液制品生产单位出让、出租、出借以及与他人共用《药品生产企业许可证》和产品批准文号。

血液制品生产单位不得向无《单采血浆许可证》的单采血浆站或者未与其签订质量责任书的单采血浆站及其他任何单位收集原料血浆。血液制品生产单位不得向其他任何单位供应原料血浆。

血液制品的生产单位在原料血浆投入生产前，必须使用有产品批准文号、并经国家药品生物制品检定合格的体外诊断试剂，对每个人的血浆进行全面复检；复检不合格的，不得投入生产；发现有经血液途径传播的疾病，必须通知供应单采血浆站，并及时上报省级卫生行政部门。血液制品必须经有关部门检验合格后方能生产或出厂，经检验不符合国家标准者，严禁生产及出厂。

开办血液制品的经营单位，由省级人民政府食品药品监督管理部门审核批准。血液制品经营单位应当具备与所经营的产品相适应的冷藏条件，有熟悉所经营品种的业务人员，经营血液制品应当符合国家规定的卫生标准和要求。

六、违反血液管理法律责任

（一）行政责任

《献血法》规定，有下列行为之一的，由县级以上地方人民政府予以取缔，没收违法所得，并可处 10 万元以下的罚款：(1)非法采集血液的；(2)血站、医疗机构出售无偿献血者血液的；(3)非法组织他人出卖血液者。

血站违反有关操作规程和制度采集血液，由县级以上地方人民政府卫生行政部门责令改正；给献血者健康造成损失的，对直接负责的主管人员和其他直接责任人员，依法给予行政处分。

临床用血的包装、储存、运输不符合国家规定标准要求的，由县级以上地方人民政府卫生行政部门责令改正，给予警告，可以并处 1 万元以下的罚款。

血站违反《献血法》的规定，向医疗机构提供不符合国家规定标准的血液的，由县级以上地方人民政府卫生行政部门责令改正；情节严重，造成经血液途径传播的疾病传播或者有传播严重危险的，限期整顿，对直接负责的主管人员和其他直接责任人员，依法给予行政处分。

医疗机构的医务人员违反《献血法》的规定，将不符合国家规定标准的血液用于患者的，由县级以上地方人民政府卫生行政部门责令改正；给患者健康造成损害的，对直接负责的主管人员和其他直接责任人员，依法给予行政处分。

卫生行政部门及其工作人员，在献血、用血的监督管理中，玩忽职守，造成严重后果，尚不构成犯罪的，依法给予行政处分。

（二）民事责任

《献血法》规定：血站违反有关操作规程和制度采集血液，给献血者健康造成损害的，应当依法赔偿。医疗机构的医务人员违反本法规定，将不符合国家规定标准的血液用于患者并给患者健康造成损害的，应当依法赔偿。

（三）刑事责任

《献血法》规定，非法采集血液，血站、医疗机构出售无偿献血的血液，非法组织他人出卖血液；血站违反操作规程和制度采集血液，给献血者健康造成损害的；血站违反法律规定，向医疗机构提供不符合国家规定标准血液，情节严重，造成经血液途径传播的疾病传播或者有传播严重危险的；医疗机构的医务人员违反法律规定，将不符合国家规定标准的血液用于患者，给患者健康造成损害，构成犯罪的，依法追究其刑事责任。概括地说，应当承担刑事责任的情况主要有以下几种：

1. 非法组织卖血罪。《刑法》第三百三十三条规定，非法组织他人出卖血液的，处5年以上有期徒刑，并处罚金；上述行为对他人造成伤害的，依照刑法第二百三十四条规定，处3年以下有期徒刑、拘役或者管制；致人重伤的，处3年以上10以下有期徒刑；致人死亡或者以特别残忍手段致人重伤造成严重残疾的，处10年以上有期徒刑、无期徒刑或者死刑。

2. 强迫卖血罪。《刑法》第三百三十三条规定，以暴力、威胁方法强迫他人出卖血液的，处5年以上10年以下有期徒刑，并处罚金。有前述行为对他人造成伤害的，依照《刑法》第二百二十四条的规定定罪处罚。

3. 非法采集、供应血液或者制作、供应血液制品罪。《刑法》第三百三十四条规定，非法采集、供应血液或者制作、供应血液制品，不符合国家规定的标准，足以危害人体健康的，处5年以上10年以下有期徒刑，并处罚金；造成特别严重后果的，处10年以上有期徒刑或无期徒刑，并处罚金或者没收财产。

4. 采集、供应血液、制作、供应血液制品事故罪。《刑法》第三百三十四条规定，经国家主管部门批准采集、供应血液或者制作、供应血液制品的部门，不依照规定进行检测或者违背其他操作规定，造成危害他人健康后果的，对单位判处罚金，并对其直接负责的主管人员和其他直接责任人员处5年以下有期徒刑或者拘役。

此外，《献血法》《血液制品管理条例》《血站管理办法》，对血液领域的犯罪还列出了其他一些具体情形。

第二节　医疗器械管理法律制度

一、医疗器械管理概述

（一）医疗器械概念及分类

1. 医疗器械的概念及目的。医疗器械是指直接或者间接用于人体的仪器、设备、器具、体外诊断试剂及校准物、材料以及其他类似或者相关的物品，包括所需要的计算机软件。其效用主要通过物理等方式获得，不是通过药理学、免疫学或者代谢的方式获得，或者虽然有这些方式参与但是只起辅助作用。其目的是：(1)疾病的诊断、预防、监护、治疗或者缓解；(2)损伤的诊断、监护、治疗、缓解或者功能补偿；(3)生理结构或者生理过程的检验、替代、调节或者支持；(4)生命的支持或者维持；(5)妊娠控制；(6)通过对来自人体的样本进行检查，为医疗或者诊断提供信息。

2.医疗器械分类。国家对医疗器械按照风险程度实行分类管理:第一类是风险程度低,实行常规管理可以保证其安全、有效的医疗器械。第二类是具有中度风险,需要严格控制管理以保证其安全、有效的医疗器械。第三类是具有较高风险,需要采取特别措施严格控制管理以保证其安全、有效的医疗器械。

评价医疗器械风险程度,应当考虑医疗器械的预期目的、结构特征、使用方法等因素。

国务院食品药品监督管理部门负责制定医疗器械的分类规则和分类目录,并根据医疗器械生产、经营、使用情况,及时对医疗器械的风险变化进行分析、评价,对分类目录进行调整。制定、调整分类目录,应当充分听取医疗器械生产经营企业以及使用单位、行业组织的意见,并参考国际医疗器械分类实践经验。医疗器械分类目录应当向社会公布。

(二)医疗器械管理的相关法律规定

为了保证医疗器械的安全、有效,保障人体健康和生命安全,促进医疗科研和卫生事业的发展,我国先后发布、修订了许多与医疗器械相关的法律法规。2000 年 1 月 4 日国务院发布了《医疗器械监督管理条例》,2014 年国务院对该条例进行了修订,自 2014 年 6 月 1 日起施行,是我国目前最高层次的医疗器械监管立法。1995 年国家工商行政管理局和国家医药管理局发布了《医疗器械广告审查办法》,2009 年进行修订,自 2009 年 5 月 20 日起施行。2004 年国家食品药品监督局公布了《医疗器械注册管理办法》,2014 年经国家食品药品监督管理总局修订,自 2014 年 10 月 1 日起施行。2014 年 7 月 30 日国家食品药品监督管理总局公布了《医疗器械经营监督管理办法》,自 2014 年 10 月 1 日起施行。

二、医疗器械产品注册与备案

我国对第一类医疗器械实行产品备案管理,对第二类、第三类医疗器械实行产品注册管理。

医疗器械产品注册与备案的申请及管理

1.医疗器械产品申请。第一类医疗器械产品备案和申请第二类、第三类医疗器械产品注册,应当提交下列资料:(1)产品风险分析资料;(2)产品技术要求;(3)产品检验报告;(4)临床评价资料;(5)产品说明书及标签样稿;(6)与产品研制、生产有关的质量管理体系文件;(7)证明产品安全、有效所需的其他资料。医疗器械注册申请人、备案人应当对所提交资料的真实性负责。

第一类医疗器械产品备案,由备案人向所在地设区的市级人民政府食品药品监督管理部门提交备案资料。申请第二类医疗器械产品注册,注册申请人应当向所在地省、自治区、直辖市人民政府食品药品监督管理部门提交注册申请资料。申请第三类医疗器械产品注册，注册申请人应当向国务院食品药品监督管理部门提交注册申请资料。向我国境内出口医疗器械的境外生产企业，由其在我国境内设立的代表机构或者指定我国境内的企业法人作为代理人按照要求，向国务院食品药品监督管理部门提交备案或注册申请资料以及备案或注册申请人所在国（地区）主管部门准许该医疗器械上市销售的证明文件。

2.医疗器械产品管理。受理注册申请的食品药品监督管理部门应当自受理之日起3个工作日内将注册申请资料转交技术审评机构。技术审评机构应当在完成技术审评后向食品药品监督管理部门提交审评意见。受理注册申请的食品药品监督管理部门应当自收到审评意见之日起20个工作日内做出决定。对符合安全、有效要求的，准予注册并发给《医疗器械注册证》；对不符合要求的，不予注册并书面说明理由。

已注册的第二类、第三类医疗器械产品，其设计、原材料、生产工艺、适用范围、使用方法等发生实质性变化，有可能影响该医疗器械安全、有效的，注册人应当向原注册部门申请办理变更注册手续；发生非实质性变化，不影响该医疗器械安全、有效的，应当将变化情况向原注册部门备案。

《医疗器械注册证》有效期为5年。有效期届满需要延续注册的，应当在有效期届满6个月前向原注册部门提出延续注册的申请。

有下列情形之一的，不予延续注册：(1)注册人未在规定期限内提出延续注册申请的；(2)医疗器械强制性标准已经修订，申请延续注册的医疗器械不能达到新要求的；(3)对用于治疗罕见疾病以及应对突发公共卫生事件急需的医疗器械，未在规定期限内完成《医疗器械注册证》载明事项的。

对新研制的尚未列入分类目录的医疗器械，申请人可以依照监督管理有关第三类医疗器械产品注册的规定直接申请产品注册，也可以依据分类规则判断产品类别并向国务院食品药品监督管理部门申请类别确认后依照本条例的规定申请注册或者进行产品备案。直接申请第三类医疗器械产品注册的，国务院食品药品监督管理部门应当按照风险程度确定类别，对准予注册的医疗器械及时纳入分类目录。申请类别确认的，国务院食品药品监督管理部门应当自受理申请之日起20个工作日内对该医疗器械的类别进行判定并告知申请人。

3.医疗器械临床试验管理。第一类医疗器械产品备案，不需要进行临床试验。申请第二类、第三类医疗器械产品注册，应当进行临床试验。但是，有下列情形之一的，可以免于进行临床试验：(1)工作机理明确，设计定型、生产工艺成熟，已上市的同品种医疗器械临床应用多年且无严重不良事件记录，不改变常规用途的；(2)通过非临床评价能够证明该医疗器械安全、有效的；(3)通过对同品种医疗器械临床试验或者临床使用获得的数据进行分析评价，能够证明该医疗器械安全、有效的。免于进行临床试验的医疗器械目录由国务院食品药品监督管理部门制定、调整并公布。

开展医疗器械临床试验，应当按照医疗器械临床试验质量管理规范的要求，在有资质的临床试验机构进行，并向临床试验提出者所在地省、自治区、直辖市人民政府食品药品监督管理部门备案。接受临床试验备案的食品药品监督管理部门应当将备案情况通报临床试验机构所在地的同级食品药品监督管理部门和卫生计生主管部门。

医疗器械临床试验机构资质认定条件和临床试验质量管理规范，由国务院食品药品监督管理部门会同国务院卫生计生主管部门制定并公布；医疗器械临床试验机构的建立由国务院食品药品监督管理部门会同国务院卫生计生主管部门认定并公布。

第三类医疗器械进行临床试验对人体具有较高风险的，应当经国务院食品药品监督管理部门批准。临床试验对人体具有较高风险的第三类医疗器械目录由国务院食品药品监督管理部门制定、调整并公布。

国务院食品药品监督管理部门审批临床试验，应当对拟承担医疗器械临床试验的机构的设备、专业人员等条件，该医疗器械的风险程度，临床试验实施方案，临床受益与风险对比分析报告等进行综合分析。准予开展临床试验的，应当通报临床试验提出者以及临床试验机构所在地省、自治区、直辖市人民政府食品药品监督管理部门和卫生计生主管部门。

三、医疗器械的监督检查

1. 医疗器械的监督检查。我国食品药品监督管理部门应当对医疗器械的注册、备案、生产、经营、使用活动加强监督检查，并对下列事项进行重点监督检查：(1)医疗器械生产企业是否按照经注册或者备案的产品技术要求组织生产；(2)医疗器械生产企业的质量管理体系是否保持有效运行；(3)医疗器械生产经营企业的生产经营条件是否持续符合法定要求。

食品药品监督管理部门在监督检查中有下列职权：(1)进入现场实施检查、抽取样品；(2)查阅、复制、查封、扣押有关合同、票据、账簿以及其他有关资料；(3)查封、扣押不符合法定要求的医疗器械，违法使用的零配件、原材料以及用于违法生产医疗器械的工具、设备；(4)查封违反本条例规定从事医疗器械生产经营活动的场所。食品药品监督管理部门进行监督检查，应当出示执法证件，保守被检查单位的商业秘密。有关单位和个人应当对食品药品监督管理部门的监督检查予以配合，不得隐瞒有关情况。

对人体造成伤害或者有证据证明可能危害人体健康的医疗器械，食品药品监督管理部门可以采取暂停生产、进口、经营、使用的紧急控制措施。食品药品监督管理部门应当加强对医疗器械生产经营企业和使用单位生产、经营、使用的医疗器械的抽查检验。抽查检验不得收取检验费和其他任何费用，所需费用纳入本级政府预算。省级以上人民政府食品药品监督管理部门应当根据抽查检验结论及时发布医疗器械质量公告。

2. 医疗器械的检验。医疗器械检验机构资质认定工作按照国家有关规定实行统一管理。经国务院认证认可的监督管理部门会同国务院食品药品监督管理部门认定的检验机构，方可对医疗器械实施检验。食品药品监督管理部门在执法工作中需要对医疗器械进行检验的，应当委托有资质的医疗器械检验机构进行检验，并支付相关费用。

当事人对检验结论有异议的，可以自收到检验结论之日起 7 个工作日内选择有资质的医疗器械检验机构进行复检。承担复检工作的医疗器械检验机构应当在国务院食品药品监督管理部门规定的时间内得出复检结论。复检结论为最终检验结论。

对可能存在有害物质或者擅自改变医疗器械设计、原材料和生产工艺并存在安全隐患的医疗器械，按照医疗器械国家标准、行业标准规定的检验项目和检验方法无法检验的，医疗器械检验机构可以补充检验项目和检验方法进行检验。使用补充检验项目、检验方法得出的检验结论，经国务院食品药品监督管理部门批准，可以作为食品药品监督管理部门认定医疗器械质量的依据。

国务院食品药品监督管理部门建立统一的医疗器械监督管理信息平台。食品药品监督管理部门应当通过信息平台依法、及时公布医疗器械许可、备案、抽查检验、违法行为查处情况等日常监督管理信息。但是，不得泄露当事人的商业秘密。食品药品监督管理部门对医疗器械注册人和备案人、生产经营企业、使用单位建立信用档案，对有不良信用记录的增加监督检查频次。

四、违反医疗器械管理的法律责任

（一）行政责任

有下列情形之一的，由县级以上人民政府食品药品监督管理部门没收违法所得、违法生产经营的医疗器械和用于违法生产经营的工具、设备、原材料等物品；违法生产经营的医疗器械货值金额不足 1 万元的，并处 5 万元以上 10 万元以下罚款；货值金额在 1 万元以上的，并处货值金额 10 倍以上 20 倍以下罚款；情节严重的，5 年内不受理相关责任人及企业提出的医疗器械许可申请：(1)生产、经营未取得《医疗器械注册证》的第二类、第三类医疗器械的；(2)未经许可从事第二类、第三类医疗器械生产活动的;(3)未经许可从事第三类医疗器械经营活动的。第一项情形情节严重的,由原发证部门吊销其《医疗器械生产许可证》或者《医疗器械经营许可证》。

根据《医疗器械监督管理条例》的规定,提供虚假资料或者采取其他欺骗手段取得相关医疗器械许可证件的,由原发证部门撤销已经取得的许可证件,并处5万元以上10万元以下罚款,5年内不受理相关责任人及企业提出的医疗器械许可申请。伪造、变造、买卖、出租、出借相关医疗器械许可证件的,由原发证部门予以收缴或者吊销,没收违法所得;违法所得不足1万元的,处1万元以上3万元以下罚款;违法所得1万元以上的,处违法所得3倍以上5倍以下罚款;构成违反治安管理行为的,由公安机关依法予以治安管理处罚。其他违法情形及法律责任详见《医疗器械监督管理条例》第六十五～七十三条。

县级以上人民政府食品药品监督管理部门或者其他有关部门不履行医疗器械监督管理职责或者滥用职权、玩忽职守、徇私舞弊的,由监察机关或者任免机关对直接负责的主管人员和其他直接责任人员依法给予警告、记过或者记大过的处分;造成严重后果的,给予降级、撤职或者开除的处分。

(二)民事责任

医疗器械生产、经营、使用单位违反《医疗器械监督管理条例》的规定,给使用者造成人身、财产或者其他损害的,依法承担赔偿责任。根据《侵权责任法》第五十九条规定:因药品、消毒药剂、医疗器械的缺陷,或者输入不合格的血液造成患者损害的,患者可以向生产者或者血液提供机构请求赔偿,也可以向医疗机构请求赔偿。患者向医疗机构请求赔偿的,医疗机构赔偿后,有权向负有责任的生产者或者血液提供机构追偿。

(三)刑事责任

医疗器械生产、经营、使用单位违反《医疗器械监督管理条例》的规定,构成犯罪的,依法追究其刑事责任。《刑法》第一百四十五条规定:生产不符合保障人体健康的国家标准、行业标准的医疗器械、医用卫生材料,或者销售明知是不符合保障人体健康的国家标准、行业标准的医疗器械、医用卫生材料,对人体健康造成严重危害的,处3年以下有期徒刑,并处销售金额50%以上2倍以下罚金;后果特别严重的,处3年以上10年以下有期徒刑,并处销售金额50%以上2倍以下罚金;其中情节特别恶劣的,处10年以上有期徒刑或者无期徒刑,并处销售金额50%以上2倍以下罚金或者没收财产。

典型案例评析

[案情]

2006年4月16日凌晨,胡某41岁的妻子李林桃有了临产的征兆。胡某把妻子送到了50公里之外的达茂旗妇幼保健所。入院检查时,胡某被告知,妻子一切正常,胎儿状况也很好。然而,经过2个多小时的努力,孩子却没能生出来。这时,医生说,必须要做剖腹产手术了。如果子宫破裂,大出血是必然的,那就必须马上输血。医方称,他们医院通常是不备血的,如果有患者需要,他们再随时到血库去买。因为只有几百米的距离,完全来得及。于是,医生通知胡某赶紧到血库去缴费买血。在此过程中,医生要求的输血量一再增加。

而血库的工作人员说,他们这里只是一个储血点,没有采血资格,血液都是从包头血站调的。他们和医院有协议,医院用血必须提前24小时预约,然后,血库再从包头血站调。而此前妇幼保健所并没有预约,所以血库根本没有这么大量的血。平时血库各血型也只备400毫升的血,不巧的是,李林桃所急需的O型血刚被一个病人用了,还没来得及补充。此时,医院不备血,血库也没有血,唯一的办法是从包头调血,而这里距包头近200公里,最快也得3个小时。医院方面说,因为此前产妇情况正常,诊断她能正常生产,所以,就没有提前和血库预约用血。在分娩的过程中,突然发生子宫破裂,而这种情况下,医院已经没有别的选择了。没有血,也得给产妇做手术,否则就等于是主动放弃两条生命。于是,在没有血源的情况下,医生对胡某的妻子实施了剖腹产手术。开腹后医生发现,李林桃已经子宫破裂,且满腹是血。她肚子里的男婴,则因严重缺氧已没有了任何生命特征。而此时,救命的血仍在遥远的路上。情急之下,胡某又向医院提出,抽自己家人的血,救人要紧。但是,医院方面拒绝了胡某和他的家人的请求。达茂旗妇幼保健所医方负责人说:“医院没有采血资格,采血是非法的。”

4月16日下午5点钟左右,也就是李林桃接受剖腹产手术3个多小时后,1000毫升的血液终于从包头送来了。而这时的李林桃几乎没了血压和心跳。尽管1000毫升的血输入到体内,但没能挽回她的生命。

[争议焦点]

1.本案中的医疗机构是否具备临时采血条件?如果医疗机构不具备临时采血条件,而输血是挽救患者生命的唯一方法时,作为医疗机构和医务人员应如何选择?

2.本案中的医疗机构是否应承担相应责任?

[案例评析]

《献血法》第十五条第二款规定:为保证应急用血,医疗机构可以临时采集血液，但应当依照本法规定，确保采血、用血的安全。所以，在我国临床上是不完全禁止现场采血的，合法的临时采血如果不实施，医疗机构和医务人员是要承担“不作为”的法律责任的。因为我国《执业医师法》和《医疗机构管理条例》都规定，医疗机构和医务人员对于急危患者必须给予救治，这是一种法定义务。当然，根据《医疗机构临床用血管理办法（试行）》的规定，医疗机构因应急用血需要临时采集血液的，必须符合以下条件：边远地区的医疗机构和所在地无血站；危及病人生命，急需输血而其他医疗措施不能替代；具备交叉配血及快速诊断方法检验乙型肝炎病毒表面抗原、丙型肝炎病毒抗体、艾滋病病毒抗体的条件（一般的医疗机构包括本案的达茂旗妇幼保健所实际上均具有此项条件）。所以，旗妇幼保健所应该接受患者家属提出的临时采血要求，积极抢救孕妇的生命。

思考题

1. 什么是《献血法》？无偿献血的主体、献血量、间隔时间分别是什么？
2. 医疗机构临时采血条件有哪些？
3. 医疗器械管理方面有哪些相关的法律规定？
4. 医疗器械产品如何注册？

第十一章　医疗保障法律制度

本章要点：医疗保障法律制度既是社会保障制度的重要组成部分，也是医药卫生体系的关键环节之一，它的主要目标是在确保医疗资源公平分配的基础上满足人们对医疗服务的基本需求。经过近20年的努力，我国已经初步建立起符合我国国情的现代医疗保障制度体系，该体系主要由基本医疗保险、城乡医疗救助和补充医疗保险等构成。其中，基本医疗保险居于主体与核心地位。

第一节　医疗保障法律制度概述

一、医疗保障法律制度的概念

从概念的种属关系上看，医疗保障属于社会保障的下位概念。“社会保障”对应的英文词汇是“Social Security”，也有人称之为“社会安全”，该词最早起源于美国1935年颁布的《社会保障法》（Social Security Act）。1952年第35届国际劳工大会通过的《社会保障公约》，规定了社会保障的基本原则，从而使得这一概念在世界各国被广泛采用。在我国，1986年通过的《国民经济和社会发展第七个五年计划》明确提出：“我国将逐步地建立起具有中国特色的社会主义的社会保障制度雏型”，这是我国官方正式文件中首次使用这一概念。从此，“社会保障”一词逐渐在我国得到广泛使用并为社会公众所熟悉。

社会保障受到特定社会的政治、经济、社会、历史文化乃至伦理道德等因素的影响，而不同国家在具体国情上存在差异，这导致各国社会保障制度的内容不完全相同，因而理论上对社会保障的定义也有所不同。国际劳工局在1989年编著的《社会保障导论》将“社会保障”概括为：这一词汇在一些国家的解释比在另一些国家的含义要广，不过，它基本上可以解释为社会通过一系列的公共措施向其成员提供的用以抵御疾病、生育、工伤、失业、伤残、年老和死亡而丧失收入或收入锐减引起的经济和社会灾难的保护。社会保障制度根据其具体特点，又可以分为社会保险、社会救助、社会福利和优抚安置等。

作为现代社会保障制度的重要组成部分，医疗保障同样是一个动态的、历史范畴的概念。医疗保障在不同国家具有不同的制度内涵，即使在同一国家，医疗保障的内容也随着社会经济的发展而不断变化，因此对医疗保障下一个普遍通用的定义并不现实。这里，我们在结合各国医疗保障制度共性的基础上，将“医疗保障”界定为：国家和社会团体对劳动者或公民因疾病或其他自然事件（如生育、伤残等）造成的收入损失和产生的医疗费用给予经济补偿而实施的各种制度的统称。医疗保障制度可以有不同的制度模式和组织方式，如医疗救助、医疗保险或免费医疗等形式。我国目前的医疗保障制度体系主要由基本医疗保险、城乡医疗救助、补充医疗保险以及相关社会福利与社会优抚制度中包含的医疗保障部分构成。其中，基本医疗保险制度因为覆盖广、影响大，成为我国医疗保障制度的核心内容。

二、医疗保障法律制度的特征

医疗保障是社会保障体系的一个组成部分，具有社会保障的一般特征。当然，由于疾病风险与医疗服务供需的特殊性，医疗保障也具有自身的特殊性。

（一）福利性

社会保障具有再分配的功能，国家财政通常给予各种形式的补贴或资助，社会成员个人所需的支出一般都小于其所获得的收益，从而具有一定的福利性。就医疗保障而言，无论是医疗保险还是医疗救助，都是国家通过国民收入再分配的形式，对全体国民或者特定的社会弱势群体在患病时提供医疗服务帮助或照顾，以实现不同社会成员之间的健康公平。当然，不同医疗保障项目所体现的福利性会存在程度上的差别。如医疗救助制度中的救助对象只要符合相应的条件，即可获得免费的医疗服务，而医疗保险的对象则需要缴纳一定比例的保险费用才能享有相应的医疗保险待遇。在福利性方面，前者要高于后者。

（二）社会性

社会保障解决的是社会成员面临的年老、疾病、工伤、失业等风险问题。在社会化大生产背景下，这些风险由于存在的普遍性和严重性，往往超出了个人所能承受的范围，需要国家或社会出面解决，以满足社会成员的基本生活需要和维护社会稳定。在社会保障制度发展过程中，其保障对象不断扩展，逐渐从特定阶层或特定群体扩展到全体社会成员，并且保障的项目内容也越来越多。从保障资金的来源看，社会保障通过国家税收或者采用由国家、用人单位和社会成员共同缴费的方式，将责任和义务分散到整个社会。换言之，现代社会保障制度已经将年老、疾病、工伤、失业等传统上视为社会成员面临的个人风险，转化为一种社会共同的风险。在风险承担上，也不再将其完全视为个人的责任，而是结合个人、社会以及国家的力量予以共同应对。可见，它是在社会连带理论的基础上，形成了一个以国家或社会为单位的风险共同体，体现出高度的社会性。医疗保障也充分体现了社会保障制度的上述特点。

（三）强制性

在现代社会保障产生以前，人类社会就已经存在各种保障形式，如家庭保障和商业保险等。但这些保障形式都具有很大的局限性，如家庭保障仅限于家庭成员之间，保障范围非常有限。商业保险采用自愿方式，也无法将全体社会成员都纳入进来。而现代社会保障制度为确保保障对象的广泛性，一般都通过国家立法形式规定相关主体的权利和义务，并对社会保障的具体项目、内容、形式、享受条件及运作程序进行规定，因此带有一定的强制性。特别是其中的社会保险项目，为了防止风险的逆向选择，法律规定符合一定条件的保险对象都必须参加，实行强制缴费原则，这与自愿投保的商业保险存在明显差别。社会保障对国家而言也具有一定的强制性，如我国医疗保险中要求中央政府与地方政府对保险费进行补贴，医疗救助中要求相应政府部门承担各自的法定义务等。

（四）复杂性

医疗保障制度是对保障对象因疾病风险导致损失所提供的补偿，其中的医疗保险作为购买医疗服务的第三方，往往通过各种支付方式与医疗服务提供者直接进行结算，因此参保对象最终获得的是医疗服务，而非现金补偿。医疗保险关系中涉及的主体众多，包括保险人、被保险人、医疗机构以及药品经营者，相互之间形成了极为复杂的权利与义务关系。同时，医疗服务的专业性极强，医疗服务提供者具有信息优势，常常处于相对垄断地位，由此导致难以完全通过市场手段对医疗服务的内容等进行调节。因此，医疗保险的支出管理有别于养老、失业等其他社会保险，需要对医药服务提供者以及医药服务的项目和内容进行强有力的监管，以提高医疗保险基金的利用效率。

第二节　国外医疗保障法律制度的发展与主要模式

一、国外医疗保障法律制度发展简介

（一）医疗保障法律制度的萌芽时期

近代社会保障制度起源于英国，它最初是以社会救助的形式出现的。17 世纪初，英国受工业革命的影响，社会经济结构发生变化，在城市出现失业、流浪和贫困现象，社会出现动荡和变革。英国政府为了维护其阶级统治和社会稳定，于 1601 年颁布了旧《济贫法》，这是历史上第一个对社会救助做出的制度安排。济贫制度规定了对贫困人群的救济政策，其中包括对患病者和身体不健全者提供救济和医疗服务。1834 英国又颁布了新《济贫法》，该法改革的要点是将以往的

济贫院外救济改为严格的济贫院内救济，医疗救助的内容也扩大到提供生活救济金和医疗服务。在这一时期，尽管还没有形成专门的、独立的医疗救助法律体系，但是在综合性社会救助中已经有了医疗救助的内容，可以看作是现代医疗保障制度的萌芽。

（二）医疗保障制度的初步建立时期

一般认为，从19世纪末到20世纪初为包括医疗保障制度在内的社会保障制度的建立时期。1883年，德国俾斯麦政府颁布了《工人疾病保险法》，这标志着一种用社会保险的机制实现医疗保障的新制度的诞生。它首开强制性医疗保险的先河，规定某些行业中工资收入低于一定数额的工人必须参加到疾病保险中。疾病保险基金会强制征收工人和雇主按照一定工资比例缴纳的疾病保险费并用于工人的疾病医疗。随后，这项强制性的社会保险法律制度在欧洲和世界各地得到迅速发展。大部分欧洲国家在1920年以前建立了医疗保障法律制度。在亚洲最早建立医疗保障制度的国家是日本（1922年），在南美洲是巴西（1923年）和智利（1924年）。在发展过程中，医疗保障对象的覆盖面不断扩展，逐渐从仅适用于劳动者及其亲属的范围扩大至其他非职业群体，甚至有些国家将其扩展至全体国民。

（三）医疗保障法律制度的快速发展时期

1929～1933年，资本主义世界爆发了严重的经济危机，主导的经济理论强调政府应该实行积极的经济干预政策，而社会保障制度作为政府干预的重要体现，在这一时期得到了快速发展。1935年8月14日，美国总统罗斯福签署了《社会保障法》，第一次在正式法律制度中提出了“社会保障”这一概念。1942年《贝弗里奇报告》发布后，英国政府于1945～1948年间，相继颁布了《国民保险法》《国民卫生保健服务法》《家庭津贴法》和《国民救济法》等一系列社会保障法律，建立了比较完整的医疗保障体制。1952年国际劳工组织制定并通过了《社会保障制度最低公约标准》，对疾病津贴、医疗护理、工伤补偿等应遵从的最低标准做了规定，这进一步促进了医疗保障制度建设的蓬勃发展。

（四）医疗保障法律制度的改革与调整时期

20世纪70～80年代爆发的两次石油危机，导致西方资本主义国家经济面临严重困难，通货膨胀和失业率居高不下，资本主义国家的经济陷入了滞胀阶段，包括医疗保障制度在内的社会保障制度面临严峻的考验。同时，医疗科技发展带来的医疗成本提高和人口老龄化带来的人均医疗费用增长更是让医疗保障制度雪上加霜。发达资本主义国家的医疗保障制度开始出现了收不抵支、入不敷出的支付困难。在此背景下，“福利国家”和社会保障制度受到攻击和批判，迫使西方国家不得不对医疗保障进行改革。各国面临的共同问题是如何设计适合本国国情，并且能兼顾效率和公平的医疗保障制度。各国的改革措施从总体上看，主要表现为重建医疗保障的责任分担机制，减少国家负担，强化个人的保障意识，充分调动社会组织参与，并注重发挥市场的资源配置作用。

二、国外医疗保障的典型制度模式

由于医疗保障制度包含的具体内容纷繁复杂，不同国家的制度之间存在极大的差异，为避免过于宽泛，这里以在各国医疗保障体系中占据主体部分的医疗保险制度为例，分析不同制度的特点。理论上，如果以筹资机制为核心，兼顾医疗服务供给与医疗费用的偿付机制为划分标准，可以将国际上不同国家的医疗保险制度大致分为以下四种基本模式：

（一）国家医疗保险模式

国家医疗保障是指由政府直接举办医疗保险事业，通过税收形式筹集医疗保险基金，并采用国家财政预算拨款的形式将医疗保险资金分配给医疗机构，向国民提供免费或低收费的服务。此种模式以英国为代表，加拿大、澳大利亚等英联邦国家主要采取这种保障方式，其基本理念是《贝弗里奇报告》所提出的“福利国家”理论。1948年，英国颁布了《国民医疗服务法》，将国家卫生服务制度作为医疗保障制度体系的主体制度，其费用占到全国卫生保健总费用的90%以上，居民享受免费程度很高的医疗卫生服务。在卫生保健的实施及管理方面强调国家中央集权控制卫生资源的分配，采取全科医生制度，医疗服务与资金管理一体化，以社区保健作为卫生服务的重点。其优点是全面覆盖，国民就医的直接费用低廉；不足之处是效率较低，就医等待时间长，医疗服务质量不高，公众满意度低，得不到及时治疗的患者不得不选择到私立医院或国外就医。

（二）社会医疗保险模式

社会医疗保险是国家通过立法形式强制实施，由雇主和个人按一定比例缴纳保险费，建立社会保险基金，用于支付雇员（有时可包括其家属）医疗费用的一种医疗保险制度。此种模式以德国为代表，此外，法国、日本、韩国等国家都采取这种保障方式，其基本理念是社会成员之间的互助与连带。此模式的资金来源除了雇主与个人缴纳的部分外，政府也给予适当的财政补贴。此模式的运作由国家机关或专门组织经办，同时作为第三方代表被保险人对医疗服务进行费用支付。社会医疗保险通过社会共济方式化解经济风险，能够形成稳定的资金筹集机制、费用分担机制和第三方付费的医疗服务制约机制，成为多数国家的选择。目前，全世界已有100多个国家和地区采用此种模式。其不足之处是随着医疗成本上涨，保费也随之持续上涨。

（三）强制储蓄医疗保险模式

储蓄医疗保险是依据法律规定，强制性地以家庭为单位建立医疗储蓄基金，并逐步积累,用以支付日后患病所需的医疗费用。此种模式源于新加坡,我国城镇职工医疗保险中的个人账户制度即借鉴了这种模式。强制储蓄模式以个人责任为基础,强调个人通过积累以应对将来的医疗费用,政府只对弱势群体提供必要的帮助。由于储蓄账户积累基金属于个人财产,有利于避免过度利用医疗服务行为的发生,从而减少浪费。同时,这种模式要求每个有收入的国民都要为其终身医疗需求而储蓄,也避免上一代人的医疗保健费用转移到下一代人身上。但它的缺陷是不能实现社会互助共济、共同分担疾病风险,低收入人群得不到足够的医疗保障,或者难以得到更好的医疗服务。

(四)市场医疗保险模式

市场医疗保险以自愿投保为原则,保险基金主要来源于参保的个人及其雇主所缴纳的保险费,医疗服务供给、医疗服务价格等基本都由市场调节,国家不介入医疗保险的具体运行。此种模式以美国为代表,优点是政府不用承担过重的医疗保障责任,但不足之处是由于商业保险具有强烈的营利动机,医疗保险费用昂贵,导致很多人无力加入,因此保险对象的覆盖率有限。当然,美国医疗保障制度是一个多元化的体系,在以商业医疗保险为主的同时,也建立了针对特定群体的公共医疗保障制度,如对于65岁以上的老年人、贫困者和严重的残疾人员,由国家出资建立的医疗救助制度(Medicaid)进行保障。

需要指出的是,上述几种模式概括的是相应国家医疗保障制度的主要特点,但实际上各个国家的医疗保障体制大多是不同模式的混合体,在筹资模式、偿付模式等方面存在着一定交叉的情形,例如筹资方式是社会保险型的,而医疗服务提供则是市场保险型的。

三、国外医疗保障法律制度的发展趋势

虽然各国医疗保障的模式与内容存在不同,但在人口老龄化、医疗技术发展与健康人权观念增强的背景下,都面临着一些共同的新问题和新挑战,如控制医疗费用的急剧增长,促进医疗保障更加公平等,因而各国医疗保障制度均在不断的发展与改革之中。从总体上看,国际医疗保障制度的发展呈现出以下几个趋势:

一是立足国情确定基本医疗保障制度。迄今为止,没有公认完美的医保制度,每种制度都有其优点,也有其局限性。各国选择医疗保障制度都是从国情出发,充分考虑各自经济发展水平、医疗资源状况、文化传统和价值取向等方面的因素,而不是简单照搬别国经验。

二是不同医疗保障模式向融合方向发展。单一制度难以覆盖全体人群,混合模式能更好地实现医疗保障的全面覆盖,注重发挥社会各方面的积极作用。

如德国以社会保险制度为主，但也有10%左右的公民以商业保险解决医疗保障问题。

三是共同方向是覆盖全体国民。医疗保障与经济社会发展水平密不可分，基本都是从就业人群起步。随着社会经济发展，各国相应制度和政策逐步完善，全面覆盖逐步实现，并通过制度整合，形成了主体制度和多层次保障体系。

以具体国家为例，传统上强调医疗保障国家责任的英国，在20世纪90年代初通过在医疗服务提供者之间引入市场竞争机制，发起了“准市场化”的改革。2012年3月，由英国卡梅伦政府推动的《健康与社会医疗法案》(Health and Social Care Act)获得通过，该法案的目的是通过强化NHS体系内部的竞争，以提高国民健康服务系统效率并削减开支。而一直主要依赖市场机制的美国，针对市场医疗保险模式存在的问题，多年来一直试图推动改革，但都因种种原因而未能成功。经过多方努力，美国总统奥巴马最终于2010年3月签署了《患者保护与平价医疗法案》(Patient Protection and Affordable Care Act，PPACA)。该法案推行强制原则，要求所有美国公民都必须购买医疗保险，否则将支付罚款，除非因宗教信仰或经济困难的原因而被豁免。该法案生效后，预计将使原先3200万没有医疗保险的美国公民享受到医保，这标志着美国也逐步走上了“全民医保”的道路。

第三节　我国医疗保障法律制度与医药卫生体制改革

一、我国医疗保障法律制度的初步建立

新中国的医疗保障制度初建于20世纪50年代初，当时的制度体系主要由覆盖企业职工的劳保医疗制度和覆盖机关、事业单位人员的公费医疗制度以及农村合作医疗三部分构成。

(一)劳保医疗制度

1951年政务院发布了《劳动保险条例》，规定享受劳保医疗的主要对象是国营企业的职工，县以上城镇集体所有制企业职工可参照执行。劳保医疗经费的来源，1953年以前全部由企业行政负担，1953年改为根据行业性质分别按工资总额的5%～7%提取。为了便于企业统筹运用基金，1969年财政部规定将按原工资总额的2.5%提取的福利费、3%提取的奖励基金和5.5%提取的医疗卫生费合并提取改按工资总额的11%提取职工福利基金。在费用支出上，企业职工患一般疾病和非因工负伤、残废的，其所需诊疗费、手术费、住院费及普通药费均由企业负担，但贵重药费、住院的膳食费及就医路费由职工本人负担。职工供养

的直系亲属患病时，可以在该企业医院或其他特约医院诊治，手术费及普通药费由企业负担1/2。

（二）公费医疗制度

1952年，政务院发布了《关于全国各级人民政府、党派、团体及所属事业单位的国家工作人员实行公费医疗的指示》，建立了公费医疗制度。该制度主要保障的对象是各级国家机关、党派、人民团体及其他事业单位的工作人员和离、退休人员、在乡二等乙级以上伤残军人，后来又扩大到高等院校的在校学生。具体待遇规定：除挂号费、营养滋补药品以及整容、矫形等少数项目由个人支付费用外，其他医药费的全部和大部分由公费医疗经费开支。公费医疗费用由各级政府财政预算拨款。之后，国家又相继出台相关文件，进一步明确享受公费医疗待遇人员的范围、补助标准和报销范围等问题。

（三）农村合作医疗制度

农村合作医疗制度正式出现于1955年农业合作化高潮时期，并在“文革”期间得到普及。农村合作医疗是指以农村居民为对象，由农村集体生产或行政组织和个人共同出资，实行健康人群和患病人群之间医药费用再分配的一种互助共济的组织形式。每个农民每年缴纳一定额度的保健费，就可免费享受预防保健服务，患者接受治疗免收挂号费、初诊费等。这是在经济发展水平较低、政府基本没有投入的情况下建立起来的一种广覆盖、低水平的集资医疗保健制度。

二、我国医疗保险法律制度的改革与发展

以上几种医疗保障法律制度在保障人们健康方面起到了重要作用，但它们是在计划经济体制下建立起来的，只适用于特定的历史阶段。伴随着市场经济体制的建立，这些医疗保障制度逐渐出现了许多无法解决的矛盾和弊端。如城镇的劳保医疗与公费医疗的覆盖面窄，管理和服务的社会化程度低，医疗费用缺乏有效的制约机制，造成浪费现象严重。在农村地区，随着人民公社的解体，合作医疗制度也逐渐瓦解。因此，传统的医疗保险制度改革势在必行。

（一）城镇职工基本医疗保险制度

1994年，原国家体改委等四部门印发了《关于职工医疗制度改革试点意见》，决定在江苏省镇江市和江西省九江市进行试点，探索建立统账结合的医疗保险制度，这就是后来著名的“两江试点”。此后，试点范围不断扩大，各地对统账结合方式进行了积极探索。在总结各地试点经验的基础上，1998年国务院发布了《国务院关于建立城镇职工基本医疗保险制度的决定》，决定从1999年1月开始，在全国范围内进行城镇职工医疗保险制度改革。这一决定标志着在我国实施了近半个世纪的公费、劳保医疗制度将被新的职工基本医疗保险制度（以下

简称“职工医保”)所取代。该制度的主要内容如下:

1.覆盖范围。城镇所有用人单位,包括企业、机关、事业单位、社会团体、民办非企业单位及其职工,都要参加职工医保。随着原劳动保障部对于灵活就业人员、农民工、非公有制经济组织参保政策的明确,职工医保实际上覆盖了城镇全体从业人员。人力资源与社会保障部 2015 年 5 月 28 日发布的《2014 年度人力资源和社会保障事业发展统计公报》显示,截至 2014 年年底,我国参加职工医保的人数达到 2.83 亿人。

2.统筹层次。根据上述国务院决定的要求,职工医保原则上以地级以上行政区(包括地、市、州、盟)为统筹单位,也可以县(市)为统筹单位。目前,全国多数地区实现了市级统筹,少数地区仍停留在县级统筹层次。

3.筹资标准。医疗保险费由用人单位和职工共同缴纳。用人单位缴费率控制在职工工资总额的 6%左右,在职职工缴费率为本人工资的 2%,退休人员个人不缴费。具体缴费比例由各统筹地区根据实际情况确定。基本医疗保险基金实行社会统筹和个人账户相结合:职工个人缴纳的基本医疗保险费全部计入个人账户,用人单位缴纳的基本医疗保险费分为两部分,一部分用于建立统筹基金,一部分划入个人账户,划入个人账户的比例一般为用人单位缴费的 30%左右。

4.待遇支付。个人账户和统筹基金分别对应各自的支付范围,并对统筹基金设定起付标准和最高支付限额。个人账户主要支付门诊费用、住院费用中个人自付部分以及在定点药店购药费用。统筹基金用于支付符合规定的住院医疗费用和部分门诊大病医疗费用,起付标准为当地职工年平均工资的 10%(实际在 5%左右),最高支付限额(封顶线)为当地职工年平均工资的 6 倍。

(二)新型农村合作医疗制度

2002 年 10 月,中共中央、国务院下发的《中共中央、国务院关于进一步加强农村卫生工作的决定》明确提出,在农村要逐步建立适应社会主义市场经济体制要求和农村经济发展水平的、以大病统筹为主的新型农村合作医疗制度(以下简称“新农合”)。随后,国务院办公厅于 2003 年 1 月 16 日转发了卫生部等部门《关于建立新型农村合作医疗制度意见的通知》,要求从 2003 年起,各省、自治区、直辖市至少要选择 2 个县(市)先行试点,取得经验后逐步推开;到 2010 年,实现在全国建立基本覆盖全体农村居民的目标。新农合的主要内容如下:

1.覆盖范围。新农合的目标是要覆盖全体农村居民,该制度自 2003 年试点以来,覆盖范围逐渐扩大,国家卫生和计划生育委员会 2014 年 5 月发布的《2013 年我国卫生和计划生育事业发展统计公报》显示:截至 2013 年年底,全国有 2489 个县(市、区)开展了新农合工作,参合人口数达 8.02 亿人,参合率为98.7%。

2.统筹层次。根据上述国务院通知的要求，新农合一般采取以县(市)为单位进行统筹。条件不具备的地方，在起步阶段也可采取以乡(镇)为单位进行统筹，逐步向县(市)统筹过渡。目前我国现实的情况是，绝大多数地区处于县(市)级统筹阶段，少数试点地区处于地市级统筹阶段。

3.筹资标准。新农合实行个人缴费、集体扶持和政府资助相结合的筹资机制。在试点时期，农民个人每年的缴费标准不应低于10元，地方财政每年对参保农民的资助不低于人均10元，中央财政每年通过专项转移支付对中西部地区除市区以外的参保农民按人均10元安排补助资金。此后，筹资水平不断提高。国家统计数据显示，2013年度新农合筹资总额达2972.5亿元，人均筹资370.6元。

4.待遇支付。新农合建立初期，主要是补助参保农民的大额医疗费用或住院医疗费用。在制度发展过程中，许多地方逐渐将门诊费用也纳入报销范围。目前，各地在待遇的支付范围、支付标准和报销比例的确定上，主要是根据本地实际制定的相关政策确定的。

(三)城镇居民基本医疗保险制度

职工医保与新农合制度建立后，为了解决城镇非从业居民的医疗保障问题，国务院2007年7月10日发布了《关于开展城镇居民基本医疗保险试点的指导意见》，决定自2007年开始在有条件的省份选择2至3个城市启动试点，2008年扩大试点，争取2009年试点城市达到80%以上，2010年在全国全面推开，逐步覆盖全体城镇非从业居民。城镇居民医疗保险制度(以下简称“居民医保”)采取自愿原则，由中央确定基本原则和主要政策，地方制定具体办法，对参保居民实行属地管理。居民医保的主要内容如下：

1.覆盖范围。居民医保的保险对象主要针对不属于职工医疗保险制度覆盖范围的中小学阶段的学生(包括职业高中、中专、技校学生)、少年儿童和其他非从业城镇居民。《2014年度人力资源和社会保障事业发展统计公报》的数据显示，截至2014年年底，我国参加居民医保的人数达到3.15亿人。

2.统筹层次。根据人力资源和社会保障部《关于做好2008年城镇居民基本医疗保险试点工作的通知》的要求，各地应探索实行地级统筹，经济社会发展水平较高的地区应实行地级统筹，条件不具备的地区可以县(区)进行统筹。目前全国大部分地区与职工医保统筹层次一致。

3.筹资标准。居民医保实行个人缴费与政府补助相结合的方式。同时有条件的用人单位可以对职工家属参保缴费给予补助，国家对个人缴费和单位补助资金制定税收鼓励政策。根据财政部、国家卫生和计划生育委员会与人力资源和社会保障部2014年4月25日发布的《关于提高2014年新型农村合作医疗和城镇居民基本医疗保险筹资标准的通知》,2014年各级财政对居民医保人均补助标准达到320元,全国平均个人缴费标准达到每人每年90元左右。

4.待遇支付。居民医保主要是补偿参保居民的住院和门诊大病医疗支出,有条件的地区可以逐步试行门诊医疗费用统筹。与新农合相似,各地在待遇的支付范围、支付标准和报销比例的确定上,主要是依据本地实际制定的相关政策确定的。

三、城乡医疗救助制度的建立与发展

城乡医疗救助制度是指采取财政资助、社会捐助、政府管理的办法,对贫困群体中的患疾病者施行的医疗保障制度。

(一)城乡医疗救助制度的建立

2002年,中共中央、国务院制定并出台了《中共中央、国务院关于进一步加强农村卫生工作的决定》,首次提出了在农村建立医疗救助制度。2003年,民政部、卫生部和财政部出台了《关于实施农村医疗救助工作的意见》,明确了农村医疗救助制度是政府拨款和社会各界自愿捐助等多渠道筹资,对患大病的农村五保户和贫困农民家庭实行救助的制度。2005年,国务院办公厅转发民政部等部门《关于建立城市医疗救助制度试点工作意见的通知》(国办发〔2005〕10号),主要将城市居民最低生活保障对象中未参加职工医保的人员,以及已参加职工医保但个人负担仍然较重的人员和其他特殊困难群众列为救助对象。2009年,民政部等部门出台了《关于进一步完善城乡医疗救助制度的意见》;2013年,财政部会同民政部制定了《城乡医疗救助基金管理办法》。目前,依据这些政策与法规所建立起来的城乡医疗救助制度,较为有效地缓解了贫困居民就医难问题。

(二)城乡医疗救助制度的主要内容

1.救助对象。城乡医疗救助的对象主要分为三类:(1)城乡低保对象;(2)农村五保供养对象;(3)其他符合医疗救助条件的经济困难群众。救助的具体条件由地方政府民政部门会同卫生、劳动保障、财政等部门制定并报同级人民政府批准。

2.基金来源。县级以上人民政府建立城乡医疗救助基金,城乡医疗救助基金来源主要包括:(1)地方各级财政部门每年根据本地区开展城乡医疗救助工作的实际需要,按照预算管理的相关规定,在年初公共财政预算和彩票公益金中安排的城乡医疗救助资金。(2)社会各界自愿捐赠的资金。(3)城乡医疗救助基金形成的利息收入。(4)按规定可用于城乡医疗救助的其他资金。

3.救助方式。医疗救助基金在使用上,首先是资助救助对象参加基本医疗

保险，其次对经基本医疗保险、大病保险和商业保险等补偿后，仍难以负担符合规定的医疗费用的救助对象给予补助。对因各种原因未能参加基本医疗保险的个人自负医疗费用的救助对象，可直接给予救助。

4. 基金的支出与管理。城乡医疗救助基金原则上实行财政直接支付。民政部门向同级财政部门提交拨款申请，财政部门审核后将城乡医疗救助基金由社保基金专户直接支付到定点医疗机构、定点零售药店或医疗救助对象。同时，为确保基金全部用于救助对象的医疗救助，对不按规定用药、诊疗以及不按规定提供医疗服务所发生的医疗费，城乡医疗救助基金不予结算。

四、我国医疗保障法律制度发展面临的任务

2009 年 4 月，《中共中央、国务院关于深化医药卫生体制改革的意见》公布，将建立"城镇职工基本医疗保险、城镇居民基本医疗保险、新型农村合作医疗和城乡医疗救助共同组成基本医疗保障体系，分别覆盖城镇就业人口、城镇非就业人口、农村人口和城乡困难人群"作为新医改的重要目标。在其推动下，医疗保障扩面工作进一步加快，近几年来，三项基本医疗保险覆盖率稳定维持在 95% 以上，加上城乡医疗救助，可以说，我国基本实现了"广覆盖、保基本"的全民医保目标。从制度效果来说，我国现行的多层次基本医疗保障制度在满足人民群众多样化的需求、保障人人享受基本医疗卫生服务、提高人民群众的健康水平方面发挥了积极的作用，民众"因病致贫"和"因病返贫"的情况得到了较大的缓解。

在看到成绩的同时，我们更要清醒地认识到现行制度所存在的不足：首先，我国基本医疗保障制度建立的时间不长，还处于探索和完善的过程中，与当前人民群众对医疗保障的要求和期望还有很大的差距。其次，现行医疗保障管理体系中，城镇职工和居民医保由社会保障部门管理，新农合由卫生部门管理，城乡医疗救助由民政局管理。这种多头管理的现状，不利于管理效率的提高。再次，目前三项基本医疗保险制度并行，而且统筹层次过低，在制度之间以及不同统筹地区的同一制度之间，都存在着较为明显的医疗保险待遇差别，从而造成人员流动困难，并引起公平方面的问题。对此，我国 2010 年通过的《社会保险法》第六十四条规定：基本养老保险基金逐步实行全国统筹，其他社会保险基金逐步实行省级统筹，具体时间、步骤由国务院规定。可以预见，我国医疗保险制度在未来一段时间内的主要任务是，在提高统筹层次的基础上逐步实现整合，以进一步提高制度的效率与公平。

典型案例评析

[案情]

2010年4月，李某入职于台港澳与大陆合资的“张家港新东旭纺织印染有限公司”(以下简称“新东旭公司”)，并于同日与新东旭公司签订了全日制劳动合同，合同期限为一年。在工作期间内，针对新东旭公司应为员工缴纳社会保险一事，包括李某在内的员工向新东旭公司提交了申请书，该申请书载明：新东旭公司已尽到督促各位员工参加各项社会保险并提交相关材料的义务，但员工经过考虑后，决定不参加社会保险，并希望新东旭公司将社会保险各项费用与工资一同发放给员工，若因此产生的风险无须新东旭公司承担。收到该申请书后，新东旭公司同意李某等员工的申请，未为李某等员工办理各项社会保险的参保手续。

同年11月，李某因脑出血、肋骨骨折、肺挫伤接受住院治疗，共支付医疗费69753.32元。在李某住院期间，新东旭公司共支付给李某11000元。若李某参加社会保险，社会保险基金可报销61869.96元。为此，李某以新东旭公司应当支付其医疗费、医疗期工资、医疗补助费为由，向张家港市劳动争议仲裁委员会申请仲裁，该劳动仲裁委员会经审理做出仲裁裁决，裁决新东旭公司向李某支付医疗费61869.96元、病假工资2352元。

新东旭公司不服劳动仲裁委员会做出的仲裁裁决，以其因李某提出无须缴纳社会保险而未为其缴纳社会保险，且向李某支付了社保补贴，其不应承担李某生病的医疗费用；同时李某住院治疗并非工伤，并在医疗期满后未回公司上班，应视为自动离职，其亦无须支付病假工资为由，提起诉讼，请求法院予以确认。李某则辩称：劳动仲裁委员会做出的仲裁裁决认定事实清楚、适用法律正确，应予以维持。

[争议焦点]

1. 劳动者与用人单位订立劳动合同时，自愿放弃参加社会保险，该行为是否有效，当劳动者因病住院花费医疗费而不能从保险金中报销时，用人单位应否承担赔偿责任？

2. 新东旭公司在李某住院期间所支付的11000元在法律性质上如何认定，应否从新东旭公司所应承担的医疗费中扣除？

[案例评析]

根据我国《劳动法》与《社会保险法》的相关规定，用人单位和劳动者必须依法参加社会保险，缴纳社会保险费。即参加社会保险是法律规定的义务，而非用人单位与劳动者可以约定的义务。用人单位与劳动者即使约定用人单位无须缴纳社会保险费而只需向劳动者支付社会保险费补贴，亦因违反法律的强制性规定而无效，且不能以此免除用人单位未给劳动者缴纳社会保险的责任。

本案中，新东旭公司因李某申请而未给其缴纳社会保险费用，致使李某无法从社会保险基金中报销其花费的医疗费用。虽然双方之间约定系李某自愿放弃参加社会保险，但因该项约定违反了我国法律的强制性规定，属于无效条款，新东旭公司不能依据该约定免除其应为职工缴纳社会保险的义务。同时，新东旭公司作为用人单位应当了解社会保险的各项规定及未缴纳社会保险所应承担的责任，且其完全有可能避免劳动者不缴纳社会保险的情况，但其未尽到督促责任。因此，新东旭公司应当承担未缴纳社会保险费用而给劳动者李某带来的各项损失。

据此，一审法院判决：新东旭公司支付李某医疗费 43000 元、病假工资 2352 元，合计 45352 元，扣除已支付的 11000 元，共应支付余款 34352 元。一审判决做出后，李某不服提出上诉。二审法院经过审理，在撤销一审判决的基础上，判决新东旭公司支付李某医疗费 61869.96 元、病假工资 2352 元，合计 64221.96 元，扣除已支付的 11000 元，扣除返还社保补贴 1680 元，最终共应支付余款 51541.96 元，并于判决生效后十日内履行。

思考题

1. 何谓医疗保障制度？它在体系构成上包括哪些内容？

2. 国际上医疗保险制度可以分为哪几种模式？

3. 我国医疗保险制度目前面临的问题主要有哪些？

第十二章　特殊人群生命健康权益保障法律制度

本章要点：患者、母婴、未成年人、老年人和残疾人等，或者是由于年龄、性别，或者是由于身体、精神或智力的缺陷成为社会中的弱势群体。为了真正实现每个人平等享有生命健康权，追求实质意义上的公平，需要对特殊人群给予特殊对待和特殊保障。我国已形成以《宪法》为基础，由《母婴保健法》《老年人权益保障法》《未成年人保护法》《残疾人保障法》等法律构成的特殊群体生命健康权益保障法律体系。

第一节　特殊人群生命健康权益保障法律制度概述

一、特殊人群及其保障概述

（一）特殊人群

特殊人群在不同的语境和学科内有着不同的界定和外延，例如在劳动保障中特殊人群主要指妇女工。另外，还有学者将特殊人群界定为低收入群体、社会竞争弱者群体等等。

在医药卫生法领域中，我们划分普通人群和特殊人群的标准是在生命健康权益保障中的弱势群体，主要包括：患者、母婴、未成年人、老年人和残疾人。

（二）对特殊人群权益保障的必要性

"法律面前人人平等"是现代法治理念的核心，是公平正义的首要内涵。它强调法律确认和保障公民在享有权利和承担义务上处于平等的地位，不允许任何人有超越于法律之上的特权。法律平等地规定了公民的权利，但权利最终能否真正平等的实现，取决于公民的社会物质生活条件，取决于权利主体自身的状况。总体上看，公民权利的实现受公民的经济实力、受教育程度而引起的法律意识的高低、外界的司法环境、年龄大小及智力程度等方面的影响。

患者、母婴、未成年人、老年人和残疾人，或者是由于年龄、性别，或者是由于身体、精神或智力的缺陷成为社会中的弱势群体，弱势群体由于在上述一方面或几方面相对薄弱而处于不利地位，这就使得弱势群体法定人权的实现出现障碍，也就是说，实际上并不是所有的权利主体都实质享受到了权利，法律公正更多的是形式公正。美国学者罗尔斯提出“差别补偿原则”，即由于出身和天生的不平等是不应当的，这些不平等多少应当给予某种补偿。为了平等地对待所有人，提供真正的同等的机会，社会必须更多地关注那些天赋较低和出身于较不利的社会地位的人们。只有如此，他们才能得到与其他人相当的生存和发展的机会。法律给予特殊人群以特殊的“补偿”与“保护”，使其在权利行使遇到障碍的时候得到帮助，从而享受其本应享有的权利，使法律的公正最终得到实现。

二、我国法律对特殊人群权益保障的现状

随着我国经济的发展和社会的进步，特殊群体的权益也越来越受到政府的重视和各项政策法规的保障。不仅在政府的一般工作中体现对这些特定人群的扶助，也在立法层次上形成了以《宪法》为统领，以基本法为依托，以《母婴保健法》《老年人权益保障法》《未成年人保护法》《残疾人保障法》为主体的完善的法律法规体系，以保障特定人群的合法权益。

《宪法》作为国家的根本大法，对我国公民的基本权利进行了原则性的规定，分别规定了平等原则、公民的人身自由、财产权利不受侵犯的原则，确立了对特殊群体的平等保护，并从多个层次做出了有利于保障特殊群体的规定，如资助贫困老人，帮助和救助残疾人，强化对婚姻、家庭、母亲和儿童的特别保护，等等。

以《宪法》为立法依据颁行的一些基本法中，也能体现出对特殊人群的保护。如我国《刑法》中分别对未成年人犯罪、精神病人犯罪以及又聋又哑的人或盲人犯罪做出特别规定，我国的《民法通则》为未成年人、精神病人的民事行为规定法定代理制度，并进一步规定监护制度等。还有一些民商的单行立法也确定了对弱势群体提供法制保障的基本制度和规则，如《婚姻法》《继承法》等。这些法律分别或共同对特殊人群的典型代表人群如未成年人、老人、残疾人等所享有的权利给予了特殊社会保障。

同时，众多的行政法规、司法解释和执政党的政策，对保障特殊人群的合法权益、特殊权益予以补充和细化，使之更具操作性和执行性。我国现行的养老、失业、医保等规章，大多由行政主管部门制定和实施，产生了较好的效果。近年来，最高人民法院和最高人民检察院直接对侵犯未成年人、老人等合法权益的法律适用，做出了统一的司法解释。这些解释对于指导各级司法机关公正执法、严肃执法和维护特殊人群的合法权益，起到了积极的作用。总之，特殊人群的保护在现代中国已走向法治之路并日趋完善。

三、特殊人群的权利概述

1.患者基本权利。具体包括:(1)生命权、身体权和健康权。(2)医疗权。任何患者都享有医疗权利,并且患者享有的医疗权应是平等的。凡患者不分性别、国籍、民族、信仰、社会地位和病情轻重,都有权受到礼貌周到、耐心细致、合理连贯的诊治服务。(3)自主权。自主权是指患者就有关自己的医疗问题自由地做出决定的权利。当然,如果患者是未成年人或精神病患者则由其监护人做出决定。(4)知情同意权。患者有权利知道医生对自己采取的医疗方法,知情同意权是患者自主权的延伸,集中体现了医生对患者自主权的尊重。(5)保密权。是自主权的延伸,对患者的隐私保密是医生的职业道德。(6)保护隐私权。隐私权是指公民享有的个人不愿公开的有关私生活的事实不被公开的权利。(7)诉讼权和求偿权。当患者权益受到侵害时,向医疗机构以诉讼或非诉讼的方式请求赔偿或补偿是患者的基本权利。

2.母婴基本权利。具体包括:(1)保健权。婚前保健和孕产期保健是对母婴健康权的维护。(2)《妇女权益保护法》中的各项权利。包括:享有与男子平等的政治权利、文化教育权益、劳动权益、财产权益、人身权利、婚姻家庭权益等。

3.未成年人基本权利。具体包括:(1)生存权。生存权指在社会中生活和存在的权利。生存权是未成年人最基本的权利,国家保障每个未成年人平等的生存权利,禁止对未成年人实施家庭暴力,禁止虐待、遗弃未成年人,禁止溺婴和其他残害婴儿的行为,不得歧视女性未成年人或者有残疾的未成年人。(2)发展权。未成年人的父母或合法的监护人有责任在其能力和条件许可的范围内为未成年人提供确保儿童发展所需的生活条件和教育条件,政府有责任采取适当措施帮助父母或法定抚养人实现此项权利,并在需要时提供物质援助和资助方案。(3)受保护权 。受保护权指依法接受来自家庭、社区、社会组织和整个社会的特别的爱护,使其免受可能遇到的伤害、破坏或有害的影响的权利。(4)参与权。参与权指参加各种社会生活和与自身利益相关的社会活动并通过发表言论和采取行动对其产生影响的权利。未成年人的社会参与权受法律保护,其有依法参与与其能力相适宜的社会生活和社会活动的权利。(5)受教育权。未成年人享有受教育权,国家、社会、学校和家庭尊重和保障未成年人的受教育权。父母或者其他监护人应当尊重未成年人受教育的权利,必须使适龄未成年人依法入学接受并完成义务教育,不得使接受义务教育的未成年人辍学。(6)平等对待权。未成年人不分性别、民族、种族、家庭财产状况、宗教信仰等,依法平等地享有权利。

4.老年人基本权利。具体包括:(1)获得帮助权。老年人有从国家和社会获得物质帮助的权利,有享受社会发展成果的权利。禁止歧视、侮辱、虐待或者遗弃老年人。(2)婚姻家庭权。《老年人权益保障法》第二章"家庭赡养与扶养"对老年人的婚姻家庭权利做出了专门规定,这些权利涉及老年人家庭赡养与扶养权、居住权、婚姻自由权、财产权和继承权等。(3)社会保障权。《老年人权益保障法》第三章"社会保障"对老年人获得社会保障的权利做出了规定。这些规定确立了老年人的生活保障权、医疗保障权、文化教育权、社会服务权等权利。(4)参与社会发展权。参与社会发展的权利是指老年人依法拥有的为国家、社会和家庭做贡献的权利。为了确保老年人能够参与社会发展,实现"老有所为",《老年人权益保障法》专门列出一章,即第四章"参与社会发展",来规定老年人参与社会发展的权利,从尊重、创造条件和鼓励等三方面对老年人参与社会发展的权利进行规定。

5.残疾人的基本权利。具体包括:(1)平等权。残疾人在政治、经济、文化、社会和家庭生活等方面享有同其他公民平等的权利。残疾人的公民权利和人格尊严受法律保护。禁止歧视、侮辱、侵害残疾人。(2)康复权。国家保障残疾人享有康复服务的权利,各级人民政府和有关部门应当采取措施,为残疾人康复创造条件,建立和完善残疾人康复服务体系,并分阶段实施重点康复项目,帮助残疾人恢复或者补偿功能,增强其参与社会生活的能力。(3)受教育权。《残疾人保障法》第十八条规定,国家保障残疾人受教育的权利。(4)劳动权。《残疾人保障法》第二十七条规定,国家保障残疾人劳动的权利。(5)参与文化生活权。国家和社会鼓励、帮助残疾人参加各种文化、体育、娱乐活动,努力满足残疾人精神文化生活的需要。(6)社会福利权。国家和社会采取扶助、救济和其他福利措施,保障和改善残疾人的生活。(7)环境友好权。国家和社会逐步创造良好的环境,改善残疾人参与社会生活的条件。国家和社会逐步实行方便残疾人的城市道路和建筑物设计规范,采取无障碍措施。

第二节 患者生命健康权益保障法律制度

一、患者及其权益

患者是指患有疾病、忍受疾病痛苦的人,我们常称其为"病人"。一旦普通人生病到医疗机构就诊,就成为患者,其与医疗机构之间就会发生医疗关系,患者是医疗服务活动的核心。一般而言,在医患关系中,由于医学的专业性强,技术含量高,相对于医方而言,确实存在着医学信息不对称的情况,患者时常处于弱势地位。患者较医疗机构来说,无论在医治方式还是专业认知中都处于弱势一方，因此，患者的权益较易受到侵害。

患者的权益是指患者在患病就医期间所拥有的而且能够行使的权利和应该享受的利益。医务人员应当尊重和维护患者的合法权益。

二、患者权益保障法律制度概述

我国并没有专门的患者权益保护法，患者的权益保障主要体现在《民法通则》《侵权责任法》《执业医师法》《医疗机构管理条例》《医疗事故处理条例》等法律、法规的具体规定中。

《民法通则》是中国对民事活动中一些共同性问题所做的法律规定，是民法体系中的一般法。其首先在公民的民事权利能力和民事行为能力部分规定了"不能辨认自己行为的精神病人是无民事行为能力人，由他的法定代理人代理民事活动"。这是对精神病患者的权利行使方式进行的规定。另外，该法第九十八条规定"公民享有生命健康权"。这也是患者享有医疗救治权的理论基础与法律依据。

2009 年 12 月 26 日颁行的《侵权责任法》共十二章九十二条，对公民民事权益进行了全方面、多层次、立体化保障，堪称保护公民人身、财产权益的集大成者，其内容涉及百姓生活的方方面面，与公众利益息息相关。《侵权责任法》第七章对医疗损害责任进行了具体规定：患者在诊疗活动中受到损害，医疗机构及其医务人员有过错的，由医疗机构承担赔偿责任。医务人员在诊疗活动中应当向患者说明病情和医疗措施。需要实施手术、特殊检查、特殊治疗的，医务人员应当及时向患者说明医疗风险、替代医疗方案等情况，并取得其书面同意；不宜向患者说明的，应当向患者的近亲属说明，并取得其书面同意。因药品、消毒药剂、医疗器械的缺陷，或者输入不合格的血液造成患者损害的，患者可以向生产者或者血液提供机构请求赔偿，也可以向医疗机构请求赔偿。患者要求查阅、复制前款规定的病历资料的，医疗机构应当提供。医疗机构及其医务人员应当对患者的隐私保密。上述法律规定正是患者享有病历知情权和病历隐私权的直接法律依据。

1994 年国务院颁布的《医疗机构管理条例》规定，医疗机构施行手术、特殊检查或者特殊治疗时，必须征得患者同意，并应当取得其家属或者关系人同意并签字；无法取得患者意见时，应当取得其家属或者关系人同意并签字。这是对患者知情同意权的最早规定。

《医疗事故处理条例》中则有大量的条文涉及患者的权利，比如第十条规定了患者知情权；第十六、十七条规定了患者对病历及可疑医疗物品有封存权；第十八条规定了患者家属有尸检决定权等。

三、患者权益保障法律制度的完善

我国当前医患关系日趋紧张，患者权益遭受损害时也常常在法律上处于无助的境地，而且对患者权益的保障最为直接地体现了对人权的保护，反映了现代社会人权保障的要求。目前，全国范围内没有专门的患者权益保护法，将保障患者权益纳入消费者权益保障的范围也是不合适的。但我国部分地方性立法已经将医疗服务纳入《消费者权益保护法》调整的范围，比如《吉林省实施〈中华人民共和国消费者权益保护法〉办法》《广东省实施〈中华人民共和国消费者权益保护法〉办法》《浙江省实施〈中华人民共和国消费者权益保护法〉办法》等。

虽然医患关系与消费关系均属于民事关系，但是，消费关系和医患关系不同，医患关系要比消费关系复杂得多。首先，从法律关系性质上看，消费关系主要是合同关系，医患关系除了医患合同关系和医患侵权关系外，还有医患无因管理关系和强制治疗关系。其次，从法律关系的主体看，患者不是消费者，医疗机构也不是经营者。再次，从法律关系的内容看，医疗机构所承担的提供医疗服务义务不同于经营者提供商品和服务的义务。最后，从法律关系的标的来看，医疗行为不同于经营者提供商品和服务的行为。可见，医患关系无法被消费关系所包容，将医患关系纳入《消费者权益保护法》是不合适的。

随着人权保障事业的发展和患者主体意识的增强，患者权益保障已经成为一个日益受到关注的社会问题。在我国，由于医疗体制上存在的问题和社会转型给医疗事业带来的冲击，医患矛盾呈现出日趋紧张的态势，患者权益保障则显得更加迫切。因此，制定专门的“患者权利法”，通过立法来规范医患关系，加强对患者权益的法律保护，应该是国家未来立法中应慎重考虑的问题。

第三节　母婴生命健康权益保障法律制度

一、母婴权益保障法律制度概述

母婴，即母亲和婴儿。母亲生育婴儿，不仅关系一个家庭的健康与幸福，也关系一个国家的出生人口的素质，人口素质直接关系民族的兴衰和国力的强弱。为了保障母婴的合法权益，世界上许多国家均对母婴的权益保障进行了立法上的规制和司法上的保障。例如，韩国的《母子保健法》、日本的《优生保护法》等。

我国 1995 年颁布的《母婴保健法》是保障母亲和婴儿健康的专门性法律，2015 年是该法颁布 20 周年，国家卫生计生委决定将 2015 年确定为“妇幼健康服务年”。为了贯彻《母婴保健法》，国务院颁布实施了《母婴保健法实施办法》，原卫生部颁布了《新生儿疾病筛查管理办法》《产前诊断技术管理办法》《母婴保健医学技术鉴定管理办法》，国家卫生计生委制定了《关于新形势下进一步加强妇幼健康工作的指导意见》等一系列相关的法律、法规、规章制度。

另外，我国在《宪法》《婚姻法》《妇女权益保障法》《计划生育法》《劳动法》《继承法》中均规定了保障母婴权益的专门条款，例如，《宪法》第四十九条规定："婚姻、家庭、母亲和儿童受国家的保护。"《妇女权益保障法》第五十一条规定："国家实行婚前保健、孕产期保健制度，发展母婴保健事业。"我国建立起了初步完善的母婴保健法律体系。

二、《母婴保健法》的基本内容

为了保障母亲和婴儿健康，提高出生人口素质，根据《宪法》，第八届全国人民代表大会常务委员会第十次会议于 1994 年 10 月 27 日通过了《母婴保健法》，并于 1995 年 6 月 1 日起施行。《母婴保健法》共七章三十九条，主要从婚前保健、孕产期保健、技术鉴定、行政管理、法律责任等方面对母婴保健进行了相关规定。

1. 总则。总则强调，国家、各级人民政府对母婴保健事业具有不可推卸的责任。国务院卫生行政部门主管全国母婴保健工作，根据不同地区情况制定分级分类指导原则，并对全国母婴保健工作实施监督管理。国家鼓励、支持母婴保健领域的教育和科学研究，推广先进、实用的母婴保健技术，普及母婴保健科学知识。

2. 婚前保健。婚前保健是《母婴保健法》规定的对母婴权益保障的第一个具体措施，经婚前医学检查，对患指定传染病在传染期内或者有关精神病在发病期内的，医师应当提出医学意见。准备结婚的男女双方应当暂缓结婚。该措施的目的是减少遗传病的发生。

3. 孕产期保健。孕产期保健是指从怀孕开始到产后 42 天对孕产妇及胎儿、婴儿提供的医疗保健。孕产期保健是《母婴保健法》中非常重要的内容。《母婴保健法》规定，对患严重疾病或者接触致畸物质，妊娠可能危及孕妇生命安全或者可能严重影响孕妇健康和胎儿正常发育的，医疗保健机构应当予以医学指导。医师发现或者怀疑患严重遗传性疾病的育龄夫妻，应当提出医学意见。育龄夫妻应当根据医师的医学意见采取相应的措施。经产前检查，医师发现或者怀疑胎儿异常的，应当对孕妇进行产前诊断。医疗保健机构为产妇提供科学育儿、合理营养和母乳喂养的指导。医疗保健机构对婴儿进行体格检查和预防接种，逐步开展新生儿疾病筛查、婴儿多发病和常见病防治等医疗保健服务。

4. 技术鉴定。根据《母婴保健法》的规定，接受婚前医学检查的人员对检查结果持有异议的，可以申请医学技术鉴定，取得医学鉴定证明。对遗传病诊断和产前诊断结果有异议的也可以申请进行医学技术鉴定。县级以上地方人民政府可以设立医学技术鉴定组织，即母婴保健医学技术鉴定委员会负责医学技术鉴定。从事医学技术鉴定的人员，必须具有临床经验和医学遗传学知识并具有主治医师以上的专业技术职务。医学技术鉴定实行回避制度，凡与当事人有利害关系，可能影响公正鉴定的人员，应当回避。

5.行政管理。各级人民政府应当采取措施，加强母婴保健工作，提高医疗保健服务水平，积极防治由环境因素所致严重危害母亲和婴儿健康的地方性高发性疾病，促进母婴保健事业的发展。省、自治区、直辖市人民政府卫生行政部门指定的医疗保健机构负责本行政区域内的母婴保健监测和技术指导。医疗保健机构按照国务院卫生行政部门的规定，负责其职责范围内的母婴保健工作。

6.法律责任。未取得国家颁发的有关合格证书，施行终止妊娠手术或者采取其他方法终止妊娠，致人死亡、残疾、丧失或者基本丧失劳动能力的，依照刑法有关规定追究其刑事责任。从事母婴保健工作的人员违反本法规定，出具有关虚假医学证明或者进行胎儿性别鉴定的，由医疗保健机构或者卫生行政部门根据情节给予行政处分；情节严重的，依法取消其执业资格。

三、母婴生命健康权益保障法律制度的完善

虽然我国已经初步建立起了以《宪法》为指引，以《母婴保健法》为主体，包括一系列母婴保健方面的单行法律、法规和规章的母婴保健法律体系，但是仍存在着诸多问题，需要进一步完善。如有学者指出，我国《民法通则》中无专条对胎儿权利做出规定，未承认胎儿具有权利能力，虽在《继承法》中规定“遗产分割时，应保留胎儿的应继承的份额”，但是由于司法具有不确定性，使得该权利无法可依。我国《刑法》并未规定有关涉及伤害胎儿的罪名，只有司法解释涉及到保障胎儿的问题，但是对胎儿的保障与发达国家相比存在巨大差距。另外，社会保障立法不完善也使母婴保健技术服务无法全面落实。这些问题的存在要求我们不断地完善母婴保健立法，加强对母婴权益的维护和保障。

第四节　未成年人生命健康权益保障法律制度

一、未成年人生命健康权益保障法律制度概述

（一）我国未成年人概况

未成年人即未满法定成年年龄的人，当中包括婴儿、儿童及部分青少年。在我国，未成年人是指未满 18 周岁的公民；而在其他国家，未成年人被定义的年龄

范围不同。例如在日本,未成年人是指未满 20 周岁的公民。但是在美国,未成年人指未满 16 周岁的公民。

根据 2004 年《中共中央国务院关于进一步加强和改进未成年人思想道德建设的若干意见》中的数据,我国 18 周岁以下的未成年人约有 3.67 亿。未成年人是祖国未来的建设者,是中国特色社会主义事业的接班人。未成年人权益保障问题是一个世界性问题。随着国际人权运动和我国依法治国观念的深入人心,未成年人的权益保障问题日益成为国内外关注的焦点。保护未成年人是满足国家发展与民族进步的长远需要、构建社会主义和谐社会的现实需要、促进未成年人健康成长的自身需要的重要举措。我国政府一向重视对未成年人权益的保障,对未成年人权益的法律保障制度也基本形成。

(二)未成年人生命健康法律保障制度现状

对于未成年人生命健康权益保障,我国已经建立起了以《未成年人保护法》为主体的权益保障法律体系,在保障未成年人生命健康权益上取得了举世瞩目的成绩,我国现行涉及未成年人生命健康保障的法律法规主要有:

1. 专门保障未成年人的法律、法规及规章。我国专门性未成年人保障的法律主要包括《未成年人保护法》《预防未成年人犯罪法》《义务教育法》。我国还有一些行政法规或部门规章对未成年人的权利保障做了具体规定:《幼儿园管理条例》《城市托儿所工作条例》《托儿所、幼儿园卫生保健制度》《禁止使用童工规定》《未成年工特殊保护规定》《未成年犯管教所管理规定》。

2. 涉及未成年人生命健康保障内容的有关法律。这些法律虽然不是专门的保障未成年人的法律,但其中有些内容涉及对未成年人的保护。比如《宪法》作为国家的根本大法,在其规定的原则性条款中,有两条直接涉及保障未成年人合法权益和培养未成年人的健康成长。该法第四十六条第二款规定:“国家培养青年、少年、儿童在品德、智力、体质等方面全面发展。”第四十九条规定:“婚姻、家庭、母亲和儿童受国家的保护。父母有抚养教育未成年子女的义务,禁止虐待老人、妇女和儿童。”另外,《民法通则》《侵权责任法》《刑法》《刑事诉讼书法》《继承法》《收养法》《劳动法》等法律法规中也有很多关于未成年生命健康权益保障等方面的零散性的规定。比如《劳动法》第五十八条规定:“国家对女职工和未成年工实行特殊劳动保护。”第六十四条规定:“不得安排未成年工从事矿山井下、有毒有害、国家规定的第四级体力劳动强度的劳动和其他禁忌从事的劳动。”第六十五条规定:“用人单位应当对未成年工定期进行健康检查。”可见,我国现存法律法规对未成年人保障的内容较为丰富。

二、未成年人生命健康权益的法律保障

（一）《未成年人保护法》对未成年人生命健康权益的具体保障

《未成年人保护法》是为了保障未成年人身心健康，保障未成年人合法权益，促进未成年人在品德、智力、体质等方面全面发展，培养其成为有理想、有道德、有文化、有纪律的社会主义建设者和接班人而制定的法律，也是在对未成年人生命健康权益保障的最重要的专门性法律。

作为一部保障未成年人的专门法律，《未成年人保护法》对未成年人享有的权利做出了明确规定。该法第三条规定："未成年人享有生存权、发展权、受保障权、参与权等权利。未成年人享有受教育权，国家、社会、学校和家庭尊重和保障未成年人的受教育权。未成年人不分性别、民族、种族、家庭财产状况、宗教信仰等，依法平等地享有权利。"为了保障未成年人生命健康权益的实现，《未成年人保护法》在家庭保护、学校保护、社会保护、司法保护和法律责任各章，从不同方面做出了相应的规定。《未成年人保护法》具体规定：父母或者其他监护人应当以健康的思想、品行和适当的方法教育未成年人，引导未成年人进行有益身心健康的活动，预防和制止未成年人吸烟、酗酒、流浪以及聚赌、吸毒、卖淫；学校不得使未成年学生在危及人身安全、健康的校舍和其他教育教学设施中活动；儿童食品、玩具、用具和游乐设施，不得有害于儿童的安全和健康；任何人不得在中小学、幼儿园、托儿所的教室、寝室、活动室和其他未成年人集中活动的室内吸烟；卫生部门和学校应当为未成年人提供必要的卫生保健条件，做好预防疾病工作。

对未成年人生命健康权益的保障还体现在劳动保护的特殊规定方面，《未成年人保护法》第二十八条规定，任何组织和个人不得招用未满 16 周岁的未成年人，国家另有规定的除外。任何组织和个人依照国家有关规定招收已满 16 周岁未满 18 周岁的未成年人，应当在工种、劳动时间、劳动强度和保护措施等方面执行国家有关规定，不得安排其从事过重、有毒、有害的劳动或者危险作业。而更多的对未成年人的劳动保护主要体现在《未成年工特殊保护规定》中。

（二）《未成年工特殊保护规定》对未成年人生命健康权益的具体保障

《未成年工特殊保护规定》是劳动部为维护未成年工的合法权益，保障其在生产劳动中的健康，根据《劳动法》的有关规定制定的，并于 1994 年 12 月 9 日颁发的行政法规。根据法律规定，年满 16 周岁未满 18 周岁的未成年人可以从事劳动并获得报酬，但是毕竟由于未成年工身体和心理等因素与成年人不同，因此国家为维护其生命健康权益而对于未成年工给予特殊的保障。

《未成年工特殊保护规定》第三条明确规定，用人单位不得安排未成年工从事以下范围的劳动：(1)《生产性粉尘作业危害程度分级》国家标准中第一级以上

的接尘作业;(2)《有毒作业分级》国家标准中第一级以上的有毒作业;(3)《高处作业分级》国家标准中第二级以上的高处作业;(4)《冷水作业分级》国家标准中第二级以上的冷水作业;(5)《高温作业分级》国家标准中第三级以上的高温作业;(6)《低温作业分级》国家标准中第三级以上的低温作业;(7)《体力劳动强度分级》国家标准中第四级体力劳动强度的作业;(8)矿山井下及矿山地面采石作业;(9)森林业中的伐木、流放及守林作业;(10)工作场所接触放射性物质的作业;(11)有易燃易爆、化学性烧伤和热烧伤等危险性大的作业;(12)地质勘探和资源勘探的野外作业;(13)潜水、涵洞、涵道作业和海拔三千米以上的高原作业(不包括世居高原者);(14)连续负重每小时在六次以上并每次超过二十公斤,间断负重每次超过二十五公斤的作业;(15)使用凿岩机、捣固机、气镐、气铲、铆钉机、电锤的作业;(16)工作中需要长时间保持低头、弯腰、上举、下蹲等强迫体位和动作频率每分钟大于五十次的流水线作业;(17)锅炉司炉作业。

《未成年工特殊保护规定》第四条明确规定,未成年工患有某种疾病或具有某些生理缺陷(非残疾型)时,用人单位不得安排其从事以下范围的劳动:(1)《高处作业分级》国家标准中第一级以上的高处作业;(2)《低温作业分级》国家标准中第二级以上的低温作业;(3)《高温作业分级》国家标准中第二级以上的高温作业;(4)《体力劳动强度分级》国家标准中第三级以上体力劳动强度的作业;(5)接触铅、苯、汞、甲醛、二硫化碳等易引起过敏反应的作业。

《未成年工特殊保护规定》为了保障未成年工的生命健康权益还规定,用人单位应按要求对未成年工定期进行健康检查,应根据未成年工的健康检查结果安排其从事适合的劳动,对不能胜任原劳动岗位的,应根据医务部门的证明,予以减轻劳动量或安排其他劳动。

三、未成年人权益保障制度的完善

自《未成年人保护法》颁布实施以来,我国的未成年人权益保障状况已经有了很大改善。但是,我国现有的未成年人权利保障的法律规定比较分散,规定的内容不充分,存在一些法律空白,还没有形成独立、科学的司法保障体系。随着社会的不断发展,在未成年人保障的工作中,出现了很多新情况、新问题,而现有的法律法规存在滞后性,立法体系与司法实践存在较大差距,不利于司法实践的顺利开展,未成年人的权益并未完全得到保障,以各种方式侵害未成年人权益的现象仍大量存在。为了保障未成年人的合法权益,需要不断地完善未成年人权益保障法律制度体系,增强我国未成年人权益立法保障的全面性和完整性,逐步建立和发展完善以监护制度为核心的家庭立法、保护儿童福利的儿童福利法、未成年人犯罪的实体法与程序法合二为一的少年法、以监护代理制度为核心的学校法律制度、矫治未成年人不良行为的法律制度、国家保障法律制度、社区矫正制度以及未成年人司法制度等等。

第五节　老年人生命健康权益保障法律制度

一、老年人权益生命健康保障法律制度概述

（一）我国老年人概况

按照国际规定，60 或 65 周岁以上的人确定为老年；在中国，60 周岁以上的公民为老年人。联合国规定 65 周岁以上人口占社会总人口的 7%，60 周岁以上人口占总人口的 10%，即进入老龄化社会。目前，世界上所有发达国家都已经进入老龄化社会，1999 年中国也进入了老龄社会，是较早进入老龄社会的发展中国家之一。中国是世界上老年人人口最多的国家，占全球老年人人口总量的 1/5。中国的人口老龄化不仅是中国自身的问题，而且关系到全球人口老龄化的进程，备受世界关注。

随着社会老龄化的日益加重，中国的老年人越来越多，所占人口比例也越来越高，全国老龄委办公室发布消息称，未来 20 年我国老年人口将进入快速增长期，到 2050 年老年人人口将达到全国人口的 1/3。随着数量的不断增加，老年人面临着养老、医疗以及精神赡养等诸多社会问题，值得各界关注。国家和社会在有责任保障老年人正常生活的同时，通过法律维护老年人的合法权益不受侵害。

（二）老年人生命健康权益保障法律制度现状

《宪法》作为公民权利的保障书，首先对老年人享有的权利做了总体划定，对老年人权益保障进行了根本性的规定。《宪法》第 45 条规定："中华人民共和国公民在年老、疾病或者丧失劳动能力的情况下，有从国家和社会获得物质帮助的权利。"宪法还明确规定"禁止虐待老人"。

《老年人权益保障法》是为了保障老年人合法权益，发展老龄事业，弘扬中华民族敬老、养老、助老的美德而制定的一部专门性法律。该法提出的"老有所养、老有所医、老有所为、老有所学、老有所乐"中的"老有所医"是制定老年人保健法规的依据，保障老年人获得经济上供养、生活上照料、精神上慰藉，保障老年人生命健康权益的实现。

此外，我国《民法通则》《婚姻法》《继承法》《刑法》以及《劳动法》等重要法律法规中，也都对保障老年人合法权益做了相应的规定。《民法通则》第 104 条第 1 款规定："婚姻、家庭、老人、母亲和儿童受法律保护。"《婚姻法》第 2 条第 2 款规定："保护妇女、儿童和老人的合法权益。"《刑法》第 260 条第 1 款规定："虐待

家庭成员，情节恶劣的，处2年以下有期徒刑、拘役或者管制。犯前款罪，致使被害人重伤、死亡的，处2年以上7年以下有期徒刑。”《劳动法》第70条规定：“国家发展社会保险事业，建立社会保险制度，设立社会保险基金，使劳动者在年老、患病、工伤、失业、生育等情况下获得帮助和补偿。”

在我国的法律体系中，还存在着大量的地方性法规、政府规章对老年人权益进行具体的保障。例如，《江苏省老年人权益保障条例》《辽宁省老年人权益保障条例》《陕西省老年人优待服务办法》《吉林省优待老年人规定》《湖北省关于老年人享受优待服务的规定》等。部门规章也针对特定事项对老年人权益维护进行了规定，诸如，住房和城乡建设部、国家发展和改革委员会《关于批准发布〈社区老年人日间照料中心建设标准〉的通知》、国家体育总局、全国老龄化工作委员会办公室、中国老年人体育协会《关于举办2010年全国老年人健身活动展示大会及健身秧歌交流活动的通知》；全国老龄化工作委员会《关于开展失能老年人基本状况调查的通知》；等等。

二、老年人生命健康权益保障制度

老年人生命健康权益保障的有关法律规定主要体现在《老年人权益保障法》中，该法于1996年制定并颁布实施，标志着中国对特定人群权益保障的法律体系初步形成，标志着中国老年人权益保障工作走上法制化的轨道。该法在当时既适应了中国人口老龄化发展和老年人权益保障的客观要求外，更重要的是，法律规定的内容符合中国的实际，体现了中国的国情，保持了中国的传统，反映了老年人的心愿，是一部有中国特色的保障老年人合法权益的法律。《中华人民共和国老年人权益保障法》在总则中首先明确国家保障老年人依法享有的权益。国家建立多层次的社会保障体系，逐步提高对老年人的保障水平。国家建立和完善以居家为基础、社区为依托、机构为支撑的社会养老服务体系。倡导全社会优待老年人。之后分别从家庭赡养与扶养、社会保障、社会服务、社会优待等方面具体规定了对老年人生命健康权益的保障制度。

（一）家庭对老年人医疗保障的责任

根据法律的规定，老年人养老以居家为基础，家庭成员应当尊重、关心和照料老年人。赡养人应当使患病的老年人及时得到治疗和护理；对经济困难的老年人，应当提供医疗费用。对生活不能自理的老年人，赡养人应当承担照料责任；不能亲自照料的，可以按照老年人的意愿委托他人或者养老机构等照料。禁止对老年人实施家庭暴力是对老年人生命健康权的维护的根本要求。

（二）社会对老年人的医疗保障制度

不仅家庭对老年人权益维护有责任，社会也有保障老年人权益的使命。《老年人权益保障法》第二十九条规定，国家通过基本医疗保险制度，保障老年人的基本医疗需要。享受最低生活保障的老年人和符合条件的低收入家庭中的老年人参加新型农村合作医疗和城镇居民基本医疗保险所需个人缴费部分，由政府给予补贴。有关部门制定医疗保险办法，应当对老年人给予照顾。老年人依法享有的医疗待遇必须得到保障，设立老年医疗特别制度，制定老年医疗特别政策，是保障老年人生命健康权的基础。

（三）为老年人医疗提供的社会服务

为了保障老年人的生命健康权益，法律要求地方各级人民政府和有关部门采取措施，发展城乡社区养老服务，鼓励、扶持专业服务机构及其他组织和个人，为居家的老年人提供生活照料、紧急救援、医疗护理、精神慰藉、心理咨询等多种形式的服务。社会服务与医疗保险等制度配合，共同构建老年人医疗保障体系。

另外，国家鼓励医疗机构开设针对老年病的专科或者门诊。医疗卫生机构应当开展老年人的健康服务和疾病防治工作。国家采取措施，加强老年医学的研究和人才培养，提高老年病的预防、治疗、科研水平，促进老年病的早期发现、诊断和治疗。

三、老年人生命健康权益保障制度的完善

为进一步保障老年人合法权益，健全对老年人的社会保障制度，改善老年人生活、健康条件，实现“老有所养、老有所医、老有所为、老有所学、老有所乐”，促进社会和谐发展，政府各部门要进一步积极探索解决老年人工作困难的思路和办法，坚持政府主导、部门协作、社会参与的老龄工作机制，加强基层老龄工作建设，健全老龄工作机构；大力推广城乡困难群众医疗救助制度，全面推进农村新型合作医疗制度，逐步建立农村最低生活保障制度，进一步完善农村五保供养制度，试点推行农村社会养老保险制度；加大老年人福利设施建设力度。

第六节　残疾人生命健康权益保障法律制度

一、残疾人生命健康权益保障法律制度概述

（一）我国残疾人概况

根据我国《残疾人保障法》的规定，残疾人是指在心理、生理、人体结构上，某种组织、功能丧失或者不正常，全部或者部分丧失以正常方式从事某种活动能力的人。残疾人包括视力残疾、听力残疾、言语残疾、肢体残疾、智力残疾、精神残疾、多重残疾和其他残疾的人。

根据第六次全国人口普查我国总人口数，及第二次全国残疾人抽样调查我

国残疾人占全国总人口的比例和各类残疾人占残疾人总人数的比例，推算2010年末我国残疾人总人数为8502万人。各类残疾人的人数分别为：视力残疾1263万人；听力残疾2054万人；言语残疾130万人；肢体残疾2472万人；智力残疾568万人；精神残疾629万人；多重残疾1386万人。各残疾等级人数分别为：重度残疾2518万人；中度和轻度残疾人5984万人。

（二）我国残疾人权益保障现状

残疾人在我国是一个数量十分庞大的特殊弱势群体，为保障这一群体的合法权益，促进残疾人事业发展，我国曾先后颁布实施了一系列保障残疾人权益的法律、法规。到目前为止，我国有关残疾人的专门法律法规主要有《残疾人保障法》《残疾人教育条例》《残疾人就业条例》等。此外，在《宪法》《选举法》《教育法》《义务教育法》《婚姻法》《劳动法》《刑法》等法律、法规中都有对于残疾人给予特殊保障的规定。各省、自治区、直辖市也先后制定了本地区的残疾人保障法实施办法和其他保障残疾人权益的法规。当前中国残疾人权利保障的法律法规体系已基本形成，逐渐形成了以《宪法》为基础，以《残疾人保障法》为核心，以国务院制定的行政法规、地方人大制定的地方法规为支撑，以有关部委规章、地方规章为重要组成部分的法律法规体系。

二、残疾人权益保障立法

（一）《宪法》对残疾人权利的保障

《宪法》是国家的根本大法，其第三十三条第三款规定，国家尊重和保障人权，这是残疾人权利保障的基本依据；《宪法》第四十五条对残疾人权利保障进行了具体规定："中华人民共和国公民在年老、疾病或者丧失劳动能力的情况下，有从国家和社会获得物质帮助的权利。国家发展为公民享受这些权利所需要的社会保险、社会救济和医疗卫生事业。国家和社会保障残废军人的生活，抚恤烈士家属，优待军人家属。国家和社会帮助安排盲、聋、哑和其他有残疾的公民的劳动、生活和教育。"残疾人作为特殊人群，其权利在宪法中得到了重视与保障。

（二）《残疾人保障法》对残疾人权利的保障

残疾人作为社会中特别困难的一个群体，除享有健全公民应当享有的权利以外，国家为了保障残疾人的权利得到切实实现，还制定专门的只适用于残疾人的特殊法律法规加以保障。我国于1990年制定了《残疾人保障法》，并于2008年进行了修订。该法旨在维护残疾人的合法权益，发展残疾人事业，保障残疾人平等地充分参与社会生活，共享社会物质文化成果。

《残疾人保障法》共九章六十八条。第一章总则，规定了立法宗旨、原则，残疾人的定义、类别，残疾人的权利和义务等内容。第二章康复，规定了国家保障残疾人享有康复服务的权利，康复工作的指导原则以及组织实施、康复机构建设及康复专门人员培养培训、残疾人辅助器具生产供应等内容。第三章教育，规定了国家保障残疾人受教育的权利。第四章劳动就业，规定了国家保障残疾人劳动的权利，在劳动就业的各个方面不得歧视残疾人。第五章文化生活，规定了国家保障残疾人享有平等参与文化生活的权利，国家和社会鼓励、帮助残疾人参加各种文化、体育、娱乐活动以及相关的扶持措施。第六章社会保障，规定了国家保障残疾人享有各项社会保障的权利，残疾人社会保险、社会救助、贫困残疾人基本医疗，对残疾人给予多方面特别扶助和照顾。第七章环境，规定了国家和社会采取措施，逐步完善无障碍设施，推进信息交流无障碍。第八章法律责任，对残疾人法律援助与司法救助，残疾人组织的维权责任，残疾人的申诉、控告、检举权；对贬低损害残疾人人格，侵害残疾人合法权益的行为，依法追究责任。第九章附则，对残疾人权益的保障体现在法律的具体规定与立法的理念与精神中。

（三）其他涉及残疾人权利保障的相关法律规定

除了专门性法律之外，我国的基本法律中也有很多规定体现了对残疾人生命健康权益的维护。《刑法》第十八条规定，精神病人在不能辨认或者不能控制自己行为的时候造成危害结果，经法定程序鉴定确认的，不负刑事责任，但是应当责令他的家属或者监护人严加看管和医疗；在必要的时候，由政府强制医疗。间歇性的精神病人在精神正常的时候犯罪，应当负刑事责任。尚未完全丧失辨认或者控制自己行为能力的精神病人犯罪的，应当负刑事责任，但是可以从轻或者减轻处罚。第十九条规定，又聋又哑的人或者盲人犯罪，可以从轻、减轻或者免除处罚。《劳动法》第十四条规定，残疾人、少数民族人员、退出现役的军人的就业，法律、法规有特别规定的，从其规定。第七十三条规定，劳动者在下列情形下，依法享受社会保险待遇：①退休；②患病、负伤；③因工致残或者患职业病等。《妇女权益保障法》第三十八条规定，妇女的生命健康权不受侵犯。禁止溺、弃、残害女婴；禁止歧视、虐待生育女婴的妇女和不育的妇女；禁止用迷信、暴力等手段残害妇女；禁止虐待、遗弃病、残妇女和老年妇女。《未成年人保护法》第十条第二款规定，禁止对未成年人实施家庭暴力，禁止虐待、遗弃未成年人，禁止溺婴和其他残害婴儿的行为，不得歧视女性未成年人或者有残疾的未成年人。

三、残疾人预防与康复

残疾人的生命健康权益保障体现在政治、经济、文化、社会和家庭生活等方方面面，尤其在残疾人预防与康复中集中体现。

我国自20世纪80年代初开展残疾人康复工作以来，一直十分重视残疾的预防工作。《残疾人保障法》把残疾预防规定在总则中，强调国家对残疾预防的责任。

国家有计划地开展残疾预防工作，加强对残疾预防工作的领导，宣传、普及优生优育和预防残疾的知识，针对遗传、疾病、药物中毒、事故、灾害、环境污染和其他致残因素，制定法律、法规，组织和动员社会力量，采取措施，预防残疾的发生和发展。

残疾人康复是对残疾人生命健康权益保障的重要方略与步骤，《残疾人保障法》第二章专章规定残疾人康复工作，国家和社会采取康复措施，帮助残疾人恢复，增强其参与社会生活的能力。根据法律的规定，残疾人康复总的指导原则是：康复工作应当从实际出发，将现代康复技术与我国传统康复技术相结合；以康复机构为骨干，社区康复为基础，残疾人家庭为依托；以实用、易行、受益广的康复内容为重点，并开展康复新技术的研究、开发和应用，为残疾人提供有效的康复服务。在残疾人康复的组织实施中，政府和有关部门有计划地在医院设立康复医学科（室），举办必要的专门康复机构，开展康复医疗与训练、科学研究、人员培训和技术指导工作。各级人民政府和有关部门，应当组织和指导城乡社区服务网、医疗预防保健网、残疾人组织、残疾人家庭和其他社会力量，开展社区康复工作。残疾人教育机构、福利性企业事业组织和其他为残疾人服务的机构，应当创造条件，开展康复训练活动。国务院和有关部门分阶段确定康复重点项目，制订计划，组织力量实施。国家和社会采取多种形式对从事康复工作的人员进行技术培训；向残疾人、残疾人亲属、有关工作人员和志愿工作者普及康复知识，传授康复方法。政府有关部门应当组织和扶持残疾人康复器械、生活自助具、特殊用品和其他辅助器具的研制、生产、供应、维修服务。

四、残疾人权利保障法律制度的完善

进入21世纪以来，在“人权入宪”、实行“以人为本”的执政方针，中国推动制定、批准和实施《残疾人权利公约》以及经济和社会发展取得举世瞩目成就等因素的推动下，中国残疾人权利保障法治建设取得了重要进展，我国残疾人权益保障取得了很大进步。但是，受到我国目前经济社会条件的制约，加之落后思想观念的束缚，残疾人法律保障还存在一些问题。比如，目前关于残疾人的一些法律规定抽象、笼统，缺乏可操作性；司法保障缺少明确具体的程序，导致一些规定并不能全面落实；残疾人法律保障配套制度缺失；等等。

要进一步改善这种状况，除了需要进一步完善残疾人事业法律法规体系并加大实施力度，保障残疾人平等享有权利外，还需要促进残疾人事业从慈善救助或福利保障型向权利保障型转变，进一步协调中国法律与联合国《残疾人权利公约》不一致的问题。

典型案例评析

［案情］

2001年，徐某在某医院生下一子王某某，王某某出生时后脑部有一鸡蛋大小的肿物，医院诊断是先天性颅裂。徐某认为产前曾在医院进行过超声检查，告知胎儿一切正常，事后却产下畸形婴儿，医院的医疗行为构成医疗事故，遂向当地医学会提出医疗事故鉴定。经鉴定，医学会认为产前检查因胎位、羊水的不同，可能会影响影像检查的清晰，致使无法发现胎儿异常，故结论为此病例不构成医疗事故。徐某、丈夫王某和儿子王某某不服，向当地法院提起诉讼，要求医院赔偿其各项损失。法院受理后，认为产妇在医院进行产前检查，医院应当为产妇提供良好的医疗服务，医院未能发现胎儿异常，致使畸形婴儿出生，医院行为构成违约，故判决医院承担违约责任，退还徐某的产前检查费，并赔偿徐某的误工费和护理费等相关费用。

［争议焦点］

1. 未检测出胎儿异常是否属于医疗事故？

2. 本案构成侵权责任还是违约责任？

［案例评析］

上述案例所述情形在法学界被称为“不当出生”。不当出生是指“产妇在孕期到医疗机构进行产前胎儿健康检查，医疗机构未能发现异常，后产妇产下先天缺陷的婴儿，婴儿或其父母与医疗机构产生纠纷，向法院提起的诉讼”。不当出生涉及到诸多领域的问题，包括法律规定、医疗规范、伦理方面的认识，以及对患者特别是母婴健康权益的特殊保障等。一直以来，不当出生属于侵权之诉还是违约之诉、是否属于医疗事故等问题都存在着巨大的争议。

1. 不当出生不属于医疗事故

《医疗事故处理条例》第二条规定：“本条例所称医疗事故，是指医疗机构及其医务人员在医疗活动中，违反医疗卫生管理法律、行政法规、部门规章和诊疗护理规范、常规，过失造成患者人身损害的事故。”据此，医疗事故中所造成的损害只能是人身损害，不包括其他损害如物质损失和精神损害。不当出生中的孩子存在先天身体残疾，这并不是医疗行为的损害后果，不当出生的损害后果是由于有残疾的孩子出生造成其父母物质和精神上的损害。因此，在不当出生中并没有人身损害，不具备医疗事故对损害后果方面的要求，不当出生不属于医疗事故。本案中，鉴定意见为“不构成医疗事故”，其理由是“由于客观因素的限制医务人员无法发现胎儿的残疾，医疗机构的医疗行为没有过失”。单从上述分析可知，由于缺乏“人身损害”这一要件，因此不管医疗行为是否存在过失，都不会影响不当出生不属于医疗事故的结论。

2. 不当出生可选择违约之诉和侵权之诉

(1)不当出生符合我国法律关于违约的规定。医患双方首先是一种合同关系，即患方到医疗机构就诊并支付医疗费，由医方尽其最大妥善义务为患者提供诊疗服务。医患双方的权利义务基本上都是法定的，其中，医方有一个非常重要的义务——告知义务。在本案中，告知义务主要表现为尽本医疗机构最大之医学检查、诊断义务，并告知患方可供选择的治疗方案和风险。根据违约责任之归责原则，未充分履行合同义务应承担法定或约定的违约责任。本案中，医方未充分履行告知义务，造成医疗合同的目的没有实现，因此，患方可要求医方承担违约责任。

(2)不当出生符合我国法律关于侵权的规定。《母婴保健法》第十七条规定："经产前检查，医师发现或者怀疑胎儿异常的，应当对孕妇进行产前诊断。"第十八条规定："经产前诊断，有下列情形之一的，医师应当向夫妻双方说明情况，并提出终止妊娠的医学意见：(一)胎儿患严重遗传性疾病的；(二)胎儿有严重缺陷的；(三)因患严重疾病，继续妊娠可能危及孕妇生命安全或严重危害孕妇健康的。"《母婴保健法实施办法》又针对《母婴保健法》的内容进一步加以细化，其中第十七条第二款规定："医师发现或者怀疑育龄夫妻患有严重遗传性疾病的，应当提出医学意见；限于现有医疗技术水平难以确诊的，应当向当事人说明情况。育龄夫妻可以选择避孕、节育、不孕等相应的医学措施。"第二十条规定："孕妇有下列情形之一的，医师应当对其进行产前诊断：(一)羊水过多或者过少的；(二)胎儿发育异常或者胎儿有可疑畸形的；(三)孕早期接触过可能导致胎儿先天缺陷的物质的；(四)有遗传病家族史或者曾经分娩过先天性严重缺陷婴儿的；(五)初产妇年龄超过35周岁的。"医务人员应当依据法律规定和诊疗规范为患者提供医疗服务，如违反上述义务，其行为即构成违法和存在过失，侵犯了患者的知情选择权，由此应承担侵权责任。

(3)不当出生存在违约之诉和侵权之诉的请求权的竞合，患方对此有选择权。就违约责任而言，按照《合同法》的规定，医方承担的违约损害赔偿责任仅限于赔偿财产损害，非财产上的损害不予赔偿。就侵权责任而言，按照《侵权责任法》的规定，医方承担的侵权赔偿责任还包括精神损害赔偿。

思考题

1. 患者的基本权利是什么？
2. 老年人的基本权利有哪些？
3. 未成年人的权益有哪些？如何保障？
4. 残疾人的基本权利有哪些？
5. 简述残疾人的法律保护制度体系。

第十三章　医疗风险防范法律制度

本章要点：医疗风险是在整个医疗服务过程中，由于各种不确定性因素，导致患者死亡、伤残以及躯体组织、生理功能和心理健康受损，并给医院、医疗行业、社会组织或个人等带来损失和各种负面影响的可能性。医疗风险的构成包括医疗风险因素、医疗风险事故和医疗风险损失。医疗风险管理是指医疗风险管理者采取各种措施和方法，阻断医疗风险要素的各个环节，消灭或减少医疗风险事故发生的各种可能性，以减少或者避免医疗风险损失。目前，我国的医疗风险管理法律包括四大类：医疗机构管理法、医疗卫生技术人员管理法、医疗技术和设备管理法以及医疗用品管理法。

第一节　医疗风险防范法律制度概述

一、风险

（一）风险的概念

对“风险”一词的由来，最为普遍的一种说法是，在远古时期，以捕捞打鱼为生的渔民们，每次出海前都要祈祷，祈求神灵保佑自己能够平安归来，其中主要的祈祷内容就是让神灵保佑自己在出海时能够风平浪静、满载而归。他们在长期的捕捞实践中，深深地体会到“风”给他们带来的无法预测、无法确定的危险，他们认识到，在出海捕捞打鱼的生活中，“风”即意味着“险”，因此有了“风险”的说法。

另一种据说经过多位学者论证的关于“风险”的“源出说”称，风险（Risk）一词是舶来品。有人认为其来自于阿拉伯语，有人认为其来源于西班牙语或拉丁语，但比较权威的说法是其来源于意大利语的“Risque”一词。在早期的运用中，风险也被理解为客观的危险，体现为自然现象或者航海遇到礁石、风暴等事件。大约到了19世纪，在英文的使用中，“风险”一词常常用法文拼写，主要被用于与保险有关的事情。

现代意义上的“风险”一词，已经大大超越了“遇到危险”的狭义含义，而是指“遇到破坏或损失的机会或危险”。可以说，经过两百多年的演绎，“风险”随着人类活动的复杂性和深刻性而逐步演化，并从哲学、经济学、社会学、统计学甚至文化艺术领域被赋予了更广泛、更深层次的含义，且与人类的决策和行为后果联系得越来越紧密，“风险”一词也成为人们生活中出现频率很高的词汇。

无论“风险”一词的由来如何，其基本的核心含义是“未来结果的不确定性或损失”，也有人进一步将其定义为“个人和群体在未来遇到伤害的可能性以及对这种可能性的判断与认知”。如果采取适当的措施使破坏或损失不出现，或者说依靠智慧的认知、理性的判断，继而采取及时有效的防范措施，那么风险也可能带来机会。由此，“风险”的含义进一步延伸，它不仅代表可能的损失，还意味着可能的收益，而且有时风险越大，回报越高。

（二）风险的特点

风险具有客观性、普遍性、必然性、可识别性、可控性、损失性、不确定性和社会性。客观性是指风险是一种不以人的意志为转移的客观存在。普遍性是指风险存在于一切可能的进程中。必然性指风险在事物发展、变化中是不可避免的存在。可识别性指在风险事故发生之前，人们可以运用各种方法认识和分析风险及其要素。可控性指人们可以采取各种措施减小风险事件发生的可能性，或者把可能的损失控制在一定的范围内。损失性指风险可能造成经济、精神等各种形式的损失。不确定性指风险的发生时间、发生因素、损失具有不确定性。社会性指风险后果与人类社会的相关性所决定的社会影响。

（三）风险的构成要素

风险是由风险因素、风险事故和损失三个要素构成的。风险因素引起风险事故的发生或增加风险事故发生的几率，而风险事故的发生可能会造成损失。

1. 风险因素。“风险因素”是指引起或增加风险事故发生的机会或扩大损失幅度的条件，是风险事故发生的潜在原因。

根据性质不同，风险因素可分为有形风险因素与无形风险因素两种类型：(1)有形风险因素。“有形风险因素”也称“实质风险因素”，是指某一标的本身所具有的足以引起风险事故发生或增加损失机会或加重损失程度的因素。(2)无形风险因素。无形风险因素是与人的心理或行为有关的风险因素，通常包括道德风险因素和心理风险因素，这两类风险因素合并称为“人为风险因素”。

2. 风险事故。也称“风险事件”，是指造成人身伤害或财产损失的偶发事件，是造成损失的直接的或外在的原因，是损失的媒介物，即风险只有通过风险事故的发生才能导致损失。就某一事件来说，如果它是造成损失的直接原因，那么它就是风险事故；而在其他条件下，如果它是造成损失的间接原因，它便成为风险因素。比如，下冰雹路滑发生车祸，造成人员伤亡 ，这时冰雹是风险因素；而在另一种情况下，冰雹直接击伤行人，它就是风险事故。

3.损失。在风险管理中，“损失”是指非故意的、非预期的、非计划的经济价值的减少或人身损害。通常将损失分为两种形态，即直接损失和间接损失。“直接损失”是指风险事故导致的财产本身损失和人身伤害，这类损失又称为“实质损失”；“间接损失”是指由直接损失引起的其他损失，包括额外费用损失、收入损失和责任损失。在风险管理中，通常将损失分为四类：实质损失、额外费用损失、收入损失和责任损失。

（四）风险的分类

风险有多种分类方式。按性质可分为纯粹风险和投机风险；按标的可分为财产风险、人身风险、责任风险和信用风险；按涉及范围可分为特定风险和基本风险；按产生环境可分为静态风险和动态风险；按产生原因可分为自然风险、社会风险、政治风险（国家风险）、经济风险和技术风险。

二、医疗风险

（一）医疗风险的概念

医疗风险在国内学术界还没有明确、统一的概念。目前，国内学术界主要是从对象、后果、过程和原因4个要素来认识和定义医疗风险的。在狭义定义中，医疗风险的对象通常是患者，而广义的对象还包括患者之外的医方、政府和社会等方面。对医疗风险概念的争议主要存在于对象方面，即医疗风险究竟存在于患方、医方还是医患双方；其次是在原因方面，对于医疗风险的原因至今还没有明确和系统的认识。结合美国、英国、加拿大、澳大利亚等国家的医疗风险管理机制，以及我国医疗风险系统化研究的趋势，有学者将“医疗风险”定义为：在整个医疗服务过程中，由于各种不确定性因素，致患者死亡、伤残以及躯体组织、生理功能和心理健康受损，并给医院、行业、社会等组织或个人带来损失和各种负面影响的可能性。这一界定在目前看来应是比较全面和准确的。

（二）医疗风险的特点

医疗风险属于风险的一种，具有风险的一般特点。此外，医疗风险还具有一般风险所不具有的一些特点。

1.复杂性。医疗风险基于人体生理病理现象这一特定因素而发生。医疗风险的形成不是单一因素作用的结果，而是受人体生理病理特性、人为因素和社会心理因素等多种因素共同影响的结果。而这些因素错综复杂，相互影响，只能区分哪种因素在某一风险中占据主导地位，但并不能排除其他因素以及未知因素对形成某一风险的影响。多因素及多环节使医疗风险具有复杂性。

2.全程性。从医疗活动开始，风险无处不在并贯穿全程。医疗机构中的每个人、每个部门、每个环节和所有流程都可能成为引发医疗风险的因素；患者个体生理病理状况的不断发展变化也随时可能引发风险事故；此外，药品、器械等方面也存在大量的风险因素。可以说，在整个医疗过程中，风险和利益并存，贯穿诊断、治疗和康复全过程。即使是极为简单或看似微不足道的临床医疗活动，也可能带来医疗风险。

3. 不均衡性。受社会经济条件影响，我国医疗资源分布很不均衡，城乡间、地域间医疗水平差异明显，这使得医疗水平较差的地区和下级医院发生医疗事故的比例较高，特别是乡村医疗机构发生医疗事故的比例高于城市的医疗机构。因此，在乡村基层医疗机构就诊的病人要面临更多的医疗风险。

（三）医疗风险的构成要素

医疗风险的构成要素符合一般风险的构成要素。但与一般风险构成要素相比，医疗风险的构成要素又有其特殊的属性，充分体现了医疗行业的特点。

1. 医疗风险因素。“医疗风险因素”是指引起或增加医疗风险事故发生的机会或扩大损失幅度的条件，是医疗风险事故发生的潜在原因。

根据性质不同，医疗风险因素可分为有形医疗风险因素与无形医疗风险因素两种类型。(1)有形医疗风险因素。在医疗风险中，有形风险因素主要表现在人的生理病理状况、医疗机构的管理和客观技术条件等方面。这类风险因素，有的可以在一定程度上加以控制，有的在一定时期内还会存在并无法得到有效根除。(2)无形医疗风险因素。医疗风险中的无形风险因素表现在医风医德、医患心理状态和社会环境等方面。其中，“道德风险因素”是指与医务人员品德修养有关的无形因素，即由于医务人员不诚实、不正直或有不轨企图，故意促使医疗风险事故发生以致产生相应损失的因素。而“心理风险因素”是与人的心理状态有关的无形因素，即由于人们疏忽或过失以及主观上不注意、不关心、心存侥幸，以致增加医疗风险事故发生的机会和加大损失的严重性的因素。道德风险因素与心理风险因素均与人密切相关。

2. 医疗风险事故。“医疗风险事故”是指造成医患一方或双方人身伤害或财产损失的偶发事件，是造成医疗风险损失的直接的或外在的原因。

3. 医疗风险损失。医疗风险损失表现在患方，包括患者死亡、伤残以及躯体组织、生理功能和心理健康受损等情形；表现在医方，包括给医务工作者、医院和医疗行业等组织或个人带来利益损失和各种负面影响的情形。

（四）医疗风险的种类

医疗风险按性质可归为纯粹风险；按涉及范围可归为特定风险；按产生环境可分为静态风险和动态风险；从标的看，表现为财产风险、人身风险和责任风险；从产生原因看，多表现为技术风险。

第二节　常见医疗风险相关问题和法律后果

一、常见医疗风险因素

（一）客观因素

1.疾病因素。疾病具有复杂性，并在不断发展变化。在临床上，相同的疾病会有不同的症状，不同的疾病可能表现为相同或相似的症状，疾病的发展状况具有多样性和复杂性。疾病本身的这些特点给临床的诊治带来了难度，由此可能引起误诊、误治，成为医疗风险的因素之一。

2.技术因素。生命具有复杂性，而人类的认识具有局限性，生命变化发展的无限性与人类解决问题能力的有限性是一个永恒的矛盾。现代医学技术在不断发展，但始终不可能解决所有的生命问题。无论医生的医疗技术有多好，都无法保证治愈疾病，医疗技术的局限性也是医疗风险的因素之一。

3.医疗系统性因素。“医疗系统性因素”是指由于医疗体系全局性的共同因素引起的医疗活动效果和收益的可能变动。如果把医院看作一个系统，那么在这个系统中，医疗管理、医疗设备运行及医疗服务实践实际上是一个动态过程，所有人员、设备和服务都存在着风险，它们都是医疗风险的因素。

（二）主观因素

1.医方因素。医方因素主要是医务人员自身的问题，如道德修养不足直接导致医疗风险事件的发生等。医方因素主要包括医务人员道德、责任心和服务意识等方面。

2.医患沟通与伦理因素。医患沟通和伦理因素是指在医疗活动中，由于医务人员与患者之间缺乏充分有效的沟通，导致患方在医疗活动中不配合甚至对抗医方，或者对医方或其具体医疗行为产生误解，进而引发医患冲突。

（三）其他因素

近年来，媒体宣传报道、社会舆论等多种社会因素逐渐成为医疗风险中不可忽视的一个方面。新闻媒体的不当宣传和社会舆论的错误导向，以及社会体制、法律法规不健全等，都是可能导致医疗风险发生的因素。

二、常见医疗风险事故

当医疗风险因素出现后，可能引起医疗风险事故的发生，医疗风险事故是偶发性事件。

（一）医疗风险事故与医疗事故、医疗差错和医疗意外

医疗风险事故不等同于医疗事故、医疗差错和医疗意外，它们之间存在区

别。“医疗事故”是指医疗机构及其医务人员在医疗活动中，违反医疗卫生管理法律、行政法规、部门规章和诊疗护理规范、常规，过失造成患者的人身损害。“医疗差错”是指在诊疗护理过程中，医疗机构或医务人员确有过失，但经及时纠正未给病人造成严重后果或未造成任何后果的医疗纠纷。“医疗意外”是指医务人员在从事诊疗或护理工作过程中，由于患者的病情或患者体质的特殊性而发生难以预料和防范的患者死亡、残疾或者功能障碍等不良后果的行为。

医疗事故的后果必须达到一定的严重程度，如残废、伤残、组织器官损伤导致功能障碍。对于没有达到事故程度的医疗过失，均应认定为医疗差错。医疗差错与医疗事故的特征基本相同，两者之者的唯一不同是损害后果程度上的差异。而医疗意外的损害后果是患者自身体质原因和特殊病种结合在一起而突发的，医务人员根据当时的情况，对患者死亡、残疾或者功能障碍的不良后果根本不可能预料到，医务人员的行为与损害结果间不具有直接的因果关系。

医疗风险因素的存在并不一定会表现为医疗风险事故。医疗事故、医疗差错和医疗意外均是在主观或客观的医疗风险因素作用下发生了特定事件而导致出现相应的损失，这些特定事件就是医疗风险事故。

（二）常见医疗风险事故的种类

医疗风险事故伴随着医疗风险因素，可能发生在医疗活动的各个环节。

1.医疗机构违法事件。医疗机构是开展医疗活动、提供医疗服务的主要场所。医疗机构违法事件主要包括：违反医疗机构设置规划和设置审批制度、医疗机构名称管理制度、医疗机构登记校验制度、医疗机构评审制度、医疗广告管理制度和医疗机构监督管理制度等的事件。

2.医务人员违法事件。医务人员是医疗活动的主体之一，医务人员违法事件主要包括：违反执业医师考试制度、执业药师考试制度、执业护士考试制度等一系列资格准入、执业许可、执业规则和继续教育法律制度的事件。

3.误诊、漏诊和误治。误诊、漏诊是由于主观或客观的医疗风险因素引发的医务人员在诊断、治疗过程中得出不符合或不完全符合疾病本质的结论。误治则是在误诊或正确诊断的基础上，由于主观或客观的医疗风险因素引发的医务人员提出不利于或不完全利于患者的疾病向好的状况发展的治疗方案。

4.医疗技术和设备差错。医疗技术是医疗活动的核心，有保障的医疗技术是确保和提升医疗质量以及医疗安全的前提。医疗设备是医疗活动的必要物资，合格的医疗设备可以有效提升医务人员的诊疗效率，大大减少患者的痛苦，但是不合格的医疗设备则可能造成相反效果，甚至危及患者生命。医疗技术差错是医疗机构和医务人员违反国家医疗技术准入和管理制度，并在医疗活动中引发的事件。医疗设备差错是医疗机构、医务人员和相关从业人员在医疗设备生产、流通、使用等各环节，违反国家医疗设备分类管理制度、新产品证书制度、生产注册制度、生产企业许可证制度、经营企业许可证制度、广告管理制度、质量事故管理制度以及监督制度等，并在医疗活动中引发危害的事件。

5.药品和其他医疗相关用品差错。药品差错是在药品的制造与流通使用环节，违反国家药品标准技术规范和监督管理制度，并在医疗活动中引发危害的事件。医疗用品差错是违反国家医疗用品管理制度，并在医疗活动中引发危害的事件。

6.医患矛盾。当医患矛盾没有得到有效疏导和缓解，医患矛盾进一步激化、升级，就有可能转变为医疗风险事故，并最终导致损失。

三、常见医疗风险的损害

（一）人身损害

在相当长的一段时期内，医疗风险中的人身损害主要是指患者的死亡、伤残以及躯体组织、生理功能和心理健康受损等。近年来，医患关系恶化、医闹频发、伤医事件不断发生，医院的财产和医生个人利益都受到了损害。因此，在医疗风险中，医患双方都有可能发生人身损害。

（二）经济损失

医疗风险经济损失在患方主要表现为因医疗风险事故而支付的诊疗费用、后续费用以及其他相关费用；在医方则主要表现为因风险事故而支出的调解、诉讼、赔偿等法定费用，以及自身在管理、人员和设备方面的相关费用。

（三）其他损失

医疗风险其他损失主要是指医患双方由于医疗风险事故而承担的除人身、经济损失外，诸如政治前途、社会舆论等方面的负面影响。

四、常见医疗风险

（一）人身风险

医疗风险中的人身风险包括生命风险和健康风险。人身风险对应的是人身损害和经济损失，即人身风险所受的损失除了生命健康损失外，还包括收入能力的降低和额外费用的支出。

（二）财产风险

医疗风险中的财产风险是因医疗风险事故而使医患双方占有、控制或照看的财产遭受损失的风险。财产风险所致的损失对应的是经济损失和其他损失。对于医疗机构来说，财产风险不仅包括医疗机构的建筑物、机器设备、医疗用品等有形财产的损失，而且还包括预期收益、信用等无形财产的损失。

（三）责任风险

医疗风险中的责任风险是指因医疗风险因素导致医疗风险事故发生，造成医方和患方财产损失或人身伤亡后，根据法律、契约对此应负担法律责任或契约责任的风险。

五、常见医疗风险的法律后果

（一）行政责任

医疗风险行政责任是指在医疗活动中发生医疗风险事故，并造成了风险损失时，医患双方因违反法律、行政法规、部门规章或诊疗护理常规，所应承担的行政法律后果。

（二）民事责任

医疗风险民事责任是指在医疗风险中，医患双方因实施了民事违法行为，造成了医疗风险损失，所应承担的民事法律责任。

（三）刑事责任

医疗风险刑事责任是指在医疗风险中，医患双方因实施了犯罪行为，造成了医疗风险损失，所应承担的刑事法律责任。

第三节　医疗风险的管理及法律体系

一、医疗风险管理概述

“医疗风险管理”是指医疗风险管理者采取各种措施和方法，阻断医疗风险要素的各个环节，消灭或减少医疗风险事故发生的各种可能性，以减少或者避免医疗风险损失。医院的各个工作部门、各个工作环节都存在潜在的医疗风险：如院方对自身利益的保护，有意或无意回避患者的正当要求而引发的风险；患者及其家属对院方期望过高，当主观愿望与现实产生差距时，采取过激行为引发的风险；部分患者及家属缺少道德与诚信，无理取闹造成的风险；药品出现不良反应引发的风险等。医疗风险历来被患者、医生、医院和药品和医疗器械生产厂家所关注。在医疗实践中正确认知和管理医疗风险，提高医疗护理质量，解除医院和医务工作人员的后顾之忧，已经成为亟待解决的问题。

医疗风险具有不确定性，因此医疗风险管理必须从医疗风险的要素出发，把握医疗过程的各个环节，从根本上控制和减少医疗风险。医疗风险伴随医疗过程而产生，医疗风险管理的环节和因素，与医疗过程及管理环节密切相关。

依据医疗活动的行为主体，可以把医疗风险管理的环节和因素划分为医疗机构的医疗风险、医务人员的医疗风险和患者的医疗风险三个部分。按照我国现行的医院分级管理标准,各类型和各等级的医院规模、功能服务项目和技术水平都有一定区别,所面临医疗风险的发生频率与程度也存在较大差异,合适的医疗机构管理模式可以有效控制医疗风险。医务人员直接参与医疗一线活动,其专业才能——包括技术与医德等——都密切关系医疗风险的发生、发展和后果。患者是医疗活动指向的对象,也是医疗风险的承担者,患者的个体体质和心理因素、风险意识、法律意识等都对医疗风险管理有着重要影响。

依据医疗风险的性质,可以把医疗风险管理的环节和因素划分为医源性要素与非医源性要素两类。医源性要素是来自于医疗机构及医务人员等的因素,表现为医方在医疗技术、职业道德、医疗管理和医疗设备等方面的客观状况。非医源性要素是来自于患者的因素,表现为疾病本身发生、发展的复杂性和多变性,患者个体差异性因素以及社会心理因素等。

二、医疗风险管理的机制和环节

医疗风险管理属于风险管理。风险管理是一个识别、确定和度量风险,并制定、选择和实施风险处理方案的过程。医疗风险管理就是识别、确定和度量医疗风险,并制定、选择和实施医疗风险处理方案的过程。

医疗风险管理的过程包括医疗风险识别、医疗风险评价、医疗风险对策和决策、实施决策和检查五方面的内容。

医疗风险管理的目标:在医疗风险事件发生前,其首要目标是使潜在损失降到最低。

三、医疗风险管理的相关法律法规

法律法规是防范和控制医疗风险的重要依据,也是医药卫生立法的一个重要组成部分。医疗风险管理法是指调整医疗风险控制活动中所产生的各种社会关系的法律规范的总和。目前,我国的医疗风险管理立法分为四大类:

(一)医疗机构风险管理

医疗机构风险管理法律制度包括医院管理、农村卫生管理、疗养院管理、血站管理、急救站管理等法律法规。在医疗机构管理方面,卫生部先后颁布了《全国医院工作条例》《医院工作制度》《医院工作制度补充规定(试行)》等。1994 年 2 月,国务院发布了《医疗机构管理条例》。此后,卫生部陆续颁布了《医疗机构管理条例实施细则》《医疗机构监督管理行政处罚程序》《医疗机构设置规划指导原则》《医疗机构基本标准(试行)》《医疗机构诊疗科目目录》《医疗机构评审委员会章程》等规章。

（二）医疗卫生技术人员风险管理

医疗卫生技术人员风险管理法律制度包括医师管理、药师管理、护士管理以及助产士、临床检验人员、放射线技术人员、理疗人员管理等法律法规。在各类医疗卫生技术人员管理方面，卫生部先后颁布了《医院工作人员职责》《医务人员道德规范及实施细则》《卫生部关于医务人员业余服务和兼职工作管理规定》《外国医师来华短期行医暂行管理办法》《护士条例》等。1994 年 9 月，人事部和国家医药管理局制定发布了《执业药师资格制度暂行规定》及其系列配套措施。1995 年 7 月，人事部、国家中医药管理局联合颁布了《执业中医师资格制度暂行规定》及配套措施。1998 年 6 月，《执业医师法》颁布，并于 1999 年 5 月 1 日起施行。

（三）医疗技术和设备风险的管理

医疗技术和设备风险的管理法律制度包括医疗技术、诊疗护理常规管理法律法规和医疗器械、医用仪器设备、医疗器材管理等法律法规。2000 年 1 月，国务院发布了《医疗器械分类规则》和《医疗器械监督管理条例》。2008 年 12 月，卫生部发布了《医疗器械不良事件监测和再评价管理办法（试行）》。2009 年 4 月，卫生部和国家工商行政管理总局联合发布了《医疗器械广告审查办法》。2009 年 3 月，卫生部组织制定了《医疗技术临床应用管理办法》。

（四）医疗用品风险管理

医疗用品风险管理法律制度包括消毒用品、药品管理等法律法规。2002 年 3 月，卫生部修订通过了《消毒管理办法》。2001 年 2 月，全国人大常委会修订通过《药品管理法》。

上述法律法规，都是我国医疗风险管理法律体系的组成部分。违反医疗风险管理相关法律法规，将承担相应的法律责任。法律责任是在医疗风险发生后，减少医疗风险事件发生所造成的损失的法律救济手段。违反医疗风险管理法的法律责任，从性质上可以分为行政责任、刑事责任和民事责任三类。从适用主体上分为医疗机构的责任、医务人员的责任和患者个人的责任。

典型案例评析

［案情］

患者朱某，男，死亡时 64 岁，于 2010 年 10 月 9 日因“右上腹疼痛 4 小时，伴恶心、呕吐、发热”到 A 医院住院治疗，入院诊断“1. 腹痛待查：急性胆囊炎、胆囊结石；2. 高血压病”。入院后给予了“禁食水，抗炎补液，对症支持治疗，完善相关检查等治疗”。住院 11 天，于 2010 年 10 月 20 日转院，转院时情况：右上腹压痛，腹腔积液。患者于出院当天转到 B 医院治疗，入院时患者意识丧失，并出现呼吸停止，B医院对患者进行了抢救，并于2010年10月20日实施了开腹探查、粘连松解、十二指肠穿孔修补、腹腔引流术，术后诊断为“感染中毒性休克、急性弥漫性腹膜炎、十二指肠穿孔”。后患者出现急性弥漫性腹膜炎，多器官功能障碍，于2010年10月29日死亡。患者家属认为，A医院违反法律法规及医疗技术规范与常规，误诊误治，存在明显过错，医疗过错行为造成患者朱某死亡，给患者家属造成了巨大精神损害和误治损失，被告的行为已构成侵权，向法院提起诉讼。

经司法鉴定，结论为：A医院在对患者朱某的诊治过程中存在入院辅助检查不完善、不及时、病情观察不严密的医疗过失，漏诊了十二指肠穿孔，延误了手术治疗时机，与该患者的死亡后果之间存在主要的因果关系。

鉴定分析认为：医方入院辅助检查不完善、不及时、病情观察不严密，漏诊了患者同时存在的十二指肠穿孔，延误了手术治疗时机。患者因“右上腹部疼痛4小时，伴恶心、呕吐、发热”为主要症状入院，入院后医方应及时给予相关辅助检查(如腹平片、腹部超声等)以明确诊断，但依据病志记载，医方直至患者入院后第6天才做了腹部超声和CT检查(该检查提示腹腔内有积液)，故医方入院辅助检查不完善、不及时，存在过失；医方在患者入院后10月12日至10月20日住院期间每隔2～3天才有一次病程记录，病情观察不严密，存在过失。由于医方的上述两点医疗过失，漏诊了患者同时存在的十二指肠穿孔，延误了手术治疗时机，患者10月20日转入B医院后当日急行剖腹探查术，术中发现十二指肠球部穿孔达4厘米左右、腹腔内有大量脓性液渗出(约1500ml)，证实患者十二指肠穿孔在A医院住院期间已经发生。

根据该患者病史、疾病发生发展过程，考虑其死亡原因为十二指肠穿孔引起严重腹腔感染、感染中毒性休克致多脏器功能障碍而死亡。A医院在患者入院后辅助检查不完善、不及时、病情观察不严密，漏诊了十二指肠穿孔，延误了手术治疗时机，其过失与该患者的死亡后果之间存在主要的因果关系；同时，患者在A医院住院期间，其十二指肠穿孔的临床症状和体征表现不明显，病情存在一定的隐匿性，给疾病的诊治带来了一定难度，与患者疾病的发展及最终死亡后果也存在一定的因果关系。综合分析认为医疗过失参与度为75%。

一审法院判决：被告A医院赔偿原告丧葬费、护理费、住院伙食补助费、死亡赔偿金、精神损失费等共计25万余元。

[争议焦点]

A医院在对患者朱某的诊治过程中是否存在医疗过失？

[案例评析]

医疗风险对患者而言属于人身风险，对医院而言则属于财产风险。本案中有多个医疗风险因素，包括：十二指肠溃疡的临床症状和体征表现不明显，病情存在一定的隐匿性。而A医院在患者入院后，由于其辅助检查不完善、不及时、病情观察不严密等医疗过失行为，最终导致医疗风险变成了医疗风险事故。也就是A医院的漏诊这一未尽到诊疗义务的行为造成了患者死亡这一人身损害风险事故，医院由此应承担经济赔偿责任。

思考题

1. 医疗风险的构成要素有哪些？
2. 如何理解医疗风险因素与医疗风险事故的关系？
3. 医疗风险事故和医疗事故、医疗差错及医疗意外怎样区分？

第十四章　现代医学发展中的伦理与法律问题

本章要点：现代医学科学与技术的发展，对法律提出了严峻的挑战。诸如生殖技术、基因工程与克隆技术、器官移植、脑死亡、安乐死等现代医学发展过程中所出现的先进技术引发了诸多的伦理与法律问题。我国目前对基因工程与克隆技术、脑死亡与安乐死等问题未做出明确的法律规制，对生殖技术和器官移植的法律规定则需要进一步完善。

第一节　生殖技术的伦理与法律问题

一、生殖技术概述

（一）生殖技术的概念

根据《人类辅助生殖技术管理办法》第二十四条的规定，人类辅助生殖技术是指运用医学技术和方法对配子、合子、胚胎进行人工操作，以达到受孕目的的技术，分为人工授精和体外受精—胚胎移植技术及其各种衍生技术。

人工授精是用人工方式将精液注入女性体内以取代性交途径使其妊娠的一种方法。根据精液来源不同，分为丈夫精液人工授精和供者人工授精。体外受精—胚胎移植技术及其各种衍生技术是指从女性体内取出卵子，在器皿内培养后，加入经技术处理的精子，待卵子受精后，继续培养，到形成早期胚胎时，再转移到子宫内着床，发育成胎儿直至分娩的技术。

（二）生殖技术的种类

1. 人工（体内）授精。人工（体内）授精（Artificial Insemination，AI）是指用人工方法收集精子并直接注入女性生殖道内，以期受孕成功的一种技术。按精液来源不同分为两种：一种是丈夫供精液人工授精，又称同源人工授精（Artificial Insemination by Husband，AIH）；另一种是供者人工授精，又称异源人工授精（Artificial Insemination by Donor，AID）。前者是指医师收集丈夫的精子以人工方式将其注入妻子体内使其受孕分娩；后者是指精子非来源于丈夫而是来源于不知名的募捐者。人工授精的先决条件是女方的生育力正常，主要针对丈夫不孕，或因丈夫无法射精或因精子过少，无法以自然方式使妻子的卵受精等男性不育问题。

2. 人工体外授精。人工体外授精（In Vitro Fertilization，IVF），又称为试管婴儿技术，是指用人工方法从妇女卵巢取出卵子，并使卵子和精子在试管内结合形成胚胎，然后再植入子宫继续妊娠的一种生育技术，用这种技术生育的婴儿称为“试管婴儿”。

体外授精比人工授精更多地替代了自然生殖的过程，是一种复杂的医学技术。具体可分为：(1)采用夫妻的精子和卵子在体外授精。(2)采用妻子的卵子和第三人提供的精子在体外授精。(3)采用丈夫的精子和第三人提供的卵子在体外授精。(4)采用第三人提供的精子和第三人提供的卵子在体外授精。该项技术主要解决妇女因输卵管缺陷或输卵管堵塞而难以怀孕等女性不孕问题。

3. 代孕母。代孕母指为他人代为妊娠（即孕育分娩）的女性，代孕母并非一种人工生殖技术，而是人工体外授精即试管婴儿的发展阶段。指接受不孕夫妻之精子、卵子或胚胎，植入其子宫并代为孕育生产胎儿者。根据代孕者和委托人与孩子的基因关系区分，代孕母可以分为三类：(1)借腹代孕，即精子、卵子均来自夫妻双方，代孕母仅仅提供自己的子宫孕育胚胎。(2)借卵代孕，即精子来自丈夫，卵子由代孕者提供，经体外受精后，由代孕者怀孕生育。(3)捐胚代孕，即代孕母使用捐赠的精子、卵子形成胚胎进行孕育，代孕者和委托者都与孩子没有基因关系。

二、生殖技术引起的伦理与法律问题

生殖技术的应用给人类带来了福音，也给人类带来了许多社会伦理问题和法律问题。

（一）人工（体内）授精的伦理与法律问题

1. 同源人工授精（AIH）方面的问题。(1)同源人工授精中亲子关系的认定问题。同源人工授精（AIH）父母子女关系的确立通常分为以下两种情形：第一种情况，在婚姻关系存续期间，夫妻双方均同意进行同源人工授精，由于精卵均来自于夫妻双方，受孕出生的子女法律地位比较明确，无论从遗传学、生物学还是社会学的角度，他们都是夫妻双方共同的子女，该子女被当然地认定为是婚生子女。第二种情况，在婚姻关系存续期间，妻子在丈夫不知情或未经丈夫一方的同意而擅自进行同源授精所生的子女，其法律地位如何认定，各国立法尚未有明确的规定，理论界对此也有两种争议观点：一种认为该子女为婚生子女，应保障子女的合法权益；另一种观点认为首先应当认为该子女是婚生子女，但丈夫在一定期限享有否认权和领养权。(2)妻子能否使用亡夫的冷冻精液。由于精子冷冻技术的产生，从技术上看，妻子可以在丈夫死后利用丈夫冷冻的精子进行人工授精，由此引发死后生殖相关问题。但法律上是否应该允许？如果允许，用这种方式所生育子女的法律地位如何？各国立法和判例也各不相同。主流观点认为：如果丈夫生前有明确的意愿允许妻子在他死后利用冷冻的精子进行人工授精并且这种意愿是自己真实意愿的表达，则丈夫为该子女的法律上的父亲。(3)死刑犯的生育权实现问题。死刑犯是指已经被判处死刑但尚未执行的在押犯。2001年在我国发生的“郑雪梨案件”引起了有关法律专家对在押犯和死刑犯有没有生育权的讨论。许多学者认为在押犯和死刑犯是有生育权的，服刑人员和被判死刑的人只是被法律剥夺了人身自由权和生命权，而生育权并没有被剥夺。加之人工生殖技术能够使生育权的实现不再依赖传统的夫妻同居的性生活，服刑人员和被判死刑的人完全可以在现代医学技术的帮助下实现自己生育的权利。但也有学者认为对服刑人员和被执行死刑的人的生育权问题应当权衡相关的各种利益，不能仅从生育权或死刑犯的人身权利出发，还必须考虑社会利益和未出生孩子正常成长利益之需要，认为死刑犯不应当享有生育权。目前在我国学术界，主流的观点还是否定死刑犯具有生育权。

2. 异源人工授精(AID)方面的问题。由于AID的广泛应用，各种判例、法律也发生相应的变化，另外，使用该方法所生子女与生母之夫不存在自然血亲关系，因而引发一系列法律问题。(1)异源人工授精中亲子关系的认定问题。各国法律对此问题反应不一：从发展趋势看，多数国家倾向于主张夫妻合意的AID子女应推定为婚生子女，与生母之夫的关系视为亲生父子关系；妻子进行AID，如果丈夫不知情或未曾同意，他对婴儿有否认权。(2)AID的匿名及供精人与AID子女的关系问题。随着AID广泛应用，已经发生多起AID子女寻找生父和供精者认领AID子女的案例。从尊重和保护AID子女知情权角度来看，AID子女有权利知道其生物学父亲是谁，有权知道自己的出生背景。但是这些问题涉及AID夫妇要求供精者匿名(保密)的权利。而匿名为子女与供精者之间设置了不可逾越的障碍，由此产生了保护供精者匿名权和AID子女“寻根”愿望(利益)的冲突。(3)单身女性的AID生育权问题。单身妇女，包括未婚女子、寡妇、女同性恋者及其他女独身主义者，是否享有AID生育权。对此，法律和伦理学界都引起了争论。在我国，自2003颁布的《吉林省人口与计划生育条例》第三十条明确赋予单身女性的生育权以后，学界对非婚者的生育权进行了激烈的探讨。许多西方国家，如法国、瑞典、德国等都只允许在婚姻关系内进行AID。但在英国，1991年3月颁布的人生育与胚胎学管理局的法规，却允许单身妇女接受人工授精，并且只要不育治疗中心同意即可。

(二)人工体外授精(IVF)的伦理与法律问题

1. 体外授精亲子关系的认定问题。因配子来源和妊娠场所的不同，造成试管婴儿有多个母亲、多个父亲的复杂状况，如果说 AID 提出“谁是父亲”的问题，那么 IVF 的问题就扩大为“谁是试管婴儿的父母”。(1)使用妻卵的体外授精。一是使用妻卵的同源体外授精，此种情况下，从遗传物质的来源上看，都来源于夫妻双方。因此，所生的子女为该不孕夫妇的婚生子女。二是使用妻卵的异源体外授精。将妻子的卵子和捐赠者的精子在体外授精，形成胚胎后再移植到妻子子宫孕育分娩。此种情况下亲子关系的认定可以适用异源体内授精的规则。(2)使用捐卵的体外授精。一是捐卵之同源体外授精，将捐献者的卵子和丈夫的精子在体外授精，形成胚胎后再移植到妻子子宫孕育分娩。在此种情况下，不孕夫妇之夫为该子女的父亲。这类试管婴儿涉及两个母亲：遗传学母亲(供卵者)和生身之母(分娩者)。究竟应当认定谁是该子女的合法母亲呢？一般认为，不孕夫妇的妻子应为母亲。二是捐卵之异源体外授精，将捐献者的卵子和捐献者的精子在体外授精，形成胚胎后再移植到妻子子宫孕育分娩。所生子女与不孕夫妇不存在任何血缘联系，不孕夫妇之妻只担任分娩者的角色。美国加利福尼亚州上诉法院在 1998 年的 Buzzanca 案件中认为，该对意欲成为父母的不孕夫妇为法律上的父母。

2.受精卵和胚胎管理的法律问题。由于遗传物质可以在体外储存，胚胎冷藏技术的发挥为体外受精的临床应用拓展了空间，这就使遗传物质的捐献、买卖、试验、移植、进出口成为可能，由此引发出如何确定胚胎和受精卵的法律地位及相关的一系列法律问题。(1)受精卵和胚胎的法律地位。即受精卵和胚胎是不是人？是否享有继承权？销毁或丢弃多余的胚胎是否构成杀人？对此，有两种截然不同的意见。一种意见认为是人，因此应尊重他们，不应把他们作为工具、手段来使用，不应未经主人同意就处理掉他们。另一种意见认为不是人，不应该具有同人一样的法律地位。(2)胚胎学研究的法律问题。胚胎研究意义重大，但是它也可能给人类带来灾难。各国对此认识不同，因而有不同的立法。在美国有 22 个州的法律禁止胚胎研究。德国因希特勒时代曾搞过人体胚胎实验，故对此问题特别敏感，它所颁布的《胚胎保护法》也是世界上禁止胚胎研究最严厉的法规。澳大利亚的维多利亚州也颁发了类似法令，禁止研究人胚胎和克隆相同的人，禁止活检胚胎，也禁止繁殖人与动物的混血儿。英国的《人生育和胚胎法》则是一个折中法案：允许研究 14 天以前的胚胎，禁止研究 14 天后的胚胎，即从法律层面认为 14 天后的胚胎是有生命的人。2003 年 12 月 24 日，中国科学技术部、原卫生部联合颁布了《人胚胎干细胞研究伦理指导原则》，对进行人胚胎干细胞研究所必须遵守的行为规范做了规定。(3)生殖细胞、冷冻胚胎的保存与销毁问题。生殖细胞、冷冻胚胎的保存期限事关人类的尊卑秩序和伦理关系，对其保存和销毁应该做出规定。台湾地区 2007 年的《人工生殖法》第 21 条分了四种情况加以规定，我国大陆目前没有对生殖细胞和冷冻胚胎保存和销毁做出的规定。

（三）代孕技术的伦理与法律问题

1.代孕合同的效力如何认定。有学者认为，这样的合同内容属于公序良俗违反行为中的危害家庭关系行为类型，该法律行为自应无效。有的学者认为在满足相应条件的前提下应当认可其效力。

2.代孕子女法律地位如何认定。在代孕行为下，传统的民法婚姻家庭体系被打破，必须重新思考通过代孕出生的子女及其父母的法律地位以及相应产生的民事法律关系。

3.代孕母亲的法律地位是否等同于传统母亲的问题一直悬而未决。代孕不同于传统的生殖方式，其涉及的当事人不仅仅是传统意义上的父母双方，通过代孕分娩的婴儿最多可能拥有遗传母亲、代孕母亲及委托母亲三位不同的母亲。代孕母亲的法律地位在法律上尚无定论。

4.代孕母的存在。出现了有的母亲代替女儿代孕的情况，甚至有祖母替孙女代孕的情况，造成出生婴儿在家庭地位的尴尬和伦理的混乱。

三、我国生殖技术的立法状况

为了制止一些单位滥用人工生殖技术，1989 年原卫生部发出《关于严禁用医疗技术鉴定胎儿性别和滥用人工授精技术的紧急通知》规定，人工授精除用于科学研究外，其他医疗保健机构一律不得开展。1991 年最高人民法院颁布《关于夫妻离婚后人工授精所生子女的法律地位如何确定》的司法解释。2001 年 2 月 20 日，原卫生部颁布了《人类辅助生殖技术管理办法》和《人类精子库管理办法》两部规章。同年 5 月 14 日，原卫生部又发布了《人类辅助生殖技术规范》《人类精子库基本标准》《人类精子库技术规范》和《实施人类辅助生殖技术的伦理原则》等规范性文件，2003 年 6 月 27 日，原卫生部将其修订为《人类辅助生殖技术规范》《人类精子库基本标准和技术规范》和《人类辅助生殖技术和人类精子库伦理原则》。2003 年 12 月 24 日，科学技术部、原卫生部联合颁布了《人胚胎干细胞研究伦理指导原则》。2006 年 2 月 7 日原卫生部颁布了《人类辅助生殖技术与人类精子库校验实施细则》和《人类辅助生殖技术及人类精子库培训基地认可标准及管理规定》。

第二节　基因工程与克隆技术的伦理与法律问题

一、基因工程概述

（一）基因的概念

“基因”(Gene)是位于脱氧核糖核酸(DNA)上编码多肽序列的碱基排列片段，是具有特定生理功能的DNA序列，是控制生物性状的基本遗传单位，是遗传信息传递、表达、性状分化发育的依据。基因具有多方面的重要价值，其密码一旦被破译，便可被广泛应用于农牧业、食品工业、医药卫生、遗传鉴定等领域，并会产生巨大的经济效应和社会效应。

（二）基因工程的概念

基因工程(Genetic Engineering)，又称“遗传工程”“基因技术”或者“基因工程技术”，是应用DNA重组技术，按照人们的意愿，在基因水平上改变生物遗传性，创造新生物物种，通过工程化为人类提供有用产品及服务的技术。通俗一点来说，基因工程的本质就是要帮助人们认识基因、了解基因，以此来造福全人类。而基因则是基因工程的基点，是生物体内决定生物遗传特性的一个重要单位。

（三）基因工程的发展

基因工程诞生于20世纪70年代，是一项定向改变生物遗传特性的新技术。1972年，美国斯坦福大学的P. Berg构建了世界上第一个重组DNA分子，并因此荣获了1980年度诺贝尔化学奖。1973年，S. Cohen等首次通过质粒将外源DNA成功地转化到大肠杆菌中并转录出相应的mRNA。该实验的成功是基因工程发展史上的一个里程碑，它不仅说明质粒分子可以作为基因的载体，将外源DNA导入寄主细胞，还说明了真核生物的基因可以转移到原核细胞中，并实现其功能表达，同时还建立了质粒—大肠杆菌这样一个基因模式，首开了基因工程的先河。在此后的30年间，基因工程取得了惊人的发展，它的许多成果已走出实验室，并逐步产业化、商业化，被广泛应用于农业、工业、医药、卫生、环保、食品等领域。以基因工程为代表的现代生物技术已成为与信息技术、新材料技术、空间技术等并列的高新技术之一，应用于医药卫生领域的基因工程技术主要有基因诊断、基因治疗、转基因食品等。

（四）基因工程的应用

基因工程技术的广泛应用主要表现在下面几个方面：

1. 生产基因工程药物。胰岛素、干扰素、人造血液、白细胞介素、乙肝疫苗等通过基因工程实现工业化生产，均为解除人类的病苦，提高人类的健康水平发挥着重大的作用。

2.利用基因技术进行鉴别分析。利用基因技术进行鉴别分析的有:亲子鉴定,兴奋剂检测,刑事侦查,民族起源,考古生物,阐明老化机理、免疫机理、致病机理等。

3.遗传疾病治疗方面。通过基因诊断技术,检测出分子结构水平和表达水平是否异常,从而对疾病做出判断。通过基因治疗技术,纠正或补偿因基因缺陷和异常引起的疾病,以达到治疗目的。

4.动植物品种改良方面。在动物基因工程方面,已先后培育出转基因猪、羊、牛和鱼等,在植物基因工程方面,已生产出具有抗虫、抗除草剂、抗病毒、抗细菌、抗旱、抗冷等转基因农作物,还可以生产出含有动物蛋白、有疟疾疫苗作用的转基因农作物。

5.其他行业的应用。在能源方面,可从糖和粮食中提取乙醇来做机器的动力原料。在环境领域,可利用细菌清除重金属和放射性废弃物。在采矿方面,可利用微生物的新陈代谢能力来提高采炼技术。在食品加工领域,可对普通食品进行加工改良。比如,可采用基因工程手段改善食用油成分、蛋白质和碳水化合物含量和氨基酸组成。

二、基因工程引起的伦理与法律问题

(一)基因诊断

基因诊断也称DNA诊断、DNA探针技术或基因探针技术,是指通过直接探查基因的存在和缺陷来对人体的状态和疾病做出判断。

最早的基因诊断是1976年凯恩等人借助DNA分子杂交方法首次成功地进行的地中海贫血的产前诊断。经过20多年的发展,基因诊断目前正广泛应用于许多疾病特别是遗传病的诊断,如基因诊断可以用于流行病学的大量筛分调查和统计,对晚发遗传病进行预测;用小型DNA探针进行DNA指纹鉴定以协助犯罪分析等。但其应用也产生了许多法律问题,如病人的基因图谱泄露导致其面临着就业、教育、保险、婚姻的危险,甚至因此遭受冷落和歧视。因此,医生是否有为诊断出遗传病的病人保密的义务?若医生为病人保密,是否损害了病人配偶或未来子女的利益?若医生泄密,影响了病人的婚姻、就业、保险,是否应负责任?正是基于这些理由,美国一些议员向国会提出了《人类基因组隐私法》法案,旨在保护人的隐私权,维护人的平等尊严,法案突出了“非医疗急救和司法判案需要,遗传资料不得泄露”的内容。

(二)基因治疗

基因治疗是指改变人体活细胞遗传物质的一种医学治疗方法,即通过基因工程技术诊断出异常的基因后，用正常的基因代替异常的基因，达到治疗的目的。基因治疗一般分为体细胞基因治疗、生殖细胞基因治疗、增强基因工程和优生基因工程。

1980年，基因治疗首次应用于人体。1989年5月22日，世界上首项获准的临床基因标记试验开始进行。随后基因治疗作为治疗人类疾病的全新方法，得到了医学界、产业界和政府的高度重视。目前，在美国、法国、意大利、荷兰、中国，已有十几个通过批准的临床基因标记和治疗项目。但是由于基因的复杂性，通过基因治疗将会改变人类的遗传物质，有可能产生不可预知的严重后果。一般认为，体细胞基因治疗只涉及患者个体，而生殖细胞基因治疗则对人类未来产生影响。在伦理和法律方面将引发以下问题：人是否可以改变人？人的尊严何在？以什么标准改变人？人体基因是否可以买卖？而基因治疗作为一项费用昂贵的医疗技术，哪些人有权享有这项技术？等等。所以目前许多国家对基因治疗采取非常慎重的态度，同时考虑从法律角度对此做出调整规范和控制。

三、基因工程的立法现状

（一）国外关于基因工程的立法简介

由于基因工程技术应用与人类的生活、生命与健康紧密相关，并且其打破了不同物种之间的界限，可以定向地创造出生物新品种或新物种，如基因工程药物、疫苗等，而通过转基因改良农作物品种产生的转基因食品涉及人类自身的营养和健康。因此，基因工程技术的研究和应用的安全性和伦理道德及法律问题，一直受到人们的关注。

如何科学合理地应用法律来规范保护并促进基因技术的发展，同时又能有效地防止基因技术对人类自身的不利影响，已经成为一个现实而紧迫的问题。1976年6月23日，美国公布了世界上第一部实验室基因工程应用法规《重组DNA实验准则》。此后，前苏联、意大利、澳大利亚、巴西、墨西哥等25个国家大部分以美国此部法规为蓝本陆续起草或制定了这类法规。1986年，随着基因工程产业化及基因疗法研究的进展，美国制定了工业化基因工程应用的法规和《基因疗法实验准则》，这些法规比较科学和系统地规定了操作规范、安全事项和管理措施。英国1989年颁布了《遗传操作规则》、1992年颁布了《遗传改良生物控制使用规则》，法国1992年颁布了《控制遗传物质被改变了的机体的使用和扩散法》，德国1980年颁布了《基因技术法》、1990年制定了《胚胎保护法》。

（二）我国基因工程的立法现状及展望

20世纪70年代后期以来，我国的基因工程技术发展较快，国内一些地区陆续开展基因工程研究，取得了一定的进展。党中央和国务院批准实施的高技术研究发展纲要中，以基因工程为核心的生物技术被列在首要的位置上。由于我国生物技术立法工作相对滞后，仅在专利法、环境保护法等法律中涉及一些生物技术的法律问题。为促进我国基因工程技术良性健康发展，加强基因工程工作的安全管理，保障公众的健康，防止环境污染，维护生态平衡，国家科学技术委员会于1993年12月24日发布了《基因工程安全管理办法》，就适用范围、安全等级和安全性评价、申报和审批、安全控制措施以及法律责任等方面做了规定。1993年原卫生部制定了《人的体细胞治疗和基因治疗临床研究质控要点》，强调对基因治疗的临床试验要在运作之前进行安全性论证、有效性评价和免疫学考虑，同时注意社会伦理影响。为了强调农业、食品安全问题，国家于1996年还颁布了《农业生物基因工程安全管理实施办法》。1998年为了加强人类遗传资源的管理，科学技术部、原卫生部联合制定了《人类遗传资源管理暂行办法》，将我国人类遗传资源的采集、收集、研究、开发、买卖、出口、出境等活动，纳入了法制化管理的轨道。

为了促进我国基因工程的发展，在今后的立法中应当遵循以下几项基本原则：基因资源开发主权权利原则，基因工程风险防范原则，禁止基因技术滥用原则，知识产权保护原则，尊重人权原则。此外，在制定和实施法规的过程中还需要创造一些必要的条件。首先，做好宣传教育工作，要利用一定的媒介工具进行基因工程及其安全操作应用的宣传教育。其次，改善装备水平，需要增加一定的投资用以装备基因工程实验室。再次，培养懂行的生物法学人才，更好地运用法律手段来保证基因工程的发展。

四、克隆技术的伦理与法律问题

（一）克隆技术概述

“克隆”（Clone）是指生物通过细胞分裂进行无性生殖，形成基因型完全一致的后代种群，又称为“无性生殖”。分为治疗性克隆（Therapeutic Cloning）和生殖性克隆（Reproductive Cloning）。

前者是指把患者的体细胞移到去核卵母细胞中形成重组胚，把重组胚体外培养到囊胚，然后从囊胚内分离出胚胎干细胞（Embryonic Stem Cell）（简称ES细胞），获得的ES细胞使之定向分化为所需的特定细胞类型（如神经细胞、肌肉细胞和血细胞），用于替代疗法。这种方法的最终目的是用于干细胞治疗，而非得到克隆个体。后者开始的步骤完全与前者相同，是指将人类的体细胞植入卵细胞内，经人工方式将其培养成胚胎后，移植到妇女子宫内怀孕、生殖，是以产生新个体为目的的克隆。这项技术彻底改变了通过精子与卵子的结合而缔造生命的方式，目的是产生一个独立生存的个体。

（二）克隆技术引起的伦理与法律问题

联合国大会反对克隆人国际公约特设委员会于2002年2月25日在纽约联合国总部举行首次会议，就《禁止生殖性克隆人国际公约》展开辩论。在辩论中，各方支持公约在全球范围内严禁生殖性克隆人，但在公约是否禁止以预防和治疗疾病为目的的治疗性克隆问题上，各方存在明显分歧。我国代表主张对治疗性克隆和生殖性克隆加以区别，我国政府坚决反对生殖性克隆。以治疗和预防疾病为目的的人类干细胞研究是有益的，应该予以鼓励和支持，但是各种关于克隆技术的研究和应用都必须遵循国际上公认的生命伦理原则，并使其在严格审查和有效监控的条件下有序发展。

第三节　器官移植的伦理与法律问题

一、器官移植概述

器官移植，被称为"21世纪医学之巅"。自1954年美国外科医生Murray成功地完成了世界上首例肾移植以来，人体器官移植已经成为治疗致命性和非致命性疾病的有效措施，它挽救了无数患者的生命。

（一）器官的概念

我国2007年实施的《人体器官移植条例》没有明确规定器官的定义，而是规定"人体细胞和角膜、骨髓等人体组织移植"不在本条例调整范围之内。从其对人体器官移植的立法定义可以看出，条例所说的器官仅仅是指"具有特定功能的心脏、肺脏、肝脏、肾脏或者胰腺等器官的全部或者部分"。

本节中涉及的"器官"并不严格区分"器官"与"组织"的概念，但"以生殖为目的的配子、卵巢或者睾丸组织，或者胚胎移植，或者以输血为目的采集的血液或者血液成分"则不在本节的研究范围之内。

（二）器官移植的概念与分类

1.器官移植的概念。法律上的器官移植，是指在必要且紧急的情况下（除非立刻或及时采取器官移植，否则病人将在短时期内丧失生命），为了使病人的器官恢复正常的生理功能以达到抢救其生命的目的，依据法律规定和当事人的意愿将健康器官移植于病人身体的合法行为。

2.器官移植的分类。（1）异种移植和同种移植。根据人体器官捐赠的来源可分为异种移植和同种移植。异种移植是指器官捐赠者和器官接受者分属不同物种之间的器官移植，又称为"跨种移植"。目前异种移植面临着两个严重的问题，即免疫排斥和跨物种感染。这种器官移植技术只是获得小规模的应用，在一些国家已经被禁止使用。同种移植是指器官捐赠者和器官接受者属于同一物种的器官移植，在人体器官移植中，即把人体器官移植到病人体内。临床开展的人体器官移植多属此类，世界范围内的器官移植法律都是以同种器官移植为其允许和规范的对象。(2)自体移植和异体移植。在同种器官移植中，根据供移植的器官是否来自自身，可将器官移植分为自体器官移植和异体器官移植。自体移植是指器官捐赠者和器官接受者为同一个体的器官移植，即将病人的人体器官的全部或部分取出，并把它移植到该个体的相同或不同部位。异体移植是指器官捐赠者和器官接受者分属于不同个体的器官移植，即把活体或尸体的器官移植到另一个人身上。世界各国的人体器官移植法律都是以同种异体器官移植为其调整对象的。(3)活体器官移植、尸体器官移植和人造器官移植。根据同种异体器官移植中器官的来源途径的不同，可分为活体器官移植、尸体器官移植和人造器官移植。活体器官移植是指供移植的器官来源于存活的个体；尸体器官移植是指供移植的器官来源于死者的遗体；人造器官移植中，人造器官是指人工暂时或永久性地代替身体某些器官主要功能的人工装置，如人工肺、人工心脏、人造肾等。另外，克隆人体器官也是器官来源发展的一个重要方向，但目前技术还非常不成熟。

二、器官移植引起的伦理与法律问题

(一)器官来源方面的伦理与法律问题

器官来源方面最重要的问题是供体器官不足，这在我国表现得尤为突出。器官的来源一般有自愿捐献、推定同意、克隆器官、人造器官和商品化等途径。另外，器官来源有活体和尸体之分。

1. 活体器官捐献方面的问题。活体供体是从活的供体身上摘取某一成双器官中的一个或某一器官的一部分。除血液和骨髓移植供体可通过机体的代偿得到补充恢复外，供体器官被摘除后是不能再生的，自身健康将在一定程度上受到损伤。在选择活体供体时，应考虑如何维护供体利益的问题。到底采用何种方式进行器官采集？哪种收集方式更符合伦理要求？自愿捐献还是推定同意？免费捐献还是商业化交易？

活体器官的捐献有患者的亲属和非亲属自愿捐献者两种。当一个患者生命危在旦夕时，首先可考虑在其亲属中挑选合适的、自愿捐献器官的供体。然后也可考虑在非亲属社会成员中寻找自愿捐献者，但必须确认捐献者没有诸如经济、政治等其他目的或因素的干扰。尽管现有的法律框架是“自愿捐献”，但多半是为挽救亲人在迫不得已的情况下而采取这一做法，所以自愿捐献的人群是相当有限的。

2. 尸体器官捐献方面的问题。尸体供体是目前器官移植的主要供体，占到了97%以上，其问题主要是传统伦理观念影响和死亡标准问题。由于受传统观念影响，所谓“身体发肤，受之父母，不敢毁伤，孝之始也”，很多地方都认为捐献死者器官是不孝之举。因此，愿意死后捐献器官的人和同意捐献亲人器官的人往往微乎其微。

尸体器官移植还涉及死囚器官的问题。1984 年，我国最高人民法院、最高人民检察院、公安部、司法部、原卫生部、民政部颁布了《关于利用死刑罪犯尸体或尸体器官的暂行规定》，规定以下几种情况可供利用：无人收殓或家属拒绝收殓；罪犯自愿将尸体交医疗单位使用(须签名)；经家属同意的。同时，也提到尊重少数民族的风俗等内容。自 2015 年 1 月 1 日开始，我国全面停止使用死囚器官作为移植供体来源，公民逝世后自愿器官捐献将成为器官移植使用的唯一渠道。

3. 推定同意方面的问题。推定同意，是指法律规定公民在生前未做出不愿意捐献器官的意思表示，都可被认为是自愿的器官捐献者。推定同意原则是针对既未表示同意，又未表示反对捐献器官的人提出的。推定同意中包括两种情况：

一是医师推定同意。这实际是指由政府授权医务人员，只要死者生前未表示过反对，医师就可以推定其同意摘取其器官，不考虑亲属的意思。法国、匈牙利、奥地利、瑞士、丹麦、新加坡等国采取了这种做法。采用这种方式的好处是，既能大大增加可用于移植的器官数量，又可避免因征求家属意见延误时间而影响器官移植的质量。但这种规定因其具有强烈的处理死者尸体的性质，因而难以为一些国家的公众所接受和被国家法律所认可。二是亲属推定同意。要求医师与死者亲属交涉，在明确家属无反对意见、同意捐献时才可用于移植。罗马尼亚、芬兰、希腊、挪威、瑞典等国的法律采用了这种形式，其优点是可以避免死者亲属提起诉讼。

在我国，当前还尚未形成“推定同意”的规定，现阶段主要是确保近亲属在捐献过程中的意见得到充分表达。如《人体器官移植条例》第八条规定：“公民生前未表示不同意捐献其人体器官的，该公民死亡后，其配偶、成年子女、父母可以以书面形式共同表示同意捐献该公民人体器官的意愿。”

4. 有关器官移植犯罪方面的问题。我国器官移植的供需矛盾突出，一些急需接受器官移植的患者为了得到可供摘取的器官，往往不惜高价购买器官。某些不法分子往往会以侵犯他人的生命和健康为代价，通过欺诈、强迫等各种手段来强制摘取或偷取他人的身体器官进行贩卖，还会引发故意伤害罪、故意杀人罪、拐卖妇女儿童罪以及盗窃、侮辱尸体罪等犯罪，从而使其社会危害性远远超出人体器官买卖这一行为本身。这些现象表明,人体器官的获取和流通环节亟待法律规制。

(二)移植器官的商品化问题

单纯从解决移植用器官的目的来说,器官商品化确实可以吸引一些人提供器官来源以缓解器官紧缺的矛盾,但由此可能并实际引发的道德、法律问题却不得不使人望而却步。首先,器官质量难以得到保证,受体往往难以了解所购买器官是否安全和健康,如供体是否有遗传病等。其次,会导致在生死面前表现出极度的不平等。再次,这种需求可能会刺激社会犯罪集团为了暴利而采用犯罪的手段获取器官。正因为上述原因,即使在商品经济最发达的美国也于 1984 年颁布的《器官移植法》中宣布器官买卖为非法行为。1989 年 5 月世界卫生组织呼吁制定一个有关人体器官交易的全球禁令,敦促其成员国制定限制器官买卖的法律。

(三)器官分配方面的问题

人体器官是一种稀有的卫生资源,是不可能按需分配的。医生在进行器官分配时就面临难题,即可供移植的器官和技术总是有限的,那么谁应先接受移植手术?这是如何选择病人的问题。分配标准一直是伦理学界和法学界讨论的问题之一。国内外的书籍中对此都从理论上给出 5 个原则:余年寿命原则、回顾性原则、前瞻性原则、家庭角色原则和科研价值原则。

三、器官移植的立法状况

(一)该外器官移植的立法简介

20 世纪 80 年代世界上许多国家和地区就基本完成了器官移植的相关立法工作,主要有统一立法模式和单一器官立法模式。

1. 统一立法模式。主要以美国为代表,主张对器官捐献与器官移植进行统一立法。1968 年由美国律师协会等组织提议,通过了《统一解剖捐献法案》(UAGA),1984 年制定了《器官移植法》。欧洲、澳洲以及北美其他国家深受美国立法的影响,英国于 1989 年通过了《人体器官移植法》。统一立法的主要优势在于:集器官移植相关法律丁一身,摒弃了单 ·器官立法的局限性,可以更有利于收集供体器官。

2. 单一器官立法模式。单一器官立法模式,则是一种循序渐进的方法,由小器官移植立法向大器官移植立法过渡,然后再为今后多器官移植立法铺平道路,但最终仍然要实现器官捐赠与移植的统一立法。日本和我国的台湾地区等采用此种模式。

(二)我国器官移植的立法现状

我国器官移植立法发展有着两个比较明显的特点,一是统一立法步伐缓慢,地方立法先行；二是港澳台地区发展迅速，内地相对滞后。

器官移植立法在我国港澳台地区发展相当迅速。1987 年 6 月 19 日，台湾地区率先通过了一部专门规范人体器官捐献的《人体器官捐献条例》，1987 年 9 月、1988 年 3 月又先后颁布了《脑死亡判定步骤》和《人体器官移植条例实施细则》等，构成了完整的器官移植立法体系，较好地规范了与器官移植有关的医事行为，也有效地保障了台湾地区器官移植技术的发展。香港地区于 1995 年颁布了《人体器官移植条例》(香港法例第四百六十五条)，并于 1999 年进行了修订。澳门地区则于 1996 年 5 月 23 日颁布了《规范人体器官及组织之捐献、摘取及移植》(澳门法令法律第 2/96/M 号)以及要求进行捐献记录的相关法律(法令第 12/98/M 号)，同时于 1999 年 2 月 19 日颁布法令第 7/99/M 号。

我国内地器官移植相关立法的发展则稍显滞后，2001 年 3 月 1 日《上海市遗体捐献条例》开始施行，这是我国第一部与器官移植有关的地方立法，对遗体捐献的一些最基本问题做出了规定，在许多方面都具有开创性意义。该条例实施不久，山东省、武汉市以及宁波等省市也先后制定了本地的遗体捐献条例。2002 年 6 月 3 日贵阳市颁布了《贵阳市捐献遗体和角膜办法》；深圳市 2003 年通过了《深圳经济特区人体器官移植条例》，该条例比较细致地规范了活体器官移植和尸体器官移植，具有很强的借鉴意义，为以后的立法起到了很好的铺垫作用；2005 年 6 月，福建省通过了《福建省遗体和器官捐献条例》。为进一步规范与加强人体器官移植技术临床应用管理，促进国内器官移植科学化、规范化和法制化建设，2006 年 7 月原卫生部制定了《人体器官移植技术临床应用管理暂行规定》，这是关于器官移植的第一次全国性的立法，以部门规章的形式出现。2007 年 3 月 21 日，国务院通过了《人体器官移植条例》(以下简称《条例》)，这是我国在总结地方性立法实践之后形成的第一部全国性的人体器官移植行政法规，是我国器官移植立法的一座里程碑。2007 年，《医疗机构和医师人体器官移植执业资格认定审核标准和审核程序》开始实施，以对实施人体器官移植手术的医疗机构和医务人员施行资格准入制度。同年 8 月，我国第一部器官移植领域政策法规和临床操作的指导性用书——《中国肝脏移植手册》正式发布。为了更好地贯彻落实《人体器官移植条例》，规范活体器官移植，保证医疗质量和安全，2009 年 12 月 28 日原卫生部发布了《关于规范活体器官移植的若干规定》。

第四节　与死亡有关的伦理与法律问题

一、脑死亡

（一）传统的死亡标准

心肺呼吸停止，是长期以来人们沿用的死亡观念。美国《布莱克法律词典》和英国《牛津法律大词典》都认为，死亡的最主要标准是心跳、脉搏、呼吸的停止。我国出版的《辞海》也将心跳和呼吸的停止作为死亡的主要标准。医学临床上也是以心跳停止、呼吸停止、血压消失、瞳孔散大和对光反射消失作为宣告死亡的依据。这个标准非常直观，也是大众的标准，人们对此深信不疑。

（二）现代脑死亡标准

随着医学技术的发展，人们对死亡的理解有了改变。1968 年由哈佛大学医学院提出的脑死亡标准可以概括为：(1)不可逆的深度昏迷，病人完全丧失对外部刺激和内部需要的所有感受能力。(2)自主运动包括自主呼吸运动停止，呼吸机关闭 3 分钟而无自主呼吸。(3)一切反射消失，脑干反射消失，瞳孔散大，瞳孔对光反射、角膜反射、眼运动反射等均消失。(4)脑电沉默，即脑电图平直记录 20 分钟。1973 年，第八届国际脑波·临床神经生理学大会提出了对“脑死亡”的定义，即“脑死亡是包括小脑、脑干直至第一颈髓的全脑功能的不可逆的丧失”。

（三）确定脑死亡标准的意义

1. 有利于维护人的生命价值和尊严。确定脑死亡标准可以提倡人们追求高质量、有价值的生命，推动医学伦理观念的更新，可以更好地维护人的生命尊严，更好地尊重人的生命价值。

2. 有利于医学人道主义的开展。随着器官移植技术的日益完善和改进，等待器官移植的病人越来越多，可提供供体的数量远不能满足受体增长的需要。从救死扶伤、为大多数人民群众利益出发，确定科学死亡标准的社会意义在于可以把比较新鲜的器官移植到急需的患者身上挽救其生命。

3. 有利于法律的正确实施。确定科学的死亡标准将对我国司法和执法产生重要影响：《民法》上权利义务的变更和终止时间将会有所改变，如继承开始时间的确定；《刑法》上受害人的损伤程度和加害人责任认定也将发生变化，按照传统死亡标准应当认定为重伤的情况有可能按新的标准认定为死亡，加害人就应承担相应的法律责任等。确定科学的死亡标准，使脑死亡在我国有法可依、有法可循，对建设我国法制社会和规范医疗行业也将起到重要作用。

（四）脑死亡立法

1. 国外脑死亡的立法简介。从国外的脑死亡立法情况来看，脑死亡的法律地位主要表现为以下三种情形：

第一，国家制定有关脑死亡的法律，直接以立法形式承认脑死亡为宣布死亡的依据，如美国、芬兰、加拿大、阿根廷、瑞典、澳大利亚、奥地利、希腊、意大利、英国、法国、西班牙、波多黎各等国家。

第二，国家和地区法律虽然没有制定正式的法律条文承认脑死亡，但在临床实践中已承认脑死亡状态，并以之作为宣布死亡的依据。如比利时、德国、印度、爱尔兰、荷兰、新西兰、南非、瑞士、韩国、泰国等国家。

第三，脑死亡的概念为医学界所接受，但由于缺乏法律对脑死亡的承认，临床上医生也不敢推行脑死亡标准，缺乏将脑死亡作为宣布个体死亡的法律依据。

为了保证和提高脑死亡诊断的准确性，防止偏差，有的国家法律规定，脑死亡诊断应由两名内科医师做出，且同器官移植无关联。也有的国家法律规定，脑死亡的确定，应由两名医师独立进行检查得出相同的结论，或需要经上级医师的核准；必要时，还需神经内科、神经外科、麻醉科以及脑电图专家会诊，无异议时，方可确定脑死亡。

2.我国脑死亡的立法思考。借鉴外国和我国香港、台湾地区的脑死亡立法经验，我国在脑死亡立法上应考虑以下问题：

(1)两种死亡定义和死亡标准并存。根据我国国情，确立脑死亡定义与标准和传统死亡定义与标准同时并存的制度，立法应限定在何种情况下，才能使用脑死亡标准来判断病人死亡。这样就可因人而异、因地而异，既能防止因脑死亡误诊可能造成的对有抢救价值的病人延误抢救，又可以使医生正确运用脑死亡标准对那些脑功能全部丧失、处于不可逆状态的病人及时宣布死亡。作为一种过渡，当医疗条件和水平达到一定程度时，即可采用脑死亡标准。

(2)制定严格的脑死亡诊断标准。借鉴哈佛标准，结合我国医疗实践，制定严格的脑死亡诊断标准，具体内容应当是：脑死亡判定的先决条件；临床诊断；确认试验；脑死亡观察时间。立法赋予这样的诊断标准以法律效力，使之成为临床医生必须遵守的行为规范。卫生部门脑死亡法起草小组制定的脑死亡诊断标准中，将脑死亡概念界定为：脑死亡是包括脑干在内的全部功能丧失的不可逆转的状态。其具体条件包括：①先决条件。即出现昏迷，原因明确，排除各种原因的不可逆性昏迷。②临床诊断。即出现深昏迷，脑干反射全部消失，无自主呼吸(靠呼吸机维持，呼吸暂停试验阳性)，以上必须全部具备。③确认试验。即出现脑电图平直，经颅脑多普勒超声呈脑死亡图形，体感诱发电位 P14 以上波形消失，此 3 项中必须有 1 项阳性。④脑死亡观察时间。即首次确诊后，观察 12 小时无变化方可确认为脑死亡。

(3)建立科学严格的脑死亡管理制度。脑死亡立法应规定哪些医疗机构及执业医师有权做出脑死亡诊断，应按照什么程序进行，使用哪些测试手段等，以防止医生的草率诊断或虚假诊断。其主要内容应包括：脑死亡诊断医疗机构及诊断医师的资格（如：三级以上医疗机构及中级以上医师方可行使）；参与脑死亡诊断的人员构成（如：诊断医师不得少于两人）；诊断脑死亡的医疗机构必须具备的设备条件；运用脑死亡标准做出脑死亡诊断的合理程序；脑死亡诊断书的签发程序；伦理委员会的设置及组成等。

（4）建立病人合法权益监督保护制度。在运用脑死亡标准时，病人的合法权益会不会受到侵害，也是立法要考虑的问题。按照《民法》中规定，缺乏自我意识的病人应当视为无民事行为能力人，其民事权利应当由其法定监护人负责监督和保护。因此，在脑死亡立法中应当赋予病人家属一定权利。例如：何时关掉病人呼吸机等仪器，何时放弃抢救治疗，病人家属应享有知情权和同意权等。

二、安乐死

（一）安乐死的概念

"安乐死"一词源自希腊文"euthanasia"，是由"美好"和"死亡"两个字所组成，其原意是指舒适或无痛苦地死亡或安然地死去。安乐死作为一种特殊的死亡形式，现代意义上的安乐死至今尚无一个统一完整的定义。《牛津法律指南》将安乐死定义为："在不可救药的病危患者自己的要求下，所采取的引起或加速死亡的措施。"美国医学会认为安乐死的通常定义是："出于仁慈的原因以相对迅速的并且无痛的方式造成不治之症和病痛患者死亡的行为。"《中国大百科全书·法学卷》对安乐死的定义是："对于现代医学无可挽救的逼近死亡的病人，医生在患者本人真诚委托的前提下，为减少病人难以忍受的剧烈痛苦，可以采取措施提前结束病人的生命。"根据上述定义，安乐死并不是生与死的选择，而是每个人必须面临的安乐死亡还是痛苦死亡方式的选择。安乐死不只是人为地导致死亡，而且指死亡过程中的一种良好状态，以及达到这种良好状态的方法。其目的是通过人工调节和控制，使死亡呈现出一种良好的状态，以避免精神和肉体的痛苦折磨，达到舒适或愉快，即改善死者濒临死亡时的自我感觉状态，维护死亡时的尊严。

（二）安乐死的分类

现行对安乐死最常见也是最被接受的分类是根据安乐死实施中的"作为"和"不作为"，将其分为主动安乐死和被动安乐死。

1. 主动安乐死。也称"积极安乐死"，是指医务人员或其他人在无法挽救病人生命的情况下采取措施主动结束病人的生命或加速病人死亡的过程。结合病人的意愿和执行者的不同，主动安乐死又可分为：自愿—自己执行的主动安乐死、自愿—他人执行的主动安乐死和非自愿—他人执行的主动安乐死三种。由于这是用直接的方式使危重病人提前死亡,较难为人们接受。目前,世界上承认主动安乐死为合法的国家只有少数几个。

2.被动安乐死。也称"消极安乐死",是指终止维持病人生命的一切治疗措施,任其自然死亡。实施被动安乐死主要基于:受医学技术的发展的限制,医疗措施对很多疾病的晚期都无能为力的时候,要让病人依据自己的意愿在自然、舒适、尊严中离开人世。一般来说,被动安乐死较容易被人们接受。从世界各国立法看,法律所承认的大多是被动安乐死。

(三)安乐死引起的伦理与法律问题

安乐死的实践古已有之,早在史前时代,古游牧部落在迁移时,常常把病人、老人留下让其安静地死亡。在古希腊和古罗马,允许病人结束自己的生命,并可请外人助死。17世纪,弗兰西斯·培根在他的著作中多次提到"无痛苦致死术"。1938年美国查尔斯·波特组建"自愿安乐死合法化协会",开辟了近代安乐死之先河。此后,欧美许多国家都有人积极倡导安乐死,安乐死发展成为一项新的人权运动。由于德国纳粹的介入,以安乐死的名义屠杀了数百万无辜的人,使安乐死声名狼藉。至20世纪六七十年代,随着医学生物技术的发展,人道主义思潮在西方的发展和深化,传统的生命价值观受到很大冲击,安乐死的实践意义日益凸显,逐渐成为医学界、法学界、伦理学界以及公众关注的热点。

目前,世界各国对于安乐死存在两种态度。支持者看重生命存在的内容、方式,重视安乐死的"利",认为安乐死可以减轻病危病人的痛苦,当病人感到极度痛苦时安乐地死亡比痛苦地生存更人道,既可以减轻病人家属沉重的精神痛苦和经济负担,又能为社会节省有限的医药资源,使之发挥更大的效用。支持者们提倡医学的根本任务是提高人的生命质量,在基本实现优生的前提下,医学也必须实现人的"优死"。反对者则认为安乐死不仅与医生的职责相冲突,而且容易被滥用,成为病人配偶、子女等亲属为了减轻自己负担或为分割遗产等其他原因变相杀人的借口。由于安乐死的实施必须借助亲属和医生的帮助才能完成,这就涉及对亲属和医生行为动机的考察问题,对立法提出了更高的要求。经过近半个世纪的争论,时至今日,赞成安乐死的人越来越多,呼声越来越高。尽管如此,对于安乐死是否要制定法律予以保护,绝大多数国家持审慎态度。70年代以来,安乐死先后在一些国家和地区合法化,在立法上有一定进展。1976年,美、英、日、荷兰等国在东京召开了第一次国际安乐死会议,并签署了关于安乐死的《东京宣言》,要求尊重"生的意志"和"尊严的死"的权利。1980年,成立了"国际死亡权利协会联合会"。1993年2月9日,荷兰议会通过《安乐死法案》,允许医生在严格的条件下,可以对病人实施安乐死,这是迄今为止在安乐死方面最为自由开放的举措。

（四）安乐死的立法现状

1.国外有关安乐死的法律规定有以下几个：

（1）荷兰。荷兰是世界上第一个就安乐死问题制定法律的国家，1968 年安乐死成为荷兰社会开始注重的问题，1988 年荷兰皇家药物管理局在一份报告中阐述了关于安乐死的标准。2000 年 11 月荷兰议会下院以多数票通过了关于“没有希望治愈的病人有权要求结束自己生命”的《安乐死法案》。2001 年初荷兰议会上院正式通过《安乐死法案》，荷兰成为世界上第一个安乐死合法的国家，该法案将荷兰长期以来的安乐死判例加以条文化、规范化、法律化。首先，病人必须在意识清醒的状态下自愿接受安乐死并多次提出相关请求，医生必须与病人建立密切关系，以判断病人的请求是否出于自愿或深思熟虑。其次，根据目前的医学经验，病人所患疾病必须是无法治愈的，而且病人所遭受的痛苦和折磨被认为是无法忍受的，医生和病人必须就每一种可能的治疗手段进行讨论，只要存在某种治疗方案可供选择，就说明存在着治愈的可能性。再次，主治医生必须与另一名医生进行磋商以获取意见，而另一名医生则应该就病人的病情等情况写出书面意见。最后，医生必须按照司法部规定的“医学上合适的方式”对病人实施安乐死，并在实施后向当地政府报告。

（2）美国。1994 年，美国的俄勒冈州通过一项法令，医生可以为那些只有半年存活期的绝症病人提供他们要求的致死药物。条件是患者经医学证明生命即将结束，存活的期限应该不到 6 个月，病人主动提出安乐死的要求，且保证病人提出上述要求的真实客观，最终必须自行服用这种药物。同时，该法律严格禁止在家属或朋友的帮助下自杀，也就是严格禁止协助自杀，并且禁止医生使用针剂或者一氧化碳的手法实施安乐死，积极的安乐死仍然被视为故意杀人犯罪。俄勒冈州的法案通过后，其法律的实施与执行曾经遇到过困难，但由于多数民众的支持仍然被保留了下来。尽管安乐死在整个美国没有得到承认，但是已经有越来越多的州效仿俄勒冈州制定关于安乐死的法案。

（3）瑞士。在瑞士，由医生直接实施的积极安乐死是不允许的。但是，2000 年 10 月 26 日瑞士苏黎世市政府通过决定，自 2001 年 1 月 1 日起允许为养老院中自行选择以“安乐死”方式结束生命的老人提供协助。医生可以给自愿结束生命的重病患者开出药品，当然，这些药物对病人来说都是致命的，然后，病人自己服药导致死亡。这在法学上其实是他人协助自杀，而在这种特殊情况下却是合法的。

（4）澳大利亚。1995 年 5 月 25 日澳大利亚北部地区议会通过了世界上第一部安乐死法——《晚期病人权利法》，并于 1996 年 7 月 1 日在一片争议声中开始生效，但由于反对势力十分强大，效果不佳。1996 年 12 月联邦众议院以压倒性的多数通过终止这部安乐死法的提案，1997 年 3 月澳大利亚联邦参议院经过辩论，推翻《晚期病人权利法》。

(5)日本。日本通过法院判例给安乐死以有条件的认可，并逐渐形成了日本安乐死判例法。在 1962 年 12 月 22 日，日本名古屋高级法院所判决的安乐死案例中，提出积极的安乐死合法化应该符合六个必要条件，并成为日本判断安乐死是否合法的标准：①根据现代医学知识和技术判断，病人已患不治之症且死亡已经迫近；②病人痛苦剧烈，且令人惨不忍睹；③实行的唯一目的是减轻病人死亡前的痛苦；④如果病人神志清醒，并能表达自己的意志，则需要本人的真诚委托或同意；⑤原则上由医生执行，如果不能必须有足够说服人的理由；⑥实行的方法在伦理上被认为是正当的。上述条件全部具备，夺去病人生命的行为属于日本《刑法》规定的“正当行为”，是为消除病人肉体痛苦不得已而侵害生命的行为，可被认为相当于日本《刑法》规定的“紧急避难行为”。执行安乐死而不追究法律责任，其依据是作为正当行为的违法性阻却和紧急避难的违法性阻却，即通常构成违法的行为由于特殊理由可不认为是违法的。

2.我国安乐死立法探讨。安乐死在我国引起医学界、法学界、伦理学界、社会学界和公众的关注和讨论，始于 20 世纪 80 年代中期发生在陕西省汉中市一家医院的安乐死事件，此后有关安乐死在悄悄进行及安乐死案件的报道也常见诸报端。1994 年 10 月陈藩等人发出《关于建立“自愿安乐死协会”倡议书》，并起草了《中国自愿安乐死协会章程(草案)》，受到社会的关注。

由于安乐死本身的复杂性，在对安乐死立法问题上必须采取谨慎的态度，并且规定严格的限制条件。通过借鉴国外安乐死的立法经验，我国安乐死立法应从以下几个方面考虑：

(1)安乐死的必备条件。①现代医学科学技术所不能救治的不治之症。从现代医疗水平和科学技术上看，病人所患病症已经确诊无法治愈，病人病入膏肓，没有回天之力，几乎只能任其病情发展甚至进一步恶化，病人康复的可能性微乎其微。②病人的剧烈痛苦无法抑制，且已迫近死亡。病人因所患疾病而感觉到极端痛苦，而且这种痛苦随着疾病发展及病情恶化有日益加重的趋势，病人饱受肉体及精神上的双重折磨。病人的痛苦持续伴随病人的生存期限，结束生命是解除痛苦的唯一办法。③病人有要求安乐死的真诚意愿。病人必须主动提出安乐死的申请，该申请或意愿必须是在病人意识清醒时提出，应是反复多次提出同一意思表示，并且没有受到外界任何因素的影响和干扰。④在不违背病人意愿的前提下，由医务人员提供的在无痛苦状态下加快结束或不再延长死亡过程的医疗性服务。⑤执行安乐死的方法在伦理学上被认为是正当的。⑥它是在特定情况下病人利益的最高体现。

(2)安乐死的原则。实施安乐死应遵循:生命权神圣不可侵犯原则、人道主义原则、患者意志自愿原则、家属知情同意原则、医生施行方法正确原则、执行程序严格原则、伦理审查监督原则。

(3)安乐死的对象。实施安乐死的对象应严格控制,建议以下面三种情形考虑实施安乐死:①符合安乐死实施条件的,肉体和精神均处于极端痛苦之中的绝症患者;②靠人工维持生命、长期昏迷不醒、丧失自我意识的病人;③有严重缺陷的新生儿。

(4)安乐死的形式和方法。合法的安乐死形式既包括被动安乐死,也包括主动安乐死。安乐死的方法应当是快速、无痛的,尽可能表达“安乐”的本质,体现出人道主义的精神。安乐死的实施必须限定在医学范围,必须由具备专业执业资格的医生来执行,应在家属及公证人的参与下执行,用于实施安乐死的药物须符合我国法律法规的规定。

(5)安乐死的实施程序。①请求程序。病人主动提出安乐死的申请,这是启动安乐死程序的前提。请求必须是病人在意识清楚的情况下,出自本人的真诚意愿。由病人自愿提出申请的,应是病人经过慎重考虑后的决定,并且多次提出申请,在很长一段时间内不动摇。对于陷入永久性昏迷状态、不能表达意愿的病人,可由其直系亲属请求,但须得到有关部门和医院的同意方为有效申请。病人的主治医生应向病人及其家属客观地介绍病人的病情,并在病人的安乐死申请书上签署自己同意与否及相关的医疗意见。②审查程序。设立由医学专家、法医、医学伦理学专家等共同组成的安乐死审查委员会,其任务是对安乐死的申请进行严格的医学和司法审查,防止误诊和失控。病人的主治医生应向医院安乐死审查委员会详细陈述病人的病情、发展状况以及可能会出现的后果,审查委员会经过详细调查和严格确认,在规定的时间内做出同意或不同意病人安乐死申请的决定。医院经过审核同意安乐死申请的,应在实施后把相关材料提交当地法院、公证机关或者其他权力机关备案。③操作程序。安乐死申请得到医院审查委员会批准后,必须由病人所在医院两名以上的医务人员按批准的时间、地点等对病人实施安乐死。在安乐死实施前如果病人表示反悔,不同意实施安乐死,应尊重病人的选择,不得强迫实施安乐死。安乐死实施应在当地公证机关的现场公证下进行,有条件的地方还可以保存安乐死执行的影像资料存入档案。安乐死实施后由医院安乐死审查委员会的指定人员及病人的主治医生共同制作病人安乐死医疗档案,对相关材料进行整理归档,并及时提交给相关机关备案。

(6)法律责任。①对不符合安乐死条件的病人实施安乐死,应承担相应的法律责任。②有确切证据证明病人亲属或医务人员是在病人的真诚请求下对病人实施安乐死，但未经有关部门审查批准的，仍属违法行为，应承担相应的法律责任。③审查人员不认真履行审查职责，以致造成重大医疗纠纷的，审查人员应承担相应的法律责任。④医务人员用不人道的方法对病人实行安乐死的，应承担相应的法律责任。⑤医务人员在执业活动中，泄露患者的隐私，造成严重后果的，应承担相应的法律责任。

典型案例评析

[案情]

2011 年 12 月 19 日，《广州日报》刊发了一则《富商通过试管婴儿及代孕生下八胞胎》的新闻。广州一对富商久婚不孕，2010 年年初借助试管婴儿技术孕育的 8 个胚胎竟然全部成功，喜出望外的富商夫妇最终找来两位代孕妈妈，再加上自身共 3 个子宫采取“2＋3＋3”方式，在 2010 年 9、10 月份前后一个月的时间内先后诞下 4 男 4 女八胞胎，再次使“代孕”成为热门名词。八胞胎案例是人类运用辅助生殖技术的极端例子，使不孕夫妇的怀孕生产愿望被无限放大，也使国民产生“只要有钱，就能运用辅助生殖技术无限制生小孩”的质疑。

[争议焦点]

1. 广州的这对富商夫妇先后生下八个子女，明显违背了我国的《人口与计划生育法》。那么，他们有无向国家交社会抚养费？当地卫生计生部门对这一事件是否及时发现，是否做出相应处理？

2. 八胞胎通过试管、代孕等方式成功诞生，是否会引起经济实力雄厚人士的跟风？

3. 八胞胎未来能否健康成长？在生物学上，这位妇女是 8 个孩子的共同母亲；但在生育行为上，她却只是她自己怀孕生产的 3 个孩子的“亲生母亲”。其他 5 个孩子能得到与这 3 个孩子的同等待遇吗？

[案例评析]

代孕这一特殊的社会现象牵涉经济、伦理、道德等多个层面，随着高端科技的运用挑战着人们的伦理底线。而法律的滞后性造成我国仅靠部门规章对其进行规制，其效力的有限性导致了八胞胎之类的极端案例，也导致了地下代孕行为的滋生，进而衍生出一系列社会问题。

八胞胎的“成功”具有偶然性，他们的“成功”隐藏着一定的风险。我们国家规定，合法实施人类辅助生殖技术的妇女，在植入多个胚胎怀孕成功后一定要实施减胎技术，目的是要保护孕妇和胎儿的健康安全。无数案例说明，多胎妊娠，孕妇和胎儿的健康安全都将受到更多、更大的危害，不利于孕妇和胎儿的健康安全。本案例中的 3 名怀孕妇女和 8 个孩子，实际上是冒着很大的风险。即使他们都很健康安全，那也是一种“万幸”，不值得效仿。

目前我国立法禁止代孕，但民间的代孕现象屡见不鲜。代孕行为大行其道无疑说明我国社会对代孕技术有需求，不是简单的一纸禁令就能消除的。武断地禁止只能使需要代孕技术的不孕症夫妇求助于不具有技术和设备条件的小医院、小诊所，不仅增加了手术风险，而且不利于对医疗行为的管理。所以，与其让代孕成为灰色地带，成为法律与道德的盲点，倒不如尽早结合我国国情，制定与时俱进的法律，建立合法完善的代孕制度，使代孕的母亲和委托的夫妻有法可依。

广东省卫生厅副厅长廖新波针对八胞胎事件指出，此事件主要触及五个方面的问题：(1)代孕是非法的；(2)人工有意多胎违反计划生育政策；(3)医疗机构有超范围执业、违规操作和经济犯罪之嫌；(4)医学伦理学问题；(5)人为多胎有损孕妇身心健康。

思考题

1. 生殖技术带来了哪些伦理与法律问题？
2. 国外关于基因工程的立法情况如何？
3. 器官移植的概念及分类？
4. 确定脑死亡标准的意义是什么？
5. 在安乐死立法方面，你有哪些好的建议？

第三编

药事法律制度

第十五章　药品管理法律制度

本章要点：药品是关系人体健康与生命安全的特殊商品，我国通过立法，已将药品管理纳入法治化轨道。本章着重从药品生产管理、药品经营管理、医疗机构药品管理和药品监督管理等几方面对相关法律制度进行了介绍，需重点把握药品管理中假药与劣药管理的相关规定。

第一节　药品管理法律制度概述

一、药品及其特殊性

（一）药品的概念

我国《药品管理法》规定的“药品”，是指用于预防、治疗、诊断人的疾病，有目的地调节人的生理机能并规定有适用证或者功能主治、用法、用量的物质，包括中药材、中成药、中药饮片、化学原料药及其制剂、抗生素、生化药品、放射性药品、血清、疫苗、血液制品和诊断药品等。

（二）药品的特点

在我国，药品与其他商品一样，通过交换渠道进入消费领域，因而具有商品的一般属性。但是，由于药品直接关系到人体健康与生命安全，并可影响下一代的生长发育，关系到千家万户的幸福与安宁，所以又是特殊商品，具有与其他商品不同的特殊性。药品的主要特点表现在：

1. 药品作用的两重性。药品既能防病治病、康复保健，而多数药品同时又有不同程度的毒副作用。所以对于药品，如果用之得当，可以治病救人、保护健康；如果失于管理，用之不当，则可能影响人体健康，甚至危及生命。

2. 药品的专用性。大多数药品需要医生通过诊断疾病并在医生的指导下，有针对性地用药，有的甚至还要在医护人员的监督下，才能合理用药，方能达到防病治病和保护健康的目的，如仅凭感觉用药就可能引起中毒产生药源性疾病或其他不利影响。

3. 药品质量的标准性。符合质量标准的药品，才能保证疗效，否则可能影响疗效，甚至不仅疾病得不到治愈，还可能产生副作用。因此，进入流通和消费领域的药品，必须符合标准、保证质量，绝对不允许有不合格药品。

4.药品鉴定的专业性。对药品质量的优劣、真伪，一般消费者难以从直觉去识别，须由具备专业知识的技术人员借助科学的检测仪器，依照法定的程序和标准，运用科学的方法，才能做出科学的鉴定和评价。

二、我国药品管理立法

20世纪50年代，中央人民政府政务院发布了《关于严禁鸦片烟毒的通令》，原卫生部发布了《麻醉药品管理暂行条例》，制定了药品标准并出版了《中华人民共和国药典》。70年代，国务院发布了《麻醉药品管理条例》并批准了《药政管理条例(试行)》。1981年，国务院发布了《国务院关于加强医药管理的决定》。1984年9月20日，第六届全国人大常委会第七次会议通过并公布了我国第一部药品管理的专门法律《中华人民共和国药品管理法》，于1985年7月1日起施行，1989年经国务院批准，原卫生部发布了《药品管理法实施办法》。迄今为止，国务院、原卫生部先后发布了《麻醉药品管理办法》《精神药品管理办法》《放射性药品管理办法》《医疗用毒性药品管理办法》《戒毒药品管理办法》《药品卫生检验方法》《新药审批办法》《进口药品管理办法》《血液制品管理条例》《新生物制品审批办法》《药品生产质量管理规范》《药品广告管理办法》等100多部药品管理行政法规和规范性文件，初步形成了一套比较完整的药品管理的法律、法规体系。2001年2月28日第九届全国人大常委会第二十次会议审议通过了修订的《药品管理法》，并自2001年12月1日起施行；2013年12月28日第十二届全国人民代表大会常务委员会第六次会议《关于修改〈中华人民共和国海洋环境保护法〉等七部法律的决定》第一次修正；2015年4月24日第十二届全国人民代表大会常务委员会第十四次会议《关于修改〈中华人民共和国药品管理法〉的决定》第二次修正。

《药品管理法》把国家有关药品监督管理的方针政策和原则用法律的形式固定下来，把药品质量置于国家和广大人民严格监督之下，以保证人民用药安全、有效。《药品管理法》的颁布和实施，标志着我国药政管理工作已从过去的行政管理向法制管理转变，从事后管理向事前管理转变；标志着我国药品管理工作进入了法治化的新阶段；对加强药品监督、保证药品质量，提高药品疗效，保护社会生产力，促进药品生产和医疗卫生事业的发展，具有现实和深远的意义。

第二节　药品生产管理法律制度

一、药品生产企业管理

《药品管理法》规定，开办药品生产企业必须具备以下条件：(1)具有依法经过资格认定的药学技术人员、工程技术人员及相应的技术工人；(2)具有与其药品生产相适应的厂房、设施和卫生环境；(3)具有能对所生产药品进行质量管理和质量检验的机构、人员以及必要的仪器设备；(4)具有保证药品质量的规章制度。

开办药品生产企业，须经企业所在地省、自治区、直辖市人民政府药品监督管理部门批准并发给《药品生产许可证》。无《药品生产许可证》的，不得生产药品。经省、自治区、直辖市人民政府药品监督管理部门批准，药品生产企业可以接受委托生产药品。

药品生产企业必须按照国务院药品监督管理部门依据本法制定的《药品生产质量管理规范》组织生产。药品监督管理部门按照规定对药品生产企业是否符合《药品生产质量管理规范》的要求进行认证。对认证合格的，发给认证证书。

二、国家药品标准

国家实行药品标准制度。生产药品必须符合国家药品标准，药品标准是指国家药品监督管理部门颁布的《中华人民共和国药典》、药品注册标准和其他药品标准，其内容包括药品质量指标、检验方法以及生产工艺等技术要求。

三、药品注册管理

(一)药品注册的概念

药品注册是指申请人依照法定程序向国家药品监督管理部门提出注册申请，对拟上市销售的药品的安全性、有效性、质量可控性等进行系统评价，并做出是否同意进行药物临床研究、生产药品或者进口药品决定的审批过程，包括对申请变更药品批准证明文件及其附件中载明内容的审批。

(二)药品申请注册分类

《药品注册管理办法》将药品申请分为：新药申请、仿制药申请、进口药品申请、补充申请、再注册申请。

1.新药申请。是指未曾在中国境内上市销售的药品的注册申请。对已上市药品改变剂型、改变给药途径、增加新适应证的药品注册按照新药申请的程序申报。

2.仿制药申请。是指生产国家药品监督管理部门已批准上市的已有国家标准的药品的注册申请。但是生物制品按照新药申请的程序申报。

3.进口药品申请。是指境外生产的药品在中国境内上市销售的注册申请。

4.补充申请。是指新药申请、仿制药申请或者进口药品申请经批准后,改变、增加或者取消原批准事项或者内容的注册申请。

5.再注册申请。是指药品批准证明文件有效期满后申请人拟继续生产或者进口该药品的注册申请。

四、药品标签、包装管理

药品的标签是指药品包装上印有或者贴有的内容,分为内标签和外标签。药品内标签指直接接触药品的包装的标签,外标签指内标签以外的其他包装的标签。《药品说明书和标签管理规定》明确规定了药品内标签与外标签的注明内容,对于药品规格和包装规格相同或不同的、处方药与非处方药、原料药、特殊储藏药品、特殊管理的药品的标签标识和内容做了规定。

为加强直接接触药品的包装材料和容器的监督管理,保证药品包装材料的质量,《药品管理法》规定,生产、进口和使用药品包装材料,必须符合药品包装材料国家标准并经过国家药品监督管理部门批准。直接接触药品的包装材料和容器,必须符合药用要求,符合保障人体健康、安全的标准,并由药品监督管理部门在审批药品时一并审批。

药品生产企业不得使用未经批准的直接接触药品的包装材料和容器。对不合格的直接接触药品的包装材料和容器,由药品监督管理部门责令停止使用。

药品包装必须适合药品质量的要求,方便储存、运输和医疗使用。发运中药材的包装上,必须注明品名、产地、日期、调出单位,并附有质量合格的标志。

药品包装必须按照规定印有或者贴有标签并附有说明书。标签或者说明书上必须注明药品的通用名称、成分、规格、生产企业、批准文号、产品批号、生产日期、有效期、适应证或者功能主治、用法、用量、禁忌、不良反应和注意事项。

麻醉药品、精神药品、医疗用毒性药品、放射性药品、外用药品和非处方药的标签,必须印有规定的标志。

五、药品召回制度

1.药品召回的概念。药品召回是指药品生产企业按照规定的程序收回已上市销售的存在安全隐患的药品。其主体为药品生产企业,对象是存在安全隐患的药品。安全隐患,是指由于研发、生产等原因可能使药品具有危及人体健康和生命安全的不合理危险。药品经营企业、医疗机构应当配合药品生产企业或者药品监督管理部门开展有关药品安全隐患的调查，提供有关资料，建立以辅助药品召回为目标的传达、反馈药品召回的信息制度。

2.召回的分类与分级。药品召回的实施分为主动召回和责令召回。根据药品安全隐患的严重程度，药品召回分为：(1)一级召回，使用该药品可能引起严重健康危害的；(2)二级召回，使用该药品可能引起暂时的或者可逆的健康危害的；(3)三级召回，使用该药品一般不会引起健康危害，但由于其他原因需要收回的。

3.召回时限。药品生产企业应当根据召回分级与药品销售和使用情况，科学设计药品召回计划并组织实施。一级召回应在 24 小时内，二级召回应在 48 小时内，三级召回应在 72 小时内，通知到有关经营企业、使用单位停止销售和使用，同时向所在地省、自治区、直辖市药品监督管理部门报告。药品生产企业启动召回后，一级召回在 1 日内，二级召回在 3 日内，三级召回在 7 日内，将调查评估报告和召回计划提交给所在地省、自治区、直辖市药品监督管理部门备案，由省、自治区、直辖市药品监督管理部门向国家药品监督管理部门报告。

第三节　药品经营管理法律制度

一、药品经营企业管理

《药品管理法》规定，开办药品经营企业必须具备以下条件：(1)具有依法经过资格认定的药学技术人员；(2)具有与所经营药品相适应的营业场所、设备、仓储设施、卫生环境；(3)具有与所经营药品相适应的质量管理机构或者人员；(4)具有保证所经营药品质量的规章制度。药品经营企业必须按照《药品经营质量管理规范》(GSP)经营药品。

开办药品批发企业，须经企业所在地省、自治区、直辖市人民政府药品监督管理部门批准并发给《药品经营许可证》；开办药品零售企业，须经企业所在地县级以上地方药品监督管理部门批准并发给《药品经营许可证》。无《药品经营许可证》的，不得经营药品。

城乡集市贸易市场可以出售中药材，国务院另有规定的除外。城乡集市贸易市场不得出售中药材以外的药品，但持有《药品经营许可证》的药品零售企业在规定的范围内，可以在城乡集市贸易市场设点出售中药材以外的药品。

二、药品流通管理

《药品流通监督管理办法》对药品生产、经营企业购销药品的监督管理、医疗机构购进、储存药品监督管理和法律责任做出了规定。省、自治区、直辖市人民政府药品监督管理部门对本辖区内申请提供互联网药品信息服务的互联网站进行审核,符合条件的核发《互联网药品信息服务资格证书》。国家药品监督管理部门对全国提供互联网药品信息服务活动的网站实施监督管理。

三、药品价格管理

我国药品价格管理实行政府定价、政府指导价和市场调节价三种形式。政府定价及政府指导价指政府价格主管部门依照《价格法》规定的定价原则,依据社会平均成本、市场供求状况和社会承受能力合理制定和调整价格,做到质价相符,消除虚高价格,保护用药者的正当利益。药品的生产企业、经营企业和医疗机构必须执行政府定价、政府指导价,不得以任何形式擅自提高价格。药品生产企业应当依法向政府价格主管部门如实提供药品的生产经营成本,不得拒报、虚报、瞒报。

依法实行市场调节价的药品,药品的生产企业、经营企业和医疗机构应当按照公平、合理和诚实信用、质价相符的原则制定价格,为用药者提供价格合理的药品。

药品的生产企业、经营企业和医疗机构应当遵守国务院价格主管部门关于药价管理的规定,制定和标明药品零售价格,禁止暴利和损害用药者利益的价格欺诈行为。医疗机构应当向患者提供所用药品的价格清单,医疗保险定点医疗机构还应当按照规定如实公布其常用药品的价格,加强合理用药的管理。

四、药品广告管理

发布药品广告须经药品生产企业所在地省、自治区、直辖市药品监督管理部门批准,并发给药品广告批准文号;未取得药品广告批准文号的,不得发布。处方药可以在原卫生部和国家药品监督管理部门共同指定的医学、药学专业刊物上介绍,但不得在大众传播媒介发布广告或者以其他方式进行以公众为对象的广告宣传。药品广告的内容必须真实、合法,不得含有虚假的内容,不得含有不科学的表示功效的断言或者保证。非药品广告不得有涉及药品的宣传。

省、自治区、直辖市人民政府药品监督管理部门应当对其批准的药品广告进行检查,对于违反药品广告相关法律、法规和《中华人民共和国广告法》的广告,应当向广告监督管理机关通报并提出处理建议,广告监督管理机关应当依法做出处理。

第四节　医疗机构药品管理法律制度

一、医疗机构配制制剂管理

医疗机构制剂是指医疗机构根据本单位临床需要而常规配制、自用的固定处方制剂。医疗机构制剂作为医药市场的补充，有利于降低医疗费用和成本，有助于研发新制剂。医疗机构配制制剂，须经所在地省、自治区、直辖市人民政府卫生行政部门审核同意，由省、自治区、直辖市人民政府药品监督管理部门批准，发给《医疗机构制剂许可证》。无《医疗机构制剂许可证》的，不得配制制剂。《医疗机构制剂许可证》应当标明有效期，到期须重新审查发证。

医疗机构配制制剂，必须具有能够保证制剂质量的设施、管理制度、检验仪器和卫生条件。配制的制剂必须按照规定进行质量检验，合格的，凭医师处方在本医疗机构使用。特殊情况下，经国务院或者省、自治区、直辖市人民政府的药品监督管理部门批准，医疗机构配制的制剂可以在指定的医疗机构之间调剂使用。医疗机构配制的制剂，不得在市场销售。

二、医疗机构药品采购仓储管理

1.药品的采购管理。医疗机构进购药品，必须建立并执行进货检查验收制度，验明药品合格证明和其他标识，对不符合规定要求的药品，不得进购和使用。

2.药品的仓储管理。医疗机构必须制定和执行药品保管制度，采取必需的冷藏、防冻、防潮、防虫、防鼠等措施，保证药品质量。

三、特殊药品管理

国家对麻醉药品、精神药品、医疗用毒性药品、放射性药品，实行特殊管理。现行的主要法规有《麻醉药品和精神药品管理条例》《医疗用毒性药品管理办法》《放射性药品管理办法》等。

国家对麻醉药品、精神药品的实验研究、种植、生产实行严格管理，定点经营。医疗机构必须凭《麻醉药品购用印鉴卡》《第一类精神药品购用印鉴卡》进行采购。国家对医疗用毒性药品实行指定经营制度，并对于医疗机构使用、科研和教学单位使用毒性中药实行特殊管理制度。国家对放射性药品实行合理布局、定点生产，严格加强放射性药品的使用管理、放射性药品标准与检验的管理及放射性药品包装运输管理。

第五节　药品监督管理法律制度

一、假药与劣药的监管

（一）假药

有下列情形之一的，为假药：(1)药品所含成分与国家药品标准规定的成分不符的；(2)以非药品冒充药品或者以他种药品冒充此种药品的。有下列情形之一的药品，按假药论处：(1)国务院药品监督管理部门规定禁止使用的；(2)依照法律规定必须批准而未经批准生产、进口，或者依照法律规定必须检验而未经检验即销售的；(3)变质的；(4)被污染的；(5)使用依照法律规定必须取得批准文号而未取得批准文号的原料药生产的；(6)所标明的适应证或者功能主治超出规定范围的。

（二）劣药

药品成分的含量不符合国家药品标准的，为劣药。有下列情形之一的药品，按劣药论处：(1)未标明有效期或者更改有效期的；(2)不注明或者更改生产批号的；(3)超过有效期的；(4)直接接触药品的包装材料和容器未经批准的；(5)擅自添加着色剂、防腐剂、香料、矫味剂及辅料的；(6)其他不符合药品标准规定的。

（三）假药与劣药的处罚

国家禁止生产、销售和使用假药与劣药，对违反药品管理法律法规生产、销售和使用假药与劣药者予以处罚。具体规定有：(1)生产、销售假药的，没收违法生产、销售的药品和违法所得，并处违法生产、销售药品货值金额2倍以上5倍以下的罚款；有药品批准证明文件的予以撤销，并责令停产、停业整顿；情节严重的，吊销《药品生产许可证》《药品经营许可证》或者《医疗机构制剂许可证》；构成犯罪的，依法追究刑事责任。(2)生产、销售劣药的，没收违法生产、销售的药品和违法所得，并处违法生产、销售药品货值金额1倍以上3倍以下的罚款；情节严重的，责令停产、停业整顿或者撤销药品批准证明文件、吊销《药品生产许可证》《药品经营许可证》或者《医疗机构制剂许可证》；构成犯罪的，依法追究刑事责任。(3)从事生产、销售假药及生产、销售劣药情节严重的企业或者其他单位，其直接负责的主管人员和其他直接责任人员十年内不得从事药品生产、经营活动。对生产者专门用于生产假药、劣药的原辅材料、包装材料、生产设备，予以没收。(4)知道或者应当知道属于假劣药品而为其提供运输、保管、仓储等便利条件的，没收全部运输、保管、仓储的收入，并处违法收入50%以上3倍以下的罚款；构成犯罪的，依法追究刑事责任。

二、药品不良反应报告制度

(一)药品不良反应的概念

按照 WHO 国际药物监测合作中心的规定，药物不良反应(简称 ADR)定义为:“为了预防、诊断或治疗，给人使用一定的药物剂量后发生任何有害的非预期的效应。”我国规定，药品不良反应是指合格药品在正常用法用量下出现的与用药目的无关的或意外的有害反应。

(二)我国药品不良反应的报告范围

药品不良反应报告的范围包括:(1)新药监测期内或上市 5 年以内的进口药品和列为国家重点监测的药品不良反应;(2)新药监测期已满或上市 5 年以上的进口药品，主要报告引起的严重、罕见和新的不良反应。

(三)药品不良反应监测报告

药品生产企业、药品经营企业和医疗机构必须经常考察本单位所生产、经营、使用的药品质量、疗效和反应。发现可能与用药有关的严重不良反应，必须及时向当地省、自治区、直辖市人民政府药品监督管理部门和卫生行政部门报告。

对已确认发生严重不良反应的药品，国务院或者省、自治区、直辖市人民政府的药品监督管理部门可以采取停止生产、销售、使用的紧急控制措施，并应当在五日内组织鉴定，自鉴定结论做出之日起十五日内依法做出行政处理决定。

三、药品抽查检验管理

药品监督管理部门根据监督检查的需要，可以对药品质量进行抽查检验。抽查检验应当按照规定抽样，并不得收取任何费用，所需费用按照国务院规定列支。

国务院和省、自治区、直辖市人民政府的药品监督管理部门应当定期公告药品质量抽查检验的结果。公告不当的，必须在原公告范围内予以更正。当事人对药品检验机构的检验结果有异议的，可以自收到药品检验结果之日起七日内向原药品检验机构或者上一级药品监督管理部门设置或者确定的药品检验机构申请复验，也可以直接向国务院药品监督管理部门设置或者确定的药品检验机构申请复验。受理复验的药品检验机构必须在国务院药品监督管理部门规定的时间内做出复验结论。

药品监督管理部门对有证据证明可能危害人体健康的药品及其有关材料可以采取查封、扣押的行政强制措施，并在七日内做出行政处理决定;药品需要检验的，必须自检验报告书发出之日起十五日内做出行政处理决定。

四、电子监管

药品电子监管是运用信息技术、网络技术和编码技术,给药品最小包装上赋上电子监管码,通过这个电子监管码给药品一个合格的身份证。实施电子监管以后,企业通过电子监管系统上传信息,使得赋码药品不管走到哪里都能被实时监控。

国家食品药品监督管理部门分类分批实施对药品电子的监管,并已在血液制品、中药注射液、疫苗、第二类精神药品、基本药物目录收载并参加药品招标的药品中实施。纳入电子监管的药品在上市前必须在产品最小销售包装上印制或加贴统一标识的药品监管码,未使用药品电子监管码统一标识的,一律不得销售。

此外,《药品管理法》还规定了法律责任,其中主要为药品生产、经营和监管主体及人员违反相关管理规定需要承担的行政责任,包括:警告;责令改正;没收违法所得;没收违法生产、销售的药品和专门用于生产假药、劣药的原辅材料、包装材料、生产设备;撤销药品批准证明文件;责令停产、停业整顿;吊销《药品生产许可证》《药品经营许可证》《医疗机构制剂许可证》和有关资格;从事生产、销售假药及生产、销售劣药情节严重的企业或者其他单位,其直接负责的主管人员和其他直接责任人员十年内不得从事药品生产、经营活动;药品监督管理人员滥用职权、徇私舞弊、玩忽职守,尚不构成犯罪的,依法给予行政处分等。

典型案例评析

[案情]

被告人祖某,女,1976 年 1 月 10 日出生,汉族,高中文化,黑龙江省木兰县人,无固定职业。被告人潘某,男,1974 年 1 月 20 日出生,汉族,初中文化,黑龙江省木兰县人,木兰县医药包装厂包装车间工人、材料保管员。

2011 年 1 月至 7 月期间,被告人祖某伙同被告人潘某将心舒丸销售到黑龙江省木兰县多个乡镇,共计 2300 盒,获利人民币 18329.5 元 。经东阴市药品监督管理部门鉴定:被告人祖某、潘某所销售的心舒丸认定为假药。2010 年 5 月至 2011 年 7 月期间,被告人祖某、潘某在没有获得《药品经营许可证》的情况下,将腰痛宁胶囊、毓婷、肠炎宁胶囊等物品销售到黑龙江省木兰县多个乡镇,销售金额合计人民币 103480 元,获利人民币 27040 元。

案发后,被告人祖某、潘某均被公安机关抓获归案。木兰县人民检察院以被告人祖某、潘某涉嫌非法经营罪、销售假药罪向木兰县人民法院提起公诉。被告人祖某、潘某对起诉书指控的犯罪事实及罪名均无异议。被告人潘某的辩护人意见是：被告人潘某的行为同时构成销售假药罪、非法经营罪，依照处罚较重的定罪处罚，故对被告人应以非法经营罪追究其刑事责任。

［争议焦点］

被告人构成何种犯罪？

［案例评析］

被告人祖某、潘某共同违反国家法律规定，未经许可经营药品，且销售假药，其行为均已构成非法经营罪、销售假药罪，但二被告人销售假药的行为同时构成非法经营罪，依法依照处罚较重的规定定罪处罚，因此二被告人的行为应按照非法经营罪定罪处罚。公诉机关指控二被告人的犯罪事实清楚，证据充分，应予支持，但指控罪名不妥，应从一罪处罚。对于被告人潘某的辩护人提出被告人潘某在共同犯罪中属从犯且有立功表现的辩护意见，因无证据证明，故本院不予采纳。被告人祖某、潘某当庭自愿认罪，依法从轻处罚；其积极缴纳罚金，酌情从轻处罚；其无前科劣迹，认罪悔罪，不致再危害社会，可适用缓刑。对被告人潘某的辩护人相应的辩护意见，本院予以采纳。

根据本案具体事实、情节、社会危害性，依据我国《刑法》第二百二十五条，第一百四十一条，第二十五条，第六十七条第三款，第七十二条，第七十三条，最高人民法院、最高人民检察院《关于办理生产、销售假药、劣药刑事案件具体应用法律若干问题的解释》第六条之规定，判决被告人祖某犯非法经营罪，判处有期徒刑三年缓刑四年，并处罚金人民币五万七千元；被告人潘某犯非法经营罪，判处有期徒刑三年缓刑四年，并处罚金人民币五万七千元。

思考题

1. 药品的主要特点是什么？

2. 我国药品在生产、经营、监督管理等方面的法律规定有哪些？

3. 如何区分假药和劣药？

第十六章　药学技术人员管理法律制度

本章要点:药学技术人员属于医药卫生技术人员的范畴。配备药学技术人员的相关依据包括法律、法规、规章和规范性文件等。我国实行执业药师资格考试制度和执业注册制度。药学技术人员在执业过程中享有执业权利,也必须履行执业义务、遵守执业规则和接受继续教育。药学技术人员违反相应管理法律制度的,将承担相应的民事、行政和刑事责任。

第一节　药学技术人员管理法律制度概述

一、药学技术人员及其分类

"药学技术人员"是指受过系统的药学类专业培训,依法经过有关部门考试考核合格,取得专业技术职务资格或执业药师资格,遵循药事法规和职业道德规范,从事与药品的生产、经营、使用、科研、检验和管理有关实践活动的技术人员。

从不同的角度可以对药学技术人员进行不同的分类:按所学专业可分为西药师、中药师和临床药师,其中,"临床药师"是指以系统药学专业知识为基础,并具有一定医学和相关专业基础知识与技能,直接参与临床用药,促进药物合理应用和保护患者用药安全的药学专业技术人员。按职称可分为主任药师、副主任药师、主管药师、药师、药士。按是否依法注册可以分为:执业药师从业药师和其他药学技术人员。在我国,执业药师资格是一种从事某些药学工作的准入性职业资格,因此,执业药师属于药学技术人员,但药学技术人员不一定是执业药师。

二、配备药学技术人员的法律依据

配备药学技术人员的相关依据,包括法律、法规、规章和规范性文件等。具体如下:

(一)《药品管理法》

具体法律规定有:"开办药品生产企业,必须具备以下条件:(一)具有依法经过资格认定的药学技术人员、工程技术人员及相应的技术工人……"(第八条);"开办药品经营企业必须具备以下条件:(一)具有依法经过资格认定的药学技术人员……”(第十五条)；“医疗机构必须配备依法经过资格认定的药学技术人员。非药学技术人员不得直接从事药剂技术工作”(第二十二条)。

(二)《药品管理法实施条例》

具体法律规定有:“经营处方药、甲类非处方药的药品零售企业,应当配备执业药师或者其他依法经资格认定的药学技术人员”(第十五条)；“医疗机构审核和调配处方的药剂人员必须是依法经资格认定的药学技术人员”(第二十五条)。

(三)《药品生产质量管理规范》

具体法律规定有:“生产管理负责人　(一)资质:生产管理负责人至少应当具有药学或相关专业本科学历(或中级专业技术职称或执业药师资格),具有至少三年从事药品生产和质量管理的实践经验,其中至少有一年的药品生产管理经验,接受过与所生产产品相关的专业知识培训……”(第二十二条)；“质量管理负责人　(一)资质:质量管理负责人至少应当具有药学或相关专业本科学历(或中级专业技术职称或执业药师资格),具有至少五年从事药品生产和质量管理的实践经验,其中至少一年的药品质量管理经验,接受过与所生产产品相关的专业知识培训……”(第二十三条)；“质量受权人　(一)资质:质量受权人至少应当具有药学或相关专业本科学历(或中级专业技术职称或执业药师资格),具有至少五年从事药品生产和质量管理的实践经验,从事过药品生产过程控制和质量检验工作……”(第二十五条)。

(四)《药品经营质量管理规范》

具体法律规定有:“企业负责人应当具有大学专科以上学历或者中级以上专业技术职称,经过基本的药学专业知识培训,熟悉有关药品管理的法律法规及本规范”(第十九条)；“企业应当配备符合以下资格要求的质量管理、验收及养护等岗位人员:(一)从事质量管理工作的,应当具有药学中专或者医学、生物、化学等相关专业大学专科以上学历或者具有药学初级以上专业技术职称;(二)从事验收、养护工作的,应当具有药学或者医学、生物、化学等相关专业中专以上学历或者具有药学初级以上专业技术职称;(三)从事中药材、中药饮片验收工作的,应当具有中药学专业中专以上学历或者具有中药学中级以上专业技术职称;从事中药材、中药饮片养护工作的,应当具有中药学专业中专以上学历或者具有中药学初级以上专业技术职称;直接收购产地中药材的,验收人员应当具有中药学中级以上专业技术职称。经营疫苗的企业还应当配备两名以上专业技术人员专门负责疫苗质量管理和验收工作,专业技术人员应当具有预防医学、药学、微生物学或者医学等专业本科以上学历及中级以上专业技术职称,并有3年以上从事疫苗管理或者技术工作经历”(第二十二条);“质量管理、验收、采购人员应当具有药学或者医学、生物、化学等相关专业学历或者具有药学专业技术职称。从事中药饮片质量管理、验收、采购人员应当具有中药学中专以上学历或者具有中药学专业初级以上专业技术职称”(第一百二十九条)。

(五)《互联网药品交易服务审批暂行规定》

具体法律规定有:“向个人消费者提供互联网药品交易服务的企业,应当具备以下条件:……(八)具有执业药师负责网上实时咨询,并有保存完整咨询内容的设施、设备及相关管理制度;……”(第九条)。

(六)《医疗机构药事管理规定》

具体法律规定有:“依法取得相应资格的药学专业技术人员方可从事药学专业技术工作”(第五条);“成立医疗机构药事管理与药物治疗学组的医疗机构由药学、医务、护理、医院感染、临床科室等部门负责人和具有药师、医师以上专业技术职务任职资格人员组成”(第七条);“医疗机构应当根据本机构功能、任务、规模设置相应的药学部门,配备和提供与药学部门工作任务相适应的专业技术人员、设备和设施”(第十一条);“二级以上医院药学部门负责人应当具有高学校药学专业或者临床药学专业本科以上学历,及本专业高级技术职务任职资格;除诊所、卫生所、医务室、卫生保健所、卫生站以外的其他医疗机构药学部门负责人应当具有高等学校药学专业专科以上或者中等学校药学专业毕业学历,及药师以上专业技术职务任职资格”(第十四条);“医疗机构应当配备临床药师。临床药师应当全职参与临床药物治疗工作,对患者进行用药教育,指导患者安全用药”(第十九条);“医疗机构药学专业技术人员不得少于本机构卫生专业技术人员的8%。建立静脉用药调配中心(室)的,医疗机构应当根据实际需要另行增加药学专业技术人员数量”(第三十三条);“医疗机构应当根据本机构性质、任务、规模配备适当数量的临床药师,三级医院临床药师不少于5名,二级医院临床药师不少于3名。临床药师应当具有高等学校临床药学专业或者药学专业本科毕业以上学历,并应当经过规范化培训”(第三十四条);“医疗机构不得使用非药学专业技术人员从事药学专业技术工作或者聘其为药学部门主任”(第三十八条);“中医诊所、民族医诊所可不设药事管理组织机构和药学部门,由中医药和民族医药专业技术人员负责药事工作”(第四十五条)。

(七)《处方管理办法》

具体法律规定有:“取得药学专业技术职务任职资格的人员方可从事处方调剂工作”(第二十九条);“具有药师以上专业技术职务任职资格的人员负责处方审核、评估、核对、发药以及安全用药指导;药师从事处方调配工作”(第三十一条);“未取得药学专业技术职务任职资格的人员不得从事处方调剂工作”(第四十九条)。

第二节　执业药师管理的法律规定

我国执业药师制度从1994年开始实施，是国家专业技术人员职业资格制度之一。目前，我国对执业药师的管理已形成《执业药师资格制度暂行规定》《执业药师资格考试实施办法》《执业药师注册管理暂行办法》及其补充意见和《执业药师继续教育管理暂行办法》等具体规定。

一、执业药师的定义及性质

“执业药师”(Licensed Pharmacist)是指经全国统一考试合格，取得《执业药师资格证书》并经注册登记，在药品生产、经营、使用单位中执业的药学技术人员。

执业药师资格制度的建立和实施是为了规范药品生产、经营、使用行为，保证药品质量并保障人民用药。其属于全国专业技术人员执业资格制度统一规划的范畴，性质为对药学技术人员实行的职业准入控制。

二、执业药师的主管部门

目前，我国人力资源与社会保障部和国家食品药品监督管理总局共同负责全国执业药师资格制度的政策制定、组织协调、资格考试、注册登记和监督管理工作。

三、执业药师考试

(一)执业药师考试管理

执业药师资格考试实行全国统一大纲、统一命题、统一组织的考试制度。一般每年举行一次。

国家食品药品监督管理总局负责组织拟定考试科目和考试大纲、编写培训教材、建立试题库及考试命题工作。按照培训与考试分开的原则，统一规划并组织考前培训。

人力资源与社会保障部负责组织审定考试科目、考试大纲和试题，会同国家食品药品监督管理总局对考试工作进行监督、指导并确定合格标准。

(二)申请参加执业药师考试的资格

凡我国公民和获准在我国境内就业的其他国籍的人员具备以下条件之一者，均可申请参加执业药师资格考试：(1)取得药学、中药学或相关专业中专学历，从事药学或中药学专业工作满七年。(2)取得药学、中药学或相关专业大专学历，从事药学或中药学专业工作满五年。(3)取得药学、中药学或相关专业大学本科学历，从事药学或中药学专业工作满三年。(4)取得药学、中药学或相关专业第二学士学位、研究生班结业或取得硕士学位，从事药学或中药学专业工作满一年。(5)取得药学、中药学或相关专业博士学位。这里的相关专业是指化学专业、医学专业、生物学专业。

(三)执业药师考试科目

执业药师资格考试科目包括药学(中药学)专业知识一、药学(中药学)专业知识二、药事管理与法规、综合知识与技能四个科目。

按照国家有关规定评聘为高级专业技术职务，并具备下列条件之一者：中药学徒、药学或中药学专业中专毕业，连续从事药学或中药专业工作满 20 年；取得药学、中药学专业或相关专业大专以上学历，连续从事药学或中药学专业工作满 15 年。可以免试：药学(或中药学)专业知识(一)、药学(或中药学)专业知识(二)两个科目，只参加药事管理与法规、(中)药学综合知识与技能两个科目考试。

(四)执业药师报名及考试时间

执业药师资格考试每年 10 月份举行，一般 3～5 月份报名。考试分四个半天进行，每个科目考试时间为两个半小时。

考试以两年为一个周期，参加全部科目考试的人员须在连续两个考试年度内通过全部科目的考试。

(五)执业药师资格证书

执业药师资格考试合格者，由各省、自治区、直辖市人力资源和社会保障部门颁发国家人力资源和社会保障部统一印制的，国家人力资源和社会保障部、国家食品药品监督管理总局盖印的《中华人民共和国执业药师资格证书》，该证书在全国范围有效。

四、执业药师注册

(一)执业药师的注册机构

执业药师实行注册制度。国家食品药品监督管理总局为全国执业药师注册管理机构，各省、自治区、直辖市食品药品监督管理局为本辖区执业药师注册机构。

国家人力资源和社会保障部及各省、自治区、直辖市人力资源和社会保障部门对执业药师注册工作有监督、检查的责任。

(二)执业药师的注册要求

取得《执业药师资格证书》者，须按规定向所在省(区、市)食品药品监督管理局申请注册。经注册后，方可按照注册的执业类别、执业范围从事相应的执业活动。未经注册者，不得以执业药师身份执业。

执业药师按照执业类别、执业范围、执业地区注册。执业类别为药学类、中药学类；执业范围为药品生产、药品经营、药品使用；执业地区为省、自治区、直辖市。执业药师只能在一个注册机构注册，在一个执业单位按照注册的执业类别、执业范围执业。

（三）执业药师的注册条件

申请执业药师注册的人员，必须同时具备下列条件：(1)取得《执业药师资格证书》；(2)遵纪守法，遵守职业道德；(3)身体健康，能坚持在执业药师岗位工作；(4)经执业单位同意。

有下列情况之一者不予注册：(1)不具有完全民事行为能力的；(2)因受刑事处罚，自刑罚执行完毕之日到申请注册之日不满两年的；(3)受过取消执业药师执业资格处分不满两年的；(4)国家规定不宜从事执业药师业务的其他情形的。

已取得内地《执业药师资格证书》的香港、澳门永久性居民申请在内地执业注册时，除按规定提交注册申请材料外，还须出具《台港澳人员就业证》、香港药剂师执照或澳门药剂师执照原件，并同时提交复印件，且执业单位应与《台港澳人员就业证》上所注明的用人单位相一致。

（四）执业药师的注册程序

1.执业药师的首次注册。首次申请注册的人员，须填写“执业药师首次注册申请表”，并提交以下材料：《执业药师资格证书》；身份证明复印件；近期一寸免冠正面半身照片5张；县级(含)以上医院出具的本人6个月内的健康体检表；执业单位证明；执业单位合法开业的证明复印件。

执业药师注册机构须在收到申请之日起30个工作日内，对符合条件者予以注册；对不符合条件者不予注册，同时书面通知申请人并说明理由。

执业药师注册机构根据申请注册者的《执业药师资格证书》中注明的专业类别进行注册。

执业药师注册机构办理注册时，在《执业药师资格证书》中的注册情况栏内加盖注册专用印章，并发给国家食品药品监督管理总局统一印制的《执业药师注册证》。

2.执业药师的再次注册。执业药师注册有效期为3年。持证者须在有效期满前3个月到原执业药师注册机构申请办理再次注册手续。超过期限，不办理再次注册手续的人员，其《执业药师注册证》自动失效，并不能再以执业药师身份执业。

申请再次注册者，须填写“执业药师再次注册申请表”，并提交以下材料：《执业药师资格证书》和《执业药师注册证》；执业单位考核材料；《执业药师继续教育登记证书》;县级(含)以上医院出具的本人6个月内的健康体检表。

《执业药师继续教育登记证书》是执业药师再次注册的必备证件。注册机构以《执业药师继续教育登记证书》为依据,考查执业药师接受继续教育的情况。

3.执业药师的变更注册。执业药师在同一执业地区变更执业单位或范围的,须到原执业药师注册机构办理变更注册手续,填写"执业药师变更注册登记表",并提交以下材料:《执业药师资格证书》和《执业药师注册证》;新执业单位合法开业的证明复印件。

执业药师变更执业地区的,须到原执业药师注册机构办理变更注册手续,填写"执业药师变更注册登记表",并向新执业地区的执业药师注册机构重新申请注册。新的执业药师注册机构在办理执业注册手续时,应收回原《执业药师注册证》,并发给新的《执业药师注册证》。

4.执业药师的注销注册。执业药师注册后如有下列情况之一的,予以注销注册:死亡或被宣告失踪的;受刑事处罚的;被吊销《执业药师资格证书》的;受开除行政处分的;因健康或其他原因不能从事执业药师业务的。

注销注册手续由执业药师所在单位在30个工作日内向注册机构申请办理,并填写"执业药师注销注册登记表"。执业药师注册机构经核实后办理注销注册,收回《执业药师注册证》。

(五)执业药师注册网上申报办理程序

自2008年1月起,国家食品药品监督管理总局运行执业药师注册管理网络信息系统,实行执业药师注册行政许可项目的网上申报、审批、公告和监督。

执业药师注册网上申报办理程序为:登录国家食品药品监督管理总局执业药师注册网络服务平台(http://zyys.sfda.gov.cn/zyysweb/index.jsp)→网上填写个人基本信息→网上修改登录密码→网上填写申报表→网上提交申报→网上打印申报表→携带审核材料到注册机构进行审核→网上查询审核状态→网上注册许可公告→到注册机构领取证书。

第三节 执业药师管理法律责任

一、执业药师的职责、权利和义务

执业药师的职责、权利和义务包括:(1)执业药师必须遵守职业道德,忠于职守,以对药品质量负责、保证人民用药安全有效为基本准则。(2)执业药师必须严格执行《药品管理法》及国家有关药品研究、生产、经营、使用的各项法规及政策。执业药师对违反《药品管理法》及有关法规的行为或决定,有责任劝告、制止、拒绝执行并向上级报告。(3)执业药师在执业范围内负责对药品质量的监督和管理,参与制定、实施药品全面质量管理及对本单位违反规定的处理。(4)执业药师负责处方的审核及监督调配,提供用药咨询与信息,指导合理用药,开展治疗药物的监测及药品疗效的评价等临床药学工作。

二、执业药师的法律责任

执业药师的法律责任包括:(1)未按规定配备执业药师:对未按规定配备执业药师的单位,应限期配备,逾期将追究单位负责人的责任。(2)涂改、伪造或以虚假和不正当手段获取证书:对涂改、伪造或以虚假和不正当手段获取《执业药师资格证书》或《执业药师注册证》的人员,发证机构应收回证书,取消其执业药师资格,注销注册。并根据有关规定对直接责任者给予行政处分,直至送交有关部门追究其法律责任。(3)其他违法行为:执业药师在执业期间违反《药品管理法》及其他法律法规构成犯罪的,由司法机关依法追究其刑事责任。

第四节　执业药师继续教育

为了使执业药师保持良好的职业道德,以患者和消费者为中心,开展药学服务;不断提高依法执业能力和业务水平,认真履行职责,维护广大人民群众身体健康,保障公众用药安全、有效、经济、合理,我国对执业药师实施继续教育管理。接受继续教育是执业药师的义务和权利。取得《执业药师资格证书》的人员每年须自觉参加继续教育,并完成规定的学分。各有关部门应积极支持、鼓励执业药师参加继续教育。

一、执业药师继续教育的对象

执业药师继续教育对象是针对已取得《中华人民共和国执业药师资格证书》的人员,执业药师可以根据工作需要自主选择继续教育内容、形式和地点。

二、执业药师继续教育的组织管理

国家食品药品监督管理总局负责制定全国执业药师继续教育管理办法、组织拟定、审批继续教育内容。各省、自治区、直辖市食品药品监督管理部门负责本地区执业药师继续教育的实施工作。根据 2013 年 5 月 15 日发布的《国家食品药品监督管理总局主要职责内设机构和人员编制规定》,执业药师的继续教育管理职责工作由中国执业药师协会承担。

凡是从事药学教育五年以上,按照国家有关规定能授予大学本科以上学历的高等院校，经各省、自治区、直辖市食品药品监督管理部门认定具备规定的施教机构基本条件的，可以实施执业药师继续教育必修、选修内容培训。

三、执业药师继续教育的内容与形式

执业药师继续教育的内容主要包括有关法律法规、职业道德和药学、中药学及相关专业知识与技能，并分为必修、选修和自修三类。执业药师继续教育的内容要适应执业药师工作岗位的实际需要，注重科学性、先进性、实用性和针对性，适应为执业药师提供高质量药学服务的基本要求。

执业药师施教机构应遵循有效、经济、方便的原则，围绕提高执业药师的知识水平和业务能力，适应药学服务的需要，采取灵活多样的形式实施继续教育，倡导开展网络教育。执业药师继续教育的形式和手段可根据实际灵活多样，可采取网络教育、远程教育、短期培训、学术会议、函授、刊授、广播、视像媒体技术、业余学习等多种形式。

四、执业药师继续教育的学分管理

执业药师继续教育实行学分制。具有执业药师资格的人员每年参加执业药师继续教育获取的学分不得少于15学分，注册期3年内累计不得少于45学分。其中必修和选修内容每年不得少于10学分，自修内容学习可累计获取学分。

执业药师继续教育实行登记制度，登记内容包括：继续教育内容、分类、形式、学分、考核结果、日期、施教机构等。《执业药师继续教育登记证书》由国家食品药品监督管理总局统一印制，由执业药师本人保存。

具有执业药师资格的人员参加必修内容和选修内容的学习并经考核合格后，由施教机构在《执业药师继续教育登记证书》上确认与登记盖章。

采取网络教育、远程教育形式实施必修、选修内容，并经考核合格的，由施教机构出具《执业药师继续教育学分证明》，各省、自治区、直辖市食品药品监督管理部门凭此证明在《执业药师继续教育登记证书》上进行学分登记，并将登记过的《执业药师继续教育学分证明》收回。

执业药师继续教育自修内容学分由各省、自治区、直辖市食品药品监督管理部门人事教育部门或由省级食品药品监督管理部门委托的机构确认，并在《执业药师继续教育登记证书》上进行学分登记。

执业药师参加必修内容、选修内容及自修内容获取的学分在《执业药师继续教育登记证书》上进行登记后在全国范围内有效。

典型案例评析

［案情］

2009年1月7日，A县食品药品监管局在GSP专项检查中，发现辖区内B药店在执业药师陈某不在岗的情况下，未悬挂警示牌告知消费者，也未停止销售处方药和甲类非处方药。检查结束后，执法人员依据《药品流通监督管理办法》第十八条第二款规定，给B药店下达了《责令改正通知书》，责令该药店执业药师陈某要在7日内到岗履职。同时，要求B药店在药师不在岗时，要悬挂警示牌告知消费者和停止销售处方药、甲类非处方药。同年1月16日，该局对B药店改正措施落实情况进行复查，发现B药店执业药师陈某已到岗履职。7月13日，该局在日常监督检查中又发现B药店在执业药师陈某不在岗的情况下，未悬挂警示牌告知消费者，也未停止销售处方药和甲类非处方药。执法人员随即根据《药品流通监督管理办法》第三十八条第二款的规定，就B药店的违法行为下达了当场行政处罚决定书，给予了B药店警告的行政处罚。2010年1月9日，A县食品药品监管局接到举报称，B药店陈某为"挂职"药师，长期不在岗履职。接到举报后，执法人员立即到现场检查，发现B药店执业药师陈某不在岗，药店内也未悬挂警示牌告知消费者和停止销售处方药、甲类非处方药。

［争议焦点］

B药店是否存在逾期不改正的行为，应不应该对其处以罚款？

［案例评析］

《药品流通监督管理办法》第十八条第二款规定，经营处方药和甲类非处方药的药品零售企业，执业药师或者其他依法经资格认定的药学技术人员不在岗时，应当挂牌告知，并停止销售处方药和甲类非处方药。同时，第三十八条第二款规定，违反上述规定，药品零售企业在执业药师或者其他依法经过资格认定的药学技术人员不在岗时销售处方药或者甲类非处方药的，责令限期改正，给予警告处罚；逾期不改正的，处以1000元以下的罚款。根据这一条款的规定，本案产生上述争议的主要原因在于对"逾期不改正"的理解，即逾期不改正的时限是多久。这直接影响到对于罚则的不同适用结果。

首先，尽管没有法律法规对"逾期不改正"的时限提出明确要求，但不可否认这种时限是客观存在的。因为，假设执法人员的第二次或第三次检查是发生在若干年以后，那么这三次违法行为发生的时间间隔相对较长，应看作是三个独立的违法行为，再由此认定B药店适用逾期不改正的罚则，显然不甚合理。

其次，2009年1月16日，执法人员对B药店的第一次违法行为进行复查时，发现执业药师陈某已到岗履职，说明B药店已经对其之前的违法行为进行了改正，且执法人员对此也表示了认可。正因为这次认可，当执法人员2009年7月13日第二次对B药店进行监督检查时，对其药师不在岗行为应被视为老错新犯，给予了警告的行政处罚。

最后，2010年1月9日，B药店又被举报其药师长期不在岗履职，应被认定为基于2009年7月13日的违法行为，是逾期不改正的违法行为。而且，这两次违法行为的间隔为半年左右，虽然对于这一点，法律法规没有明确规定，但可以参照《行政处罚法》追诉时效两年的规定，即前次违法行为实施后两年以内，再实施该违法行为的，可以视为累次违法。

综上，在本案中A县药品监管部门执法人员有权对B药店直接处以1000元以下的罚款。

关于执业药师不在岗存在法律风险。目前，由于我国执业药师总量缺乏、经济利益的驱使、监管处罚机制不完善，甚至部分执业药师自身知识技能水平较低，无法给予患者合理用药指导，使得执业药师不在岗的现象非常普遍。但是，执业药师脱岗、离岗或长期不在岗的行为，不仅不利于保障药品的质量、可能导致患者用药安全问题，还为执业药师自己的职业生涯埋下了风险和隐患。比如，多省已出现针对执业药师"人证分离""挂靠""兼职"等不在职、不在岗行为，依据《执业药师注册管理暂行办法》第二十一条规定，收缴《执业药师注册证》，并同时注销注册的案例。还有部分执业药师被聘任到药店作为企业负责人或质量负责人，根据《药品经营质量管理规范》的要求，需要全面负责药品质量管理工作，独立履行职责。因此，一旦出现了药品质量问题，执业药师还需要承担相应的法律责任。

思考题

1. 简述药学技术人员的含义及其配备的法律依据。
2. 简述参加执业药师资格考试应具备的条件。
3. 简述执业药师注册职业的相关要求。

第十七章　传统医药管理法律制度

本章要点：发展传统医药是我国医药卫生工作的方针之一。传统医学管理法律制度在我国已经形成了包括行政法规、部门规章、地方性法规和规范性文件等在内的比较完善的法律体系，其中，《中医药条例》是一部重要的行政规章。中西医并重原则和继承与创新相结合原则已经被法律确认为传统医药发展的基本原则。中医医疗机构具有独特的设置标准和人员要求，应当充分发扬中医药特色和优势从事医疗服务工作。对于传统医学师承和确有专长人员参加医师资格考核考试，法律有特殊的规定。中药的研制、生产、经营、使用、教育和监督管理，中药品种和药用资源的保护，以及民族医药的保护和发展，也已经被法律所规定。民族医药享有与中医药相同的政策。

第一节　传统医药管理法律制度概述

一、传统医药的概念

传统医药即中华民族传统医药，是指我国人民在中国古代哲学的影响下，在长期的医疗实践中逐步形成的独特的医药理论体系及其以自然药物为主的诊疗实践。它包括中医药和民族医药两大领域。

传统医药具有悠久的历史，是中华民族在与疾病长期斗争的过程中积累的宝贵财富，其有效的医疗实践和丰富的医学知识中蕴含着深厚的科学内涵，是中华民族优秀文化的重要组成部分，为中华民族的繁衍昌盛和人类健康做出了不可磨灭的贡献。新中国成立以来，党和政府一直非常重视传统医药的发展。早在1950年，第一届全国卫生工作会议就将“团结中西医”作为我国卫生工作方针之一。在1958年，毛泽东提出：“中医药学是一个伟大的宝库，应当努力发掘，加以提高。”这一著名论断充分肯定了中医药学的历史地位和科学价值，奠定了党和国家发展中医药方针政策的基石。其后，中国共产党第十七大报告中明确规定了“中西医并重”“扶持中医药和民族医药事业发展”。由此足以证明，发展传统医药是我国卫生工作的重要内容之一，传统医药在我国卫生事业中发挥着不可替代的重要作用，而且越来越显示出其独特的优势。

在世界传统医药学中，唯有中医药学有着完整的理论体系和丰富的实践经验总结。近年来，随着中医药对外交流的进一步增加，中医药以其独特的治疗方式、无毒副作用及良好的临床疗效，产生了越来越广泛的国际影响。世界卫生组织西太区第52次委员会上通过的《西太区发展传统医药战略计划》，为中医药更广泛地走向世界创造了良好的条件。许多国家和政府开始重视中医药的应用、管理和发展，一些国家已经立法承认中医药的合法地位。在美国，针灸以州法律的形式被列入医疗手段，中医药总体上已逐渐被美国卫生行政部门所接受，并被批准为公众合法的医疗保健手段。2000年5月3日，澳大利亚维多利亚州通过了《中医注册法案》，这是全世界第一部中医注册法案。同年，新加坡国会通过了《中医师法案》，从而确立了中医药在新加坡的法律地位。2007年，美国药品食品监督管理局发布了一份指导性文件《补充和替代医学产品及FDA管理指南(初稿)》，首次认同中医药学为独立学科体系，认为“中医药学和西方主流医学一样，是一门有着完整理论和实践体系的独立科学体系，而不仅仅是对西方医学的补充”。

二、传统医药的管理立法

由于传统医药学的理论体系和实践方法不同于西方医药学，不能简单沿用西医药的规章制度进行管理，而应依照传统医药学的特点和活动规律制定法律法规，将传统医药学纳入法制轨道，以保障和促进传统医药事业的发展。

新中国成立后，党和国家重视传统医药事业的发展，陆续颁布了一系列传统医药方面的法律法规。主要包括1951年5月颁布的《中医师暂行条例》《实施细则》、1951年11月《中医诊所管理暂行条例》《实施细则》以及1952年10月发布的《医师、中医师、牙医师、药师考试暂行办法》等，但这一时期的传统医药立法存在脱离中医药客观实际的问题。

党的十一届三中全会以来，传统医药立法工作受到高度重视。1982年，我国《宪法》明确规定，发展现代医药和我国传统医药，这是制定传统医药法律规范的根本法律依据。中发〔1997〕3号《中共中央、国务院关于卫生改革与发展的决定》充分肯定了传统医药的重要地位和作用，进一步明确了中西医并重的方针，把传统医药确定为卫生事业发展的重点领域，为传统医药事业的快速健康发展指明了方向。为加强中医药法制建设，原卫生部、国家中医药管理局相继颁布了一系列中医药管理法律法规和政策性文件，涉及中医药的地位、作用和发展方向，中医医疗机构管理，中药生产经营管理，中医药队伍建设、科研管理以及发展民族医药等方面的内容。国家中医药管理局先后制订了《中医事业“八五”计划及十年规划设想》《中医事业“九五”计划及2010年规划设想》。2002年10月，科技部、原卫生部等部委联合发布了《中药现代化发展纲要(2002～2010年)》。2003年月,国家中医药管理局发布了《关于进一步加强中西医结合工作的指导意见》。2003年4月7日,国务院颁布了《中医药条例》,并于2003年10月1日起施行。这是新中国成立以来第一部专门对中医药进行规范的行政法规,将多年来党和国家对中医药工作的一系列方针、政策,通过国家行政法规的方式固定下来,全面概括了国家的中医药政策,对保障和规范中医药事业发展做了较为全面的规定,标志着中医药法制化建设步入了新的阶段。2007年1月,科技部、原卫生部、国家中医药管理局、国家食品药品监督管理局、国家自然科学基金委员会等16个部门联合制定了《中医药创新发展规划纲要(2006～2020年)》。同年12月,原卫生部、国家中医药管理局等11部委联合发布了《关于切实加强民族医药事业发展的指导意见》。2009年4月,国务院出台的《关于扶持和促进中医药事业发展的若干意见》,为中医药事业在新阶段又好又快发展提供了坚实的制度保障,在中医药发展史上具有重要意义。

2014年7月《中医药法(征求意见稿)》发布,共计八章六十六条,包括了总则、中医药服务、中药发展、人才培养、继承创新与文化传播、保障措施、法律责任及附则。该法的诞生必将成为我国传统医药法制建设新的里程碑。

三、传统医药发展的指导思想和原则

(一)指导思想

坚持以人为本、为人类健康服务的根本宗旨,按照“自主创新,重点跨越,支撑发展,引领未来”的新时期科技工作方针,在继承发扬中医药优势特色的基础上,充分利用现代科学技术,努力证实、阐明中医药的科学内涵,通过技术创新提高中医医疗服务能力和中药产业技术水平,通过知识创新丰富和完善中医药理论体系和医疗保健模式,加快中医现代化和国际化进程,全面提高我国的医疗保健和重大疾病防治水平,不断满足广大民众的社会需求,确立我国在传统医药领域的优势地位,提高中医药的国际化能力和国际市场份额,为人类健康做出更大贡献。

(二)基本原则

1. 中西医并重原则。《中医药条例》第三条规定:“国家保护、扶持、发展中医药事业,实行中西医并重的方针,鼓励中西医相互学习、相互补充、共同提高,推动中医、西医两种医学体系的有机结合,全面发展我国中医药事业。”中西医结合是对中西医药学各自优势的互补和集成,是符合我国国情和医学科学发展规律的,显示出中西医结合研究在理论与方法学上的创新性。要坚定不移地贯彻落实好“中西医并重”的原则方针,把握和利用好中西医药学相互融合、传统医药学与现代医药学优势互补这一发展趋势，为中西医结合事业的发展创造良好的条件。

2.继承与创新相结合的原则。《中医药条例》第四条规定："发展中医药事业应当遵循继承与创新相结合的原则，保持和发扬中医药特色和优势，积极利用现代科学技术，促进中医药理论和实践的发展，推进中医药现代化。"中医药是中华民族创造的医学科学，是我国优秀民族文化中的瑰宝，至今仍然在保障民众健康方面发挥着重要的作用，是我国卫生服务体系中不可或缺的重要组成部分。中医药的历史地位、现实作用和科学价值是客观存在并经过实践检验和证明的，因此要认真继承中医药的特色和优势。同时，中医药具有极大创新潜力，绝大多数中医药理论、诊疗技术和方药都是中华民族独创的，是我国自主创新的重要资源，在建设创新型国家中具有独特的作用。将传统医药尤其是中医药的创新潜力最大程度发挥出来，不但会有力地推动传统医药的自身发展，而且将为世界医学发展做出贡献。

第二节　中医药管理法律制度

一、中医医疗机构管理法律制度

（一）中医医疗机构的概念及设立

1.中医医疗机构的概念。中医医疗机构是指依法取得《医疗机构执业许可证》的中医、中西医结合的医院、门诊部和诊所。中医医疗机构是我国医疗机构的重要组成部分，主要包括国家、集体、个体开办的中医医院、中医院校及中医研究机构的附属医院、中医专科医院、中医康复医院、中医门诊部、中医诊所、中医诊室及一切以各种名称面向社会而主要从事中医医疗业务的单位。依法设立的社区卫生服务中心（站）、乡镇卫生院等城乡基层卫生服务机构，应当能够提供中医医疗服务。

《中医药条例》规定，中医医疗机构从事医疗服务活动，应当充分发挥中医药特色和优势，遵循中医药自身发展规律，运用传统理论和方法，结合现代科学技术手段，发挥中医药在防治疾病、保健、康复中的作用，为群众提供价格合理、质量优良的中医药服务。

2.中医医疗机构的设立。设立中医医疗机构，应当符合国务院卫生行政部门制定的《中医医疗机构设置标准和当地区域卫生规划》。县级以上地方人民政府在制订区域卫生规划时，应当统筹安排中医医疗机构的设置和布局。中医医疗机构的布局，由当地中医药、卫生行政部门统一规划。

设立中医医疗机构必须具备以下条件:(1)中医医院(含中医院校及中医研究机构的附属医院)、中医专科医院、中医康复医院:至少设病床30张;医师5人,其中主治中医师以上1人、中医师不少于2人;护师、士不少于5人;有相应的药剂、放射、检验等医技人员和诊断、治疗等仪器设备。不足30张病床及相应条件者,不得称医院。(2)中医门诊部:至少有医师3人,其中中医师至少2人;护师、士2人;并有相应的医技人员和房屋设备。(3)中医诊所:有2名以上中医师及相应的房屋和设备。(4)中医诊室:有1名以上中医师及相应的房屋和设备。

(二)中医医疗机构的登记与管理

1.中医医疗机构的登记。中医医疗机构开业,必须进行登记,领取《医疗机构执业许可证》后,方可执业。

(1)开业审批。各级中医医疗机构的审批部门略有不同:①中医诊所、中医诊室,由当地县(区)级卫生行政部门审批。②中医医院(含中医院校及中医研究机构的附属医院)中医专科医院、中医康复医院、中医门诊部、其他以各种名称面向社会而主要从事中医医疗业务的单位,由地(市)级或其以上中医药、卫生行政部门审批。③其他任何组织和个人都无权批准中医医疗机构开业,也不准擅自借用其他机构名称从事中医医疗活动。

(2)开业申请资料。中医医疗机构在申请开业时,应提交以下材料:①机构名称、设置科目、床位编制;②卫技人员情况;中医诊所、中医诊室须提交医务人员名单及其有关资格证件;③业务用房产权证书或租赁合约;④诊疗设备及药品情况;⑤与申报规模相称的资金情况;⑥有关规章制度;⑦法人代表有关情况及其资格证件。

中医医疗机构改变机构名称、增减病床、变更科目、停业、迁移都必须报原批准开业的中医药、卫生行政部门审批登记。歇业的,必须向原登记机关办理注销登记,经核准后,收缴《医疗机构执业许可证》。

2.中医医疗机构的管理。(1)中医医院管理。中医医院包括县及县以上综合中医医院和专科中医医院。中医医院必须以医疗工作为中心,结合医疗搞好教学和科学研究,成为继承发扬中医药学,培养中医药人才的基地。《中医药条例》《中医医疗机构管理条例(试行)》《全国中医医院工作条例(实行)》等法律法规,对中医医院的管理做出了明确规定:①医疗工作突出中医特色。必须保持和发扬中医特色,办成以中医药为主,坚持运用中医药防治疾病为特点的医疗机构。医疗工作必须以四诊八纲,理、法、方、药,辨证论治为指导,在诊断、治疗、急救、护理、营养、病房管理等一系列问题上,都充分发挥中医药特长,同时积极采用现代科学技术,不断提高诊治水平。②科室设置和编制遵循中医规则。业务科室设置和病床分配比例，可根据中医专科的特色和各自的规模、任务、特长及技术发展情况确定，科室设置力求齐全。中医医院人员编制按病床与工作人员1∶1.3～1∶1.7计算。病床数与门诊量之比按1∶3计算，不符合1∶3时，按每增减100门诊人次增减6～8人，或比同级西医综合医院的编制高15%～18%。医生和药剂人员要高于西医综合医院的比例，护理人员可低于西医综合医院的比例。在医生和药剂人员中，中医、中药人员要占绝对多数。③教学科研立足于临床实践。要重视中医药技术人员接受继续教育；积极承担临床教学任务；加强中医文献资料整理、名老中医经验总结和临床科研工作；收集有效单方、验方，经过临床验证，推广应用；要总结制定临床诊断、疗效观察的客观指标。有条件的中医医院要设实验室，进行中医药基础研究。④药剂管理体现中药特点。要建立和办好中药房，中药加工炮制、储藏保管、调剂煎熬配方必须严格遵守操作规程和规章制度，保证药品质量；在坚持使用中药为主的前提下，以饮片为主，中成药为辅，重治轻补，并开展中药剂型改革。⑤护理工作发挥中医特色。要在努力发掘中医药学护理知识的同时，吸收西医护理的长处，要进行“辨证论护”。各级护理人员都要努力学习中医护理知识，提高护理水平，逐步制定具有中医特点的常见病和急重症的护理常规；重视中医的食养疗法，改善病人膳食，配合临床治疗。

(2)中医专科管理。综合医院均应按照要求设置中医临床科室和中药房，医院各临床科室通过与中医临床科室建立协作机制等形式提供中医药服务。中医临床科室要坚持突出中医药特色，发挥中医药优势。逐渐发展成为带有全科性质的临床科室，根据临床需要提供中药饮片、中成药、针灸、推拿等多种中医药服务。设立中医病床，床位数不低于医院标准床位数的5%。针灸、推拿、骨伤、皮肤、痔瘘、耳鼻喉、眼科、气功等，都具有简、便、验、廉的特点，要认真总结专科老中医的经验和技术专长，通过传、帮、带，培养和造就一批中医专科人才，促进中医专科技术水平的不断提高。

(3)中医医疗广告管理。发布中医医疗广告，医疗机构应当按照规定向所在地省级中医药管理部门申请并报送有关材料。对符合规定要求的，发给中医医疗广告批准文号；未取得该批准文号的，不得发布中医医疗广告。发布的中医医疗广告，其内容应当与审查批准发布的内容一致。

二、中医从业人员管理法律制度

(一)中医从业人员资格的取得

中医从业人员是指具备中医医学专业学历，取得医师资格并经注册，在中医医疗机构、中医院校、中医科研单位、综合医院的中医专科工作的医务人员以及未取得医学专业学历，以师承方式学习传统医学或者经多年实践医术确有专长，并按照卫生行政部门的规定经过注册取得执业证书的人员。

中医从业人员应当遵守相应的中医诊断治疗原则、医疗技术标准和技术操作规范。全科医师和乡村医师应当具备中医药基本知识以及运用中医诊疗知识、技术，处理常见病和多发病。

中医从业人员，应当通过医师资格考试，取得《医师资格证书》，并经注册取得《医师执业证书》后，方可从事中医服务活动。

参加中医执业医师资格考试的人员应具备中医专业的学历，并符合《执业医师法》的相关规定。

以师承方式学习中医学的人员以及确有专长的人员，按照《传统医学师承和确有专长人员医师资格考核考试办法》，通过医师资格考核考试，并经注册取得《医师执业证书》后，方可从事中医医疗活动。考核是对此类人员申请参加医师资格考试的资格评价和认定。

1.师承人员的考核。师承人员应当具有高中以上文化程度或者具有同等学历，并连续跟师学习满3年。师承人员应当与指导教师签订由国家中医药管理局统一式样的师承关系合同，该合同应当经县级以上公证机构公证，跟师学习时间自公证之日起计算。

师承人员的指导教师应同时具备下列条件：(1)具有中医类别中医或者民族医专业执业医师资格；(2)从事中医或者民族医临床工作15年以上，或者具有中医或者民族医副主任医师以上专业技术职务任职资格；(3)有丰富的临床经验和独特的技术专长；(4)遵纪守法，恪守职业道德，信誉良好；(5)在医疗机构中坚持临床实践，能够完成教学任务；(6)同时带教师承人员不得超过两名。

师承人员的考核即出师考核，其内容包括职业道德和业务水平，重点是传统医学专业基础知识与基本技能，学术经验、技术专长继承情况，方式包括综合笔试和临床实践技能考核。该考核每年进行1次，考核合格者由省级中医药管理部门颁发《传统医学师承出师证书》。

2.确有专长人员的考核。申请确有专长考核的，应当同时具备以下条件：(1)依法从事传统医学临床实践5年以上；(2)掌握独具特色、安全有效的传统医学诊疗技术。

确有专长考核内容包括职业道德和业务水平，重点是传统医学专业基础知识及掌握的独特诊疗技术和临床基本操作，方式包括综合笔试和临床实际本领考核。该考核每年进行1次，考核合格者由负责组织考核的卫生行政部门、中医药管理部门发给《传统医学医术确有专长证书》，并报省级中医药管理部门备案。

3.师承和确有专长人员医师资格考试。师承和确有专长人员医师资格考试是评价申请医师资格者是否具备执业所需的专业知识与技能的考试，是国家医师资格考试的组成部分。考试方式分为实践技能考试和医学综合笔试，实践技能考试合格的方可参加医学综合笔试。

师承和确有专长人员取得《传统医学师承出师证书》或《传统医学医术确有专长证书》后，在执业医师指导下，在授予证书的省（自治区、直辖市）内的医疗机构中试用期满1年并考核合格，可以申请参加执业助理医师资格考试。

师承和确有专长人员取得执业助理医师执业证书后，在医疗机构中从事传统医学医疗工作满5年，可以申请参加执业医师资格考试。

考试成绩合格的，获得《医师资格证书》，经注册后，可以按照注册的执业地点、执业范围从事相应的医疗、预防、保健工作。

（二）中医从业人员的权利和义务

按照《执业医师法》的规定，中医从业人员在执业活动中享有下列权利：(1)在注册的执业范围内，进行医学诊查、疾病调查、医学处置、出具相应的医学证明文件，选择合理的医疗、预防、保健方案；(2)按照国务院卫生行政部门规定的标准，获得与本人执业活动相当的医疗设备基本条件；(3)从事医学研究，参加学术交流，参加专业学术团体；(4)参加专业培训，接受继续医学教育；(5)在执业活动中，人格尊严、人身安全不受侵犯；(6)获取工资报酬和津贴，享受国家规定的福利待遇；(7)对所在机构的医疗、预防、保健工作和卫生行政部门的工作提出意见和建议，依法参与所在机构的民主管理。

中医从业人员在执业活动中履行下列义务：(1)遵守法律、法规，遵守技术操作规范；(2)树立敬业精神，遵守职业道德，履行医师职责，尽职尽责为患者服务；(3)关心、爱护、尊重患者，保护患者的隐私；(4)努力钻研业务，更新知识，提高专业技术水平；(5)宣传卫生保健知识，对患者进行健康教育。

三、中药管理法律制度

（一）中药的概念

中药是我国的传统药材，是指在中医理论指导下，运用传统的独特方法进行加工炮制并用于疾病的预防、诊断和治疗，有明确的适应证和用法、用量的植物、动物和矿物质及其天然加工品等。

随着社会经济以及卫生事业的发展，我国已加强中药立法，依法管理中药，陆续颁布了《药品管理法》《中药品种保护条例》《中医药条例》等法律法规。《中医药条例》规定："中药的研制、生产、经营、使用和监督管理依照《药品管理法》执行。"1987年，原卫生部、国家中医药管理局发布了《关于加强中药剂研制工作的意见》。1989年，国家中医药管理局发布了《中药商业质量管理规范（试行）》。

2002年10月，科技部、原卫生部等部委联合发布了《中药现代化发展纲要（2002～2010年）》，这是我国第一部中药现代化发展的纲领性文件。2007年1月，科技部、原卫生部、国家中医药管理局、国家食品药品监督管理局、国家自然科学基金委员会等16个部门联合制定了《中医药创新发展规划纲要（2006～2020年）》，其中指出："发展中药产业，提升中药工业，改造中药商业，培育中药知识产业，促进中药产业链的形成与健康发展；保障中药资源可持续利用，强化合理开发和综合利用；研制一批能够进入国际医药保健主流市场的中医药新产品；形成一批拥有自主知识产权的国际知名品牌和国际竞争力较强的优势企业；发展一批集聚效应突出的中药科技产业基地；中医药产品在国内外医药市场的份额显著提高。"只有规范中药的生产、经营，注重中药品种的保护和发展，才能实现中药现代化，加速中药国际化的进程，使中药广泛地走向世界，为各国人民所接受。

（二）中药材生产的管理

中药材生产作为中药产业发展的基础部分，直接制约着中药其他产业的发展。中药材是中药饮片和中成药生产的原材料，中药生产关系到中药的供应、质量和临床疗效，因此搞好中药材生产和质量是中药产业发展的关键。为规范中药材生产，保证中药材质量，促进中药标准化、现代化，2002年国家食品药品监督管理局审议通过了《中药材生产质量管理规范（试行）》。该规范是中药材生产和质量管理的基本准则，适用于中药材生产企业生产中药材（含植物、动物药）的全过程。该规范严格规定了中药材的产地生态环境、种质和繁殖材料、栽培与养殖管理、采收与初加工管理、包装、运输与贮藏管理、质量管理、人员和设备管理、文件管理等方面。

1.产地生态环境。要求中药材生产企业应按中药材产地适宜性优化原则，因地制宜，合理布局。中药材产地的环境应符合国家相应标准：空气应符合大气环境质量二级标准；土壤应符合土壤质量二级标准；灌溉水应符合农田灌溉水质量标准；药用动物饮用水应符合生活饮用水质量标准。药用动物养殖企业应满足动物种群对生态因子的需求及与生活、繁殖等相适应的条件。

2.种质和繁殖材料。对养殖、栽培或野生采集的药用动植物，应准确鉴定其物种，包括亚种、变种或品种，记录其中文名及学名；对种子、菌种和繁殖材料在生产、储运过程中应实行检验和检疫制度，应按动物习性进行药用动物的引种及驯化，引种动物必须严格检疫，并进行一定时间的隔离、观察；加强中药材良种选育、配种工作，建立良种繁育基地，保护药用动植物种资源。

3.药用植物的栽培管理。应根据药用植物生长发育要求，确定栽培适宜区域，并制定相应的种植规程。根据药用植物的营养特点及土壤的供肥能力，确定施肥种类、时间和数量，施用肥料的种类以有机肥为主，允许施用经充分腐熟达到无害化卫生标准的农家肥，禁止施用城市生活垃圾、工业垃圾及医院垃圾和粪便；根据药用植物不同生长发育时期的需水规律及气候条件、土壤水分状况，适时、合理灌溉和排水；根据药用植物生长发育特性和不同的药用部位，加强田间管理，及时采取打顶、摘蕾、整枝修剪、覆盖遮阴等栽培措施，调控植株生长发育；药用植物病虫害的防治应采取综合防治策略，必须施用农药时，应按照《农药管理条例》的规定，采用最小有效剂量并选用高效、低毒、低残留农药，以降低农药残留和重金属污染。

4.药用动物养殖管理。根据药用动物生存环境、食性、行为特点及对环境的适应能力等，确定相应的养殖方式和方法；应科学配制饲料，定时定量投喂，适时适量地补充精料、维生素、矿物质及其他必要的添加剂，不得添加激素、类激素等添加剂且饲料及添加剂应无污染；养殖环境应保持清洁卫生，建立消毒制度；对药用动物的疫病防治，应以预防为主，定期接种疫苗；应合理划分养殖区，发现患病动物，应及时隔离；禁止将中毒、感染疫病的药用动物加工成中药材。

5.采收与初加工。野生或半野生药用动植物的采集应坚持“最大持续产量”原则，应有计划地进行野生抚育、轮采与封育；采收及初加工过程中应尽可能排除非药用部分及异物，特别是杂草及有毒物质，剔除破损、腐烂变质的部分；药用部分采收后，经过拣选、清洗、切制或修整等适宜的加工，需干燥的应采用适宜的方法和技术迅速干燥，并控制温度和湿度，使中药材不受污染，有效成分不被破坏；鲜用药材可采用冷藏、砂藏、罐贮、生物保鲜等适宜的保鲜方法，尽可能不使用保鲜剂和防腐剂；地道药材应按传统方法进行加工。如有改动，应提供充分试验数据，不得影响药材质量。

6.包装、运输与贮藏。包装应按标准规程操作，并有包装记录，其内容应包括品名、规格、产地、批号、重量、包装工号、包装日期等；在每件药材包装上，应注明品名、规格、产地、批号、包装日期、生产单位，并附有质量合格的标志；易破碎的药材应使用坚固的箱盒包装；毒性、麻醉性、贵细药材应使用特殊包装，并应贴上相应的标记。药材批量运输时，不应与其他有毒、有害、易串味物质混装；运载容器应具有较好的通气性，以保持干燥，并应有防潮措施。药材仓库应通风、干燥、避光，必要时安装空调及除湿设备，并具有防鼠、虫、禽畜的措施。地面应整洁、无缝隙、易清洁；药材应存放在货架上，与墙壁保持足够距离，防止虫蛀、霉变、腐烂、泛油等现象发生，并定期检查；在应用传统贮藏方法的同时，应注意选用现代贮藏保管新技术、新设备。

（三）中药经营管理

中药是我国药品的重要组成部分。中药质量不仅关系到人类的健康和生命，也是衡量我国中医药卫生事业水平的重要标志。国家中医药管理局、原卫生部先后制定颁布的《中药商业质量管理规范》《核发中药经营企业合格证验收准则（试行）》，对于整顿中药流通秩序、严厉打击制售伪劣中药，保证药材的安全有效起到了重要作用。国务院《关于进一步搞活农产品流通的通知》中规定，麝香、甘草、杜仲、厚朴四种中药材继续由国家指定的部门统一经营，罂粟壳等 28 种毒性中药材，国家重点保护的 42 种野生中药材，57 种进口中药材、中药饮片、中成药仍然由国有药材公司统一收购经营；对所有经营中药材的企业单位，都必须按照《药品管理法》的规定，在所在地中药、卫生、工商行政主管部门申请领取《药品经营企业合格证》《药品经营企业许可证》和《营业执照》，严禁无证、无照经营。对于中药的出口，实行中药出口许可证制度，贯彻先国内，后国外，出口服从内销的原则。

（四）中药品种分级保护

中药品种保护在很大程度上能够解决中药品种的低水平重复问题，保护中药研制单位和生产企业开发中药新品种和提高中药质量标准的积极性，推动中药行业集约化经营模式的形成，规范中药生产经营秩序。为了提高中药品种的质量，保护中药生产企业的合法权益，促进中药事业的发展，1993 年 1 月 1 日，国务院发布了《中药品种保护条例》。该条例对于中药品种保护的适用范围、中药品种保护的等级和保护期限、申报程序、监督部门等做了相应规定。

1. 适用范围。《中药品种保护条例》适用于中国境内生产制造的中药品种，包括中成药、天然药物的提取物及其制剂和中药人工制成品，但申请专利的中药品种除外。依照本条例受保护的中药品种，必须是列入国家药品标准的品种。经国务院卫生行政部门认定，列为省、自治区、直辖市药品标准的品种，也可以申请保护。

2. 监督管理部门。国家药品监督管理部门负责全国中药品种保护的监督管理工作，国家中医药管理部门协同管理。国家药品监督管理部门组建国家中药品种保护评审委员会，聘请中医药方面医疗、科研、检验以及经营、管理的专家担任委员会委员，负责中药保护品种的专业技术审查和咨询工作。工作委员会下设办公室，在国家食品药品监督管理局领导下负责日常管理和协调工作。

3. 中药保护品种的等级和保护期限。受保护的中药品种分为一、二级。符合下列条件之一的中药品种，可以申请一级保护：①对特定疾病有特殊疗效的；②相当于国家一级保护野生药材物种的人工制成品；③用于预防和治疗特殊疾病的。符合下列条件之一的中药品种，可以申请二级保护：①符合本条例第六条规定的品种或者已经解除一级保护的品种；②对特定疾病有显著疗效的；③从天然药物中提取的有效物质及特殊制剂。国务院卫生行政部门批准的新药，按照国务院卫生行政部门规定的保护期给予保护；在国务院卫生行政部门批准的保护期限届满前6个月,可以重新依照本条例的规定申请保护。

中药保护品种的保护期限分为两种:中药一级保护品种分别为30年、20年、10年;中药二级保护品种为7年。中药一级保护品种因特殊情况需要延长保护期限的,由生产企业在该品种保护期满前6个月,依照本条例第九条规定的程序申报。延长的保护期限由国务院卫生行政部门根据国家中药品种保护审评委员会的审评结果确定。但是,每次延长的保护期限不得超过第一次批准的保护期限。中药二级保护品种在保护期满后可以申请延长7年保护期的中药二级保护品种,应当在保护期满前6个月,由生产企业依照本条例第九条规定的程序申报。

4.申报中药品种保护的程序。①中药生产企业对其生产的符合规定的中药品种,可以向所在地省、自治区、直辖市中药生产经营主管部门提出申请,经中药生产经营主管部门签署意见后转送同级卫生行政部门,由省、自治区、直辖市卫生行政部门初审签署意见后,报国务院卫生行政部门。特殊情况下,中药生产企业也可以直接向国家中药生产经营主管部门提出申请,由国家中药生产经营主管部门签署意见后转送国务院卫生行政部门,或者直接向国务院卫生行政部门提出申请。②国务院卫生行政部门委托国家中药品种保护审评委员会负责对申请保护的中药品种进行审评。国家中药品种保护审评委员会应当自接到申请报告书之日起6个月内做出审评结论。③根据国家中药品种保护审评委员会的审评结论,由国务院卫生行政部门征求国家中药生产经营主管部门的意见后决定是否给予保护。批准保护的中药品种,由国务院卫生行政部门发给《中药保护品种证书》。国务院卫生行政部门负责组织国家中药品种保护审评委员会,委员会成员由国务院卫生行政部门与国家中药生产经营主管部门协商后,聘请中医药方面的医疗、科研、检验及经营、管理专家担任。

四、中医药教育与科研

(一)中医药教育、科研机构的建立

《中医药条例》规定,国家采取措施发展中医药教育事业。各类中医药教育机构应当加强中医药基础理论教学,重视中医药基础理论与中医药临床实践相结合,推进素质教育。根据社会需求和中医药事业发展的需要,逐步形成规模适度、专业结构合理的中医药教育体系。目前我国不仅有以中、高等中医药院校教育为主的普通专业教育,还开展了师承教育、住院医师规范化培养、各种类型中医药专门人才培养等多种形式的继续教育、岗位培训、高等函授、自学考试教育以及技能培养为主的中医药职业教育。

随着社会、经济的发展,中医药科研管理体制改革打破地区、行业界限,初步

形成了以市场和社会需求为导向、多学科参与中医药科学研究的新局面。我国现有独立的中医药科研机构 96 所，专门从事中医药研究的科技人员达数万人。《中医药条例》规定，国家发展中医药科学技术，将其纳入科学技术发展规划，加强重点中医药科研机构建设。县级以上地方人民政府应当充分利用中医药资源，重视中医药科学研究和技术开发，采取措施开发、推广、应用中医药技术成果，促进中医药科学技术发展。中医药科学研究应当注重运用传统方法和现代方法开展中医药基础理论研究和临床研究，运用中医药理论和现代科学技术开展对常见病、多发病和疑难病的防治研究。中医药科研机构、高等院校、医疗机构应当加强中医药科研的协作攻关和中医药科技成果的推广应用，培养中医药学科带头人和中青年技术骨干。

（二）中医药专家学术经验和技术专长的继承

国家鼓励开展中医药专家学术经验和技术专长继承工作，培养高层次的中医临床人才和中药技术人才。《中医药条例》规定，承担中医药专家学术经验和技术专长继承工作的指导教师应当具备下列条件：(1)具有较高学术水平和丰富的实践经验、技术专长和良好的职业品德；(2)从事中医药专业工作 30 年以上并担任高级专业技术职务 10 年以上。

中医药专家学术经验和技术专长继承工作的继承人应当具备下列条件：(1)具有大学本科以上学历和良好的职业品德；(2)受聘于医疗卫生机构或者医学教育、科研机构从事中医药工作，并担任中级以上专业技术职务。

（三）中医药对外合作交流管理

中医药国际化目标是要使中医药理论和实践得到国际社会的公认，使中医药服务和产品逐步进入国际医药和保健的主流市场，中医药独特的医疗保健康复模式及其价值逐渐被国际社会所理解和接受。因此，国家支持中医药的对外交流与合作，推进中医药的国际传播。《中医药条例》规定，国家支持中医药的对外交流与合作，推进中医药的国际传播。重大中医药科研成果的推广、转让、对外交流，中外合作研究中医药技术，应当经省级以上人民政府负责中医药管理的部门批准，防止重大中医药资源流失。属于国家科学技术秘密的中医药科研成果，确需转让、对外交流的，应当符合有关保守国家秘密的法律、行政法规和部门规章的规定。

目前，我国已经与大多数国家和地区的民间或官方组织建立了传统医药领域的合作关系，并与 40 多个国家和地区开展了政府间的中医药交流与合作。我国的中医已出口到 130 多个国家和地区，加强了与有关国际组织特别是世界卫生组织的联系与合作，先后建立了 7 个传统医药合作中心。

五、中医药发展的保障措施

(一)国家支持、鼓励以各种方式发展中医药事业

《中医药条例》规定,县级以上地方人民政府应当根据中医药事业发展的需要以及本地区国民经济和社会发展状况,逐步增加对中医药事业的投入,扶持中医药事业的发展。任何单位和个人不得将中医药事业经费挪作他用。国家鼓励境内外组织和个人通过捐资、投资等方式扶持中医药事业发展。

非营利性中医医疗机构,依照国家有关规定享受财政补贴、税收减免等优惠政策。

县级以上地方人民政府劳动保障行政部门确定的城镇职工基本医疗保险定点医疗机构,应当包括符合条件的中医医疗机构。获得定点资格的中医医疗机构,应当按照规定向参保人员提供基本医疗服务。

(二)加强对中医药文献的整理、研究与保护

对中医药理论进行系统整理,研究挖掘中医药科学文献和古典医籍,构建中医药知识库,是系统继承中医药的宝贵知识和经验的重要内容,是中医药发展创新的源泉和基础。《中医药条例》规定,县级以上各级人民政府应当采取措施加强对中医药文献的收集、整理、研究和保护工作。有关单位和中医医疗机构应当加强重要中医药文献资料的管理、保护和利用。捐献对中医药科学技术发展有重大意义的中医诊疗方法和中医药文献、秘方、验方的,参照《国家科学技术奖励条例》的规定给予奖励。

(三)加强对中医药资源的开发、利用和保护

《中医药条例》规定,国家保护野生中药材资源,扶持濒危动植物中药材人工代用品的研究和开发利用。

县级以上地方人民政府应当加强中药材的合理开发和利用,鼓励建立中药材种植、培育基地,促进短缺中药材的开发、生产。

(四)中医药评审和鉴定的有关保障措施

关于中医药的评审与鉴定活动,《中医药条例》规定,与中医药有关的评审或者鉴定活动,应当体现中医药特色,遵循中医药自身的发展规律。中医药专业技术职务任职资格的评审,中医医疗、教育、科研机构的评审、评估,中医药科研课题的立项和成果鉴定,应当成立专门的中医药评审、鉴定组织或者由中医药专家参加评审、鉴定。

六、法律责任

(一)行政责任

1. 中医药教育机构违反本条例的规定,有下列情形之一的,由县级以上地方

人民政府负责中医药管理的部门责令限期改正；逾期不改正的，由原审批机关予以撤销机构：(1)不符合规定的设置标准的；(2)没有建立符合规定标准的临床教学基地的。

2. 违反《中医药条例》的规定，造成重大中医药资源流失和国家科学技术秘密泄露，尚不构成刑事处罚的，由县级以上地方人民政府负责中医药管理的部门责令改正，对负有责任的主管人员和其他直接责任人员依法给予纪律处分。

3. 违反《中医药条例》的规定，损毁或者破坏中医药文献的，由县级以上地方人民政府负责中医药管理的部门责令改正，对负有责任的主管人员和其他直接责任人员依法给予纪律处分。

4. 违反《中药品种保护条例》的规定，将一级保护品种的处方组成、工艺制法泄露者，由所在单位或者上级机关对其责任人员给予行政处分。

5. 违反《中药品种保护条例》的规定，擅自仿制中药保护品种的，由县级以上卫生行政部门以生产假药依法论处。

6. 伪造《中药品种保护证书》及有关证明文件进行生产、销售的，由县级以上卫生行政部门没收其全部有关药品及违法所得，并可以处以有关药品正品价格三倍以下罚款。

7. 篡改经批准的中医医疗广告内容的，由原审批部门撤销广告批准文号，1年内不受理该中医医疗机构的广告审批申请。负责中医药管理的部门撤销中医医疗广告批准文号后，应当自做出行政处理决定之日起5个工作日内通知广告监督管理机关。广告监督管理机关应当自收到负责中医药管理的部门通知之日起15个工作日内，依照《广告法》的有关规定查处。

8. 未经批准擅自开办中医医疗机构或者未按照规定通过执业医师或者执业助理医师资格考试取得执业许可，从事中医医疗活动的，依照《执业医师法》和《医疗机构管理条例》的有关规定给予处罚。

(二)刑事责任

1. 违反《中医药条例》的规定，造成重大中医药资源流失和国家科学技术秘密泄露，损毁或者破坏属于国家保护文物的中医药文献，情节严重，构成犯罪的，依法追究其刑事责任。

2. 违反《中药品种保护条例》的规定，将一级保护品种的处方组成、工艺制法泄露者，构成犯罪的，移交司法机关，依法追究其刑事责任。

3. 伪造《中药品种保护证书》及有关证明文件进行生产、销售，构成犯罪的，依法追究其刑事责任。

4. 中医从业人员违法相关法律、行政法规，应承担刑事法律责任的，按照《执业医师法》和《刑法》的相关规定处理。

第三节　中西医结合法律制度

一、中西医结合工作的指导思想

中西医结合是在我国既有中医又有西医的历史条件下，根据我国人民群众防病治病的需要，产生的取中医、西医二法之长，以达到更好的防病治病效果的医疗技术方法。

《中共中央、国务院关于卫生改革与发展的决定》《中医药条例》及《关于进一步加强中西医结合工作的指导意见》都有推动中医、西医两种医学体系的有机结合，全面发展我国中医药事业的相关规定。

中西医结合工作的指导思想是：认真贯彻党的中西医结合方针政策，积极利用现代科学技术，充分吸收中医、西医两种医学特长，发掘、整理、研究、阐释中医药学的经验真知和理论精华，以提高临床疗效和学术水平为核心，以基地建设为基础，以人才培养为重点，以研究中西医结合点为主线，积极探索，开拓创新，促进中西医结合不断发展，更好地为人类健康服务。

二、中西医结合机构及执业人员的管理规定

国家中医药管理局印发的《中西医结合医院工作指南(2011年版)》对中西医结合医院提出了体现中西医结合医院自身工作特点的具体要求。

(一)中西医结合机构的管理规定

中西医结合医院应始终坚持中西医结合的办院方向，吸收中医、西医两种医学特长，突出中西医结合特点，发挥中西医结合的特色优势。

1. 管理体制。医院领导班子中中医药、中西医结合人员的比例应不低于60%；其余成员中中医药、中西医结合知识培训率达到100%。实行院科两级管理，体现中西医结合特点，建立以中西医结合临床疗效为核心、以服务能力与绩效为基础的考核和激励制度，建立中西医结合医院质量管理体系。

2. 人才培养。应采取西医学习中医、师承培养、专项人才培养及护理人员中医知识培养等多种措施，加强各类人员中西医结合知识与技能培训。

3. 科室设置及人员中西医比例。临床科室设置应以中西医结合科室为主，同时设立针灸、推拿等中医特色科室。体现中西医结合特色的临床科室占医院临床科室总数的比例不低于60%，其床位数占医院总床位数的比例不低于60%。

临床科室医师中中医、中西医结合人员的比例不低于60%，中药专业技术

人员占药学专业技术人员总数不低于40%。

4.诊疗技术。开展中医药特色诊疗，积极使用中药制剂，80%以上病例接受中西医结合诊疗服务。制定中西医结合诊疗技术规范、操作规程，探索中西医结合新技术、新方法。

5.临床研究。以继承传统中医药特色，发挥中医、西医两种医学的优势，探索中西医诊疗的最佳结合点，完善中西医结合诊疗方案，逐步形成中西医结合临床诊疗体系。

6.专科建设。开展专科建设，应突出中西医结合手段和方法的运用，体现中西医结合的优势，不断提高临床疗效。

7.药事管理。以提供安全洁净、质量可靠、调剂科学的中西药物为核心，以满足临床需要为宗旨。

8.中医护理。开展具有中医内涵的护理工作。病房护士长应接受过系统中医知识技能岗位培训，能够指导护士开展辨病辨证施护和运用中、西医护理技术。

9.预防保健。开展中医预防保健服务工作。

(二)中西医结合执业人员的管理规定

为了加强中西医结合人才队伍的建设，充分调动西医学习中医人员的积极性和创造性，推动中西医结合事业的发展，原卫生部、国家中医药管理局发布《中西医结合高级医师的培养使用和晋升的规定(试行)》《中医药和中西医结合人员技术职务聘任工作若干问题的意见》等文件，对中西医结合人员的培养、使用和专业技术职务的晋升等做出明确规定。

在培养和提高方面：(1)要继续采取多种形式组织西医学习中医，着重办好2至3年的西医学习中医研究班。西医学习中医两年以上者，应计算学历，结业时经严格考核成绩及格者，由省、市、自治区卫生厅(局)发给证书。(2)对中西医结合高级医师，在实际工作中要不断培养和提高其专业技术水平和科研能力。优先给予其参加专业学习、进修或跟有真才实学的名老中医学习的机会。

在安排使用方面：(1)对经过系统学习的中西医结合高级医师要集中使用，主要安排在中西医结合的医疗、科研和教学单位。(2)对于安排使用不当，或由于条件所限，在现任工作岗位上不能充分发挥作用，本人志愿从事中西医结合工作的“西学中”人员，应进行必要的调整。(3)对中西医结合高级医师，应建立专业技术考核制度和技术档案，作为培养使用和晋升的重要依据。

在进行技术考核和评定职称时，对中西医结合高级医师，应当全面地考虑他们具有本专业中西医两套技术本领，凡在中西医结合工作中做出成绩者，应优先晋升。

第四节　民族医药管理法律制度

一、民族医药概述

我国少数民族的民族医药是各民族人民千百年来与疾病做斗争的智慧结晶，是我国传统医药不可分割的组成部分。它包括生理、病理、病因、发病机制、诊断、治疗、药物采收、炮制配方、养生保健等内容，既有其民族特色又自成理论体系。民族医药涵盖的范围十分广泛，主要包括藏医药、蒙医药、维吾尔族医药、傣医药、壮医药、苗医药、瑶医药、彝医药、侗医药、土家族医药、朝鲜族医药等。

新中国成立以前，民族医药很少受到重视。经过半个多世纪的发展，尤其是近20多年来的发展，我国的民族医药事业得到了空前的发展，发掘整理了大量古典民族医药文献，新编了一批民族医药著作。如藏医药的《晶珠本草》《四部医典》，蒙医药的《蒙医本草学》《碧光琉璃医鉴》等。已出版的民族药志主要有：《维吾尔药志》《彝药志》《佤族药志》《西双版纳傣药志》《朝鲜族民族药材录》《傣药传统方志》《元江哈尼族药》《大理白族药》《苗族药物集》《藏药验方选编》等。《中国民族药志》的出版，是40多年来我国民族医药开发研究的历史性总结。这些传统医药为本民族人民的身体健康和繁衍昌盛做出了重要贡献，也是中华民族传统医药宝库的重要组成部分。

目前，全国民族医药人员总数已达1万多人，建立了民族医医院近130所。各地还建立了一批民族医专科医院和门诊部，一些综合医院和乡卫生院设置了民族医专科。西藏、内蒙古、新疆、云南分别建立了相关的高等少数民族医学院校和一批中等民族医药专科学校以及民族医药科研机构。

二、民族医药管理的相关规定

1982年颁布的《宪法》明确规定："国家发展医疗卫生事业，发展现代医药和我国传统医药。"1984年，原卫生部和国家民族事务委员会制定了《民族医事事业"七五"发展规划和意见》，并经国务院办公厅转发了《关于加强全国民族医药工作的几点意见》，促进了民族医药事业的稳步发展。1997年1月中共中央、国务院《关于卫生改革与发展的决定》中指出："各民族医药是中华民族传统医药的组成部分，要努力发掘、整理、总结、提高，充分发挥其保护各民族人民健康的作用。"2002年10月，中共中央、国务院《关于进一步加强农村卫生工作的决定》指出："要认真发掘、整理和推广民族医药技术。"同年12月，原卫生部、教育部、人事部、农业部在《关于加强农村卫生人才培养和队伍建设的意见》中提出："在中等医学专业中可保留卫生保健及中医(民族医)类专业”,在谈到进一步深化课程体系和教学内容改革时,要求“增强全科医学知识和中医药学(民族医学)的教学内容”。

2003年10月1日起实施的《中医药条例》在附则中规定:“民族医药的管理参照本条例执行。”国家法制部门对此做了这样的解释:关于民族医药的管理,本条规定有以下两层含义:一是民族医药有自己独立的地位,民族医药学存在于我国各少数民族之中,大多有自己独特的理论体系、历史传统和诊疗方法,作为以汉族医药为主的中医药显然不能包括民族医药;二是民族医药享受与中医药同等的待遇,在不违反本条例规定的前提下,民族医药可以有特殊的待遇,少数民族地区可以制定一些特殊的规定来发展民族医药。

为深入贯彻党的十七大精神,落实十七大报告中关于坚持中西医并重,扶持中医药和民族医药事业发展的重要论述,切实加强民族医药事业的发展,国家中医药管理局于2007年发布了《关于切实加强民族医药事业发展的指导意见》,在该意见中,就民族医药服务能力建设、民族医药人才队伍建设、民族医药知识产权保护和药用资源保护利用、发展民族医药事业的政策措施、对民族医药工作的领导等方面做了全面规定。

三、民族医药的立法展望

各民族自治区和自治地方根据国家的有关规定制定了本民族医药的发展规划和具体措施,如2010年重新修订后的《内蒙古自治区蒙医中医条例》从原来的22条增加到了60条,对蒙医中医管理体系的建立、蒙医药高层次人才培养等问题都做出相关规定。

民族医药有着自己的理论体系和用药及临床规范,现有的法律、法规还不足以有效规范民族医药的相关行为。目前,亟待制定独立的民族医药的法律、法规来有效地保护民族医药的有序规范发展。

我国的民族医药的立法应主要包括如下内容:民族医药的概念及调整对象;调整民族医药法律的基本原则;民族医药的主管部门;民族医药的准入制度;民族医药的行为规范;民族医药的管理规范;民族医药的知识产权保护规范;法律责任。

典型案例评析

[案情]

患者甲于2002年5月到上海市乙医院治疗乙肝。医院中医科医生诊断后,开了20袋由医院自行研制的“转阴汤1号”,并添加了垂盆草、五味子、炒六曲等辅助药材。经患者同意后，由医院用专业设备按特定程序进行煎制，汤液用塑料袋进行包装，并由医生告知了服用方法与期限。甲共花费了治疗费人民币316.5元。甲服用煎药后出现了恶心等现象，经医生建议停用了该药。甲病情未见好转，又于同年6月住入上海市丙医院，被诊断为患有乙、丁、戊病毒性肝炎(类型为慢性中度)，经过治疗于次月出院。

患者甲认为，乙医院给其的汤液包装袋上没有注明生产日期及有效期，正是这些劣药致其病情加重，因此于2003年以乙医院为被告起诉至上海市丁区人民法院，要求乙医院赔偿医疗费、营养费等共计人民币2万元。

乙医院称，"转阴汤1号"是该院在多年临床经验总结的基础上研制出的中药治疗乙肝的处方，经中医权威及丁区药监局认证，此处方符合中医药理，对乙肝病人确有疗效。医院出于同情，同意退还患者甲支付的治疗费人民币316.5元，但不认可其他诉请。

经法院审理，法庭认为我国尚无法律或行业规定要求代煎中药汤剂的包装袋必须注明生产日期及有效期，乙医院在汤剂中药的煎制及包装过程中，并不存在违规或违法行为。根据患者甲的病历资料，其在乙医院就诊前已是病毒性肝炎患者，没有相关事实依据证明病情在治疗后加重。乙医院在实施治疗过程中，履行了相应的义务，由于患者的原因致使治疗中断，责任不在医院一方。一审法院判决，不支持原告甲的诉讼请求。

[争议焦点]

1. 医院的中药汤剂没有标明生产日期和有效期，是否应按劣药论处？
2. 医院是否应当承担损害赔偿责任？

[案例评析]

本案中，如果医院给药的方式是事先煎制好的汤剂，那么证明该药是医院配制、自用的固定处方制剂，应按医院制剂来管理。首先，医院应持有《医疗机构制剂许可证》，否则依《药品管理法》的规定，要按假药论处。其次，这种汤剂应符合《药品管理法》规定，标明有效期，如果未标明有效期则按劣药论处。但是在本案中，"转阴汤1号"实际是乙医院的专治肝病的处方，医院给患者甲开具的处方中不仅有"转阴汤1号"的内容，也有其他成分的中药，共同组成处方。医院照方抓药，只是在患者的同意下代为煎制。可见给药方式并不是固定处方、事先煎制好的汤剂，给的药不属于医院制剂，给药方式实际是中药饮片。即使医院开出的处方是汤剂处方，依据《处方管理办法》的规定也应按中药饮片处方管理，以饮片的形式给药。根据《药品管理法实施条例》规定，中药饮片包装必须印有或者贴有注明品名、规格、产地、生产企业、产品批号、生产日期的标签，包装不符合规定的中药饮片不得销售。本案中，双方对于医院销售的中药饮片的包装并无异议，法院也未发现医院在销售药品过程中有违法、违规行为。

综上分析，医院是为患者代为煎制中药，双方的争议焦点实际在于医院给患者代煎的汤剂是否应注明有效期。根据国家中医药管理局制定的《医疗机构中药煎药室管理规范》的规定，煎煮好的药液应当装入经过清洗和消毒并符合盛放食品要求的容器内，严防污染。而对于中药汤剂是否需要注明有效期限，并无法律或行业规定。因此，乙医院在销售及代煎药物的过程中，并无违法违规行为，不能认定医院代煎的汤剂为劣药。

此外，根据患者甲的病历资料，其在就诊前就已是病毒性肝炎患者，对中药治疗需要多少个疗程这一常识应该是明知的，一个月内无疗效并不能作为损害事实存在的证明。甲也没有相关证据证明其病情在乙医院治疗后加重。同时，医疗侵权行为应具备医疗行为违法、损害事实、违法行为与损害事实之前的因果关系、行为人主观上有过错这四个构成要件。本案中，乙医院在给药过程中不存在违法违规行为，也没有证据证明有损害结果的发生，可以认定不存在医疗侵权行为。所以乙医院对患者甲不承担赔偿责任。

思考题

1. 如何理解传统医药的概念？
2. 传统医药发展的指导思想、原则是什么？
3. 简述中药品种分级保护管理的相关规定。
4. 如何理解《中医药条例》中“民族医药的管理参照本条例执行”的规定？

第十八章 药品知识产权保护法律制度

本章要点：药品知识产权包括药品专利权、药品商标权、医药著作权、医药商业秘密权和原产地标记权。我国对药品知识产权进行保护的法律，既有知识产权立法，也有专属于药品领域的知识产权立法。

第一节 药品知识产权概述

一、知识产权的概念与特征

（一）知识产权的概念

“知识产权”（Intellectual Property）又称“智慧财产权”“智力财产权”，是人们基于自己的智力活动创造的成果和经营管理活动中的经验而依法享有的民事权利，是对包括著作权、专利权、商标权、发明权、发现权、商业秘密、商号、地理标识等科学技术成果权在内的一类民事权利的统称。

（二）知识产权的特征

作为一种财产权，知识产权属于民事权利的范畴，但与其他民事权利相比，知识产权具有以下特征：

1. 无形性。知识产权区别于其他有形财产权的最根本特征在于知识产权的无形性。它是人们对无形的智力成果所拥有的权利，其贸易的标的物只能是无形财产的使用权，而不能是有形商品的使用权和所有权。知识产权的无形性决定了它有可能为多数人同时拥有，并为多数人同时使用而获得利益。

2. 法定性。知识产权是法律授予的一种权利，必须严格依法申请、审批，依法产生，才能够依法得到保护。

3. 专有性。知识产权的专有性表现为独占性和排他性，即知识产权只能授予权利人一次专有权，权利人只能有一个，只有权利所有人本人才能享有法律保护，未经权利人许可，他人不得利用此知识产权。

4. 地域和时间的有限性。知识产权是依一个国家的法律确认和保护的，因此一般只在该国领域内具有法律效力，在其他国家原则上不发生效力，这就是知识产权的地域性。知识产权所有权人对其智力成果的专有性也不是无限期存在的，即知识产权仅在一个法定期限内受到保护，超过这一期限，专有权利即终止，其智力成果即可进入公有领域，为人类所共享，这就是知识产权的时间性。

5.可复制性。知识产权作为智力劳动的成果，必然通过一定的有形物，即载体表现出来，如作家的构思形成的手稿，根据专利技术生产的产品，知识产权作为财产权的性质，就是通过利用其生产和复制的产品、作品或其他物品体现出来的。因此知识产权具有可复制性，并通过这种复制进一步表现知识产权的财产和价值。

二、药品知识产权的概念与种类

（一）药品知识产权的概念

药品知识产权，是人们对在药品领域中所创造的一切智力劳动成果依法享有的权利的总称。

（二）药品知识产权的种类

药品知识产权不限于某一新产品、新技术，也不限于某一专利或商标，它是一个完整的体系，是相互联系、相互作用、相互影响的有机体。按照知识产权的范围划分，药品知识产权的种类应包括五大类：

1.药品专利权。主要包括要申请专利和不要申请专利的新产品、新物质、新技术、新工艺、新材料、新配方、新构造、新设计、新用途等。

2.药品商标权。药品商标权即药品商标专用权，是指药品商标注册人依法支配其注册商标并禁止他人侵害的权利，包括商标注册人对其注册商标的排他使用权、收益权、处分权、续展权和禁止他人侵害的权利。

3.医药著作权。医药领域涉及的版权主要是由医药企业或人员创作或提供资金、资料等创作条件或承担责任的医药类百科全书、年鉴、辞书、教材、摄影、录像等作品的著作权和邻接权；以及医药计算机软件或多媒体软件，如药物信息咨询系统、药厂 GMP 管理系统、《药事管理学》教学课件等。

4.医药商业秘密权。根据我国《反不正当竞争法》的规定，商业秘密是指不为公众所知悉、能为权利人带来经济利益、具有实用性并经权利人采取保密措施的技术信息和经营信息。如中药复方制剂的秘方、制药企业的商业情报等。

5.原产地标记权。原产地标记指某一特定产品来源于某一特定地域（可以是国家，也可以是地区），而且其特性与该地理环境（包括自然因素和人为因素）密切相关，符合这些基本规定的特定地域即为“原产地”，其产品即为原产地域产品。如我国道地药材等。

三、我国药品知识产权立法

我国药品知识产权立法，既有着知识产权立法的普遍性，也有着区别于其他知识产权的特殊性。其普遍性主要表现为，我国在专利、商标、版权、反不正当竞争、海关边境保护等方面所进行的宏观层面的知识产权立法，共同为药品以及其他产业和技术领域提供了普遍性的知识产权保护制度；其特殊性主要表现为，在微观层面上，医药领域的知识产权保护面临着一些专属于该领域的特殊问题，为了使医药知识产权得到充分有效的保护，国家在立法上做出了专门的规定。

（一）宏观层面的知识产权立法

20 世纪 80 年代以前，我国有关专利、商标的知识产权主要通过行政法规予以保护。国家有关部门先后制定了《保障发明权与专利权暂行条例》（1950 年）、《商标管理条例》（1963 年）及有关版权的政策性文件、规章等，保护专利权、商标权及版权所有者的权益，并为知识产权立法奠定了基础。

1980 年以后，随着我国法律体系的健全和对知识产权保护认识的日渐深入，我国知识产权保护的法律体系逐渐形成。1982 年 8 月 23 日，第五届全国人大常委会第二十四次会议通过了《商标法》。1984 年 3 月 12 日，第六届全国人大常委会第四次会议审议通过了我国第一部《专利法》。1990 年 4 月 7 日，第七届全国人大常委会第十五次会议通过了我国第一部《著作权法》，1991 年 6 月国务院发布了《计算机软件保护条例》，1993 年 9 月第八届全国人大常委会第三次会议通过了《反不正当竞争法》，我国知识产权保护从此走上正常有序的法制轨道。1995 年 7 月《知识产权海关保护条例》的颁布实施，1997 年 3 月《植物新品种保护条例》的颁布实施，进一步扩大了知识产权保护的范围和权限。

为适应我国社会、经济、科技的发展，满足与国际接轨的需要，我国知识产权立法步伐进一步加快，20 世纪 90 年代以后，我国参照国际知识产权保护惯例，对专利法、商标法等进行了重大修订。1992 年 9 月、2000 年 8 月、2008 年 12 月，全国人大常委会先后三次修订《专利法》，专利法律保护体系日趋完善。1993 年 2 月、2001 年 10 月、2013 年 8 月，全国人大常委会先后三次修订《商标法》。2003 年 6 月，国家工商行政管理总局根据《商标法》和《商标法实施条例》修订发布了《驰名商标认定和保护规定》及《集体商标、证明商标注册和管理办法》，并制定了《马德里商标国际注册实施办法》，我国的商标法制度进一步完善。2001 年 10 月、2010 年 2 月，全国人大常委会先后两次修订《著作权法》。2001 年 12 月国务院修订发布了新的《计算机软件保护条例》，并于 2011 年 1 月、2013 年 1 月先后两次修订《计算机软件保护条例》。另外，2003 年 11 月国务院修订发布了新的《知识产权海关保护条例》，实现了我国知识产权法律法规与世界贸易组织

(WTO)的全面衔接。

我国在建立知识产权法律保护制度的同时，积极参加知识产权的国际保护体系。1980年我国加入了世界知识产权组织，1985年加入了《保护工业产权巴黎公约》，1989年加入了《商标国际注册马德里协定》，1992年加入了《保护文学艺术作品伯尔尼公约》，同年加入了《世界版权公约》，1993年加入了专利《专利合作条约》。2001年11月11日，我国正式加入世界贸易组织，成为《与贸易有关的知识产权协定》成员国之一，我国知识产权的保护逐渐融入世界知识产权保护体系之中。

目前，我国以专利、商标、版权为三大支柱的知识产权法律框架已基本形成，知识产权的法律体系已基本建立，这些法律的基本框架和保护的水平都适应了国际发展的趋势，不仅有利于促进国际的科技合作和经济贸易，也为我国医药事业的发展创造了有利的法律环境。

(二)专属于药品领域的微观知识产权立法

医药知识产权保护具有明显区别于其他知识产权的特殊性，因此，只有针对这种特殊性加强专属于药品领域的微观知识产权立法工作，并使之与宏观层面的知识产权保护制度相互协调，才能构建一个完备的药品知识产权保护网。目前，我国已建立的专属于药品领域的微观知识产权制度主要有：

1987年3月24日原卫生部发布、国家药品监督管理局1999年3月12日修订并于同年5月1日起施行的《关于新药保护及技术转让的规定》，l992年10月14日国务院发布的《中药品种保护条例》以及l992年12月12日国务院批准、同年12月l9日原国家医药管理局发布的《药品行政保护条例》，2007年6月18日国家食品药品监督管理局局务会审议通过《药品注册管理办法》，并自2007年10月1日起施行。这些法规与规章既能单独对药品的保护起到一定的作用，又能起到弥补专利保护不足的作用。

第二节　药品专利保护法律制度

一、专利与药品专利概述

(一)专利的概念与特征

1. 专利的概念。"专利"(Patent)指法律保障创造发明者在一定时期内由于创造发明而独自享有的利益。包含专利权、获得专利权的发明创造、专利文献。其核心是专利权。

2. 专利的特征。专利属于知识产权的一部分，是一种无形的财产，具有与其他财产不同的特点。

(1)排他性。排他性是指同一发明专利在一定的区域范围内只能授予一个独立的主体,专利权人对其权利的客体享有占有、使用、收益和处分的权利,未经专利权人许可,任何人不得实施和使用其专利技术。

(2)地域性。地域性是指专利权是一种有地域范围限制的权利,它只有在法律管辖地域内有效。除了在有些情况下,依据保护知识产权的国际公约,以及个别国家承认另一国批准的专利权有效以外,技术发明在哪个国家申请专利,就由哪个国家授予专利权,而且只在专利授予国的范围内有效,而对其他国家则不具有法律的约束力,其他国家不承担任何保护义务。但是,同一发明可以同时在两个或两个以上的国家申请专利,获得批准后其发明便可以在所有申请国获得法律保护。

(3)时间性。时间性是指专利只有在法律规定的期限内才有效。专利权的有效保护期限结束以后,专利权人所享有的专利权便自动丧失,一般不能续享。发明便随着保护期限的结束而成为社会公有的财富,其他人便可以自由地使用该发明来创造产品。专利受法律保护的期限的长短由有关国家的专利法或有关国际公约规定。目前世界各国的专利法对专利的保护期限规定不一。《知识产权协定》第三十三条规定专利"保护的有效期应不少于自提交申请之日起的第二十年年终"。

(4)实施性。除美国等少数几个国家外,绝大多数国家都要求专利权人必须在一定期限内,在给予保护的国家内实施其专利权,即利用专利技术制造产品或转让其专利。

(二)药品专利的概念与类型

"药品专利"亦称"药物专利",是指源于药品领域的发明创造,且转化为一种具有独占权的形态,是各国普遍采用的以独占市场为主要特征的谋求市场竞争有利地位的一种手段。

《专利法》规定,专利包括发明、实用新型和外观设计三类。发明是指对产品、方法或者其改进所提出的技术方案,包括产品发明和方法发明两类;实用新型指对产品的形状、构造或其结合所提出的适合于实用的新的技术方案;外观设计指对产品的形状、图案、色彩或其结合所做出的富有美感并适于工业上应用的新设计。

根据《专利法》的规定,药品专利包括以下类型:

1. 药品发明专利。药品领域可授予专利权的发明主要有合成药、药物制剂及配方发明、生化药及生物技术发明、天然药物及提取方法发明等。按照一般发明专利的划分,可分为下面三大类:(1)产品发明。产品发明指明人工制造的各种有形物品的发明，是人们通过研究开发出来的关于各种新产品、新材料、新物质等的技术方案。药品产品专利主要有药物化合物、西药复合制剂、中药组方和中药活性成分等。中药活性成分又包括了有效部位和单一化合物两种。(2)方法发明。方法发明包括所有利用自然规律的方法，是人们对制造产品或解决某个技术课题而研究开发出来的操作方法、制造方法及工艺流程等技术方案。方法发明可分为制造方法和操作使用方法两种类型。药物方法专利主要有药物化合物的制备方法、西药符合制剂的制备方法、中药活性成分的提取方法、质量控制方法和老药改剂型方法等。(3)用途发明。是指对已知药物发现了某一不为人知的新用途时，发现人可以针对这一用途本身申请专利，从而使得其他人不能将该药物应用于这一用途。比如著名的伟哥专利，即新用途专利。

2. 实用新型专利。药品的实用新型专利主要是某些与功能有关的药物剂型、形状、结构的改变，如新的药物剂型；诊断用药的试剂盒与功能有关的形状、结构；某些药品的包装容器的形状、结构等。

3. 外观设计专利。主要是药品外观或包装容器外观等，包括有形药品的新造型或其与图案、色彩的搭配与组合；新的盛放容器，如药瓶、药袋、药品瓶盖等；富有美感和特色的说明书、容器等；包装盒等。

二、药品专利的申请与审批

(一)授予药品专利权的条件

依据《TRIPS 协定》以及各国专利法公认的授予专利权的必要条件，授予专利权的发明和实用新型应具备新颖性、创造性和实用性。

1. 新颖性。指在申请日以前没有同样的发明或者实用新型在国内外出版物上公开发表过、在国内公开使用过或者以其他方式为公众所知，也没有同样的发明或者实用新型由他人向国务院专利行政部门提出过申请并且登记在申请日以后公布的专利申请文件中。新颖性一般以申请日为准，凡在申请日以前已经公开的发明创造，就成为现有技术的一部分，不能再取得专利权。但我国专利法规定，申请专利的发明创造在申请日以前六个月内，有下列情形之一的，不丧失新颖性：(1)在中国政府主办或者承认的国际展览会上首次展出的；(2)在国务院有关主管部门或者全国性学术团体组织召开的学术会议或者技术会议上首次发表的；(3)他人未经申请人同意而泄露其内容的。

2. 创造性。指同申请日以前已有的技术相比，该发明有突出的实质性特点和显著的进步，该实用新型有实质性特点和进步。

3. 实用性。指该发明或者实用新型能够制造或者使用，并且能够产生积极效果。

授予专利权的外观设计应同申请日以前在国内外出版物上公开发表过或国内公开使用过的外观设计不相同和不近似，并不得与他人先取得的合法权利相冲突。

对于科学发现、智力活动的规则和方法、疾病的诊断和治疗方法、动物和植物品种以及用原子核变换方法获得的物质等，不授予专利权。但动物和植物品种的生产方法可依照《专利法》规定授予专利权。

（二）药品专利的申请

1.专利申请的原则。依据《专利法》的规定，专利的申请遵循以下基本原则：(1)书面申请原则。即办理专利申请手续时，必须采用书面形式。(2)申请单一性原则。即一件专利申请只限于一项发明创造。属于一个总的发明构思的两项以上的发明或者实用新型，可以作为一件申请提出。用于同一类别并且成套出售或者使用的产品的两项以上的外观设计，可以作为一件申请提出。(3)先申请原则。即两个或两个以上申请人就同样的发明申请专利时，专利权授予最先申请的人。判断申请先后的标准为申请日。我国《专利法》规定，国务院专利行政部门收到专利申请文件之日为申请日。如果申请文件是邮寄的，以寄出的邮戳日为申请日。(4)优先权原则。申请人自发明或者实用新型在外国第一次提出专利申请之日起 12 个月内，或者自外观设计在外国第一次提出专利申请之日起 6 个月内，又在中国就相同主题提出专利申请的，依照该外国同中国签订的协议或者共同参加的国际条约，或者依照相互承认优先权的原则，可以享有优先权。申请人自发明或者实用新型在中国第一次提出专利申请之日起 12 个月内，又向国务院专利行政部门就相同主题提出专利申请的，可以享有优先权。优先权须以书面形式提出。

2.药品专利的申请。申请药品发明或实用新型专利的，提交请求书、说明书及其摘要和权利要求书等文件；申请外观专利设计的，应当提交请求书以及该外观设计的图片或者照片等文件，并且应当写明使用该外观设计的产品及其所属类别。关于当前很多药品专利涉及的国际申请，我国《专利法》规定，中国单位或者个人将其在国内完成的发明创造向外国申请专利的，应当先向国务院专利行政部门申请专利，委托其指定的专利代理机构办理，并遵守有关保密的规定。

3. 药品专利申请的审查和批准。药品发明专利实行早期公开、请求审查制，实用新型和外观设计只进行初步审查。(1)发明专利申请的审批程序。依据我国《专利法》的规定，发明专利的审批程序分为受理、初审、公布、实质审查和授权五个阶段：受理→初步审查→自申请日起 18 个月内，即行公布（可根据申请人的请求早日公布）→自申请日起 3 年内，根据申请人请求进行实质性审查→实质审查→经实质审查没有发现驳回理由的，由国务院专利行政部门授予专利权，并予以登记和公告。发明专利权自公告之日起生效。(2)实用新型和外观设计的审批程序。受理→初步审查→未发现驳回理由的，由国务院专利行政部门授予实用新型专利权或外观设计专利权，并予以登记和公告。专利权自公告之日起生效。(3)复审。专利申请人对国务院专利行政部门驳回申请的决定不服的，可自收到通知之日起3个月内向专利复审委员会请求复审。专利申请人对复审决定不服的，可自收到通知之日起3个月内向人民法院起诉。

(三)专利权人的权利和义务

1.专利权人的范围。有权申请专利和取得专利权，并承担相应义务的自然人和法人是专利权人。根据《专利法》的规定，药品职务发明创造的专利权人为单位；非职务发明创造的专利权人为自然人或设计人；药品发明创造的专利权人还包括共同发明人，合法受让人以及依照其所属国同中国签订的协议或共同参加的国际条约，或依照互惠原则，成为专利权主体的外国人、外事企业或外国其他组织。

2.专利权人的权利。专利权人对其专利依法拥有独占实施权、转让权、许可权和标记权。(1)独占实施权，即专利权人对其专利产品依法享有的进行制造、使用、销售、允许销售的专有权利，或者专利权人对其专利方法依法享有的专有使用权以及对依照该专利方法直接获得的产品的专有使用权和销售权。(2)转让权，是指专利权人将其获得的专利所有权转让给他人的权利。转让专利权的，当事人应当订立书面合同，并向国务院专利行政部门进行登记，由国务院专利行政部门予以公告。专利权的转让自登记之日起生效。中国单位或者个人向外国人转让专利权的，必须经国务院有关主管部门批准。(3)许可实施权，许可实施权是指专利权人通过实施许可合同的方式，许可他人实施其专利并收取专利使用费的权利。(4)标记权，标记权即专利权人有权自行决定是否在其专利产品或者该产品的包装上标明专利标记和专利号。

3.专利权人的义务。专利权人在享有权利的同时，负有实施其专利发明创造的义务和缴纳年费的义务。为保证发明创造能够得到及时实施和应用，《专利法》中规定了“强制许可”和“指定许可”的制度。专利权人未以合理的条件在合理的时间内许可他人实施其专利时，国务院专利行政部门可给予实施专利的强制许可。在国家出现紧急状态或非常情况时，或为了公共利益，国务院专利行政部门可给予实施专利的强制许可。一项专利较以前的专利具有显著经济意义的重大技术进步，其实施有赖于前一专利的实施，国务院专利行政部门可根据后一专利权人申请对前者实施强制许可。国有企事业单位的发明专利，对国家利益或公共利益具有重大意义时，经国务院批准，可在批准范围推广使用，允许指定单位实施。

三、药品专利权的保护

(一)药品专利权保护的范围、期限

1. 专利权的保护范围。药品发明或实用新型专利权的保护范围和其他专利一样,以其权利要求的内容为准,说明书及附图可用于解释权利要求。外观设计专利权的保护范围以表示在图片或者照片中的该外观设计专利产权为准。

2. 专利权的保护期限。药品发明专利权的期限为20年,实用新型专利权和外观设计专利权的期限为10年,自申请之日起计算。

(二)药品专利权的终止和无效

1. 专利权的终止。专利权在期限届满时终止。没有按规定缴纳年费的,或专利权人以书面声明放弃其专利权的,专利局可在期限届满前终止其专利权。

2. 专利权的无效。自国务院专利行政部门公告授予专利权之日起,任何单位或个人认为该专利权的授予不符合《专利法》有关规定的,可请求专利复审委员会宣告该专利权无效。专利复审委员会对请求及时审查,做出决定,并公告专利权无效的决定,由国务院专利行政部门登记公告。宣告无效的专利权视为自始即不存在。

(三)药品专利链接制度

1. 药品专利链接制度的概念。“药品专利链接”(Patent Linkage),是指仿制药上市批准与创新药品专利期满相“链接”,即仿制药注册申请应当考虑先前已上市药品的专利状况,从而避免可能的专利侵权。药品专利链接制度是指,国家药品注册主管部门在审批药品注册申请的过程中,不仅对申请注册药品的安全性、有效性和质量可控性进行审查,同时还应适度考虑该药品是否存在侵犯他人专利权的法律制度。

2. 药品专利链接法律规定。(1)药品专利状况和不侵权声明。申请人应当对其申请注册的药物或者使用的处方、工艺、用途等,提供申请人或者他人在中国的专利及其权属状态的说明;他人在中国存在专利的,申请人应当提交对他人的专利不构成侵权的声明。对申请人提交的说明或者声明,药品监督管理部门应当在行政机关网站予以公示。药品注册过程中发生专利权纠纷的,按照有关专利的法律法规解决。(2)仿制药申请期限限制。对他人已获得中国专利权的药品,申请人可以在该药品专利期届满前2年内提出注册申请。国家食品药品监督管理局按照本办法予以审查,符合规定的,在专利期满后核发药品批准文号、《进口药品注册证》或者《医药产品注册证》。(3)Bolar例外。“Bolar例外”(Bolar exception)又称为“Bolar豁免”(Bolar exemption),是指在专利法中对药品专利到期前他人未经专利权人的同意而进口、制造、使用专利药品进行试验,

以获取药品管理部门所要求的数据等信息的行为视为不侵犯专利权的例外规定。《专利法》第六十九条规定，“为提供行政审批所需要的信息，制造、使用、进口专利药品或者专利医疗器械的，以及专门为其制造、进口专利药品或者专利医疗器械的”不视为侵犯专利权。即为了提出药品注册申请所进行的临床试验可以被解释成 Bolar 例外，可以“不视为侵犯专利权”，不能对此提出侵权诉讼。

四、中药专利保护法律制度

根据《专利法》，1995 年国家中医药管理局制定了《中医药专利管理办法(试行)》为中医药专利保护提供了专门法律依据。

（一）中药专利申请

1. 中药专利申请的原则。(1)中医药行业企事业单位在进行研究开发、技术改造、技术引进、技术合作等活动中做出的发明创造，要在向社会公开之前及时申请专利。(2) 涉及中医药行业关键技术(炮制技术、传统中药的专有技术等)和产品申请专利，须报国家中医药管理局批准。(3)中医药行业企事业单位在国内完成的发明创造在向外国申请专利之前，须向国家中医药管理局提出申请，由国家中医药管理局委托指定的涉外专利代理机构为其代理。

2. 中药专利权人。(1)法人。凡在本职工作中或利用本单位名义，利用本单位物质条件(资金、设备、原材料、对外保密的技术资料等)完成的发明创造，包括离退休或因各种原因离开本职工作一年内做出的与其在原单位承担的工作相关的发明创造为职务发明。中医药行业企事业单位职工完成的职务发明，其专利申请权属于单位。专利申请人为法人。(2)自然人。中医药行业企事业单位接收外来的学习、进修或合作研究人员、研究生、进修生等，其在接收单位学习或工作期间完成的发明创造，其专利申请权归接收单位持有或由协议明确所有权者持有。中医药行业企事业单位派出的出国人员(访问学者、进修人员、公派留学生等)在国外完成的发明创造，其专利申请权归派出单位持有或由协议明确的所有权者持有。在国内、国外科技合作研究开发项目时必须明确其专利申请权的归属，并在合同书中签订专利权归属的条款。中医药行业企事业单位职工完成的职务发明，其专利申请费用及与其有关的费用由专利申请单位支付，专利批准后的年费由持有单位支付。

3. 中药职务发明专利的申请程序。中医药行业企事业单位职工完成的职务发明，其专利申请程序为：(1)由发明项目负责人或发明人向本单位专利管理部门提出专利申请(申报书)。申报书要写明发明创造内容，说明申请专利或作为技术秘密的理由，并附文献检索报告。(2)单位专利管理部门负责对申请专利的技术内容、条件进行研究评审，提出初步意见后报给单位主管专利工作的领导。

(3)经专利主管领导审批后,由单位专利管理部门办理专利申请手续,或委托专利服务机构进行专利代理。

(二)中药专利实施与许可

1.持有专利的中医药企事业单位,必须组织专利实施;本单位无实施条件的,要及时许可他人实施。

2.中医药企事业单位的职务发明专利在许可贸易中签订专利许可合同时,必须有本单位主管专利工作的领导或专利工作者参加。

(三)中药专利保护

1.凡能形成专利的中药科学研究项目(新工艺、新方法、新产品),必须申请专利。

2.凡要申请专利的中药职务发明,在提出专利申请前,研究人员不得进行学术交流、发表论文和参加展览。专利申请在中国专利局专利公告前,研究人员对发明研究的整体过程及技术应严格保密。

3.有关中药技术的进出口工作,必须与中医药专利管理部门取得联系,接受业务指导,了解专利在进出口国的法律状态,以避免或减少损失。

4.引进技术项目和设备的中医药企事业单位,必须对涉及该项目的专利技术及专利的法律状态进行调查,并列入引进技术项目的可行性报告中,为谈判、签约提供依据。

5.拟出口的中药新产品、新技术,符合申请国外专利要求的,须在出口国(地区)申请专利,不申请专利的要采取相应的保护措施。

6.发生专利侵权行为时,应及时报告中医药企事业单位专利管理部门,专利管理部门要协助专利权人或利害关系人进行调处,或委托当地专利管理机关进行调处。调处不能解决的,向人民法院起诉。

五、药品专利侵权及其法律责任

《专利法》规定了两种侵犯专利权的行为,即未经许可实施他人专利的行为及假冒他人专利的行为。

(一)药品专利侵权的民事责任

专利侵权的民事责任主要有两种:停止侵权和赔偿损失。

侵犯专利权的赔偿数额按照权利人因被侵权所受到的实际损失确定;实际损失难以确定的,可以按照侵权人因侵权所获得的利益确定;权利人的损失或者侵权人获得的利益难以确定的,参照该专利许可使用费的倍数合理确定。赔偿数额还应当包括权利人为制止侵权行为所支付的合理开支。

权利人的损失、侵权人获得的利益和专利许可使用费均难以确定的,人民法院可以根据专利权的类型、侵权行为的性质和情节等因素，确定给予1万元以上100万元以下的赔偿。

（二）药品专利侵权的行政责任

1.假冒专利的，除依法承担民事责任外，由管理专利工作的部门责令改正并予以公告，没收违法所得，可以并处违法所得4倍以下的罚款；没有违法所得的，可以处20万元以下的罚款。

2.管理专利工作的部门根据已经取得的证据，对涉嫌假冒专利行为进行查处时，可以询问有关当事人，调查与涉嫌违法行为有关的情况；对当事人涉嫌违法行为的场所实施现场检查；查阅、复制与涉嫌违法行为有关的合同、发票、账簿以及其他有关资料；检查与涉嫌违法行为有关的产品，对有证据证明是假冒专利的产品，可以查封或者扣押。

3.违反法律，擅自向外国申请专利，泄露国家机密的，由行为人所在单位或者上级主管机关给予行政处分。

4.侵夺发明人或者设计人的非职务发明创造专利申请权和本法规定的其他权益的，由所在单位或者上级主管机关给予行政处分。

（三）药品专利侵权的刑事责任

1.违反《专利法》第二十条规定向外国申请专利，泄露国家秘密的，构成犯罪的，依法追究其刑事责任。

2.假冒他人专利，情节严重的，处3年以下有期徒刑或者拘役，并处或者单处罚金。

3.从事专利管理工作的国家机关工作人员以及其他有关国家机关工作人员玩忽职守、滥用职权、徇私舞弊，构成犯罪的，依法追究其刑事责任。

第三节　药品商标保护法律制度

一、商标的概念、特征及分类

（一）商标的概念

商标是指商品生产者或者经营者为区别于其他商品生产者和经营者所生产或经营的同一和类似商品，而使用于自己的商品上的由文字、图形或者其组合所构成的显著标记。

（二）商标的特征

1.显著性。商标是具有显著性的标志，既区别于具有叙述性、公知公用性质的标志，又区别于他人商品或服务的标志，从而便于消费者识别。

2.独占性。注册商标所有人对其商标具有专用权、独占权,未经注册商标所有人许可,他人不得擅自使用。

3.价值性。商标代表着商标所有人生产或经营的质量、信誉等,商标所有人通过商标的创意、设计、申请注册及使用,使商标具有了价值,也增加了商品的附加值。

(三)商标的分类

根据世界各国的商标制度,商标分为注册商标、驰名商标和使用商标。注册商标是经国家商标局核准注册的商标;驰名商标是在市场上享有较高的声誉并为相关公众所熟知的注册商标;使用商标是商标经在该国使用后即产生专用权。我国《商标法》规定,自然人、法人或者其他组织对其生产、制造、加工、拣选或者经销的商品,或提供的服务项目需要取得商标专用权的,应当向商标局申请商品商标注册或服务商标注册。受法律保护的主要是注册商标。

二、药品商标的概念及特殊要求

(一)药品商标的概念

药品商标是指文字、图形、字母、数字、三维标志或颜色组合,以及上述要素的组合,能够将医药生产者、经营者用来区别于他人生产、经营的药品或药学服务的可视性标记。

(二)药品商标的特殊要求

1. 药品商标必须与医药行业的属性相吻合 。

2. 申请药品商标时应当附送药品批准证明文件。

3. 药品商标不得使用药品通用名称。

三、药品商标权的取得及内容

(一)药品商标权的取得

1.药品商标注册的原则。(1)申请在先原则。申请在先原则又称注册在先原则,是指两个或者两个以上的商标注册申请人,在同一种商品或者类似商品上,以相同或者近似的商标申请注册的,申请在先的商标,其申请人可获得商标专用权,在后的商标注册申请予以驳回。我国《商标法》在坚持申请在先原则的同时,还强调使用在先的正当性,防止不正当的抢注行为。《商标法》第三十二条规定:“申请商标注册不得损害他人现有的在先权利,也不得以不正当手段抢先注册他人已经使用并有一定影响的商标。”(2)自愿注册原则。商标使用人是否申请商标注册取决于自己的意愿,在自愿注册原则下,商标注册人对其注册商标享有专用权,受法律保护。未经注册的商标,可以在生产服务中使用,但其使用人不享有专用权，无权禁止他人在同种或类似商品上使用与其商标相同或近似的商标，但驰名商标除外。在实行自愿注册原则的同时，我国规定了在极少数商品上使用的商标实行强制注册原则，作为对自愿注册原则的补充。目前必须使用注册商标的商品只有烟草制品，包括卷烟、雪茄烟和有包装的烟丝。

2. 药品商标注册的申请。药品商标注册申请人申请商标注册须按规定格式填写商标注册申请书和报送商标图样，并且应当附送卫生行政部门发给的证明文件。

3. 药品商标注册的条件。药品商标注册应当符合《商标法》的有关规定：(1)药品商标应当具有显著性，不得与他人的在先权利相冲突。(2)不得作为商标使用的标志：①同中华人民共和国的国家名称、国旗、国徽、国歌、军旗、军徽、军歌、勋章等相同或者近似的，以及同中央国家机关的名称、标志、所在地特定地点的名称或者标志性建筑物的名称、图形相同的；②同外国的国家名称、国旗、国徽、军旗等相同或者近似的，但经该国政府同意的除外；③同政府间国际组织的名称、旗帜、徽记等相同或者近似的，但经该组织同意或者不易误导公众的除外；④与表明实施控制、予以保证的官方标志、检验印记相同或者近似的，但经授权的除外；⑤同"红十字""红新月"的名称、标志相同或者近似的；⑥带有民族歧视性的；⑦带有欺骗性，容易使公众对商品的质量等特点或者产地误认的；⑧有害于社会主义道德风尚或者有其他不良影响的。(3)不得作为商标注册的情形：①药品的通用名称、图形、型号；②直接表示药品的质量、主要原料、功能、用途、重量、数量及其他特点的；③其他缺乏显著特征的。经过使用取得显著特征，并便于识别的，可以作为商标注册。

4. 商标注册的审查和批准。商标注册要经过两级核转、形式审查、实质审查、公告、核准和复审等阶段。(1)两极核转。即市、县两级工商行政管理部门首先对申请人提交的申请商标注册的文件进行初审，然后报送省、自治区、直辖市工商行政管理部门审查，两级审查同意后，再报送国家商标局审查。(2)形式审查。国家商标局受理注册后，首先进行审查，主要是审查商标注册申请是否符合法定条件和手续。经过形式审查，认为不符合《商标法》规定的，由商标局驳回申请或限期补交文件；认为符合规定的即转入实质审查。(3)实质审查。国家商标局对受理的商标注册主要从以下几个方面进行实质审查：①商标构成要素是否符合法律规定；②商标所用文字、图形是否具有显著特征；③是否违反了《商标法》的禁用条例；④申请注册的商标是否与已经注册或初步审定的用于相同或类似商品上的商标相同或近似。(4)公告、核准和复审。国家商标局对申请注册的商标经初步审定合格的，予以刊登《商标公告》，自公告之日起 3 个月内，如果无异议，或有异议经裁定不能成立的，异议期满，则予以核准注册，发给《商标注册证》,并再次刊登《商标公告》,商标注册申请人即取得商标专用权。如果裁定异议成立,则撤销商标公告,不予以注册核准。

(二)药品商标权的内容

我国《商标法》规定,经商标局核准注册的商标为注册商标,商标注册人享有商标专用权,受法律保护。商标专用权包括独占使用权,禁止他人未经许可使用、伪造、擅自制造与其相同或相近商标的权利,转让权和许可使用权。

四、药品商标权的保护和转让

(一)商标的保护期限

注册商标的有效期为 10 年,自核准注册之日起计算。注册商标有效期满,需要继续使用的,商标注册人应当在期满前 12 个月内按照规定办理续用手续;在此期间未能办理的,可以给予 6 个月的宽限期。每次续用注册的有效期为 10 年,自该商标上一届有效期满次日起计算。期满未办理续用手续的,注销其注册商标。

商标局应当对续用注册的商标予以公告。

(二)商标的转让和使用许可

1. 商标的转让。商标转让是商标注册人在注册商标的有效期内,依法定程序,将商标专用权转让给另一方的行为。《商标法》规定,转让注册商标的,转让人和受让人应当签订转让协议,并共同向商标局提出申请。受让人应当保证使用该注册商标的商品质量。转让注册商标的,商标注册人对其在同一种商品上注册的近似的商标,或者在类似商品上注册的相同或者近似的商标,应当一并转让。对容易导致混淆或者有其他不良影响的转让,商标局不予核准。转让注册商标经核准后,予以公告。受让人自公告之日起享有商标专用权。

2. 商标的使用许可。商标注册人可以通过签订商标使用许可合同,许可他人使用其注册商标。许可人应当监督被许可人使用其注册商标的商品质量,被许可人应当保证使用该注册商标的商品质量。经许可使用他人注册商标的,必须在使用该注册商标的商品上标明被许可人的名称和商品产地。许可他人使用其注册商标的,许可人应当将其商标使用许可报商标局备案,由商标局公告。商标使用许可未经备案不得对抗善意第三人。

五、中药品种保护

1992 年 10 月 14 日,国务院第 106 号令发布了《中药品种保护条例》,并于 1993 年 1 月 1 日起实施。该条例的颁布实施,标志着我国对中药的研制生产、管理工作走上了法制化的轨道。该条例的有关内容参见第十七章第二节中

“(四)中药品种分级保护”的相关内容。

六、药品商标侵权及其法律责任

(一)药品商标侵权

依据《商标法》第五十七条规定,属于侵犯注册商标专用权的行为包括:(1)未经商标注册人的许可,在同一种商品上使用与其注册商标相同的商标的;(2)未经商标注册人的许可,在同一种商品上使用与其注册商标近似的商标,或者在类似商品上使用与其注册商标相同或者近似的商标,容易导致混淆的;(3)销售侵犯注册商标专用权的商品的;(4)伪造、擅自制造他人注册商标标识或者销售伪造、擅自制造的注册商标标识的;(5)未经商标注册人同意,更换其注册商标并将该更换商标的商品又投入市场的;(6)故意为侵犯他人商标专用权行为提供便利条件,帮助他人实施侵犯商标专用权行为的;(7)给他人的注册商标专用权造成其他损害的。上述行为侵犯的对象是药品商标的,即为药品商标侵权。

(二)药品商标侵权的法律责任

1.药品商标侵权的民事责任。依据《商标法》的规定,商标侵权的民事责任主要有两种:停止侵权和赔偿损失。侵犯商标专用权的赔偿数额,按照权利人因被侵权所受到的实际损失确定;实际损失难以确定的,可以按照侵权人因侵权所获得的利益确定;权利人的损失或者侵权人获得的利益难以确定的,参照该商标许可使用费的倍数合理确定。对恶意侵犯商标专用权,情节严重的,可以在按照上述方法确定数额的1倍以上3倍以下确定赔偿数额。赔偿数额应当包括权利人为制止侵权行为所支付的合理开支。权利人因被侵权所受到的实际损失、侵权人因侵权所获得的利益、注册商标许可使用费难以确定的,由人民法院根据侵权行为的情节判决给予300万元以下的赔偿。

2.药品商标侵权的行政责任。对侵犯注册商标专用权的,工商行政管理机关可以采取下列措施:(1)责令立即停止侵权行为。(2)没收、销毁侵权商品和主要用于制造侵权商品、伪造注册商标标识的工具。(3)销售不知道是侵犯注册商标专用权的商品,能证明该商品是自己合法取得并说明提供者的,由工商行政管理部门责令停止销售。(4)罚款。违法经营额在5万元以上的,可以处违法经营额5倍以下的罚款,没有违法经营额或者违法经营额不足5万元的,可以处25万元以下的罚款。对5年内实施2次以上商标侵权行为或者有其他严重情节的,应当从重处罚。

3.药品商标侵权的刑事责任。(1)未经注册商标所有人许可,在同一种商品上使用与其注册商标相同的商标,构成犯罪的,依法追究其刑事责任。(2)销售明知是假冒注册商标的商品,构成犯罪的,依法追究其刑事责任。(3)伪造、擅自制造他人注册商标标识或者销售伪造、擅自制造的注册商标标识，构成犯罪的，依法追究其刑事责任。(4)销售明知是假冒注册商标的商品，构成犯罪的，依法追究其刑事责任。(5)商标代理机构有下列行为之一，构成犯罪的，依法追究其刑事责任：①办理商标事宜过程中，伪造、变造或者使用伪造、变造的法律文件、印章、签名的；②以诋毁其他商标代理机构等手段招徕商标代理业务或者以其他不正当手段扰乱商标代理市场秩序的；③违反《商标法》第十九条第三款、第四款规定的。(6)从事商标注册、管理和复审工作的国家机关工作人员玩忽职守、滥用职权、徇私舞弊，违法办理商标注册、管理和复审事项，收受当事人财物，牟取不正当利益，构成犯罪的，依法追究其刑事责任。

第四节　医药商业秘密保护法律制度

一、商业秘密与医药商业秘密

（一）商业秘密的概念与特征

1. 商业秘密的概念。“商业秘密”是指不为公众所知悉、能为权利人带来经济利益、具有实用性并经权利人采取保密措施的技术信息和经营信息。商业秘密包括两部分：技术信息和经营信息。如生产配方、工艺流程、技术诀窍、设计图纸等技术信息；管理方法、产销策略、客户名单、货源情报等经营信息。

2. 商业秘密的特征。商业秘密和其他知识产权（专利权、商标权、著作权等）相比，具有以下特点：(1)秘密性。作为商业秘密的信息必须是“不为公众所知悉”的经营信息或者技术信息，这是构成商业秘密的核心要件。(2)价值性。商业秘密能为权利人带来实际的或者潜在的经济价值或竞争优势，这是法律对商业秘密予以保护的内在根据，也是权利人维持商业秘密的商业状态的内心起因。(3)实用性。商业秘密不是一种纯理论方案，而应是能够直接在生产经营领域实际应用的信息。实用性是商业秘密价值性的外在表现。(4)保密性。商业秘密的权利人对其秘密采取了保密措施，包括技术信息和经营信息。

（二）医药商业秘密的概念与类型

1. 医药商业秘密的概念。医药商业秘密是指在医药行业中，不为公众所知悉、能为权利人带来经济利益、具有实用性并经权利人采取保密措施的技术信息和经营信息。

2. 医药商业秘密的类型。依据《反不正当竞争法》对商业秘密的规定，医药商业秘密主要包括两大类：一是医药技术秘密；二是医药经营秘密。(1)医药技术秘密，主要包括产品信息、药品配方与工艺、机器设备的改进、研究开发的有关文件等。(2)医药经营秘密,包括与公司各种重要经营活动有关联的文件、客户情报、经营过程中的管理技术等。

二、中医药商业秘密保护

我国中医药商业秘密保护主要包括三个方面:

一是技术秘密,即凭经验和技能产生的,在实践中尤其是中药生产工艺中适用的技术情报、数据和知识。中药技术秘密是中药商业秘密的重要组成部分,其中包括中药的制造技术、生产工艺流程、特定配方、有关设备和材料的制作工艺的专门知识、经验等信息。

早在1993年,原卫生部药政管理局在《关于中药新药质量标准发布事由》(卫药政发〔1993〕第137号)中提出:"由于中医药的特殊性,如果新药'处方'和'制法'全部公开,可能会出现互相模仿,处方大同小异等现象,造成新药研制工作的低水平重复,影响临床确切用药,也势必对中药新药的发展和审批管理工作产生不利。而且质量标准中这两项内容对检验结果影响不大。鉴此,我局同意药典会意见,在颁布中药新药质量标准(包括试行和转正标准)时,对其'处方'和'制法'可根据具体情况,有些品种采取部分公开的形式。但对研制、生产单位及其所在地卫生厅(局)、药检所须发送质量标准的全部内容。"从而在一定程度上对中药处方的技术秘密给予了保护。

二是中药经营秘密,主要是指具有秘密性质的、与经营密切相关的情报和信息。

三是管理秘密,指在农工商各个领域、各个环节中有效运作的专门管理技术,包括管理模式、管理方法、管理步骤等。

三、医药未披露数据的保护

(一)医药未披露数据的概念和内容

1.医药未披露数据的概念。医药未披露数据是指在含有新型化学成分药品注册过程中,申请者为获得药品生产批准证明文件向药品注册管理部门提交的关于药品安全性、有效性、质量可控性的未披露的试验数据。

2.医药未披露数据的内容。医药未披露数据包括试验系统试验数据、生产工艺流程、生产设备与设施、生产质量控制等研究数据、人体的临床试验数据。

(二)医药未披露数据的特征

1.医药未披露数据不具有独占性。

2.医药未披露数据获得途径不具备创新性。

3.医药未披露数据的保护,是在药品专利之后进行的知识产权保护形式,专利已公开的数据不在保护范围之内。

(三)医药未披露数据保护的法律依据

医药未披露数据保护是对未在我国注册过的含有新型化学成分药品的申报数据进行保护,在一定的时间内,负责药品注册的管理部门和药品仿制者既不能披露也不能依赖该新药研发者提供的证明药品安全性、有效性、质量可控性的试验数据。

目前,我国医药未披露数据保护的主要法律依据是:《药品管理法实施条例》《药品注册管理办法》《TRIPS 协议》。

1.《药品管理法实施条例》第三十五条规定,国家对获得生产或者销售含有新型化学成分药品许可的生产者或者销售者提交的自行取得且未披露的试验数据和其他数据实施保护,任何人不得对该未披露的试验数据和其他数据进行不正当的商业利用。自药品生产者或者销售者获得生产、销售新型化学成分药品的许可证明文件之日起 6 年内,对其他申请人未经已获得许可的申请人同意,使用前款数据申请生产、销售新型化学成分药品许可的,药品监督管理部门不予许可。但是,其他申请人提交自行取得数据的除外。除下列情形外,药品监督管理部门不得披露本条第一款规定的数据:(1)公共利益需要;(2)已采取措施确保该类数据不会被不正当地进行商业利用。

2.《药品注册管理办法》第二十条规定,按照《药品管理法实施条例》第三十五条的规定,对获得生产或者销售含有新型化学成分药品许可的生产者或者销售者提交的自行取得且未披露的试验数据和其他数据,国家食品药品监督管理局自批准该许可之日起 6 年内,对未经已获得许可的申请人同意,使用其未披露数据的申请不予批准。但是申请人提交自行取得数据的除外。

3.《TRIPS 协议》第 39 条规定:(1)在确保针对《巴黎公约》(1967)第 10 条所规定的不正当竞争行为提供有效保护的过程中,缔约方应该根据下述第 2 款的规定对未公开的信息提供保护,根据下述第 3 款的规定对于由政府或政府性机构提供的数据提供保护。(2)自然人或法人应有可能防止他人在未经其同意的情况下以非诚实商业活动的方式(对于本规定来说,所谓“以非诚实商业活动的方式”指的至少是诸如破坏合同,违背信义和诱导违背信义的行为,并且包括通过第三方来获得非公开的信息,该第三方知道或者本应知道,却因为粗心大意而不知道在获得过程中包含了这样的行为)透露、获得或使用合法地处于其控制之下并满足下述条件的信息:在如下的意义上是保密的,即对于通常涉及该类信息的同行业中的人来说,它不是以整体或者其组成部分的准确排列组合为这样的人所公知或者为这样的人所能获得;由于是保密的,因而具有商业价值;并且合法支配该信息的人采取了为具体情况所需的合理措施来保守秘密。(3)如果缔约方要求以提交未公开的测试数据或其他数据作为批准一种采用新化学成分的药品或农业化学产品投放市场的条件，而上述数据的产生需要付出相当的努力，则该缔约方应禁止对这种数据的不正当商业性使用。此外，除非是为保护公众所必须，或者除非已经采取措施来确保防止对这样数据的不正当商业性使用，否则缔约方应禁止公开这样的数据。

四、药品商业秘密侵权及其法律责任

（一）药品商业秘密侵权

依据《反不正当竞争法》的规定，商业秘密侵权行为包括：(1)以盗窃、利诱、胁迫或者其他不正当手段获取权利人的商业秘密。(2)披露、使用或者允许他人使用以前项手段获取权利人的商业秘密。(3)违反约定或者违反权利人有关保守商业秘密的要求，披露、使用或者允许他人使用其所掌握的商业秘密。(4)第三人明知或者应知前述所列违法行为，获取、使用或者披露他人的商业秘密，视为侵犯商业秘密。

上述行为侵犯的对象是药品商业秘密的，即为药品商业秘密侵权。

（二）药品商业秘密侵权的法律责任

1.药品商业秘密侵权的民事责任。根据《民法通则》的基本原理，结合侵犯商业秘密案件自身的特性，侵犯商业秘密的行为人应承担下列民事责任：(1)停止侵害。停止侵害主要是为了防止侵权行为给商业秘密权利人造成更大的损失，一般是在法院对侵权诉讼的实体问题做出判决以后才采取的救济措施。根据最高人民法院《关于贯彻执行〈中华人民共和国民法通则〉若干问题的意见(试行)》第一百六十二条的规定，对于商业秘密侵权案件，如果商业秘密的权利人能够证明以下几点，法院也可以应权利人的申请在诉讼前诉讼中先行做出停止侵害的裁定：原告初步证明被告侵犯了其商业秘密；如不停止侵权行为，将对权利人造成难以弥补的损失；停止侵害不会给被告造成不合理的损害。要求法院先行裁定停止侵害的权利人应当提供担保。(2)赔偿损失。依据《反不正当竞争法》的规定经营者违反本法规定，给商业秘密权利人造成损害的，应当承担损害赔偿责任，被侵害的经营者的损失难以计算的，赔偿额为侵权人在侵权期间因侵权所获得的利润，并应当承担被侵害的经营者因调查该经营者侵害其合法权益的不正当竞争行为所支付的合理费用。

2.药品商业秘密侵权的行政责任。违反《反不正当竞争法》第十条规定侵犯商业秘密的，监督检查部门应当责令停止违法行为，可以根据情节处以1万元以上20万元以下的罚款。

3.药品商业秘密侵权的刑事责任。有下列侵犯商业秘密行为之一，给商业秘密的权利人造成重大损失的，处3年以下有期徒刑或者拘役，并处或者单处罚金；造成特别严重后果的，处3年以上7年以下有期徒刑，并处罚金：(1)以盗窃、利诱、胁迫或者其他不正当手段获取权利人的商业秘密的；(2)披露、使用或者允许他人使用以前项手段获取的权利人的商业秘密的；(3)违反约定或者违反权利人有关保守商业秘密的要求，披露、使用或者允许他人使用其所掌握的商业秘密的。单位侵犯商业秘密构成犯罪的，对单位判处罚金，并对其直接负责的主管人员和其他直接责任人员，依照前述规定处罚。

典型案例评析

［案情］

2006年11月25日，澳诺(中国)制药有限公司起诉某药业公司侵犯了其发明专利权，经河北省石家庄市中级人民法院一审，认为专利权人孔彦平享有的涉案专利权及其与澳诺公司签订的独占实施许可合同合法有效，应受法律保护。某药业公司生产、销售的“葡萄糖酸钙锌口服溶液”，经委托鉴定机构鉴定，其产品的技术特征与澳诺公司主张的涉案专利构成等同，某药业公司未经专利权人许可生产、销售上述产品，已构成侵权。

某药业公司不服一审判决，向河北省高级人民法院提起上诉。指出涉案专利授权后原告另行申请并获得了“一种防止或治疗钙质缺损的口服溶液及其制备方法”(ZL03104587.1)的发明专利权，证明原告在关联专利的申请过程中，已通过对比试验，证明盐酸赖氨酸在用作补钙药物的制备原料方面，相比于谷氨酰胺或谷氨酸具有意料不到的技术效果和进步，两者不构成等同技术手段。河北省高级人民法院二审认为，国家知识产权局在国家标准及相关文件颁布后，仍对该专利授权明显不妥。驳回上诉，维持一审判决。

某药业公司申请再审，最高人民法院根据禁止反悔原则，认为专利申请人或者专利权人在专利授权或者无效宣告程序中，通过对权利要求、说明书的修改或者意见陈述而放弃的技术方案，在专利侵权纠纷中不能将其纳入专利权的保护范围。因此，涉案专利权的保护范围不应包括“葡萄糖酸钙”技术特征的技术方案。鉴于被诉侵权产品的“葡萄糖酸钙”和“盐酸赖氨酸”两项技术特征，与涉案专利权利要求记载的相应技术特征“活性钙”和“谷氨酸或谷氨酰胺”既不相同也不等同，被诉侵权产品没有落入专利权的保护范围，因此，某药业公司被诉侵权产品的行为不构成侵犯专利权。原审判决适用法律不当，判决结果错误，应予纠正；申请再审人申请再审的主要理由成立，应予支持。

［争议焦点］

被告某药业公司产品的技术特征与原告的专利技术特征是否等同？

［案例评析］

等同特征是指与所记载的技术特征以基本相同的手段，实现基本相同的功能，达到基本相同的效果，并且本领域的普通技术人员无须经过创造性劳动就能够联想到的特征。基本相同的手段包括产品部件的简单移位、方法步骤顺序的简单变换和专利必要技术特征的简单的替换、分解、合并等。依据等同原则，被控侵权物（产品或方法）中有一个或者一个以上技术特征与专利独立权利要求保护的技术特征相比，从字面上看不相同，但经过分析可以认定两者是相等同的技术特征，应当认定被侵权物（产品或方法）落入了专利权的保护的范围。

为判定该两组技术特征是否等同，一审法院进行了专业的技术鉴定，鉴定结论说明某药业公司的“新钙特牌”口服溶液与本药品专利纠纷案的专利所述的技术方案基本相同，涉嫌侵犯其药品专利权。二审法院也认同了该结论。但是再审法院却有不同的审判意见。最高人民法院经审理认为，“葡萄糖酸钙”不包括在涉案专利的保护范围之内。而根据专利制度分析，“谷氨酸或谷氨酰胺”与“盐酸赖氨酸”显然不应当属于等同技术特征。被控侵权产品与涉案专利相比，两者所使用的钙质原料和氨基酸成分均不相同，前者使用的是葡萄糖酸钙和盐酸赖氨酸，后者使用的是活性钙和谷氨酰胺或谷氨酸。而且，葡萄糖酸钙与活性钙之间，盐酸赖氨酸与谷氨酰胺或谷氨酸之间，均不构成等同。而且，依据禁止反悔原则，原告不能通过主张活性钙与葡萄糖酸钙构成等同，而将其在实审程序中删除的原料成分重新纳入涉案专利的保护范围。同时，在专利侵权诉讼中，专利权人不得将已被限制、排除或者已经放弃的技术内容重新纳入专利保护范围，包括不得作为等同特征纳入专利保护范围。

本案中，根据被告提供的相关证据，原告在申请关联专利的过程中，已通过对比试验及其产生的科学数据，客观地证明盐酸赖氨酸在用作补钙药物的原料方面，与谷氨酰胺或谷氨酸相比具有意料不到的更好的技术效果，二者之间不构成等同技术手段，而且上述试验结果及其结论已得到国家知识产权局的采信，从而使关联专利获得了授权。

思考题

1. 什么是药品知识产权？药品知识产权有哪些种类？

2. 什么是药品专利？药品专利的类型有哪些？我国法律对药品专利保护的范围、期限、终止与无效是如何规定的？药品专利侵权的法律责任是什么？

3. 商标的概念与特征是什么？药品商标有哪些特殊要求？药品商标权的内容与取得原则是什么？药品商标侵权及其法律责任有哪些？

4.《中药品种保护条例》对中药品种保护是如何规定的？

5. 医药未披露数据的概念与特征是什么？

第四编

公共卫生法律制度

第十九章　公共卫生监督法律制度

本章要点：公共卫生监督是国家以保护公众健康为目的，对社会公共卫生事务所进行的行政管理，它是国家医药卫生执法的重要组成部分。我国实行公共场所卫生许可制度和放射卫生许可制度，并对公共场所卫生、学校卫生、放射卫生和生活饮用水卫生的监督机构及其职责做了法律规定。我国法律规定了突发公共卫生事件的预防与应急准备、报告与信息发布、应急处理以及相关法律责任等制度。

第一节　公共场所卫生监督法律制度

一、公共场所卫生监督及其依据

公共场所是指供公众工作、学习、社交、休息、娱乐、体育锻炼、购物、餐饮、旅游和居住等部分生活需求所使用的公共建筑物、场所及其设施。就广义而言，公共场所的范围十分宽泛，但纳入监督范围的仅限于法定的公共场所。对此，《公共场所卫生管理条例》将公共场所列举为：(1)宾馆、饭馆、旅店、招待所、车马店、咖啡馆、酒吧、茶座；(2)公共浴室、理发店、美容店；(3)影剧院、录像厅(室)、游艺厅(室)、舞厅、音乐厅；(4)体育场(馆)、游泳场(馆)、公园；(5)展览馆、博物馆、美术馆、图书馆；(6)商场(店)、书店；(7)候诊室、候车(机、船)室、公共交通工具。上述立法将法定公共场所的范围做出了明确列举，其优点是明确、具体，但这种列举式的立法模式也存在较为突出的弊端，如缺乏周延性和包容性，难以将一些新型的公共场所纳入监管范围，如网吧、证券交易所等。

公共场所往往人群密集，相互接触频繁，流动性大，公共场所内的设施、用品供公众反复使用，容易造成疾病尤其是传染病的传播流行。因此，公共场所的卫生直接关乎公众的健康，应成为卫生监督的重点领域。目前，公共场所卫生监督的主要法律依据是 1987 年国务院颁布的《公共场所卫生管理条例》和原卫生部所颁布的《公共场所卫生管理条例实施细则》。2011 年 3 月，原卫生部对《公共场所卫生管理条例实施细则》进行修订，使之更加适应当前公共场所卫生监管的需要。此外，相关部门还颁布了 10 余项公共场所国家卫生标准，从而构成公共场所卫生监督的法律体系。

二、公共场所的卫生许可

卫生许可是公共场所卫生监督的重要组成部分。公共场所经营者应当按照规定向县级以上地方人民政府卫生行政部门申请卫生许可证。未取得卫生许可证的，不得营业。同时，公共场所卫生许可是办理工商登记的前置程序，经营者只有取得公共场所卫生许可证才能向工商行政部门申请办理营业执照。

公共场所经营者申请卫生许可证的，应当提交下列资料：(1)卫生许可证申请表；(2)法定代表人或者负责人身份证明；(3)公共场所地址方位示意图、平面图和卫生设施平面布局图；(4)公共场所卫生检测或者评价报告；(5)公共场所卫生管理制度；(6)省、自治区、直辖市卫生行政部门要求提供的其他材料。使用集中空调通风系统的，还应当提供集中空调通风系统卫生检测或者评价报告。

县级以上地方人民政府卫生行政部门应当自受理公共场所卫生许可申请之日起20日内，对申报资料进行审查，对现场进行审核，符合规定条件的，做出准予公共场所卫生许可的决定；对不符合规定条件的，做出不予行政许可的决定并书面说明理由。公共场所卫生许可证有效期限为四年，每两年复核一次。

三、公共场所的卫生管理

公共场所卫生安全主要由经营者负责落实，公共场所的法定代表人或者负责人是其经营场所卫生安全的第一责任人。因此，经营者应采取相应的卫生管理措施，使其经营场所达到相应的卫生标准和要求。

(一)建立卫生管理制度

1. 健全管理机构。公共场所经营者应当设立卫生管理部门或者配备专(兼)职卫生管理人员，具体负责本公共场所的卫生工作，建立健全卫生管理制度和卫生管理档案。

2. 卫生培训制度。公共场所经营者应当建立卫生培训制度，组织从业人员学习相关卫生法律知识和公共场所卫生知识，并进行考核。对考核不合格的，不得安排上岗。

3. 健康检查制度。公共场所经营者应当组织从业人员每年进行健康检查，从业人员在取得有效健康合格证明后方可上岗。患有痢疾、伤寒、甲型病毒性肝炎、戊型病毒性肝炎等消化道传染病的人员，以及患有活动性肺结核、化脓性或者渗出性皮肤病等疾病的人员，治愈前不得从事直接为顾客服务的工作。

4. 制订应急预案。公共场所经营者应当制订公共场所危害健康事故应急预案或者方案，定期检查公共场所各项卫生制度、措施的落实情况，及时消除危害公众健康的隐患。

（二）公共场所的卫生要求

1.室内空气质量符合国家卫生标准和要求。公共场所经营者应当保持公共场所空气流通，室内空气质量应当符合国家卫生标准和要求。公共场所采用集中空调通风系统的，应当符合公共场所集中空调通风系统相关卫生规范和规定的要求。

2.饮用水符合卫生标准。公共场所经营者提供给顾客使用的生活饮用水应当符合国家生活饮用水卫生标准要求。游泳场（馆）和公共浴室水质应当符合国家卫生标准和要求。

3.照明采光、噪音符合国家卫生标准。公共场所的采光照明、噪声应当符合国家卫生标准和要求。公共场所应当尽量采用自然光。自然采光不足的，公共场所经营者应当配置与其经营场所规模相适应的照明设施。公共场所经营者应当采取措施降低噪声。

4.保证用品用具卫生安全。公共场所经营者提供给顾客使用的用品用具应当保证卫生安全，可以反复使用的用品用具应当一客一换，按照有关卫生标准和要求清洗、消毒、保洁。禁止重复使用一次性用品用具。

5.设置卫生设施设备。公共场所经营者应当根据经营规模、项目设置清洗、消毒、保洁、盥洗等设施设备和公共卫生间。公共场所经营者应当建立卫生设施设备维护制度，定期检查卫生设施设备，确保其正常运行，不得擅自拆除、改造或者挪作他用。公共场所设置的卫生间，应当有单独通风排气设施，保持清洁无异味。公共场所经营者应当配备安全、有效的预防控制蚊、蝇、蟑螂、鼠和其他病媒生物的设施设备及废弃物存放专用设施设备，并保证相关设施设备的正常使用，及时清运废弃物。

6.采取控烟措施。公共场所经营者应当设置醒目的禁止吸烟警语和标志，并不得设置自动售烟机。室内公共场所禁止吸烟，室外公共场所设置的吸烟区不得位于行人必经的通道上。公共场所经营者应当开展吸烟危害健康的宣传，并配备专（兼）职人员对吸烟者进行劝阻。

四、公共场所的卫生监督及其措施

公共场所的卫生监督由卫生行政部门负责，具体可采取以下监管措施：

1.实施卫生许可和办理预防性卫生审查。一是对公共场所实行卫生许可证管理，受理、审查和决定《公共场所卫生许可证》；二是依法对新建、改建、扩建公共场所办理预防性卫生审查手续。

2.开展公共场所健康危害因素的监测。县级以上人民政府卫生行政部门应当组织对公共场所的健康危害因素进行监测、分析，为制定法律法规、卫生标准和实施监督管理提供科学依据。

3.开展日常性监督检查。县级以上地方人民政府卫生行政部门对公共场所进行监督检查，可依法采取以下措施：(1)现场检查。采取现场卫生监测、采样、查阅和复制文件、询问等方法，对公共场所进行现场检查；(2)对公共场所卫生进行监督抽检，并将抽检结果向社会公布；(3)采取临时控制措施。对发生危害健康事故的公共场所，可以依法采取封闭场所、封存相关物品等临时控制措施。

4.处罚违法行为。公共场所经营者违反《公共场所卫生管理条例》《公共场所卫生管理条例实施细则》及其他卫生法律、行政法规规定的，卫生行政部门可依法进行处罚。

第二节　学校卫生监督法律制度

一、学校卫生监督及其依据

学校卫生是公共卫生的重要组成部分，也是学校教育与管理的重要内容。学校作为学生学习和生活的场所，其卫生条件和环境直接关系到儿童和青少年等在校学生的健康成长。因此，学校卫生工作的主要任务是监测学生健康状况，开展健康教育，改善学校卫生环境和教学卫生条件，加强传染病、学生常见病的预防和治疗等，目的是消除各种不利于在校学生健康的因素，提高学生的健康水平。

从目前看，学校卫生监督最主要的法律依据是原国家教委和原卫生部经国务院批准所颁布的《学校卫生工作条例》(国家教育委员会令第10号、卫生部令第1号，1990年6月4日)。针对学生集体用餐问题，相关部门还制定了《学生集体用餐卫生监督办法》(卫生部令第48号，1996年8月27日)、《学校食堂与学生集体用餐卫生管理规定》(教育部、卫生部令第14号，2002年9月20日)等部门规章，并颁布了《中小学校教室采光和照明卫生标准》(GB7793－1987)、《小学生一日学习时间卫生标准》(GB/T17223－1998)等卫生标准。此外，《食品安全法》《传染病防治法》《公共场所卫生管理条例》《生活饮用水卫生监督管理办法》《餐饮业卫生管理办法》等诸多法律法规也是学校卫生监督的重要法律依据。

二、学校卫生监督的内容

(一)教学过程的监督

1.作息卫生。学校应当合理安排学生的学习时间。学生每日学习时间(包括自习），小学不超过6小时，中学不超过8小时，大学不超过10小时。学校或者教师不得以任何理由和方式，增加授课时间和作业量，加重学生学习负担。

2.劳动卫生。学校应当根据学生的年龄，组织学生参加适当的劳动，并对参加劳动的学生，进行安全教育，提供必要的安全和卫生防护措施。普通中小学校组织学生参加劳动，不得让学生接触有毒有害物质或者从事不安全工种的作业，不得让学生参加夜班劳动。普通高等学校、中等专业学校、技工学校、农业中学、职业中学组织学生参加生产劳动，接触有毒有害物质的，按照国家有关规定，提供保健待遇。学校应当定期对学生进行体格检查，加强卫生防护。

3.体育卫生。学校体育场地和器材应当符合卫生和安全要求。运动项目和运动强度应当适合学生的生理承受能力和体质健康状况，防止发生伤害事故。

（二）教学建筑、设施、环境的监督

学校教学建筑、环境噪声、室内微小气候、采光、照明等环境质量以及黑板、课桌椅的设置应当符合国家有关标准。新建、改建、扩建校舍，其选址、设计应当符合国家的卫生标准，并取得当地卫生行政部门的许可。竣工验收应当有当地卫生行政部门参加。学校应当按照有关规定为学生设置厕所和洗手设施。寄宿制学校应当为学生提供相应的洗漱、洗澡等卫生设施。

（三）卫生保健与疾病预防的监督

学校应当建立学生健康管理制度。根据条件定期对学生进行体格检查，建立学生体质健康卡片，纳入学生档案。学校在体格检查中发现学生有器质性疾病的，应当配合学生家长做好转诊治疗。学校对残疾、体弱学生，应当加强医学照顾和心理卫生工作。学校应当配备可以处理一般伤病事故的医疗用品。学校应当积极做好近视眼、弱视、沙眼、龋齿、寄生虫、营养不良、贫血、脊柱弯曲、神经衰弱等学生常见疾病的群体预防和矫治工作。学校应当认真贯彻执行传染病防治法律、法规，做好急、慢性传染病的预防和控制管理工作，同时做好地方病的预防和控制管理工作。

三、学校卫生监督机构及其职责

学校卫生监督工作由县级以上卫生行政部门承担，其职责包括：(1)对新建、改建、扩建校舍的选址、设计实行卫生监督；(2)对学校内影响学生健康的学习、生活、劳动、环境、食品等方面的卫生和传染病防治工作实行卫生监督；(3)对学生使用的文具、娱乐器具、保健用品实行卫生监督。

在监督过程中，卫生行政部门可依法对违反《学校卫生工作条例》的违法行为给予行政处罚。具体情形包括：(1)未经卫生行政部门许可新建、改建、扩建校舍的，由卫生行政部门对直接责任单位或者个人给予警告、责令停止施工或者限期改建处罚;(2)学校环境、设施不符合国家有关标准的,由卫生行政部门对直接责任单位或者个人给予警告并责令限期改进处罚;(3)学校违反法律规定组织学生参加劳动,致使学生健康受到损害的,由卫生行政部门对直接责任单位或者个人给予警告,责令限期改进处罚。(4)供学生使用的文具、娱乐器具、保健用品不符合国家有关卫生标准的,由卫生行政部门对直接责任单位或者个人给予警告处罚。情节严重的,可以会同工商行政部门没收其不符合国家有关卫生标准的物品,并处以非法所得2倍以下的罚款。

第三节　放射卫生监督法律制度

一、放射卫生监督及其依据

放射性同位素和射线装置已被广泛运用于工业生产、医疗等领域,并产生了巨大的经济、社会效益,但放射性同位素和射线装置伴有一定的危险性,若使用不当或防护措施不到位,很可能对相关工作人员、公众健康乃至生态环境造成严重危害。因此,必须加强放射卫生防护工作,促进放射性同位素、射线装置的安全应用,从而达到保障人体健康、保护生态环境的目的。

我国历来重视放射卫生防护的立法工作,早在20世纪60年代,国务院就颁布了《放射性工作卫生防护暂行规定》等规范性文件,并逐步形成以行政法规、规章、标准为主体的放射卫生防护规范体系。目前,有关放射卫生防护的法律依据主要包括《放射性污染防治法》(第十届全国人民代表大会常务委员会第三次会议2003年6月28日通过)、《放射性同位素与射线装置安全和防护条例》(国务院令第449号,2005年8月31日)、《放射性同位素与射线装置安全许可管理办法》(国家环境保护总局令第31号,2005年12月30日)、《放射性同位素与射线装置安全和防护管理办法》(环境保护部令第18号,2011年3月24日)、《放射诊疗管理规定》(卫生部令第46号,2005年6月2日)、《放射工作人员职业健康管理办法》(卫生部令第56号,2007年3月23日)。

二、放射卫生许可制度

(一)放射性同位素和射线装置的许可

生产、销售、使用放射性同位素和射线装置的单位,应当依法取得许可证。生产放射性同位素、销售和使用Ⅰ类放射源、销售和使用Ⅰ类射线装置的单位的许可证,由国务院环境保护主管部门审批颁发。上述情形之外的单位的许可证,由省、自治区、直辖市人民政府环境保护主管部门审批颁发。生产、销售、使用放射性同位素和射线装置的单位申请领取许可证，应当具备下列条件：(1)有与所从事的生产、销售、使用活动规模相适应的、具备相应专业知识和防护知识及健康条件的专业技术人员；(2)有符合国家环境保护标准、职业卫生标准和安全防护要求的场所、设施和设备；(3)有专门的安全和防护管理机构或者专职、兼职安全和防护管理人员，并配备必要的防护用品和监测仪器；(4)有健全的安全和防护管理规章制度、辐射事故应急措施；(5)产生放射性废气、废液、固体废物的，具有确保放射性废气、废液、固体废物达标排放的处理能力或者可行的处理方案。环境保护主管部门应当自受理申请之日起 20 个工作日内完成审查，符合条件的，颁发许可证，并予以公告；不符合条件的，书面通知申请单位并说明理由。

(二)医疗机构放射诊疗的许可

1.放射诊疗建设项目的许可。医疗机构设置放射诊疗项目，应当按照其开展的放射诊疗工作的类别，分别向相应的卫生行政部门提出建设项目卫生审查、竣工验收和设置放射诊疗项目申请：(1)开展放射治疗、核医学工作的，向省级卫生行政部门申请办理；(2)开展介入放射学工作的，向设区的市级卫生行政部门申请办理；(3)开展 X 射线影像诊断工作的，向县级卫生行政部门申请办理。同时开展不同类别放射诊疗工作的，向具有高类别审批权的卫生行政部门申请办理。

对于放射诊疗建设项目的卫生审查和竣工验收，其具体程序为：(1)放射诊疗建设项目的卫生审查。新建、扩建、改建放射诊疗建设项目，医疗机构应当在建设项目施工前向相应的卫生行政部门提交职业病危害放射防护预评价报告，申请进行建设项目卫生审查。立体定向放射治疗、质子治疗、重离子治疗、带回旋加速器的正电子发射断层扫描诊断等放射诊疗建设项目，还应当提交国家卫计委指定的放射卫生技术机构出具的预评价报告技术审查意见。卫生行政部门应当自收到预评价报告之日起 30 日内，做出审核决定。经审核符合国家相关卫生标准和要求的，方可施工。(2)卫生验收。医疗机构在放射诊疗建设项目竣工验收前，应当进行职业病危害控制效果评价，并向相应的卫生行政部门提交相关资料，申请进行卫生验收。

2.放射诊疗许可。医疗机构在开展放射诊疗工作前，应向相应的卫生行政部门提出放射诊疗许可申请，并具备以下基本条件：(1)具有经核准登记的医学影像科诊疗科目；(2)具有符合国家相关标准和规定的放射诊疗场所和配套设施；(3)具有质量控制与安全防护专(兼)职管理人员和管理制度，并配备必要的防护用品和监测仪器；(4)产生放射性废气、废液、固体废物的，具有确保放射性废气、废液、固体废物达标排放的处理能力或者可行的处理方案；(5)具有放射事件应急处理预案。在医疗机构提出申请后，卫生行政部门应当自受理之日起 20

日内做出审查决定，对合格的予以批准，发给《放射诊疗许可证》。医疗机构取得《放射诊疗许可证》后，到核发《医疗机构执业许可证》的卫生行政执业登记部门办理相应诊疗科目登记手续。执业登记部门应根据许可情况，将医学影像科核准到二级诊疗科目。未取得《放射诊疗许可证》或未进行诊疗科目登记的，不得开展放射诊疗工作。

三、放射卫生防护

（一）放射性标志制度

生产、销售、使用、贮存放射性同位素和射线装置的场所，应当按照国家有关规定设置明显的放射性标志，其入口处应当按照国家有关安全和防护标准的要求，设置安全和防护设施以及必要的防护安全连锁、报警装置或者工作信号。射线装置的生产调试和使用场所，应当具有防止误操作、防止工作人员和公众受到意外照射的安全措施。放射性同位素的包装容器、含放射性同位素的设备和射线装置，应当设置明显的放射性标识和中文警示说明。放射源上能够设置放射性标识的，应当一并设置。运输放射性同位素和含放射源的射线装置的工具，应当按照国家有关规定设置明显的放射性标志或者显示危险信号。

（二）放射性物质储存保管制度

放射性同位素和被放射性污染的物品应当单独存放，不得与易燃、易爆、腐蚀性物品等一起存放，并指定专人负责保管。贮存、领取、使用、归还放射性同位素时，应当进行登记、检查，做到账物相符。对放射性同位素贮存场所应当采取防火、防水、防盗、防丢失、防破坏、防射线泄漏的安全措施。

（三）放射诊疗安全防护

医疗机构为确保放射诊疗工作的质量和安全防护，应依法采取以下措施：(1)配备专（兼）职的管理人员，负责放射诊疗工作的质量保证和安全防护。(2)应当定期对放射诊疗工作场所、放射性同位素储存场所和防护设施进行放射防护检测，保证辐射水平符合有关规定或者标准。(3)放射性同位素不得与易燃、易爆、腐蚀性物品同库储存。储存场所应当采取有效的防泄漏等措施，并安装必要的报警装置。(4)放射性同位素储存场所应当有专人负责，有完善的存入、领取、归还登记和检查的制度，做到交接严格，检查及时，账目清楚，账物相符，记录资料完整。(5)按照有关规定和标准，对放射诊疗工作人员进行上岗前、在岗期间和离岗时的健康检查，定期进行专业及防护知识培训，并分别建立个人剂量、职业健康管理和教育培训档案。(6)制订防范和处置放射事件的应急预案。发生放射事件后应当立即采取有效应急救援和控制措施，防止事件的扩大和蔓延。

四、放射卫生监督机构及其职责

依据现行法律法规的规定，放射卫生监督由环境保护、卫生和公安等三个行政部门负责。其中，国务院环境保护主管部门对全国放射性同位素、射线装置的安全和防护工作实施统一监督管理，县级以上地方人民政府环境保护主管部门和其他有关部门负责对本行政区域内放射性同位素、射线装置的安全和防护工作实施监督管理，其主要职责包括：(1)依法对生产、销售、使用放射性同位素、射线装置的单位进行监督检查；(2)对生产、销售、使用放射性同位素、射线装置的单位行使行政许可，颁发许可证；(3)负责废旧放射源与被放射性污染物品的监督管理；(4)会同公安、卫生等主管部门调查、处理辐射事故。

卫生行政部门负责放射诊疗工作的监督管理，包括负责放射诊疗的设置与批准，对医疗机构的放射诊疗工作进行监督检查，具体内容为：(1)执行法律、法规、规章、标准和规范等的情况；(2)放射诊疗规章制度和工作人员岗位责任制等制度的落实情况；(3)健康监护制度和防护措施的落实情况；(4)放射事件调查处理和报告情况。

公安机关对放射性同位素、射线装置应用中的安全保卫实施监督管理，其主要职责是：(1)登记放射性同位素和射线装置；(2)检查放射性同位素、射线装置保存、保管的安全性；(3)负责丢失和被盗放射源的立案、侦查和追缴；(4)参与放射事故的调查。

第四节 生活饮用水卫生监督法律制度

一、生活饮用水卫生监督及其依据

“生活饮用水”是供人生活的饮水和用水。作为人们生存和生活的必需品，生活饮用水的卫生安全直接关系公众的生活质量和生命健康。

我国历来重视生活饮用水的立法和卫生监督工作，并制定了一系列有关生活饮用水卫生管理与监督的法律、法规、规章、标准等规范性文件。除了《环境保护法》《水污染防治法》《食品安全法》《传染病防治法》等法律法规对饮用水水源的保护和饮用水水质标准等做了原则性规定外，国务院、原卫生部等还制定了有关饮用水卫生管理的专门法规和规章，包括《城市供水条例》(国务院令第 158 号，1994 年 7 月 19 日)、《生活饮用水卫生监督管理办法》(建设部、卫生部第 53 号令，1996 年 7 月 9 日)、《城市供水水质管理规定》(建设部令第 156 号，2006 年 12 月 26 日)、《生活饮用水卫生规范》(原卫生部，2001 年 6 月)、《生活饮用水卫生标准》(GB5749－2006)等。

二、生活饮用水的卫生管理

(一)生活饮用水水质卫生要求

供水单位供应的饮用水必须符合国家生活饮用水卫生标准，水质卫生必须符合以下要求：(1)生活饮用水中不得含有病原微生物；(2)生活饮用水中化学物质不得危害人体健康；(3)生活饮用水中放射性物质不得危害人体健康；(4)生活饮用水的感官性状良好；(5)生活饮用水应经消毒处理；(6)消毒剂余量均应符合标准。

(二)供水过程的卫生要求

供水单位在供水过程中应符合以下要求：(1)供水单位应建立饮用水卫生管理规章制度，配备专职或兼职人员，负责饮用水卫生的管理工作。(2)集中式供水单位必须有水质净化消毒设施及必要的水质检验仪器、设备和人员，对水质进行日常性检验，并向当地人民政府卫生行政部门和建设行政主管部门报送检测资料。(3)直接从事供、管水的人员必须取得《体检合格证》后方可上岗工作，并每年进行一次健康检查。凡患有痢疾、伤寒、病毒性肝炎、活动性肺结核、化脓性或渗出性皮肤病及其他有碍饮用水卫生的疾病的和病原携带者，不得直接从事供、管水工作。直接从事供、管水的人员，未经卫生知识培训不得上岗工作。(4)饮用水水源地必须设置水源保护区。保护区内严禁修建任何可能危害水源水质卫生的设施及出现一切有碍水源水质卫生的行为。(5)二次供水设施选址、设计、施工及所用材料，应保证不使饮用水水质受到污染，并有利于清洗和消毒。各类蓄水设施要加强卫生防护，定期清洗和消毒。(6)当饮用水被污染，可能危及人体健康时，有关单位或责任人应立即采取措施，消除污染，并向当地人民政府卫生行政部门和建设行政主管部门报告。

三、生活饮用水的卫生监督

饮用水卫生监督由卫生行政部门负责。在监督过程中，卫生行政部门可采取以下措施：(1)对新建、改建、扩建集中式供水项目进行预防性卫生监督工作；(2)本行政区域内饮用水的水源水质监测和评价。(3)负责本行政区域内饮用水污染事故对人体健康影响的调查。当发现饮用水污染危及人体健康且须停止使用时，应责令二次供水单位立即停止供水，集中式供水单位应当会同城市建设行政主管部门报同级人民政府批准后停止供水。(4)对涉及饮用水卫生安全的产品进行卫生安全性评价，并行使审批权。(5)对集中式供水单位的卫生许可行使审批权。(6)参与供水单位机关报建、改建、扩建的饮用水供水工程项目的选址和设计审查、竣工验收。(7)对供水单位的违法行为依法采取行政处罚。

第五节　突发公共卫生事件应急处理法律制度

一、突发公共卫生事件应急处理概述

(一)突发公共卫生事件的概念

“突发公共卫生事件”是指突然发生,造成或者可能造成社会公众健康严重损害的重大传染病疫情、群体性不明原因疾病、重大食物和职业中毒以及其他严重影响公众健康的事件。突发公共卫生事件具有以下特征:(1)突发性。事件的发生往往突如其来、难以预测,事先往往缺乏防范和准备;(2)公共性。事件发生在卫生领域,涉及公共利益和公共健康,而非仅限于特定人或群体;(3)危害性。突发公共卫生事件可能造成公众健康的严重危害,尤其是突发传染病、群体性不明原因疾病等,往往会造成社会恐慌,从而影响社会稳定,并对生产生活产生严重影响。

(二)突发公共卫生事件的应急处理体制

应对和处置突发事件是政府的重要职责。对此,《突发事件应对法》明确规定:“国家建立统一领导、综合协调、分类管理、分级负责、属地管理为主的应急管理体制。”其中,建立突发公共卫生事件的指挥机构是应急管理体制的重要内容。

突发公共卫生事件的指挥机构分为国家、省级、地市级和县级四级。突发事件发生后,国务院设立全国突发事件应急处理指挥部,由国务院有关部门和军队有关部门组成,国务院主管领导人担任总指挥,负责对全国突发事件应急处理的统一领导、统一指挥。国务院卫生行政主管部门和其他有关部门,在各自的职责范围内做好突发事件应急处理的有关工作。省、自治区、直辖市人民政府成立地方突发事件应急处理指挥部,省、自治区、直辖市人民政府主要领导人担任总指挥,负责领导、指挥本行政区域内突发事件应急处理工作。县级以上地方人民政府卫生行政主管部门,具体负责组织突发事件的调查、控制和医疗救治工作。县级以上地方人民政府有关部门,在各自的职责范围内做好突发事件应急处理的有关工作。

二、突发公共卫生事件的预防与应急准备

(一)制订应急预案

国务院卫生行政主管部门按照分类指导、快速反应的要求,制订全国突发事件应急预案,报请国务院批准。省、自治区、直辖市人民政府根据全国突发事件

应急预案，结合本地实际情况，制订本行政区域的突发事件应急预案。

应急预案应当包括以下主要内容：(1)突发事件应急处理指挥部的组成和相关部门的职责；(2)突发事件的监测与预警；(3)突发事件信息的收集、分析、报告、通报制度；(4)突发事件应急处理技术和监测机构及其任务；(5)突发事件的分级和应急处理工作方案；(6)突发事件预防、现场控制，应急设施、设备、救治药品和医疗器械以及其他物资和技术的储备与调度；(7)突发事件应急处理专业队伍的建设和培训。

(二)建立预防控制体系

国家建立统一的突发事件预防控制体系。县级以上地方人民政府应当建立和完善突发事件监测与预警系统。各级卫生行政部门应当指定机构负责开展突发事件的日常监测，并确保监测与预警系统的正常运行。监测与预警工作应当根据突发事件的类别，制订监测计划，科学分析、综合评价监测数据。对早期发现的潜在隐患以及可能发生的突发事件，应当依照本条例规定的报告程序和时限及时报告。

(三)应急准备

国务院有关部门和县级以上地方人民政府及其有关部门，应当根据突发事件应急预案的要求，保证应急设施、设备、救治药品和医疗器械等物资储备。县级以上各级人民政府应当加强急救医疗服务网络的建设，配备相应的医疗救治药物、技术、设备和人员，提高医疗卫生机构应对各类突发事件的救治能力。县级以上地方人民政府卫生行政主管部门，应当定期对医疗卫生机构和人员开展突发事件应急处理相关知识、技能的培训，定期组织医疗卫生机构进行突发事件应急演练，推广最新知识和先进技术。

三、突发公共卫生事件的应急处理

(一)启动应急预案

突发事件发生后，卫生行政主管部门应当组织专家对突发事件进行综合评估，初步判断突发事件的类型，提出是否启动突发事件应急预案的建议。在全国范围内或者跨省、自治区、直辖市范围内启动全国突发事件应急预案，由国务院卫生行政主管部门报国务院批准后实施。省、自治区、直辖市启动突发事件应急预案，由省、自治区、直辖市人民政府决定，并向国务院报告。

(二)应急处理的督导

在应急预案启动后，根据预案规定，应立即成立突发事件应急处理指挥部。全国突发事件应急处理指挥部对突发事件应急处理工作进行督察和指导，地方各级人民政府及其有关部门应当予以配合。省、自治区、直辖市突发事件应急处理指挥部对本行政区域内突发事件应急处理工作进行督察和指导。

应急预案启动后，突发事件发生地的人民政府有关部门，应当根据预案规定的职责要求，服从突发事件应急处理指挥部的统一指挥，立即到达规定岗位，采取有关的控制措施。医疗卫生机构、监测机构和科学研究机构，应当服从突发事件应急处理指挥部的统一指挥，相互配合、协作，集中力量开展相关的科学研究工作。

（三）应急处理措施

1. 物资保障。突发事件发生后，国务院有关部门和县级以上地方人民政府及其有关部门，应当保证突发事件应急处理所需的医疗救护设备、救治药品、医疗器械等物资的生产、供应。铁路、交通、民用航空行政主管部门应当保证物资的及时运送。

2. 紧急控制措施。根据突发事件应急处理的需要，突发事件应急处理指挥部有权紧急调集人员、储备的物资、交通工具以及相关设施、设备。必要时，对人员进行疏散或者隔离，并可以依法对传染病疫区实行封锁。突发事件应急处理指挥部根据突发事件应急处理的需要，可以对食物和水源采取控制措施。县级以上地方人民政府卫生行政主管部门应当对突发事件现场等采取控制措施，宣传突发事件防治知识，及时对易受感染的人群和其他易受损害的人群采取应急接种、预防性投药、群体防护等措施。

3. 交通控制。交通工具上发现根据国务院卫生行政主管部门的规定需要采取应急控制措施的传染病病人、疑似传染病病人，其负责人应当以最快的方式通知前方停靠点，并向交通工具的运营单位报告。交通工具的前方停靠点和运营单位应当立即向交通工具运营单位行政主管部门和县级以上地方人民政府卫生行政主管部门报告。卫生行政主管部门接到报告后，应当立即组织有关人员采取相应的医学处置措施。交通工具上的传染病病人密切接触者，由交通工具停靠点的县级以上各级人民政府卫生行政主管部门或者铁路、交通、民用航空行政主管部门，根据各自的职责，依照传染病防治法律、行政法规的规定，采取控制措施。

4. 医学措施。医疗卫生机构应当对因突发事件致病的人员提供医疗救护和现场救援，对就诊病人必须接诊治疗，并书写详细、完整的病历记录；对需要转送的病人，应当按照规定将病人及其病历记录的复印件转送至接诊的或者指定的医疗机构。医疗卫生机构内应当采取卫生防护措施，防止交叉感染和污染。医疗卫生机构应当对传染病病人密切接触者采取医学观察措施，传染病病人密切接触者应当予以配合。医疗机构收治传染病病人、疑似传染病病人，应当依法报告所在地的疾病预防控制机构。接到报告的疾病预防控制机构应当立即对可能受到危害的人员进行调查，根据需要采取必要的控制措施。

对传染病暴发、流行区域内流动人口，突发事件发生地的县级以上地方人民政府应当做好预防工作，落实有关卫生控制措施；对传染病病人和疑似传染病病人，应当采取就地隔离、就地观察、就地治疗的措施。

在突发事件中需要接受隔离治疗、医学观察措施的病人、疑似病人和传染病病人密切接触者在卫生行政主管部门或者有关机构采取医学措施时应当予以配合；拒绝配合的，由公安机关依法协助强制执行。

典型案例评析

［案情］

2013年4月24日，某市卫生局卫生监督员接举报对县区某民营医院进行监督检查时发现：(1)该院未取得《放射诊疗许可证》，正在开展放射诊疗活动；X光室未进行建设项目职业危害预防性评价，已投入使用；无受检者防护用品。(2)检验科工作人员苏某某未取得相应资质，单独从事检验工作，出具报告；放射科李某未取得相应资质，单独从事放射诊疗工作；李某某是内科专业执业医师，从事麻醉工作；陈某某是妇产科专业执业助理医师，单独从事B超检验工作，并出具报告。(3)该院医疗废物暂存点内医疗废物未分类收集、存放。

经进一步调查，该院存在以下违法事实：(1)已取得区卫生局《设置医疗机构批准书》(但未在市卫生局备案)和《医疗机构执业许可证》，但未办理《放射诊疗许可证》开展放射诊疗活动属实，X光室未进行建设项目职业危害预防性评价属实，无受检者防护用品属实；(2)检验科工作人员苏某某未取得相应资质，单独从事检验工作并出具报告，李某某是内科专业执业医师从事麻醉工作，陈某某是妇产科专业执业助理医师单独从事B超检验工作并出具报告；(3)该院医疗废物暂存点内医疗废物未分类收集、存放情况属实。

［争议焦点］

涉及多个违法行为时，应如何做出行政处罚？

［案例评析］

本案中，某民营医院涉及多个违法行为：(1)没有取得《放射诊疗许可证》开展放射诊疗活动；(2)X光室未进行建设项目职业危害预防性评价，职业病防护设施未通过竣工验收；(3)检验科工作人员苏某某未取得相应资质，单独从事检验工作并出具报告，其行为属于聘用非卫生技术人员从事医疗技术工作；(4)陈某某是妇产科专业执业助理医师单独从事B超检验工作并出具报告，属于超范围行医；(5)医疗废物暂存点内医疗废物未分类收集、存放。

上述行为系不同性质的违法行为，且违反不同的法律法规，应分别根据《放射诊疗管理规定》《医疗机构管理条例》《医疗废物管理条例》做出处罚，至于能否最终合并处罚则值得探讨。在本案中，卫生行政部门最终根据分别裁量、合并处罚原则，给予该院警告并处罚款人民币12000元整的行政处罚。

值得注意的是，对于该医疗机构违反《职业病防治法》，X光室未进行建设项目职业危害预防性评价，职业病防护设施未通过竣工验收的违法行为，根据《放射诊疗管理规定》和《职业病防治法》的相关规定，应由安全生产监督管理部门予以处罚。因此，本案中卫生行政部门不享有处罚权，应将案件移交给安全生产监督管理部门处理。

思考题

1. 公共场所卫生监督执法中，监督机构可采取哪些监督执法措施？

2. 放射卫生监督中，如何界定相关监督机构的职权及其分工？

3. 突发公共卫生事件的应急处置程序是什么？

4. 突发公共卫生事件的处置过程中，应如何实现公共利益与个人利益之间的平衡？

第二十章　食品安全保障法律制度

本章要点：食品是人类赖以生存和发展的基础，食品安全关系每个人的切身利益。食品安全法是调整食品安全监督管理关系和食品安全责任关系的法律规范，它对于规范食品生产经营，保障公众身体健康和生命安全具有重要意义。我国《食品安全法》对食品生产经营、食品安全风险监测与评估以及食品安全事故处置与法律责任等问题做了相应的规定。

第一节　食品安全保障法律制度概述

一、食品安全的概念

"食品"是指各种供人食用或者饮用的成品和原料以及按照传统既是食品又是中药材的物品，但是不包括以治疗为目的的物品。由于食品与药品是两种具有不同功能的物质，食品与药品不应混同，应当区别监管。原卫生部曾于2002年发布《关于进一步规范保健食品原料管理的通知》，列出了86种既是食品又是药品的物品名单，其中包括丁香、八角、山药、山楂等。

食品安全从内涵上看，既包括数量安全，也包括质量安全。食品数量安全，是指生产出数量充足、品种多样的食品，以满足人们的日常基本需要。如1974年11月，联合国粮农组织(FAO)在世界粮食大会上通过的《世界粮食安全国际约定》，在国际上第一次提出了"食品安全"的概念，此处所指的就是数量安全。食品质量安全，是指食品无毒、无害并符合应当有的营养要求。如1996年世界卫生组织(WHO)将食品安全定义为："对食品按其原定用途进行制作、食用时不会使消费者健康受到损害的一种担保。"2003年，联合国粮农组织/世界卫生组织(FAO/WHO)将食品安全定义为："食品安全是指所有的危害，无论是慢性的还是急性的，这些危害会使食物有害于消费者健康。"随着温饱问题在世界范围内的逐渐解决，人们关注的重点也逐渐从食品数量安全转向了食品质量安全。

在我国，《食品安全法》规定："食品安全，指食品无毒、无害，符合应当有的营养要求，对人体健康不造成任何急性、亚急性或者慢性危害。"可见其指的也是食品质量的安全。

二、我国食品安全立法概况

新中国建立后，当时的卫生部陆续颁布了各种规章、标准对食品卫生进行监督和管理。1979 年，国务院颁布了《食品卫生管理条例》，表明我国在不断加强食品卫生法制化管理的力度。1982 年第五届全国人民代表大会常务委员会第二十五次会议通过《食品卫生法（试行）》，这是新中国成立以来第一部规范食品卫生的专门法律。1995 年，第八届全国人民代表大会常务委员会第十六次会议通过《食品卫生法》，进一步理顺了食品卫生监管体系，行政处罚规定更加明确具体，也加重了处罚力度，同时增加了对保健食品的规定。随着市场经济的高速发展，我国食品安全工作出现了新情况、新问题。特别是 2003 年安徽的"大头娃娃事件"、2008 年的"三聚氰胺奶粉事件"等一系列重大食品安全问题的发生，产生了食品卫生立法向食品安全立法转型的迫切需求。2009 年第十一届全国人民代表大会常务委员会通过了《食品安全法》，对原来的《食品卫生法》进行了较为全面的修订。它进一步扩大了法律适用主体，变被动事后监管为主动的全程监管，同时统一了食品安全标准，并首次建立了食品安全风险评估制度。该法的颁布与实施，对规范食品生产经营活动、保障食品安全发挥了重要作用。党的十八大以来，我国进一步改革完善食品安全监管体制，积极推进食品安全社会共治格局，为了将改革措施法制化，有必要对《食品安全法》进行修订。在此背景下，2015 年 4 月 24 日，第十二届全国人民代表大会常务委员会通过了修订后的《食品安全法》，并自 2015 年 10 月 1 日起施行。

三、《食品安全法》最新修订的主要内容

2015 年修订的《食品安全法》在多个方面有了修改，条文数量由原来的 104 条增加到 154 条，共增加了 50 个条文。从内容方面看，主要涉及如下几个方面：

（一）确立统一的食品安全监管机构

新法以法律形式巩固了食品安全监管体制改革成果，明确食品药品监督管理部门负责食品生产经营的全程监管，将原来法律规定的分段监管变成了统一监管。

（二）建立严格的食品全程监管制度

新法对食品生产、流通、餐饮服务和食用农产品销售等各个环节，食品生产经营过程中涉及的食品添加剂、食品相关产品的监管、网络食品交易等新兴的业态，还有在生产经营过程中的一些过程控制的管理制度，都进行了细化和完善，进一步强调了食品生产经营者的主体责任和监管部门的监管责任。

（三）突出预防为主的风险治理制度

新法对食品安全风险监测、风险评估这些食品安全中最基础的制度进行了

进一步的完善。在风险治理方面，新法增加了风险分级管理制度、风险交流制度、风险自查制度、责任约谈制度，同时还完善了食品召回制度。

（四）强化食品安全的社会共治机制

食品安全拥有最广泛的利益相关者，应当建立最紧密的命运共同体。在充分发挥食品行业协会、消费者协会等社会组织积极作用的同时，新法还建立了贡献褒奖制度、有奖举报制度、责任保险制度。

（五）实行更加严格的法律责任制度

新法建立了首负责任制，规定接到消费者赔偿要求的生产经营者，应当先进行赔付。同时完善了惩罚性赔偿制度，规定消费者受到损害的，可要求生产者或者经营者支付价款10倍或者损失3倍的赔偿金。

（六）强调食品安全信息公开制度

新法突出了食品安全信息公开，有关公布、公开、广告、公示等规定达40多处，涉及食品安全标准公开、风险交流公开、产品注册公开、企业许可公开、监督抽检公开、行政处罚公开等多个方面，形成了系统完备的信息公开机制。

第二节　食品生产经营法律制度

“食品生产经营”是指一切食品的生产（不包括种植业和养殖业）、采集、收购、加工、贮存、运输、陈列、供应、销售等活动。“食品生产经营的主体”，即“食品生产经营者”，是指从事食品生产加工、流通、销售和餐饮服务的法人、自然人和其他经济组织，包括食品生产、运输、储藏、销售、服务企业及各类经济组织。

一、食品生产经营的一般规定

（一）食品生产经营的要求

对食品生产经营的要求，首先是要符合食品安全标准。按照食品安全标准进行生产、经营是《食品安全法》对食品生产经营最基本的要求。除此之外，还必须做到《食品安全法》第三十三条规定的11项基本要求：(1)达到食品生产经营的场所环境卫生要求；(2)食品生产经营者应当具备相应的生产经营设备或卫生设备；(3)食品生产经营者应当有食品专业安全、技术人员和保证食品生产安全的规章制度；(4)达到设备布局和工艺流程的卫生要求；(5)具备餐具等容器消毒的要求；(6)保证食品贮存、运输和装卸中的卫生要求；(7)具备食品包装的卫生要求；(8)符合对食品生产经营人员的特殊卫生要求；(9)符合食品用水的卫生要求；(10)符合洗涤剂和消毒剂的卫生要求；(11)法律法规规定的其他要求。

（二）禁止生产经营的食品

食品生产经营者不得生产经营下列食品：(1)用非食品原料生产的食品或者

添加食品添加剂以外的化学物质和其他可能危害人体健康物质的食品，或者用回收食品作为原料生产的食品；(2)致病性微生物、农药残留、兽药残留、重金属、污染物质以及其他危害人体健康的物质含量超过食品安全标准限量的食品；(3)营养成分不符合食品安全标准的专供婴幼儿和其他特定人群的主辅食品；(4)腐败变质、油脂酸败、霉变生虫、污秽不洁、混有异物、掺假掺杂或者感官性状异常的食品；(5)病死、毒死或者死因不明的禽、畜、兽、水产动物肉类及其制品；(6)未经动物卫生监督机构检疫或者检疫不合格的肉类，或者未经检验或者检验不合格的肉类制品；(7)被包装材料、容器、运输工具等污染的食品；(8)超过保质期的食品；(9)无标签的预包装食品。(10)国家为防病等特殊需要明令禁止生产经营的食品。

二、食品生产经营中的具体法律制度

(一)食品生产经营许可制度

食品生产经营许可是一项行政许可，是指食品生产经营的主管行政机关根据公民、法人或者其他组织的申请，依据《食品安全法》及其相关法律法规进行审查，准予其从事特定食品生产经营活动的行为。《食品安全法》规定的许可制度主要包括食品生产许可、食品流通许可、餐饮服务许可和食品添加剂生产许可。

开办食品生产的企业，应当向县级以上质量监督管理部门申请食品生产许可证；凡在流通环节从事食品经营的，应当依法取得食品流通许可；从事食品餐饮服务活动的单位和个人，应当在取得《餐饮服务许可证》后，方可从事餐饮服务活动并承担餐饮服务的食品安全责任。进行食品添加剂生产的，应当依法取得《食品添加剂生产许可证》，并符合法定条件。

(二)食品从业人员健康管理制度

食品生产经营者应当建立并执行从业人员健康管理制度，具体包括从业人员健康检查制度和健康档案制度。患有痢疾、伤寒、病毒性肝炎等消化道传染病的人员，以及患有活动性肺结核、化脓性或者渗出性皮肤病等有碍食品安全的疾病的人员，不得从事直接接触入口食品的工作，食品生产经营者应当将其调离到其他不影响食品安全的工作岗位。食品生产经营人员每年应当进行健康检查，取得健康证明后方可参加工作。

(三)食品生产经营信息记录制度

食品生产经营信息记录制度，是对食品、食品添加剂、食品相关产品等的来源、用法、用量、保质期等相关信息做出记录，保障食品的可追溯性的制度。《食品安全法》对食品生产经营信息记录制度做了全面系统的规定，主要包括：食用农产品生产记录制度、食品相关产品进货查验记录制度、食品生产企业出厂检验记录制度、食品生产企业进货查验记录制度。

(四)食品标识标签制度

食品标识标签制度是指在食品、食品添加剂、食品相关产品的外包装上标明食品的名称、生产日期、保质期、贮存条件、生产经营者名称及联系方式等内容,以方便消费者了解、正确食用产品的制度。食品标识是指粘贴、印刷、标记在食品或者其包装上,用以表示食品名称、质量等级、商品量、食用或者使用方法、生产者或者消费者等相关信息的文字、符号、数字、图案以及其他说明的总称。而食品标签,是指在食品包装容器上或者附于食品包装容器上的一切附签,如吊牌、文字、图形、符号说明物。食品标识是食品标签承载的内容,而食品标签是食品标识得以呈现的载体。

(五)食品召回制度

1.食品召回制度的含义。“食品召回制度”是指食品的生产者、进口者和经销者,在获悉其生产、进口或经销的食品存在可能危害消费者健康、安全的缺陷时,依法向政府部门报告,及时通知消费者,从市场和消费者手中收回问题食品,并采取更换、退货、赔偿等积极有效的补救措施,以消除缺陷食品危害的制度。

食品召回制度有以下几个特点:(1)召回主体是食品生产者、进口商或经销商;(2)召回的对象是不符合食品安全标准或食品安全法规定的基本要求的缺陷食品,而这些缺陷食品是某一批次或某一类别的食品,而非具体的单个食品;(3)召回的方式是主动收回消费者手中的食品,并给予更换、退货或赔偿;(4)召回的目的是停止销售会产生健康风险的食品,就有关问题通告相关机构和公众,快速、有效地从市场上消除潜在的不安全食品,保持商业声望和生计,保持公众信任。

2.食品召回制度的内容。根据《食品安全法》第五十三条及《食品安全法实施条例》第三十三条的规定,我国建立食品召回制度,其主要内容包括以下几点:(1)食品召回的级别。根据食品安全危害的严重程度,将食品召回分为三级:一级召回,是指已经或可能诱发食品污染、食源性疾病等对人体健康造成严重危害甚至死亡的,或者流通范围广、社会影响大的不安全食品的召回;二级召回,是指已经或可能引发食品污染、食源性疾病等对人体健康造成危害,危害程度一般或流通范围较小、社会影响较小的不安全食品的召回;三级召回,是指已经或可能引发食品污染、食源性疾病等对人体健康造成危害,危害程度轻微的,或者含有对特定人群可能引发危害健康的成分,而在食品标签和食品说明书上未予以标示,或标示不全、不明确的不安全食品的召回。(2)食品召回的方式及补救措施。我国食品召回程序的启动方式有两种:一是食品生产经营者主动召回;二是监管部门责令召回。食品生产者应当对召回的食品采取补救、无害化处理、销毁等措施，并将食品召回和处理情况向县级以上质量监督部门报告。

（六）食品广告制度

“广告”是指商品经营者或者服务提供者承担费用，通过一定媒介和形式直接或者间接地介绍自己所推销的商品或者所提供的服务。

根据《广告法》的规定，广告涉及广告主、广告经营者、广告发布者等多方法律关系者。“广告主”是指为推销商品或者提供服务，自行或者委托他人设计、制作、发布广告的法人、其他经济组织或者个人；“广告经营者”是指受委托提供广告设计、制作、代理服务的法人、其他经济组织或者个人；“广告发布者”是指为广告主或者广告主委托的广告经营者发布广告的法人或者其他经济组织。

广告主、广告经营者、广告发布者从事食品广告活动，除应当遵守《食品安全法》外，还应当遵守《广告法》及其配套的法规的规定：(1)食品广告的内容应当真实合法，不得含有虚假、夸大的内容，不得欺骗和误导消费者。(2)食品广告的内容不得涉及疾病预防、治疗功效。(3)食品安全监管部门等不得以广告或者其他形式向消费者推荐食品。

（七）违反食品生产经营规定的法律责任

食品生产者和经营者在生产经营食品过程中，违反《食品安全法》及相关法律法规的规定，应当承担的法律责任有：(1)行政责任：主要包括违反许可制度的行政责任，违反生产经营范围的行政责任，未建立生产经营信息记录，标签及从业人员管理等制度的行政责任、违反广告制度的行政责任以及其他违法行为的行政责任。(2)民事责任，主要包括人身损害赔偿责任、财产损害赔偿责任、连带赔偿责任。(3)惩罚性赔偿责任，即生产不符合食品安全标准的食品或者销售明知是不符合食品安全标准的食品，消费者除要求赔偿损失外，还可以向生产者或者销售者要求支付价款10倍的赔偿金。

对实施食品安全犯罪的行为人的刑事责任主要有违反许可制度的刑事责任，违法生产、销售不符合标准的食品的刑事责任和违反广告制度的刑事责任。

第三节　食品安全风险监测与评估制度

食品安全风险监测与评估制度是基于“风险预防原则”所衍生出来的一种制度。1995年联合国粮农组织(FAO)与世界卫生组织(WHO)联合专家委员会召开了以“食品标准的制定将采用风险分析的结果”为主题会议。该次会议首次提出要在食品安全领域进行风险分析的理念：食品安全的风险是客观存在，但通过风险评估、风险管理与风险交流3个步骤对食品进行风险分析可以降低风险发生的概率。目前，美国、欧洲等发达国家已建立起以风险预防为理念的食品安全监管体系。

一、食品安全风险监测制度

(一)食品安全风险监测的概念

食品安全风险监测制度是我国2009年制定的《食品安全法》中所确立的一项重要法律制度。在此之前,我国在与相关国际组织和有关国家进行合作的过程中就已经开始进行相关的工作。《食品安全法》出台以后,原卫生部于2010年1月专门印发了《食品安全风险监测管理规定(试行)》,其中第二条规定:食品安全风险监测是通过系统和持续地收集食源性疾病、食品污染以及食品中有害因素的监测数据及相关信息,并进行综合分析和及时通报的活动。食源性疾病是指食品中致病因素进入人体引起的感染性、中毒性等疾病。食品中的污染物包括生物性污染物、化学性污染物和物理性污染物。其中,生物性污染主要包括食源性致病菌、寄生虫、病毒等;化学性污染主要包括重金属、农药和兽药残留、真菌毒素、食品加工过程中形成的污染物等;物理性污染主要包括食品加工过程中带入的杂质等。食品中的有害因素主要指滥用食品添加剂和非法添加物等。

(二)食品安全风险监测的作用

食品安全风险监测是依法监督管理食品安全的重要技术手段,承担着为政府提供技术决策、技术服务和技术咨询的重要职能。通过有效实施风险监测,有利于早发现、早报告、早处置食品安全风险,从而建立起以食品安全风险评估为基础的食品安全科学监管机制,实现以预防为主的食品安全监管理念。具体来说,食品安全风险监测主要有以下几方面的作用:首先,通过风险监测,了解我国食品安全的整体状况,科学评价食品污染和食源性疾病对健康带来的危害及造成的经济负担,为有效制定食品安全管理政策提供技术依据。其次,通过风险监测,了解掌握国家或地区特定食品或特定污染物的水平,掌握污染物变化趋势,开展风险评估并适时制定修订食品安全标准,指导食品生产经营企业做好食品安全管理。再次,通过风险监测从一个侧面反映一个地区食品安全监管工作的水平,指导确定监督抽检重点领域,评价干预实施效果,为政府食品安全监管提供科学信息。最后,通过风险监测指导科学发布食品安全信息,客观评价并发布食品安全客观情况,科学宣传食品安全知识,维护人民群众的知情权,增强我国消费者的信心,促进国际食品贸易发展。

(三)食品安全风险监测计划的制订

1. 监测计划的制订主体。我国的食品安全风险监测计划可以分为两部分,分别是国家层面的食品安全风险监测计划与地方层面的食品安全风险监测方案,由不同主体制订。根据《食品安全法》及相关配套法规的规定,国家食品安全风险监测计划，由国务院卫生行政部门会同国务院质量监督、工商行政管理和国家食品药品监督管理以及国务院商务、工业和信息化等部门，根据食品安全风险评估、食品安全标准制定与修订、食品安全监督管理等工作的需要制订。在地方，由省、自治区、直辖市人民政府卫生行政部门会同同级食品药品监督管理、质量监督等部门，根据国家食品安全风险监测计划，结合本行政区域的具体情况，制订、调整本行政区域的食品安全风险监测方案，并报国务院卫生行政部门备案。国务院卫生行政部门应当将备案情况向国务院质量监督、工商行政管理和国家食品药品监督管理以及国务院商务、工业和信息化等部门通报。

2. 监测计划的调整。为了保证食品安全风险监测计划符合实际情况的变动，在其制订以后，如果遇到特定情形可以进行相应的调整。对此，《食品安全法》第十四条规定：国务院食品药品监督管理部门和其他有关部门获知有关食品安全风险信息后，应当立即核实并向国务院卫生行政部门通报。对有关部门通报的食品安全风险信息以及医疗机构报告的食源性疾病等有关疾病信息，国务院卫生行政部门应当会同国务院有关部门分析研究，认为必要的，及时调整国家食品安全风险监测计划。如果国家食品安全风险监测计划做出调整的，省、自治区、直辖市人民政府卫生行政部门应当结合本行政区域的具体情况，对本行政区域的食品安全风险监测方案做出相应的调整。

3. 监测计划的内容。国家食品安全风险监测计划应规定监测的内容、任务分工、工作要求、组织保障措施和考核等内容。在监测内容方面，由于其对象范围非常广泛，包括食品、食品添加剂和食品相关产品，因此，为了增强监测计划的针对性，应当遵循优先选择原则，兼顾常规监测范围和年度重点。根据《食品安全风险监测管理规定（试行）》，作为优先监测的品种包括：(1)健康危害较大、风险程度较高以及污染水平呈上升趋势的；(2)易于对婴幼儿、孕产妇、老年人、病人造成健康影响的；(3)流通范围广、消费量大的；(4)以往在国内导致食品安全事故或者受到消费者关注的；(5)已在国外导致健康危害并有证据表明可能在国内存在的。

（四）食品安全风险监测计划的实施

食品安全风险监测是一项技术性活动，因此，虽然监测计划的实施主体与制订主体一样，由卫生行政部门会同食品药品监督管理、质量监督等部门共同实施，但其具体的监测工作则是由省级以上人民政府卫生行政部门会同同级质量监督、工商行政管理、食品药品监督管理等部门确定的技术机构进行承担的。根据《食品安全法》的规定，被确定为承担监测工作的技术机构应当根据食品安全风险监测计划和监测方案开展监测工作，保证监测数据真实、准确，并按照食品安全风险监测计划和监测方案的要求，将监测数据和分析结果报送省级以上人民政府卫生行政部门和下达监测任务的部门。食品安全风险监测工作人员采集样品、收集相关数据,可以进入相关食用农产品种植养殖、食品生产、食品流通或者餐饮服务场所。采集样品,应当按照市场价格支付费用。

对于技术机构上报的食品安全风险监测结果,如果表明可能存在食品安全隐患的,县级以上人民政府卫生行政部门应当及时将相关信息通报同级食品药品监督管理等部门,并报告本级人民政府和上级人民政府卫生行政部门。食品药品监督管理等部门接到通报后,应当组织开展进一步的调查。

二、食品安全风险评估制度

(一)食品安全风险评估的概念

"食品安全风险评估"是指运用科学方法,根据食品安全风险监测信息、科学数据以及有关信息,对食品、食品添加剂、食品相关产品中生物性、化学性和物理性危害因素进行科学评估的活动。风险评估是由危害识别、危害特征描述、暴露评估和风险特征描述四个步骤组成的科学评估过程。危害识别是对食品中可能存在的危害人体健康的生物、化学或物理的因素进行识别确认。危害特征描述则要对上述危害因素进行定性或定量的评价,描述其剂量反应关系。暴露评估是对通过食品和其他途径摄入的各类危害因素进行定性或定量的评估。风险特征描述则是在以上3个步骤的基础上,对既定人群中存在的已知或潜在的危害发生的可能性和严重程度进行定性或定量的估计。

(二)食品安全风险评估的作用

食物之中任何一种危险物都可能对健康产生不良作用,其风险有高低之分。在确定食品是否安全时,必须衡量食品给人类健康带来的益处与受到食品危害的风险大小。一般来说,如果遭遇某种危险的概率低于十万分之一,属于低风险。但如果概率较高,就必须采取合理的防范措施。由于食品中含有来自植物和动物自身的天然化学物,在生产、加工和制备过程中也会接触多种天然和人工合成物质。对这些可能危害健康的物质,通过风险评估确定其风险大小,在食品生产加工等环节中,根据风险程度采取相应的风险管理措施,就可以控制或者降低风险危害。具体来说,开展食品安全风险评估有助于对各种有争议、高成本的风险管理措施进行客观评价;有助于建立一整套有效保证食品安全的措施,达到保护消费者的目的;有助于"从农田到餐桌"的食品安全计划的制订;有助于食品安全风险评估标准体系的制定;有助于权衡界定不同危害物质所产生的风险因子;有助于通过科学方法证明技术标准的合理性;为合理制定法律、法规政策及进行风险交流管理与决策提供科学依据。

(三)食品安全风险评估的组织机构

我国目前的食品安全风险评估工作由国务院卫生行政部门负责组织,而具体承担机构则是由国家卫生行政部门组织成立的国家食品安全风险评估专家委员会。根据2009年通过的《食品安全法》的规定，2009年12月，当时的卫生部组建了我国第一届国家食品安全风险评估专家委员会，它由来自医学、农业、食品、营养等方面的专家组成，共有42名成员。专家委员会的职责是参与制订与食品安全风险评估相关的监测和评估计划，拟定国家食品安全风险评估技术规则，解释食品安全风险评估结果，开展风险评估交流，以及承担卫生部委托的其他风险评估相关任务。另外，我国于2011年10月成立了国家食品安全风险评估中心，将其作为负责食品安全风险评估的国家级技术机构。它的主要职能是开展食品安全风险评估基础性工作，具体承担食品安全风险评估相关科学数据、技术信息、检验结果的收集、处理、分析等任务。无论是评估专家委员会还是评估中心，都在各自职责范围内独立开展风险评估工作，不受任何部门的不当干预，以保证风险评估结果的科学、客观和公正。

（四）食品安全风险评估的法定情形

根据《食品安全法》的规定，应当进行食品安全风险评估的法定情形包括：(1)通过食品安全风险监测或者接到举报发现食品、食品添加剂、食品相关产品可能存在安全隐患的；(2)为制定或者修订食品安全国家标准提供科学依据需要进行风险评估的；(3)为确定监督管理的重点领域、重点品种需要进行风险评估的；(4)发现新的可能危害食品安全因素的；(5)需要判断某一因素是否构成食品安全隐患的；(6)国务院卫生行政部门认为需要进行风险评估的其他情形。

同时，国务院食品药品监督管理、质量监督、农业行政等部门在监督管理工作中发现需要进行食品安全风险评估的，应当向国务院卫生行政部门提出食品安全风险评估的建议，并提供风险来源、相关检验数据和结论等信息、资料。属于上述需要评估的法定情形的，国务院卫生行政部门应当及时进行食品安全风险评估，并向国务院有关部门通报评估结果。

（五）食品安全风险评估的程序

食品安全风险评估的程序，主要可以分为以下几个步骤：第一，确定风险评估任务。当发生食品安全风险评估的法定情形需要进行风险评估的，由国务院卫生行政部门以《风险评估任务书》的形式向国家食品安全风险评估专家委员会下达风险评估任务。《风险评估任务书》应当包括风险评估的目的、需要解决的问题和结果产出形式等内容。第二，制订风险评估的实施方案。国家食品安全风险评估专家委员会应当根据评估任务提出风险评估实施方案，报国务院卫生行政部门备案。对于需要进一步补充信息的，可向国家卫计委提出数据和信息采集方案的建议。第三，进行风险评估。受委托的有关技术机构应当在国家食品安全风险评估专家委员会要求的时限内提交风险评估相关科学数据、技术信息、检验结果的收集、处理和分析的结果。第四，风险评估结果的上报与公布。国家食品安全风险评估专家委员会在对技术机构提交的相关数据、信息进行审核的基础上，形成风险评估的结果和报告，并及时上报国务院卫生行政部门。

（六）食品安全风险评估结果的通报与公告

食品安全风险评估结果是制定、修订食品安全标准和实施食品安全监督管理的科学依据。为了加强评估信息的共享，《食品安全法》规定，国务院卫生行政、农业行政部门应当及时相互通报食品、食用农产品安全风险评估结果等信息；并规定经食品安全风险评估，得出食品、食品添加剂、食品相关产品不安全结论的，国务院食品药品监督管理、质量监督等部门应当依据各自职责立即向社会公告，告知消费者停止食用或者使用，并采取相应措施，确保该食品、食品添加剂、食品相关产品停止生产经营。

第四节　食品安全标准

一、食品安全标准

食品安全标准是国家强制执行的食品必须达到的安全标准。

食品安全标准应当包括下列内容：(1)食品、食品添加剂、食品相关产品中的致病性微生物、农药残留、兽药残留、生物毒素、重金属等污染物质以及其他危害人体健康物质的限量规定；(2)食品添加剂的品种、使用范围、用量；(3)专供婴幼儿和其他特定人群的主辅食品的营养成分要求；(4)对与卫生、营养等食品安全要求有关的标签、标志、说明书的要求；(5)食品生产经营过程的卫生要求；(6)与食品安全有关的质量要求；(7)与食品安全有关的食品检验方法与规程；(8)其他需要制定为食品安全标准的内容。

二、食品安全标准的制定

制定食品安全标准，应当以保障公众身体健康为宗旨，做到科学合理、安全可靠。

（一）食品安全国家标准的制定

食品安全国家标准由国务院卫生行政部门会同国务院食品药品监督管理部门制定、公布，国务院标准化行政部门提供国家标准编号。

食品中农药残留、兽药残留的限量规定及其检验方法与规程由国务院卫生行政部门、国务院农业行政部门会同国务院食品药品监督管理部门制定。

屠宰畜、禽的检验规程由国务院农业行政部门会同国务院卫生行政部门制定。

制定食品安全国家标准，应当依据食品安全风险评估结果并充分考虑食用农产品安全风险评估结果，参照相关的国际标准和国际食品安全风险评估结果，并将食品安全国家标准草案向社会公布，广泛听取食品生产经营者、消费者、有关部门等方面的意见。

食品安全国家标准应当经国务院卫生行政部门组织的食品安全国家标准审评委员会审查通过。食品安全国家标准审评委员会由医学、农业、食品、营养、生物、环境等方面的专家以及国务院有关部门、食品行业协会、消费者协会的代表组成，对食品安全国家标准草案的科学性和实用性等进行审查。

（二）食品安全地方标准的制定

对地方特色食品，没有食品安全国家标准的，省、自治区、直辖市人民政府卫生行政部门可以制定并公布食品安全地方标准，报国务院卫生行政部门备案。食品安全国家标准制定后，该地方标准即刻废止。

（三）食品安全企业标准的制定

国家鼓励食品生产企业制定严于食品安全国家标准或者地方标准的企业标准，在本企业适用，并报省、自治区、直辖市人民政府卫生行政部门备案。

三、食品安全标准的公示和修订

省级以上人民政府卫生行政部门应当在其网站上公布制定和备案的食品安全国家标准、地方标准和企业标准，供公众免费查阅、下载。

对食品安全标准执行过程中的问题，县级以上人民政府卫生行政部门应当会同有关部门及时给予指导、解答。

省级以上人民政府卫生行政部门应当会同同级食品药品监督管理、质量监督、农业行政等部门，分别对食品安全国家标准和地方标准的执行情况进行跟踪评价，并根据评价结果及时修订食品安全标准。

省级以上人民政府食品药品监督管理、质量监督、农业行政等部门应当对食品安全标准执行中存在的问题进行收集、汇总，并及时向同级卫生行政部门通报。

食品生产经营者、食品行业协会发现食品安全标准在执行中存在问题的，应当立即向卫生行政部门报告。

第五节　食品安全事故处置与法律责任

一、食品安全事故处置制度

“食品安全事故”是指食物中毒、食源性疾病、食品污染等源于食品，对人体健康有危害或者可能有危害的事故。根据我国《国家食品安全事故应急预案》的规定，食品安全事故共分4级，即特别重大食品安全事故、重大食品安全事故、较大食品安全事故和一般食品安全事故。有关事故等级的评估核定，由卫生行政部门会同有关部门依照有关规定进行。

（一）食品安全事故应急预案及其制订

食品安全事故应急预案是经过一定程序制订的开展食品安全事故应急处理工作的事先指导方案，它是一项已经被证明行之有效的食品安全事故处置应对制度。我国食品安全事故应急预案分为国家应急预案、地方政府应急预案与企业应急预案3个层次。国家食品安全事故应急预案由国务院组织制订，2011年10月，国务院在修订《国家重大食品安全事故应急预案》的基础上，发布了《国家食品安全事故应急预案》。县级以上地方人民政府应当根据有关法律、法规的规定和上级人民政府的食品安全事故应急预案以及本行政区域的实际情况，制订本行政区域的食品安全事故应急预案，并报上一级人民政府备案。中央和地方政府的食品安全事故应急预案的内容，应当对食品安全事故分级、事故处置组织指挥体系与职责、预防预警机制、处置程序、应急保障措施等做出规定。食品生产经营企业应当根据本企业的实际情况，制订食品安全事故处置方案，并定期检查本企业各项食品安全防范措施的落实情况，及时消除事故隐患。

（二）食品安全事故报告与通报

食品安全事故发生后，事故发生单位及时采取应急处置措施对减少事故损失、消除食品安全事故危害、恢复正常秩序具有重要意义。因此，事故发生单位应在第一时间内采取应急措施，防止事故扩大。同时，事故单位和接收病人进行治疗的单位应当及时向事故发生地县级人民政府食品药品监督管理、卫生行政部门报告。接到报告的县级人民政府食品药品监督管理部门应当按照应急预案的规定向本级人民政府和上级人民政府食品药品监督管理部门报告。县级人民政府和上级人民政府食品药品监督管理部门应当按照应急预案的规定上报。医疗机构发现其接收的病人属于食源性疾病病人或者疑似病人的，应当按照规定及时将相关信息向所在地县级人民政府卫生行政部门报告。县级人民政府卫生行政部门认为与食品安全有关的，应当及时通报同级食品药品监督管理部门。县级以上人民政府卫生行政部门在调查处理传染病或者其他突发公共卫生事件中发现与食品安全相关的信息，应当及时通报同级食品药品监督管理部门。

（三）食品安全事故的调查与处置措施

食品安全事故发生后，为了减轻社会危害，《食品安全法》规定，县级以上人民政府食品药品监督管理部门接到食品安全事故的报告后，应当立即会同同级卫生行政、质量监督、农业行政等部门进行调查处理，并采取下列措施：(1)开展应急救援工作，组织救治因食品安全事故导致人身伤害的人员；(2)封存可能导致食品安全事故的食品及其原料，并立即进行检验。对确认属于被污染的食品及其原料，责令食品生产经营者召回或者停止经营；(3)封存被污染的食品及其相关产品，并责令生产经营者进行清洗消毒；(4)做好信息发布工作，依法对食品安全事故及其处理情况进行发布，并对可能产生的危害加以解释、说明。

当发生食品安全事故需要启动应急预案的，县级以上人民政府应当立即成立事故处置指挥机构，启动应急预案，并按照应急预案的规定进行处置。《食品安全法》同时还规定，发生食品安全事故，县级以上疾病预防控制机构应当对事故现场进行卫生处理，并对与事故有关的因素开展流行病学调查，有关部门应当予以协助。县级以上疾病预防控制机构应当向同级食品药品监督管理、卫生行政部门提交流行病学调查报告。

二、食品安全法律责任制度

相较于旧法，新《食品安全法》对违法行为的处罚力度明显加强，其立法用意十分明确，旨在大幅提高违法成本，达到“重典治乱”的监管目的。

(一)民事责任

新法在民事责任方面的修订主要体现在以下几方面：

1.增设了赔偿首负责任制。按照《产品质量法》《消费者权益保护法》和《侵权责任法》的相关规定，因产品存在缺陷造成人身、财产损害的，消费者可以选择向产品生产者或销售者要求赔偿，但未明确首负责任制。新的《食品安全法》则明确规定：消费者因不符合食品安全标准的食品受到损害的，可以向经营者要求赔偿损失，也可以向生产者要求赔偿损失。接到消费者赔偿要求的生产经营者，应当实行首负责任制，先行赔付，不得推诿：属于生产者责任的，经营者赔偿后有权向生产者追偿；属于经营者责任的，生产者赔偿后有权向经营者追偿。

2.完善了惩罚性的赔偿制度。在旧法规定10倍价款惩罚性的赔偿基础上，增设了赔偿损失3倍的选择标准，并确立了最低赔偿额，即规定：生产不符合食品安全标准的食品或者经营明知是不符合食品安全标准的食品，消费者除要求赔偿损失外，还可以向生产者或者经营者要求支付价款10倍或者损失3倍的赔偿金；增加赔偿的金额不足1000元的，为1000元。该项赔偿要求明显要高于《消费者权益保护法》确立的惩罚性赔偿标准，即经营者欺诈情形下的价款3倍(最低为500元)或明知商品或服务存在缺陷情形下的损失2倍的惩罚性赔偿制度。

3.强化了民事连带责任。在旧法规定的集中交易市场的开办者、柜台出租者或展销会的举办者，以及在虚假广告或者其他虚假宣传中向消费者推荐食品的社会团体或者其他组织、个人与商品生产经营者承担连带责任的基础上,新法增加了为违法生产经营行为提供生产经营场所或者其他条件、食品检验机构出具虚假检验报告和认证机构出具虚假认证结论,使消费者的合法权益受到损害的,均应当与食品生产经营者承担连带责任。

(二)行政责任

新法在行政责任方面的修订主要体现在以下几方面:

1.增加"终身禁入"的资格处罚。本次修法中新增最严厉同时也最值得关注的处罚措施是两项"终身禁入"的规定,即因食品安全犯罪被判处有期徒刑以上刑罚的,终身不得从事食品生产经营管理工作,也不得担任食品生产经营企业食品安全管理人员;因食品安全违法行为受到刑事处罚的食品检验机构人员,终身不得从事食品检验工作。

2.大幅度提高罚款额度。对于无证经营的违法行为,罚款额度从最高为货值金额10倍提高到了20倍;对于生产经营不符合安全标准的食品的各种违法行为,罚款额度则从最高为货值金额10倍提高到了30倍。

3.增加拘留的行政处罚措施。对用非食品原料生产食品等严重违法行为的责任人,以及使用剧毒、高毒农药的责任人,新法增加规定公安机关可以给予拘留。

(三)刑事责任

我国《刑法》中规定与食品安全相关的犯罪,主要有生产、销售伪劣商品罪,生产、销售不符合安全标准的食品罪以及生产、销售有毒、有害食品罪等罪名。新《食品安全法》新增了部分违法行为情形,并对各类违法生产经营行为进行了适当的分类调整,同时全面抬高了违法行为的责任幅度。与此相对应,《刑法》及其司法解释《最高人民法院、最高人民检察院关于办理危害食品安全刑事案件适用法律若干问题的解释》的相应修订也将势在必行。

除上述针对监管相对人的责任制度外,对监管者而言,新《食品安全法》明显加强了对地方政府负责人和食品安全监管人员的问责机制。新《食品安全法》依照规定的监管职责逐项设定相应的法律责任,细化处分规定。同时针对原法中引咎辞职的原则性规定明确了适用情形,并将引咎辞职问责机制的适用范围从食品安全监管部门负责人扩展到了地方政府主要负责人。

典型案例评析

[案情]

柳某于2003年在山东省平阴县孔村镇成立了中兴脂肪酸甲酯厂进行餐厨废弃油的回收再加工,其分别从江苏、四川等省份收购餐厨废弃油,并将餐厨废弃油提炼成为劣质油脂。柳某明知他人将所购劣质油脂冒充豆油等食用油进行销售,仍为获取利润予以销售。为扩大生产规模,柳某又注册成立了博汇公司、格林公司并招募鲁某、李某等人。其中,鲁某负责公司的筹建和管理;李某负责采购餐厨废弃油等工作;于某负责格林公司的机器设备维护及水解车间的管理工作;刘某负责运输成品油脂;王某负责运输半成品及处理污水,并提供个人账户作为收付货款的账户;张某负责后勤工作。经查,山东聊城昌泉粮油实业公司(以下简称昌泉公司)、河南郑州宏大粮油商行(以下简称宏大商行)(均另案处理)等均为食用油销售者,其明知柳某销售的劣质油脂系使用餐厨废弃油提炼而成,仍予以购买,然后直接或勾兑后作为食用油销售给学校食堂、食品加工厂及个体粮油店等,或者冒充豆油销售给饲料、药品加工等企业。柳某明知上述事实仍销售其提炼的劣质油脂给昌泉公司、宏大商行。

至此,柳某等人制造、销售进入食用油市场的劣质油脂价值共计926万余元人民币,进入非食用油加工市场的劣质油脂价值共计9065万余元人民币。另外,李某等人参与生产、销售进入食用油市场的劣质油脂金额分别为:李某765万余元,张某457万余元,王某270万余元,刘某138万余元,鲁某、于某均为134万余元;鲁某、于某等人参与生产、销售流入非食用油市场的劣质油脂金额分别为:李某9065万余元,张某4961万余元,刘某2221万余元,王某6534万余元,鲁某、于某均为699万余元。

公诉机关以柳某、鲁某、李某、张某、于某、刘某、王某犯生产、销售有毒、有害食品罪、生产、销售伪劣产品罪,提起公诉。

[争议焦点]

1.行为人使用餐厨废弃油提炼劣质油脂并直接销售给粮油食品经营户,致使劣质油脂流入食用油市场,其行为是否构成"生产、销售有毒、有害食品罪"?

2.行为人将劣质油脂销售给饲料、药品加工等企业,应否以"生产、销售有毒、有害食品罪与生产、销售伪劣产品罪"数罪并罚?

[案例评析]

餐厨废弃油系使用餐饮服务、食品生产加工以及食品现制现售等活动产生的餐厨废弃物提炼而成的非食用油,俗称地沟油。由于餐厨废弃油存在严重的食品安全隐患,我国严禁使用餐厨废弃物提炼餐厨废弃油,经营者非法提炼并将餐厨废弃油作为食用油予以出售,触犯刑律的,应依法追究其刑事责任。就本案而言,柳某成立中兴厂从事餐厨废弃油的回收再加工,其从中国各大城市进购餐厨废弃油并提炼成为劣质油脂予以销售。为扩大生产规模,柳某又成立了博汇公司、格林公司并雇请鲁某、李某等人负责劣质油脂的生产、销售。其间,柳某将劣质油脂销售给粮油食品经营户,致使大量由餐厨废弃油提炼成的劣质油脂流入食用油市场，该行为已构成生产、销售有毒、有害食品罪。同时，柳某明知昌泉公司、宏大商行进购劣质油脂后直接或经勾兑作为食用油销售者给教育机构、食品加工厂或冒充豆油销售给饲料、药品加工等企业，仍予以销售，该行为又构成生产、销售伪劣产品罪。据此，柳某分别构成生产、销售有毒、有害食品罪及生产、销售伪劣产品罪，应数罪并罚。鲁某、李某、张某、于某、刘某、王某明知柳某使用餐厨废弃油提炼劣质油脂仍从事管理、运输等活动，其行为亦构成生产、销售有毒、有害食品罪及生产、销售伪劣产品罪。鲁某、李某、张某、于某、刘某、王某在共同犯罪中起次要或辅助作用，系从犯，应减轻处罚；柳某起到主要作用，系主犯，应当按照其所参与的或者组织、指挥的全部犯罪处罚。

据此，一审法院判决：柳某犯生产、销售有毒、有害食品罪和生产、销售伪劣产品罪，数罪并罚，判处无期徒刑，剥夺政治权利终身，并处没收个人全部财产；鲁某犯生产、销售有毒、有害食品罪和生产、销售伪劣产品罪，数罪并罚，判处有期徒刑 14 年，并处罚金人民币 40 万元；李某犯生产、销售有毒、有害食品罪和生产、销售伪劣产品罪，数罪并罚，判处有期徒刑 11 年，并处罚金人民币 40 万元；张某犯生产、销售有毒、有害食品罪和生产、销售伪劣产品罪，数罪并罚，判处有期徒刑 10 年 6 个月，并处罚金人民币 40 万元；于某犯生产、销售有毒、有害食品罪和生产、销售伪劣产品罪，数罪并罚，判处有期徒刑 10 年，并处罚金人民币 40 万元；刘某犯生产、销售有毒、有害食品罪和生产、销售伪劣产品罪，数罪并罚，判处有期徒刑 7 年，并处罚金人民币 30 万元；王某犯生产、销售有毒、有害食品罪和生产、销售伪劣产品罪，数罪并罚，判处有期徒刑 7 年，并处罚金人民币 30 万元。宣判后，柳某、鲁某、李某、张某、于某、刘某、王某均不服一审判决，提出上诉。二审法院裁定：驳回上诉，维持原判。

思考题

1. 简述食品与食品安全的含义。
2. 我国《食品安全法》对食品生产经营主要有哪些要求？
3. 何谓食品安全风险评估？它有哪些作用？
4. 简述我国 2015 年《食品安全法》的主要修订内容。

第二十一章　疾病预防与控制法律制度

本章要点：传染病防治、职业病防治和地方病防治的关键是预防，实行国境卫生检疫实质上也是为了预防和控制传染病。传染病防治、职业病防治和地方病防治属于公共卫生服务，其不同于一般医疗服务，需要政府重视和全社会参与，也需要政府财政的投入。我国传染病防治法律制度、职业病防治法律制度、地方病防治法律制度和国境卫生检疫法律制度充分贯彻了预防为主与防治结合的原则，并规定了疾病预防与控制的主管机关、疾病预防与控制的主体、疾病预防与控制的措施，以及疾病预防与控制的主管机关不履行法定职责、疾病预防与控制的主体不履行法定义务及相关单位与个人违法的法律责任。

疾病预防控制是一项保障公众健康、改善民生的重要卫生公益事业。新中国成立以来，中国政府坚持“预防为主、防治结合”的方针，不断加大疾病预防控制工作力度，取得了举世瞩目的成就，有力保障了人民群众健康，为促进经济社会发展做出了重要贡献。为进一步加强疾病预防控制和卫生监督工作，满足人民群众对健康日益增长的需要，中国疾病预防控制中心与原卫生部卫生监督中心于2002年1月23日在北京宣布成立，这是我国公共卫生史上一个重要的里程碑，标志着我国疾病预防控制和卫生监督工作进入了一个新的发展阶段。同时，根据国务院关于卫生监督、卫生防病体制改革的总体要求，省级、地市级（计划单列市）、县级疾病预防控制中心和卫生监督机构分设工作逐步推进。由于职能的变化，各级卫生防疫站在2002年开始，陆续分离出卫生监督所（局），改称为疾病预防控制中心。至2004年，全国各地各级卫生防疫站基本完成更名，除少数行业系统仍保留该名外，已不再使用。与此同时，相关法制建设也取得了较大进步。在疾病预防控制方面，先后制定、修订了《国境卫生检疫法》《传染病防治法》《职业病防治法》《精神卫生法》等多部法律，颁布实施了《食盐加碘消除碘缺乏危害管理条例》《疫苗流通和预防接种管理条例》《艾滋病防治条例》《血吸虫病防治条例》《结核病防治管理办法》《性病防治管理办法》等多部行政法规、部门规章，国务院办公厅印发了《关于加强传染病防治人员安全防护的意见》等政策文件，国务院和有关部门相继印发的17个与疾病预防控制工作相关的规划，形成了较为完善的法规政策体系，为依法开展疾病预防控制工作提供了依据。

第一节　传染病防治法律制度

新中国成立后，中国共产党和政府十分重视公共卫生事业的发展和建设，绝大部分传染病从根本上得到了控制，人民健康水平有了显著提高。20 世纪 60 年代初，中国通过接种牛痘消灭了天花，2000 年我国实现了无脊髓灰质炎目标，2008 年实现了消除丝虫病的目标，2012 年消除了新生儿破伤风。2004 年以来，我国传染病疫情形势总体平稳，甲乙类传染病年报告发病率、死亡率分别控制在 272/10 万和 1.25/10 万以下。艾滋病疫情快速上升的势头得到有效遏制，提前实现联合国千年发展目标确定的结核病控制指标，血吸虫病疫情降至历史最低水平，5 岁以下儿童乙肝病毒表面抗原携带率由 10%降至 1%以下，提前实现了世界卫生组织西太区乙肝控制目标。爱国卫生运动深入开展，城乡环境卫生面貌明显改善，人民群众卫生文明意识明显提高。尽管如此，由于传染病具有传染性、流行性、反复性和突发性的特点，因此，传染病防治是一项长期的社会性工作，既需要动员全社会共同参与，实行综合治理，更需要明确和落实政府、社会组织和公民的法律责任，使传染病防治工作法治化。

一、传染病防治立法

“传染病”是指由病源性细菌、病毒、立克次体和原虫引起的，能在人与人、动物与动物或人与动物之间相互传播的疾病。传染病防治法是调整预防、控制和消除传染病的发生与流行，保障人民健康活动中产生的各种社会关系的法律规范的总称。

为认真贯彻预防为主的方针，积极预防、控制和消灭急性传染病的发生与流行，保障人民的生命安全和身体健康，经国务院批准，原卫生部于 1978 年 9 月 20 日发布了《急性传染病管理条例》。20 世纪 80 年代以后，随着我国法制建设的全面恢复，传染病防治法制化的力度加大。《传染病防治法》于 1989 年 2 月 21 日由第七届全国人民代表大会常务委员会第六次会议通过，经国务院批准，原卫生部于 1991 年 12 月 6 日发布了《传染病防治法实施办法》。《传染病防治法》于 2004 年 8 月 28 日由第十届全国人民代表大会常务委员会第十一次会议修订，后又根据 2013 年 6 月 29 日第十二届全国人民代表大会常务委员会第三次会议《关于修改〈中华人民共和国文物保护法〉等十二部法律的决定》被修正。为了做好传染病防治工作，我国还制定了以《传染病防治法》为主体的一系列法律规定，如《全国计划免疫工作条例》、《结核病防治管理办法》(2013)、《性病防治管理办法》(2012)、《艾滋病防治条例》等。

二、法定传染病防治的分类管理

由于在已知传染性疾病中，部分可对人类造成重度伤害，或是可能引发大流行，许多国家因此借用政府的公权力，协助医疗卫生体系严密监控这类疾病的发生及后续发展，避免疫情扩大，这些传染病特称为法定传染病，在相关法律下，通常医师有义务依照疾病分级，在指定的时间内或以规范的流程对卫生主管机关进行通报，我国也建立了法定传染病防治的分类管理制度。

《传染病防治法》根据传染病的危害程度和应采取的监督、监测、管理措施，参照国际上统一分类标准，结合我国的实际情况，将全国发病率较高、流行面较大、危害严重的37种急性和慢性传染病列为法定管理的传染病，并根据其传播方式、速度及其对人类危害程度的不同，分为甲、乙、丙3类，实行分类管理。

甲类传染病也称为“强制管理传染病”，包括：鼠疫、霍乱。对此类传染病发生后报告疫情的时限，对病人、病原携带者的隔离、治疗方式以及对疫点、疫区的处理等，均强制执行。

乙类传染病也称为“严格管理传染病”，包括：传染性非典型肺炎、艾滋病、病毒性肝炎、脊髓灰质炎、人感染高致病性禽流感、麻疹、流行性出血热、狂犬病、流行性乙型脑炎、登革热、炭疽、细菌性和阿米巴性痢疾、肺结核、伤寒和副伤寒、流行性脑脊髓膜炎、百日咳、白喉、新生儿破伤风、猩红热、布鲁氏菌病、淋病、梅毒、钩端螺旋体病、血吸虫病、疟疾。对此类传染病须严格按照有关规定和防治方案进行预防和控制，其中，传染性非典型肺炎、炭疽中的肺炭疽、人感染高致病性禽流感虽被纳入乙类，但可直接采取甲类传染病的预防、控制措施。

丙类传染病也称为“监测管理传染病”，包括：流行性感冒、流行性腮腺炎、风疹、急性出血性结膜炎、麻风病、流行性和地方性斑疹伤寒、黑热病、包虫病、丝虫病，除霍乱、细菌性和阿米巴性痢疾、伤寒和副伤寒以外的感染性腹泻病。对此类传染病要按照国务院卫生行政部门规定的监测管理方法进行管理。《传染病防治法》还规定，国务院卫生行政部门根据传染病暴发、流行情况和危害程度，可以决定增加、减少或者调整乙类、丙类传染病病种并予以公布。

三、传染病预防

（一）明确传染病预防工作的主体及其职责

1. 各级人民政府及其有关部门应当组织开展群众性爱国卫生活动。各级人民政府组织开展群众性卫生活动，进行预防传染病的健康教育，倡导文明健康的生活方式，提高公众对传染病的防治意识和应对能力，加强环境卫生建设，消除鼠害和蚊、蝇等病媒生物的危害。各级人民政府在开展群众性卫生活动中处于组织领导地位。开展群众性卫生活动的目的是动员社会各界、广大人民群众共同参加卫生防病活动。传染病是由各种病原微生物引起的，能在人与人、动物与动物或者人与动物之间相互传播，病媒生物是传染病传播的重要媒介。因此，预防控制传染病的传播与流行，开展群众性卫生活动，消除传染病的传播媒介是一项重要的基础性工作。由于这一工作范围广，涉及千家万户，各行各业，因此，由各级人民政府组织领导有利于动员全社会的力量共同做好这一工作。各级人民政府组织力量，包括动员广大群众开展消除蚊、蝇、老鼠等工作，也包括组织各有关部门按其职责做好各领域的群众性卫生活动。各级人民政府有关部门在各自的职责范围内和在各自的辖区领域内也具有开展群众性卫生活动的任务。农业、水利、林业行政部门分别负责指导和组织控制农田、湖区、河流、牧场、林区的鼠害、血吸虫危害以及其他动物和病媒生物的危害；铁路、交通、民用航空行政部门负责组织消除交通工具以及相关场所的鼠害和蚊、蝇等病媒生物的危害。

2.地方各级人民政府应当有计划地建设和改造公共卫生设施，改善饮用水卫生条件。地方各级人民政府应当首先进行宏观规划和管理，有计划地建设和改建公共卫生设施，在城市应当修建符合卫生要求的公共厕所、无害化处理场及污水处理排放系统，医院污水必须经过处理，符合国家颁布的医院污水排放标准后排放；在农村，粪便、垃圾应当进行无害化处理（堆肥或沼气发酵），符合国家的有关规定。在我国，肠道传染病在整个传染病的防病中所占的比例较高。因此，有计划地建设和改造公共卫生设施，是预防肠道传染病的治本措施。同时需改善饮用水卫生条件，包括水源选择（指新辟水源）、水源卫生防护及水质卫生监督与监测等，以保证饮用水符合国家颁布的《生活饮用水卫生标准》。

3.明确疾病预防控制机构在传染病预防控制中应履行的具体职责。随着卫生事业的改革与发展，原来承担传染病预防控制工作的卫生防疫机构，更名为组建疾病预防控制机构和卫生监督机构。组建后的疾病预防控制机构是法定从事疾病预防控制工作的技术支持单位。为了使各级疾病预防控制机构更加明确在传染病预防控制中的具体职责，《传染病防治法》第十八条做了具体规定。同时，考虑到在具体职责中，国家、省级疾病预防控制机构与设区的市和县级疾病预防控制机构工作重点有所不同，所承担的责任也不相同。因此，《传染病防治法》除规定了各级疾病预防控制机构的职责外，还专门对国家、省级疾病预防控制机构与设区的市和县级疾病预防控制机构的职责进行了规定，这样更便于各疾病预防控制机构把握自己的工作目标，确定自己的工作重点。

4.县级以上地方人民政府应当制订传染病预防、控制预案。传染病预防控制预案，指经过一定程序制订的开展传染病预防控制工作的事先指导方案。根据《传染病防治法》第二十条的规定，县级以上人民政府都应当制订本行政区域内的传染病预防控制预案，并报上一级人民政府备案。制订传染病预防控制预案有五项基本要求：一是要本着“预防为主、防治结合”的原则；二是要做到分类指导；三是要做到快速反应；四是要依据上级传染病预防控制预案；五是要密切结合本地区实际情况。传染病预防、控制预案的主要内容包括：一是传染病预防控制指挥部的组成和相关部门的职责；二是传染病的监测、信息收集、分析、报告、通报制度；三是疾病预防控制机构、医疗机构在发生传染病疫情时的任务与职责；四是传染病暴发、流行情况的分级以及相应的应急工作方案；五是传染病预防、疫点疫区现场控制，应急设施、设备、救治药品和医疗器械以及其他物资和技术的储备与调用。

5. 医疗机构应当防止传染病的医源性感染和医院感染。医源性感染，指在医学服务中，造成病原体传播引起的感染。医院感染，指就诊患者在医疗机构内受到的感染。医疗机构必须严格执行国务院卫生行政部门规定的管理制度、操作规范，防止传染病的医源性感染和医院感染。国家（质量）技术监督局于1995年2月15日发布的《医院消毒卫生标准》（GB15982－1995）规定了各类从事医疗活动的环境空气、物体表面、医护人员手、医疗用品，以及消毒剂、污水、污物处理卫生标准。医疗机构应当确定专门的部门或者人员，承担传染病疫情报告、本单位的传染病预防、控制以及责任区域内的传染病预防工作，承担医疗活动中与医院感染有关的危险因素监测、安全防护、消毒、隔离和医疗废物处置工作。

6. 从事病原微生物实验的有关单位应当防止实验室感染和病原微生物扩散。实验室感染，指从事实验室工作时，因接触病原体所致的感染。病原微生物扩散，指在从事致病性微生物的实验、生产、运输、保存等过程中，由于处置不当致使保存致病性微生物的容器破损、丢失或该致病性微生物所污染的物品未经消毒、灭菌处理而被带出实验室，造成对外界环境的污染。为了探明病源，查明病因，疾病预防控制机构、医疗机构以及其他有关单位需要开展病原微生物的实验室检测及研究工作，直接接触传染病病原体。疾病预防控制机构、医疗机构的实验室和从事病原微生物实验的单位，应当符合国家规定的条件和技术标准，建立严格的监督管理制度，对传染病病原体样本按照规定的措施实行严格监督管理，严防传染病病原体的实验室感染和病原微生物的扩散。

7. 采供血机构、生物制品生产单位必须保证血液、血液制品的质量。血液制品包括血液、血浆、人血（胎盘）球蛋白、第Ⅷ因子、第Ⅸ因子制剂等。血液和血液制品输入人体，主要用于对病人的治疗和抢救，直接关系到病人的健康和生命安危。因此，对血液和血液制品必须进行严格的质量管理和监督。近年来，我国相继颁布了《献血法》《血液制品管理条例》《血站管理办法》等法律、法规，加强了对采供血（浆）机构和生物制品生产单位的建设和管理，严厉打击非法采供血活动，使血液、血液制品安全得到了保障，对防止传染病特别是艾滋病通过血液制品引起的传播起到了重要作用。但是，保证血液、血液制品安全是一项长期艰巨的任务，必须严格执行国家有关规定，依法管理血液和血液制品的生产、供应活动。

医疗机构是使用血液和血液制品最多的单位。经血液和血液制品传播的传染病有多种：如艾滋病、乙型肝炎、丙型肝炎、疟疾、梅毒等。如果使用血液和血液制品没有严格按照国家有关规定执行，就有可能会导致经血液传播传染病。因此，疾病预防控制机构和医疗机构使用血液和血液制品，应当遵守国家有关规定，防止因输入血液、使用血液制品引起经血液传播疾病的发生。

（二）建立传染病预防管理制度

1. 预防接种制度。预防接种是控制和消除某些传染病的有效手段之一，是国家贯彻预防为主方针、保护易感人群的重要措施。用法律的形式规定国家实行有计划的预防接种，特别是对儿童实行预防接种证制度，从制度上保证了对人群普遍实行预防接种，并通过主动预防手段达到控制和消除对人群，尤其是对儿童危害较严重的传染病的目的。国务院卫生行政部门和省、自治区、直辖市人民政府卫生行政部门，根据传染病预防、控制的需要，制订传染病预防接种规划并组织实施。用于预防接种的疫苗必须符合国家质量标准。

我国对实施国家免疫规划项目的预防接种实行免费，个人不需要承担国家免疫规划项目的预防接种费用，其费用由国家、省两级财政分担。当前，国家实行有计划预防接种的病种有脊髓灰质炎、麻疹、白喉、百日咳、破伤风、肺结核和乙型肝炎。一些省份已将流行乙型脑炎、流行脑脊髓膜炎、风疹、流行腮腺炎纳入常规预防接种病种，将炭疽、布鲁氏菌病、鼠疫、森林脑炎、钩端螺旋体病等，根据情况纳入预防接种病种。预防接种对象有境内的中国人、港澳台地区的同胞以及居住在我国境内的外国侨民及其子女、留学生等。儿童时期缺少抵抗传染病的免疫力，最容易得各种传染病，因此，《传染病防治法》对儿童实行预防接种证制度做出特别规定。医疗机构、疾病预防控制机构按其职责负责预防接种工作的具体实施。《儿童接种证》由适龄儿童的家长或监护人向施行预防接种的医疗卫生机构申请办理，并妥善保存。

2. 传染病监测制度。传染病监测，指持续地、系统地收集、分析、解释同传染病预防控制有关的资料，并将解释结果分送给负责疾病预防控制工作的部门、机构或人员。建立健全国家传染病监测体系是疾病预防控制工作的一项重要内容。获得系统的、科学的、真实的传染病预防控制有关信息，并对获得的信息进行细致地分析、解释，做出预测、预警，是为制定、改进传染病防治对策和措施提供科学依据的重要手段。传染病监测工作应当制度化、科学化、规范化。国家建立传染病监测制度，又进一步强化了传染病监测工作的重要性，这是贯彻“预防为主”卫生工作方针的重要方面。

按照《传染病防治法》的规定，国务院卫生行政部门制订国家传染病监测规划和方案。省、自治区、直辖市人民政府卫生行政部门根据国家传染病监测规划和方案，制订本地区的传染病监测计划和工作方案。这保证了传染病监测工作的开展与实施。制订国家、省级传染病监测规划和实施方案，是为了指导各级疾病预防控制机构开展传染病监测工作，做到规范、科学、有序。传染病监测工作是各级疾病预防控制机构的主要职责之一。传染病监测的内容涉及面非常广，包括监测人群的基本情况、监测传染病的动态分布、监测人群的易感性、监测传染源情况、监测病原体情况等。具体涉及对某一个传染病开展监测时，往往不能同时开展以上项目，应当根据传染病监测为传染病预防控制工作服务这一宗旨，特别是加强对国外发生、国内尚未发生的传染病或者国内新发生的传染病进行监测。

3.传染病预警制度。预警，指根据传染病疫情报告、监测资料，或者国际、国内疫情信息，对某种传染病或者不明原因的疾病进行分析评估，对可能引起传染病在人群中发生、暴发、流行发出警示信息，并采取应对措施。

国家建立传染病预警制度。国务院卫生行政部门和省、自治区、直辖市人民政府应根据传染病发生、流行趋势的预测及时向有关地方人民政府和疾病预防控制机构发出传染病预警，并根据情况公布传染病预警信息。传染病预警信息的及时公布，有利于专业机构提高警惕，提前做好应对准备，有利于大众的积极戒备，防止传染病疫情发生造成重大损失。但是，错误的预警信息有可能引起大众不必要的惊慌，造成不必要的动荡。所以，传染病预警信息的及时、科学、准确是非常重要的。

4.对与人畜共患传染病的动物、家畜家禽的检疫制度。按照《传染病防治法》第二十五条的规定，县级以上人民政府农业、林业行政部门以及其他有关部门，依据各自的职责负责与人畜共患传染病有关的动物传染病的防治管理工作。我国的《动物防疫法》对农牧部门（畜牧兽医部门）在家畜家禽传染病预防和扑灭工作中的职责也做了具体规定。《传染病防治法》第二十五条对人畜共患传染病的动物、家畜家禽的检疫做了特别规定。这一规定是为了防止将野生动物中的某种自然疫源性传染病带入人群，造成该病的流行。易感染人畜共患传染病的野生动物主要有旱獭、黄鼠及其他野鼠等。利用野生动物进行科学研究或进行其他用处时，首先必须将所选的野生动物送交当地或者接收地的政府畜牧兽医部门进行检疫，当确认为健康野生动物后方可引入，否则禁止出售或者运输。

5.对被传染病病原体污染的污水、污物、场所和物品的消毒管理制度。病原体从一个传染源经过外界环境传播到另一个易感个体，是借助于外界环境中一定的物体，如水、空气、食物、日常用品、手等实现的。伤寒、霍乱、痢疾、甲型病毒性肝炎、血吸虫病、钩端螺旋体病等许多肠道传染病和部分人畜共患传染病、寄生虫病可以经水传播。所有的肠道传染病和个别的呼吸道传染病，可以通过污染食物而传播。手及日常用品被传染源的排泄物或分泌物污染后，可以传播病原体。被污染的病房、医疗器械、药品也会传播病原体。对被传染病病原体污染的污水、污物、场所和物品按规定要求进行严格消毒处理，目的是切断传播途径以控制或者消灭传染病。流行病学一般将传播途径分为空气传播、经节肢动物传播、经水传播、经食物传播、经手和日常生活用品传播、经土壤传播、医源性传播和垂直传播及水平传播等。

由于各类传染病的传播途径不同，所以，采取的切断传播途径的措施也不相同。如对肠道传染病可以对垃圾、粪便、污水进行卫生处理，进行饮水消毒；对经昆虫媒介传播的传染病，可以根据不同媒介昆虫的生态习性特点采取不同的杀虫方法；对呼吸道传染病则可以通过对空气消毒、通风等达到切断传播途径的目的。根据《传染病防治法》第二十七条的规定，对被传染病病原体污染的污水、污物、场所和物品，有关单位和个人必须在疾病预防控制机构的指导下或者按照其提出的卫生要求，进行严格消毒处理；拒绝消毒处理的，由当地卫生行政部门或者疾病预防控制机构进行强制消毒处理。

6.传染病菌种、毒种库管理制度。在传染病防治、科学实验和菌疫苗的生产活动中，菌毒种在送检、鉴定、引进、试验、生产、转送过程中的菌毒种丢失、管理不善和实验室感染的事故时有发生。为防止这类事故的发生，保护广大人民群众的健康，加强对菌毒种的严格管理，对控制实验室感染和防止病原体扩散具有非常重要的意义。因此《传染病防治法》第二十六条规定，国家建立传染病菌种、毒种库，其他单位和个人不得擅自保留菌毒种。使用时，必须严格按照程序，申请被批准后方可进行。作为国家规定的菌毒种保藏库，是菌毒种管理工作的重点单位，应当高度警惕，严加防范，严格遵守使用审批程序，必要时，还要安排武警进行日夜值班保护。传染病的菌毒种类别较多，不同的菌毒种危险程度也不同。进行分类管理，指按照传染病菌毒种不同的危险程度，进行划分，区别对待。对可能导致甲类传染病传播以及国务院卫生行政部门规定的菌种、毒种和传染病检测标本，应当严格管理。确需采集、保藏、携带、运输和使用的，须经省级以上人民政府卫生行政部门批准。

7.自然疫源地兴建大型建设项目的管理制度。自然疫源地是指某些传染病的病原体在自然界的野生动物中长期保存并造成动物间传染病流行的地区。许多动物的传染病可以传染给人，如牛型结核、布鲁氏杆菌病、炭疽、狂犬病、钩端螺旋体病等，这些疾病的病原体在自然界中是在动物之间传播的，这一类疾病叫作动物病。动物病中有一些是动物（主要为哺乳动物）和人之间相互传播的疾病，称为人畜共患病。动物病的种类很多，约占所有人类传染病总数的五分之一。动物病病原体是野生动物的寄生物，这些动物病大部分可以在自然界的野生动物间不依靠人而传播，只在一定条件下才传给人，如鼠疫、森林脑炎等。动物作为传染源的危险程度，主要取决于人与染疫动物接触机会和接触的密切程度，另外与传染源动物的种类、密度等也有关系。所以，在自然疫源地兴建大型建设项目需要格外小心。

为了防止人畜共患病由动物传播给人，《传染病防治法》第二十八条对在自然疫源地兴建大型建设项目做了以下规定：第一，自然疫源地由国家确认；第二，兴建大型建设项目需要事先进行施工环境卫生调查；第三，卫生调查由省级以上疾病预防控制机构进行；第四，建设单位应当根据疾病预防控制机构的意见采取必要的传染病预防、控制措施；第五，施工期间建设单位应当设专人负责工地上的卫生防疫工作；第六，工程竣工后疾病预防控制机构应当对可能发生的传染病进行监测。

8. 消毒产品和饮用水的许可制度。消毒产品，指为预防控制传染病用于杀灭和清除传播媒介上的传染病病原体的消毒剂、消毒器械和消毒装置。饮用水水质直接关系到人民群众的身体健康，一旦受到致病性微生物的污染，可由于供水方式的不同引起大范围的经水传播肠道传染病的暴发、流行，造成不可估量的危害后果。因此设置消毒产品和饮用水的许可制度对预防控制肠道传染病将起到极为重要的作用。涉及饮用水卫生安全的产品是指进口或者国产的用于饮用水供应、处理等有关的管材和管件、水箱、防护材料、水处理剂、水处理器等。自 2003 年 4 月 1 日起实施的《消毒技术规范》，对生产、经营、使用和检验中对消毒产品试验、测定的基本要求和基本原则做出了明确的规定。按照《生活饮用水卫生监督管理办法》的规定，集中式供水单位必须取得县级以上地方人民政府卫生行政部门签发的《卫生许可证》。城市供水企业和自建设施对外供水的企业还必须取得建设行政主管部门颁发的《城市供水企业资质证书》方可供水。集中式供水单位主要指城乡自来水厂和有自备水源的集中式供水单位。集中式供水，应具备必要的净化处理设备和消毒设施。有关蓄水、配水和输水等设备必须密闭，并不得与排水管道直接连接。集中式供水单位应加强对取水、净化、蓄水、配水和输水等设备的管理，建立行之有效的放水、消毒、清洗、排污和检修等制度及操作规程，以保证供水质量。

在传染病暴发、流行时，对于传染病疫源地的消毒主要有：疫区的消毒、疫点的随时消毒和疫点的终末消毒。消毒过程首先要保证消毒产品的质量。对于消毒产品及其生产企业的卫生管理，自 2002 年 7 月 1 日起实施的《消毒管理办法》

对此已做出具体规定。用于防治传染病的消毒产品应当符合国家有关规范、标准和规定。生产消毒剂、消毒器械应当取得卫生部颁发的《消毒剂、消毒器械卫生许可证》。国产卫生用品和一次性使用医疗用品在投放市场前应当向省级卫生行政部门备案，进口卫生用品和一次性使用医疗用品在首次进入中国市场销售前应当向卫生部备案。生产消毒用品的企业应当具备合格的生产条件，通过县级以上人民政府卫生主管部门的认可，取得《卫生许可证》。

9.传染病病人、病原携带者和疑似传染病病人的职业限制制度。传染病病人、病原携带者是一个庞大的社会群体，他们除了承担着疾病给自身带来的不幸外，还要承受巨大的社会压力。在实际生活中，他们在就业、升学等方面受到歧视，引发一系列的社会问题。传染病病人、病原携带者都是我们社会的成员，他们需要社会的理解和关爱。只有治愈传染病病人、病原携带者，排除疑似传染病病人，才能切断并控制传染源。从另一角度看，传染病病人、病原携带者得到有效的治疗，也就保障了大众的健康和安全。

同时，保护公众的安全，有必要对传染病病人、病原携带者和疑似传染病病人就业实施特别限制。由于传染病病人、病原携带者随时可以通过各种途径向外界环境排出和扩散该病的病原体，这有可能感染接触过他们的健康人。因此，为了保护他人的健康和安全，应当对传染病病人、病原携带者从事工作进行必要的限制。《传染病防治法》规定，传染病病人、病原携带者和疑似传染病病人在患病或者携带病原体期间，或排除传染病嫌疑前，不得从事某些易使该传染病扩散的工作。根据《食品安全法》《公共场所卫生管理条例》《化妆品卫生监督条例》等法律、行政法规和卫生行政部门的有关规定，传染病病人、病原携带者和疑似传染病病人不得从事易使传染病扩散的工作主要有以下几类：第一，食品生产经营中从事直接接触入口食品的工作；第二，饮用水的生产、管理、供应等工作；第三，在公共场所从事直接为顾客服务的工作；第四，托幼机构的保育、教育等工作；第五，美容、整容等工作；第六，直接从事化妆品生产的工作；第七，其他与人群接触密切的工作。

四、疫情报告、通报和公布

（一）疫情报告

1.疫情报告人。疫情报告人有两种，一是责任疫情报告人。责任疫情报告人为疾病预防控制机构、医疗机构和采供血机构，及执行职务的医护人员和检疫人员、疾病预防控制人员、乡村医生、个体开业医生。执行职务的人员包括两层含义：一是指从事疾病预防控制、医疗、采供血、检疫业务的人员；二是上述人员正处在实施疾病预防控制、医疗、采供血、检疫的工作期间。各级各类医疗机构、疾病预防控制机构、采供血机构均为责任报告单位。其执行职务的人员和乡村医生、个体开业医生均为责任疫情报告人，必须按照《传染病防治法》的规定进行疫情报告。二是义务疫情报告人。任何单位和个人均是义务疫情报告人。任何单位和个人发现传染病病人或者疑似传染病病人时，应当及时向附近的疾病预防控制机构或者医疗机构报告。

2.疫情报告时限和程序。根据《突发公共卫生事件与传染病疫情监测信息报告管理办法》第十八条的规定，责任报告单位和责任疫情报告人发现甲类传染病和乙类传染病中的肺炭疽、传染性非典型肺炎、脊髓灰质炎、人感染高致病性禽流感病人或疑似病人时，或发现其他传染病和不明原因疾病暴发时，应于2小时内将传染病报告卡通过网络报告；未实行网络直报的责任报告单位应于2小时内以最快的通讯方式（电话、传真）向当地县级疾病预防控制机构报告，并于2小时内寄送出传染病报告卡。对其他乙、丙类传染病病人、疑似病人和规定报告的传染病病原携带者在诊断后，实行网络直报的责任报告单位应于24小时内进行网络报告；未实行网络直报的责任报告单位应于24小时内寄送出传染病报告卡。县级疾病预防控制机构收到无网络直报条件责任报告单位报送的传染病报告卡后，应于2小时内通过网络进行直报。

根据《突发公共卫生事件与传染病疫情监测信息报告管理办法》第十九条的规定，获得突发公共卫生事件相关信息的责任报告单位和责任报告人，应当在2小时内以电话或传真等方式向属地卫生行政部门指定的专业机构报告，具备网络直报条件的要同时进行网络直报，直报的信息由指定的专业机构审核后进入国家数据库。不具备网络直报条件的责任报告单位和责任报告人，应采用最快的通讯方式将《突发公共卫生事件相关信息报告卡》报送属地卫生行政部门指定的专业机构，接到《突发公共卫生事件相关信息报告卡》的专业机构，应对信息进行审核，确定真实性，2小时内进行网络直报，同时以电话或传真等方式报告同级卫生行政部门。接到突发公共卫生事件相关信息报告的卫生行政部门应当尽快组织有关专家进行现场调查，如确认为实际发生突发公共卫生事件，应根据不同的级别，及时组织采取相应的措施，并在2小时内向本级人民政府报告，同时向上一级人民政府卫生行政部门报告。如尚未达到突发公共卫生事件标准的，由专业防治机构密切跟踪事态发展，随时报告事态变化情况。

（二）疫情通报

传染病预防控制工作中，各专业机构及时、准确地掌握传染病疫情报告信息对于专业机构开展传染病预防控制工作非常重要。因此，《传染病防治法》第三十四条和第三十五条规定，县级以上地方人民政府卫生行政部门应当及时向本行政区域内的疾病预防控制机构和医疗机构通报传染病疫情以及监测、预警的相关信息。接到通报的疾病预防控制机构和医疗机构应当及时告知本单位的有关人员。动物防疫机构和疾病预防控制机构，应当及时互相通报动物间和人间发生的人畜共患传染病疫情以及相关信息。

为了使各级政府及其职能部门尽快了解传染病疫情，以便尽早做好传染病的预防控制工作，《传染病防治法》第三十五条规定，国务院卫生行政部门应当及时向国务院其他有关部门和各省、自治区、直辖市人民政府卫生行政部门通报全国传染病疫情以及监测、预警的相关信息。毗邻的以及相关的地方人民政府卫生行政部门，应当及时互相通报本行政区域的传染病疫情以及监测、预警的相关信息。县级以上人民政府有关部门发现传染病疫情时，应当及时向同级人民政府卫生行政部门通报。

（三）疫情公布

为了保证大众及时知晓传染病疫情的信息，国家建立了传染病疫情信息公布制度。建立了公布制度，就有专门的部门、专门的人员、专门的信息收集分析机构来完成这项工作。国务院卫生行政部门定期公布全国传染病疫情信息，省、自治区、直辖市人民政府卫生行政部门定期公布本行政区域的传染病疫情信息，这是一般状态下疫情信息的公布制度。传染病暴发、流行时，由国务院卫生行政部门负责向社会公布传染病疫情信息，并可以授权省、自治区、直辖市人民政府卫生行政部门向社会公布本行政区域的传染病疫情信息。公布传染病疫情信息必须及时、真实、科学、可靠。

五、疫情控制

（一）医疗机构的职责

（1）医疗机构发现甲类传染病时，应当及时采取下列措施：

①隔离治疗，隔离期限根据医学检查结果确定；②对疑似病人，确诊前在指定场所单独隔离治疗；③对医疗机构内的病人、病原携带者、疑似病人的密切接触者，在指定场所进行医学观察和采取其他必要的预防措施。

拒绝隔离治疗或者隔离期未满擅自脱离隔离治疗的，可以由公安机关协助医疗机构采取强制隔离治疗措施。

（2）对乙类或者丙类传染病病人，应当根据病情采取必要的治疗和控制传播措施。

（3）医疗机构对本单位内被传染病病原体污染的场所、物品以及医疗废物，必须依照法律、法规的规定实施消毒和无害化处置。

（二）疾病预防控制机构的职责

疾病预防控制机构发现或者接到疫情报告时，应当及时采取下列措施：（1）

进行流行病学调查，划定疫点、疫区，对污染场所进行卫生处理，对密切接触者进行医学观察和预防措施，向卫生行政部门提出疫情控制方案；(2)传染病暴发、流行时，对疫点、疫区进行卫生处理，向卫生行政部门提出疫情控制方案，并按照卫生行政部门的要求采取措施。

(三)政府的职责

(1)对已经发生甲类传染病病例的场所或者该场所内的特定区域的人员，所在地的县级以上地方人民政府可以实施隔离措施，并同时向上一级人民政府报告，接到报告的上级人民政府应当即时做出是否批准的决定。

(2)传染病暴发、流行时，县级以上地方人民政府应当立即组织力量，按照预防、控制预案进行防治，切断传染病的传播途径，必要时，报经上一级人民政府决定，可以采取下列紧急措施并予以公告：第一，限制或停止集市、影剧院演出等人群聚集的活动；第二，停工、停业、停课；第三，封闭或者封存被传染病病原体污染的公共饮用水源、食品以及相关物品；第四，控制或者扑杀染疫野生动物、家畜家禽；第五，封闭可能造成传染病扩散的场所。

(3)甲类、乙类传染病暴发、流行时，县级以上地方人民政府报经上一级人民政府决定，可以宣布本行政区域部分或者全部为疫区；国务院可以决定并宣布跨省、自治区、直辖市的疫区。县级以上地方人民政府可以在疫区内采取有关紧急措施，并可以对出入疫区的人员、物资和交通工具实施卫生检疫。省、自治区、直辖市人民政府可以决定对本行政区域内的甲类传染病疫区实施封锁。但是，封锁大、中城市的疫区或者封锁跨省、自治区、直辖市的疫区，以及封锁疫区导致中断干线交通或者封锁国境的，由国务院决定。

(4)传染病暴发、流行时，根据传染病疫情控制的需要，国务院有权在全国范围或者跨省、自治区、直辖市范围内，县级以上地方人民政府有权在本行政区域内紧急调集人员或者调用储备物资，临时征用房屋、交通工具以及相关设施、设备。

(四)医疗机构、疾控机构应采取的特别措施

(1)甲类传染病、炭疽病死亡的，立即进行消毒，就近火化。患其他传染病死亡的，必要时，也进行消毒、火化或深埋。为了查找传染病病因，医疗机构在必要时可以按照国务院卫生行政部门的规定，对传染病病人尸体或者疑似传染病病人尸体进行解剖查验，并应当告知死者家属。

(2)疫区中被污染或者可能被污染的物品，经消毒可以使用的，应当在当地疾病预防控制机构的指导下，进行消毒处理后，方可使用、出售和运输。

(3)发生传染病疫情时，疾病预防控制机构和省级以上人民政府卫生行政部门指派的其他与传染病有关的专业技术机构，可以进入传染病疫点、疫区进行调

查、采集样本、技术分析和检验。

六、传染病防治监督的法律规定

(一)卫生行政部门对传染病防治工作的监督检查职责

县级以上人民政府卫生行政部门对传染病防治工作履行下列监督检查职责:①对下级人民政府卫生行政部门履行本法规定的传染病防治职责进行监督检查;②对疾病预防控制机构、医疗机构的传染病防治工作进行监督检查;③对采供血机构的采供血活动进行监督检查;④对用于传染病防治的消毒产品及其生产单位进行监督检查,并对饮用水供水单位从事生产或者供应活动以及涉及饮用水卫生安全的产品进行监督检查;⑤对传染病菌种、毒种和传染病检测样本的采集、保藏、携带、运输、使用进行监督检查;⑥对公共场所和有关单位的卫生条件和传染病预防、控制措施进行监督检查。

省级以上人民政府卫生行政部门负责组织对传染病防治重大事项的处理。

(二)卫生行政部门在对传染病防治工作进行监督检查时的职权

县级以上人民政府卫生行政部门在履行监督检查职责时,有权进入被检查单位和传染病疫情发生现场调查取证,查阅或者复制有关的资料和采集样本,被检查单位应当予以配合,不得拒绝、阻挠。卫生行政部门在履行监督检查职责时,发现被传染病病原体污染的公共饮用水源、食品以及相关物品,如不及时采取控制措施可能导致传染病传播、流行的,可以采取封闭公共饮用水源、封存食品以及相关物品或者暂停销售的临时控制措施,并予以检验或者进行消毒。经检验,属于被污染的食品,应当予以销毁;对未被污染的食品或者经消毒后可以使用的物品,应当解除控制措施。卫生行政部门工作人员依法执行职务时,应当不少于两人,并出示执法证件,填写卫生执法文书。卫生行政部门应当依法建立健全内部监督制度,对其工作人员依据法定职权和程序履行职责的情况进行监督。上级卫生行政部门发现下级卫生行政部门不及时处理职责范围内的事项或者不履行职责的,应当责令纠正或者直接予以处理。

七、违反《传染病防治法》的法律责任

按照《传染病防治法》的有关规定,当地方各级人民政府、县级以上人民政府有关职能部门、专业机构以及其他单位和个人未依法履行传染病防治的有关职责或存在违法行为时,将被给予相应的行政处分和行政处罚;构成犯罪的,还须承担相应的刑事责任。同时,单位和个人违反《传染病防治法》的有关规定,导致传染病传播、流行,给他人人身、财产造成损害的,还要依法承担民事赔偿责任。

(一)地方各级人民政府和县级以上人民政府有关职能部门的法律责任

地方各级人民政府和县级以上人民政府有关职能部门未依法履行传染病防

治和保障职责的，由上级人民政府、本级人民政府或者上级人民政府有关部门责令改正，通报批评；造成传染病传播、流行或者其他严重后果的，对负有责任的主管人员和其他直接责任人员依法给予行政处分；构成犯罪的，依法追究其刑事责任。

（二）疾病预防控制机构、医疗机构、采供血机构的法律责任

疾病预防控制机构未依法履行有关职责和在履行职责时违法的，由县级以上人民政府卫生行政部门责令限期改正，通报批评，给予警告处罚；对负有责任的主管人员和其他直接责任人员，依法给予降级、撤职、开除的处分，并可以依法吊销有关责任人员的执业证书；构成犯罪的，依法追究其刑事责任。

医疗机构、采供血机构未依法履行有关职责和在履行职责时违法的，由县级以上人民政府卫生行政部门责令改正，通报批评，给予警告处罚；造成传染病传播、流行或者其他严重后果的，对负有责任的主管人员和其他直接责任人员，依法给予降级、撤职、开除的处分，并可以依法吊销医疗机构有关责任人员的执业证书或采供血机构的执业许可证；构成犯罪的，依法追究其刑事责任。

（三）国境卫生检疫机关、动物防疫机构的法律责任

国境卫生检疫机关、动物防疫机构未依法履行传染病疫情通报职责的，由有关部门在各自职责范围内责令改正，通报批评；造成传染病传播、流行或者其他严重后果的，对负有责任的主管人员和其他直接责任人员，依法给予降级、撤职、开除的处分；构成犯罪的，依法追究其刑事责任。

（四）铁路、交通、民用航空经营单位的法律责任

铁路、交通、民用航空经营单位未依照本法的规定优先运送处理传染病疫情的人员以及防治传染病的药品和医疗器械的，由有关部门责令限期改正，给予警告处罚；造成严重后果的，对负有责任的主管人员和其他直接责任人员，依法给予降级、撤职、开除的处分。

（五）其他单位和个人的法律责任

饮用水供水单位供应的饮用水不符合国家卫生标准和卫生规范的；涉及饮用水卫生安全的产品不符合国家卫生标准和卫生规范的；用于传染病防治的消毒产品不符合国家卫生标准和卫生规范的；出售、运输疫区中被传染病病原体污染或者可能被传染病病原体污染的物品，未进行消毒处理的；生物制品生产单位生产的血液制品不符合国家质量标准的；从事病原微生物实验的单位不符合国家规定的条件和技术标准，对传染病病原体样本未按照规定进行严格管理，造成实验室感染和病原微生物扩散的；违反国家有关规定，采集、保藏、携带、运输和使用传染病菌种、毒种和传染病检测样本的；未经检疫出售、运输与人畜共患传染病有关的野生动物、家畜家禽的；在国家确认的自然疫源地兴建水利、交通、旅

游、能源等大型建设项目，未经卫生调查进行施工的，或者未按照疾病预防控制机构的意见采取必要的传染病预防、控制措施的；将受到相应的行政处罚，若构成犯罪，还将承担相应的刑事责任。

第二节　职业病和地方病防治法律制度

一、职业病防治法律制度

（一）职业病及职业病防治法的概念

根据《职业病防治法》第二条的规定，职业病，是指企业、事业单位和个体经济组织等用人单位的劳动者在职业活动中，因接触粉尘、放射性物质和其他有毒、有害因素而引起的疾病。职业病的分类和目录以国务院卫生行政部门会同国务院安全生产监督管理部门、劳动保障行政部门制定、调整并公布的内容为准。

《职业病防治法》是调整预防、控制和消除职业危害，防止职业病，保护劳动者健康，促进经济发展活动中所产生的各种社会关系的法律规范的总称。

（二）我国职业病防治的立法情况

新中国成立后，特别是改革开放以后，职业病防治的立法工作取得了较大进展。在职业病防治方面，国务院及卫生行政部门颁布实施了《尘肺病防治条例》、《职业病诊断管理办法》（失效）等与职业病防治相关的行政法规和部门规章。2001 年 10 月 27 日，第九届全国人大常委会第二十四次会议正式通过了《职业病防治法》，并于 2002 年 5 月 1 日起施行，这是我国第一部全面规范职业病防治活动的法律，它确立了职业病防治法律制度，为职业病防治提供了法律保障。此后，原卫生部及有关部门相继发布了《国家职业卫生标准管理办法》《职业病危害项目申报管理办法》《建设项目职业病危害分类管理办法》(2006)、《职业健康监护管理办法》（失效）、《职业病诊断与鉴定管理办法》(2013)、《职业病危害事故调查处理办法》（失效）和《职业病危害因素分类目录》、《建设项目职业病危害评价规范》等与《职业病防治法》实施相配套的部门规章和行政规范性文件，形成了职业病防治法律体系，使我国职业病防治走上了法制化轨道。根据 2011 年 12 月 31 日第十一届全国人民代表大会常务委员会第二十四次会议的有关决定，《职业病防治法》被修正。

（三）职业病防治的基本制度

1. 实行用人单位职业病防治责任制。这是职业病防治的一项基本制度，该制度的核心是用人单位对职业病防治负有法定的责任。用人单位应当为劳动者创造符合国家职业卫生标准和卫生要求的工作环境和条件，并采取措施保障劳动者获得职业卫生保护。因为职工职业活动的内容和场所等都是用人单位确定的，用人单位对其职业活动有支配作用，并且职业活动中职业病的危害因素又是用人单位能控制的。所以，用人单位应当建立、健全职业病防治责任制，加强对职业病防治的管理，提高职业病防治水平，对本单位产生的职业病危害承担责任。

2. 依法参加工伤社会保险制度。工伤保险是政府为劳动者在特殊情况下提供的一种保障措施，它具有强制性、福利性，是非营利性的社会保障制度中的一项内容，是国家的社会保障政策和劳动政策。工伤社会保险由用人单位承担投保责任，只要劳动者在职业活动中履行了从事劳动的义务，就应当享受为其提供的工伤社会保险待遇。将职业病纳入工伤社会保险，不仅有利于保障职业病病人的合法权益，同时也分担了用人单位的风险，有利于社会生产的稳定。

3. 国家实行职业卫生监督制度。国务院安全生产监督管理部门、卫生行政部门、劳动保障行政部门依照《职业病防治法》和国务院确定的职责，负责全国职业病防治的监督管理工作。国务院有关部门在各自的职责范围内负责职业病防治的有关监督管理工作。县级以上地方人民政府安全生产监督管理部门、卫生行政部门、劳动保障行政部门依据各自职责，负责本行政区域内职业病防治的监督管理工作。县级以上地方人民政府有关部门在各自的职责范围内负责职业病防治的有关监督管理工作。

（四）职业病的前期预防

《职业病防治法》明确规定，“职业病防治工作坚持预防为主、防治结合的方针”。因此，前期预防是做好职业病防治工作的重要内容。

1. 职业病危害企业的职业卫生要求。用人单位应当依照法律、法规要求，严格遵守国家职业卫生标准，落实职业病预防措施，从源头上控制和消除职业病危害。用人单位工作场所存在职业病目录所列职业病的危害因素的，应当及时、如实向所在地安全生产监督管理部门申报危害项目，接受监督。同时，产生职业病危害的用人单位的设立，除应当符合法律、行政法规规定的设立条件外，其工作场所还应当符合下列职业卫生要求：第一，职业病危害因素的强度或者浓度符合国家职业卫生标准；第二，有与职业病危害防护相适应的设施；第三，生产布局合理，符合有害与无害作业分开的原则；第四，有配套的更衣间、洗浴间、孕妇休息间等卫生设施；第五，设备、工具、用具等设施符合保护劳动者生理、心理健康的要求；第六，法律、行政法规和国务院卫生行政部门、安全生产监督管理部门关于保护劳动者健康的其他要求。

2. 有关建设项目的职业病危害预评价报告有以下几点：(1)职业病危害预评

价报告的项目:可能产生职业病危害的新建、扩建、改建建设项目和技术改造、技术引进项目,建设单位须向安全生产监督管理部门提交职业病危害预评价报告。(2)预评价报告的程序性规定:建设单位在可行性论证阶段应当向安全生产监督管理部门提交职业病危害预评价报告,安全生产监督管理部门应当自收到职业病危害预评价报告之日起30日内,做出审核决定并书面通知建设单位。未提交预评价报告或者预评价报告未经安全生产监督管理部门审核同意的,有关部门不得批准该建设项目。(3)预评价报告的内容:职业病危害预评价报告应当对建设项目可能产生的职业病危害因素及其对工作场所和劳动者健康的影响做出评价,确定危害类别和职业病防护措施。

3.有关建设项目的职业病防护设施建设有以下几点:(1)建设项目的职业病防护设施建设:按照《职业病防治法》的规定,建设项目的职业病防护设施所需费用应当纳入建设项目工程预算,并与主体工程同时设计、同时施工、同时投入生产和使用。对于有关建设项目的职业病防护设施的建设,关于"三个同时"的步骤和费用的列支,都带有强制性,防止只重视主体工程而忽视职业病防护设施的片面认识和做法,是实现对职业病预防为主方针的重要保护措施。(2)职业病危害控制效果评价:建设项目在竣工验收前,建设单位应当进行职业病危害控制效果评价;建设项目竣工验收时,其职业病防护设施经安全生产监督管理部门验收合格后,方可投入正式生产和使用。

(五)劳动过程中的职业病防护与管理

1.职业病防治管理措施。用人单位防治职业病的管理措施是指在企业内部的职业卫生管理方面用人单位应当采取的管理手段和方法。主要应采取的管理手段和方法有:第一,设置或者指定职业卫生管理机构或者组织,配备专职或者兼职的职业卫生专业人员,负责本单位的职业病防治工作;第二,制订职业病防治计划和实施方案;第三,建立、健全职业卫生管理制度和操作规程;第四,建立、健全职业卫生档案和劳动者健康监护档案;第五,建立、健全工作场所职业病危害因素监测及评价制度;第六,建立、健全职业病危害事故应急救援预案。另外,用人单位的负责人应当接受职业卫生培训,遵守职业病防治的法律、法规,依法组织本单位的职业病防治工作。

2.工作环境和工作场所的防护有以下几点:(1)产生职业病危害的用人单位,应当在醒目位置设置公告栏,公布职业病防治的规章制度、操作规程、职业病危害事故应急救援措施和工作场所职业病危害因素检测结果。(2)对产生严重职业病危害的作业岗位,应当在其醒目位置设置警示标识和中文警示说明,警示说明应当载明产生职业病危害的种类、后果、预防以及应急救治措施等内容。(3)对可能发生急性职业损伤的有毒、有害工作场所,用人单位应当设置报警装置，配置现场急救用品、冲洗设备、应急撤离通道和必要的泄险区。(4)对放射工作场所和放射性同位素的运输、贮存，用人单位必须配置防护设备和报警装置，保证接触放射线的工作人员佩戴个人剂量计。(5)用人单位应当定期对工作场所进行职业病危害因素检测、评价。检测、评价结果存入本单位的职业卫生档案，定期向所在地安全生产监督管理部门报告并向劳动者公布。经检测，发现工作场所职业病危害因素不符合国家职业卫生标准和卫生要求时，用人单位应立即采取相应治理措施，经治理后，符合国家职业卫生标准和卫生要求的，方可重新作业，仍然达不到要求的，必须停止作业。

3. 生产设备的防护有以下几点：(1)用人单位应当优先采用有利于防治职业病和保护劳动者健康的新技术、新工艺、新材料，逐步替代职业病危害严重的技术、工艺、材料。(2)向用人单位提供可能产生职业病危害的设备的，应当提供中文说明书，并在设备的醒目位置设置警示标识和中文警示说明。(3)向用人单位提供可能产生职业病危害的化学品、放射性同位素和含有放射性物质的材料的，应当提供中文说明书。说明书应当载明产生特性、主要成分、存在的有害因素、可能产生的危害后果、安全使用注意事项、职业病防护以及应急救治措施等内容。产品包装应当有醒目的警示标识和中文警示说明。(4)任何单位和个人不得生产、经营、进口和使用国家明令禁止使用的可能产生职业危害的设备或者材料。(5)用人单位对采用的技术、工艺、材料，应当知悉其产生的职业病危害，对有职业病危害的技术、工艺、材料隐瞒其危害而采用的，对所造成的职业病危害后果承担责任。

4. 个人防护。用人单位必须采用有效的职业病防护设施，并为劳动者提供个人使用的职业病防护用品。用人单位为劳动者个人提供的职业病防护用品必须符合防治职业病的要求；不符合要求的，不得使用。

(六)职业病的诊断与处理的法律规定

1. 职业病报告。用人单位和医疗卫生机构发现职业病病人或者疑似职业病病人时，应当及时向所在地卫生行政部门和安全生产监督管理部门报告。确诊为职业病的，用人单位还应当向所在地劳动保障行政部门报告。接到报告的部门应当依法做出处理。

2. 职业病诊断机构及标准有以下几点：(1)职业病诊断机构。依照《职业病防治法》的规定，职业病诊断应当由省级人民政府卫生行政部门批准的医疗机构承担；劳动者可以在用人单位所在地、本人户籍所在地或者经常居住地依法承担职业病诊断的医疗卫生机构进行职业病诊断。(2)职业病诊断标准。《职业病防治法》规定，职业病诊断标准和职业病诊断、鉴定办法由国务院卫生行政部门制定；职业病伤残等级的鉴定办法由国务院劳动保障行政部门会同国务院卫生行政部门制定。

3.职业病诊断有以下几点:(1)诊断依据。职业病诊断,应当综合分析下列因素:①病人的职业史;②职业病危害接触史和现场危害调查与评价;③临床表现以及辅助检查结果等。(2)诊断者。承担职业病诊断的医疗卫生机构在进行职业病诊断时,应当组织三名以上取得职业病诊断资格的执业医师集体诊断;职业病诊断证明书应当由参与诊断的医师共同签署,并经承担职业病诊断的医疗卫生机构审核盖章。(3)职业病诊断争议的鉴定。当事人对职业病诊断有异议的,有申请鉴定的权利,可以向做出诊断的医疗卫生机构所在地地方人民政府卫生行政部门申请鉴定。职业病诊断争议由设区的市级以上地方人民政府卫生行政部门根据当事人的申请,组织职业病诊断鉴定委员会进行鉴定。当事人对设区的市级职业病诊断鉴定委员会的鉴定结论不服的,可以向省、自治区、直辖市人民政府卫生行政部门申请再鉴定。

4.职业病患者的处理。职业病病人依法享有国家规定的职业病待遇。主要有:第一,用人单位应当按照国家有关规定,安排职业病病人进行治疗、康复和定期检查。第二,用人单位对不适宜继续从事原工作的职业病病人,应当调离原岗位,并妥善安置。第三,职业病病人的诊疗、康复费用,伤残以及丧失劳动能力的职业病病人的社会保障,按照国家有关工伤社会保险的规定执行。第四,劳动者被诊断患有职业病,但用人单位没有依法参加工伤社会保险的,其医疗和生活保障由最后的用人单位承担。最后的用人单位有证据证明该职业病是先前用人单位的职业病危害造成的,由先前的用人单位承担。

(七)职业病防治的监督检查

1.监督检查机构。县级以上人民政府职业卫生监督管理部门(安全生产监督管理部门、卫生行政部门、劳动保障行政部门被统称为职业卫生监督管理部门)依照职业病防治法律、法规,国家职业卫生标准和卫生要求,依据职责划分,对职业病防治工作进行监督检查。

2.监督检查措施有以下几点:(1)一般性措施。安全生产监督管理部门履行监督检查职责时,有权采取下列措施:一是进入被检查单位和职业病危害现场,了解情况,调查取证;二是查阅或者复制与违反职业病防治法律、法规的行为有关的资料和采集样品;三是责令违反职业病防治法律、法规的单位和个人停止违法行为。(2)临时控制措施。发生职业病危害事故或者有证据证明危害状态可能导致职业病危害事故发生时,安全生产监督管理部门可以采取下列临时控制措施:一是责令暂停导致职业病危害事故的作业;二是封存造成职业病危害事故或者可能导致职业病危害事故发生的材料和设备;三是组织控制职业病危害事故现场。

3.监督执法的要求有以下几点：(1)职业卫生监督执法人员应当依法经过资格认定。(2)职业卫生监督执法人员依法执行职务时，应当出示监督执法证件。职业卫生监督执法人员应当忠于职守，秉公执法，严格遵守执法规范；涉及用人单位的秘密的，应当为其保密。(3)职业卫生监督执法人员依法执行职务时，被检查单位应当接受并予以支持配合，不得拒绝和阻碍。(4)卫生行政部门及其职业卫生监督执法人员履行职责时，不得有下列行为：①对不符合法定条件的，发给建设项目有关证明文件、资质证明文件或者予以批准；②对已经取得有关证明文件的，不履行监督检查职责；③发现用人单位存在职业病危害，可能造成职业病危害事故的，不及时依法采取控制措施。

(八)法律责任

1.民事责任。《职业病防治法》第五十九条规定，职业病病人除依法享有工伤社会保险外，依照有关民事法律，尚有获得赔偿的权利，有权向用人单位提出赔偿要求。

2.行政责任有以下几点：(1)建设单位的法律责任。建设单位违反本法规定，有下列行为之一的，由安全生产监督管理部门给予警告，责令限期改正；逾期不改正的，处十万元以上五十万元以下的罚款；情节严重的，责令停止产生职业病危害的作业，或者提请有关人民政府按照国务院规定的权限责令停建、关闭：第一，未按照规定进行职业病危害预评价或者未提交职业病危害预评价报告，或者职业病危害预评价报告未经卫生行政部门审核同意，擅自开工的；第二，建设项目的职业病防护设施未按照规定与主体工程同时投入生产和使用的；第三，职业病危害严重的建设项目，其职业病防护设施设计不符合国家职业卫生标准和卫生要求而进行施工的；第四，未按照规定对职业病防护设施进行职业病危害控制效果评价，未经卫生行政部门验收或者验收不合格，擅自投入使用的。

(2)用人单位的法律责任。用人单位未依法履行相关职责，由安全生产监督管理部门给予警告处罚，责令限期改正；逾期不改正的，处以相应罚款；有时应责令停止产生职业病危害的作业。

(3)从事职业卫生技术服务的机构的法律责任。从事职业卫生技术服务的机构和承担职业健康检查、职业病诊断的医疗卫生机构违反《职业病防治法》规定，有下列行为之一的，由安全生产监督管理部门和卫生行政部门责令立即停止违法行为，给予警告处罚，没收违法所得；违法所得五千元以上的，并处违法所得2倍以上5倍以下的罚款；没有违法所得或者违法所得不足五千元的，并处五千元以上两万元以下的罚款；情节严重的，由原认证或者批准机关取消其相应的资格；对直接负责的主管人员和其他直接责任人员，依法给予降级、撤职或者开除的处分：其一，超出资质认证或者批准范围从事职业卫生技术服务或者职业健康检查、职业病诊断的；其二，不按照《职业病防治法》规定履行法定职责的；其三，出具虚假证明文件的。

(4)职业病诊断鉴定委员会组成人员的法律责任。职业病诊断鉴定委员会组成人员收受职业病诊断争议当事人的财物或者其他好处的，给予警告处罚，没收收受的财物，可以并处三千元以上五万元以下的罚款，取消其担任职业病诊断鉴定委员会组成人员的资格，并从省、自治区、直辖市人民政府卫生行政部门设立的专家库中予以除名。

(5)县级以上地方人民政府及其有关部门的法律责任。第一，县级以上地方人民政府在职业病防治工作中未依照本法履行职责，本行政区域出现重大职业病危害事故、造成严重社会影响的，依法对直接负责的主管人员和其他直接责任人员给予记大过直至开除的处分。第二，县级以上人民政府职业卫生监督管理部门不依法履行相应职责，滥用职权、玩忽职守、徇私舞弊，依法对直接负责的主管人员和其他直接责任人员给予记大过或者降级的处分；造成职业病危害事故或者其他严重后果的，依法给予撤职或者开除的处分。第三，卫生行政部门、安全生产监督管理部门不按照规定报告职业病和职业病危害事故的，由上一级行政部门责令改正，通报批评，给予警告处罚；虚报、瞒报的，对单位负责人、直接负责的主管人员和其他直接责任人员依法给予降级、撤职或者开除的行政处分。第四，有关部门擅自批准建设项目或者发放施工许可的，对该部门直接负责的主管人员和其他直接责任人员，由监察机关或者上级机关依法给予记过直至开除的处分。

3.刑事责任。违反《职业病防治法》的有关规定，构成犯罪的，依法追究其刑事责任。

二、地方病防治的法律制度

(一)我国地方病分布状况

地方病是指具有严格的地方性区域特点的一类疾病。全国各省、自治区、直辖市都有不同的地方病发生，有的地区可多达五六种，受威胁人口多达4亿多。地方病主要发生于广大农村、山区、牧区等偏僻地区，病区呈灶状分布。

(二)地方病病症分类

地方病按病因可分为自然疫源性和化学元素性。中国国家重点防治的地方病有地方性甲状腺肿、地方性克汀病、地方性氟中毒、大骨节病、克山病、鼠疫和布鲁氏菌病7种。

(1)自然疫源性(生物源性)。病因为微生物和寄生虫，是一类传染性的地方病，包括鼠疫、布鲁鼠疫、布鲁氏菌病、乙型脑炎、森林脑炎、流行性出血热、钩端螺旋体病、血吸虫病、疟疾、黑热病、肺吸虫病、包虫病等。

(2)化学元素性(地球化学性)。病因为当地水或土壤中某种(些)元素或化合物过多、不足或比例失常,再通过食物和饮水作用于人体所产生的疾病。其一,元素缺乏性,如地方性甲状腺肿、地方性克汀病等。其二,元素中毒性(过多性),如地方性氟中毒、地方性砷中毒、地方性硒中毒、地方性钼中毒。

(三)地方病防治立法

新中国成立以来,党和政府非常重视地方病防治工作,1955 年,成立了中共中央血吸虫病防治领导小组,1960 年专门成立了中共中央地方病防治领导小组,1994 年成立了中国地方病协会。改革开放以后,我国先后颁布实施了一系列关于防治地方病的行政法规和部门规章,如《血吸虫病防治条例》、《全国麻风病防治管理条例》、《防治布氏杆菌病暂行办法》、《改水防治地方性氟中毒暂行办法》(失效)、《食盐加碘消除碘缺乏危害管理条例》等,使地方病防治工作纳入法制管理的轨道。

(四)几种地方病防治的法律规定

1. 鼠疫。鼠疫系自然疫源性疾病,它通过媒介昆虫在啮齿动物中流行,在一定条件下通过疫鼠、疫蚤或其他染疫动物,将鼠疫传染给人,造成人类鼠疫流行。鼠疫传染性强,病死亡率高,是危害人类最严重的烈性地方病之一。鼠疫防治的主要措施有:第一,拔源灭鼠(蚤)。这是指改造主要宿主(鼠和蚤)动物的生态环境,破坏宿主动物的生存条件,以达到间接消灭鼠疫菌的目的。实践证明,这项措施在消灭鼠疫工作中是有显著成效的。第二,监测鼠疫。对一些已知的鼠疫自然疫源地及其毗邻地区进行监测,是鼠疫预防的重要手段之一。在组织上,建立一套完整的、从上到下的监测系统、监测机构以保证监测任务的执行,是监测工作的首要之义。主要有:国家监测指导中心,负责收集汇总鼠疫自然疫源地的监测资料,进行流行病学分析,对监测结果做出短期或长期的科学预报,并与国际疫情中心交流;疫源地监测中心,负责本型疫源地内鼠疫动物流行病监测预报任务;监测站,根据疫源地的自然条件,有选择地在某些有意义的县镇设监测站,负责一定范围内的监测任务;监测点,根据具体疫源地的特点,有计划地设立长期或临时监测点,定期收集监测资料。第三,预防接种。鼠疫菌苗预防接种,原则上要求在当地流行前 1～2 个月内完成。而预防接种的有效期,为从接种后第 7 天至 6 个月。如超过期限,必要时进行第二次接种。预防接种的范围应根据疫区的分布情况,从当地人群可能遭受鼠疫感染的危险程度来确定。凡有鼠疫疫源地存在的地区(包括“血凝”试验阳性地区),均应每年进行一次预防接种。历史疫区连续 5 年以上并经过广泛的疫源检索未发现染疫动物(包括“血凝”试验)的地区,可暂停进行预防接种,但对该地区从事狩猎或灭鼠的人员,或经常接触疫源动物的人，仍需进行预防接种。第四，卫生检疫。为防止鼠疫从国外传入，国境卫生检疫机关根据世界各地的疫情情况，对来自国外某些地区的飞机、船舶、车辆进行检疫。对于国内发生人间鼠疫或动物间鼠疫的疫区附近的汽车运输站、火车站、飞机场可设临时卫生检疫站，对来往疫区的车辆、旅客、行李、货物实行检疫。如需进行隔离、封锁交通，须与交通、铁路管理机关洽商，呈请省、市人民政府批准，电告有关交通铁路部门执行并报告卫生行政部门、铁路交通行政部门备案。第五，疫区处理。为及时控制和扑灭疫情，确保人民生命安全，不论发生人间或动物间鼠疫，都必须采取紧急疫区处理措施，以彻底消灭传染源，切断传播途径，防止扩大蔓延。第六，建立区域联防。加强调查研究，提高防治技术。1996 年我国建立和健全了 6 个鼠疫疫源地内的区域联防，通过调查和探讨进一步明确了以疫情监测、因地制宜地落实以灭鼠灭蚤、宣传教育和紧急疫区处理为主的技术策略，为全国各地鼠疫区防治鼠疫提供了技术基础。

2. 碘缺乏病。碘缺乏病是指碘缺乏对机体造成的危害。这种危害表现出各种不同的疾病形式，包括在缺碘地区出现的相当数量的胎儿早产、死产、先天畸形、亚临床克汀病、单纯聋哑、甲状腺肿及克汀病等。1994 年 4 月，国务院办公厅转发原卫生部、国家轻工总会的《中国 2000 年消除碘缺乏症规划纲要》，提出了消除碘缺乏症的目标及步骤。在“九五”期间，全国所有食用盐全部都加碘，合格碘食用盐食用率达 95%，缺碘地区特需人群覆盖率大于 95%，全国 95% 的县，基本达到消除碘缺乏症；2000 年达到全国消除碘缺乏症。国务院发布的《食盐加碘消除碘缺乏症危害管理条例》规定，县级以上地方各级人民政府卫生行政部门，负责本地区食盐加碘消除碘缺乏症的卫生监督和碘盐的卫生监督以及防治效果评估；县级以上盐业主管机构负责对本地区加碘盐加工和市场供应的监督管理。

3. 血吸虫病。血吸虫病是保存宿主钉螺传染引起的。其流行的主要原因是，保存宿主的广泛存在并有其滋生繁殖的自然环境，同时由于人接触疫水频繁。我国血吸虫病主要分布在长江中下游的东南沿海的浙江、福建一带以及川西平原和金沙江流域。我国血吸虫病防治工作，经过多年努力，总结出“各级防治综合措施，推动群众与科学技术的结合，防治工作和发展农业生产、兴修水利相结合”的策略，采取了灭螺、治病、防护、谷粪、管水的综合措施。近年来，卫生部先后修订颁布了有关血吸虫病的治疗、监测、质量控制等实施细则，规定了防治血吸虫病的主要措施是：查病治病，查螺灭螺，加强粪便管理、水源管理和个人防护等。

4. 布氏杆菌病。这是由布鲁氏菌属细菌引起的人畜共患的传染—变态反应性疾病。患布氏病的牲畜是人类布氏病的主要传染源。按照《改水防治地方性氟中毒暂行办法》的规定，其主要防治对策是：加强传染源管理，切断传染途径，对非疫区要防止病畜带入，对疫区主要做好控制和杀灭病畜工作，切断传染途径，加强个人防护，防止病菌和其他可能含菌物质的污染，防止其经人的皮肤、消化道或呼吸道感染，对易感染人群、密切接触疫区、家畜和畜产品人员进行预防和接种。

5. 地方性氟中毒病。这是一种地方性慢性中毒性疾病。其流行是由于特定的自然条件，地球化学背景和生活习惯等的影响，使居民生活环境，特别是饮水或空气，食物中氟化合物含量超过允许浓度，造成氟在机体内过量蓄积中毒而引起的一种地球化学性疾病。该类地方病在我国主要分布在北方、西南和西北地区。该病以斑釉齿和氟骨症为特征，对人体危害较为严重。

6. 麻风病。麻风病是麻风杆菌引起的，主要侵犯人体皮肤和周围神经的慢性传染病，是严重危害人类健康的地方病之一。目前，我国患者主要集中在东南沿海和大江流域。早在 20 世纪 50 年代，我国政府就制订防治规划，采取“积极防治，控制污染”的原则，做到“早期发现，早期隔离，早期治疗”。按照《全国麻风病防治管理条例》的规定，对于麻风病防治提出，加强领导，多部门协作，统一规划，广泛宣传，建立防治机构，开展联合防治等综合措施。

第三节 国境卫生检疫法律制度

一、国境卫生检疫的概念

国境卫生检疫是由国境检疫机关实施的，以国境口岸为依托，以预防和临床医学及相关自然科学为手段，以法学等社会科学为指导，以行政执法为主要内容的综合性涉外卫生活动。国境卫生检疫工作是一项政策性和技术性很强的工作，按照国际上的要求，卫生检疫的工作内容包括检疫查验、传染病监测、卫生监督和卫生处理四大任务，以及签发卫生检疫证工作。其目的是运用卫生技术手段，通过行政管理的形式，达到防止传染病由国外传入或者由国内传出，保护人体健康，维护国家卫生主权。国境卫生检疫所涉及的传染病主要有三类：第一类为检疫传染病，包括鼠疫、霍乱、黄热病等；第二类为监测传染病，包括流行性感冒、疟疾、脊髓灰质炎、回归热、流行性斑疹伤寒和登革热；第三类为限制外国人入境的传染病，包括艾滋病、性病、麻风病、精神病和开放性肺结核。

二、改革开放以来我国国境卫生检疫立法状况

随着我国改革开放的持续深入，经济迅速发展，入出境的人员和货物数量也

日益增加，卫生检疫任务十分繁重。为了适应新形势，促进对外贸易，繁荣我国经济，1986 年 12 月 2 日，第六届全国人民代表大会常务委员会第十八次会议通过了《国境卫生检疫法》，该法于 1987 年 5 月 1 日起正式施行。该法有六章二十八条，是在"检疫"概念有了新的引申和扩大的新形势下，为适应预防医学的发展而订立的。1989 年 2 月 10 日，经国务院批准，《国境卫生检疫法实施细则》于 1989 年 3 月 6 日起实施，共为十二章一百一十四条。它是在总结我国 110 多年，特别是新中国建立 40 周年卫生检疫工作历史经验的基础上，根据国内外疫情的变化，科学技术和预防医学的发展，参照《国际卫生条例》以及外国检疫法规，为防止传染病传入或传出，保护人民身体健康，适应我国进一步扩大对外开放的需要而制定的。《国境卫生检疫法》及实施细则的产生标志着我国国境卫生检疫法规体系的日臻完善，我国国境卫生检疫工作进入到了法制化管理的轨道。为适应新的国际公共卫生形势的需要，做好与修改后的《国际卫生条例(2005)》的衔接，《国境卫生检疫法》于 2007 年 12 月 29 日被修正，《国境卫生检疫法实施细则》于 2010 年 4 月 24 日被修订。

三、国境卫生检疫

(一)入、出境卫生检疫

入境的交通工具和人员，必须在最先到达的国境口岸的指定地点接受检疫。出境的交通工具和人员，必须在最后离开的国境口岸接受检疫。入、出境检疫包括海港检疫、航空检疫和陆地边境检疫。国境卫生检疫机关依据检疫医师提供的检疫结果，对未染有检疫传染病或者已实施卫生处理的交通工具，签发《入境检疫证》或者《出境检疫证》。

1. 入、出境卫生处理。对检疫传染病染疫人及其嫌疑人的卫生处理。国境卫生检疫机关对检疫传染病染疫人必须立即将其隔离，隔离期限根据医学检查结果确定；对检疫传染病染疫嫌疑人应当将其留验，留验期限根据该传染病的潜伏期确定。

2. 对入境检疫的交通工具的卫生处理。接受入境检疫的交通工具有下列情形之一的，应当实施消毒、除鼠、除虫或者其他卫生处理：(1)来自检疫传染病疫区的；(2)被检疫传染病污染的；(3)发现有与人类健康有关的啮齿动物或者病媒昆虫的。

3. 对尸体和物品的卫生处理。因患检疫传染病而死亡的尸体，必须就近火化。国境卫生检疫机关对来自疫区的、被检疫传染病污染的或者可能成为检疫传染病传播媒介的行李、货物、邮包等物品，应当进行卫生检查，实施消毒、除鼠、除虫或者其他卫生处理。

四、传染病监测

(一)传染病监测的对象

根据《国境卫生检疫法》及其实施细则的有关规定,出入境卫生检疫机构主要对以下对象进行传染病监测:(1)国境口岸内和交通工具上的食品、饮用水、从业人员,以及国境口岸为入、出境交通工具提供食品和饮用水单位的从业人员;(2)出国探亲、定居、劳务、留学、商务、公务等中国籍有关人员;(3)在国外居住3个月以上的归国人员;(4)遣返人员:如偷渡人员、难民等;(5)申请入境居住1年以上的外籍人员(留学生、专家教授、工程技术人员、各专业领域和驻华办事机构的工作人员)和华侨、港澳台及经常出入境的有关人员;(6)中国籍入、出境交通员工(包括在外国交通工具上工作的中国籍员工)及在我国交通工具上工作的外籍交通员工。

(二)传染病监测的内容

根据《国境卫生检疫法实施细则》第九十八条的规定,出入境卫生检疫机构进行传染病监测的内容是:(1)首发病例的个案调查;(2)暴发流行的流行病学调查;(3)传染源调查;(4)国境口岸内监测传染病的回顾性调查;(5)病原体的分离、鉴定,人群、有关动物血清学调查以及流行病学调查;(6)有关动物、病媒昆虫、食品、饮用水和环境因素的调查;(7)消毒、除鼠、除虫的效果观察与评价;(8)国境口岸以及国内外监测传染病疫情的收集、整理、分析和传递;(9)对监测对象开展健康检查和对监测传染病病人、疑似病人、密切接触人员的管理。

五、国境卫生检疫的卫生监督

(一)卫生监督的任务

国境卫生检疫机关根据国家规定的卫生标准,对国境口岸的卫生状况和停留在国境口岸的入境、出境的交通工具的卫生状况实施卫生监督,其主要任务是:(1)监督和指导有关人员对啮齿动物、病媒昆虫的防除;(2)检查和检验食品、饮用水及其储存、供应、运输设施;(3)监督从事食品、饮用水供应的从业人员的健康状况,检查其健康证明书;(4)监督和检查垃圾、废物、污水、粪便、压舱水的处理。

(二)卫生监督员的职责

国境卫生检疫机关设立国境口岸卫生监督员,执行国境卫生检疫机关交给的任务。国境口岸卫生监督员在执行任务时,有权对国境口岸和入境、出境的交通工具进行卫生监督和技术指导,对卫生状况不良和可能引起传染病传播的因素提出改进意见,协同有关部门采取必要的措施,进行卫生处理。

（三）卫生监督的内容

1.国境口岸的卫生监督。对国境口岸的卫生要求是：(1)国境口岸和国境口岸内涉外的宾馆、生活服务单位以及候船、候车、候机厅（室）应当有健全的卫生制度和必要的卫生设施，并保持室内外环境整洁、通风良好；(2)国境口岸有关部门应当采取切实可行的措施，控制啮齿动物、病媒昆虫数量，使其数量降低到不足为害的程度。仓库、货场必须具有防鼠设施；(3)国境口岸的垃圾、废物、污水、粪便必须进行无害化处理，保持国境口岸环境整洁卫生。

2.交通工具的卫生监督。对交通工具的卫生要求是：(1)交通工具上的宿舱、车厢必须保持清洁卫生，通风良好；(2)交通工具上必须备有足够的消毒、除鼠、除虫药物及器械，并备有防鼠装置；(3)交通工具上的货舱、行李舱、货车车厢在装货前或者卸货后应当进行彻底清扫，有毒物品和食品不得混装，防止污染；(4)对不符合卫生要求的入境、出境交通工具，必须接受卫生检疫机关的督导立即进行改进。

饮用水、食品及从业人员的卫生监督。对饮用水、食品及从业人员的卫生要求是：(1)国境口岸和交通工具上的食品、饮用水必须符合有关的卫生标准；(2)国境口岸内的涉外宾馆，以及向入境、出境的交通工具提供饮食服务的部门，营业前必须向卫生检疫机关申请《卫生许可证》；(3)国境口岸内涉外的宾馆和入境、出境交通工具上的食品、饮用水，从业人员应当持有卫生检疫机关签发的健康证书。

六、违反《国境卫生检疫法》的法律责任

（一）有关单位或者个人的行政责任和刑事责任

1.行政责任。对违反《国境卫生检疫法》规定，有下列行为之一的单位或者个人，国境卫生检疫机关可以根据情节轻重，给予警告或者罚款处罚：其一，逃避检疫，向国境卫生检疫机关隐瞒真实情况的；其二，入境的人员未经国境卫生检疫机关许可，擅自上下交通工具，或者装卸行李、货物、邮包等物品，不听劝阻的。当事人对国境卫生检疫机关给予的罚款决定不服的，可以在接到通知之日起十五日内，向当地人民法院起诉。逾期不起诉又不履行的，国境卫生检疫机关可以申请人民法院强制执行。

2.刑事责任。违反《国境卫生检疫法》规定，引起检疫传染病传播或者有引起检疫传染病传播严重危险的，依照《刑法》的有关规定追究其刑事责任。

（二）国境卫生检疫机关工作人员的行政责任和刑事责任

国境卫生检疫机关工作人员，应当秉公执法，忠于职守，对入境、出境的交通工具和人员，及时进行检疫；违法失职的，给予行政处分，情节严重构成犯罪的，

依法追究其刑事责任。

典型案例评析

［案情］

郦某某于2001年4月5日出生。同年5月5日，其父郦加泉到浙江省上虞市东关中心卫生院为编号01～60的浙江省儿童办理预防接种证，参加国家计划免疫。此后至2002年期间，郦某某分别在上虞东关及上海等地接种卡介苗等免疫规划疫苗。2007年7月，郦某某患流行性乙型脑炎，赴上虞及杭州的多家医院诊治。现郦某某以浙江省上虞市东关中心卫生院未按约定为其接种乙脑疫苗（乙脑疫苗属于国家免疫规划疫苗），导致其感染乙型脑炎为由，起诉要求浙江省上虞市东关中心卫生院承担医疗费、护理费、住院伙食补助费、辅助器具费、交通费、住宿费、营养费等损失合计110000元。浙江省上虞市人民法院经审理后判决驳回原告郦某某要求被告上虞市东关中心卫生院赔偿医疗等损失合计110000元的诉讼请求。

［争议焦点］

被告出具的《儿童预防接种证》能否证明原、被告之间存在医疗服务合同关系？

［案例评析］

国家为预防、控制和消除传染病的发生与流行，保障人体健康和公共卫生，逐步推广和实施包括乙脑疫苗在内的国家免疫规划疫苗接种工作。依《传染病防治法》及《疫苗流通的预防接种管理条例》等法律法规之规定，国家对儿童实行预防接种证制度，国家免疫规划项目的预防接种实行免费。医疗机构、疾病预防控制机构与儿童的监护人应当相互配合，保证儿童及时接受预防接种。县级以上地方人民政府卫生主管部门负责本行政区域内预防接种的监督管理工作；县级以上卫生主管部门指定医疗卫生机构承担预防接种工作，接种单位应当按照国家免疫规划对居住在其责任区域内需要接种第一类疫苗的受种者接种，并达到国家免疫规划所要求的接种率。据上述法律规定可以确定：本案被告上虞市东关中心卫生院依卫生主管部门的指定，开展本区域的免疫疫苗接种工作。故非原告所诉请的被告系履行合同义务。再则，法律规定疾病预防控制机构与儿童的监护人应当相互配合，保证儿童及时接受预防接种；又规定接种单位应达到免疫规划要求的接种率。故可以认定被告无强制实施疫苗接种的权利、无保证每一个受种者接种每一种疫苗的强制义务。当事人对自己提出的主张，有责任提供证据。现原告诉请被告违反合同义务，要求被告承担因合同侵权所致的损失。但原告没有证据证明其与被告之间存在医疗服务合同，其诉称理由也与法律相悖。

思考题

1. 医疗机构在传染病防治过程中具有哪些法定义务？若医疗机构未履行这些法定义务，医疗机构及其相关责任人员将承担哪些法律责任？

2. 用人单位违反《职业病防治法》的哪些行为会受到安全生产监督管理部门的行政处罚？

3. 哪些对象属于国境卫生检疫的对象？当国境卫生检疫机关发现检疫传染病染疫人或检疫传染病染疫嫌疑人时应当采取何种措施？

第二十二章　精神卫生法律制度

本章要点:精神卫生立法是衡量一个国家文明程度的重要标志。精神卫生问题不仅是医疗卫生、公共卫生问题,更是社会问题。人的健康包括身体、生理、精神、心理等社会适应性问题,精神卫生还涉及公民的基本权利乃至尊严。我国精神卫生法律制度涉及精神卫生的方针和基本原则,心理健康促进和精神障碍预防,精神障碍的诊断、治疗和康复,精神障碍者的权利及其保障措施,以及各主体在精神卫生中的法律责任等内容。

第一节　精神卫生法律制度概述

一、精神卫生法概述

(一)精神卫生法的概念

精神卫生法是调整维护和增进公民心理健康、预防和治疗精神障碍、促进精神障碍患者康复的活动,发展精神卫生事业,规范精神卫生服务,保障精神障碍患者的合法权益的法律规范的总称。

(二)精神卫生和精神障碍的概念

1.精神卫生。精神卫生又称"心理卫生""心理健康"或"精神健康"。精神卫生有广义、狭义两种理解。广义的"精神卫生",是指一切维护和增进公民心理健康、预防和治疗精神障碍、促进精神障碍患者康复的活动。狭义的"精神卫生",是指对精神障碍患者进行防治,采取对策,促进其康复,减少精神障碍复发,并对精神障碍患者实行必要的监护的活动。目前,世界各国的精神卫生工作在很大程度上还局限于狭义的范围。

2.精神障碍。"精神障碍"又称"心理障碍"或"精神疾病",是指由各种原因引起的感知、情感和思维等精神活动的紊乱或者异常,导致患者明显的心理痛苦或者社会适应等功能损害。

3.严重精神障碍。"严重精神障碍"是指疾病症状严重,导致患者社会适应等功能严重损害、对自身健康状况或者客观现实不能完整认识,或者不能处理自身事务的精神障碍。对于患有精神障碍的患者,其监护人应当依照法律规定承担监护职责。

(三)国际、国内精神卫生现状

根据世界卫生组织的定义,健康“不仅为疾病或羸弱之消除,而系体格、精神与社会之完全健康状态”。可以说,没有精神卫生就没有健康。人体的健康不仅是指躯体生理上的正常,而且还包括正常的心理和健康的人格。

然而,随着社会的发展,生活节奏的加快,竞争压力增大,社会矛盾错综复杂,精神障碍已成为影响人类健康的重大的公共卫生问题。目前,世界上约有4.5亿人患有精神障碍疾病,占全球疾病负担的近11%。在前10位造成功能残缺的疾病中有5个属于精神障碍,即严重抑郁症、精神分裂症、双向情感障碍、酒精依赖和强迫性障碍。全世界的10大疾病中,抑郁症列第4位,至少有1/20的青少年、1/10的男性和1/4的女性成人曾经或正在患有抑郁症。

在我国,精神障碍也同样严重地威胁着公众健康。根据世界卫生组织推算,中国精神障碍疾病负担到2020年将上升至疾病总负担的四分之一。我国每年有20万人以自杀方式结束生命,而其中80%的自杀者患有抑郁症。据在中国22个城市的调查,超过16%的大学生经常感到焦虑、情绪低落及精神紧张。1982年以来,精神障碍已成为大学生退学、休学的主要病因。此外,由精神障碍患者造成的恶性案件也时有发生,在各地发生的一连串杀童案、富士康员工频繁跳楼自杀的事件,以及医患矛盾下日益频繁的弑医、伤医案件,凸显了社会部分群体的脆弱心理状态,以及长期被社会忽略的精神健康问题。这些引起广泛社会效应的反社会暴力行为与个人厌世行为,在很大程度上都是精神健康失常的后果。精神卫生在我国已经成为重大的公共卫生和突出的社会问题,其不仅造成直接的经济损失,也给社会治安带来不稳定因素。

二、精神卫生立法

(一)国际精神卫生立法

现代精神卫生运动兴起于美国。1908年,美国建立了世界上第一个精神卫生组织——康涅狄格州精神卫生协会。1930年,第一次国际精神卫生大会在华盛顿召开,1938年,法国制定颁布了世界上第一部《精神卫生法》。在1948年的第三次伦敦国际精神大会上,成立了世界精神卫生协会(WFMH),其与WHO的精神卫生处共同推动世界精神卫生运动。

国际社会对精神障碍患者一直给予特别关注。联合国大会就精神障碍者的权益保护通过了一系列国际性特别宣言,如1971年的《精神发育迟滞宣言》、1991年的《保护精神障碍者和改善精神保健的原则》等。1977年,世界精神病学会、世界心理卫生联合会等国际组织还通过了确立精神科医生道德要求和社会责任的《夏威夷宣言》，目的在于指导和帮助各个精神科医生树立应有的道德标准，明确自己的社会责任，尽最大努力为病人的切身利益服务，促进其精神健康，恢复病人自理生活的能力。此后，《保障精神患者权利的声明》《精神患者的人权宣言》相继出台。世界卫生组织从 1992 年起把每年的 10 月 10 日定为世界“精神卫生日”。

1995 年，世界卫生组织精神卫生处提出了《精神卫生保健法——10 项基本原则》。这 10 项基本原则，作为各国政府制定和修改精神卫生法的参考，也用来作为评价一个国家精神卫生立法的标准。

（二）我国的精神卫生立法

我国的精神卫生立法经历了 27 年漫长的过程。1985 年，原卫生部就组织起草了《精神卫生法》。终于在 2012 年 10 月 26 日第十一届全国人民代表大会常务委员会第二十九次会议上通过了《精神卫生法》，该法于 2013 年 5 月 1 日起正式实施。《精神卫生法》对于社会心理健康促进和精神障碍预防、精神障碍的诊断、治疗与康复，以及相关的保障措施、法律责任做了规定，其对解决目前精神障碍预防不力、医疗机构不足、专业人员缺乏的状况，营造有利于尊重、理解、关爱精神障碍患者的社会氛围，改变歧视患者的社会现象，改善患者得不到及时诊断、治疗、康复等突出问题，维护患者合法权益，保障、促进我国精神卫生事业的发展具有重要意义。

第二节　精神障碍的预防

一、精神障碍的预防原则

（一）预防为主、防治结合

精神卫生工作实行预防为主的方针，坚持预防、治疗和康复相结合的原则。国家保护精神障碍患者的人格尊严、人身和财产安全不受侵犯；国家保护精神障碍患者的教育、劳动、医疗以及从国家和社会获得物质帮助等方面的合法权益。

（二）各级组织各司其职

精神卫生是一项社会性很强的工作，国家实行政府组织领导、部门各负其责、家庭和单位尽力尽责、全社会共同参与的综合管理机制。有关单位和个人应当对精神障碍患者的姓名、肖像、住址、工作单位、病历资料以及其他可能推断出其身份的信息予以保密。但是，依法履行职责需要公开的除外。

（三）全社会尊重、理解、关爱患者

《精神卫生法》规定全社会应当尊重、理解、关爱精神障碍患者。任何组织或者个人不得歧视、侮辱、虐待精神障碍患者,不得非法限制精神障碍患者的人身自由。新闻报道和文学艺术作品等不得含有歧视、侮辱精神障碍患者的内容。

精神障碍患者的监护人应当履行监护职责,维护精神障碍患者的合法权益。禁止对精神障碍患者实施家庭暴力,禁止遗弃精神障碍患者。

二、心理健康促进和精神障碍预防

(一)心理健康促进

(1)各级人民政府和县级以上人民政府有关部门应当采取措施,加强公众心理健康促进和精神障碍预防工作,提高公众心理健康水平。

(2)用人单位应当创造有益于职工身心健康的工作环境,关注职工的心理健康;对处于职业发展特定时期或者在特殊岗位工作的职工,应当有针对性地开展心理健康教育。

(3)各级各类学校应当对学生进行精神卫生知识教育:配备或者聘请心理健康教育教师、辅导人员,并可以设立心理健康辅导室,对学生进行心理健康教育。学前教育机构应当对幼儿开展符合其特点的心理健康教育。发生自然灾害、意外伤害、公共安全事件等可能影响学生心理健康的事件时,学校应当及时组织专业人员对学生进行心理援助。教师应当学习和了解相关的精神卫生知识,关注学生心理健康状况,正确引导、激励学生。学校和教师应当与学生父母或者其他监护人、近亲属沟通学生心理健康情况。地方各级人民政府教育行政部门和学校应当重视教师的心理健康。

(二)精神障碍预防

(1)政府有关部门制订的突发事件应急预案,应当包括心理援助的内容。并根据具体情况,组织开展心理援助工作。

(2)医务人员开展疾病诊疗服务,应当按照诊断标准和治疗规范的要求,对就诊者进行心理健康指导;发现就诊者可能患有精神障碍的,应当建议其到符合本法规定的医疗机构就诊。

(3)监狱、看守所、拘留所、强制隔离戒毒所等场所,应当对服刑人员,被依法拘留、逮捕、强制隔离戒毒的人员等,开展精神卫生知识宣传,关注其心理健康状况,必要时提供心理咨询和心理辅导。

(4)县级以上地方人民政府人力资源和社会保障、教育、卫生、司法行政、公安等部门应当在各自职责范围内分别对各相关单位履行精神障碍预防义务的情况进行督促和指导。村民委员会、居民委员会应当协助所在地人民政府及其有关部门开展社区心理健康指导、为精神卫生知识宣传教育活动,创建有益于居民身心健康的社区环境。乡镇卫生院或者社区卫生服务机构应当为村民委员会、居民委员会开展社区心理健康指导、为精神卫生知识宣传教育活动提供技术指导。

(5)家庭成员之间应当相互关爱,创造良好、和睦的家庭环境,提高精神障碍预防意识;发现家庭成员可能患有精神障碍的,应当帮助其及时就诊,照顾其生活,做好看护管理工作。

(6)国家鼓励和支持新闻媒体、社会组织开展精神卫生的公益性宣传,普及精神卫生知识,引导公众关注心理健康,预防精神障碍的发生。

(7)心理咨询人员应当提高业务素质,遵守执业规范,为社会公众提供专业化的心理咨询服务。心理咨询人员不得从事心理治疗或者精神障碍的诊断、治疗。心理咨询人员发现接受咨询的人员可能患有精神障碍的,应当建议其到符合本法规定的医疗机构就诊。心理咨询人员应当尊重接受咨询人员的隐私,并为其保守秘密。

(8)国务院卫生行政部门应当建立精神卫生监测网络,实行严重精神障碍发病报告制度,组织开展精神障碍发生状况、发展趋势等的监测和专题调查工作。

第三节 精神障碍的诊断与治疗

一、精神障碍的诊断

(一)精神障碍诊断机构的资质

开展精神障碍诊断、治疗活动,应当具备下列条件,并依照医疗机构的管理规定办理有关手续:(1)有与从事的精神障碍诊断、治疗相适应的精神科执业医师、护士;(2)有满足开展精神障碍诊断、治疗需要的设施和设备;(3)有完善的精神障碍诊断、治疗管理制度和质量监控制度。

从事精神障碍诊断、治疗的专科医疗机构还应当配备从事心理治疗的人员。精神障碍的诊断、治疗,应当遵循维护患者合法权益、尊重患者人格尊严的原则,保障患者在现有条件下获得良好的精神卫生服务。

(二)精神障碍的诊断规则

1.诊断依据。精神障碍的诊断应当以精神健康状况为依据。除法律另有规定外,不得违背本人意志进行确定其是否患有精神障碍的医学检查。

2.疑似患者的诊断规则。除个人自行到医疗机构进行精神障碍诊断外,疑似精神障碍患者的近亲属可以将其送往医疗机构进行精神障碍诊断。对查找不到近亲属的流浪乞讨疑似精神障碍患者,由当地民政等有关部门按照职责分工,帮助将其送往医疗机构进行精神障碍诊断。

疑似精神障碍患者发生伤害自身、危害他人安全的行为,或者有伤害自身、危害他人安全的危险的,其近亲属、所在单位、当地公安机关应当立即采取措施予以制止,并将其送往医疗机构进行精神障碍诊断。

医疗机构接到送诊的疑似精神障碍患者,不得拒绝为其做出诊断。

3.诊断人的资格。精神障碍的诊断应当由精神科执业医师做出。医疗机构接到伤害自身、危害他人安全的疑似精神障碍患者,应当将其留院,立即指派精神科执业医师进行诊断,并及时出具诊断结论。

二、精神障碍的治疗

(一)住院自愿原则

精神障碍的住院治疗实行自愿原则。但精神障碍患者的诊断结论、病情评估表明,就诊者为严重精神障碍患者并有下列情形之一的,应当对其实施住院治疗:(1)已经发生伤害自身的行为,或者有伤害自身的危险的;(2)已经发生危害他人安全的行为,或者有危害他人安全的危险的。

(二)监护人决定原则

伤害自身或者有伤害自身危险的精神障碍患者,经其监护人同意,医疗机构应当对患者实施住院治疗;监护人不同意的,医疗机构不得对患者实施住院治疗。监护人应当对在家居住的患者做好看护管理工作。

三、鉴定程序

(一)精神障碍的鉴定

精神障碍患者已经发生危害他人安全的行为,或者有危害他人安全的危险的情形,患者或者其监护人对需要住院治疗的诊断结论有异议,不同意对患者实施住院治疗的,可以要求再次诊断和鉴定。

(二)再次诊断的程序

要求再次诊断的精神障碍患者及其监护人,应当自收到诊断结论之日起3日内向原医疗机构或者其他具有合法资质的医疗机构提出。承担再次诊断的医疗机构应当在接到再次诊断要求后指派2名初次诊断医师以外的精神科执业医师进行再次诊断,并及时出具再次诊断结论。承担再次诊断的执业医师应当到收治患者的医疗机构面见、询问患者,该医疗机构应当予以配合。

(三)异议鉴定程序

对再次诊断结论有异议的,可以自主委托依法取得执业资质的鉴定机构进行精神障碍医学鉴定,医疗机构应当公示经公告的鉴定机构名单和联系方式。接受委托的鉴定机构应当指定本机构具有该鉴定事项执业资格的2名以上鉴定人共同进行鉴定，并及时出具鉴定报告。鉴定人应当到收治精神障碍患者的医疗机构面见、询问患者，该医疗机构应当予以配合。鉴定人本人或者其近亲属与鉴定事项有利害关系，可能影响其独立、客观、公正进行鉴定的，应当回避。

（四）鉴定报告

鉴定机构、鉴定人应当尊重科学，恪守职业道德，按照精神障碍鉴定的实施程序、技术方法和操作规范，依法独立进行鉴定，出具客观、公正的鉴定报告，并应当对鉴定过程进行实时记录并签名。记录的内容应当真实、客观、准确、完整，记录的文本或者声像载体应当妥善保存。

再次诊断结论或者鉴定报告表明，不能确定就诊者为严重精神障碍患者，或者患者不需要住院治疗的，医疗机构不得对其实施住院治疗。

再次诊断结论或者鉴定报告表明，精神障碍患者确有危害他人安全，或者有危害他人安全的危险的情形的，其监护人应当同意对患者实施住院治疗。监护人阻碍实施住院治疗或者患者擅自脱离住院治疗的，可以由公安机关协助医疗机构采取措施对患者实施住院治疗。

在相关机构出具再次诊断结论、鉴定报告前，收治精神障碍患者的医疗机构应当按照诊疗规范的要求对患者实施住院治疗。

四、住院治疗

（一）住院手续的办理

诊断结论表明需要住院治疗的精神障碍患者，本人没有能力办理住院手续的，由其监护人办理住院手续；患者属于查找不到监护人的流浪乞讨人员的，由送诊的有关部门办理住院手续。

精神障碍患者有危害他人安全的行为，或者有危害他人安全的危险情形，其监护人不办理住院手续的，由患者所在单位、村民委员会或者居民委员会办理住院手续，并由医疗机构在患者病历中予以记录。

（二）医疗机构的职责

医疗机构及其医务人员应当将精神障碍患者在诊断、治疗过程中享有的权利，告知患者或者其监护人；应当配备适宜的设施、设备，保护就诊和住院治疗的精神障碍患者的人身安全，防止其受到伤害，并为住院患者创造尽可能接近正常生活的环境和条件；医疗机构及其医务人员应当遵循精神障碍诊断标准和治疗规范，制订治疗方案，并向精神障碍患者或者其监护人告知治疗方案和治疗方法、目的以及可能产生的后果。

精神障碍患者在医疗机构内发生或者将要发生伤害自身、危害他人安全、扰乱医疗秩序的行为，医疗机构及其医务人员在没有其他可替代措施的情况下，可以实施约束、隔离等保护性医疗措施。实施保护性医疗措施应当遵循诊断标准和治疗规范，并在实施后告知患者的监护人。禁止利用约束、隔离等保护性医疗措施惩罚精神障碍患者。

对精神障碍患者使用药物，应当以诊断和治疗为目的，使用安全、有效的药物，不得为诊断或者治疗以外的目的使用药物。医疗机构不得强迫精神障碍患者从事生产劳动。禁止对实施住院治疗的已经发生危害他人安全的行为，或者有危害他人安全的危险的精神障碍患者实施以治疗精神障碍为目的的外科手术。

（三）特殊治疗告知义务

现行的《精神卫生法》规定，医疗机构对精神障碍患者实施下列治疗措施，应当向患者或者其监护人告知医疗风险、替代医疗方案等情况，并取得患者的书面同意；无法取得患者意见的，应当取得其监护人的书面同意，并经本医疗机构伦理委员会批准：(1)导致人体器官丧失功能的外科手术；(2)与精神障碍治疗有关的实验性临床医疗。实施上述第一项治疗措施，因情况紧急查找不到监护人的，应当取得本医疗机构负责人和伦理委员会批准。

禁止对精神障碍患者实施与治疗其精神障碍无关的实验性临床医疗。

（四）住院患者的权利

医疗机构及其医务人员应当尊重住院精神障碍患者的通讯和会见探访者等权利。除在急性发病期或者为了避免妨碍治疗可以暂时性限制外，不得限制患者的通信和会见探访者等权利。医疗机构及其医务人员应当在病历资料中如实记录精神障碍患者的病情、治疗措施、用药情况、实施约束、隔离措施等内容，并如实告知患者或者其监护人。患者及其监护人可以查阅、复制病历资料。但是，患者查阅、复制病历资料可能对其治疗产生不利影响的除外。病历资料保存期限不得少于30年。医疗机构不得因就诊者是精神障碍患者，推诿或者拒绝为其治疗属于本医疗机构诊疗范围的其他疾病。

（五）卫生行政管理

县级以上地方人民政府卫生行政部门应当定期就下列事项对本行政区域内从事精神障碍诊断、治疗的医疗机构进行检查：(1)相关人员、设施、设备是否符合本法要求；(2)诊疗行为是否符合本法以及诊断标准、治疗规范的规定；(3)对精神障碍患者实施住院治疗的程序是否符合本法规定；(4)是否依法维护精神障碍患者的合法权益。县级以上地方人民政府卫生行政部门进行检查时，应当听取精神障碍患者及其监护人的意见。发现存在违法行为的，应当立即制止或者责令改正，并依法做出处理。

五、精神障碍患者的出院

自愿住院治疗的精神障碍患者可以随时要求出院，医疗机构应当同意。

对已经发生伤害自身的行为，或者有伤害自身的危险情形的精神障碍患者实施住院治疗的，监护人可以随时要求患者出院，医疗机构应当同意。

医疗机构认为精神障碍患者不宜出院的，应当告知不宜出院的理由；患者或者其监护人仍要求出院的，执业医师应当在病历资料中详细记录告知的过程，同时提出出院后的医学建议，患者或者其监护人应当签字确认。

对已经发生危害他人安全的行为，或者有危害他人安全的危险情形的精神障碍患者实施住院治疗后，医疗机构认为患者可以出院的，应当立即告知患者及其监护人。

医疗机构应当根据精神障碍患者病情，及时组织精神科执业医师对已经发生危害他人安全的行为，或者有危害他人安全的危险的住院治疗患者进行检查评估。评估结果表明患者不需要继续住院治疗的，医疗机构应当立即通知患者及其监护人。精神障碍患者出院，本人没有能力办理出院手续的，监护人应当为其办理出院手续。

六、家庭、社会基层组织职责

（一）监护人职责

精神障碍患者的监护人应当妥善看护未住院治疗的患者，按照医嘱督促其按时服药、接受随访或者治疗。

（二）社会基层组织职责

村民委员会、居民委员会、患者所在单位等应当依患者或者其监护人的请求，对监护人看护患者提供必要的帮助。

（三）心理治疗

心理治疗活动应当在医疗机构内开展。专门从事心理治疗的人员不得从事精神障碍的诊断，不得为精神障碍患者开具处方或者提供外科治疗。监狱、强制隔离戒毒所等场所应当采取措施，保证患有精神障碍的服刑人员、强制隔离戒毒人员等获得治疗。

第四节　精神障碍的康复

一、精神障碍康复的概念

精神障碍康复是指对精神障碍患者本身和家庭，采取各种措施，使其精神障碍解除，从而能够正常参与社会工作与生活。

二、社区康复的概念

社区康复是指依靠城市街道、农村乡镇等社区力量，包括精神障碍患者本身和家庭，采取医学的、家庭的、职业的、社会的康复措施，使多数精神障碍患者就近得到恢复，增加其参与社会的能力。社区康复还包括积极开展精神障碍的预防工作，防止精神障碍的发生和发展。

三、社区康复措施

（一）社区康复机构创造条件

社区康复机构应当为需要康复的精神障碍患者提供场所和条件，对患者进行生活自理能力和社会适应能力等方面的康复训练。

（二）基层组织提供帮助

村民委员会、居民委员会应当为生活困难的精神障碍患者家庭提供帮助，并向所在地乡镇人民政府或者街道办事处以及县级人民政府有关部门反映患者及其家庭的情况和要求，帮助其解决实际困难，为患者融入社会创造条件。

（三）社区卫生服务机构建立档案，定期随访、培训

社区卫生服务机构、乡镇卫生院、村卫生室应当建立严重精神障碍患者的健康档案，对在家居住的严重精神障碍患者进行定期随访，指导患者服药和开展康复训练，并对患者的监护人进行精神卫生知识和看护知识的培训。县级人民政府卫生行政部门应当为社区卫生服务机构、乡镇卫生院、村卫生室开展上述工作给予指导和培训。

（四）残疾人康复机构组织康复活动

残疾人组织或者残疾人康复机构应当根据精神障碍患者康复的需要，组织患者参加康复活动。

第五节　精神障碍患者的权利与保障

一、精神障碍患者的权利

（一）住院、出院自由选择权

精神障碍患者是否进行住院治疗实行自愿原则。严重精神障碍患者是否住院治疗实行由监护人决定原则。对于伤害自身或者有伤害自身危险的精神障碍患者，需经其监护人同意，医疗机构对患者实施住院治疗；监护人不同意的，医疗

机构不得对患者实施住院治疗。自愿住院治疗的精神障碍患者可以随时要求出院，对严重精神障碍患者实施住院治疗的，监护人可以随时要求患者出院，医疗机构应当同意。医疗机构认为精神障碍患者不宜出院的，应当告知理由；患者或者其监护人仍要求出院的，执业医师应当在病历资料中详细记录告知的过程，同时提出出院后的医学建议，由患者或者其监护人签字确认。

（二）基本药物维持治疗权

医疗机构应当为在家居住的严重精神障碍患者提供精神科基本药物维持治疗，并为社区康复机构提供有关精神障碍康复的技术指导和支持。

（三）人格尊严权

精神障碍患者的人格尊严受法律保护。任何组织或者个人不得歧视、侮辱、虐待精神障碍患者，不得非法限制精神障碍患者的人身自由。禁止对精神障碍患者实施家庭暴力，禁止遗弃精神障碍患者。

（四）人身自由权

住院精神障碍患者的通信和会见探访者等权利受法律保护。除急性发病期或者为了避免妨碍治疗外，不得限制患者的通信和会见探访者等权利。

（五）知情权

精神障碍患者及其监护人或者近亲属有权了解精神障碍患者的病情、治疗措施、用药情况、实施约束、隔离措施等内容。患者及其监护人可以查阅、复制病历资料。但是，可能对其治疗产生不利影响的除外。

（六）隐私权

政府部门、医疗机构、与精神卫生工作相关的其他单位及其工作人员应当依法保护精神疾病患者的隐私权。未经精神疾病患者及其近亲属或监护人同意，不得对精神疾病患者进行录音、录像、摄影或者播放与该精神疾病患者有关的视听资料。因学术交流等原因需要在一定场合公开精神疾病患者病情资料的，应当隐去能够识别该精神疾病患者身份的内容。

（七）劳动就业权

根据精神障碍患者的实际情况，用人单位应当安排患者从事力所能及的工作，保障患者享有与正常人同等待遇，安排患者参加必要的职业技能培训，提高患者的就业能力，为患者创造适宜的工作环境，对患者在工作中取得的成绩予以鼓励。

二、精神障碍患者的保障

（一）政府保障

国家加强基层精神卫生服务体系建设，扶持贫困地区、边远地区的精神卫生工作，保障城市社区、农村基层精神卫生工作所需经费。各级人民政府根据精神卫生工作需要，加大财政投入力度，保障精神卫生工作所需经费，将精神卫生工作经费列入本级财政预算。根据本行政区域的实际情况，统筹规划，整合资源，建设和完善精神卫生服务体系，加强精神障碍预防、治疗和康复服务能力建设。

县级以上人民政府卫生行政部门会同有关部门依据国民经济和社会发展规划的要求，制订精神卫生工作规划并组织实施。将精神卫生监测和专题调查结果作为制订精神卫生工作规划的依据。

县级人民政府根据本行政区域的实际情况，统筹规划，建立精神障碍患者社区康复机构。采取措施，鼓励和支持社会力量举办从事精神障碍诊断、治疗的医疗机构和精神障碍患者康复机构。

（二）医疗保障

医学院校应当加强精神医学的教学和研究，按照精神卫生工作的实际需要培养精神医学专门人才，为精神卫生工作提供人才保障。

综合性医疗机构应当按照国务院卫生行政部门的规定开设精神科门诊或者心理治疗门诊，提高精神障碍预防、诊断、治疗能力。

医疗机构应当组织医务人员学习精神卫生知识和相关法律、法规、政策。

从事精神障碍诊断、治疗、康复的机构应当定期组织医务人员、工作人员进行在岗培训，更新精神卫生知识。

县级以上人民政府卫生行政部门应当组织医务人员进行精神卫生知识培训，提高其识别精神障碍的能力。

（三）知识保障

师范院校应当为学生开设精神卫生课程；医学院校应当为非精神医学专业的学生开设精神卫生课程。

县级以上人民政府教育行政部门对教师进行上岗前和在岗培训，应当有精神卫生的内容，并定期组织心理健康教育教师、辅导人员进行专业培训。

（四）服务与经费保障

县级以上人民政府卫生行政部门应当组织医疗机构为严重精神障碍患者免费提供基本公共卫生服务。

精神障碍患者的医疗费用由基本医疗保险基金支付。医疗保险经办机构应当将精神障碍患者纳入城镇职工基本医疗保险、城镇居民基本医疗保险或者新型农村合作医疗的保障范围。县级人民政府应当对家庭经济困难的严重精神障碍患者参加基本医疗保险给予资助。人力资源和社会保障、卫生、民政、财政等部门应当加强协调，简化程序，实现属于基本医疗保险基金支付的医疗费用由医疗机构与医疗保险经办机构直接结算。

（五）严重困难患者的保障

精神障碍患者通过基本医疗保险支付医疗费用后仍有困难，或者不能通过基本医疗保险支付医疗费用的，民政部门应当优先给予医疗救助。对符合城乡最低生活保障条件的严重精神障碍患者，民政部门应当会同有关部门及时将其纳入最低生活保障范围。

对属于农村五保供养对象的严重精神障碍患者，以及城市中无劳动能力、无生活来源且无法定赡养、抚养、扶养义务人，或者其法定赡养、抚养、扶养义务人无赡养、抚养、扶养能力的严重精神障碍患者，民政部门应当按照国家有关规定予以供养、救助。

此外，严重精神障碍患者确有困难的，民政部门可以采取临时救助等措施，帮助其解决生活困难。

（六）教育与劳动保障

县级以上地方人民政府及其有关部门应当采取有效措施，保证患有精神障碍的适龄儿童、少年接受义务教育，扶持有劳动能力的精神障碍患者从事力所能及的劳动，并为已经康复的人员提供就业服务。

国家对安排精神障碍患者就业的用人单位依法给予税收优惠，并在生产、经营、技术、资金、物资、场地等方面给予扶持。

（七）精神卫生工作人员的职业安全保障

精神卫生工作人员的人格尊严、人身安全不受侵犯，精神卫生工作人员依法履行职责受法律保护。全社会应当尊重精神卫生工作人员。

县级以上人民政府及其有关部门、医疗机构、康复机构应当采取措施，加强对精神卫生工作人员的职业保护，提高精神卫生工作人员的待遇水平，并按照规定给予适当的津贴。精神卫生工作人员因工致伤、致残、死亡的，其工伤待遇以及抚恤按照国家有关规定执行。

第六节　法律责任

一、行政责任

（一）卫生行政部门和其他有关部门的行政责任

县级以上人民政府卫生行政部门和其他有关部门未依法履行精神卫生工作职责，或者滥用职权、玩忽职守、徇私舞弊的，由本级人民政府或者上一级人民政府有关部门责令改正，通报批评，对直接负责的主管人员和其他直接责任人员依法给予警告、记过或者记大过的处分；造成严重后果的，给予降级、撤职或者开除的处分。

(二)不符合法定条件的医疗机构的行政责任

不符合法定条件的医疗机构擅自从事精神障碍诊断、治疗的，由县级以上人民政府卫生行政部门责令停止相关诊疗活动，给予警告处罚，并处5000元以上10000元以下罚款，有违法所得的，没收违法所得；对直接负责的主管人员和其他直接责任人员依法给予或者责令给予降低岗位等级或者撤职、开除的处分；对有关医务人员，吊销其执业证书。

(三)医疗机构及其工作人员的行政责任

医疗机构及其工作人员有下列行为之一的，由县级以上人民政府卫生行政部门责令改正，给予警告处罚；情节严重的，对直接负责的主管人员和其他直接责任人员依法给予或者责令给予降低岗位等级或者撤职、开除的处分，并可以责令有关医务人员暂停1个月以上6个月以下执业活动：(1)拒绝对送诊的疑似精神障碍患者做出诊断的；(2)对已经发生危害他人安全的行为，或者有危害他人安全的危险的实施住院治疗的严重精神障碍患者未及时进行检查评估或者未根据评估结果做出处理的。

医疗机构及其工作人员有下列行为之一的，由县级以上人民政府卫生行政部门责令改正，对直接负责的主管人员和其他直接责任人员依法给予或者责令给予降低岗位等级或者撤职的处分；对有关医务人员，暂停6个月以上1年以下执业活动；情节严重的，给予或者责令给予开除的处分，并吊销有关医务人员的执业证书：(1)违反《精神卫生法》规定实施约束、隔离等保护性医疗措施的；(2)违反《精神卫生法》规定，强迫精神障碍患者劳动的；(3)违反《精神卫生法》规定对精神障碍患者实施外科手术或者实验性临床医疗的；(4)违反《精神卫生法》规定，侵害精神障碍患者的通信和会见探访者等权利的；(5)违反精神障碍诊断标准，将非精神障碍患者诊断为精神障碍患者的。

(四)从事心理治疗的人员行政责任

有下列情形之一的，由县级以上人民政府卫生行政部门、工商行政管理部门依据各自职责责令改正，给予警告，并处5000元以上10000元以下罚款，有违法所得的，没收违法所得；造成严重后果的，责令暂停6个月以上1年以下执业活动，直至吊销执业证书或者营业执照：(1)心理咨询人员从事心理治疗或者精神障碍的诊断、治疗的；(2)从事心理治疗的人员在医疗机构以外开展心理治疗活动的；(3)专门从事心理治疗的人员从事精神障碍的诊断的；(4)专门从事心理治疗的人员为精神障碍患者开具处方或者提供外科治疗的。

心理咨询人员、专门从事心理治疗的人员在心理咨询、心理治疗活动中造成他人人身、财产或者其他损害的，依法承担民事责任。

（五）有关单位和个人的行政责任

有关单位和个人违反《精神卫生法》规定，给精神障碍患者造成损害的，对单位直接负责的主管人员和其他直接责任人员，应当依法给予处分。

（六）其他人员的行政责任

在精神障碍的诊断、治疗、鉴定过程中，寻衅滋事，阻挠有关工作人员依法履行职责，扰乱医疗机构、鉴定机构工作秩序的，依法给予治安管理处罚。

违反《精神卫生法》规定，有其他构成违反治安管理行为的，依法给予治安管理处罚。

二、民事责任

（一）侵害精神障碍患者的民事责任

违反《精神卫生法》规定，给精神障碍患者造成损害的，有关单位和个人依法承担赔偿责任；有下列情形之一，给精神障碍患者或者其他公民造成人身、财产或者其他损害的，依法承担赔偿责任：(1)将非精神障碍患者故意作为精神障碍患者送入医疗机构治疗的；(2)精神障碍患者的监护人遗弃患者，或者有不履行监护职责的其他情形的；(3)歧视、侮辱、虐待精神障碍患者，侵害患者的人格尊严、人身安全的；(4)非法限制精神障碍患者人身自由的；(5)其他侵害精神障碍患者合法权益的情形。

（二）精神障碍患者监护人的民事责任

医疗机构出具的诊断结论表明精神障碍患者应当住院治疗而其监护人拒绝，致使患者造成他人人身、财产损害的，或者患者有其他造成他人人身、财产损害情形的，其监护人依法承担民事责任。

三、刑事责任

违反《精神卫生法》规定，构成犯罪的，依法追究其刑事责任。

精神障碍患者或者其监护人、近亲属认为行政机关、医疗机构或者其他有关单位和个人违反《精神卫生法》规定侵害患者合法权益的，可以依法提起诉讼。

典型案例评析

［案情］

陈某，男，在工作期间因精神状态不正常被单位送治于某精神卫生专科医院。3年后，陈某的病情缓解，精神障碍症状基本消失。此后，陈某多次要求出院，医院认为陈某可以出院，也曾给予陈某单位书面通知可以接走陈某。然而，陈某单位迟迟没有接陈某出院。与此同时，单位按期从陈某的工资等账户向医院汇划医疗费用，陈某一直被按照精神障碍疾病进行治疗。

陈某在要求出院未果的情况下，多次向医院提出要给家人打电话，希望妻子或家属来接他出院。但医院限制陈某与家人通信，致使陈某始终未能与家人取得联系。同时，医院以“谁送谁接”为由，阻止陈某亲属来医院接陈某出院，让陈某一直滞留在医院长达 13 年之久。据陈某的病历显示，陈某在精神障碍状况基本消失的情况下，医院仍让陈某继续常年服用精神类药物（氯氮平等）。某日清晨，陈某在上厕所时摔倒致股骨颈骨折，3 个月后因肺炎和左股骨颈骨折猝死。

［争议焦点］

1. 陈某精神障碍症状基本消失后，其要求出院的请求是否应当得到允许？

2. 医院认为陈某可以出院，书面通知单位，在单位未来接走陈某的情况下，医院拒绝陈某与家属联系，也拒绝家属接陈某出院，是否存在过错？

3. 对于陈某的死亡，责任应当由谁来承担？

［案例评析］

其一，陈某精神障碍症状基本消失后，其多次要求出院的请求，符合人之常情，应当得到允许。

其二，当医院认为陈某可以出院，同时，也书面通知陈某单位来接走陈某。但在医院发出书面通知后，单位并未来接陈某。医院就应主动联系陈某家属。医院在长达十余年的时间里未联系陈某家属，且还拒绝陈某与家属联系，也拒绝家属接陈某出院，让已经基本治愈的患者在医院继续接受治疗，陈某被治疗的状态持续长达 13 年之久，不但浪费医疗资源，而且是对陈某的身体进一步加害的行为，是严重侵权行为，其不但侵犯了陈某的经济权利，也侵害了陈某的人身权利，医院存在过错。

其三，陈某困守医院 13 年之久，一个基本治愈的患者在如此之长的时间内想与家人取得联系不被准许，其心力交瘁，内心无助可想而知！尤其是陈某在精神状况得以恢复后，曾多次强烈要求妻子或家属来接他出院，要给家人打电话。但均遭医院制止，致使陈某未能给家人打上一个电话。陈某在 13 年后某天，上厕所时摔倒，导致股骨颈骨折，最终于同年 9 月 15 日因肺炎和左股骨颈骨折猝死。因此，对陈某的死亡，医院应当承担责任。

思考题

1. 精神障碍者的权利有哪些？

2. 对于精神障碍者，国家、社会、监护者以及医疗机构负有哪些职责？

3. 精神障碍者入院治疗的方式有哪些？

第二十三章　红十字会与国际卫生公约

本章要点:红十字会是国际性的人道主义组织。为了保护人的生命和健康,发扬人道主义精神,促进和平进步事业,保障红十字会依法履行职责,我国以法律形式规定了中国红十字会的组织、职责、标志、经费与财产等内容。国际卫生公约是我国医药卫生法的重要渊源之一,其内容既是我们进行医药卫生活动必须遵守的规则,也为我们进一步发展医药卫生事业设立了努力的目标。

第一节　红十字会法律制度

一、红十字会法律制度概述

(一)红十字会法的概念

红十字会法是指调整保护人的生命和健康,发扬人道主义精神,促进和平进步事业,保障红十字会依法履行职责活动中产生的各种社会关系的法律规范的总称。

(二)国际红十字运动

国际红十字运动是人类文明进步的产物和象征。它起源于19世纪中叶欧洲的战争救护。瑞士人亨利·杜南开创了以人道、博爱、和平、进步为宗旨的红十字事业。1863年10月由瑞士发起在日内瓦召开了由欧洲16个国家代表参加的首次外交会议,并一致通过了《红十字决议》,决定在各国建立救护团体。为表示对瑞士的敬意,会议将标志定为“白底红十字”。1864年,又签订了《改善战地伤员境遇之日内瓦公约》。公约规定,战场上进行救护的医院及人员处于中立地位,应受保护,并有使用红十字标志的特权,应对伤病员不分敌友均给予救护。公约使红十字运动在国际上得到了法律依据。公约规定用白底红十字标志,它意味着战时对保护有关战地救护和战俘救济工作的组织机构及其医护人员,在敌对双方的中立性。同时,公约对各种已采用白底红新月或白底红狮与太阳以代替红十字标志的,亦同样予以承认。该公约在1906年、1929年分别进行了修订。1949年8月,各国又重新缔结了日内瓦四项公约,即《改善战地武装部队伤者病者境遇的日内瓦公约》《改善海上武装部队伤者病者及遇难船员境遇的日内瓦公约》《关于战俘待遇的日内瓦公约》《关于战时保护平民的日内瓦公约》。1977 年 6 月，日内瓦公约又添加了一些协议书，即《1949 年 8 月 12 日日内瓦公约关于保护国际性武装冲突受难者的附加议定书》等。1986 年 10 月，在日内瓦召开的第 25 届红十字国际会议上通过了《国际红十字会和红新月运动章程》，将国际红十字运动改称为国际红十字和红新月运动，确立了人道、公正、中立、独立、统一、普遍和志愿服务七项基本原则为行为准则。红十字会由红十字国际委员会、红十字会与红新月会国际联合会、各国红十字会和红新月会组成，有成员国 170 多个。国际红十字会的主要活动是讨论有关日内瓦公约问题，促进和维护世界和平，如红十字与和平、红十字与裁军、禁止使用大规模毁灭性武器等。

1. 红十字国际委员会。它是整个运动的创始机构，总部设在日内瓦。为了确保它的永久中立，委员会成员均为瑞士公民，是日内瓦公约各缔约国所公认的日内瓦公约的监护人。

2. 红十字会与红新月会国际联合会。它是各国红十字会和红新月会的联合组织。作为独立的国际的非政府人道救助组织，联合会的职责是促进和协调各国红十字会开展自然灾害的救济和其他红十字人道主义服务活动，协助救助武装冲突地区以外的难民的工作，预防和减轻人类的痛苦并努力改善最易受损害人群的境遇。

3. 各个国家红十字会与红新月会。即各国红十字会，是国际红十字与红新月运动的主体。截至 1997 年年底，世界上共有 175 个被红十字国际委员会正式承认的国家红十字会。各国红十字会作为本国政府人道事务的助手，依据红十字和红新月运动的基本原则和自身的章程，在本国境内开展红十字人道工作，并在国际范围内相互支持和协作，以共同推动和维护世界和平。

现在，国际红十字会（IRC）是世界上三大国际组织之一。为了表彰红十字运动的创始人亨利·杜南的功绩，红十字会与红新月会国际联合会于 1948 年决定，将他的生日——5 月 8 日命名为世界红十字日。

（三）中国红十字事业

中国红十字会是国际红十字会组织的重要成员，成立于 1904 年，时称“上海万国红十字会”，1907 年改称“大清红十字会”，1912 年改称“中国红十字会”，并得到红十字国际委员会的承认。1919 年红十字会国际协会成立后，中国红十字会于当年 7 月 8 日正式加入红十字会国际协会。1933 年改称为“中华民国红十字会”，新中国成立后，于 1950 年进行了改组，改称为“中国红十字会”。1952 年 7 月第 18 届国际红十字大会承认中国红十字会是中国唯一合法的全国性红十字会，成为新中国在国际组织中第一个恢复合法席位的团体。1978 年中国红十字会经国务院批准恢复国内工作以来，我国红十字事业不断发展。目前全国各个省、自治区、直辖市都建立了红十字会，有基层组织15万个，2280多万会员。长期以来，中国红十字会坚持不懈地为减轻各种灾害给群众造成的苦难而努力工作，特别是改革开放以来，我国红十字事业不断发展，取得了很大成绩：加强了备灾救灾工作，已建成并投入使用六个中国红十字会备灾救灾中心和五个省级红十字会备灾救灾中心，帮助灾区人民解决衣食住等急需物品问题，救治伤病员，防病防疫，重建家园，救灾成绩世人瞩目；积极推行无偿献血，开展非血缘关系骨髓移植供者登记工作，建立了中华骨髓库；不仅成功地开展了战时、灾时、突发事件中的卫生救护工作，而且在平时的群众性卫生救护方面也日趋活跃，红十字青少年活动和群众性社会服务不断发展；红十字会以其特殊身份首先发端与我国台湾地区的联系，帮助两岸离散亲人团聚，处理两岸交流的衍生问题，对实现双向交流起了特殊作用；参与国际间的灾害救济，对外捐助和接受外来捐助；中国红十字会还本着独立、平等、互相尊重的原则，发展同各国红十字会和红新月会的友好合作关系，与150多个国家红十字会保持经常性的友好往来，开展交流。还承担了国际查人转信、遣返战俘、医疗救护和社会服务等其他政府委托的事宜，为增进世界各国人民友谊发挥了积极作用。

1993年10月31日，第八届全国人大常委会第四次会议通过了《红十字会法》，并自公布之日起施行。这对红十字会的性质、宗旨、组织、职责、地位和作用、标志、经费与财产等做了规定。这是我国红十字会事业发展历史上的一个里程碑。各省、自治区、直辖市人大常委结合本地区实际，制定了实施办法或地方性红十字条例。1996年1月29日国务院、中央军委发布了《红十字标志使用办法》。1994年4月25日，中国红十字会第六次全国会员代表会依照红十字法制定了《中国红十字会章程》。中国红十字会还根据《红十字会法》和《红十字与红新月灾害救济原则与条例》制定了《中国红十字灾害救济原则与条例》，发布了《中国红十字会募捐和接受捐赠工作条例》。中国红十字会法及其他相关法规的颁布实施，使我国红十字事业走上了法制轨道，必将为促进世界和平进步事业做出更大的贡献。

二、红十字会的性质、机构和职责

（一）中国红十字会的性质和宗旨

中国红十字会是中华人民共和国统一的红十字组织，是从事人道主义工作的社会救助团体。中国红十字会的宗旨是：保护人的生命和健康，发扬人道主义精神，促进和平进步事业。

中国红十字会本着以下原则开展工作：

1. 入会自愿原则。《红十字会法》明确规定，我国公民不分民族、种族、性别、职业、宗教信仰、教育程度，承认中国红十字章程并缴纳会费的，可以自愿参加红十字会，成为红十字会的成员。

2.独立自主原则。中国红十字会遵守宪法和法律，遵循国际红十字和红新月运动确立的七项基本原则，依照中国参加的日内瓦公约及其附加议定书和中国红十字会章程，独立自主地开展工作。

3.政府支持、资助、监督原则。我国政府对红十字会给予支持和资助，保障红十字会依法履行职责，并对红十字会开展活动进行监督，同时红十字会也有义务协助政府开展与其职责有关的活动。

4.国际友好合作原则。中国红十字会根据独立、平等、互相尊重原则，发展和国际红十字会和红新月会的友好合作关系。

（二）红十字会的组织机构

全国建立中国红十字总会，具有社会团体法人资格。县级以上按行政区域建立地方各级红十字会，根据实际工作需要配备专职工作人员。全国性行业根据需要可以建立行业红十字会，地方各级红十字会、行业红十字会依法取得社会团体法人资格。

各级红十字会理事会由会员代表大会民主选举产生。理事会民主选举产生会长和副会长。中国红十字总会设名誉会长和名誉副会长。名誉会长和名誉副会长由中国红十字总会理事会聘请。

各级红十字会会员代表大会闭会期间，由理事会执行会员代表大会的决议。理事会向会员代表大会负责并报告工作，接受监督。上级红十字会指导下级红十字会工作。

（三）红十字会的权利和职责

1.红十字会的权利有以下几点：(1)物质处分权。红十字会有权处分其接受的救助物资；在处分捐赠款物时，应当尊重捐赠者的意愿。(2)优先通行权。在自然灾害和突发事件中，执行救助任务并标有红十字标志的人员、物资和交通工具有优先通行的权利。(3)任何组织和个人，不得拒绝、阻碍红十字会工作人员依法履行职责。

2.红十字会的职责。作为国际性的人道主义组织，中国红十字会主要从事的工作有：(1)开展救灾的准备工作。每当大的自然灾害发生时，中国红十字会即开展社会募捐活动，为灾区筹集赈济款物，中国红十字会建有区域性的和省级的备灾救灾中心，储备救灾物资，培训救灾人员；在自然灾害和突发事件中，对伤病员和其他受害者进行救助。(2)普及卫生救护和防病知识，进行初级卫生救护训练，培训初级卫生救护人员，组织群众参加现场救护；参与输血献血工作，推动无偿献血；经政府批准负责中国造血干细胞捐赠者资料库（中华骨髓库）的建设、管理；开展其他人道主义服务活动，诸如对散居在社会上的孤老病残者开展社会救助和社会服务；兴办社会福利事业，参与国家社会保障体系，服务于社会上最易受损害的群体。(3)开展红十字会青少年活动。在全国各级各类学校中建立红十字组织，发展会员，开展红十字青少年活动，进行精神文明教育及青少年的卫生健康教育，促进学生的德育发展；开展国际红十字青少年的友好交往。(4)参加国际人道主义救援工作。(5)宣传国际红十字和红新月运动的基本原则和日内瓦公约及其附加议定书。宣传我国的《红十字会法》及《红十字标志使用办法》，传播日内瓦公约及其附加议定书，宣传红十字会的宗旨、任务。(6)依照国际红十字和红新月运动的基本原则，完成人民政府委托事宜。(7)依照日内瓦公约及其附加议定书的有关规定开展工作。

(四)红十字会的经费来源和使用监督

红十字会的经费主要来源是：红十字会员缴纳的会费；接受国内外组织和个人捐赠的款物；动产和不动产的收入；人民政府的拨款。

为了保证红十字的经费使用符合红十字会的宗旨和国家相关的法律法规，人民政府对红十字会的经费使用有权进行检查监督。

红十字会也自行建立经费审查监督制度。主要有以下四个方面：(1)红十字会的经费使用应与其宗旨相一致；(2)红十字会对接受的境外捐赠款物，应建立专项审查监督制度；(3)红十字会经费来源及使用情况，每年向红十字会理事会报告；(4)任何组织和个人不得侵占和挪用红十字会的经费和财产。

三、红十字标志使用的法律规定

(一)红十字标志使用的监督管理

为了维护红十字标志的严肃性，必须正确使用红十字标志，并加强监督管理。《红十字标志使用办法》规定，红十字标志是白底红十字，它是国际人道主义保护标志，是武装力量医疗机构的特定标志，是红十字会的专用标志。禁止任何其他组织或个人使用红十字标志。地方各级人民政府依法对红十字标志的使用实施监督管理，地方各级红十字会应当协助本级人民政府对红十字标志的使用实施监督管理。

红十字标志具有两个重要作用，即保护作用和标明作用，二者不得混淆使用。

(二)红十字标志的保护性使用

红十字会标志的保护性使用，是指在武装冲突中，冲突各方对依照红十字标志使用办法的规定佩戴红十字标志的人员和标有红十字标志的处所及其物品、医务运输工具，必须予以保护和尊重。

使用红十字标志应注意：红十字作为保护性标志使用时，不得在标志上添加任何内容；使用在旗帜上，红十字不得触及旗帜的边缘；用在臂章上的，红十字应当置于臂章的中间部位；用在建筑物上的，红十字应当置于建筑物顶部的明显部位；红十字作为保护性标志使用时，应当在尽可能远的地方或者不同的方向得以辨认；在夜间或者能见度低时，应当以灯光照明或者用发光物装饰。

在武装冲突中，下列人员可以使用保护性红十字标志：(1)武装力量医疗机构的医务人员和工作人员；(2)红十字会的工作人员和医务人员；(3)经国务院或者中央军事委员会批准的国际红十字组织和外国红十字组织的工作人员和医务人员；(4)军用的和民用的医务运输工具上的医务人员和工作人员；(5)经国务院或者中央军事委员会批准的国内外的志愿救助团体人员和民用医疗机构的医务人员。

使用保护性红十字标志的人员必须随身携带由国务院或者中央军事委员会授权的部门签发的身份证明。

在武装冲突中，下列机构或者组织及其处所、物品、医务运输工具可以使用保护性红十字标志：(1)武装力量的医疗机构；(2)参加救助活动的红十字会；(3)经国务院或者中央军事委员会批准的国内外的志愿救助团体和医疗机构；(4)经国务院或者中央军事委员会批准的国际组织。

此外，武装力量医疗机构的人员、处所及其物品、医务运输工具，在和平时期可以使用保护性红十字标志作为标记。

(三)红十字标志的标明性使用

红十字标志的标明性使用，是指对与红十字活动有关的人或者物的标示。红十字作为标明性标志使用时，在红十字下方必须伴以红十字会的名称或者名称缩写，并不得将红十字置于建筑物顶部。红十字会的工作人员、会员和其他有关人员履行职责时，应当佩戴标有红十字的小尺寸臂章；不履行职责时，可以佩戴标有红十字的小尺寸胸针或者胸章。

有权使用标明性红十字标志的人员包括：红十字会工作人员；红十字会会员；红十字会青少年会员。

有权使用标明性红十字标志的场所包括：红十字会使用的建筑物；红十字会所属的医疗机构；红十字会开展符合其宗旨的活动场所。

有权使用标明性红十字标志的物品包括：红十字会的徽章、奖章、证章；红十字会的印刷品、宣传品；红十字会的救灾、救护物资及运输工具。

在上述规定的人员、场所、物品、运输工具范围以外需要使用标明性红十字标志的，由红十字总会批准。

(四)红十字标志的禁止使用

为了合法地使用红十字标志，维护红十字标志的尊严，有效地防止滥用，规定下列几种情况不得使用红十字标志:(1)商标或者商业性广告;(2)非红十字会或者非武装力量的医疗机构;(3)药店、兽医站;(4)商品的包装;(5)公司的标志;(6)工程设计、产品设计;(7)《红十字标志使用办法》规定可以使用红十字标志以外的其他情形。

四、违反《红十字会法》的法律责任

(一)阻碍红十字会工作人员依法履行职责的法律责任

《红十字会法》规定,任何组织和个人不得拒绝、阻碍红十字会工作人员依法履行职责。在自然灾害和突发事件中,以暴力、威胁方法阻碍红十字会工作人员依法履行职责的,依照《刑法》有关规定追究其刑事责任;阻碍红十字会工作人员依法履行职责未使用暴力、威胁方法的,依照治安管理处罚条例的有关规定处罚。

《刑法》第二百七十七条规定,在自然灾害和突发事件中,以暴力、威胁方法阻碍红十字会工作人员依法履行职责的,构成妨碍公务罪,处 3 年以下有期徒刑、拘役、管制或者罚金。

(二)违反《红十字标志使用办法》的法律责任

对违反《红十字标志使用办法》的规定,有下列情形之一的,红十字会有权予以劝阻,并要求其停止使用;拒绝停止使用的,红十字会可以提请人民政府责令其停止使用:(1)红十字会的工作人员、会员、红十字会青少年会员以外的人员使用标明性红十字标志的;(2)非红十字会使用的建筑物及其他场所使用标明性红十字标志的;(3)非红十字会的医疗机构使用标明性红十字标志的;(4)不属于红十字会的物品、运输工具等使用标明性红十字标志的;(5)有违反红十字标志使用办法规定使用红十字标志的其他情形。

违反红十字标志使用办法关于红十字标志的禁止使用规定,擅自使用红十字标志的,由县级以上人民政府责令其停止使用,没收非法所得,并处 1 万元以下的罚款。

武装力量中的组织和人员有违反《红十字标志使用办法》规定行为的,由军队有关部门处理。

第二节　国际卫生公约

一、国际卫生公约概述

(一)国际卫生公约的界定

国际卫生公约主要包括国际卫生条约、协定和有关国际组织的宣言和协议

等。国际卫生条约或协定是指两个或两个以上国家，为确定它们之间维护人体健康关系的权利和义务而达成的协议。其中两个国家签订的国际卫生条约称为双边条约；两个以上国家共同缔结或参加的国际卫生条约称为多边条约或国际公约。国际组织的有关协议是指政府间国际组织在其职权范围内做出的涉及国际卫生关系的决议或决定。非政府间国际组织的协议虽然对于国际卫生关系有影响，但在法律上对于国家没有任何约束力。在诸多的国际组织中，最主要的是联合国，联合国主要机关的决议在国际上不仅有政治意义，还有法律意义。如：联合国大会通过的《儿童生存、保护和发展世界宣言》《保护神经病患者和改善神经卫生保健决议》，世界卫生大会通过的《阿拉木图宣言》等。

（二）国际卫生公约的产生和发展

14 世纪，欧亚两洲发生鼠疫大流行，南亚死亡 1300 余万人，欧洲死亡 2500 余万人，由此，在 1374 年，在意大利的威尼斯建立了世界第一个检疫站，颁布了第一部检疫规章，即《海员管理规定》，该规定很大程度上限制了疾病的传播。

19 世纪以来，西方商品迅速发展，国际交通往来迅猛增加。同时，鼠疫、霍乱、天花、黄热病等烈性传染病广泛流行。既往的检疫规章已经不能适应现有的情况，许多国家为防御瘟疫的传播蔓延，相继采取检疫措施，制定检疫法规，并从地区性的协调，逐渐发展到国际合作。第 1 次国际卫生会议从而于 1851 年在巴黎召开，制定了世界第一个地区性《国际卫生公约》。

随着社会及疾病的发展，《国际卫生公约》也逐渐发展。1866 年土耳其君士坦丁堡会议和 1874 年维也纳会议，针对当时霍乱历经四次世界性大流行，重点提出防止霍乱在国际上传播的措施；同时将鼠疫、黄热病并列为国际检疫传染病，建立了国际流行病委员会；1892 年意大利国际卫生会议，制定了船只通过苏伊士运河检疫办法；1893 年德里斯顿（德国）国际卫生会议，专门研究了防止东方（印度等国）鼠疫传入欧洲的检疫措施；1897 年维也纳会议强制要求各国电报报告鼠疫首发病例；1903 巴黎第 11 次国际卫生会议，修订国际卫生检疫城市 184 条，船舶除鼠；1912 巴黎第 12 次国际卫生会议中形成的《国际卫生公约》文本，将霍乱、鼠疫、黄热病定为国际检疫传染病；1924 年布鲁塞尔 24 国会议，设立海港性病防治机构；1926 年巴黎第 13 次国际卫生会议，37 个国家参加，正式通过《国际卫生公约》，共 172 条，增加天花、斑疹伤寒为国际检疫传染病，中国也出席了该会议，签订了该公约；1933 年荷兰海牙 22 国会议制定《国际航空卫生公约》，提出机场航空卫生文件，加强机场的卫生管理。

第二次世界大战以后，国际卫生公约发展的步伐加快。特别是 1948 年世界卫生组织（WHO）成立后，为了实现其“使全世界人民获得可能的最高水平的健康”的宗旨，把提出国际卫生公约、规则和协定以及制定食品、药品、生物制品的国际标准和诊断方法等国际规则作为自己的任务之一，并编辑出版了《国际卫生立法汇编》，积极推动国家之间卫生立法的交流合作。联合国及其有关机构也制定了多项与保护人体健康有关的国际卫生条约或形成了有关决议和宣言，国际卫生公约有了明显的加强和扩展。目前，国际卫生公约的内容涉及公共卫生与疾病控制、临床医疗、职业卫生、人口和生殖健康、特殊人群健康保护、精神卫生、卫生资源、药物管理、食品卫生、传统医学等诸多方面。

二、国际卫生条例(International Health Regulation，IHR)

(一)《国际卫生条例》的制定

《国际卫生条例》是世界卫生大会制定并经各国政府批准的涉及国际卫生领域的多边性国际公约。

1948 年第 1 届世界卫生大会起草了《国际公共卫生条例》；1951 年第 4 届国际卫生大会通过了《国际公共卫生条例》，该条例把鼠疫、霍乱、天花、黄热病、斑疹伤寒和回归热 6 种疾病规定为检疫传染病。1961 年 7 月 25 日，第 22 届世界卫生大会将《国际公共卫生条例》改名并通过了《国际卫生条例》，自 1971 年 1 月 1 日起生效。1973 年第 26 届世界卫生大会修改了 1969 年的《国际卫生条例》，特别修改了关于霍乱的条款。1981 年第 34 届世界卫生大会通过了《国际卫生条例》补充条款，规定检疫传染病为鼠疫、霍乱和黄热病，监测传染病为流行性感冒、疟疾、脊髓灰质炎、斑疹伤寒和回归热。大会鉴于全球消灭了天花，再次对《国际卫生条例》进行了修改，删除了有关天花的条款。为了加强各国之间的传染病监测，大会决定将“国际检疫委员会”改名为“国际传染病监测委员会”。为了应对新发传染病的出现及在国际的传播，1995 年召开的第 48 届世界卫生大会通过了关于对《国际卫生条例》进行实质性修订的决议。而 2003 年以来，SARS 和人禽流感疫情的暴发流行增强了修订《国际卫生条例》的紧迫性，国际社会也因此呼吁扩大《国际卫生条例》的使用范围。2003 年召开的第 56 届世界卫生大会作为紧急事项讨论了《国际卫生条例》的修订问题，并要求 WHO 秘书处加快修订工作的进程。2004 年 1 月和 9 月，WHO 先后两次提出 IHR 修订草稿，广泛征求各成员国意见；2004 年 3 月至 2005 年 5 月，WHO 先后召开各区域会议和两次政府间工作组会议，磋商修订 IHR。2005 年 5 月，第 58 届世界卫生大会通过了 IHR 的修订，新的 IHR 于 2007 年 6 月 15 日生效。

目前的《国际卫生条例》，不仅包括 1969 年文本，而且包括对条例的修改条款，以及世界卫生大会、国际传染病监测委员会根据其“就有关国际传染病监测的实施、方法及程序提出建议”的职责所做出的并经世界卫生大会认可的一些诠释和建议，还包括对条例的保留意见以及其他一些文件，如 WHO 的 27、45 号决议；关于《运载参加定期群众集会人员的船舶、飞机之卫生标准》等。

全球已有160多个国家和地区承认《国际卫生条例》。1979年5月11日，我国原卫生部长致函世界卫生组织总干事，通知中国政府自1979年6月1日起承认《国际卫生条例》。我国对《国际卫生条例》未做任何保留，并在条例的基础上，结合我国卫生检疫的实际，制定了《国境卫生检疫法》。

《国际卫生条例》赋予WHO交换流行病性质和解决检疫争端的重要职能，规定各国卫生检疫部门在传染病监测、预防接种、卫生处理等方面的权利义务及工作程序，对于控制传染病蔓延，统一国际卫生检疫业务标准、范围，减少国家间因各自不同的卫生检疫规定的争执，促进世界贸易发展，增进国家间的友好往来，保障全球范围内人民的身体健康起到了积极作用。

（二）《国际卫生条例》的主要内容

《国际卫生条例》的宗旨是：以最大的限度防止疾病在国际传播，保障安全，同时又尽可能最小地干扰世界交通运输；加强流行病学原则在国际的应用，以期发现、减少或扑灭传染源；改善港口、机场及其周围的卫生；防止媒介传播；鼓励国家一级的流行病学活动，以减少外来传染病介入的危险。

《国际卫生条例》共分为10编66条，即：前言、定义、目的和范围、原则及负责当局；信息和公共卫生应对；建议；入境口岸；公共卫生措施；卫生文件；收费；一般条款；MR专家名册、突发事件委员会和审查委员会；最终条款。主要内容包括：

（1）对条例中的有关名词进行定义和统一解释，以防止使用过程中因解释不一、认识分歧而出现混乱。

（2）适用范围从鼠疫、黄热病和霍乱三种传染病的国境卫生检疫扩大为全球协调应对构成国际关注的突发公共卫生事件（包括各种起源和来源，实际上是指生物、化学和核辐射等各种因素所致突发公共卫生事件）。

（3）对各成员国国家级、地方各级包括基层的突发公共卫生事件监测和应对能力，以及机场、港口和陆路口岸的相关能力的建设都提出明确要求，以确保条例的实施。

（4）条例规定了可能构成国际关注的突发公共卫生事件的评估和通报程序，要求各成员国及时评估突发公共卫生事件，并按规定向世界卫生组织通报。同时，要求成员国根据世界卫生组织要求及时核实其他来源的突发公共卫生事件信息。

（5）WHO按照条例规定的程序确认是否发生可能构成国际关注的突发公共卫生事件，提出采取公共卫生应对措施的临时建议和长期建议，并成立突发事件专家委员会和专家审查委员会，为WHO相关决策提供技术咨询和支持。

(6)各成员国可以根据本国立法和应对突发公共卫生事件的需要，采取条例规定之外的其他各项卫生措施，但应根据世界卫生组织要求，提供相关信息，并根据世界卫生组织要求考虑终止这些措施的执行。

(7)规定卫生当局的收费。医学检查、鉴定健康状况的细菌学检查以及对到达人员的预防接种不得收费；其他收费应与各领域的收费标准一致，价格适当，不超过成本；本国籍与外国籍的人员、交通工具、集装箱的收费不应有区别。

(8)关于除虫、大批量人员的卫生措施和国家间条约等三个方面的专门规定。条例规定，移民、游牧民、季节工或参加定期群众集会的人员以及运载他们的交通工具，应当符合各有关国家的法律、条例、相互间的协定中的附加性卫生措施，交通工具的标准不低于 WHO 的推荐标准，条例还规定，由于在卫生、地理、社会和经济方面的共同利益，两国或多国可以在下列领域内缔结特殊条约或做出安排交换疫情，国际交通运输的卫生措施，共同边界上的卫生措施，运载染疫人特殊设施的运输安排，但这些条约或安排不得与条例抵触，并应通知 WHO，WHO 立即把这些条约或安排发递各国。

(9)规定条例的效力、修改、加入、保留程序等。《国际卫生条例》还包括 9 个附件：①监测和应对、出入境口岸的核心能力要求；②评估和通报可能构成国际关注的突发公共卫生事件的决策文件；③船舶免予卫生控制措施证书/船舶卫生控制措施证书示范格式；④对交通工具和交通工具运营者的技术要求；⑤针对媒介传播疾病的具体措施；⑥疫苗接种、预防措施和相关证书；⑦对于特殊疾病的疫苗接种或预防措施要求；⑧航海健康申报单示范格式；⑨航空器总申报单的卫生部分。

三、阿拉木图宣言

(一)《阿拉木图宣言》的制定

1977 年，第 30 届世界卫生大会提出了“2000 年人人享有卫生保健”(Health For All The Year 2000，HFA)这一以全球人类卫生保健为宗旨的全球性卫生战略目标。此后，WHO、联合国儿童基金会(UNICEF)多次召开会议，寻求发展国际卫生保健的途径。1978 年 9 月，来自 134 个国家的代表，同 WHO、UNICEF 建立正式联系的专门机构及非政府组织的 67 名代表，来到苏联萨哈克共和国首都阿拉木图，参加国际初级卫生保健会议，一致认为初级卫生保健(Primary Health Care，PHC)是实现“2000 年人人享有卫生保健”目标的关键和基础途径，并通过了标志国际卫生发展史里程碑的文件《阿拉木图宣言》。

1979 年 11 月，联合国大会在“关于卫生是社会发展的一个组成部分决议”中，表示赞同《阿拉木图宣言》。1980 年，联合国特别会议在审议国际社会经济发展新策略时，特别提到“2000 年人人享有卫生保健”的全球卫生战略，并承认初级卫生保健，使其成为到 20 世纪末全球经济发展新策略的组成部分。在 WHO 成员中，几乎所有国家的元首或政府首脑对“2000 年人人享有卫生保健”目标的实现做出承诺，中国政府总理和国家主席分别于 1988 年和 1991 年对该目标做出了庄严承诺，中国各级政府对此采取了积极的行动来履行自己的诺言。

（二）《阿拉木图宣言》的主要内容

《阿拉木图宣言》共有 10 项，主要内容是：

（1）坚定重申健康不仅是疾病与体弱的匿迹，而是身心健康社会幸福的总体状态，是基本人权，达到尽可能高的健康水平是世界范围的一项最重要的社会目标，而其实现则要求卫生部门及其他社会及经济部门的行动。

（2）明确初级卫生保健的概念是指技术上适宜，学术上可靠而又为社会所接受的，通过个人、家庭及社会的参与，按自力更生精神，国家及群众能够负担费用的基本卫生保健。它既是国家卫生体制的一个重要组成部分，一个功能的中心和活动的焦点，也是群众社会及经济总体发展的一个组成部分。它是个人、家庭、群众与国家保健系统接触的第一环，能够卫生保健尽可能接近人民居住及工作场所。它还是卫生保健持续进展的起始级。

（3）指出初级卫生保健是在社会公正精神下实现作为发展的一个部分的目标，即“2000 年人人享有卫生保健”的重要渠道。

（4）初级卫生保健的内容包括：开展针对主要卫生问题的预防控制方法的宣传教育；改善食品供应及适当的营养；提供安全饮用水及基本的卫生环境设施；开展妇幼保健及计划生育；对主要传染病的免疫接种；对地方病预防及控制；对常见病的妥善处理；基本药物供应等。

（5）促请各国政府制定开展初级卫生保健的国家政策、策略和行动计划，将它们作为整个国家卫生系统的一部分并同其他部门搞好协调；要求采取迅速有效的国家和国际行动，在全世界范围内，特别是发展中国家，以技术合作和符合国际经济新秩序的精神开展和贯彻执行初级卫生保健。

四、儿童生存、保护和发展世界宣言

（一）《儿童生存、保护和发展世界宣言》的制定

1989 年 11 月 20 日，第 44 届联合国大会通过《儿童权利公约》后，1990 年 9 月，在联合国总部纽约举行了“世界儿童问题首脑会议”，有 71 个国家的首脑和 81 个国家的部长参加了会议。会议通过了《儿童生存、保护和发展世界宣言》以及《执行 90 年代儿童生存、保护和发展世界宣言行动计划》。目的在于促使最高决策机构承担一项义务——让每个孩子有更好的未来。中国政府外交部长代表

中国政府总理出席了首脑会议,1991 年 3 月 18 日,中国政府总理在世界宣言和行动计划上签字承诺。

1992 年 2 月 16 日,中国政府正式颁布了《九十年代中国儿童发展规划纲要》。《纲要》根据中国国民经济和社会发展十年规划,依据世界儿童首脑会议通过的两个文件精神,结合中国儿童工作的实际情况,以面向世界、面向未来、面向现代化的姿态,指出了到 2000 年的主要奋斗目标和实现目标的策略与措施,充分显示了中国政府重视和关心儿童事业严肃、负责的态度。1994 年,我国制定了《母婴保健法》,进而使儿童权益的保护法制化、规范化。

(二)《儿童生存、保护和发展世界宣言》的主要内容

《儿童生存、保护和发展世界宣言》分为 5 部分,共 25 条。《宣言》指出,世界上的儿童是纯洁、脆弱、需要依靠的。他们充满好奇、充满生气、充满希望。儿童时代应该是欢乐、和平、游戏、学习和生长的时代。他们的未来应该在和谐合作之中形成。他们应该在开阔视野、增长新的经验的过程中长大成人。但是,对许多儿童来说,童年的现实却与此完全不同。其主要内容有:

1. 挑战。作为政治领袖必须面对如下挑战:每一天,世界上有无数的儿童面临危险,他们的生长和发展受到阻碍;千百万儿童因贫困和经济危机而遭受苦难;千万名儿童死于营养不良和疾病。

2. 机会。各国在一起,拥有手段和知识,能够保护儿童的生命和极大地减轻他们的苦难,促进充分发展他们作为人的潜力,并使他们认识到自己的需要、权利和机会;在重新分配资源时,提高儿童福利必须放在高度优先的位置。

3. 任务。通过国家行动和国际合作,完成以下任务:改善儿童健康状况和营养;给予残疾儿童和处境非常困难的儿童更多的关心、照顾和支持;普遍加强妇女的作用,确保她们的平等权利,有利于全世界的儿童;为所有的儿童提供基本教育和识字的机会;必须用一切可能的方法来促进母亲的安全,对作为儿童成长的基本群体和自然环境的家庭,给予必要的保护和帮助;使儿童在一个安全的、保护性的环境中能够发现自己的特性,认识到自己的价值,参与他们社会的文化生活;保证或者恢复所有国家的持久和持续的经济增长和发展,以有利于儿童的未来。

4. 承诺。儿童幸福需要最高一级的政治行动。在国际合作和各自国家中,共同采取行动,对儿童的权利,对他们的生存及对他们的保护和发展给予高度优先,并做出以下几项承诺:努力推动并尽早批准和执行《儿童权利公约》;增进儿童健康,提高产前保健,并降低所有国家所有民族的婴儿和儿童死亡率;通过消除饥饿、营养不良和饥荒的措施,使儿童获得最大程度的成长和发展;提高妇女的地位和加强妇女的作用,促进负责任的生育数量、生育间隔,母乳喂养和母亲安全计划;尊重家庭在抚养儿童方面的作用,并支持父母、其他保育人员和社区,

对儿童从早期童年至青春期的营养和照料;减少文盲,并为所有儿童,无论其背景和性别,提供教育机会;努力改善千百万生活在特殊困难环境中的儿童的命运;保护儿童免遭战争之灾祸;在所有层次保护环境,从而使所有儿童享有一个更为安全健康的未来;向贫穷发起全球性进攻,提高儿童的福利。

5.以后的步骤。在促进儿童福利的世界性努力中,寻求联合国系统和其他国际及区域组织的支持;要求非政府组织更多地参与,以补充这方面的国家努力和国际联合行动。通过并实施一项《行动计划》,以此作为更加具体的国家和国际行动的纲要。

《儿童生存、保护和发展世界宣言》最后指出,我们做此努力不仅是为了现在这一世代,也是为了今后所有世世代代。让每个儿童享有更美好的未来,这是一项最为崇高的使命。

《执行 90 年代儿童生存、保护和发展世界宣言行动计划》分为导言、儿童生存,保护和发展的具体行动,后续行动和监测三大部分共计 34 条及附录"90 年代儿童及发展目标",包括儿童生存、发展和保护的主要目标和支持性/部门性目标等。

五、国际人口与发展行动纲领

(一)《国际人口与发展行动纲领》的制定

1994 年 9 月在开罗召开了"世界人口与发展会议",即第 3 次世界人口会议。此次会议的主题是"人口、持续的经济增长和可持续发展"。182 个国家和地区及国际组织的 1 万多名代表与会。它是联合国第 1 次专为人口事项及人口与持续经济增长、可持续发展、消灭贫穷、男女平等和生育卫生的关系而召开的会议,是国际社会在 20 世纪集体应付严重挑战和处理人口与发展相互关系的最后一次机会。会议发表了规划未来 20 年世界人口与发展战略的《国际人口与发展行动纲领》。

中国政府代表团在会议上阐述了中国政府对人口与发展问题的原则立场:(1)人口问题从本质上讲是发展问题;(2)实施人口与计划生育方案是解决许多发展中国家人口问题的有效措施;(3)各国国情不同,不可能按同一模式解决不同国家面临的人口问题;(4)提高妇女地位,保障妇女权益,实现男女平等,是人口与发展方案成功的重要条件;(5)不仅各国政府需要努力,而且有必要加强国际合作。

(二)《国际人口与发展行动纲领》的主要内容

1.强调人口形势异常严峻。分析了世界人口数量的空前增长,使人类社会面临严峻的挑战,人类所依赖的资源正在枯竭,环境污染加剧,贫穷普遍化、长期化,社会和经济不平等愈演愈烈。

2. 人口预测。估计到 2015 年，全球人口的低预测为 72.7 亿，高预测为 79.2 亿；到 2050 年，低预测为 78 亿，高预测为 125 亿。为了努力使世界人口增长接近低预测数字，《行动纲领》规定了一系列措施。

3. 重视人口、持续经济增长和可持续发展之间的相互关系。将人口问题纳入各级和各地区的发展战略、规划、决策和资源配置，以求满足今后的需要和提高生活素质。

4. 重申人是发展的主体，发展权利是普遍的、不可分割的权利，是基本人权的组成部分。为了促进人口与发展问题的解决，必须实现男女平等，保护妇女的权益。

5. 定义生殖权利和生殖健康。生殖权利是指所有夫妇和个人均享有自由、负责地决定生育次数、生育间隔和时间，并获得这样做的信息和方法的基本权利，以及实现性和生殖健康方面的最高标准的权利。生殖健康是指与生殖系统及其功能和过程所涉及一切有关的身体、精神和社会等方面的健康状态，而不仅仅指没有疾病或不虚弱。为此，必须做好生殖保健工作，即通过预防和解决生殖健康问题促进生殖健康和福祉的各种方法、技术和服务，还包括性健康，其目的是增进生活和个人关系，而不仅仅是与生殖和性传播疾病有关的咨询和保健。

6. 加强国际合作。为人口与发展的资金筹措做出新的承诺，增加人口领域中的国际财政援助，从而帮助发展中国实现人口方案。

六、1961 年麻醉药品单一公约和精神药物公约

（一）《1961 年麻醉药品单一公约》和《精神药物公约》的制定

在医疗中合理应用麻醉药品和精神药物以及防止滥用这些药物，是国际社会早就关注的问题，也是国际社会为提高人类生命素质所做的努力之一，并为此缔结了控制麻醉药品和精神药品的公约。

从 1912 年起到 20 世纪 50 年代末，国际社会先后签订了 9 个有关国际麻醉药品管理的公约、协定和议定书。在这些条约的基础上，为了简化国际管理体制，联合国于 1961 年 3 月 30 日在纽约通过了《1961 年麻醉药品单一公约》，并于 1964 年生效。1972 年，联合国大会又通过了《修正 1961 年麻醉药品单一公约的议定书》，对《1961 年麻醉药品单一公约》进行了补充和修正，于 1975 年生效。截至 1996 年 11 月，全世界已有 158 个国家加入《1961 年麻醉药品单一公约》。以后发现苯丙胺等兴奋剂和安眠酮等催眠药使用后亦能产生严重依赖性和滥用倾向，因而也要加强管理，于是联合国于 1971 年 2 月 21 日通过了《精神药物公约》。针对麻醉药品和精神药物的非法生产、需求及贩运的上升趋势，联合国在《1961 年麻醉药品单一公约》和《精神药物公约》的基础上，于 1988 年 12

月19日在维也纳召开的禁止非法贩运麻醉品和精神药物公约会议的第6次会议上，通过了《禁止非法贩运麻醉品和精神药物公约》，于1990年11月11日生效。截至1996年11月，共有137个国家和欧共体加入了《禁止非法贩运麻醉品和精神药物公约》。

中国政府于1985年加入《1961年麻醉药品单一公约》和《精神药物公约》，并积极参与了《禁止非法贩运麻醉品和精神药物公约》的起草工作，是最早签署国之一。《药品管理法》对麻醉药品、精神药品等特殊药品做了专门规定。

（二）《1961年麻醉药品单一公约》的主要内容

《1961年麻醉品单一公约》分为前言、正文和附表三部分。其宗旨是防止滥用麻醉品危害人类健康，主张麻醉品仅供医疗和科研使用。正文共51条，主要内容是：

（1）限定麻醉药品的范围。

（2）规定各缔约国的一般义务。

（3）规定联合国经济及社会理事会麻醉品委员会、国际麻醉品管制局执行公约的职权、职能及有关的组织结构。

（4）规定对各类麻醉品的限制、管制、监察和检查的措施。

（5）规定违反公约的处罚，即规定对违反公约规定的麻醉品的种植、生产、制造、提制、调制、持有、供给、兜售、分配、购买、贩卖、以及任何名义交割、经纪、发送、过境寄发、运输、输入或输出，以及任何其他行为均为犯罪，并应予以严惩。

（6）规定毒品犯罪的刑事管辖权。

（三）《精神药物公约》的主要内容

《精神药物公约》分为序文、正文和附表三部分，对此前各公约所未包括的精神药物的生产、贸易和使用等进行国际控制和管理。正文共有33条，主要内容是：

（1）规定精神药物的范围。

（2）精神药物的管理措施。

（3）规定各缔约国的定期报告制度。

（4）规定防止滥用精神药物的措施及取缔精神药物非法产销的行动。

（5）规定违反公约的罚则。

（四）《禁止非法贩运麻醉品和精神药物公约》的主要内容

《禁止非法贩运麻醉品和精神药物公约》共有34条，主要内容是：

（1）规定非法贩运的定义，各缔约国有义务将这些故意行为确定为其国内法中的刑事犯罪，并根据其严重性质给予适当的制裁。

（2）缔约国应在一定情况下确立其对贩毒罪的管辖权。

(3)缔约国应制定可能必要的措施,以及能够没收从贩毒罪中得来的收益或价值相当的财产,以及用于此类犯罪的麻醉药物和精神药物材料和设备或其他工具。

(4)缔约国对贩毒犯罪有引渡和起诉的义务。

(5)缔约国应在对上述犯罪的调查、起诉和司法程序中相互提供最广泛的法律协助,并相互合作,以增强为制止上述犯罪而采取的执法行动的有效性。

(6)缔约国应采取措施,防止一些特定的化学品、材料或设备挪用于非法制造麻醉品和精神药物,并为此目的而合作。

(7)缔约国应采取措施,禁止非法种植含麻醉品成分的植物并消除对麻醉品和精神药物的非法需求。

(8)缔约国应向麻醉品管制委员会提供在其境内执行《禁止贩运麻醉品和精神药物公约》的情报。

七、烟草控制框架公约

(一)《烟草控制框架公约》的制定

吸烟危害是当今严重的公共卫生问题之一,为了限制烟草及其制品在全球无节制地使用,WHO 从 20 世纪 70 年代起,就开始关注控烟问题。1995 年世界卫生大会提出了制定公约的动议。经联合国秘书长授权,WHO 开始牵头组织公约的制定工作。1999 年 5 月 24 日,第 52 届世界卫生大会通过了决议,建立了"政府间谈判机构",授权就控烟公约和可能的议定书进行起草和谈判,并争取在第 56 届世界卫生大会上通过公约。从 2000 年 10 月开始,"政府间谈判机构"正式开始工作,历经 6 轮谈判,终于在 2003 年 3 月 1 日凌晨完成了起草公约的工作。

2003 年 5 月 21 日,第 56 届世界卫生大会上世界卫生组织的 192 个成员国一致通过了《烟草控制框架公约》,这是世卫组织主持制定的第一项国际公约,也是世界上第一个有关烟草控制的全球性条约。该公约将在获得 40 个缔约国批准 90 天后正式生效。截至 2004 年 3 月,签署《公约》的国家已达到 100 个,欧盟作为一个单独成员签署了这项公约。2003 年 11 月,中国政府签署《烟草控制框架公约》。

(二)《烟草控制框架公约》的主要内容

《烟草控制框架公约》共分 11 部分,由 38 条条款组成。文本对烟草及其制品的成分、包装、广告、促销、赞助、价格和税收等问题均做出明确规定。主要内容包括:

1. 包装和标签。公约要求各缔约方在公约对其生效后 3 年内,实行有效措施以确保烟草制品的包装、标签不得以任何虚假、误导或欺骗等方式推销烟草制品;被禁止的措施包括使用"低烟碱""淡味""柔和"等旨在使人产生某烟草制品比其他烟草制品的危害小的印象的词语;烟草制品的每一单位包装等外部包装要带有国家卫生当局批准的健康警语,健康警语可采用图片或象形图的形式。健康警语宜占据主要可见部分的50%或以上,但不应少于30%。

2.烟草制品的广告、促销和赞助。公约要求各缔约方根据其《宪法》和《宪法》原则采取有效措施,广泛禁止烟草广告、促销和赞助。"广泛禁止措施"包括广泛禁止源自本国领土的跨国广告、促销和赞助;为此,每一缔约方应在公约对其生效后的5年内,采取适宜的立法、行政等措施。当缔约方的《宪法》和《宪法》原则使之不能采取广泛禁止措施时,该缔约方应限制所有的烟草广告、促销和赞助。缔约方应向缔约方会议报告其所采取的上述措施。作为最低要求,并根据其《宪法》和《宪法》原则,每一缔约方应做到:禁止所有虚假、误导及其他欺骗性方式的烟草广告、促销和赞助;要求所有烟草广告,并在适宜时包括促销和赞助,应伴有健康或其他适宜的警语或信息;5年内在广播、电视、印刷品和酌情在其他媒体上全面禁止或限制烟草广告、促销和赞助;对于尚未采取广泛禁止措施的国家,要求烟草业向政府披露用于广告、促销和赞助的开支;禁止或限制烟草业对国际事件、活动和其参加者提供的赞助;限制采用鼓励公众购买烟草制品的直接或间接奖励手段。针对跨国烟草广告、促销和赞助,公约还规定各缔约方应合作发展消灭跨国广告的必要技术和其他手段;各缔约方应考虑制定一项广泛禁止跨国烟草广告、促销和赞助的议定书。

3.责任与赔偿。烟草业对公共健康造成的损害承担责任与赔偿的问题是公约谈判中的长期焦点,也是公约中对各国最具实质性影响的内容之一。公约"指导原则"部分简明规定:"各缔约方在其管辖范围确定与责任有关的问题是烟草综合控制的重要部分。"第19条就此做出了更具体的规定,其核心内容为:"为烟草控制的目的,必要时,各缔约方应考虑采取立法行动或促进其现有法律以处理刑事和民事责任,适宜时包括赔偿。"和责任问题密切相关的是对"烟草业"的定义,这直接关系到责任者的范围。公约规定,"烟草业"是指"烟草制造商、烟草制品批发商和进口商"。因此,责任者的范围限制在这三类主体。

4.财政资源。公约规定缔约方会议应考虑加强现有机制或建立全球自愿基金或其他适当财政机制的必要性,以便为发展中国家和经济转轨国家提供必要的财政资源。

5.报告和信息交换。公约要求各缔约方定期通过秘书处向缔约方会议提交其实施本公约情况的报告。每一缔约方应在本公约对其生效后2年内提交第一次报告,以后的报告频率由缔约方会议确定。缔约方会议应考虑做出行政和财政安排,协助发展中国家和转轨经济国家缔约方履行报告义务。

八、职业安全卫生国际公约

创建于1919年的国际劳工组织,其创始的主要目的就是制定并采用国际标准来应对包括不公正、艰难、困苦的劳工条件问题。国际劳工公约和建议书是国际劳工标准的基本表现形式。1919～2002年,国际劳工大会已通过185个公约和194个建议书,其中绝大多数是涉及职业安全卫生方面的内容。职业安全卫生方面的国际公约按照其内容,可划分为以下三类:

(一)第一类公约

第一类公约用来指导成员国为了符合安全健康的工作环境,保证工人的福利与尊严制定方针和措施,包括对危险机械设备安全使用程序的正确监督。这类公约的标准主要包括:

1.职业安全卫生公约。该公约要求批准本公约的成员国制定、实施并定期评审国家职业安全卫生和工作环境方针,实现在合理可行的范围内,把工作环境中存在的危险因素减少到最低限度,预防源于工作、与工作相关或在工作过程中可能发生的事故和对健康的危害。该方针必须考虑工作环境中各种要素的协调管理、各种要素之间的关系,培训、交流与合作,以及工人及其代表遵照方针,按照规定的措施要求,采取恰当的行动获取保护。

2.职业卫生设施公约。主要内容是关于使用具有必要的预防功能的设施和负责向雇主、工人和员工代表就履行工作中的安全与健康和使工作适合于人员的能力方面提供咨询服务。该公约要求批准该公约的成员国,制定、实施并定期评审国家职业卫生设施的方针,该方针要着眼于为所有经济活动部门的工人不断地改进和完善这样的设施。

3.重大工业事故预防公约。主要目的是预防包括危险物质在内的重大工业事故和限制该类事故后果。批准该公约的成员国有责任制定、实施并定期评审国家控制重大事故风险,保护工人、公众和环境的方针。实施该方针的国家标准的细则必须符合本公约条款的要求。

(二)第二类公约

该类公约针对特殊试剂(白铅、辐射、苯、石棉和化学品)、职业癌症、机械搬运、工作环境中的特殊危险而提供保护。主要包括:

1.石棉公约。应用于在工作过程中接触石棉的所有活动。批准该公约的成员国有责任为预防、控制和保护工人免受由于接触石棉所导致的健康危害而规定必须采取的措施。

2.苯公约。要求批准该公约的成员国采取措施,取代、禁止或控制苯在工作场所中的使用。

3. 职业癌症公约。责成批准该公约的成员国定期地确定致癌物并对其暴露浓度加以限制。对这些致癌物,批准该公约的成员国必须规定为保护暴露于这些物质中的工人应采取的措施,保存适宜的记录,为工人提供医疗检查并进行必要的评估,掌握工人的暴露程度和健康状态。

4. 辐射保护公约。要求批准该公约的成员国采取一切适宜的措施有效地防止离子辐射对工人构成的安全和健康威胁。此类措施必须包括将工人的暴露限定在最低水平,收集必要的数据,确定最大容许辐射暴露剂量,告知工人所面临的辐射危险,提供适宜的医疗监测。

5. 化学品公约。要求批准该公约的成员国,按照本国的条件和惯例并在协商最具代表性的雇主组织和工人组织的基础上制定、实施和定期评审一个工作中安全使用化学品的方针。该方针应明确诸如标签和标识,供应商和雇主的责任,化学品的转移,暴露、操作控制,废弃,信息和培训,工人的职责,工人及其代表的权利以及出口国的责任。

6. 机械防护公约。建立了保护工人免受工作场所机械运行所带来的伤害风险的标准。该标准涉及了机械销售、租用、运输等环节及在这些环节中的风险。

7.(航运包装)标识重量公约。要求准备航运的任何大于等于一吨的包装或物体必须标明其毛重。

8. 最大重量公约。责成批准该公约的成员国对单人一次人工搬运的重量做出上限规定。任何工人都不能被强求或容许从事人工搬运这样的重物,即由于其重量的原因,可能危及该搬运工人的安全与健康。

9. 工作环境(空气污染、噪声、振动)公约。要求批准该公约的成员国规定应采取的措施,预防、控制和保护工作环境中空气污染、噪声和振动所带来的职业危害。措施的规定必须考虑本公约的要求。

(三)第三类公约

本类公约是针对某些经济活动部门,如建筑工业、商业和办公室及码头等提供保护。主要包括:

1. 卫生(商业和办公室)公约。要求批准该公约的成员国采用并保持法律法规的强制性,按照本公约的要求,确保在商业和办公室工作人员的安全与健康。

2. 职业安全卫生(码头工作)公约。覆盖了所有的船舶装卸工作及相关工作。

3. 建筑安全卫生公约。要求批准该公约的成员国采用并保持法律法规的强制手段,按照本公约的要求,确保在建筑行业工作的工人的安全与健康。

4. 矿山安全卫生公约。要求批准该公约的成员国按照本公约的要求,制定、履行并定期评审一个矿山安全。

此外,国际劳工理事会还通过了 20 余个实施规程 (Code Of Pracefice),覆盖了不同的活动领域的职业安全卫生问题，对相关领域的职业安全卫生工作给予了更详细的指导。这些领域包括林业、公共工作和造船业以及特殊的风险，如离子辐射、空气污染物和石棉。

典型案例评析

[案情]

2011年6月20日，微博上一个名叫“郭美美Baby”的女孩引起了众人瞩目。她在微博上的生活照显示，她开玛莎拉蒂跑车、在别墅开生日会，皮包、手机、手表都是昂贵的奢侈品，而她微博认证的身份是“红十字会商业总经理”。这些微博引发了公众对其财富来源的强烈质疑和对红十字会持续多年的信任危机。

2011年6月22日，“郭美美Baby”的实名认证被取消，经新浪微博官方查实，“郭美美Baby”原认证说明为演员，“红十字会商业总经理”的认证没有经过严格审核。

2011年6月22日、24日，中国红十字会总会先后两次通过官方网站发表声明指出，经对有关信息的调查、核实，中国红十字会没有“红十字商会”机构，也未设有“商业总经理”职位，更没有“郭美美”其人。

2011年6月28日，中国红十字会总会向新华社记者表示，中国红十字会总会已以郭美美虚构事实、扰乱公共秩序为由向公安机关报案。公安机关已经立案，并依法开展相关工作。

2011年7月，红十字总会邀请审计署工作组进驻商业系统红十字会进行审计，并已商请中国商业联合会组成联合调查组开展相关调查工作。

2011年12月，中国红十字会公布了由监察部、中国社科院社会学研究所、北京刘安元律师事务所、中国商业联合会、中国红十字会总会相关人员组成的联合调查组的调查结论，认为“郭美美”及其炫耀的财富与红十字会无关，但红十字会商业系统的管理存在问题。

2013年9月，民政部《2012年度中国慈善捐助报告》显示，2012年，我国社会捐赠总量(含我国接收国内外社会各界的款物捐赠)共计约817亿元，相当于人均捐款约60.4元，与2011年度相比，全国接收捐赠额减少28亿元。全国各级红十字会系统接收社会捐赠21.88亿元，与2011年相比下降了6.79亿元，同比下降23.67%。

2014年7月，郭美美因涉嫌在巴西世界杯期间赌球，被警方行政拘留。

2014年8月，公安机关公布的调查结果以及郭美美本人的供述显示：她与中国红十字会毫无关系。

[争议焦点]

中国公益慈善组织遭遇信任危机的原因是什么？

［案例评析］

中国红十字会是一个具有100多年历史的社会组织，一个从1993年就有专门法律《红十字会法》保障的法定机构，也是国际红十字运动187个国家成员之一，为什么会碰到这么大的质疑和挑战？我们应该如何应对？这是在整个中国大的转型背景下，社会组织和公益组织发育过程中的一个代表性案例。

以事件发生时的法律制度来看，像中国红十字会这样具有广泛影响力的组织却一直处于“免予登记”的地位。“免予登记”是相对于我国《社会团体登记管理条例》所确定的“双重管理”制度而言的，“双重管理制度”即对社会团体实行业务主管单位的“批准”管理，以及登记管理机关的“登记”管理，通过这种制度对社会团体加以接受外部监管的义务以规范其社会活动。但红十字会是该条例第三条规定的“由国务院机构编制管理机关核定，并经国务院批准免予登记的团体”，因此这种“双重管理”的外部监管制度不适用于中国红十字会。这种“免予登记”的制度设计一方面是来自国家对其类似于“免检产品”的充分信任，另一方面则来源于中国红十字会一直以来“民事”与“官办”的双重定位。

以“民事”地位而言，中国红十字会是民事的非政府组织，其作为民事主体发生法律关系的相关案例也不胜枚举。而以“官办”地位而言，红十字会虽然不是我国现行法律规定的行政主体，即“行政机关，法律法规授权的组织”，但其“行政性”的烙印却非常显著。以社会救助团体的“资合”而言，红十字会的部分经费来源于“人民政府的拨款”；而以其“机构级别”而言，中国红十字会总会属国务院直属的副部级单位，中国红十字会从中央到县乡一级，层层与政府体系接驳。其名誉会长是当地政府的一把手，会长是政府主管文教的行政副手，大部分理事由政府部门及国有企业的负责人兼任。这种“行政性”既使得中国红十字会的活动对于政府依赖性强，更使得政府作为社会团体的外部监管机关缺乏对中国红十字会监管的动力。总的说来，对于中国红十字会这样具有公募资格，掌握大量资金的社会救助团体，利益的诱使与自律行为的天然劣性使其处于高风险之中。而基于其“行政性”，对其外部监管的明确弱化甚至是豁免，不仅为内部的腐朽提供了温床，也使得公众的猜疑在慈善阳光化的诉求未能实现情况下不断累积。最终，“郭美美”事件作为导火索，引爆了中国慈善组织的大范围信任危机。

思考题

1.《红十字会法》关于组织性质、活动原则以及标志使用的法律规定有哪些？

2. 我国对《国际卫生条例》的承认及主要义务有哪些？

3.《1961年麻醉药品单一公约》和《精神药物公约》的主要内容有哪些？

第五编

医药卫生治理

第二十四章　医药卫生争议处理法律制度

本章要点：医药卫生争议涉及民事、行政、刑事等多个领域，具有主体范围广、法律关系复杂、专业性强等诸多特点。本章介绍了医药卫生争议的处理原则和处理方式，并对医药卫生民事争议处理、行政争议处理及犯罪与刑事处理相关法律制度进行了阐述，特别分析了医患纠纷人民调解相关制度。

第一节　医药卫生争议概述

一、医药卫生争议概念与分类

（一）医药卫生争议的概念

医药卫生争议是指国家机关、企事业单位、社会团体和组织以及公民个人等，在医药卫生服务和医药卫生行政管理过程中，或因服务行为发生不良后果及其原因，或因医药卫生行政、监督管理行为是否侵犯了管理相对人的合法权益，在认识和事实认定或处理上产生矛盾分歧，其中一方要求查明事实、分清是非、追究责任、赔偿损失等而引起的争议。

（二）医药卫生争议的分类

根据争议主体的工作性质、职业、职责范围和发生事实等的不同，医药卫生争议可分为以下几类：

1. 医疗纠纷。医疗纠纷就是医患之间的纠纷，其中最为常见、多发，并为社会所广泛关注的是医疗事故纠纷。许多学者认为医疗纠纷依其发生原因的不同，又可分为医源性纠纷和非医源性纠纷。（1）医源性纠纷。医源性纠纷是指在医疗活动中，医患双方就医疗行为及其后果和原因等引起的医疗争议。在医疗实践中，医疗纠纷常发生在误诊或漏诊、病例报告失误、医疗产品质量、医院管理过失、出具虚假医学证明、未尽告知义务等方面。（2）非医源性纠纷。非医源性纠纷是指医疗机构和医生并不存在诊疗护理过失，由于患者或者家属缺乏医学常识，对医院的有关规章制度不理解或其他因素引起的医疗纠纷。非医源性医疗纠纷多见于疾病急骤恶化而发生出人意料的猝死；或因病情特殊、复杂而产生的不良医疗后果；或由于患者体质特殊而出现的难以预料的并发症或医疗意外；

也可由于患者或家属不配合治疗，不遵守遗嘱而发生的不良后果；甚至由于受赔偿心理的支配或社会不良因素的影响，而与医务人员发生纠纷等。

2.疾病预防控制引起的纠纷。在疾病预防控制中常发生的纠纷有：(1)计划免疫中预防接种发生不良反应及发生感染中毒、残疾、死亡等。(2)卫生监测检验报告失误，造成损失。(3)因发生传染病暴发未及时上报，延误诊治，致使大范围流行，造成严重后果的。(4)发生食物中毒未及时报告，处理延误，造成严重后果的。(5)发生工业中毒、泄毒造成人员伤亡，未及时处理和未及时查清原因，造成严重后果的等。

3.卫生监督管理引起的纠纷。卫生监督管理引起的纠纷主要是指卫生行政管理机关在卫生执法监督过程中，未能正确执法，侵犯被监管单位的合法权益或者被监管单位认为自己的合法权益遭到侵害而引起的纠纷。在卫生行政执法监督中常发生的纠纷有：(1)对行政处罚中的现场监督笔录中记载事项发生争议的。(2)对行政处罚中的监测报告数据发生争议的。(3)对企业职工特别是食品生产、经营企业的职工因发现传染性疾病要求调离和更换工种的。(4)因未能达到国家规定的行业指标或超标受到处罚的。(5)因受到停业整顿、罚款、停止销售或销毁、吊销营业执照的行政处罚不服的等。

4.药品和其他健康相关产品生产、经营管理中发生的纠纷。涉及药品和其他健康相关产品生产、经营企业和销售单位；各级各类医疗机构和医疗执业单位以及广大消费者、药品和健康相关产品监督管理机关和单位。常发生的纠纷有：(1)因生产、销售假劣药品致人死亡或残疾的。(2)因生产、经营、销售不合格医疗器械等产品致人损害或扩大损害结果的。(3)因生产、销售设计不合格的产品致人损害的。(4)医疗机构或单位因使用假劣药品、医疗器械产品造成患者死亡或残疾损害的；或者使用假劣药品无疗效，延误病情造成扩大损害结果的。(5)违反广告宣传管理规定，扩大或者虚拟宣传治疗效果和保健效果的，误导患者或消费者，造成损害或者未达到宣传效果的。(6)药品监督机关及其监督人员的强制性监督管理行为，违反有关监督管理规定，侵犯了生产、经营者的合法权益的。(7)药品监督管理机关的不作为行政行为。(8)医药品检验报告不真实的等。

5.医疗卫生行政管理活动中发生的纠纷。医疗卫生行政管理活动分为正常的行政管理行为和对违反医疗卫生法律、行政法规、部门规章以及诊疗护理规范、常规构成医疗事故的医疗机构、单位以及违规的医务人员进行行政处理的行为。在医疗卫生行政管理活动中常见的纠纷有：(1)国家卫生行政机关对医疗机构的行政处理违法或医疗机构、单位不服卫生行政机关的处理发生的争议。(2)国家卫生行政机关或医疗机构对医务人员的行政处理违法或者医务人员不服卫生行政机关或医疗机构的行政处理发生的争议。

此外，医药卫生争议从法学领域进行分类，一般分为医药卫生行政争议、医药卫生民事争议以及医药卫生刑事争议。也存在其他的分类方法，但各种不同的分类都与医药卫生法律关系中的三种类型相适应。

二、医药卫生争议的特征

医药卫生争议具有如下几个明显的特征，为其他领域的争议所不具有或不完全具有。

（一）涉及范围和主体的广泛性

医药卫生争议的主体不仅涉及国家机关和众多的企事业单位，更涉及全社会的每一个公民。生老病死、医疗保健关系每一个公民的根本利益，而医药卫生争议，特别是其中的医疗纠纷涉及每一个公民的最根本的权利——生命权、身体权、健康权的维护和保障。

（二）医药卫生争议法律关系的复杂性

医药卫生法律关系具有多样性、综合性和纵横交错的特点，因此，医药卫生争议既涉及民事争议，也涉及行政争议和刑事争议。同一主体，在不同情况下，所涉及医药卫生争议法律关系的性质，也表现出具有多样性和纵横交错的特点。这种特点，尤其表现在医药卫生民事争议，主要是医疗事故争议所具有的特殊复杂性上。

（三）医药卫生争议处理的专业性

医药卫生活动不仅要遵守法律规范，同时要遵守医学科学技术规范，因此正确认定和处理医药卫生争议，特别是医疗事故争议，不仅要严格遵守医药卫生法律规范，同时必须遵守并符合医学科学理论及医学科学技术的特点的全部规律。

三、医药卫生争议处理原则与处理方式

（一）医药卫生争议处理原则

1. 实事求是原则。实事求是为客观、公正的基础，是做好医药卫生争议处理工作的关键。它要求医药卫生企事业单位、卫生行政主管部门和司法部门，对已经发生的医药卫生争议坚持实事求是的科学态度，及时认真地做好调查研究工作和科学鉴定工作，严格依照有关法律法规的规定仔细审查有关材料，弄清事实真相，查明因果责任关系，正确适用法律，做到事实清楚、定性准确、责任明确、处理恰当。

2. 公开、公平、公正原则。公开、公平、公正地解决医药卫生争议，切实保障争议双方当事人的合法权益，是医药卫生处理法立法的重要目的之一。公平是指双方在医药卫生纠纷的处理过程中适用法律平等，法律地位平等，权利与义务

相统一。公正包含两方面的要求：第一，程序公正，必须遵循法定的程序处理医药卫生纠纷。第二，实体公正，坚持以事实为根据，以法律为准绳的法律原则。公开是公平、公正的保障，公开是形式上的要求，但具有实质上的意义，要求公开处理程序、公开证据内容（事实）和公开处理依据（适用的法律）。

3. 及时、便民原则。处理医药卫生争议坚持及时、便民原则，不仅有利于节约时间、提高效率和方便民众，减轻当事人申请处理医药卫生争议所承受的各种负担（时间、精力和经费等），还有利于抓住第一时间、第一地点，将争议引起的矛盾缓解，促使争议的解决，有利于社会的稳定。

4. 国家利益与个人利益相一致的原则。在处理医药卫生争议时，应该坚持国家利益与个人利益相一致，才能做到既维护国家医药卫生事业的发展大局，从总体上保障全体人民的生命健康权，又使受害者个人的合法权益得到应有的保护。

（二）医药卫生争议处理方式

根据医药卫生争议处理法律法规的有关规定，医药卫生争议的处理方式，概括起来有以下几种：一是医药卫生争议双方自行协商解决；二是调解解决；三是由卫生行政部门处理；四是通过诉讼途径解决。这几种处理方式不是各类医药卫生争议都共同适用的，应根据医药卫生争议的性质和种类的不同，采取合乎法律规定的方式处理，而无论采取何种方式处理医药卫生争议，都必须依法定程序进行。

第二节　医药卫生民事争议处理的法律制度

一、医药卫生民事争议概述

（一）医药卫生民事争议的概念与分类

医药卫生民事争议是指平等的医药卫生法律关系主体之间在医药卫生活动中发生的涉及医药卫生权利与义务的民事争议。按照不同的标准，可以对医药卫生民事争议做不同的分类：

根据医药卫生活动内容和医药卫生法调整的范围不同，医药卫生民事争议可分为与医疗服务管理法相关的医疗、预防、保健和计划生育活动中发生的争议；与公共卫生和疾病控制法相关的公共卫生监督、监测，与疾病防治活动中发生的民事争议；与健康相关产品法相关的药品、食品、化妆品、医疗器械等健康相关产品生产和经营活动中发生的民事争议等。

根据争议的发生原因和性质不同，医药卫生民事争议可分为医药卫生民事侵权争议和医药卫生合同争议。医药卫生民事侵权争议，既可以是医药卫生活动中侵犯当事人财产权的争议，也可以是侵犯当事人人身权（主要是侵犯公民生命健康权）的争议。

（二）医药卫生民事争议处理的主要方式

根据现行医药卫生法及有关法律法规的规定，解决医药卫生民事争议的方式主要有和解、调解、仲裁和诉讼等，常用的为以下三种：

1. 当事人自行协商解决。即医药卫生民事争议双方当事人，自觉自愿地，通过平等协商，解决矛盾，处分自己的民事权益，自行和解。

2. 通过调解解决。即医药卫生民事争议双方当事人协商一致，自愿在第三者的参与并主持下，通过调解，消除双方的争议和矛盾。这是"类法律式"的解决纷争和矛盾的手段。

3. 诉讼解决。即通过诉讼方式，由人民法院对医药卫生民事争议案件行使国家审判权，按照《民事诉讼法》规定的程序进行立案审理，查清事实，明确责任，做出裁决。

此外，对某些医药卫生民事争议的处理，有时也可以采用行政裁决的方式解决。

二、医药卫生民事争议的和解

和解即当事人自行协商解决，约定互相让步或者一方让步，以解决双方的争执的活动。协商解决可以减少申诉和诉讼，从而减少争议双方当事人的诉讼负担，也减少司法机关过于频繁的诉讼累赘，可以方便快捷地平息纷争，缓解矛盾。和解包括诉讼前的和解和诉讼中的和解。

诉讼前的和解指发生诉讼以前，双方当事人互相协商达成协议，解决双方的争执。这是一种民事法律行为，是当事人依法处分自己民事实体权利的表现（见处分原则）。和解成立后，当事人所争执的权利即归确定，所抛弃的权利随即消失。和解一经成立，当事人不得随意反悔要求撤销。但是，和解所依据的文件，事后发现是伪造或涂改的；和解事件已为法院判决所确定，而当事人于和解时不知情的；当事人对重要的争执有重大误解而达成协议的，当事人都可以要求撤销和解。

诉讼中的和解是当事人在诉讼进行中互相协商，达成协议，解决双方的争执。这种和解不问诉讼程序进行如何，凡在法院做出判决前，当事人都可进行。可以就整个诉讼标的达成协议，也可就诉讼上的个别问题达成协议。诉讼中的和解协议经法院审查批准，当事人签名盖章，即发生效力，结束诉讼程序的全部或一部分。结束全部程序的，即视为当事人撤销诉讼。

三、医药卫生民事争议的仲裁

(一)仲裁的概念及原则

仲裁是指纠纷当事人在自愿的基础上达成协议,将纠纷提交非司法机构公正的第三者审理,并做出对争议各方均有拘束力的裁决的一种解决争议的制度和方法。坚持协议仲裁制、或裁或审制和一裁终局制的仲裁原则。

(二)医药卫生争议民事仲裁适用范围

我国医药卫生争议民事仲裁适用于医药卫生相关的平等主体的公民、法人和其他组织之间的合同纠纷与其他财产权益纠纷进行仲裁,包括:医疗纠纷、违反《食品卫生法》《药品管理法》《公共场所卫生管理条例》《化妆品卫生监督条例》的侵权赔偿纠纷和违反其他医药卫生法律、法规而未规定必须由行政机关处理的有关侵权赔偿纠纷。

符合上述医药卫生争议仲裁范围的当事人,可以向仲裁委员会提出仲裁申请。当事人申请仲裁的,应当向仲裁委员会递交仲裁协议、仲裁申请书及副本。

(三)医药卫生争议民事仲裁程序

仲裁委员会自收到仲裁申请书之日起 5 日内,做出受理与否的决定并通知当事人。受理后,15 日内分别将仲裁规则、仲裁员名册送达双方当事人,同时将申请书副本送达被申请人。被申请人收到仲裁申请书副本后,15 日内提出答辩书,亦可提出反请求;仲裁委员会收到答辩书后,应在 7～15 日内将答辩书副本送达申请人,被申请人未提交答辩书的,不影响仲裁程序的进行。仲裁委员会受理仲裁申请后,即依照《仲裁法》的规定,组成仲裁庭对案件进行审理和做出裁决。当事人申请仲裁后,可以自行和解。仲裁庭做出裁决前,可以先行调解,调解不成的,应当及时做出裁决。裁决书自做出之日起发生法律效力。当仲裁裁决出现偏差或错误可以通过撤销裁决或重新仲裁的方式予以补救。

四、医药卫生民事争议诉讼

(一)医药卫生争议民事诉讼概念及原则

医药卫生民事争议诉讼是指平等的医药卫生民事法律关系主体之间,发生了医药卫生活动及医药卫生法调整范围相关的民事纠纷,向有管辖权的人民法院提起诉讼,由人民法院按民事诉讼程序进行审理和解决医药卫生争议案件的各种诉讼活动以及由此产生的各种诉讼法律关系的总和。

医药卫生民事诉讼所解决的是医药卫生法调整的与医药卫生活动紧密相关的民事纠纷。因此,除遵循我国《民事诉讼法》规定的基本原则外,还应兼顾医药卫生的科学性、专业性和特殊性等原则。有关管辖、诉讼参加人、证据、审判程序的规定参照《民事诉讼法》的相关规定。

（二）医药卫生争议民事诉讼分类

根据医药卫生民事责任的特点，可将医药卫生民事争议诉讼分为：特殊职业行为中产生纠纷引发的民事诉讼；违反医药卫生法产生的民事诉讼；与医学科学活动相关纠纷引发的民事诉讼；与医药卫生活动相关的纠纷引发的民事诉讼。在民事诉讼的分类上，医药卫生民事诉讼大多为侵权赔偿之诉、债务纠纷之诉、合同纠纷之诉或知识产权之诉。

（1）医疗纠纷的民事诉讼。与其他民事诉讼相比较具有一定的特殊性。第一，当事人身份特定，原告一般为患者、患者家属或未成年患者的法定监护人，被告是医疗机构或个体从业医师。第二，具有特定的诉讼请求和理由。其理由是医疗机构因医疗事故或差错，直接造成人身损害和经济损失，诉讼请求一般是要求被告承担赔偿或其他相关的民事责任。第三，诉讼证据具有排他性。在医疗纠纷案件中，用以认定事实的证据必须是原始的、直接的、特定的并具有排他性。其中原始病案资料是认定患者诊疗事实经过的排他性证据，法定的医疗事故技术鉴定机构的结论是认定医疗单位有无医疗失误的排他性证据。

（2）医疗欠费的民事诉讼。此类医药卫生民事争议诉讼是患者拖欠或拒付医疗费用，由医疗机构提起的民事诉讼。由于欠费问题属于契约关系或债权债务关系，一般列为债务纠纷案件进行处理，适用普通的民事诉讼程序。

（3）食物中毒和食源性疾患引发的医药卫生民事争议诉讼。此类案件可适用《消费者权益保护法》的有关规定，按一般民事诉讼程序审理。但必须由卫生行政部门按照《食品卫生法》的有关规定，对食物中毒和食源性疾患做出确认。此类案件有时可能引起集团诉讼。

4.违反药品管理法的行为造成公民权益损害的医药卫生民事诉讼；违反疾病控制法律法规的诉讼；违反传染病防治法，造成传染病流行或其他传染病感染，损害公民健康权的民事诉讼；违反医疗管理和其他医药卫生法律、法规的民事诉讼；医药卫生科技合作或技术引进、转让等的技术合同方面的纠纷；在医学科学研究过程中发生的，技术成果所有权问题等的知识产权纠纷引起的民事诉讼等。

五、医药卫生民事争议的调解

（一）医药卫生民事调解的概念及分类

医药卫生民事调解是指在一定组织机构的主持下，医药卫生民事争议的双方当事人在自愿的基础上，坚持合法的原则，就争议问题，通过平等协商，达成协议，消除纷争的活动。其具有以下特点：（1）调解必须是在双方当事人自愿接受的基础上进行的。(2)调解是双方当事人在第三者参与并主持下进行的。(3)调解协议是调解主持者的职能活动同当事人自己的处分行为相结合的结果。(4)生效的调解书具有一定的法律上的执行力。对于生效的法院调解书和仲裁调解协议,如一方不履行义务,对方当事人可以申请法院强制执行。

医药卫生民事调解可分为诉讼外的调解和诉讼中的调解。诉讼外的调解主要是人民调解、仲裁调解和行政性调解,诉讼中的调解即人民法院调解。本书重点介绍人民调解制度。

(二)医患纠纷人民调解的含义与意义

1.含义。医患纠纷人民调解是指在人民调解委员会主持下,以国家法律、法规、规章和社会公德规范为依据,对医患纠纷双方当事人进行调解、劝说,促使他们互相谅解、平等协商,自愿达成协议,消除纷争的活动。它属于诉讼外调解的一种。

2.意义。(1)调解机制的介入,在医患双方之间架起了沟通的桥梁,在调解时双方地位对等,使得和解变得有可能。在一个受控制的安全氛围下,通过开展对话重建被破坏的相互关系。调解的成功有利于有效缓解医患关系,有利于稳定社会秩序、建设和谐社会。(2)医患纠纷人民调解程序便利,非正式化,有利于当事人本人参与纠纷的解决,即使当事人本人行为能力较弱也不至于影响调解的结果;不公开的调解过程处理的灵活与合理,使当事人的商业秘密和个人隐私免于暴露;调解程序规范适用的常识性和广泛性使当事人易于达成一致满意的处理结果。

(三)医患纠纷人民调解的组织机构和工作原则

1.人民调解委员会是依法设立的调解民间纠纷的群众性组织。依照法律规定,村民委员会、居民委员会设立人民调解委员会。人民调解委员会在基层人民政府和基层人民法院的指导下开展工作,用调解的方法解决一般的民事纠纷和轻微的刑事案件。经调解自愿达成的协议,当事人应自觉履行,不愿调解或调解不成或调解后反悔的,一方或双方当事人可以向人民法院起诉。

国务院司法行政部门负责指导全国的人民调解工作,县级以上地方人民政府司法行政部门负责指导本行政区域的人民调解工作,基层人民法院对人民调解委员会调解民间纠纷进行业务指导。

2.人民调解委员会调解民间纠纷,应当遵循下列原则:(1)在当事人自愿、平等的基础上进行调解;(2)不违背法律、法规和国家政策;(3)尊重当事人的权利,不得因调解而阻止当事人依法通过仲裁、行政、司法等途径维护自己的权利。

(四)医患纠纷人民调解的工作程序

1.受理。依医患纠纷当事人申请受理调解,当事人没有申请的,可主动调解，但当事人表示异议的除外。当事人申请调解纠纷，可书面申请，也可以口头申请。受理调解纠纷，应当登记。

2.指定调解主持人。医患纠纷人民调解委员会调解医患纠纷，应指定1名专职人民调解员为调解主持人，并可由患者或家属从专家库中选择兼职调解员。遇重大复杂纠纷或根据需要可指定若干专兼职人民调解员参与调解，必要时可请当地乡（镇）和患者常住地人民调解员参与。

3.调解准备。调解主持人分别向双方当事人询问纠纷事实和情节，了解双方的要求及其理由，必要时向有关单位征集资料，核实情况，向专家咨询，做好调解前的准备工作。

4.依法调解。调解一般在调解机构内进行，根据需要也可以在便利当事人的场所进行。调解前应告知当事人关于人民调解的性质、原则和效力及当事人在调解活动中的权利和义务。调解主持人应当在查明事实、分清责任的基础上，引导、帮助当事人达成调解协议。调解不成的，要防止纠纷激化，引导其通过法律途径解决纠纷。

5.制作调解协议。经调解成功的，应制作调解协议，协议书使用司法部统一的文书格式。调解协议应载明双方当事人的基本情况、纠纷简要事实、争议事项、双方责任、双方达成的共识及履行方式和期限等。调解协议应由双方当事人和调解主持人签名，加盖医患纠纷人民调解委员会印章。

（五）诉调对接机制

1.含义。诉调对接是指矛盾纠纷调处中的诉讼方式与非诉讼方式相衔接。人民调解有着广泛的社会基础，利用社会资源以提高司法能力，辅助法院解决纠纷，既节约司法资源，又不偏离法治轨道。

人民调解和诉讼同属于纠纷解决机制，有民间性的人民调解与公权力参与的诉讼，发挥着各自的优势，取长补短，在化解矛盾、维护社会秩序稳定方面都发挥着重要作用。人民调解方便性、灵活性、适时运用情理法解决纠纷的特点使它受到人民大众的青睐，在调解民间纠纷和防止民间纠纷转化为刑事案件等方面发挥了重大作用，成为纠纷解决机制中的“第一道防线”。现阶段诉调对接制度尚未形成全社会的共识，没有得到广泛的推广和实施。缺乏法律统一规范，未形成诉调对接法律的无缝衔接。

2.完善诉调对接机制的建议：(1)建立诉讼与调解联动机制。医疗纠纷人民调解委员会可以邀请法官指导医患纠纷人民调解工作，法院也可以通过诉前告知、诉中委托等方式引导当事人通过医疗纠纷人民调解委员会解决纠纷。(2)完善人民调解协议司法确认机制。法院指派司法确认法官负责定期、集中办理医患纠纷人民调解协议书司法确认工作，简化办理环节，确保及时出具民事裁定书。(3)建立调解终止引导诉讼机制。对调解终止的医患纠纷,医疗纠纷人民调解委员会告知并引导诉讼,对于符合条件的,法院及时立案审理。(4)完善法官指导机制。指派业务法官,通过提供专业意见、裁判文书、专题讲座等形式进行业务指导,加强人民调解组织与司法机构间的沟通交流。

第三节 医药卫生行政争议处理的法律制度

一、医药卫生行政争议概念和特征

(一)医药卫生行政争议的概念

医药卫生行政是国家组织活动的一部分,是各级卫生行政机关依其职权对有关的社会卫生事务进行组织、协调、指挥、监督的活动。由于医药卫生行政涉及的范围广泛,内容繁多,情况复杂,医药卫生行政机关在进行管理过程中,不可避免地会出现诸多的争议。这里所说的医药卫生行政争议,特指因医药卫生行政管理而引起的医药卫生行政机关同行政管理相对人之间发生的争议。

(二)医药卫生行政争议的特征

1.争议的主体。双方当事人中一方必定是国家医药卫生行政机关,或者是由法律法规授权的组织;另一方当事人则是与医药卫生行政机关有直接行政管理关系的公民、法人或其他组织。

2.争议的起因。医药卫生行政争议是由医药卫生行政机关行使职权,做出具体行政行为而引起的。医药卫生行政机关的行政管理行为是产生医药卫生行政争议的前提。如果医药卫生行政机关并非在行使职权时与公民、法人和其他组织之间为民事权益发生争议,则不属于医药卫生行政争议。

3.争议主体的法律地位。医药卫生行政争议的双方当事人在地位上既不平等,也不对等,其中一方作为国家行政机关,在行政活动中始终处于主动和优越的地位,享有行政管理和给予对方行政处罚的权力;而相对一方当事人处于被动、服从和被管理的地位。

4.争议的内容。双方当事人争执的焦点是医药卫生行政机关及其工作人员在行使行政管理职权过程中的行政行为是否合法与适当。

二、医药卫生行政复议

(一)医药卫生行政复议的概念与特征

医药卫生行政复议是指相对人不服医药卫生行政主体的具体行政行为,依法向行政复议机关提出申请,受理机关依法定程序对有争议的具体行政行为和一定的抽象行政行为进行审查，并做出裁决的一种法律制度。它遵循合法性、公正性、公开性、及时性、便民性原则及合法性与适当双重审查原则。

医药卫生行政复议除具有行政复议的特征外，因卫生领域的特殊性又具有自身的特征：

(1)启动前提的特殊性。医药卫生行政复议作为对管理相对人的合法权益实施行政救济的制度，它的程序启动必须以医药卫生行政争议的存在和相对人申请为前提。这与其他行政领域的复议程序启动有所区别。

(2)复议范围的广泛性。各级医药卫生行政机关和法律、法规授权组织，依法享有相当广泛的行政监督管理权，诸如卫生许可、卫生监督、行政处罚等。根据有关法律的规定，上述领域中因行政职权的行使而引发的医药卫生行政争议大多属于医药卫生行政复议的范围。

(3)选择性复议为主与前置性复议并存。我国医药卫生法律、法规对医药卫生行政复议的规定基本上是选择复议。即医药卫生行政争议发生后，当事人可自由选择提起行政复议或行政诉讼。但也有少量医药卫生行政复议是前置性的，如《化妆品卫生监督条例》第九十条、《放射性同位素与射线装置放射保护条例》第三十二条均规定，当事人对医药卫生行政部门的行政处罚不服，可在接到处罚通知之日起 15 日内向上一级医药卫生行政部门申请复议；对复议结果不服的，方可在收到复议书之日起 15 日内向人民法院起诉。

(4)复议内容的复杂性、专业性。医药卫生行政争议往往涉及内容复杂、专业性很强的技术问题，复议机关会面临许多复杂、具体的医药卫生专业知识问题，这使得医药卫生行政复议较之一般的行政复议具有更强的专业色彩。

(二)医药卫生行政复议范围

结合我国现行医药卫生立法实践，公民、法人或其他组织对医药卫生行政机关下列具体行政行为不服的可以申请复议：

(1)对医药卫生行政机关做出的行政处罚决定(如警告、罚款、没收违法所得、没收非法财物、责令停产停业、暂扣或者吊销许可证、暂扣或者吊销执照等)不服的。

(2)对医药卫生行政机关做出的行政强制措施决定不服的(医药卫生行政强制措施是指医药卫生行政主体为了预防和控制疾病，或者预防或制止正在发生或可能发生的违法行为，或者为了保全证据，确保案件查处工作顺利进行，而对相对人的人身自由、财产予以强行限制的一种具体行政行为)。

(3)认为医药卫生行政机关侵犯其合法经营自主权的。

(4)认为符合条件申请有关卫生许可证(照)，医药卫生行政机关拒绝颁发或不予答复的。

(5)对医药卫生行政机关做出的有关许可证、执照、资质证、资格证等证书变更、中止、撤销决定不服的。

(6)要求医药卫生行政机关履行其保护人身权利、财产权利等法定职责而医药卫生行政机关拒不答复或没有依法履行的。

(7)认为医药卫生行政机关违法要求其履行义务的(如违法集资、征收财物、乱摊派等)。

(8)认为医药卫生行政机关侵害其合法权益的。

(9)法律、法规规定可以申请的其他具体行政行为。

有关行政复议管辖、行政复议参加人、行政复议程序及行政复议法律责任问题的具体规定可参照《行政复议法》的相关内容。

三、医药卫生行政诉讼

(一)医药卫生行政诉讼概念与特征

医药卫生行政诉讼是指公民、法人或其他组织认为医药卫生行政部门及其工作人员,包括授权与委托的医药卫生执法组织的具体行政行为侵犯其合法权益时,依法向人民法院提起诉讼,由人民法院依据事实与法律进行审理并做出裁决,解决医药卫生行政争议的活动。

医药卫生行政诉讼具有以下特征:医药卫生行政诉讼是解决特定医药卫生行政争议的活动,即医药卫生行政主体在实施具体行政行为过程中,因具体行政行为的合法性与相对人发生争议而提起的诉讼,诉讼的标的是审查具体行政行为是否合法。对抽象行政行为发生争议只能通过其他途径解决,不能起诉。医药卫生行政诉讼的原告恒为管理相对人,是医药卫生行政管理相对人不服卫生行政执法机关处罚,向人民法院提起的诉讼;医药卫生行政诉讼的被告恒为作为行政主体的医药卫生行政机关或法律法规授权的组织。

有关医药卫生行政诉讼范围、管辖权、诉讼程序的相关问题可参照《行政诉讼法》的相关规定。

(二)医药卫生行政诉讼原则

医药卫生行政诉讼除具有《行政诉讼法》规定的原则外,结合医药卫生行政诉讼的基本特点,还有以下原则:

(1)人民法院特定主管的原则。这是指医药卫生行政案件只有在法律特别规定的范围内人民法院才主管。

(2)司法裁判优于行政裁判原则。具体包括:①既可以向法院直接起诉,又可以向医药卫生行政复议机关申请复议的医药卫生行政案件,相对人直接向法院诉讼的,法院可直接做出司法裁判,不受未经行政复议的影响。②复议前置的医药卫生行政案件，若复议机关逾期不决，当事人又向法院诉讼的，法院可直接对最初做出的具体行政行为进行审查，不受该复议机关有无复议裁决的影响。③对于经复议机关决定当事人仍然不服的医药卫生行政案件，法院可接受当事人起诉，对复议决定进行司法审查并做出司法裁判。

（3）司法审查的内容和司法变更权有限的原则。医药卫生行政诉讼中，人民法院是对医药卫生行政机关具体行政行为的合法性审查，一般不进行是否合理的审查。法院在医药卫生行政诉讼中，一般不享有司法变更权，对被诉医药卫生行政机关的医药卫生行政处理决定，只能做出维持或撤销的判决或裁定，仅在特殊情况下享有变更权。

第四节　医药卫生犯罪与刑事处理的法律制度

一、医药卫生犯罪概念和特征

（一）医药卫生犯罪概念

医药卫生犯罪是指一切破坏国家医药卫生管理制度和正常秩序，侵犯公民生命健康权，情节严重的，依照法律应当受到刑法处罚的行为。

（二）医药卫生犯罪特征

医药卫生犯罪具有以下三个基本特征或属性：

1. 相当程度的社会危害性。医药卫生犯罪是危害社会的行为，具有社会危害性，但社会危害性是一切医药卫生违法行为，包括犯罪和一般违法行为的共同特征。因此，仅具有社会危害性，只能将医药卫生违法行为和医药卫生合法行为区别开来，而无法将医药卫生犯罪行为与一般医药卫生违法行为区别开来。医药卫生犯罪行为是医药卫生违法行为中最严重的部分，其社会危害性要高于一般医药卫生违法行为。因此，相当程度的社会危害性才是医药卫生犯罪的基本特征。如果某种与医药卫生有关的行为虽然具有一定的社会危害性，但其情节显著轻微，危害不大的，也不能认为是犯罪。

2. 刑事违法性。医药卫生犯罪是一种违法行为。违法并不都构成犯罪，只有违反《刑法》才构成犯罪。行为的相当程度的社会危害性，是医药卫生刑事违法性的基础，医药卫生刑事违法性则是其社会危害性在刑法上的表现。只有当与医药卫生相关的某种行为不仅具有社会危害性而且违反了《刑法》，具有《刑事》违法性，才能被认为是医药卫生犯罪。

3. 应受《刑法》处罚性。任何违法行为都要承担相应的法律后果，违反《刑法》的医药卫生犯罪行为则要承担《刑法》的法律后果。医药卫生犯罪是使用《刑法》的前提,《刑法》是医药卫生犯罪的法律后果。因此,应受《刑法》处罚性也是医药卫生犯罪的一个基本特征。

二、医药卫生犯罪的构成

医药卫生犯罪的构成是指依照我国《刑法》的规定,决定与医药卫生有关的某一具体行为的社会危害性及其程度而为该行为构成医药卫生犯罪所必需的一切客观和主观要件的有机统一。医药卫生犯罪构成条件包括:

(一)医药卫生犯罪的主体

医药卫生犯罪的主体是在医药卫生领域实施危害社会的行为并且承担刑事责任的人。从法律属性上分,医药卫生犯罪主体可分为一般主体和特殊主体。从总体上看,医药卫生犯罪主体是一般主体,但也有若干种医药卫生犯罪是特殊主体,即要求具有特定的职能和职务或身份的人,才能构成的犯罪主体。例如,医疗事故罪的主体必须是医务人员。有的医药卫生犯罪的主体只能是特定的单位,如采集、供应血液、制作、供应血液制品事故罪的主体是特殊单位。

(二)医药卫生犯罪的主观方面

医药卫生犯罪的主观方面是指犯罪主体对自己行为及其危害后果所持的心理态度。包括罪过(犯罪故意或过失)以及犯罪的目的和动机。其中,罪过是一切医药卫生犯罪构成必备的主观要件,它在区分罪与非罪、此罪与彼罪的界限以及量刑方面,均具有重要作用。而犯罪的目的只是某些犯罪构成所必备的主观要件,一般不影响定罪,只影响量刑。医药卫生犯罪一般不存在犯罪目的和动机。有些医药卫生犯罪的罪过形式只能是故意,主要是间接故意,如生产销售假药罪、生产销售不符合卫生标准的食品罪等。有些医药卫生犯罪的罪过形式只能是过失,包括疏忽大意的过失和过于自信的过失。凡属于过失性的医药卫生犯罪,只有发生实际的危害结果才能构成犯罪。

(三)医药卫生犯罪的客体

医药卫生犯罪的客体是指我国《刑法》所保护而为医药卫生犯罪所侵犯的社会关系。其主要客体是国家医药卫生事业的管理制度,次要客体是公民生命健康权。医药卫生犯罪的客体的共同特征是其侵犯的社会关系都是由医药卫生法单独调整或其他法规共同调整的社会医药卫生关系,而且这些医药卫生犯罪都是直接危害人们的生命健康权或对人们的生命健康构成潜在危险。

(四)医药卫生犯罪的客观方面

医药卫生犯罪的客观方面是指医药卫生犯罪活动的客观外在表现,这种客观外在表现的事实特征有:危害行为、危害结果以及犯罪的方法、时间、地点等。其中危害行为是一切医药卫生犯罪构成的必要条件,医药卫生犯罪客观方面,是一切医药卫生犯罪构成必备的基本要件，是行为人构成犯罪进而承担刑事责任的客观基础，主要表现为实施违反国家医药卫生管理法律法规，危害不特定多数人的健康、生命安全，情节严重的行为。

三、医药卫生犯罪刑事诉讼阶段

根据我国《刑事诉讼法》的规定，普通刑事案件的诉讼需经过立案、侦查、公诉、审判和执行等五个既紧密联系又相对独立的阶段。

（一）立案阶段

立案阶段是刑事诉讼的开始，是进行侦查活动和审判活动的法律依据，立案程序是人民法院、人民检察院和公安机关对于控告、检举和犯罪人自首的材料予以接受，进行审查后，认为有犯罪事实，需要追究其刑事责任时，依法做出立案的决定，开始侦查或审判的诉讼活动程序。

（二）侦查阶段

侦查阶段主要是依法收集证据，侦查机关可以询问犯罪嫌疑人；询问证人；勘验、检查、搜查；扣押物证、书证；进行鉴定等。一般案件应当在 2 个月内侦查完。

（三）起诉阶段

起诉阶段由人民检察院对侦查终结的案件进行审查，认为事实清楚、证据确实充分、依法应当追究其刑事责任的，做出起诉决定，向人民法院提起公诉。依法可以不起诉，不追究其刑事责任的，决定不起诉，或自诉人就被告人的犯罪行为向人民法院提起自诉。

（四）审判阶段

审判阶段是刑事诉讼中的主要阶段和中心环节。人民法院受理公诉案件，在开庭审判前，须对案件进行全面审查。做好五项准备工作：一是确定合议庭组成人员，组成合议庭。二是将人民检察院的起诉副本至迟在开庭 7 日前送达被告人，并且告知被告人可以委托辩护人，或在必要时为被告人指定辩护人。三是将开庭时间、地点在开庭 3 日前通知人民检察院，以便按时派员出庭支持公诉。四是传唤当事人，通知辩护人、被害人及其代理人、证人、鉴定人和翻译人员。传票和通知书至迟在开庭 3 日以前送达。五是公开审判的案件，先期公布案由、被告人名、开庭时间和地点。

人民法院进行审判，应经过开庭、法庭调查、法庭辩论，被告人最后陈述等过程，最后经合议庭做出判决。对判决不服，在 10 日内人民检察院可以提出抗诉，当事人可以提起上诉，进入二审程序。

（五）执行阶段

执行是刑事诉讼的最后一个程序，也是国家刑罚权得以实现的关键阶段。

刑事诉讼中的执行是指人民法院将已经发生法律效力的判决，裁定交付执行机关，以将其所确定的内容依法实施，以及解决实施中出现的变更执行等诉讼问题而进行的各种活动。

典型案例评析

［案情］

某男，30 岁，因“右膝疼痛，活动受限四年加重半年”就诊，检查诊断为：“右膝剥脱性骨软骨炎”，术后切口液化，再次手术。1 年后右膝内侧皮肤破溃渗液再入院，因术后感染，又进行手术。1 年半后，右膝关节形成脓性窦道，转上级医院第五次手术。现右膝关节严重受损，已残，不适应原机械维修工作，而被迫换工种。且因腿由伤致残，原拟结婚女友已另嫁。患方到医方敲门窗、大吵闹，多次到政府部门上访，坚持索赔 100 万元。医方认为患者系术后感染加重了右膝受损，已鉴定为三级甲等医疗事故，医方承担次要责任，患方索赔 100 万元无法律依据。警方请医患纠纷人民调解委员会介入。

［争议焦点］

患方索赔能否获得支持？采用哪种方式解决争议较好？

［案例评析］

这是一例典型的医患纠纷，尽管已通过医疗事故鉴定分清了主次责任，但患方坚持以闹索赔，通过吵闹、上访等多种手段力图获得较多赔偿。本案在警方的协助下，将医患纠纷引入人民调解。医调委代表表明身份，明确告知医调委是群众性组织，对患者表示同情并宣传人民调解的优势，为表公正，代表也表示患方可到外院就诊或找专家再咨询，亦可选择司法、医疗事故技术鉴定、行政调解等途径。通过解答患方疑问，明法析理，使患方索赔回归了理性，固执、偏激逐步消融，让其明白调解已使其利益最大化，同时亦向医方讲明应承担的责任，最后医患双方均同意调解。通过调解，双方签订了人民调解协议书，且为履行协议，引导双方申请了司法确认并协助办理保险理赔，确保了赔偿支付。

医患纠纷人民调解以理服人，以情感人，以行导人，以法教人，使反复闹访、上访的纠纷得到圆满化解，赢得了医患双方赞誉。

思考题

1. 如何避免非医源性纠纷？
2. 医药卫生争议处理原则有哪些？
3. 试述医药卫生争议处理的诉调对接机制。

第二十五章　医药卫生依法治理机制创新建设

本章要点：要实现我国医药卫生依法治理，政府有不可推卸的责任。应从立法上规定政府的职责任务，保障政府的财政投入，提高政府公信力，并积极有为地发挥其在防控和监管等方面的主导作用。在政府的主导下，在现有法定医患纠纷解决方式的基础上，探索构建我国多元医患纠纷解决机制。同时，运用传统优良伦理道德思想去引领、影响广大民众，以创造一种新型的、和谐的医患关系。

第一节　发挥政府在医药卫生依法治理中的主导作用

一、新时期我国政府职能的转变

“政府职能转变”是指国家行政机关在一定时期内根据国家和社会发展的需要对其应担负的职责和所发挥的功能、作用的范围、内容、方式的转移与变化。为了适应我国社会经济发展需求，我国政府职能已逐渐由管理向服务进行转变。自2007年中国共产党十七大报告明确提出要建设服务型政府以来，“服务型政府”这一理念多次出现在党的中央文件中。2013年，党的十八届三中全会再次指出，必须切实转变政府职能，深化行政体制改革，创新行政管理方式，增强政府公信力和执行力，建设法治政府和服务型政府。服务型政府应把微观经济活动交给市场调节，把重心放在为人民群众提供更多更好的公共产品和公共服务上，但并不代表其不进行管理；相反，服务型政府应在提供公共服务、维护社会公平正义、为市场创造良好发展环境等方面加大监管力度，把以前“全面管”变为“重点管”“管得严”“管得好”。公共服务是服务型政府的重要职责，而与民生息息相关的医药卫生领域正是公共服务的一个重要组成部分。因此，政府应主动并有效承担起医药卫生领域的法制建设、经费投入、监督管理、宣传教育等方面的主体责任，以保障医药卫生事业的可持续发展和医患关系的和谐建构，最终实现公民公平、平等地享有医疗权，使公民的健康水平得到提高。

二、医药卫生依法治理中政府责任的反思

在对医药卫生领域进行依法治理的过程中，政府应承担制度供给、综合治理

法治环境、保障法律实施等责任。但频发不止且呈恶性发展趋势的医疗纠纷从一个侧面反映了我国政府上述责任的缺失或履行不善。

（一）法律制度建设滞后

一方面，我国缺少一部《医药卫生基本法》，存在严重的法律空位现象。由于缺少基本法，法律没有对政府投入做出明确的规定和硬性的要求，政府对医疗投入不足且中央政府和地方政府在财政投入方面责任划分不清。虽然行政机关不是国家权力立法机关，但却是立法的推动者，其应根据我国医药卫生实际需要向立法机关积极提出制定基本法的方案。

另一方面，我国政府在医药卫生行政立法方面存在法出多头，立法存在交叉、相互矛盾和碎片化现象；某些行政机关超越自己立法权限进行立法；某些法规、规章、标准不接地气，可操作性不强甚至没有可操作性；法规、规章、标准的废、改、立严重不足，且无法制建设效果考评机制；立法规划性、前瞻性不够和过度依赖规范性文件甚至是红头文件等问题。行政机关立法上存在的问题对医疗领域的不利影响主要表现在：其一，卫生行政部门对某些领域监管困难（无法可依或是有法但不具操作性或是立法相互矛盾）；其二，医患双方对自身权利义务不了解、不清楚，极易在不自觉的情况下违反了相关法律规定；其三，在产生医患矛盾后，往往难以认定医疗行为是否存在过错，从而激发形成医疗纠纷。

具体到医疗纠纷预防和调处的行政立法，则主要存在以下问题：其一，无专门的医疗纠纷调处的法律（广义），虽有一部《医疗事故处理条例》，但因该条例存在位阶低、可操作性差且与《侵权责任法》存在冲突等问题，实际已被实务界束之高阁；其二，有关医患关系权利义务的规定零散化、不完善，且权利义务不对等；其三，医师资格准入制度不完善，医师行为缺乏社会监督的法律规制；其四，对新闻媒体无法律上的规制、引导和惩罚，实践中少数媒体对医疗纠纷的夸大和不实报道激化了医患矛盾；其五，对社会资本进入医疗市场和民营医院的发展、有效整合，没有明确立法予以保障，私人和社会资本进入医疗服务领域尚存诸多制度障碍，故未发挥民营医疗机构应有的分担作用和良性竞争作用；其六，公立医院改革无相关法律保驾护航，未形成科学、有效、规范的医院内部管理和外部监管机制，不利于改革的长足和深入进行，甚至带来医疗费用上涨、医疗资源过于集中、医疗服务质量下降等不利后果，使医患关系更加紧张、医患矛盾更加突出。

（二）法律执行不力

政府在执行法律的过程中存在的问题有两大方面：一是如前所述的无执法依据，即无法可依、无合适法可依或无标准可依、无合适标准可依。二是虽有法，但不按照法律的规定进行监管或进行调处，即在用法时，执法人员有法不依，执法不严，选择性执法，法律“空挂”，且很多人认为“空挂”是被允许的。政府在医药卫生领域监管职能的缺失主要表现在政府在医药卫生领域的职能过于分散，不能形成强有力的监管力量，对于医疗卫生机构、医务人员和卫生技术的准入和医疗行为、药事活动的监管不力，医疗市场失控混乱，如药品和医用器材生产流通秩序混乱、价格过高；医疗广告欺诈，不正当竞争的行为严重；医院乱检查、乱开药、乱收费问题久治不改等。

政府在医疗纠纷调处中的有法不依则主要表现在发生医疗纠纷后，尽管医方没有任何责任，但在政府维稳的高压态势下，不惜牺牲公平正义和事实真相而向医疗机构和医务人员施压，最终迫使医方花钱买平安。正是某些地方政府此种为了“维稳”而“维稳”的做法，使某些人因“闹”而得到了利益，尝到了“甜头”，在利益的驱使下，才会将“医闹”越演越烈，将上访“进行到底”。这不仅是其法律意识缺失的表现，也是我国法律公信力不高的反映。

（三）法治宣传和舆论引导不到位

政府在医药卫生领域的法治宣传实践中，仍然存在体制机制不顺畅、职责主体不明确、普法经费不充足、监督检查不到位等诸多问题，这些问题都影响了普法工作的广泛、深入、有效、持久地开展。如对医疗机构的法治宣传活动，各级卫生行政管理部门主要采取讲座的形式对医疗机构负责人进行集中法律培训，然后要求医疗机构负责人组织各单位人员进行法制宣传，主动组织、介入医疗机构进行法律培训较少，也缺乏对医疗机构组织员工学法情况的考评机制，法治宣传力度和监管都不到位。对于广大民众，各级卫生行政管理部门虽采取了多种形式并紧密结合特定的人群，对与人们自身利益紧密相关的法律法规开展医药卫生法治宣传，但由于法条过多且我国卫生计生法律法规自身存在缺陷（如法条存在交叉和空白、法条难界定等），在宣传时难以解释清楚和真正深入人心，特别是边远地区，更是存在宣传盲区。

同时，由于缺少法律上的规制、政府的监管和相关责任的法律追究，很多新闻媒体在没有全面了解事件来龙去脉的基础上，就过度强调患方的弱势地位，发表指责医疗机构及其医务人员的新闻报道或评论，由于大部分的民众缺乏医学知识，无法对这些新闻报道或评论有一个理性的判断。这样一来，不仅加深和激化了当事双方之间的矛盾，使双方在无形中对立起来，不利于个案的解决，而且长此以往，会造成民众对医方深深的误解和不信任，甚至对抗和仇视，一旦在就医时稍有不满，就容易激化成医疗纠纷甚至伤医杀医事件。

三、重塑政府在医药卫生依法治理中的主体地位

（一）从立法上保障政府的主导作用

1. 立法保障政府加大对医药卫生领域的经费投入。我国医药卫生领域最首

要的立法任务应是制定一部母法，在该法中明确规定政府应承担的责任特别是经费投入的责任，明确各级政府的财政在医药卫生领域方面的投入标准、增长比例和经费管理，特别应明确规定监督主体和责任追究制度，使政府的此项职责得以真正落实，保证我国医药卫生事业的长足发展。

2.立法保障政府充实医药卫生资源。应立法消除社会资本进入医药卫生领域的阻碍，政府在法治框架下引入社会资本，并为民营医疗机构在市场准入、定性、执业环境、人才引进等方面创造条件、提供保障，与公立医院形成竞争格局，为患者提供更优质、更价廉的医疗服务选择机会，以减少因我国医药卫生领域供需不平衡和医疗资源紧缺而引发的医患矛盾。

3.立法保障政府对医疗资源的合理配置。我国医药卫生资源在城乡之间分布不均衡，占全国总人口50.32%的农村人口，却只占有全国20%的医疗资源。同时，各地区之间医疗资源分配也不均衡，发达地区的医疗水平明显高于不发达地区，即使在同一个城市，不同的医院之间的差异也很大。因此，应从立法上构建以政府为主导的医疗资源共享平台，合理整合现有医疗资源，积极促进我国医药卫生发展，减少医疗纠纷的发生和激化。

（二）提高政府自身和法律的公信力

我国医药卫生领域有法不依的现象从一个侧面说明我国政府及法律的公信力不高，而要提升公信力，营造良好的法治氛围和环境，政府应有法治思维、依法行政，提升医患双方及广大民众的法治素质，同时将法治行动真正落到实处，用行动树立法律权威。作为执法者，更应拥有法治思维，严格按照法律办事，为普遍民众做一个表率作用。因此，在普法工作中，医药卫生行政主管部门领导是关键，行政管理和执法人员是重点，医疗机构从业人员是难点，大众是基础。应加强医药卫生行政主管部门领导干部、公务员、执法人员的法治思维建设，把法治思维和宪政理念真实贯彻到执法者心中，从而在行政过程中用法治思维行事，严格依照法律来行使职权，履行好分内职责。具体到医疗纠纷调处上，就是必须严格按照法律的程序来办，对“医闹”严厉打击，对法院司法审判及执行活动不加干涉，保证司法独立，这样不仅有利于个案的顺利解决，而且直接引导医疗纠纷调处走上法治化道路。对医患双方和广大民众，应加强普法宣传教育。普法宣传要统一规划、重点突出；注意医务人员法律知识的储备，将普法纳入医生的规培和继续教育学习中；对群众的普法不能搞形式主义，其内容应贴近群众生活，其方式应新颖有创新；法治教育前置，提前在学生中开展。对媒体，政府则应通过加大对媒体虚假报道的惩治力度来实施监管和引导。

（三）积极有为地实施防控和监管

政府应承担起医疗纠纷防控的制度供给责任，包括制定规范医疗行为的法规、规章、制度和各种技术规范、操作规程、行业标准等，使医务人员有法可依、有章可循，从而规避医疗风险、减少医疗纠纷。通过立法将医疗纠纷的化解引入司法程序，真正让法律介入医患关系的调整从而实现医患关系和谐。

同时，政府应加强对医疗行业准入的监管，特别是医疗机构、医疗服务人员、临床新技术和大型医疗设备准入的监管。应加强对医疗机构和医务人员的医疗服务行为以及执行医疗政策的监管，以规范医疗服务行为、禁止不正当竞争。

第二节　构建多元医患纠纷解决体系

一、我国法定医患纠纷解决机制及其存在的问题

根据《医疗事故处理条例》第四十六条规定："有关医疗事故的赔偿等民事争议，医患双方可以协商解决；不愿意协商或协商不成的，当事人可以向卫生行政部门申请调解，也可以直接向人民法院提起诉讼。"即发生医患纠纷后，根据我国现行法律，医患双方可以选择协商、行政调解、诉讼三种方式进行解决。但现有的三种解决模式都存在着这样那样的缺陷和不足，法制自身存在的缺失以及民众的趋利选择导致医患纠纷的处理背离法律程序。

"协商"是指医患双方在自主合意的基础上，通过磋商或谈判，就医患纠纷的赔偿事宜达成一致意见，签订和解协议并予以履行的过程。就协商而言，虽然通过协商解决的案件大量存在，但协商仍存在很多的问题，主要体现在两个方面：一方面是由于法律对协商达成的赔偿金额没有相应的规定，导致一些患方漫天要价，而一些院方要么基于"维稳"压力要么基于不良社会影响压力而答应患方的无理要求，导致国有资产的流失；另一方面是由于协商达成的协议没有法律上强制力，即使达成协议后患方也有可能反悔而选择行政调解或诉讼（实际中选择诉讼的居多），甚至引发暴力冲突，这不仅浪费了医患双方的时间和精力，而且破坏了医患信任。

"行政调解"是指在发生医疗事故争议后，卫生行政部门应医患双方的书面请求，经过组织调查并根据需要进行医疗事故技术鉴定，结合调查结果和鉴定结论，对双方当事人争议的问题、医疗事故赔偿数额等进行调解，促成双方自愿协商、排除争端，以达成和解。由于我国"管办不分"的卫生行政管理体制及卫生行政部门自身的性质，使患方不相信其能公平正义地对医患纠纷予以裁决。而行政调解的范围又仅限于医疗事故，即一旦卫生行政部门介入进行调解，就是对医患纠纷的性质进行重新界定（是否属于医疗事故），这又使得院方在心理上不愿意接受其调解。故在医患纠纷的解决中，行政调解很少被采用。

“诉讼”以国家强制力为后盾和保障,具有较强的执行力,是最能公平和平等地处理医疗纠纷的方式,但其存在花费时间长、诉讼成本高等问题。在医患纠纷诉讼中,往往一审判决都不能让医患双方同时满意,基本上都要进入二审程序。由于医疗活动的高专业性,法官往往依赖于鉴定结论,而我国现有的医疗损害技术鉴定自身还存在质量不高等问题,从而导致重复鉴定。这样一来,医患纠纷诉讼不仅花费时间长,而且承担费用多:不仅要承担诉讼费用,还要承担律师费、鉴定费等费用。最关键的是,经过漫长的诉讼过程后,受害患者或家属也并非就能顺利拿到损害赔偿金,这更让患方对诉讼“望而却步”。

二、实践中发展起来的新医患纠纷解决机制及其存在的问题

由于法定医患纠纷解决机制存在上述各种问题,在实践中很多地区都开展了相应的探索,一些新的医患纠纷解决机制应运而生,如医患纠纷第三方调解、医事仲裁和医疗责任保险等。如何与原有的法定解决机制有机结合,形成多元的医患纠纷解决机制,是今后学界和实务界共同面临的问题。

(一)医患纠纷第三方调解

“医患纠纷第三方调解”是指由中立的第三方机构介入医患之间的纠纷,依据纠纷事实和社会规范,运用民间调解机制进行劝解,促成当事人达成和解协议,化解医患矛盾的一种纠纷解决方式。医患纠纷第三方调解具有自愿性、中立性、专业性、灵活性等特点。根据我国各个地区采取的医患纠纷第三方调解机制形成的特色,有学者将我国医患纠纷第三方调解机制分成5种模式:医学行业协会支撑成立医患纠纷调解中心的“北京模式”;调解机构是具有独立法人资格的专业医患纠纷调解营利性中介机构的“南京模式”;调解机构隶属于天津市仲裁委员会的“天津模式”;由上海市普陀区政府出资聘请医学界、律师界和司法界人士组成的上海市普陀区医患纠纷人民调解委员会的“上海模式”;医患纠纷理赔处理中心和医患纠纷人民调解委员会相互合作的“宁波模式”。这5种模式各具优势,也各有不足。其共同的问题是:一,中立性不足;二,理赔标准不一;三,经费难以保障;四,权威性不够。

(二)医事仲裁

“仲裁”是指当事人根据双方的仲裁协议或者有关规定,将纠纷提交约定或者规定的非司法性质的第三者,由其对争议事项所涉权利义务,做出裁决的一种法律制度或纠纷解决方式。对医患纠纷能否纳入仲裁的范围,学界存在争议:持肯定意见的学者认为,医患纠纷属于合同纠纷,符合《仲裁法》第二条的规定,且不属于《仲裁法》第三条规定的除外情况;持否定意见的学者认为,医患纠纷涉及生命健康权,不在仲裁范围之内。尽管对医事仲裁的可行性和必要性还有争议,

但在实践中仍有少数地方开始尝试这种新兴的医患纠纷解决方式，如天津、深圳、赣州等地。在医患纠纷第三方调解的“天津模式”中，天津市医患纠纷调解中心是属于天津市仲裁委员会的。其解决医患纠纷的程序是，医患双方达成仲裁协议，并向调解中心提出申请，由中心将案件交给仲裁机构来处理，仲裁机构受理后，以不公开的开庭调解方式进行处理并实行一裁终审，即医患双方一旦达成协议，协议立即具备了法律效力。深圳医患纠纷仲裁院是在深圳市仲裁委员会下设立的专门处理医患纠纷仲裁案件的机构，该院受理的案件有限，只受理经过了调解且调解不成的医患纠纷。江西省赣州市由司法局牵头组织设立了医患纠纷专业调解仲裁办公室，并构建了包括法学专家、医学专家、政协委员、人大代表和社区代表在内的仲裁员库。在发生医患纠纷后，医患纠纷专业调解仲裁办公室首先进行调解，调解不成的，则引导当事人进行仲裁。当事人自愿达成仲裁协议后，办公室将该纠纷提交给仲裁委员会，仲裁委员会在仲裁员库中进行选取仲裁员对该案进行仲裁。

（三）医疗责任保险

本书将在本章第四节进行详细阐述，此处略。

三、构建多元化医患纠纷解决机制

“多元化纠纷解决机制”是指由各种性质、功能、程序和形式不同的纠纷解决方式所共同构成的整体系统。多元化纠纷解决机制并不是当代才有的“新事物”，在我国春秋战国时期，当权者就开始利用调解等非讼方式来解决纠纷。在国外，美国率先于20世纪30年代在劳动争议调解领域引入“ADR”，即替代性纠纷解决机制。经过多年的发展，“ADR”已发展成为包括调解在内的多元化纠纷解决机制，并被多国予以采用。对于我国传统的和新医患纠纷解决方式，我们要做的不仅是努力解决其自身存在的不足和问题，而且要进行充分整合、衔接和利用，以构建多元医患纠纷解决体系。

其一，从法律上加大对“医闹”的打击力度，对涉医犯罪行为应有明确的定罪量刑的法律依据。

其二，由政府出资设立医患纠纷第三方调解机构，国家财政保障该机构的运营经费和人员经费。该机构对医患纠纷实行无偿调解。实施强制责任保险，保险公司应在调解之初介入其中。调解必须在鉴定的基础上进行，即鉴定前置；达到一定赔偿数额的纠纷必须通过第三方调解才能予以赔偿，即部分调解前置。如调解成功，则由该机构出具调解协议书并公证，保险公司根据该协议书进行赔付。如调解不成功，当事人选择诉讼方式解决的，则先进入仲裁阶段，即实行医事仲裁前置；当事人也可以选择行政调解方式进行解决。

其三，行政调解的范围应不仅限于医疗事故，还应包括医患纠纷。为避嫌体现公平性，卫生行政主管部门应委托中立的第三方对医疗纠纷事件进行调查，并邀请人民团体、社会组织、人民代表等人员参加纠纷的调解工作。

其四，对医事仲裁不服的，可以向人民法院提起民事诉讼。在民事诉讼中，法官应先组织当事人进行调解，即诉讼调解先行。

其五，设立第三方维权机构。该机构应属于公益性的社会组织，有固定的医学、法学专家作为志愿者，利用其法律、医学专业上的优势为患方提供咨询服务，或是代表患方与医方进行协商、斡旋。

其六，重构医疗损害鉴定。改变鉴定二元化结构，成立专门的医疗损害鉴定中心，并用法律确定该中心为医患纠纷案件的唯一鉴定主体。

其七，司法机关、鉴定机构对经济困难的患方应予以法律援助和司法鉴定援助，法院则应予以减免诉讼费用。

第三节　重建医疗损害鉴定制度

一、我国医疗损害鉴定制度“二元化”现状

依据2002年9月1日施行的《医疗事故处理条例》和最高人民法院于2003年1月6日下发的《关于参照〈医疗事故处理条例〉审理医疗纠纷民事案件的通知》，当发生医疗损害赔偿纠纷时，当事人既可以选择根据《医疗事故处理条例》申请医疗事故鉴定，也可以选择司法鉴定机构进行医疗损害司法鉴定。而2010年7月1日施行的《侵权责任法》虽然摒弃了医疗事故责任和医疗过错责任两个不同概念，统一使用了“医疗损害责任”这一概念，也因此扩大了医疗损害鉴定的种类和范围，但并没有在其法条中明确规定医疗损害鉴定的鉴定主体和鉴定程序等。因此，《侵权责任法》结束了之前医疗损害侵权诉讼中存在的三个“双轨制”的其中一个：诉讼理由的双轨制，即不管是鉴定为医疗事故还是鉴定为医疗过错，都按照《侵权责任法》的规定提起诉讼。但是，《侵权责任法》没有规定医疗损害鉴定的主体问题和医疗损害赔偿标准，即没有明确废除医疗事故鉴定。如何对待医疗事故鉴定和司法鉴定，各地的做法并不统一，这显然是违反平等原则的。因此，有必要对我国现有“二元制”鉴定体系进行改革。

二、医疗事故鉴定与司法鉴定利弊比较

（一）医疗事故鉴定的利与弊

医疗事故鉴定的优势：医疗事故鉴定由各级医学会组织专家进行鉴定，由于

医学会的特殊影响力，其鉴定专家库人员丰富且涉及各个学科组，既包括临床专家，也包括法医专家；医疗事故鉴定充分体现了医学会的公益性和非营利性，其收费低廉且未根据市场价格变化进行上调；各级医学会按照2002年9月1日起施行的《医疗事故技术鉴定暂行办法》（卫生部令第30号）及各地根据此法制定的实施细则和办法等规定的程序进行鉴定，体现了鉴定的公开、公平和公正性；鉴定结论是根据半数以上专家鉴定组成员的一致意见形成的，避免了片面性。

医疗事故鉴定的弊端：其一，鉴定启动程序设置不合理。根据《医疗事故处理条例》，启动医疗事故鉴定有两种方式：由卫生行政部门交由医学会组织鉴定或由双方当事人共同委托医学会组织鉴定。然而，卫生行政部门是否委托或委托是否及时皆无监督机制；虽然当事人可以委托，但必须共同委托才行，在实践中，医方往往不愿意被鉴定为医疗事故而不予签字委托，患方无权单方委托启动程序。这样一来，如果卫生行政部门不移送，医方又不同意移送，那么患方的这一救济途径就会被"封死"。其二，鉴定主体的中立性不强。虽然各级医学会不是行政主体，但事实上各地医学会的行政、财力、物力、人力等都属于当地卫生行政部门领导及统筹，且医学会鉴定专家大多为当地医院的医生，故其鉴定有"医医相护"之嫌。其三，医疗事故鉴定专家实行集体讨论制，鉴定文书由鉴定人共同签署，鉴定人责任不清；医疗事故鉴定专家多为医师，故在其鉴定结论中主要侧重医疗行为是否符合诊疗常规，而对法律问题特别是医师是否有过错及过错与损害结果之间有无因果关系缺乏专业判断；《医疗事故处理条例》中并没有规定鉴定专家有出庭做证的义务，故在司法实践中，鉴定专家不出庭接受质证，这与我国程序法相违背。

（二）司法鉴定的利与弊

司法鉴定优势：其一，司法鉴定机构是社会组织，不属于医疗系统，其中立性使患方更容易相信其所做出的鉴定结论具有公平公正性；其二，鉴定人具有相应的法律知识，对医方在过错中所占比例有明确的参与度分析意见，更满足法院审理案件分析案情和责任认定的需要；其三，司法鉴定人根据法律出庭质证，更有利于案情的明确和过错的认定。

司法鉴定的弊端：其一，法医司法鉴定人的能力不足。法医司法鉴定人因自身知识背景的局限，对临床医学专家意见的理解会产生不同程度的偏差进而影响鉴定结论的准确性、科学性、公正性；其二，司法鉴定机构的趋利性，使鉴定结论的公正与否往往依赖于鉴定人的个人道德素质；其三，司法鉴定人为个人，其鉴定分析缺少讨论和分析，难以得到业内同行的认可；其四，法医司法鉴定人缺乏临床实践工作经验，部分临床专家虽以鉴定人身份参加司法鉴定，但缺乏法律思维和意识。

三、重构我国医疗损害鉴定制度

我国学界对于医疗损害鉴定制度及其重构展开了激烈的讨论，现已对统一医疗损害鉴定制度达成了共识，争议点主要集中在如何进行整合和统一。本书建议：

其一，将医疗损害司法鉴定从司法鉴定中独立出来并与医疗事故鉴定进行整合（包括人员的整合、机构的整合），成立专门的医疗损害鉴定中心，并用法律确定该中心为医患纠纷案件的唯一鉴定主体。

其二，专门的医疗损害鉴定中心设立全国性机构对各地机构进行统一管理，鉴定实行“二鉴终鉴”制，即对地方鉴定不服的，可以向全国性机构申请鉴定一次，以全国性机构鉴定的结论为准。

其三，对于达到一定赔偿标准的案件必须先走鉴定程序才能提起诉讼，即部分案件鉴定前置制度，类似于一种审前审查制度。在法律中明确必须走鉴定程序的案件范围和类型。

其四，在法律中明确法院采信鉴定的标准。

第四节　完善医疗责任保险制度

一、医疗责任保险概述

（一）医疗责任保险的概念

关于我国“医疗责任保险”的概念，在学界并没有达成统一的认识，分歧主要集中在两个方面：一是被保险人的范围。有的学者认为，在我国，医疗责任保险中的被保险人范围为“凡依照中华人民共和国法律设立、有固定场所并取得《医疗机构执业许可证》的医疗机构”，即不包括医务人员；但有的学者却认为在实际中已有保险公司以医务人员为被保险人，如太平洋公司在《医疗职业责任综合保险条款》（2010 年 9 月推出市场）中规定：“凡属国家批准的核发执业的医疗机构及其在职（或在岗）的医务人员均可投保此保险。”还有的学者则建议，重构现行的医疗责任保险类型，将其分为“医疗机构责任保险”和“医师责任保险”。学界分歧的另一方面，就是保险的责任范围是否仅限于医疗事故或是否仅限于医疗事故和医疗差错，而不包括医疗意外。从务实发展的角度来看，“医疗责任保险”应是指以医疗机构和医务人员为投保主体，保险人承担被保险人因医疗过失应承担的医疗民事赔偿责任的责任保险。值得注意的是，医疗责任保险的承保范围不包括医疗意外（医疗意外不是医方的过失行为所造成的，而是医务人员在从事诊疗或护理工作过程中，由于患者的病情或患者体质的特殊性而发生难以预料和防范的患者死亡、残疾或者功能障碍等不良后果的行为），且只包括医疗过错中的过失状态。

（二）医疗责任保险的法律特征

医疗责任保险具有损失补偿性、法制前置性、标的特殊性和第三人性等法律特征。第一，医疗责任保险属于财产保险，而我国财产保险适用损失补偿性原则，即被保险人从保险人处获得的赔偿金额只能以其实际损失为限，不能因保险事件的发生而获得比实际损害多的赔偿或补偿。第二，医疗责任保险的产生和发展是以健全的法律制度为前提和基础的。医方对患方承担赔偿责任的前提是医方违反法律规范，而保险公司在理赔过程中也需要以司法、仲裁等机关的判决、裁定或其他法律文书为处理依据，这都需要健全的法律制度为基础。第三，医疗责任保险的标的具有特殊性。医疗责任保险的保险标的是无形的损害赔偿责任，与传统的财产保险不同（传统的财产保险的标的是有形的物），同时，其标的是具有财产性质的民事责任而不包括其他非财产性质的民事责任和刑事责任、行政责任。第四，医疗责任保险具有第三人性。“第三人性”是指医疗责任保险中最终获得实际赔偿的人是第三人（患者及其家属），而非保险合同的被保险人。

（三）医疗责任保险与医疗保险的区别

医疗保险是由政府制定，用人单位和职工共同参加的一种社会保险制度，它是社会保障体系中重要的组成部分。医疗责任保险属于广义的财产保险，医疗保险属于人身保险；医疗责任保险承保的是被保险人的损害赔偿责任，而医疗保险承保的是被保险人的身体和健康；医疗责任保险的投保主体是医疗机构和医务人员，而医疗保险则是任何自然人；医疗责任保险的赔偿虽是患方最终获得，但必须通过医疗机构向保险公司索赔才能获得，而医疗保险则是由被保险人直接向保险公司索赔。

二、医疗责任保险的功能和作用

在医患纠纷中，对损害赔偿的金额和分配达不成一致意见往往是导致医患矛盾激化的主要原因之一，医疗责任保险可以有效地分担医疗赔偿责任，因此具有缓解医院和医师执业压力、保护患者合法权益、维护社会秩序的安定和促进医学科学发展的功能和作用。

（一）转移医疗风险

2009 年颁布的《中共中央国务院关于深化医药卫生体制改革的意见》（以下简称《意见》）第十三条中要求改善医患关系紧张局面，并特别提到完善医疗执业保险。《意见》指出：必须构建健康和谐的医患关系。加强医德医风建设，重视医务人员人文素养培养和职业素质教育，大力弘扬救死扶伤精神。优化医务人员执业环境和条件，保护医务人员的合法权益，调动医务人员改善服务和提高效率的积极性。完善医疗执业保险，开展医务社会工作，完善医疗纠纷处理机制，增进医患沟通。在全社会形成尊重医学科学、尊重医疗卫生工作者、尊重患者的良好风气。由此可见，《意见》将完善医疗执业保险作为构建和谐医患关系的手段之一。通过保险公司的赔偿分担，可以分散医务人员的执业风险，降低其在医疗活动中的心理压力，免除其后顾之忧，减少防御性医疗行为，勇于创新新技术，从而有利于我国医学科学的发展，有利于医疗服务水平的提高。

（二）保护患方权益

医疗责任保险的实施，一方面可以增加患者及其家属对医学知识的了解，对疾病的复杂性认知，对正常医疗的不良预后的理解，从而心理上有接受不利后果的准备；另一方面，医疗责任保险在发生医患纠纷后，第一时间介入纠纷解决中并在尽快短的时间内将赔偿款给付患方，使纠纷得以迅速解决，并保证了患方合法权益得以实现。

（三）促进医院管理

医疗责任保险制度的实施一方面减少了医疗机构因医患纠纷而耗费的大量人力、物力和财力，避免了患方对医院财物的损害，保证了医疗机构的正常经营秩序；另一方面，保险公司为了减少赔付，增加盈利，就会在与医疗机构签订医疗责任保险合同之前，对该医疗机构进行风险评估，待医疗机构对其自身存在问题进行改进后才进行正式合同的签订。保险公司这种客观的评估，对医疗机构的管理将起到一个很好的促进作用。从发展医学科学的角度来看，医疗责任保险的实施有利于医疗创新和发展。如在20世纪初的美国，X射线被广泛运用到疾病的诊断过程中，它能够方便医生确诊并客观上促进了影像学的发展。但是，患者却常以X射线辐射量大损害其身体为由提起医疗诉讼。尽管如此，美国医疗界并未受这些诉讼的影响而停止使用X射线，原因就是有医疗责任保险的存在，医师即使在该类医疗诉讼中败诉，也不会承担赔偿责任。

（四）发展保险事业

医疗责任保险对保险公司和保险事业来说也是大有益处的。保险公司可以通过医疗责任保险扩大保险市场，成为新的利润增长点。以医疗责任保险发展较好的美国为例，截至2008年，美国的责任保险保费收入已经达到了惊人的772亿美元，在全球责任保险保费收入中所占据的比重更是达到了近50%。在我国，虽然医疗责任保险才起步，仍有这样那样的缺陷和不足，但对保险公司来说，也是有利益上升空间的，如上海保险市场的医疗责任保险从2000年开始全面启动，人保财险上海分公司全面承接了上海市医疗机构的医疗责任保险，在2002、2003年度，其赔付率为69.4%，即使考虑到管理费用等因素，仍处于有盈余的状况；2003年9月～2004年4月，其赔付率为43.57%，处于正常水平。

三、我国医疗责任保险的潜在缺陷和实际困境

（一）潜在缺陷

医疗责任保险的缺陷之一：道德风险。“道德风险”是指一种无形的人为损害或危险，是市场失灵的一种形式，泛指市场交易中一方难以观测或监督另外一方的行为而导致的风险。实施医疗责任保险后，医方有可能放松应有的高度注意义务，从而可能增加医疗事故的发生率。医疗责任保险的缺陷之二：保险费用的上升。在诉讼中，法官往往因医方购买了保险而判决医方赔付更高的赔偿金，最终导致保险费用的上升。医疗责任保险的缺陷之三：作用的有限性。医疗责任保险保障的范围往往只限于医疗事故，甚至不包括医疗过失造成的医疗损害赔偿，更别说是其他在医疗机构发生的损害后果；另外，该险承保的对象主体是医师、护士、药剂师和医技人员等，但对见习生、实习生和进修生在医疗活动中产生的医疗损害后果，并不予以承保，其保障范围过窄。医疗责任保险进行限额赔偿，不可能对损害赔偿进行完全赔付，医疗机构在遇到特大赔偿案件时，仍要支出大量经费来进行补偿，且还要与保险公司协调，反而多了一个博弈对象。

（二）实际困境

虽在20世纪80年代末，我国出现了地方性的医疗责任保险，但该险种发展一直十分缓慢。直到2000年1月，中国人民保险公司才开始在全国范围内推出医疗责任保险，此后，平安、太平洋等保险公司也先后开办了此项保险业务。保险公司和医疗机构对医疗责任保险的热情都不高。就保险公司来说，由于该险实际市场需求不足，故对该险主要是持观望的态度，其策略也主要是谨慎办业务。且受各地政府政策的影响，该险在各地的业务状况也大不相同。而对于医疗机构来说，大多数医疗机构及其医务人员对自身的医疗技术水平比较自信，风险意识不强，即使是面对日益增多的医疗纠纷，也认为自己在诉讼中处于优势地位，败诉几率小，且自己也有一定的赔偿能力。加上医疗责任保险的险种单一、保险费用偏高、保险范围和保险金额有限，医方认为该险不仅没有起到分担风险的作用，而且多了一个需要“博弈”的对象。因此，在实施自愿保险的地区，出现了投保率低的问题，不能起到“大树法则”的作用。而在实施强制医疗责任保险的地区，由于缺乏法律明文规定（仅靠政府通过颁布“红头文件”进行强制推行），该“强制”也仅能算是鼓励推行，仍无法解决根本问题（即投保率低的问题）。且我国很多地区在实施医疗责任保险过程中采取了招标等方式，但该招标往往最

终成为少数几家或一家保险公司的垄断。总的来说,险种的发展仍处于不温不火之状况,甚至不少地区停滞不前、陷入发展困境。

四、长远展望

尽管医疗责任保险在实践运行过程中还存在一些缺陷,导致投保方和承保方对选择此险的积极性都不高,但其在分担医疗风险、减少医疗纠纷方面的作用是不可抹杀的。随着我国法制不断完善、人们法律意识的不断提高,我国医疗责任保险将日益走向成熟,发挥其在构建和谐医患关系中的重要功能和作用。在实践中,运用行政手段强制推行医疗责任保险并不是长久之计,而是应借鉴他国经验,在立法中予以明确规定,用法律为其发展提供良好的外部环境。同时,法官在审理该类案件时应谨慎使用精神损害赔偿金,从源头上限制医疗损害赔偿金额的过度增长。

从医疗风险的预防来说,我们可以借鉴美国的一些做法:政府制订切实可行的方案和措施,完善国家医疗风险防范的相关法律、法规,提高医患双方的法律意识,为医疗风险管理提供良好的法律支持环境;建立健全由各部门、各科室、各级、各类人员共同组成的医疗风险管理组织体系,实施全员参与医疗风险管理;加强医疗风险管理的信息化建设,建立医院外部医疗风险报告系统和各个医院自己的内部报告系统,并实现信息资源共享;加强对医务人员风险教育与培训,提高其风险防范的意识并加强医患沟通,使患者参与医疗安全管理等。从医疗风险的分担来说,除完善医疗责任保险外,还可以开发具有鼓励性质的医师个人执业风险基金(由政府、医疗机构和医务人员按一定的比例缴纳,若保险事故发生,保险人和医务人员共同承担,若在医务人员离岗时还有个人风险储备金,则一次性返还所余金额)、开展互助保险(医院与医院之间可以开展互助保险,在遇到特大赔付时,补偿医疗责任保险最高限额外部分,以弥补医疗责任保险在损害赔偿方面的不足)、建立医疗赔偿限额制度、举证责任的合理分配以及责任豁免制度的完善等,以减轻医院的赔偿压力。

第五节　加强医患伦理道德建设

医患纠纷的防范和解决不能仅局限于从医疗领域去探索和讨论,而应把医疗纠纷作为众多社会矛盾的一种放在我国正处在社会转型期来审视和思考。儒家伦理道德思想是我国古代哲学思想的代表,要将这种思想进行整合,去其糟粕,取其精华,运用于医务人员在校的医德教育和工作后的继续教育中,从医务人员自身做起,创造一种新型的、和谐的医患关系。

一、伦理道德思想的内容

儒家创始人孔子认为周公创立的礼乐制度对人的后天教育有着积极的作用,在选择吸收的情况下接纳了西周沿袭下来的礼乐制度,创立了儒家学说。儒家思想由孔子创立,经孟子、荀子完善和汉朝“罢黜百家、独尊儒术”的实施,逐渐成为统治者尊崇的正统思想,也是中国两千多年来传统思想文化的主流。儒家思想中最重要、最具影响力的就是它的道德思想。儒家伦理道德思想的主要内容包括:仁爱、集体精神、人伦价值、精神境界和重视实践。美国法学家富勒把法律规范定位为社会最基本的社会规范,道德则是更高标准的行为规范。尽管道德与法律调整的手段不同、制定和调整的主体不同、调整的范围不同,但它们都属于上层建筑,以调整人际关系为出发点,以防止人性的恶性膨胀为目的,对人们的行为进行正确的引导和规范。当一些惯例和规范对整个社会来说非常重要,违反了该惯例和规范就会产生严重的社会危害性时,该道德就可能被上升为法律;反之亦然。因此,道德也是统治、管理社会的一种方式,且是一种非常重要的方式。

二、我国医患伦理道德现状

(一)我国医德医风现状

“医德医风”包括医德和医风两部分。“医德”是以善恶标准评价医务人员品质,依靠社会舆论、内心信念、传统习惯来调整医患之间、医务人员之间、医务人员与社会之间的行为规范总和。“医风”是指医疗卫生行业的风气,是医务人员的思想观念、文化知识和职业素质的综合反映,是特定职业道德意识、道德关系、道德行为的具体表现。我国医德医风总的来说是好的,但也存在一些问题,主要体现在:部分医务人员过分注重经济利益而过度诊疗以致违反患者至上的医德原则;少数医务人员收受“红包”甚至向患者索要财物或是收取药品经销商的“回扣”;帮助医疗机构发布虚假广告;部分医务人员在岗不在位,对工作不认真、不上心,不尽心尽力为患者服务;对患者缺少人文关怀等。

(二)我国民众道德现状

改革开放30多年来,我国社会市场经济建设取得了举世瞩目的成绩,人们的生活水平得到了极大的提高,许多好的风气逐渐形成和巩固。随着人们主体意识、权利意识、竞争意识的觉醒,人们的主人翁精神和意识日益浓厚,人们勇于开拓、积极进取、奋发向上、讲求实效,个人的才华和能力也不断得到展现,对社会生活产生了重大的影响和促进作用,这是我国民众道德的主流。同时,我们也应看到,现在也存在一些不良的社会风气和道德风范,对当前的社会生活带来了极大的负面的影响，应引起我们的高度重视。这些不良社会风气和道德风范包括但不仅限于以下几个方面：信仰的普遍缺失而致封建迷信活动和黄赌毒屡禁不止；拜金主义、极端个人主义恶性膨胀，盲目追逐个人利益；官僚主义、形式主义、腐败现象在一些地方蔓延；公德意识差，私德水平和职业道德低下，道德功利化意识增强等。具体到医患纠纷中主要表现在拜金主义、极端个人主义恶性膨胀，盲目追逐个人利益。我国民众并不是不懂法，患者在发生医患纠纷后不走司法程序但必须要医方赔偿（不管医方有无过错）才能解决问题的怪象（在农村甚至有相互攀比赔偿金额的现象），主要就是因为利益的驱使。

三、儒家道德思想在医患伦理道德重建中的伦理价值

孔子仁、义、礼相统一的道德哲学应是包括医务人员在内的所有公民应遵循的个人价值准则。因此，在医德医风重建中，我们应该充分发挥儒家道德思想的这三件工具。

（1）关于“仁”。虽然儒学的“仁”是建立在宗法制基础上，是有等级差别的“爱”，但剥除其阶级性，儒学的“仁”在医患伦理道德重建中仍有其现代价值。首先，体现在“爱人”上。孔子明确以“爱人”来界定“仁”。“己所不欲，勿施于人”“己欲立而立人，己欲达而达人”“我不欲人之加诸我也，吾亦欲无加诸人”，这些最能代表儒家“仁”思想的言论，就是要求“以人为出发点”，关心他人的幸福与疾苦、尊重他人的意愿。在医患关系中，对医方而言，就是要用“仁爱”之心，用“老吾老以及人之老，幼吾幼以及人之幼”之情去关心患者疾苦，去尊重患者的知情权和选择权，真正站在患者的角度去设计最正确、最适合的诊疗方案，与患者达成联盟战胜疾病，解除患者的痛苦；对患方而言，应对医疗风险的客观存在、现代医疗的局限性等有所了解，从而换位思考，去理解医务人员的辛苦工作和付出，去支持和配合医护人员的诊疗工作，在面对困难和疾苦时不将矛盾转向无辜的医务人员，在医务人员竭尽全力诊治但诊治无效时，能正确、理性地面对不利诊疗后果而不是将痛苦的情感宣泄到无错的医务人员身上。

（2）关于“礼”。在儒家道德思想中，“仁”和“礼”是内在和外在的一对关系，即“仁”是道德思想的内容，而“礼”则是一种外在规范，是“仁”的具体体现和表达。在医患伦理道德关系中，不仅要有内在的德行精神，而且医患双方还应在言语和行动上体现“礼”，即对自己的行为、举止和言语有所自律和规范。具体而言，医护人员在诊疗过程中，应用通俗易懂的语言与患方沟通，按照诊疗规范要求告知患者或其家属患者的病情，让患者和其家属了解具体的诊疗方案并做出自己的选择。在进行手术前，手术医师和麻醉医师应按规范看望患者，了解患者病情与患者沟通，对患者进行安抚，从精神上安慰、支持患者，解除其不安甚至恐

惧的情绪。在手术后的护理中或常规护理中，护理人员除应按护理规范进行护理查对制度，还应耐心向患者及其家属讲解注意事项，及时了解并反映患者护理中出现的不良现象，在与患者及其家属的交流中应注意语言的正确使用，态度应和蔼可亲，切不可生硬无礼。对患方而言，在与医护人员的交流过程中，应尊重医护人员。在语言中不可冒犯医护人员，更不可使用暴力解决问题。

(3)关于“义”。《论语·为政》指出：“人而无信，不知其可也，大车无輗，小车无軏，其何以行之哉？”孔子认为信义是做人的根本，犹如行车的关键零件。孔子经常教导学生要见利思义。对“义”的看法和做法，也直接影响到医患关系是否和谐和统一。对医方而言，就是要正确处理经济利益与社会利益之间的关系，不能只为了追求经济利益而置患者及其家属的利益而不顾，不能为了追求金钱而过度诊疗、收取“回扣”甚至索取“红包”，而应按儒家道德思想中的“义”为准则，去思考利益的来源是否符合正当利益，是否违背道德良心。对患方而言，其“义”主要体现为缴纳医疗费用方面。患方应按实际诊疗费用按时缴纳医疗费用，如确有经济困难的，一方面可以向医院申请减免或向政府申请医疗救助，另一方面可以向社会请求支援，但不可选择无“义”而终，即在未向医方有任何交代的情况下不缴纳费用而“悄然”离院。这不仅是没有诚信的表现，而且也是对医患关系的一种伤害。

典型案例评析

[案情]

2013年12月31日，三原告的亲属患者莫某某因右颈部肿物入住被告道州某医院治疗，入院诊断为：甲状腺肿；冠心病、房颤。2014年1月5日15时，被告对患者莫某某施行在全麻下行右侧甲状腺次全切术。2014年1月6日15时，莫某某出现上腹部肿痛不适等症状，被告医嘱予以护胃等处理。同日15时10分，莫某某突然出现意识丧失，心跳呼吸停止。被告医师立即予以高流量吸氧、胸外按压、气管插管、强心等抢救治疗。患者莫某某经抢救无效于同日17时死亡，有被告2014年1月9日出具的“死亡医学证明书”证实。

[争议焦点]

某医院的诊治行为是否存在过错，医疗过错与损害后果之间是否存在因果关系？

[案例评析]

2014年3月25日，某县卫生局委托某市医学会对患者莫某某在被告处的医疗事件进行医疗事故技术鉴定，专家鉴定组审阅了双方提供的鉴定材料，听取了双方的陈述，并对双方提问后，合议认为医方存在过失，是导致患者最终因心力衰竭、心源性休克死亡的主要原因。患者的死亡主要与医方的医疗行为过失有关，与自身患有心脏疾病亦有一定因果关系。根据《医疗事故处理条例》第二条、《医疗事故技术鉴定暂行办法》第三十条和《医疗事故分级标准》，本医疗事件构成一级甲等医疗事故，医方承担主要责任。一审法院认可医疗事故技术鉴定结论：本病例属一级甲等医疗事故，医方承担主要责任。道州某医院不服原审判决，提出上诉。二审法院经审理后判决：驳回上诉，维持原判。

在案例中，上诉人道州某医院提出了一个赔偿适用法律的问题，上诉人认为，一审法院是依据某市医学会做出的医疗事故技术鉴定结论认定事实、划分责任，就应该按《医疗事故处理条例》处理本案，而不应适用《侵权责任法》，不应支持死亡赔偿金，且精神损失费计算过高。如果按照《医疗事故处理条例》，则不赔偿死亡赔偿金，对精神损害抚慰金也是限额赔偿，即按照医疗事故发生地居民年平均生活费计算，造成患者死亡的，赔偿年限最长不超过6年；造成患者残疾的，赔偿年限最长不超过3年。而按照《侵权责任法》，则要赔偿死亡赔偿金，对精神损害抚慰金也没有限额规定。因此，在司法实践中，如果被鉴定为医疗事故，有的法院就根据《医疗事故处理条例》中的赔偿标准进行判决；有的法院则按照《侵权责任法》进行判决（如本案），这样一来，就造成了法律在执行中的不一致和不统一，既损害了法律的威严，又使判决难以让人信服、难以执行。

思考题

1. 如何发挥政府在医药卫生依法治理中的主导作用？
2. 如何构建多元医患纠纷解决机制？
3. 你认为医药卫生治理最有效的措施是什么？为什么？

第二十六章　医药卫生教育与健康促进

本章要点：医药卫生教育承担着培养我国医药卫生技术和管理人才的重任，而健康教育与健康促进是预防和控制疾病的重要手段，二者对保护人类健康、促进医药卫生事业健康发展具有重要意义。通过本章的学习，了解医药卫生教育的概念及分类，熟悉医药卫生教育管理的相关法律制度，理解医药卫生教育的改革与发展，理解健康教育与健康促进的关系，把握健康教育的内容和健康促进的策略。

第一节　医药卫生教育

一、医药卫生教育概述

（一）医药卫生教育的概念

医药卫生教育是指根据社会需求，有目的、有计划、有组织地培养各类医药卫生技术人才和医药卫生管理人才的教育活动。医药卫生教育是国家教育事业的重要组成部分。

（二）医药卫生教育的类别

1. 基本医药卫生教育。主要包括两类：(1)中等医学教育，是培养中级医药卫生技术人才的职业教育。我国开展中等医学教育的主要依据为1999年原卫生部、教育部印发的《中等医学教育主要专业设置标准》的通知和2001年原卫生部、教育部印发的《中等医学教育结构调整指导意见》。(2)高等医学教育，是医学教育体系中培养高级医药卫生技术人才和管理人才的职业教育，又分为本科教育和研究生教育两个层次。特别是为了加强医疗质量安全管理、防范和处置医患纠纷等，部分高等医学院校开设了卫生管理和医事法学专业，有针对性地培养医药卫生相关管理人才。我国开展高等医学教育的主要依据有：2001年原卫生部、教育部发布的《中国医学教育改革和发展纲要》、2008年教育部、原卫生部制定的《本科医学教育标准——临床医学专业（试行）》、2008年原卫生部、教育部联合制定的《医学教育临床实践管理暂行规定》和2009年中共中央、国务院发布了《关于深化医药卫生体制改革的意见》等。

2.医药卫生进修教育。医药卫生进修教育是毕业后医学教育，是我国医学教育的重要组成部分，是培养提高在职医药卫生技术人员业务和管理水平的一个重要途径。我国开展医学进修教育的主要依据是1979年原卫生部制定颁布的《卫生技术人员进修工作条例(试行草案)》。

3.医药卫生成人教育。医药卫生成人教育是传统学校教育向终身教育发展的一种新型医学教育制度。医药卫生成人教育利用多种医学教育资源，对在职医药卫生技术人员进行补课教育、继续医学教育、岗位培训等多种形式的教育，不断提高专业医药卫生技术人员的整体素质。我国开展医药卫生成人教育的主要依据是2009年原卫生部制定的《中华人民共和国卫生部继续医学教育规定(试行)》。

(三)我国医药卫生教育的历史发展

人类在与各种疾病的长期抗争过程中创建了医学，最初是采取以师傅带徒弟的形式来传承医药卫生知识和经验，随着人口的激增、知识量的扩大和对医务人员需求量的增加，学校形式的医药卫生教育便应运而生。我国早在南北朝就有"奏置医学，以广教授"的记载，这是我国医药卫生教育的开端；北魏太和四年(480)设置有太医博士、太医助教；在宋代设置了"医学"，为医学教育和选用人才的最高机构，全国各州、县也陆续开办各级"医学(校)"，规定考试制度，逐级选拔；19世纪后期，西方医学及其医学教育模式传入中国，1866年，美国医药传教会在广州开设了第一个医学院校，即广州博济医学校，1881年清政府在天津开设医学馆，1903年在北京京师大学堂内增设医学馆，此后全国各地纷纷建立了许多医学院校。

新中国成立以后，随着社会的进步、科学技术的革新、医药卫生事业的不断发展，医药卫生教育也得到了快速的发展。我国医药卫生教育结构层次从主要为中等卫生技术教育，培养中等卫生技术人才，逐步拓展到本科、硕士研究生及博士层次的医药卫生人才的培养。通过实践逐步探索出医药卫生教育的规律和特点，形成了较为科学的医药卫生教育的管理体制和运行机制，初步建立了包括学校基础教育、毕业后教育、继续教育的医药卫生教育体系。医药卫生教育的规模、质量、效益有了明显提高。60多年来，医药卫生教育为我国医药卫生事业输送了一大批合格的医药卫生人才，每千人口医药卫生人员数从新中国成立初期的0.1上升到1.6，超过1.4的世界平均水平。这支队伍为保证人民的身体健康、满足广大人民群众的医药卫生服务需求、促进我国医药卫生事业发展做出了重要贡献。

二、医药卫生教育管理法律制度

医药卫生教育管理法律规范的建立健全不仅对医药卫生教育事业，甚至对整个医药卫生事业的改革发展都有着重大而深远的影响。医药卫生教育管理的法律规定，主要包括招生对象与招生计划、专业设置、学制、培养目标、教学计划、教学课程、教学经费、领导与管理等。

我国医药卫生教育立法和政策性文件主要有：1999年原卫生部制定的《全科医师规范化培训试行办法》；2000年原卫生部制定的《关于发展全科医学教育的意见》《社区护士岗位培训大纲(试行)》《远程医学教育教学站和网站管理暂行规定》《远程继续医学教育教学管理暂行规定》；2001年原卫生部、教育部发布的《中国医学教育改革和发展纲要》；2006年原卫生部发布的《卫生部继续医学教育"十一五"规划》；2007年教育部制定的《来华留学生医学本科教育(英语授课)质量控制标准暂行规定》；2008年原卫生部、教育部联合制定的《医学教育临床实践管理暂行规定》；2008年教育部、原卫生部制定的《本科医学教育标准——临床医学专业(试行)》；2009年原卫生部制定的《中华人民共和国卫生部继续医学教育规定(试行)》等。

2009年，中共中央、国务院发布了《关于深化医药卫生体制改革的意见》，其中对医药卫生教育和人才培养进行了规定，指出：要建立可持续发展的医药卫生人才保障机制；加强医药卫生人才队伍建设；调整高等医学教育结构和规模；加强全科医学教育；完善标准化、规范化的临床医学教育，提高医学教育质量；加大医学教育投入，大力发展面向农村、社区的高等医学本专科教育等。

2014年，中国共产党第十八届四中全会审议通过了《中共中央关于全面推进依法治国若干重大问题的决定》，指出：要加强法治工作队伍建设，推进法治专门队伍正规化、专业化、职业化，提高职业素养和专业水平，这也给医药卫生法治教育指明了方向。

三、医药卫生教育的改革和发展

尽管我国医药卫生教育已经取得了长足的进步，但仍然存在教育理念需要更新、教育结构不合理等诸多问题，不能有效满足社会发展、医药卫生事业改革的需要和人民群众日益增长的医药卫生服务需求，应进一步加强改革和探索。

(一)更新教育理念，进一步加强人文素质教育

医学是认识人类生命活动规律、防治疾病、保护和增进人类健康的科学，它实质上是人文科学，具有自然科学与人文科学的双重属性。因此在医药卫生教育中要处理好人文精神与科学精神、人文教育与科学教育，职业素质与人文素质的关系。如果说科学精神的灵魂是实事求是，那么人文精神的灵魂即是以人为本。自20世纪70年代以来，在医药卫生科学教育中渗透人文精神，加强对学生的人文素质教育已经得到国内外医药卫生教育界的认同。但是，目前我国的高

等医药卫生教育仍存在着偏重专业知识教育、忽视人文素质教育的倾向，医学高等院校有的即使开展了人文素质教育，但课程比例较低，课程设置有很大的随意性，而且内容缺乏实用性，也直接影响了人文素质教育的实际效果。医药卫生服务的特殊性更强调对学生的“利他性”职业价值观的培养，当前社会医患矛盾尖锐，少数医药卫生从业者缺少人文关怀、怀漠视患者疾苦，给整个医药卫生行业带来了负面影响，仅传授专业知识显然是不够的。因此，我们应更新教育理念，强化医药卫生教育中的人文素质教育。

（二）努力培养医药卫生创新人才

鉴于医药卫生服务的个性化特征日趋明显，包括临床医疗工作者在内的医药卫生领域各类人才都须有创新的思想准备和素养。医药卫生创新人才不仅看他拥有知识的多少，更要看他是否具备运用所学知识创造性地解决医药卫生领域各种问题的能力和素质。培养医药卫生创新人才，首先，要重视预防医学、流行病学、健康教育、健康促进、康复医学等课程的教学，加强学生预防干预能力、健康教育能力、社区卫生保健能力等综合能力的培养。其次，要重视伦理学、社会学、心理学等医学人文类课程的教学，促进非智力因素的开发，强化教育尊重人性、珍惜生命的社会功能，从而培养学生的综合素质和创新精神。再次，要探索学生个性化培养模式，使学生有一定的自主学习和思考的时间与空间，从而培养学生的自主学习、独立分析问题和解决问题等创新能力。最后，要认清医药卫生教育是精英教育的本质特征，加强师资队伍建设，加大办学投入，为培养医药卫生创新人才创造良好的基础条件。

（三）急需培养医药卫生管理人才

在我国医药卫生体制改革过程中，医药卫生管理人才作为医药卫生人力资源的重要组成部分，发挥着重要的作用。医药卫生事业是一项系统工程，而医药卫生管理人员作为这一系统的直接操作者，其素质的高低甚至关系到医药卫生体制改革能否达到预期的目标。医药卫生管理涉及的范围广泛，包括医政管理、药政管理、公共卫生管理、人力资源管理、信息管理、质量安全管理等诸多内容，与政治、经济、社会、自然、人文、科技、健康等领域都有交叉点，这对医药卫生管理者如何开展管理工作，协调各种因素以适应社会发展提出了巨大挑战。20世纪80年代，医药卫生管理教育在我国兴起，自1982年上海医科大学设立卫生事业管理专业以来，经过了30多年的发展，而作为医学与法学交叉结合的新兴专业，在20世纪末21世纪初才开始创办，仅建设和发展了10多年，教育模式、教育内容、教育方法等还存在诸多不足和缺陷。但随着近年来医疗市场大发展和国家不断推进医药卫生体制改革，相关专业人才需求的缺口很大，高质量人才培养十分迫切，如何培养能够满足社会需求的、具有较强理论素养和实践能力的医药卫生管理人才是重要的课题。

（四）统筹推进医药卫生教育规模、质量、结构协调发展

医药卫生教育的协调发展须严格控制规模，重点应放在提高教育质量上。不仅要办好一流的教学研究型高等医学院校，还要办好各级医药卫生类职业院校，大力培养拔尖的医药卫生创新人才和基层医药卫生人才，形成各具特色、协调发展、相互促进的多层次医药卫生教育格局，从而推动医药卫生教育科学、协调和可持续发展。

第二节　健康教育与健康促进

一、健康教育与健康促进概述

追求健康是一个亘古不变的话题，中国古代谚语就称健康为“载道德之舟，载知识之车”，外国谚语则称“健康不是一切，有了健康才有一切”。随着人类社会不断地发展进步，社会公众对健康提出了许多更高、更新的要求。健康教育与健康促进是解决当前公共卫生问题的首选策略，是提高全民健康素质的重要措施，无论是对抗传染病还是慢性非传染性疾病，让群众掌握基础的保健知识和技能，坚持健康生活方式都是十分必要的。

（一）健康教育与健康促进的概念

健康教育是有计划、有组织、有系统和有评价的社会教育活动，为人们提供改变行为所必需的知识、技能与服务，促使人们自觉地建立与形成有益于健康的行为和生活方式，消除或减轻影响健康的危险因素，预防疾病的发生，促进健康，提高生活质量，创造出一个有益于人类社会健康生存和发展的大环境。

健康促进是指以教育、组织、法律政策和经济等手段干预对健康有害的生活方式、行为和环境，以促进健康。健康促进是健康教育发展的结果。健康促进的目的在于努力改变人群的健康行为，改变预防性服务以及创造良好的社会与自然环境。健康促进是新的公共卫生方法的精髓，是“人人享有卫生保健”全球战略的关键要素。

（二）健康教育与健康促进的关系

健康教育与健康促进，两者既有内在联系，又有各自的内涵和外延。健康教育是健康促进的基础，健康促进又是健康教育在社会环境层面的发展，两者都包含宣传健康知识这一基础性工作。但健康教育也不仅是让人们了解健康知识，更是要对不良的生活习惯进行干预，帮助人们养成健康文明的生活方式，其实质是一种干预措施。健康促进是更全面、更强有力地促进人们改变不利于健康行

为的策略。与健康教育相比，健康促进更强调客观的支持与主观的参与，即强调政策和环境的支持，提高个人与社会的参与意识和参与水平。因而，健康促进不仅包括了健康教育行为干预的内容，更侧重于一切能促使行为改变和保持组织、经济等环境的支持和相关政策的修订。

理解健康教育与健康促进两者的关系，在全民族宣扬建立文明卫生的生活方式，改变不良的行为习惯，是一项庞大的系统工程，既需要各级政府及相关部门大力进行健康教育，又需要社会各界携手共同开展健康促进。

（三）健康教育与健康促进的发展阶段

纵观历史，发达国家的健康教育起步较早，而发展中国家的健康教育则起步较晚。通过对世界各国健康教育与健康促进发展的历史资料研究，可以将国内外健康教育与健康促进的发展历程分为三个阶段：

1.宣传教育阶段。1970年以前，世界各国都是以疾病治疗、预防为中心的生物医学模式，以人体机能为出发点。在此阶段中，健康教育的任务主要是向大众传播各种健康卫生知识，还没有涉及人群的生活方式和行为的改变。比如在1972年，英国成立了健康教育委员会，世界卫生组织于20世纪60年代初设立了健康教育部门等，大都仅仅停留在对健康知识的传播上，忽视了群众对自己的生活和健康的影响作用，忽视了社会各系统的综合干预作用。

2.行为影响阶段。20世纪70年代，随着医学技术的发展和人们生活水平的提高，人们逐渐地意识到仅靠医学生物技术手段防治疾病是不够的，开始引入改善生活方式的工作方法，大大开阔了健康教育的视野，也超越了以往生物医学的范畴。例如，加拿大政府明确指出了不健康的行为、生活方式、环境、生物与卫生服务五大因素是死亡与疾病的基本原因。国家承担起积极的作用，通过教育或政策引导等方式改变人们不健康的生活方式。

3.社会环境支持阶段。20世纪80年代以后，人们认识到行为和生活方式的改善在很大程度上受到自然环境与社会因素的影响和制约。健康教育也应该从原来单纯通过健康知识的宣传教育，延伸到通过以健康教育为主要核心上来，创立支持性环境，制定公共卫生的相关政策，调整卫生服务方向和社区行动等健康促进策略来协同促进健康教育与环境支持，健康促进这样一个全新的概念由此产生。健康促进的含义较健康教育更为宽泛，而健康教育仅仅是健康促进其中的一种手段。政府对人民的健康负有责任，这种责任只能通过采取适当的卫生和其他社会措施来实现，且整个国家，人人有责，而不只是政府的义务，这是实现人人健康必不可少的。

（四）健康教育与健康促进的重要意义

健康教育与健康促进是解决疾病预防与控制措施中最为重要和最为快捷的

手段之一。当前人类因疾病死亡的病因发生了很大变化，已经从过去的传染性疾病向非传染性慢性疾病转变。经研究表明，这些慢性疾病大多与人们的不良生活方式、不良嗜好、职业和环境因素有关。美国疾病预防控制中心调查研究表明：花少量的钱用于实施健康教育与健康促进，帮助人们建立健康的行为和生活方式，能够使人类的寿命延长 10 年。近 20 年来，发达国家的脑血管病下降了二分之一，冠心病下降了三分之一。这些都说明了开展健康教育与健康促进对疾病的预防与控制已经发挥了重要作用。

健康教育与健康促进是一项投入少、产出大、效益高的有效保健措施。从古至今，长生不老是人们对健康永无止境的追求目标，即便是很富足的国家，其资源都是有限的，最为有效的方法就是对疾病进行低成本预防。通过开展健康教育与健康促进，使人们自愿接纳健康的生活方式，可有效地预防癌症和慢性病的发生，每投入 1 元钱进行预防工作，就可节约医疗费用 99 元。

健康教育与健康促进是政府和社会各部门通力合作的桥梁与纽带。许多政府部门已经意识到大卫生问题并不是单靠卫生部门就能顺利完成，开展健康教育与健康促进需要多部门共同合作，需要通过政府主导、部门协作、全社会参与、舆论导向、政策和法规建设等方式，提高政府和相关部门及全民的大卫生观念，共同协作、共同努力帮助人们养成健康的生活和行为方式。

二、健康教育的内容

健康教育的核心是教育人们树立健康意识，促使人们改变不健康的行为生活方式，养成良好的行为生活方式，以降低或消除影响健康的危险因素。通过健康教育，能帮助人们了解哪些行为是影响健康的，并能自觉地选择有益于健康的行为生活方式。按照我国健康教育与健康促进工作规划纲要，健康教育主要有以下内容：

（一）大众健康教育

大众健康教育的内容主要是合理膳食、适量运动、戒烟限酒、心理平衡。

1. 合理膳食。即营养要全面均衡，每餐以八分饱为宜，主食由细粮、杂粮搭配，减少动物性脂肪和甜食的摄入，多吃新鲜的蔬菜、水果、豆制品和牛奶，限制盐的用量，每人每天摄入的盐不超过 6 克。

2. 适量运动。运动贵在坚持，重在适度。项目应因人而异，每周可做轻中度运动 5 次，每次半小时左右。中青年可打球、长跑。中老年可快步行走、慢跑、骑自行车。适量运动是预防和消除疲劳、保证健康长寿的一个重要因素。

3. 戒烟限酒。吸烟酗酒是健康的大敌。吸烟是导致高血压、冠心病、肺癌、支气管炎、肺气肿等多种疾病的重要危害因素。任何年龄的人戒烟都可获得健康上的真正收益，据科学家们多年的实验后发现，吸烟者在戒烟后其体内器官会发生一系列有益的变化。

4.心理平衡。保持心理平衡要做到以下几点：(1)三个快乐：助人为乐、知足常乐、自得其乐。(2)三个正确：正确对待自己、正确对待他人、正确对待社会。(3)三个既要：既要尽心尽力奉献社会，又要尽情品味美好人生；既要在事业上有颗进取心，又要在生活中有颗平常心；既要精益求精于本职工作，又要有多姿多彩的业余生活。

(二)学校健康教育

学校健康教育的实施应根据儿童青少年不同的生长发育阶段，开展不同内容的健康教育。

1.小学阶段。小学阶段是健康教育的关键时期，这一时期的儿童求知欲高、可塑性强，对于健康教育的内容易于接受。小学健康教育的重点是：生长发育知识、良好行为和生活习惯的养成、儿童常见病预防知识、预防意外伤害知识、膳食与营养知识等。

2.中学阶段。初、高中青少年大多已进入青春期。健康教育的重点是：青春期生长发育知识、性知识、人际沟通和交往的知识和技能、心理健康知识、环境保护、预防意外伤害、急救与互救、拒绝吸烟、不吸烟、不酗酒、预防艾滋病知识与技能等。

3.大学阶段。大学生是青少年向成年人过渡的时期，也是生活方式和行为习惯的定型期。大学生健康教育的重点是：除了日常卫生保健知识外，还包括如何处理人际关系、安全性行为、预防艾滋病知识与技能等。

(三)社区健康教育

社区健康教育主要是通过在居民区设置宣传栏，发放宣传材料，开展健康讲座等形式，对居民进行的健康教育。主要内容有：(1)开展社区常见疾病的健康教育；(2)防止意外伤害及安全性行为的教育；(3)开展以家庭常用消毒知识、家庭急救与护理、居室卫生、生殖健康、家庭心理、体育健身等为主要内容的家庭健康教育；(4)包括食品卫生、突发公共卫生事件、职业卫生、放射卫生、环境卫生、饮水卫生、戒毒、计划生育等公共卫生问题健康教育；(5)创建文明卫生社区的宣传教育；(6)社会卫生公德及医药卫生法规的宣传教育。

(四)农村健康教育

农村健康教育是当前健康教育工作中一个突出的重点，农村健康教育在新农村建设、农村社会、经济以及农村卫生事业发展中占有重要的地位。主要内容有：(1)农村常见病和多发疾病防治的宣传教育；(2)农业劳动中特有的职业危害(如高温、农药中毒、虫及鼠害)等知识的宣传与教育；(3)结合新农村建设，开展健康教育(如住宅建设、改水改厕与环境卫生整治等);(4)宣传破除迷信,移风易俗、改变不良习俗,培育有病及时医治等健康观念;(5)倡导健康的生活方式、培养良好的个人卫生行为习惯,加强医药卫生法律制度的宣传与教育。

(五)医院健康教育

医院是健康教育的重要场所,开展健康教育是提高全体医务人员、住院病人等广大群众的健康知识知晓率、健康行为形成率的重要措施,也是提高医疗服务质量的重要策略。主要内容有:(1)对医院专、兼职健康教育人员进行业务培训。以脱产进修、参加培训班或在职自修、函授等形式,系统学习健康教育基本理论和方法,提高业务技能。(2)对全体医护人员进行人际沟通技巧培训,提高健康教育的知识、技能水平与工作热情。(3)向患者宣传医学科学知识,对包括高血压、糖尿病、冠心病、哮喘、乳腺癌和宫颈癌、结核病、肝炎、艾滋病、流感、手足口病和狂犬病等重大疾病、慢性病和传染病等进行宣传介绍,使患者能了解有关疾病相关行为危险因素,并提出干预方法与措施,培养患者个人健康意识和技能;(4)积极参与医院管辖社区的健康教育工作,并提供技术援助及指导;(5)利用医院卫生资源的优势,参与社会健康教育活动,结合各种卫生宣传日活动,开展广泛的宣传、咨询和服务活动。

三、健康促进策略

健康促进成为公共卫生策略起步于20世纪70年代,30多年来引起了广泛的重视。WHO专门召开了多次国际会议和发表了许多政策性文件,对健康促进的策略进行了认真探讨。1986年的《渥太华宪章》明确指出了健康促进的5条策略,即:(1)制定健康的公共政策;(2)营造支持性环境;(3)强化社区行动;(4)发展个人技能;(5)调整卫生服务方向。纵观我国健康教育与健康促进的发展过程,虽然起步较晚,但处于不断探索、不断进步的阶段,在理论上也日趋成熟。2005年原卫生部起草制定了《全国健康教育与健康促进工作规划纲要(2005—2010年)》,2008年之后,健康教育与健康促进事业获得了国家和各省市政策上的更多支持。当前,我国的健康促进工作还面临着法律制度不完善、专业组织机构不健全、宣传方式与手段落后等诸多困难和问题,现正积极探索符合我国国情的健康促进策略。

(一)构建健康促进的法律制度体系

我国《宪法》对公民的健康权保护有多项规定,但《宪法》规定需通过各有关部门法使之具体化。虽然我国制定的民事、刑事、行政和诉讼程序方面的基本法律,其中对公民健康权保护有相应的法律规定,但在实际生活中,对医药卫生违法行为的针对性、专业性和适用性不强,因此我们应当加强医药卫生基本法的立法工作。通过制定医药卫生基本法，系统规划法律制度体系，缩小目前存在的资源分配和健康状况的差异，保障人人都有享受卫生保健的资源与机会，实现健康方面的平等，并将健康促进纳入化法治化轨道，从而提高人民群众健康水平，促进医药卫生事业可持续发展。

（二）完善健康促进工作网络

健康促进涉及政府、非政府组织、社会各行各业和各界人士、社区、家庭和个人，在改善和保护健康的健康促进活动中，需使个体、社区及相关部门等各利益相关者之间协调一致，组成强大的联盟和社会支持体系，共同协作实现健康目标。因此，要尽快建立并形成以健康教育机构为中心，医药卫生机构的健康教育工作者为骨干，企事业单位、学校和社区等兼职宣传员为补充的健康促进工作网络，充分发挥健康教育专业机构的业务指导作用，各方做到职责明晰、分工合作、协调一致，以保证发挥最高的工作效率。其中，健康促进的重点是社区，应当重视社区健康教育工作，充分发动社区的力量，开发社区的资源，积极有效地参与各类医药卫生保健计划的制订和执行，帮助社区人群认识自己的健康问题，并进一步帮助社区提出解决问题的办法，有条件的社区可配备专、兼职的健康教育人员。同时，要对健康促进工作网络运行的经费给予保障，根据健康促进工作网络中各机构的工作目标、职能划分和考核标准，通过绩效考核，由各级政府划拨相应的经费，以保证健康促进的各项工作持续高效地运行。

（三）加强健康促进队伍建设

在建立健全各级健康教育专业机构的基础上，制定鼓励性政策，吸纳优秀公共卫生等专业人才充实各级健康教育队伍，加强对在职人员的培训，运用新理论、新成果指导开展健康教育与健康促进的实践，促进学科发展，充分发挥其业务技术指导作用。加强健康教育机构与基层医药卫生机构合作，发挥各自专长，鼓励各级医药卫生机构中有一定传播能力和专业技术水平的医务人员，参与健康教育讲师团活动。同时，加强健康教育信息化建设，建立健全健康教育信息网络，规范健康信息发布制度，充分利用现代网络技术开展信息交流、健康教育与健康促进培训，加强国际健康教育与健康促进学术交流与合作，不断学习交流国内外健康教育与健康促进工作经验，不断提高健康促进队伍的工作能力与业务水平。

（四）动员社会力量广泛参与健康促进工作

健康促进是一种有组织的个体及社会的联合行动，为了创造有利于健康的社会、经济、文化和环境条件，要倡导社会对各项健康举措的认同，激发社会对健康的关注以及群众的参与意识，倡导卫生及相关部门提供全方位的支持，最大限度地满足群众对健康的愿望和需求。同时，应认识到健康促进是一项投资小、收益大的系统工程，必须坚持以人为本，广泛调动社会成员共同参与，做到人民群众共同努力，建设成果由人民群众共享。积极探索通过各种手段和方法，改变群众的健康观念，提高其健康知识和技能水平，促使他们能明智、有效地解决个人或群体的健康问题。随着科技和文化的进步，尤其是电子传媒的发展，人们接受信息的渠道越来越多，其中，大众媒体如电视、报刊、网络等的作用不可忽视，它们可以通过各种群众喜闻乐见、生动活泼的形式，广泛地开展健康教育宣讲活动，在群众中大力普及医药卫生知识，指导健康行为，推动健康促进工作普及开展。此外，农村健康教育始终是国家的卫生工作重点。虽然大部分地区农民已经实现了温饱，但是由于长时期的落后，很多农村地区基本医药卫生条件差，医药卫生知识贫乏，不健康的生活习惯普遍存在，农民对现代健康生活的要求十分迫切，所以我们应当积极调动广大的农村人口参与到健康促进工作中来。

（五）建立健全健康促进评价监督体系

评价监督是保证健康促进能否取得预期成效的重要举措，建立健全健康促进评价监督体系，进行适时、恰当的评价对健康促进工作步入规范化和科学化发展极为重要，是健康促进工作的导向标。各级卫生行政部门要对监督职责、监督对象、监督方法和质量标准等做出详细规定，拟定评价监督指标体系，对实施情况进行督导评估和考核，并依据考核结果，对在健康促进工作中取得优异成绩、做出突出贡献的先进集体和个人给予表彰等，以此不断提高健康促进工作的效果和质量。

典型案例评析

[案情]

某甲，男，63 岁。患糖尿病 10 年，高血压 30 年，脑梗死、冠状动脉粥样硬化性心脏病（冠心病）15 年，曾因心肌梗死（心梗）4 次住院，冠状动脉旁路术后。目前用预混胰岛素 30R 注射剂维持治疗，并自行决定胰岛素治疗剂量，血糖波动在 13～26 mmol/L 之间。未控制饮食，从不运动。因患多种疾病且均无明显好转，故患者对患病的态度是“混吧”。为全面了解患者的情况，医师与患者约定了再就诊时间。当全部情况谈完后，患者说“你能拿出前后 3 小时来听我说，不简单。你是 15 年来第一个听完我所有情况的医生，我信你！”取得患者信任后，首先调动患者治疗的动力：最严重的心梗都平安度过了，一定能有办法把糖尿病控制好！再行病情评估：Ⅱ型糖尿病，多种并发症并存，应尽快使血糖达标；患者缺乏饮食、运动对糖尿病治疗重要性的认识，大剂量使用预混胰岛素存在低血糖的风险。与患者交流中，先就胰岛素使用问题重点做了解释，调整为三短一中效胰岛素强化方案，根据空腹及三餐后血糖监测调整剂量，再对如何运动并监测心率进行指导。6周后随访，血糖接近正常，但是晚餐后血糖波动大，再次沟通发现患者食欲好、进餐快，晚饭后常吃干果，而患者夫人善烹调美味，患者管不住嘴。就饮食治疗问题沟通3次后，采取的解决方案是签署纠正炒菜油大、主食偏多(进餐过快)、过咸、干果不定量、睡前加餐过量等问题的书面协议，并告知其家人。2个月后患者血糖逐渐平稳地下降到正常水平。

[争议焦点]

如何开展个体化健康教育?

[案例评析]

在治疗与生活方式密切相关的糖尿病过程中发现，临床医生对糖尿病患者进行有选择的、适时的个体化健康教育，对提高患者依从性、疾病的康复具有特别的意义。

从以上案例可以理解，当患者没有认识疾病的危害性，往往不能坚持正规治疗。如果患者不懂得什么是正确的治疗或对治疗、生活方式有认识误区时，往往对治疗随意，在饮食与运动等生活方式方面放任自己，此时即使在充分药物治疗前提下，仍然不能取得理想效果。因此，在全科门诊开展对糖尿病患者个体化健康教育非常必要。而这种情况属机会性健康教育，即往往不是事先约定或事先明确安排的，而是根据医生的判断和患者的需求提供的一对一的健康教育。这类健康教育的流程包括沟通、评价、教育、对治疗目标签书面协议、随访反馈等5个步骤，故对临床医生提出了更高的要求。

1. 医患沟通，建立信任。这是进行个体化健康教育的基础。在倾听与交流中使患者感到医生值得信赖，这是进行任何教育的基础。有些糖尿病患者在疾病诊断后，由于担心药物的不良作用，或者不愿意立即接受医院正规治疗，而是首先选择自我医疗或民间偏方，往往直到出现了糖尿病的严重并发症才如梦初醒，但是悔之晚矣。这个问题应唤起医疗界、特别是处于基层的全科医生的重视与反思，认真考虑其发生的原因，从而认真对待每位患者，倾听患者的陈述，寻找问题，建立医患之间的信任。之后再对患者讲清楚正规治疗的重要性，才可能调动患者的治疗动力。

2. 对患者关于糖尿病防治知识状况进行评价。如果时间允许，可以邀请患者填答卷。也可以将患者存在的饮食、运动、药物治疗、血糖监测等不同临床问题融入问诊过程。

3. 针对性的健康教育。根据糖尿病健康教育提纲，结合患者预防、治疗需求分阶段给予有选择的、适时的健康教育，即选择合适、恰当的切入点:“缺什么补什么。”

4. 确定目标。通过医患共签管理的书面协议来特别规范某一方面康复技能的细节,这对于落实个体化健康教育目标有较好的约束力,特别是对老龄患者人群。

5.随访。当患者进入正常诊疗过程后,应重视沟通,及时随访,发现和解决患者存在的问题,再进行个体化的健康教育和指导,这样才可达到治疗性生活方式改变的逐步实现。

这种健康教育和个体化指导是分阶段进行的,分解小目标来逐步实现,最终利于达到治疗的总目标。其中合理膳食与坚持有氧运动是首要的教育内容。在进行糖尿病健康管理时需注意,在教育的不同环节上以正面教育、表扬、激励为主,讲究教育的艺术性和治疗性生活方式改变中具体技能的指导。医生的语言应力求简练、形象、准确、通俗易懂,给予的指导容易记忆和操作,使患者在不断随访中逐步掌握防治糖尿病的知识。

个体化健康教育的最高境界是患者能够学会和实施有效的自我健康管理,有效地利用医疗资源,和医师形成良好的“同盟军”。这对于从根本上扭转我国糖尿病防治落后局面,具有重要的意义。开展个体化健康教育,医生所必须具备的素质是能把教育内容烂熟于心,通过良好的共情与沟通,以少而精的语言与生动的表达,准确地分析、解释。完成分阶段健康管理目标的实现,对患者的高度责任感与促进健康全面改善的热情是必不可少的前提。

思考题

1.医药卫生教育的类别及相关管理法律制度有哪些?

2.健康教育的内容是什么?

3.健康促进策略有哪些?

参考文献

[1] 徐景和.药事管理与法规[M].7版.北京:中国医药科技出版社,2015.

[2] 刘鑫.医事法学[M].2版.北京:中国人民大学出版社,2015.

[3] 黎东生.卫生法学[M].北京:人民卫生出版社,2014.

[4] 张静,赵敏.卫生法学[M].北京:清华大学出版社,2014.

[5] 王岳.医事法[M].北京:人民卫生出版社,2013.

[6] 黄丁全.医事法新论[M].北京:法律出版社,2013.

[7] 吴林海,王建华,等.中国食品安全发展报告2013[M].北京:北京大学出版社,2013.

[8] 李曙光.经济法学[M].2版.北京:中国政法大学出版社,2013.

[9] 杨世民.药事管理学[M].北京:人民卫生出版社,2013.

[10] 朱力宇.法理学原理与案例教程[M].3版.北京:中国人民大学出版社,2013.

[11] 姜凤武.医疗损害责任制度比较研究[M].北京:法律出版社,2013.

[12] 石俊华.卫生法学概论[M].杭州:浙江工商大学出版社,2012.

[13] 卢祖洵.社会医疗保险学[M].3版.北京:人民卫生出版社,2012.

[14] 北京市律师协会.医疗纠纷典型案例选编[M].北京:北京大学出版社,2012.

[15] 赵敏.医疗法律风险防范与处理[M].杭州:浙江工商大学出版社,2012.

[16] 马凤森.药事管理学[M].2版.杭州:浙江大学出版社,2012.

[17] 佟子林.卫生法学[M].北京:中国中医药出版社,2012.

[18] 杜仕林.卫生法学[M].广州:中山大学出版社,2012.

[19] 吕宜灵,李泽华.医药卫生法学[M].北京:科学出版社,2012.

[20] 蒲川.医疗纠纷非诉讼处理机制研究[M].重庆:西南师范大学出版社,2012.

[21] 陈永法.国际药事法规[M].北京:中国医药科技出版社,2011.

[22] 古津贤,强美英.医事法学[M].北京:北京大学出版社,2011.

[23] 吴崇其.中国卫生法学[M].3版.北京:中国协和医科大学出版社,2011.

[24] 孙东东.卫生法学[M].2版.北京:高等教育出版社,2011.

[25] 林嘉. 社会保险法教程[M]. 北京:法律出版社,2011.
[26] 达庆东,田侃. 卫生法学纲要[M]. 4 版. 上海:复旦大学出版社,2011.
[27] 石东风主编. 卫生法学理论与实践——相关基本问题辨析[M]. 长春:吉林大学出版社,2011
[28] 王世平. 食品标准与法规[M]. 北京:科学出版社,2010.
[29] 上官丕亮. 宪法与生命——生命权的宪法保障研究[M]. 北京:法律出版社,2010.
[30] 张杰. 法学导论[M]. 北京:知识产权出版社,2010.
[31] 吴崇其,张静. 卫生法学[M]. 2 版. 北京:法律出版社,2010.
[32] 王胜明主编. 中华人民共和国侵权责任法解读[M]. 北京:法律出版社,2010.
[33] 刘鑫,王岳,李大平. 医事法学[M]. 北京:中国人民大学出版社,2009.
[34] 丁纯. 世界主要医疗保障制度模式绩效比较[M]. 2 版. 上海:复旦大学出版社,2009.
[35] 吕高玉. 卫生法学[M]. 济南:山东人民出版社,2009.
[36] 田侃、陈瑶. 医药卫生法[M]. 北京:科学出版社,2008.
[37] 丁朝刚. 卫生法学案例分析[M]. 重庆:西南师范大学出版社,2008.
[38] 卓泽源. 法学导论[M]. 北京:法律出版社,2007.
[39] 葛洪义. 法理学[M]. 3 版. 北京:中国政法大学出版社,2007.
[40] 赵同刚. 卫生法[M]. 北京:人民卫生出版社,2006.
[41] 王利明. 人格权法研究[M]. 北京:中国人民大学出版社,2005.
[42] 董保华. 社会保障的法学观[M]. 北京:北京大学出版社,2005.
[43] 石俊华. 医事法学[M]. 成都:四川科学技术出版社,2004.
[44] 龙显铭. 私法上人格权之保护[M]. 北京:中华书局,1948.